阅读成就思想……

Read to Achieve

社会学经典入门

第6版

SOC 2020, 6e

[美] 乔恩·威特（Jon Witt） 著

风笑天 等译

中国人民大学出版社

· 北京 ·

图书在版编目（CIP）数据

社会学经典入门：第 6 版 /（美）乔恩·威特
（Jon Witt）著；风笑天等译. -- 北京：中国人民大学
出版社，2025.4. -- ISBN 978-7-300-33698-5

Ⅰ．C91

中国国家版本馆 CIP 数据核字第 2025BB8421 号

社会学经典入门（第6版）

［美］乔恩·威特（Jon Witt）　著

风笑天　等　译

SHEHUIXUE JINGDIAN RUMEN（DI 6 BAN）

出版发行	中国人民大学出版社			
社　址	北京中关村大街 31 号		**邮政编码**	100080
电　话	010-62511242（总编室）		010-62511770（质管部）	
	010-82501766（邮购部）		010-62514148（门市部）	
	010-62515195（发行公司）		010-62515275（盗版举报）	
网　址	http://www.crup.com.cn			
经　销	新华书店			
印　刷	北京联兴盛业印刷股份有限公司			
开　本	890 mm×1240 mm　1/16		**版　次**	2025 年 4 月第 1 版
印　张	24.5　插页 2		**印　次**	2025 年 4 月第 1 次印刷
字　数	637 000		**定　价**	145.90 元

谨以此纪念梅根·斯洛斯

美国中央学院 2014 届社会学专业毕业生

勇敢前行！深入探索！交流思想！

目录
Contents

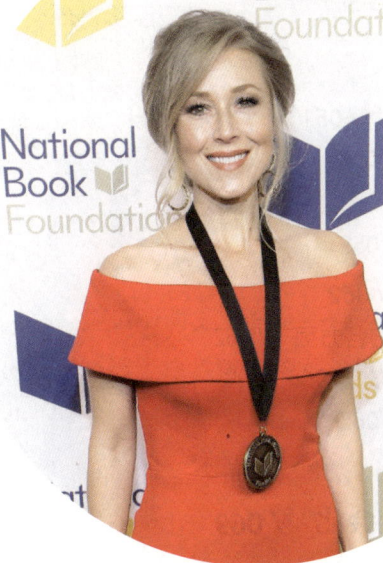

第 12 章 > 社会性别与性存在 / 271

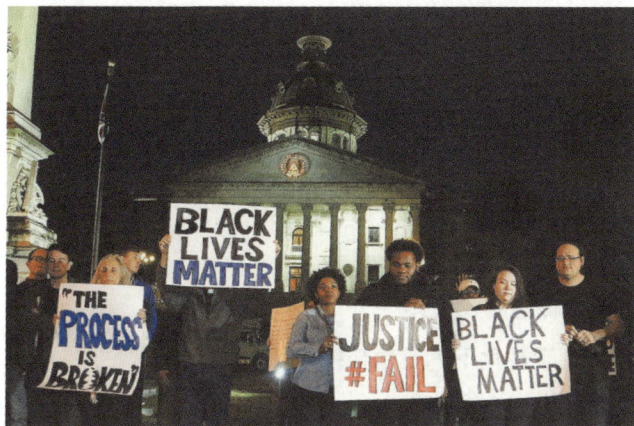

第 13 章 > 种族和族裔 / 297

第1章

社会学想象力

图片来源：Manny Carabel/Getty Images.

我的家乡

萨拉·斯马什（Sarah Smarsh）出生在美国中部的一个偏僻之地。她的祖母贝蒂抚养她长大，她出生时祖母只有34岁。萨拉的人生是一个充满了机遇与障碍、成功与失败、希望与绝望的故事。

在萨拉祖母的时代，人们总是在努力寻找一个稳定的经济基础，同时保持他们的尊严。日复一日，年复一年，萨拉的家人工作到精疲力竭、身体虚弱，但大多数人终其一生都没什么收获。

相比之下，萨拉的故事是美国梦的代表。她出生在堪萨斯州的一个贫困农村，一方面，她所能期待的未来，可能只是和她的母亲、祖母以及她生活中许多其他女性一样的命运。这些女性在十几岁时成为母亲，她们面临着有限的机遇，处理各种成瘾问题，并经历了持续的歧视。另一方面，萨拉克服了许多障碍，成为她家里第一个上大学并毕业的人。在此之后，萨拉从事了一系列的专业工作，包括做了一段时间的大学教授。萨拉在她的书《中心地带：在世界最富有国家努力工作并破产的回忆录》（*Heartland: A Memoir of Working Hard and Being Broke in the Richest Country on Earth*）中讲述了她的故事。

但是萨拉拒绝这种美国梦式叙事的独胜，她笃定地认为自己的故事是一个局外人的故事，是规则的例外。在正确的时间有正确的人加以干预——这种运气大大提升了她成功的概率。对她来说，家庭和社区的主导叙事至少是同等重要的。他们也很聪明、有创新意识、有创业精神、有激情，也许最重要的是勤奋。然而，他们从未经历过她所经历的社会流动。

经济下行趋势导致的机会缺乏很大程度上造成了她所在社区中许多人的生活困难。例如，在20世纪80年代，农业危机导致许多农场丧失抵押品赎回权。从2008年开始，由于全球经济衰退，更多的人或被迫停止经营，或主动放弃。诸如此类的危机加剧了这些社区面临的整体经济衰退。正如斯马什所说，"我们身边的一切都在关闭：小镇百货商店、有着一直延伸到天花板的小抽屉的五金店、本地餐厅。律师们拆下他们的营业招牌，医生们搬去了城市"。乡村和小镇生活变得越来越难以为继。许多世代居住于此的人都希望它能运转下去，但是他们期望的经济成功似乎超出了他们的控制。

社会学使我们能够更好地理解个体主动性与结构性障碍之间的相互作用。成功的确取决于我们所做的选择，但成功的机会并非均等地分配给我们所有的人。当我们理解我们的结果时，我们必须认真考虑我们的社会地位对我们思考、行动和感受方式的影响。

边读边思考 >>

- 社会学是什么？
- 社会学家如何看待世界？
- 个体如何研究社会学？

>> 社会学是什么

我们需要彼此。我们可能倾向于认为我们可以单打独斗取得成功，但是我们的个人主义正是由于我们的相互依赖才得以实现。我们赞扬一位奥运金牌得主令人印象深刻的技巧、专注的训练和专一的决心，但是，如果没有每天开车送她去游泳池的妈妈，没有凌晨4点起床确保泳池开放的大楼管理员，没有通宵工作以确保更衣室干净和安全的女人们，以及在这样的荣耀时刻淡出舞台的其他人，她永远不会有这样的机会。

我们所依赖的人往往是我们所不认识的、看不见的。尽管我们可能永远不会遇到他们，但我们依赖这些农民、卡车司机、秘书、商店店员、消费者、软件工程师、科学家、流水线工人、教师、警察、发明家、政治家、首席执行官和许多其他人。然而，我们通常认为他们的贡献是理所当然的，没有充分认识到他们在多大程度上使我们的生活成为可能。

社会学家试图揭示我们在多大程度上相互依存。他们探索自我与社会之间的亲密联系，将这种关系置于社会学定义的核心。**社会学**是对个体与社会之间的关系以及差异的后果的系统性研究。我们将在"社会学的定义"一节中探讨这一定义的各个组成部分。在那之前，我们先思考社会学想象力如何塑造我们看世界的方式。

社会学想象力

美国社会学家 C. 怀特·米尔斯（C. Wright Mills）提出，将社会学视为一个工具，它让我们更好地去理解我们思考和行动的方式。他认为应该用**社会学想象力**来探索作为个体的我们和塑造我们生活的社会力量之间的相互关系。换言之，在研究社会学的过程中，我们需要认识到历史洪流与个人生平之间的强大交集。

社会学（sociology） 对个体和社会之间的关系以及差异的后果的系统性研究。

社会学想象力（sociological imagination） 对作为个体的我们和塑造我们生活的社会力量之间相互关系的探索。

我们是时代和地域的产物，我们的思想、行为，甚至我们的感受都是由我们所处的社会环境塑造的。比如，你选择去上大学，这个决定并非是由你完全独立做出的。你的年龄、家庭背景、区域位置、朋友网络和可支配收入等因素，都在你决定是否去上大学、上哪所大学的过程中发挥作用。

除了对我们的选择产生直接影响之外，社会学想象力还要求我们去思考社会力量在更大的宏观事件中所扮演的角色。以失业为例，一个人的失业可能有很多种原因。一个愚蠢、自私和粗心的员工可能会被解雇，因为他是一个糟糕的员工。但是，他们也有可能因为个人无法控制的社会力量而失去工作，无论他们的工作效率有多高。运用社会学想象力，我们能够认识到，我们的工作稳定性的上升和下降取决于更大的经济环境中发生的变化。比如，当经济在 21 世纪头十年急剧下滑时，失业率从 2008 年 2 月的 4.8% 升至 2010 年 10 月的 10.1% 的峰值。许多聪明、敬业、细心的工人在这个过程中失去了工作。

通过分析失业率随时间的变化，我们会发现一些当我们仅专注于个体时被忽视的规律。社会学想象力让我们发现，处于相似社会地位的人会经历相似的结果。还是以失业为例，如图 1–1 所示，一个人经历失

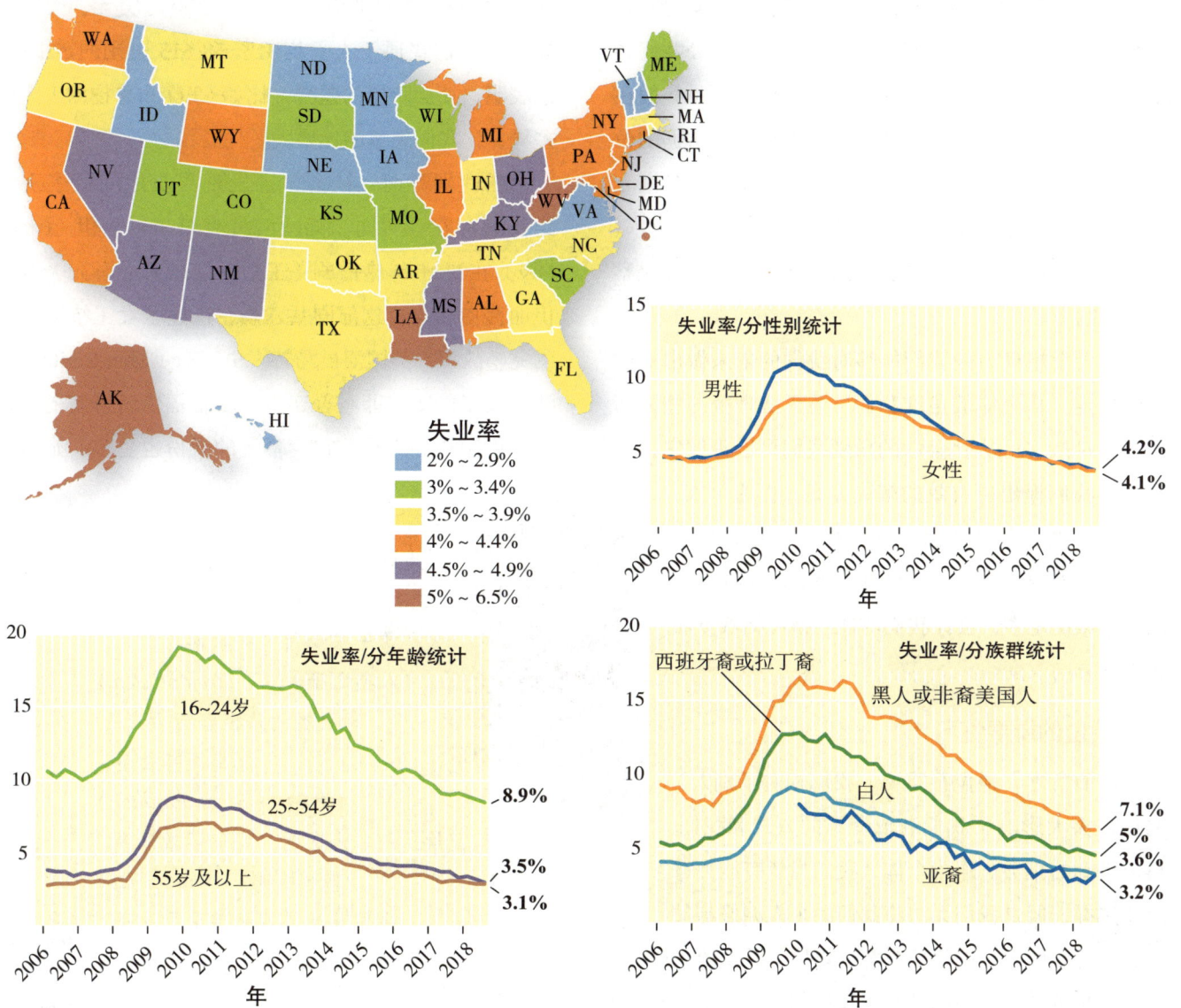

图 1–1　美国就业率趋势

注：失业率包括 16 岁及以上可就业但没有工作，并在过去四周内积极找工作的人。

资料来源：Bureau of Labor Statistics，2016a，2016b.

业的可能性因其社会位置而异，包括年龄、性别、族群。年轻人的失业率，无论是过去还是现在，都大大高于老年人；男性的失业率在 2008 年金融危机期间的增幅明显高于女性；非裔和拉丁裔的失业率，无论是过去还是现在，都显著高于白人。

为了帮助我们理解社会力量所能发挥的作用，米尔斯区分了私人问题和公共问题。**私人问题**是我们在个人生活中与特定个体的直接关系中所面临的问题。对于这些问题的解释对所涉及的个人来说是特别的。比如，你失去了工作，原因是你旷工、不服从老板的指令、从收银机中偷偷拿钱，等等。社会学想象力正好相反，它专注于分析**公共问题**的重要性，这些问题是我们在更大的社会结构中所占据的位置所导致的。私人问题是个人的，公共问题是社会的。通过分析数据，如失业率、离婚率和贫困率，我们能够看到社会力量不易被人察觉的影响力。

私人问题（private troubles）我们在个人生活中与特定个体的直接关系中所面临的问题。

公共问题（public issues）我们在更大的社会结构中所占据的位置而导致的问题。

社会学想象力使我们能够对我们的未来做出更明智的决定。从个体的角度我们可能无法理解一些人所面临的挑战，但从社会学的角度我们可以理解它，这有助于我们提出更有效的解决方案。作为个人，我们可以通过考察社会环境来做出更明智的选择。在更宏观的层面上，政治和经济领袖将它运用到政策制定中，会让我们的社会格局朝着更加积极的方向改变。

社会地位的重要性

简而言之，地位很重要。我们相对于别人的地位大大影响了我们获取资源的方式和我们可以得到的机会。作为个体，我们当然有能力自己做选择，但是我们无法将我们的个人偏好与父母、老师、朋友、同事、政客、媒体，甚至陌生人的影响分开，他们的选择为我们创造或限制了机会。我们出生在何时何地、我们父母的教育程度、职业和收入、我们的国籍，诸如此类的因素都对我们能成为什么样的人发挥着重要的作用。

社会学想象力使我们能够看到社会阶层、性别和种族的影响，这是社会学家特别感兴趣的三种社会地位，因为它们在我们的生活中都有着重要意义。比如，我们的社会阶层决定了我们对物质资源的获取。有研究者询问被试他们认为首席执行官（CEO）和非技术工人应该挣多少钱，以及这两种人实际上挣多少钱，然后将这些数字进行比较。在美国，被试认为 CEO 应该挣 7 倍于非技术工人的钱，并猜测实际上两者的收入比是 30∶1。事实上，2017 年标准普尔（S&P）500 强公司的 CEO 的平均年收入为 1390 万美元，大约是非主管职位普通工人平均工资 38 613 美元的 361 倍。这表明，社会阶层的差异，比如 CEO 和非技术工人的差异，比我们想象的还要大。

在性别方面，社会学家发现男女之间的工资差距持续存在。例如，英国演员克莱尔·福伊（Claire Foy）在 Netflix 热播剧《王冠》（The Crown）中扮演伊丽莎白二世，这部剧共六季，讲述了女王统治时期的完整故事。英国演员马特·史密斯（Matt Smith）扮演了女王的丈夫菲利普亲王。尽管福伊所扮演的角色在剧中是核心人物，在荧幕上的戏份也更多，她每集

《为奴十二年》（12 Years a Slave）
19 世纪 40 年代一名非裔美国男子被绑架并被贩卖为奴隶。

《人类之子》（Children of Men）
人类无法再繁衍后代的反乌托邦社会。

《黑豹》（Black Panther）
瓦坎达的非洲文明或许能拯救世界。

《菲洛梅娜》（Philomena）
一位母亲寻找她丢失的孩子。

《伯德小姐》（Lady Bird）
在走向成年的道路上，一位年轻女性克服了生活中的重重障碍。

电影 关于社会学想象力

5

赚 2.9 万英镑（约 4 万美元），但据估计却比史密斯每集少赚 1 万英镑。在这一差异被曝光之后，该剧集的制片方左岸影业公司（Left Bank Pictures）为此道歉说："今后，没有人的收入会超过女王。"

这个公开的薪资不平等的例子反映了美国的工资差距。当比较全职工人的平均收入时，男性每挣 1 美元，女性只能挣 80 美分。种族和族裔的差异也会造成类似的结果。在美国，出生在白人家庭能大大提高你挣钱的可能性。在一项关于财富分配的研究中，研究人员发现，非西班牙裔白人家庭的财富中位数为 17.1 万美元，是非裔美国家庭（1.76 万美元）的 9.7 倍，西班牙裔美国家庭（2.07 万美元）的 8.3 倍。

如克莱尔·福伊这样的女性演员，她们的工资通常比男性同行要低。
图片来源：Left Bank Pictures/Sony Pictures TV Prod UK/Album/Newscom.

地位很重要，它塑造了我们思考、行动甚至感受的方式。例如，计算机巨头惠普公司试图找出让更多女性进入高级管理层的方法。他们发现，女性只有在认为自己百分之百符合职位要求的时候才会申请这个职位，而男性认为自己只要达到了要求的 60% 就会申请。当被问及在结束任期后奥巴马将会被如何载入史册时，75% 的非裔美国人认为奥巴马的政绩高于平均水平，而这样认为的白人只有 38%。当我们试图对这一结果进行分析，我们倾向于认为这是站队，但是其中有趣的社会学问题是，这两个差异鲜明的阵营是如何形成的。

汉堡是一个奇迹

为了更充分地认识到我们对他人的依赖程度，想象一下你必须完全从零开始做一件事，而且不能依赖从其他人那里获得的任何知识、技能、工具或资源。这将是多么地困难？我们以汉堡为例。首先，你需要牛肉，这意味着你首先需要一头牛，但是不允许从农民那里购买，因为这样做就借助了他人的努力和能力，所以它得是一头野牛。假设你能在某个地方找到一头

漫步的野牛，你需要杀死它，或许用一块大石头砸它的头，或许把它赶下悬崖。

一旦你有了一头死牛，你需要把它宰了，但牛皮很硬。想象一下生产一把金属刀需要什么（寻找矿石、熔炼、锻造、回火，等等），也许一块锋利的石头就可以了。假设你有一个切割工具，你可以切出一块生肉。考虑到你想吃的是汉堡（虽然你可能已经准备好吃牛排了），你需要把肉磨碎。你可以用一些石头把它磨成肉泥。如果不是难以制造，绞肉机会更好用。无论如何，你最终得到了一个生的汉堡肉饼。

要做汉堡，你需要火。但是火是从哪里来的呢？也许你可以把两块石头碰在一起，或者把两根棍子放一起摩擦。在尝试了一段时间后，你可能会决定在附近等待闪电击中一棵树会更容易。不管你怎么做，生火之后，你还得把肉煮熟。没有煎锅可供使用，所以你要么现做一个煎锅，要么你就在刚刚用来杀牛的石头上煎肉饼。

假设你成功了，你现在有了一个做好的汉堡肉饼。但你还远没有完成，你还需要完成许多其他步骤。你需要烤一个面包，这就需要弄清楚如何准备面粉、水、盐、油、糖、酵母和烤箱，还有番茄酱、芥末酱、咸菜和洋葱等调味品呢？如果最后你决定做一个芝士汉堡呢？可你已经杀了牛！你记得先给它挤奶了吗？

做一些看起来很简单的东西，比如可以在麦当劳花 1 美元买到的，其实是相当复杂的。获取和准备汉堡中所有食材所需要的足智多谋远远超出了我们大多数人的能力。然而，当我们吃一个汉堡时，我们很少考虑它的复杂性。相反，如果我们运用社会学想象，我们可能会发现汉堡是一个奇迹。当然，不是字面意义的奇迹，因为没有任何超自然事件发生。这是一个比喻，比喻一顿饭中所汇聚的知识和技能之多。不仅仅是汉堡，我们制造和使用的所有产品，如素食汉堡、书籍、背包、衬衫、汽车、房子、智能手机，都指向一个隐藏的基础设施，它包含了我们集体的智慧和能力。

能动性（agency） 作为个体可以按照自己选择的方式思考和行动的自由。

你知道吗？

安迪·乔治在他的 YouTube 系列视频《如何制造一切》中探索了制作过程的复杂性。例如，他从头开始做烤鸡三明治。他自己种小麦，挤牛奶，把海水蒸发成盐，宰杀一只鸡，等等。他花了 6 个月时间和 1500 美元。味道如何？一般般。他还用找到的原材料制作了其他产品，包括巧克力棒、咖啡、玻璃瓶和一套西装。

图片来源：©G.K. & Vikki Hart/Photodisc/Getty Images.

社会学的定义

社会学家的目标是调查、描述和解释这种相互关系。接下来我们将对社会学定义的四个组成部分进行更详细的分解，揭示它们是如何实现这一目标的。

系统性研究 通过系统性研究收集经验数据，是社会学家与世界打交道的方式。有了这些数据，社会学家就可以基于经验或观察对社会做出结论，而不是基于信仰或他人的权威。如果他们想了解为什么平均初婚年龄一直在上升，或者为什么人们会犯罪，他们必须从参与这些活动的人那里收集数据，并基于这些信息得出结论。

社会学思考

到目前为止，你认为自己人生最大的成就是什么？在你的生活中，哪些人对实现这一目标有最直接的贡献？考虑到我们也依赖那些通常不为人知和看不见的人，其他人对你的成功做出了哪些间接但重要的贡献？

历史上，社会学研究数据收集的方法包括定量和定性两种。定量方法强调计算，并通过数学或统计学分析来揭示变量之间的关系。收集这类数据最常见的方法是通过调查。相比之下，定性方法专注于倾听和观察人们，并允许他们解释自己生活中正在发生的事情。收集这类数据最常见的方法是通过参与式观察，在这种观察中，研究人员与他或她所研究的对象相互作用。在实践中，社会学家在进行研究时经常使用这两种方法。我们将在第 2 章中更详细地讨论这些研究技术。

个体 尽管社会学最常与群体研究联系在一起，但脱离了组成群体的个体，也就不存在所谓的群体。作为个体，我们不断地选择下一步要做什么。大多数时候，我们遵循从别人那里学到的行为准则，但我们有能力在任何时候拒绝这些准则。社会学家用来描述这种能力的术语是**能动性**，意思是我们作为个体可以按照自己选择的方式思考和行动的自由。例如，在职业体育中，我们用"自由球员"这个术语来描述那些有权与任何球队谈判的球员。我们也有这样的自由。我们可以选择不去上课、不去上班、早上不起床、不遵守交通信号灯、不回应别人的谈话、不读这本书的下一句话，等等。

正如我们已经知道了社会地位的重要性，我们相对于他人所处的位置决定了我们所做的选择。在NBA联盟中，勒布朗·詹姆斯（LeBron James）作为自由球员多次行使他的权利，从一支NBA球队到另一支NBA球队：从克利夫兰，到迈阿密，再回到克利夫兰，然后到洛杉矶。他没有选择与美国国家橄榄球联盟（NFL）的绿湾包装工队或美国职业棒球大联

与每一门科学一样，社会学的功能在于揭示隐藏的东西。

皮埃尔·布迪厄（Pierre Bourdieu）

盟（MLB）的芝加哥小熊队签约，因为他缺乏这些组织所需要的技能。他的选择和我们的一样，都受到他的能力和他所能获得的机会的制约。我们所拥有的技能和能力的价值取决于我们所处的社会环境对它们的认可和奖励程度。当我们选择时，我们通常会循着"阻力最小的道路"——已经被接受和期待的行动和信仰，但是我们生命的每一秒都在选择是否继续遵循它们。

社会　社会学的核心是研究社会。尽管我们将用本书的大部分篇幅来描述社会的各个方面，但我们可以先把它想象成我们的社会环境。**社会**由关系结构组成，

> **社会（society）**　一种关系结构，文化在其中通过规范的社会互动模式被创造和共享。

作为一名NBA自由球员，勒布朗·詹姆斯从克利夫兰骑士队转会到迈阿密热火队，再回到克利夫兰骑士队，然后又来到了洛杉矶湖人队。
图片来源：Harry How/Getty Images.

文化在其中通过规范的社会互动模式被创造和共享。它提供的框架与建筑类似：建筑的结构同时支持和阻碍了在不同房间里进行不同的活动（比如厨房、卧室和浴室），而且许多建筑的基础运作系统（比如供暖和冷气）对我们而言几乎也是看不见的。同样地，我们的制度结构（社会学家用这个术语来描述社会结构的一些主要组成部分，包括经济、家庭、教育、政府和宗教）塑造了人们对我们的期望。例如，我们在现代家庭中能做出的选择，比如离开家去追求自己的学业和事业，与我们在更传统的家庭中所面临的义务有很大的不同。我们所占据的群体、子群体和地位，都嵌套在制度之中。我们将在接下来的章节中讨论这些制度的细节，但记住这一点是很有帮助的，它为我们的行动提供了清晰的路径，我们通过这些路径构建文化并融入社会。

差异的后果　社会学定义的最后一部分是差异的后果。社会学不仅仅描述我们的结构、文化和互动，还分析了经济、社会和文化资源是如何分配的，以及这些模式如何为个人和群体创造机会和障碍。自社会学创立以来，社会学家一直关注我们的社会地位对我们获得机会可能性的影响。如前所述，社会学家对阶层、性别和种族造成的不同结果特别感兴趣。

对社会权力的分析值得特别关注，因为它决定了我们如何思考和行动，以及为什么这样思考和行动。一个简单的事实是，那些能够获得和控制有价值的物质、社会和文化资源的人，与那些无法获得和控制这些资源的人相比，有不同的选择。社会学

图片来源：Library of Congress Prints and Photographs Division [LC-DIG-fsa-8b29516].

的主要任务之一是考察和揭示**社会不平等**的程度——社会成员占有不同数量的财富、声望或权力的状态。这就是社会学的定义特别关注差异的后果的原因。

综合来看，社会学定义中的这四个组成部分帮助我们去理解那些影响我们信念和行为的事物。承认我们的选择受限于我们所处的位置，这一事实看似令人沮丧，但社会学实际上可以赋予我们力量，因为它向我们展示了我们所处世界的更完整的图景。法国社会学家皮埃尔·布迪厄说道："社会学告诉我们群体是如何运作的，以及如何利用支配其运作方式的法律，以试图规避它们。"换言之，认识到我们的思想和行动是如何被决定的，可以让我们有更多的自由去做出更有效、更明智的选择。

>> 社会学的根源

社会学作为一门学科，是在社会剧变中发展起来的。工业革命和19世纪早期的城市化改变了我们思考和行动的方式。在这一时期，贵族制度衰落，民主制度在传播；人们对世界及其现象的看法正从宗教观转向更科学的观点；乡村和农场生活迅速让位给城市和工厂生活。维持社会秩序的旧规则不再适用，世界似乎要崩溃了，而社会学的出现正是为了理解和控制影响我们生活的社会力量。

一门关于社会的科学

科学为社会学的建立提供了基础。早期的科学家，如弗朗西斯·培根（Francis Bacon）、罗伯特·博伊尔（Robert Boyle）和艾萨克·牛顿（Isaac Newton），挑战了关于世界如何运转的传统观念。他们不会仅仅因为权威人士这么说，就把某些事情当作事实。他们质疑政治家、牧师和哲学家的权威，不认为他们说的就完全是真理。这样做有时会给他们带来麻烦，就像伽利略在17世纪经历的那样。伽利略声称，他用自己最近发明的望远镜所做的观测，支持了哥白尼的日心说，即地球绕着太阳转。然而，因为这个理论与天主教徒信奉的地心说（即宇宙的中心是地球）相矛盾，他被

指控为异端分子，一直被软禁到死。

通过细致的观察和实验，这些早期的科学家们揭示了自然界的基本真理。他们发展出的科学方法遵循了我们现在所说的"密苏里原则"（Missouri principle）：不要只是告诉我，要展示给我看。据说，密苏里州的别名之所以叫"展示给我看的州"（show-me state），其根源可以追溯到密苏里州国会议员威拉德·邓肯·范迪弗（Willard Duncan Vandiver）在1899年的演讲："满口泡沫的口才既不能说服我，也不能满足我。我来自密苏里州，你必须展示给我看。"

图片来源：Courtesy of Jon Witt.

在前几个世纪里，依靠牧师或哲学家的权威可能就足够了，他们认为事情的发生是由于尘世之外的力量，比如上帝的意志或者命运。科学方法则坚持这种世俗的经验调查，它可以用我们的感官来衡量。如果我们看不见它、摸不到它、闻不到它，也不能以任何其他方式衡量它，我们就不应该把它当作一个事实来接受。即使这样，我们也应该进行重复的实验，以防止我们的感官欺骗我们。从早期科学实验中得出的一些自然定律，如牛顿第二定律（$F=ma$），在任何时间和空间上都是成立的，因此为自然如何运行提供了普遍的真实解释。

这些自然法则有强大的解释力，这促使其他人对同样强大的社会法则的探索和揭示成为可能。正是在19世纪中期这样的背景下，法国社会哲学家奥古斯特·孔德（Auguste Comte，

哈丽雅特·马蒂诺
图片来源：（马蒂诺）Alonzo Chappel/Georgios Kollidas/Alamy Stock Photo；（画框）kittimages/iStockphoto/Getty Images.

1798—1857）对社会学的创立做出了三项重大贡献。第一，在探索社会规律的过程中，他发现了两种值得深入研究的重要社会力量——社会稳定和社会变革。他用"社会静力学"一词来指代社会团结和维持秩序的原则，用"社会动力学"一词来描述带来变化并塑造这种变化性质和方向的因素。第二，为了给这门新学科命名，孔德创造了"社会学"一词，其字面意思是"对结为同伴过程的研究"。第三，他认为，社会学家应该发挥领导作用。就像人类的新祭司一样，利用他们对社会规律的知识，推进政策，既能增强社会稳定，又能推动积极的社会变革。

英语学者了解孔德的作品主要是通过另一位社会学创始人、英国社会学家哈丽雅特·马蒂诺（Harriet Martineau，1802—1876）的翻译。马蒂诺对社会学的创立也做出了三个重要贡献。第一，马蒂诺写了第一本关于社会学方法的书，试图将社会科学的研究系统化。第二，作为一个具有开创性的理论家，她将不平等和权力的重要性引入了这门学科。马蒂诺的著作《美国社会》（Society in America）研究了这个年轻国家的宗教、政治、育儿和移民问题。它特别关注了社会阶层差别，以及诸如性别和种族等因素。第三，她认为知识分子和学者不应该简单地观察社会，他们还应该按照自己的信念做有益于社会的事。马蒂诺公开表示支持妇女平权、奴隶解放和宗教宽容。

社会秩序和社会不平等塑造了自社会学作为一门学科成立以来社会学家们所追求的理论和研究路径。在早期社会学理论中，它们分别在埃米尔·迪尔凯姆（Émile Durkheim）和卡尔·马克思的著作中得到了充分的发展。正如我们将在本书中看到的，它们至今仍然是社会学家主要关注的问题。

理论与研究

法国社会学家埃米尔·迪尔凯姆（1858—1917）深受孔德将社会学作

为一门科学的梦想的影响。他们都认为社会学是理论与研究之间的对话。然而，与孔德不同的是，迪尔凯姆通过收集数据来检验关于社会秩序的基本社会学理论。**理论**是一组说明，它试图给问题、行动和行为提供解释。理论代表了我们尽最大努力去理解世界的企图。它们通常一开始是笼统和模糊的，但随着时间的推移和研究的推进，理论为我们生活的世界提供了更丰富、更完整的解释。迪尔凯姆用他关于社会联系如何影响我们的选择的研究，构建了一个早期模型，展示理论和研究如何相互作用。

理论（theory） 在社会学中，理论是一组说明，它试图给问题、行动和行为提供解释。
社会事实（social facts） 外在于个体的、对个体的行动、思考和感觉具有强制塑造力量的方式。

图片来源：Massimo Valicchia/NurPhoto/Getty Images.

构建社会学理论 循着迪尔凯姆在一个多世纪之前的逻辑（彼时社会学刚刚成为一门学科），我们可以更好地理解社会学理论是如何发展的。当时，大学里没有社会学系，也没有社会学家的学术职位，迪尔凯姆想要确立社会学作为一门独特学科的合法性。他的理论是社会力量塑造个人行为，这与当时的主流理论即生物学、个人心理或上帝是引起我们行为的主要原因相矛盾。他试图为社会学作为一门学科创造空间。他认为，的确有在个人层面之上、但存在于人类社会领域内的因素塑造了我们的行为。

迪尔凯姆开始去证明社会事实的存在，以及它如何影响我们的行为。他将**社会事实**定义为外在于个体的、对个体的行动、思考和感觉具有强制塑造力量的方式。换言之，我们的行为、思考和感觉，是受外界社会力量的作用才成为可能，但同时也被它制约。社会事实有点像重力，我们不能直接看到或测量它，但我们能观察它的影响。要证明社会事实的力量，就要证明它们对我们所做选择产生的影响。

为了找到最有力的论据，迪尔凯姆选择研究他认为的终极个人选择——自杀。他的理论是，人们选择自杀是因为他们缺乏阻止他们结束自己生命的社会关系和义务。他的假设如下："自杀率与个人所组成的社会群体的融合程度成反比。"迪尔凯姆选择宗教归属作为社会融合的指标，认为新教徒的社会融合程度不如罗马天主教徒。他认为天主教是一种传统的宗教信仰，其权威体系是分级的，信仰中的变动（比如节育、堕

哈丽雅特·马蒂诺认为，我们可以通过分析流行歌曲中反映的思想、形象和主题来了解一种文化。她写道："一个国家的歌曲一定是他们诗歌中最耳熟能详的、真正受欢迎的……它们也反映了大众在最感兴趣话题上的最普遍的感受。如果不是这样，它们就不会成为流行歌曲。"通过分析当前排名前十的歌曲的歌词，我们对美国文化能产生什么样的理解？当下流行的主题、想法、形象和期望是什么？（歌曲榜单可以在"公告牌百强单曲榜（The Billboard Hot 100）"或者 www.top10songs.com 上查到）

图片来源：Brian Ach/Getty Images.

流行社会学

胎、女牧师等议题）不取决于个人。与此相反，新教赋予信徒个人更多的权力来为自己解释圣经。因此，当对信仰的理解出现分歧时，新教徒在建立新教会方面感到更自由。虽然罗马天主教会只有一个，但新教却包括浸信会、卫理公会、改革宗、圣公会、长老会和许多其他教派。新教徒个人自主程度的增加意味着其社会融合程度的降低，这让迪尔凯姆预测新教徒比天主教徒更有可能自杀。

检验社会学理论 为了检验他的理论，迪尔凯姆从不同国家搜集数据。通过观察法国、英国、丹麦三个国家，他发现英国每百万人中有 67 人自杀，法国每百万人中有 135 人自杀，丹麦每百万人中有 277 人自杀。迪尔凯姆的结论是，丹麦自杀率相对较高是因为丹麦是一个比法国和英国更信奉新教的国家。换句话说，是这些国家的社会构成决定了他们的自杀率。最近的研究将观测单位从国家变为个人，也发现了同样的关系。

将他的分析延伸到社会融合的其他指标时，迪尔

凯姆的基本理论继续得到验证：未婚人士的自杀率比已婚人士高得多；没有孩子的人比有孩子的人更有可能结束自己的生命。此外，经济不稳定和衰退时期的自杀率高于经济繁荣时期。迪尔凯姆的结论是，他的理论是正确的：一个社会的自杀率反映了人们在多

走向全球

是什么让一个国家快乐？

作为和自杀率相反的研究，社会学家们指出不同国家的幸福程度也是不同的。根据《世界幸福报告》的统计，幸福指数得分最高的五个国家分别是芬兰、挪威、丹麦、冰岛和瑞士。倒数五名的国家是也门、坦桑尼亚、南苏丹、中非共和国和布隆迪。美国在 156 个国家中排名第 18 位。该指数综合考虑了主观幸福感（"你昨天快乐吗？"）和生活满意度（"你对你的生活总体上满意吗？"）两个指标。

来自丹麦的问候，丹麦是世界上最幸福的国家之一。
图片来源：Rafael Elias/Moment Open/Getty Images.

大程度上融入或不融入社会的群体生活。迪尔凯姆在 1897 年出版的里程碑式著作《自杀》（Suiside）中展示了他的研究结果。

应用社会学理论　迪尔凯姆的理论有一个前提，那就是我们是在自己和他人的关系之间寻找意义的。我们之间的联系和相互依赖越多，我们自杀的可能性就越小。迪尔凯姆试图去总结我们与社会之间联结的重要性，他说："个人本身并不是其活动的充分目的，个人本身太渺小……因此，当我们除了自己以外没有别的目标时，我们就无法避免这样的想法：我们的努力最终将以虚无告终……在这种情况下，人会失去生存的勇气，放弃行动和挣扎。"人类本质上是社会性生物。根据迪尔凯姆的理论，我们不能脱离我们所处的社会位置来考虑一个事物对我们的意义。个体行为的社会维度是迪尔凯姆希望社会学去探索、阐述和解释的。

迪尔凯姆关于自杀的研究提供了一个案例来展示社会学的理论如何起作用。他提出了社会事实塑造个人行为的理论。他通过研究自杀这种个体选择（也许是所有选择中最个体的一种）来验证这一理论，并证明群体成员之间的关系的不同导致了自杀可能性的不同。正如图 1–2 中所示，对最近数据的分析表明，自杀率与个人的社会地位有关。迪尔凯姆的结论是，如果社会事实在这个最极端的个体选择的例子中起作用，那么它们也同样塑造了所有其他的个体选择。他认为，如果社会事实在我们的生活中有这样的力量，就应该有一门专门研究社会事实的学科。在迪尔凯姆的努力下，1895 年，波尔多大学建立了欧洲第一个社会学系。

自杀在当今的美国已成为一个重大的公共健康问题。2016 年，有 44 965 人死于自杀，比 1999 年增加了 30%。急诊室自杀未遂的发生率增长得更多。在所有年龄组中，45~64 岁的人的自杀率增长得最快。在所有的自杀者中，有 48.5% 的人是开枪自杀的。社会学家及其他研究者继续发掘影响自杀可能性的环境性因素，比如相对社会福祉和相对收入。

不同性别的自杀率

- 21.4　男性
- 6　女性

不同年龄的自杀率

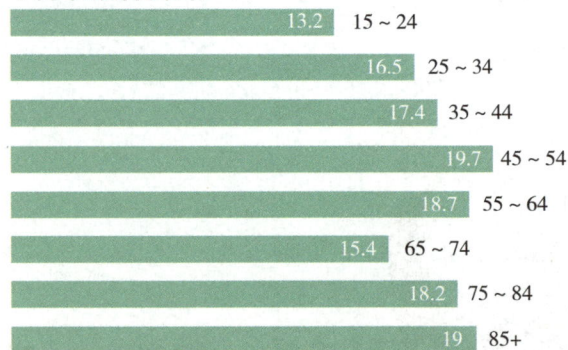

- 13.2　15 ~ 24
- 16.5　25 ~ 34
- 17.4　35 ~ 44
- 19.7　45 ~ 54
- 18.7　55 ~ 64
- 15.4　65 ~ 74
- 18.2　75 ~ 84
- 19　85+

不同种族/族裔的自杀率

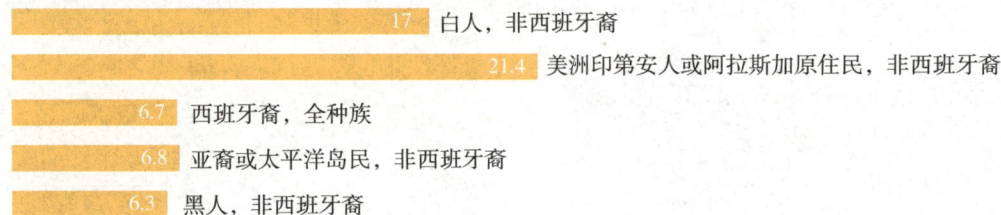

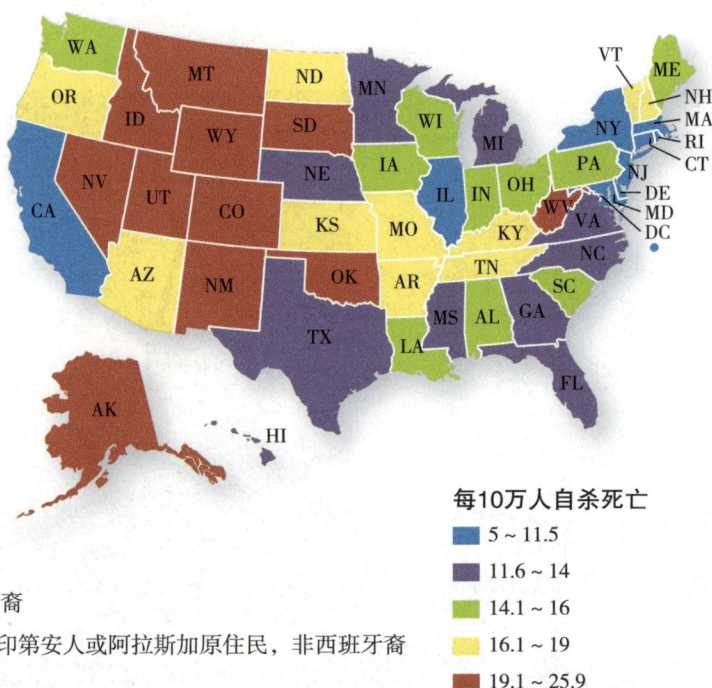

- 17　白人，非西班牙裔
- 21.4　美洲印第安人或阿拉斯加原住民，非西班牙裔
- 6.7　西班牙裔，全种族
- 6.8　亚裔或太平洋岛民，非西班牙裔
- 6.3　黑人，非西班牙裔

每10万人自杀死亡

- 5 ~ 11.5
- 11.6 ~ 14
- 14.1 ~ 16
- 16.1 ~ 19
- 19.1 ~ 25.9

图 1–2　自杀率

注：自杀率的单位是"每 10 万人"，不是百分比。
资料来源：Xu et al., 2018.

社会学家并不是唯一试图将科学方法应用于研究社会行为的人。大约在同一时期，一批同类型的学科也应运而生，就这样诞生了**社会科学**——对人类行为及其相互作用和变化的系统性研究。这一总称将这些研究领域与自然科学区分开来，而**自然科学**是对自然的物理特征及其相互作用和变化方式的系统性研究。社会科学包括社会学、人类学、心理学、经济学、政治学和历史学。每一门学科都开辟了自己的学科领域，并相应地应用了自己的科学方法。随着时间的推移，社会学家们探索了更多关于我们如何思考和行动的新问题，于是社会学的边界出现了。

社会学思考

如果迪尔凯姆是对的，社会融合程度的确影响自杀的可能性，那么图1-2中各类群体自杀率的不同又该如何解释呢？为什么男性的自杀率远高于女性？为什么非西班牙裔白人和非西班牙裔美洲印第安人或阿拉斯加原住民的自杀率远高于其他种族/族裔？为什么会出现中年自杀高峰？为什么自杀率因州和地区而异？这些模式对这些类别中的人的社会融合意味着什么？

> > 五大问题

鉴于人类生活的复杂性，社会学家已经发展出了广泛的理论来描述和解释社会行为的多样性。有时，他们的叙事可能是宏大的，试图包含"大的图景"；其他时候，它们可以是更个人的、更私密的、更即时性的。尽管本书剩下的大部分篇幅都在研究社会学理论所提供的见解，在这里我们还是先简要讨论社会学的五大问题。每一个都代表一扇重要的门，是社会学家在探索我们为什么这样思考和行动时打开的。这些问题是：

社会秩序是如何维持的？权力和不平等如何塑造结果？互动如何塑造我们的世界？群体成员身份（特别是阶层、种族和性别）如何影响个人机会的获得？社会学家应该如何回应？

社会秩序是如何维持的

由于所处的时代动荡不安，一般的早期社会学家，特别是迪尔凯姆，都十分重视理解社会秩序是如何实现和维持的。正如迪尔凯姆的社会事实概念所表明的那样，他认为社会是存在于个人层面之上的一种真实的外部力量，对个人行为施加影响。迪尔凯姆认为，我们的行为、思考和感受，在很大程度上取决于社会结构。理解这些社会力量，特别是那些工业革命带来的变革性力量，是社会学的首要使命。

迪尔凯姆认为工业革命导致劳动分工程度的提高，工作变得越来越专业化，个体的共同工作经历变得越来越少，生活变得越来越分裂。这不仅适用于工作场所，也适用于更大的社区和共同体。在传统社会中，家庭、工作、学校和信仰的世界基本上是重叠的，现在彼此之间的差异越来越大。迪尔凯姆认为，由此导致的社会融合的减少使我们面临社会失范的巨大风险，他将**失范**定义为由于缺乏公认的指导行为的规则而导致的社会团结意识薄弱。社会失范增加了孤独、孤立和绝望的可能性，因此也增加了自杀的可能性。在迪尔凯姆的理论中，社会学对自杀问题的一种回应是，通过增加我们跨越社会边界的共同经历来建立社会整合。

权力和不平等如何塑造结果

卡尔·马克思采取了与迪尔凯姆不同的思路。他强调权力和对资源的控制在社会秩序的建立和维持中所起的作用。马克思认为，人类将原

> **社会科学**（social science）对人类行为及其相互作用和变化的系统性研究
> **自然科学**（natural science）对自然的物理特征及其相互作用和变化方式的系统性研究
> **失范**（anomie）由于缺乏公认的指导行为的规则而导致的社会团结意识薄弱。

埃米尔·迪尔凯姆
图片来源：（迪尔凯姆）©Bettmann/Getty Images；（画框）©Wrangel/iStock/Getty Images.

卡尔·马克思
图片来源：（马克思）Library of Congress Prints and Photographs Division［LC-USZ62-16530］；（画 框）©Peter Zelei/iStock/Getty Images.

材料转化为产品的创造性能力（例如，用黏土做一个锅，或砍伐一棵树做一张桌子）是人类区别于其他动物的关键因素（其他动物的行为是由本能决定的）。马克思认为，人类历史是以新技术的形式逐步展现人类创造力的过程。通过新技术，我们建立了与自然世界以及人与人之间的关系。不幸的是，在人类历史的大部分时间里，我们缺乏足够的技术来提供能够满足每个人需求的物质产品（如食物、衣服和住所），所以并不是所有人都有足够的物质产品。

马克思认为，社会不平等是由关键物质资源的所有权或缺乏决定的。统治阶级是由其对生产资料的所有权和控制来定义的，生产资料是变革发生所必需的工具和资源。相比之下，工人阶级的成员只拥有将原材料转化为产品的能力，在这一过程中就需要获得统治阶级控制的生产资料。迪尔凯姆关注的是社会失范，而马克思关注的是异化。**异化**是指失去对我们人类创造性生产能力的控制，与我们所生产的产品的分离，与产品的生产者隔离。我们将在第 9 章"经济体系"中讨论更多关于马克思理论的细节，重点关注资本主义如何作为一种经济体系存在。然而，他对社会学理论的影响不仅在于社会阶级方面，还延伸到对其他形式的不平等的分析，如性别、种族、族裔、国籍和年龄

异化（alienation）失去对我们人类创造性生产能力的控制，与我们所生产的产品分离，与产品的生产者隔离。
宏观社会学（macrosociology）集中研究大规模现象或整个文明的社会学研究。
微观社会学（microsociology）强调对小群体的研究以及对我们日常经验和互动分析的社会学研究。

如何影响个人机会。

为了进一步拓展社会学理论，马克斯·韦伯（Max Weber，1864—1920）提出了一种更普遍的、不局限于资本主义和生产资料所有权的权力理论。韦伯认为，尽管在大多数情况下，社会阶层及其对物质资源的控制可能决定谁拥有权力，但这些并不是权力的唯一可能的基础。

他指出的其他来源包括社会地位，即一个人有了社会地位，别人就会遵从他，对他的社会地位、社会声望和组织资源的尊重。而组织资源的意思是，一个群体的成员通过组织能力获得权力，通过最大化他们的可用资源来实现某些特定的目标。韦伯认为，这些社会资源的力量来自人们愿意服从另一个人的权威，而这反过来又基于人们对这个人统治权利合法性的认知。马克思和韦伯关于不平等和权力的不同理论模型，将在第 10 章的"社会学视角下的分层"中得到更详细的讨论。

马克斯·韦伯
图片来源：（韦伯）©Hulton-Archive/Getty Images；（画框）©Visivasnc/iStock/Getty Images.

互动如何塑造我们的世界

迪尔凯姆、马克思和韦伯的许多工作都涉及**宏观社会学**，它关注的是大规模现象或整个文明。这种自上而下的方法关注的是整个社会，以及广泛的社会力量如何塑造我们的生活。后来的社会学学派抛弃了这种方法，转而采用**微观社会学**。微观社会学强调对小群体的研究以及对我们日常经验和互动的分析。我们与他人的互动对我们有深远的影响。父母、兄弟姐妹、朋友、老师、同学、同事，甚至完全陌生的人都会影响我们的说话、行动、思考和感受。通过这样的互动，我们知道什么是合适的，什么是不合适的，并相应地做出反应。为了描述这一过程，社会学家

W.I. 托马斯（W. I. Thomas）建立了后来在社会学中被称为**托马斯定理**的理论："如果人们把情况定义为真实的，那么它们的结果也是真实的。"或者更简单地说，我们如何看待这个世界决定了我们的行为。我们的行动是建立在感知的基础上的，而我们的感知是我们与他人互动的结果。

为了更好地理解这一理论如何运行，社会学家欧文·戈夫曼（Erving Goffman，1922—1982）建议研究日常互动，把行动的个体当作舞台上寻求成功演出的演员。他说，在每一次相遇中，我们都扮演角色，遵循剧本，使用道具，合作，并设法赢得我们的观众。根据我们所扮演的角色，我们所表现出来的我们自己的各个部分是不同的。作为课堂上的学生，我们可能会表现出严肃的形象；在聚会上，我们可能想要看起来轻松友好。我们日常互动的直接背景塑造了我们是谁、我们想什么、我们如何行动。戈夫曼和其他互动论者的研究，将在第 4 章"自我和社会化"中进行更深入的讨论。

群体成员身份如何影响个人机会的获得

随着时间的推移，社会学家开始更充分地理解群体成员身份，特别是阶层、种族和性别对机会的影响。非裔美国社会学家 W.E.B. 杜波依斯（W. E. B. Du Bois，1868—1963）结合对日常生活经验的分析，致力于调查基于种族的权力和不平等。他对那些依靠常识或过于简短的调查的人持批评态度，认为研究人员必须不仅仅是"车窗社会学家"。因为要实现真正的理解，需要更多的研究，绝不可能靠"假日旅行几个小时的闲暇来解开数百年的混乱"。杜波依斯对 19 世纪 90 年代费城非裔美国人的细致、详尽且具有开创性的研究，是社会学早期真正的实证研究的代表之一。他的研究揭示了促成维持种族隔离的社会过程，这种社会过程不仅包括物质差异，还包括社会隔离，他称之为"肤色分界线"。

同样，女权主义学术流派将分析的视角扩展到主导经典社会学的男性观点之外，拓宽了我们对社会行为的理解。这种观点的早期例子可以在艾达·威尔斯 - 巴尼特（Ida Wells-Barnett，1862—1931）的生活和著作中看到。威尔斯 - 巴尼特继承了马蒂诺开创的传统，她认为，可以通过观察人们的行为和他们声称自己所信仰的原则是否一致来评判一个社会。威尔斯 - 巴尼特发现，当涉及关于妇女和黑人的平等原则时，美国没有做到自己所宣称的"人人平等"。因此，社会学家的部分任务就是揭露这种矛盾，否则这些矛盾在很大程度上可能会被忽视。这正是威尔斯 - 巴尼特所做的，19 世纪 90 年代她在一系列开创性著述中揭露了对黑人动用私刑的现象，她还倡导女性权利，特别是为妇女的选举权而斗争。和那些继承了她衣钵的女性主义理论家们一样，她将她对社会的分析当作反抗压迫的手段。作为一名非裔美国女性，她让人们注意到种族、性别和阶层的重叠影响。

W.E.B. 杜波依斯
图片来源：（杜波依斯）Library of Congress Prints and Photographs Division［LC-USZ62-16767］；（画框）©Visivasnc/iStock/Getty Images.

> **托马斯定理**（Thomas theorem）
> 我们认为是真实的东西，其结果也是真实的。

社会学家应该如何回应

纵观社会学的历史，一个反复出现的主题是，社会学理论和研究应该为积极的社会变革做出贡献。在 20 世纪初，美国许多著名的社会学家认为自己是社会改革家，致力于系统地研究并改善一个腐败的社会。他们由衷地关心美国不断发展的城市中移民的生活，不管这些移民是来自欧洲还是来自美国南部农村。尤其是早期的女性社会学家，她们经常在城市贫困地区担任社区中心（被称为定居屋）的领导人。例如，简·亚当斯（Jane Addams，1860—1935）是美国社会学协会的早期成员，也是著名的芝加哥定居屋赫

简·亚当斯

图片来源：（亚当斯）©Hulton Archive/Getty Images；（画框）©AndreaGingerich/iStock/Getty Images.

尔馆的创办人之一，这里为新移民提供社会、教育和文化项目。亚当斯和其他先驱女性社会学家共同将知识探索、社会服务工作和政治活动结合起来，所有这些都是为了帮助弱势群体和建立一个更平等的社会。亚当斯是一个实干家，她与艾达·威尔斯-巴尼特一起成功阻止了芝加哥公立学校的种族隔离，以及她为建立一个青少年法庭系统和女性工会而做出的努力，都反映了这一点。

投身积极的社会变革并不是亚当斯和她的同事所独有的行为。从一开始，社会学家就已经认识到，他们有义务超越解释世界是如何运行的，要积极参与使世界变得更美好。用法国社会学家皮埃尔·布迪厄的话来说，"我开始相信，那些有幸能将一生奉献给社会世界研究的人，在那些让世界的未来陷入岌岌可危的冲突面前，不会袖手旁观、保持中立、无动于衷"。

对一些社会学家来说，他们推动变革的方式是发表他们的工作成果，这样可以增进我们的理解，为我们的决定提供依据；另一些社会学家则直接积极参与社会政策的制定工作或帮助他人

你知道吗？

前美国第一夫人米歇尔·奥巴马（Michelle Obama）获得了普林斯顿大学社会学学士，她把这个学位作为进入哈佛大学法学院的敲门砖。

图片来源：©David Paul Morris/Bloomberg/Getty Images.

的生活。例如，迪尔凯姆认为受过教育的公民对民主的成功至关重要，他利用自己在巴黎索邦大学教育与社会学科学系的职务，以及他的政治关系和职务，影响了法国的教育政策和实践。杜波依斯与他人共同创立了全国有色人种促进会（NAACP）。事实上，学生们选择社会学专业的主要原因之一是他们想要有所作为，而社会学提供了实现这一目标的路径。

>> 三大社会学视角

正如本书所示，从社会学家对这五个问题的回答中，我们可以一窥社会学的复杂性。一些理论家关注整个社会，其他人则专注于个人互动；有些人特别关注不平等；其他人则专注于保持社会凝聚力；有些方式似乎是重叠的，而其他的似乎又彼此不一。但是，不管他们的立场如何，所有的理论家都有一个共同的承诺，那就是让我们更好地理解我们为什么会这样思考和行动。每一个理论，无论是广义的还是狭义的，都提供了一种观察的方式，让我们能够感知我们可能会错过的东西。

为了简化丰富的社会学理论（特别是对社会学新手来说），社会学家把各种理论分为三大理论视角（或称理论范式）：功能论、冲突论和互动论（见表1-1）。每种视角的侧重点不一样，也就提供了不同的看问题的方式。就像是三个人站在同一个圆的边缘看同一个事物，每个人都能从各自的角度看到它，但也都能看到

表 1–1		三大社会学视角	
	功能论	冲突论	互动论
对社会的看法	社会是稳定的、整合良好的	社会以群体之间的紧张和冲突为特征	社会活跃地影响着人们的日常社会交流活动
分析层次	宏观	宏观	微观，作为一种理解更宏观现象的方式

	功能论	冲突论	互动论
关键概念	社会融合 体系 失范	不平等 权力 异化	符号 自我 一般化的他人
对个人的看法	人们创造和分享文化是为了建立自然与人、人与人之间的关系	人们被权力、威压和当局所塑造	人们巧妙地使用符号，通过互动创造自己的社交世界
对社会秩序的看法	通过合作和共识维护	通过武力和威压维持	通过对日常行为的共同理解来维持
对社会变革的看法	从长远看是在加强社会秩序	对现有不平等制度的挑战受到了当权者的抵制	人们能动地选择路径的结果
范例	公开的惩罚强化了社会秩序	法律强化了当权者的地位	人们尊重法律或不遵守法律是基于他们自己过去的经验
代表人物	埃米尔·迪尔凯姆 塔尔科特·帕森斯 罗伯特·莫顿	卡尔·马克思 W.E.B. 杜波依斯 艾达·威尔斯-巴尼特	乔治·赫伯特·米德 查尔斯·霍顿·库利 欧文·戈夫曼

其他人看不到的一面。

从**功能论视角**来看，社会就像一个有生命的有机体，它的各个部分为了整体的利益共同工作（或运作）。功能论者假定社会及其各部分的结构是为了提供社会秩序和维持稳定。对于社会中可能出现的功能失调的方面（比如犯罪和贫困），功能论认为它们要么是贡献了一些尚未被发现的隐藏好处，要么就会随着时间的推移逐渐消失。迪尔凯姆对社会秩序及其挑战的研究，特别是对现代社会的研究，是功能论观点的一个经典例子。迪尔凯姆假设，随着时间的推移，社会将面临更明显的威胁和挑战，因而走向更强大的秩序。

功能论视角强调共识与合作，而**冲突论视角**则关注权力和社会中有价值的资源的分配。冲突论者认为，如果不分析控制关键资源的人是如何建立和维持现状的，就无法完全理解社会秩序。这些资源包括物质资源（如金钱、土地和财产）、社会资源（如家庭关系、社会网络和声望）和文化资源（如教育、信仰、知识和品味）。现存的社会结构帮助某些群体维持特权，同时让其他群体保持劣势地位。马克思关于不平等、社会阶级和异化的著作为冲突论提供了一个经典的例子。

社会学思考

从功能论视角思考，你上大学的决定在多大程度上是由融入社会和为社会做贡献的愿望所驱动的？从冲突论视角思考，资源的获取是如何影响你上大学的决定的？从互动论视角思考，哪些特定的人影响了你的决定？他们是如何对你造成影响的？

最后，尽管功能论者和冲突论者都分析了大规模的、全社会范围的行为模式，但持**互动论视角**的人认为，社会是我们日常接触（与父母、朋友、老师或陌生人）的产物，通过这些接触，我们建立了共同的意义，从而构建了秩序。它强调了我们在理解互动过程中所扮演的角色，因此这种方法突出了我们作为人类的能动性。社会依赖这种永远处于进行时的建构，这让社会不稳定且易变。戈夫曼将生活作为表演的研究提供了一个互动论的例子。

功能论视角（functionalist perspective）一种社会学范式，它认为社会就像一个有生命的有机体，它的各个部分为了整体的利益而共同工作。

冲突论视角（conflict perspective）一种社会学范式，它关注权力和社会中有价值的资源的分配。

互动论视角（interactionist perspective）一种社会学范式，即认为社会是一个日常接触的产物，通过这些接触，我们建立了共同的意义，从而构建了秩序。

这三种视角的好处在于，为我们提供了概念性框架，让我们回想起社会学家提出的一些关键问题。它的弊端在于，它给人一种错觉，认为这三种视角是三个互不关联的类别，以根本不同和不兼容的方式看待世界。其实在实践中，植根于其中一种视角的研究都几乎不可避免地会借鉴和引用另两种视角的见解。

> > 社会学，动起来看

学生们经常问的一个关于社会学的问题是："我能用它做什么？"这个问题通常来自那些真正喜欢社会学的学生，他们可能想要进一步学习它，但不确定它会通向哪里。好消息是，人们可以通过多种方式学习社会学。

个人社会学

我们不必成为专业的社会学家也能应用我们所学的知识。社会学想象力可以帮助我们更好地理解我们的信仰和行为，并做出更明智的选择。每个人都可以通过认识我们所处的位置对我们是谁以及对我们如何思考和行动的影响来实践**个人社会学**。比如，通过借鉴社会学理论和研究中的见解，我们在看新闻的时候会思考谁的利益被代表了；当我们穿过商场时，我们可能会观察人们如何展示他们的社会地位以及他们如何受到相应的对待；当我们去参加工作面试的时候，我们可能会遵守一些默认的行为准则，这些准则塑造了我们的互动，影响了我们成功的可能性。个人社会学赋予我们力量，让我们看到以前看不到的东西，并根据这些洞见来采取行动。

社会学想象力为我们提供了必要的工具，以应对我们今天所面临的挑战。虽然这种说法已经变成陈词滥调，毕竟世界就这么大。世界各地的社会、文化、政治和经济事件（比如全球经济形势或恐怖袭击）对我们的思维方式有着深远的影响。通过贸易和思想交流在世界范围内整合

个人社会学（personal sociology）认识到我们所处的社会位置对我们是谁以及我们如何思考和行动的影响。

全球化（globalization）通过贸易和思想交流在世界范围内整合政府政策、文化、社会运动和金融市场。

政府政策、文化、社会运动和金融市场的**全球化**的进程没有停止的迹象。大学校园往往是这种趋势的一个缩影，有着截然不同的价值观、政治观点、习俗、经历和期望的学生、教职员工和管理人员聚集在一个相对狭窄的空间里。如果不同人群之间互动的结果是有意义的、积极的、值得尊敬的，那我们最好理解一下塑造它们的因素。

个人社会学
社会学导论

我还记得我的第一堂社会学课。起初，我感到不知所措。我努力记住所有的术语和概念，但第一次考试我还是得了个 D。直到后来我才意识到，我挣扎的主要原因是我无法看到所有的碎片是如何拼凑在一起的。一旦我将社会学想象力内化为一种观察方式，就更容易把各种各样的事实、数字和关键术语放在一起，形成一个连贯的整体。所以我给出的建议是：不要死记硬背术语和概念，而是用社会学的方式去理解我们所处的社会地位（无论是作为学生、女儿、同事，还是士兵）如何塑造我们的思维、行为和感受的方式。

与室友、同学和教授的冲突通常被归结为个人属性的冲突，但仅仅归因于此的话，我们就无法完全理解或处理这些冲突，我们还需要考虑不同的社会背景如何塑造了我们的思维、行为和感受的方式。对我们每个人来说，我们所处的社会地位决定了我们所面临的机会和障碍。我们不仅要认识到社会地位对我们的影响，也要认识到它对其他人的影响。这种自我认识促使我们更全面地去了解所有人生活过往的点点滴滴。

学术社会学

许多学生选择继续学习社会学，如"不同性别的美国社会学学位授予情况"图中所示，美国的大学中获得社会学学位的人数稳步上升。美国社会学协会（American Sociological Association，ASA）对最近的社会学毕业生进行了研究，发现他们选择社会学作为专

不同性别的美国社会学学位授予情况

Communication / Meeting
Subject

Communication / Meeting
Subject

今天就开始新的工作吧！

	总数
1990	女性 男性 15.9
1994	22.4
1998	24.7
2002	25.3
2006	28.5
2010	28.7
2014	30
2016	29.8

学位授予数量（单位：千）

资料来源：National Center for Education Statistics，Digest of Education Statistics—Most Current Digest Tables. Washington，DC: Institute of Education Services，U.S. Department of Education，September 6，2016. www.nces.ed.gov. 图片来源：©Maria Suleymenova/Shutterstock.

他们现在在哪儿？

社会学毕业生的就业去向

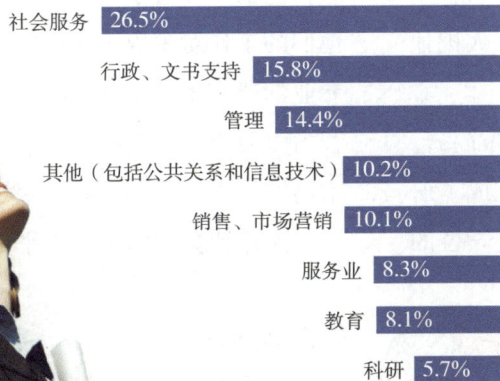

去向	百分比
社会服务	26.5%
行政、文书支持	15.8%
管理	14.4%
其他（包括公共关系和信息技术）	10.2%
销售、市场营销	10.1%
服务业	8.3%
教育	8.1%
科研	5.7%

社会学毕业生的升学去向

百分比	去向
22.4%	社会学
16.9%	社会工作
11.4%	教育
10.5%	法律
9.4%	其他社会科学
8.6%	心理学/心理咨询
7.3%	工程学
5.1%	其他
4.5%	商业/管理学
3.8%	公共政策/事务

注：升学去向一栏仅统计了毕业后 18 个月内升入研究生院的学生。

资料来源：Spalter-Roth，Roberta，and Nicole Van Vooren. 2009. "Idealists vs. Careerists: Graduate School Choices of Sociology Majors." American Sociological Association Department of Research and Development. Washington，DC: American Sociological Association. www.asanet.org. 图片来源：©Stockbyte/PunchStock.

业的主要原因是：社会学的概念很有趣；社会学帮助他们理解社会对个人的影响；他们特别喜欢他们的第一门社会学课程；社会学帮助他们更好地了解自己以及他们想让世界有所改变。作为社会学教育的一部分，社会学专业要培养很多技能，比如使用社会学想象力、数据分析、团队合作、报告撰写、做汇报展示、分析社会问题以及应对多样性。社会学的毕业生中，能将这些技能运用到工作中的人对工作的满意度最高。

根据 ASA 的研究，社会学的学生在毕业后不久就能找到工作，而且就业面很广。最常见的职业类别是社会服务。这些工作包括家庭暴力受害者支持者、住房危机咨询师、司法与和平联络员，以及青少年法庭案件经理。研究者们还发现，社会学毕业生还受雇于其他各行各业，包括教师、图书管理员、入境事务专员、办公室经理、质量保证经理、犯罪现场调查员、警察、缓刑监督官、社交媒体/市场分析师、研究助理、项目评估员、统计学家和编辑。

应用社会学（applied sociology）对社会学学科的运用，其具体目的是为人类行为和组织产生实际应用。

临床社会学（clinical sociology）运用社会学改变社会关系或重建社会机构。

，ASA 的另一项研究是追踪攻读社会学硕士学位的学生的长期结果，但只有四分之一的学生在社会学本科毕业后继续攻读社会学硕士。相反，大多数人把他们的社会学专业作为攻读社会工作、教育、法律、心理学、工程和企业管理等专业硕士研究生的敲门砖。总体而言，51.9% 的毕业生在毕业后四年内完成了研究生学业。当然，在那些继续攻读社会学更高学位的学生中，大多数都参加了某种形式的应用社会学课程。

应用社会学和临床社会学

应用社会学是对社会学学科的运用，其具体目的是为人类行为和组织产生实际应用。通常来说，这类工作的目标是帮助解决社会问题。例如，多年来，许多美国总统都成立了委员会来深入研究美国面临的重大社会问题。在奥巴马执政期间，社会与行为科学团队（SBST）进行了大量的实验，来发现改善政府职能的方法。在一个案例中，他们发现，在销售商向联邦政府申报退税时，把签名框放在表格的开头可以显著提高销售商报告的诚实程度。在另一个案例中，SBST 利用经验数据设计了一本重返社会手册，为那些出狱的人增加成功重启生活的概率。社会学家经常被要求运用他们的专业知识来研究诸如暴力、色情、犯罪、移民和人口等问题。

应用社会学的日益普及导致了临床社会学专业的兴起。不同于应用社会学可能只涉及简单地评估社会问题，**临床社会学**致力于通过改变组织（如家庭治疗）或重组社会机构（如医疗中心的重组）来促进变革。城市社会学家路易斯·沃斯（Louis Wirth）早在 90 多年前就写过关于临床社会学的文章，但这个术语本身直到最近几年才开始流行起来。美国应用与临床社会学学会成立于 1978 年，旨在促进社会学知识在干预个人变化和社会变革中的应用。这个专业团体制定了一套认证临床社会学家的程序——就像物理治疗师或心理学家的认证一样。

应用社会学家一般让其他人来执行他们评估的结果，但临床社会学家则直接承担了实施的责任，并将他们的工作对象视为他们的客户。这个专业对社会学专业的研究生越来越有吸引力，因为它提供了一个将智力学习应用于实际的机会。学术界竞争激烈的就业市场使得这种替代的职业路线颇具吸引力。

无论社会学的实践水平如何，它都不仅仅是关于

行动起来！

联结的纽带

挑选一件你拥有的物品——可能是一支铅笔、一双鞋或者一部手机——追溯它的历史。画一个图表或地图，标出你得到这个物品所涉及的所有过程和所有的人。它是用什么材质做成的？它的组件都来自哪里？哪些人参与了它的制作？在制作完成后，送到你手里之前，它又经过了哪些人？它讲述了一个什么样的故事？

知识和职业生涯的获得。在日常生活中运用社会学想象力，能使我们从他人的角度去理解他人，甚至通过他们的眼睛来理解我们自己。通过打开眼界，观察我们通常看不见的模式和实践，我们可以在选择走哪条路时做出更明智的选择，也可以为自己的选择对他人的影响承担更大的责任。社会学为我们更好地理解、解释和回应周围的世界提供了工具。社会学代表着一种动态的研究和实践过程；这是你在做的事情，也是一种生活方式。

本章回顾

1. 社会学是什么？

- 社会学是一种观察方法，它结合理论和经验研究来考察个人与社会之间的关系以及资源分配不平等对机会的影响。

2. 社会学家如何看待世界？

- 社会学家发展了一些理论，为我们观察生活提供了窗口，主要包括三种视角：功能论（强调社会秩序）、冲突论（关注不平等）、互动论（强调我们的日常关系和沟通的重要性）。

3. 个体如何研究社会学？

- 社会学可以提供通往相关的应用、临床或学术背景的职业道路。但更重要的是，我们可以在日常生活中实践社会学，利用社会学想象力来更好地理解自己和他人。

不同社会学视角下的社会学想象力

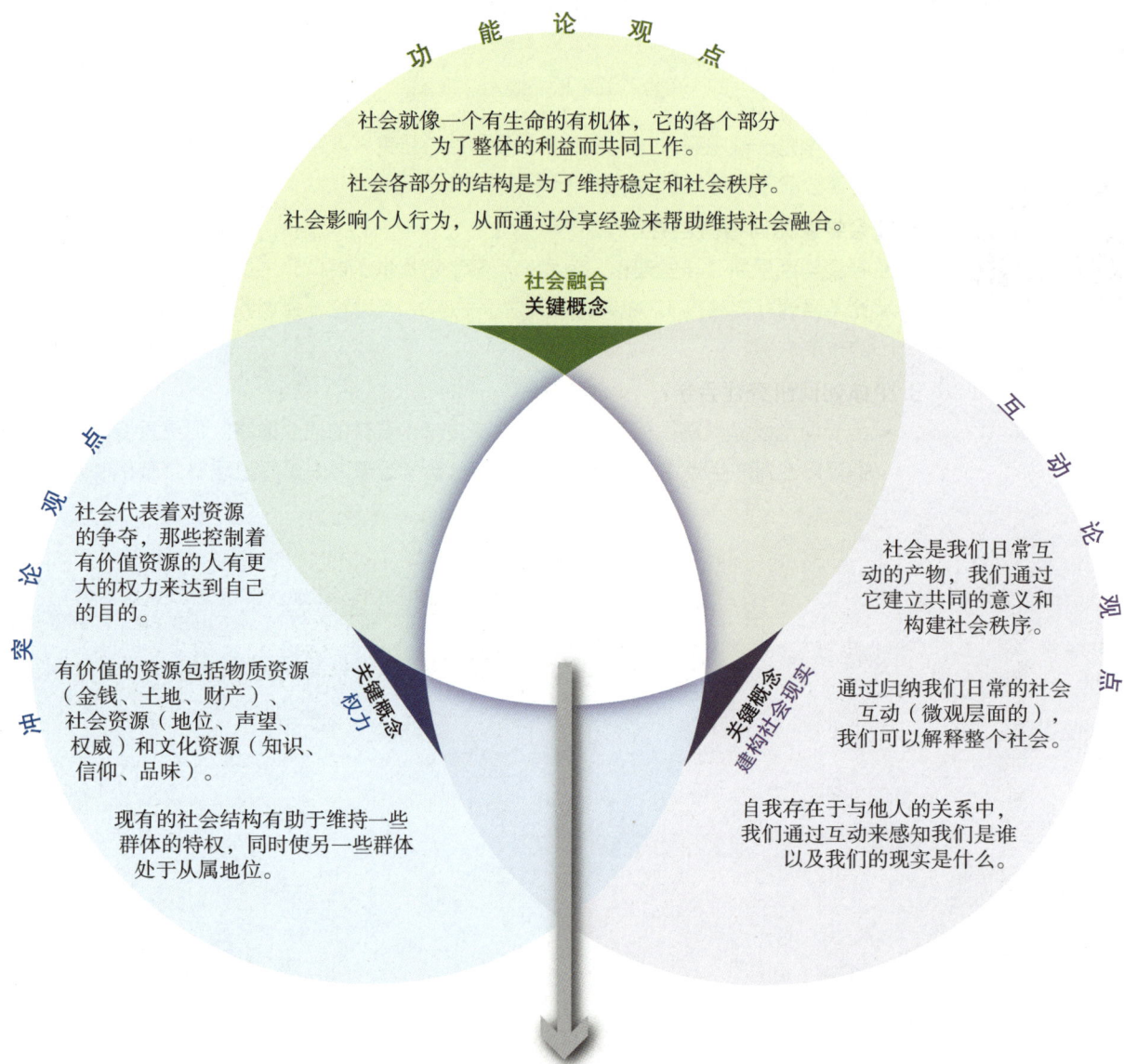

功 能 论 观 点

社会就像一个有生命的有机体，它的各个部分为了整体的利益而共同工作。

社会各部分的结构是为了维持稳定和社会秩序。

社会影响个人行为，从而通过分享经验来帮助维持社会融合。

社会融合
关键概念

冲 突 论 观 点

社会代表着对资源的争夺，那些控制着有价值资源的人有更大的权力来达到自己的目的。

有价值的资源包括物质资源（金钱、土地、财产）、社会资源（地位、声望、权威）和文化资源（知识、信仰、品味）。

关键概念
权力

现有的社会结构有助于维持一些群体的特权，同时使另一些群体处于从属地位。

互 动 论 观 点

社会是我们日常互动的产物，我们通过它建立共同的意义和构建社会秩序。

通过归纳我们日常的社会互动（微观层面的），我们可以解释整个社会。

关键概念
建构社会现实

自我存在于与他人的关系中，我们通过互动来感知我们是谁以及我们的现实是什么。

建立联系

回顾本章之后，请回答下列问题。

1
为什么在实践社会学想象力时，拥有多个理论视角会有所帮助？

2
从不同的视角如何看待一个产品（比如一个汉堡、一栋房子、一本书，等等）的产生？

3
从不同的视角如何研究失业问题或自杀问题？

4
从不同的视角如何看待自己参与体育的方式，无论是作为体育迷还是运动员？

第**2**章

社会学研究

提问并寻找答案

作为一名大学一年级的学生，艾丽斯·戈夫曼（Alice Goffman）在她大学的自助餐厅找到了一份工作，这永远地改变了她的生活。她的人种学课程需要一个研究的地点。这个课程要求把自己融入一个社会环境，从内部去理解它，而自助餐厅看起来很合适。她听到她的同事们提到自助餐厅的员工（其中大多数是年长的非裔美国女性）都懒惰和粗鲁，她想知道工人们对她这个年轻的白人、相对有特权的女性以及与她同样有特权的同龄人有什么样的看法。

在端盘子和洗碗一年之后，戈夫曼开始辅导自助餐厅老板的孙子孙女。她的老板是一位60多岁的非裔

美国妇女，住在费城一个贫穷的社区。通过这些孙辈，戈夫曼与其他一些人建立了联系，不久之后，她的第二个研究项目诞生了。她在大二的时候搬到了这个社区，以便更好地观察和了解他们的社会世界。她对这个项目非常投入，并与人们建立了联系，因此她在大学和研究生院继续她的研究工作，并最终出版了一本书来讲述他们的故事。

戈夫曼对居住在附近的年轻非裔美国男性所面临的挑战有了更深入的了解。作为男孩，他们被告知要远离警察，因为"即使警察要找的不是你，十之八九，他们也会盯上你"。戈夫曼说，这些年轻人会因为轻微

的罪行而被带走，这导致人们怀疑警方的目的是针对他们。而那些有法律纠纷的人，比如错过了出庭日期、未付的法庭费用、违反假释宵禁的规定，都面临着逮捕令的威胁。他们对被抓和监禁的恐惧导致他们疏离了有益的社会关系，如拜访家人、找工作、生病或受伤时去医院。这种传统的社会关系可以被用来对付他们，就像当女朋友或妈妈在警察的压力下告知他们的情况一样。戈夫曼描述由此产生的社会结构是"一个编织在怀疑、不信任和保密、逃避及不可预测性的偏执行为之中"。

与此同时，戈夫曼注意到她的大学同学们，他们通常是白人，有经济安全的背景，也从事类似的活动（喝酒、吸毒、打架），但没有警察突袭他们的聚会。他们带着大学文凭和好工作告别他们的青春期，而不是监狱的时光和永久的警察记录。正如社会学想象力所表明的那样，如果很多处于相似地位的人经历了相同的结果，那么说明这种地位比个人的影响更大。通过社会学研究，我们可以看到那些通常看不到的塑造人们各种结果的模式。

边读边思考 >>

- 社会学作为一种认知方式与常识的区别是什么？
- 在回答人们为什么这样思考和行动时，社会学家采取了哪些步骤？
- 社会学家使用什么技术来收集资料？
- 社会学家在进行研究时必须考虑什么伦理问题？

>> 社会学作为一门科学

通过以一种刻意的和持续的方式直接参与自助餐厅员工和内城非裔美国居民的生活，艾丽斯·戈夫曼了解到我们理所当然的假设通常都是有缺陷的。她的做法延续了一种可以追溯到社会学创立时期的传统。早期的社会学家拒绝各种基于传统（"一直都是这样"）、权威（"国王这么说"）或神秘的洞察力（"上帝在梦中向我展示了它"）的解释。像所有的科学家一样，社会学家也对传统智慧持怀疑态度，他们把怀疑作为知识进步的工具。

社会学与常识

我们大多数人，在大多数时候都认为我们已经知道我们为什么要这样思考和行动，我们相信我们公认的知识的准确性。然而，事实证明，我们认为我们所知道的事情并不一定就是如此。例如，许多人认为每天喝8杯水对健康有好处；给孩子吃太多的糖会使他们过于兴奋；住在同一宿舍里的女性的月经会同步。这些信念经过仔细的审查都站不住脚。

研究人员探索了所有这三种说法，发现每一种都有不足之处。

- 研究人员没有发现任何医学证据表明每天喝8杯

图片来源：©Monkey Business Images/Shutterstock.

水对健康有显著的益处。摄入那么多的水不会减少皱纹、清除毒素、改善肾功能、减少便秘、预防癌症，或有任何其他显著的好处。最好的医学建议是什么？口渴的时候再喝水。

- 关于儿童的高糖假说已经被反复测试，结果仍然发现没有因果联系。研究人员认为，父母对于二者之间存在关系的强烈信念使他们注意到二者有关系的次数，而忽略了二者没有关系的次数。

- 至于说"月经同步"，通过对原始研究中用于"证明"其存在的数据进行重新分析，结果显示并不存在统计上的显著关系。从那以后，更严格的研究发现，任何明显的月经重叠更有可能是偶然的，而不是随时间的生物学变化。

然而，当面对实证研究证明这些说法都是错误的时候，人们仍然倾向于相信他们自己所说的常识。

常识可以而且确实发挥了一种有用的作用，它所提供的知识能使我们顺利地度过每一天。社会学家邓肯·瓦茨（Duncan Watts）将常识定义为"我们每个人在一生中，在遇到、处理和学习日常情况的过程中所积累的事实、观察、经验、见解和所接受的智慧的松散的集合体"。瓦茨认为，常识是实用的和具体的。它能够在生活中给我们指引，而不用我们那么努力地去探索，也不必怀疑每一个想法或为每一个行动感到痛苦。它的主要吸引力在于，在日常生活中，它是有效的。

然而，作为一种认知方式，我们很少花时间来考虑这种特殊的和即兴的知识的四个相关的局限性。第一，常识性的主张不受实证检验的影响。相反，我们只要知道它在特定的时间和地点起作用就够了，而不会仔细考虑它失败的时间和地点。第二，常识性的主张可能是相互不相容的。例如，当两个截然不同的人结婚时，我们说是"异性相吸"；而当两个非常相似的人结婚时，我们又说"物以类聚，人以群分"。但哪一种更有可能呢？常识不能肯定，也没有真正

在科学中，当人类的行为进入方程时，事情就变成非线性的。这就是为什么物理学简单，社会学很困难。

尼尔·德格拉斯·泰森（Neil de Grasse Tyson）

尝试。但社会学可以尝试而且确实可以肯定，我们将在第 7 章中看到。

与此相关的是第三个局限，称为后视偏差，指我们倾向于在事实之后而不是之前应用常识性推理。一旦我们知道了我们想要解释的东西，我们就会从我们可能解释的工具包中挑选一个合适的常识智慧，并应用它。例如，在解释为什么那些相似的夫妇结婚，而不是那些不同的夫妇结婚时，我们倾向于在事后引用我们的常识性解释。因为在当时，这似乎是显而易见的。我们通常这样做，而没有批判性地评估如果我们选择这些解释，哪些可能会被反驳。

确认偏差代表了常识的第四个局限，即我们倾向于支持我们现有信念的证据，同时最小化或忽略相反的证据。心理学家雷蒙德·尼克森（Raymond Nickerson）将确认偏差描述为"在获取和使用证据时不知情的选择性"。上面提到的关于糖对儿童的影响的研究提供了一个经典的例子。因为父母认为吃糖会导致孩子过度活跃，所以他们会注意到这两者似乎同时发生，并得出结论，来证明这个理论。但他们没有意识到那些令人沮丧的时刻，即他们没注意到他们的孩子吃糖但没有变得过度活跃，或者他们的孩子在不吃糖的情况下变得过度活跃的情况。

常识的危险性在于，我们高估了它肯定了解某些事情的能力。人类的行为是复杂的，涉及许多影响我们为什么思考和行动的因素。具有讽刺意味的是，这种复杂性使我们更有可能得到简单的解释，因为人类行为的复杂性使多种解释似乎是可信的。几年前，社会学家保罗·拉扎斯菲尔德（Paul Lazarsfeld）基于对美国士兵的广泛研究，提出了六个直接的说法，他说这些说法都可以用常识来解释。但在每个案例中，他们所进行的研究得出的结论恰恰都与常识相反。然而，假如最初陈述这些不相容的说法，它们也可以用常识来进行验证。如果相互矛盾的主张同样可以被证明是正确的，那么，用拉

我们经常根据常识来做决定，但这样做可能会导致错误。分析数据揭示了我们可能会错过的使我们能够做出更有效的决策的潜在模式。在《点球成金》（*Moneyball*）电影和书中，迈克尔·刘易斯（Michael Lewis）讲述了总经理比利·比恩（Billy Beane）的故事，他的奥克兰 A 队时，买不起高薪的自由球员。比恩违背了棒球的传统智慧，他使用统计分析来决定球员如何最好地进行跑动；通过贯彻和实施这种不明显的模式，他把球队变成了赢家。具有讽刺意味的是，比恩的统计分析如今已经成为一种常态，因为所有体育运动的专业球队都根据这些数据来告知他们的决定。

图片来源：Jane Tyska/Digital First Media/The Mercury News/Getty Images.

流行社会学

扎斯菲尔德的话来说，"很明显，就是'显而易见'的整个论点出了问题"。社会学为我们提供了必要的工具来检验一种主张对另一种主张的有效性。

科学方法（scientific method）
对经验的、世俗的证据的系统观察，来评估和提炼关于发生了什么和为什么会发生的想法。

社会学和科学方法

社会学对思想进行检验。为了做到这一点，社会学家们依靠**科学方法**，即对经验的、

世俗的证据的系统观察，来评估和提炼关于发生了什么和为什么会发生的想法。如果我们想知道人们为什么会按他们的方式思考和行动，我们就需要更多地了解他们实际是怎么想的和怎么做的。我们需要观察他们，问他们一些问题，参与他们的生活，或者以其他方式寻求从他们的角度来理解他们的经历。我们不能只是坐下来猜测。

社会学家在进行研究时，面临着一种与自然科学领域的研究人员完全不同的挑战。尽管二者都依赖科学方法的指导，但二者的研究对象差异太大。人类具有分子或岩石所不具有的作用方式。人类可以选择在各种情况下以多种不同的方式行动。而我们可以可靠地预测，在适当的条件下，两个氢原子总是与一个氧原子结合，形成一个水分子。简单地说，解释人类的行为是一项比推导自然的物理定律要复杂得多的工作。然而，行为模式确实存在。我们可以识别出影响我们如何思考和行动的因果因素。通过收集和分析数据，我们可以观察到这些模式，并得出关于其意义的有根据的结论（正如在第 1 章的"理论与研究"中迪尔凯姆关于自杀的研究所证明的那样）。在本书中，我们将遇到许多来自实证研究的社会学见解。

有时，社会学证实了我们都认为理所当然的事实；有时，它澄清了一件事是真实的而不是另一件事的情况；有时，它揭示了一些新的、对于我们为什么会这样思考和行动的意想不到的真相；有时，它解释了过去发生的事情；有时，它预测了未来可能发生的事情。社会学通过细致的实证研究来做到这一切，每一个新的研究都在寻求扩展、澄清和完善我们的认知。

> > 研究过程中的步骤

随着科学的发展，如何最好地将科学方法付诸实践的一般原则出现了。因为这些程序已经在自然科学和社会科学被广泛接受，坚持使用它们有助于确保研究结果的合法性。这些程序建立在科学探索的原则之上，且涉及理论与研究之间的对话。因此，科学的方法可以用一个不断转动的轮子来表示，新的思想导致

新的研究，从而产生新的理论，等等。如图 2-1 所示，科学方法包括五个主要阶段：（1）定义问题；（2）回顾文献；（3）制定假设；（4）收集和分析数据；（5）得出结论。

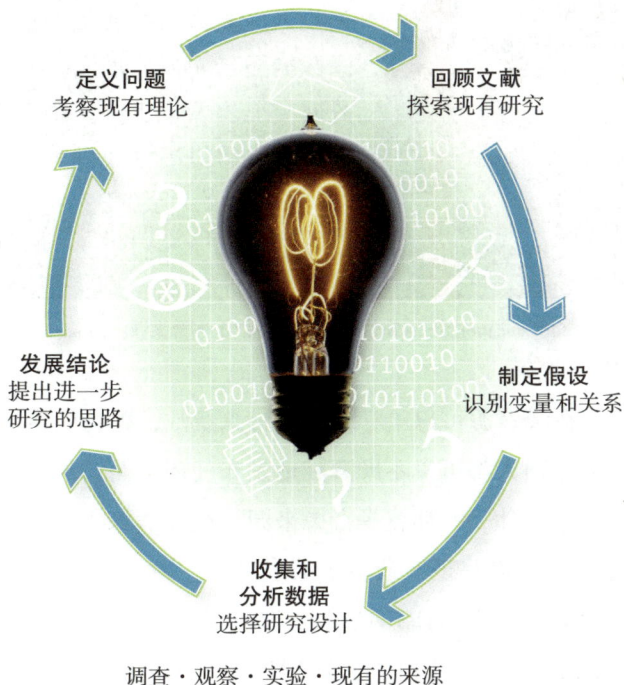

图 2-1　科学之轮

图片来源：©Photodisc/Getty Images.

定义问题

正如我们已经看到的，社会学和所有科学一样，探索关于世界是如何运作的各种理论。而最初的步骤——定义问题则代表了研究过程的思想阶段。这里的主要目标是澄清我们想要了解的各种概念，并说明我们猜想的这些概念之间可能存在的关系的性质。

我们所探索的想法可以来自任何地方，包括常识，但大多数社会学研究都是从现有的社会学理论中获得灵感。理论代表了我们对发生了什么以及为什么会发生最明智的解释。例如，正如我们在第 1 章中看到的，迪尔凯姆认为社会融合塑造了个人行动。他通过对他所能想象到的最极端的个人行为的例子，即自杀的研

> **没有理论，我们就是盲目的——我们看不到这个世界。**
>
> 迈克尔·布拉沃伊（Michael Burawoy）

究来验证这个理论。通过澄清可能需要考虑的因素，现有的理论可以帮助我们定义我们想要探索的新问题，特别是当我们遇到一些我们还不理解的事物时。

作为我们定义研究问题时考虑因素的一个例子，以"上大学值得吗？"为题，这里隐含的概念包括大学的入学率和上大学可能带来的好处。在问这个问题时，也许我们最好奇的是上大学和获得学位可能带来的个人好处。或者，利用社会学的功能论视角，也许我们想知道一个受过高等教育的公民是如何帮助社会更有效地运作的。从冲突论视角来看，另一种可能性是，我们想知道教育是否强化了现有的不平等体系，它是不是只提供了一种机会均等的错觉，因为来自富裕家庭的孩子更有可能负担得起学费并完成大学学业。最初的问题是"上大学值得吗？"，它并没有指明哪条路是预期的。如果一个研究问题不清楚或太宽泛，我们在研究过程的下一阶段，即回顾文献阶段，将缺乏对现有研究所需的术语和主题的追踪。

回顾文献

在我们定义了研究问题之后，我们的下一步就是对现有的文献进行回顾，看看关于我们的主题，其他人已经写了什么样的文章。我们的研究能够建立在他们已经发现的基础之上，而不是从零开始。用有史以来最伟大的自然科学家之一艾萨克·牛顿的话来说，"如果说我能看得更远一些，那是因为站在巨人肩膀上的缘故"，这意味着那些在他之前的人的工作对他的发现至关重要。分析其他人是如何研究我们所感兴趣的概念，能够完善我们的想法，确定我们想要包括的其他项目或关系，澄清收集数据的可能技术，并消除或减少可避免的错误。当我们报告研究结果时，通过展示现有的工作是如何影响我们的研究的，也会增加我们的主张在他人眼中的合法性。

社会学期刊提供了现有研究最可靠的来源，其中包括《美国社会学评论》（*American Sociological*

Review)、《社会问题》(Social Problems)、《性别和社会》(Gender and Society)，以及《教育社会学》(Sociology of Education)等。大多数学术图书馆都可以通过数字访问或馆际互借获得此类印刷期刊。由公认的社会学家撰写和由受人尊敬的出版社出版的学术书籍也是宝贵的资源。这些书对作者的研究提供了更全面的描述，就像艾丽斯·戈夫曼在《逃亡中：美国城市的逃亡生活》(On the Run: Fugitive Life in an American City) 中所做的那样。

那些报告现有社会学研究的次要来源也可以有价值。事实上，它们通常是我们的研究一开始遇到的地方。带有社会学内涵的故事经常出现在《纽约时报》(The New York Times)、《华盛顿邮报》(The Washington Post)、《纽约客》(The New Yorker)、《大西洋月刊》(The Atlantic) 和《背景》(Contexts) 等报纸和杂志上。这样的描述通常更容易获得，更容易找到，也更容易理解。而且因为它们可能提到大量的研究，可以将我们与我们可能不知道的其他研究联系起来。我们可以利用这些报告中包含的信息来追溯原始研究和相关研究。

查找信息

从你已有的材料**开始**，包括这本书和其他资料。

小心使用像维基百科这样的在线资源；它们可以是一个有用的开始，但需要反复检查和说明来源的权威性。

使用书籍、新闻网站和学术期刊。

利用图书馆的目录和数据库来**查找**相关的学术期刊论文。

察看政府文件（包括美国人口普查数据）。

接触与你的主题相关的人员、组织和机构。

咨询你的老师、助教或图书管理员。

图片来源：©Hill Street Studios/Blend Images LLC.

在线资源可以给学术研究带来挑战，因为任何地方的任何人都可以不顾真相地发布任何东西。最重要的原则是什么？那就是考虑来源。在线学术数据库可能提供了追踪现有研究的最佳方法。大多数学术图书馆提供与数据库的链接，如学术搜索（Academic Search）、西文过刊全文数据库（JSTOR）和社会学索引（SocINDEX）。美国人口普查局提供了大量的报告，其中有关于收入、教育、性别、种族等方面的丰富数据。许多其他网站提供年度报告和数据获取，包括美国教育部、美国劳工统计局、经济合作与发展组织（OECD）和世界银行。

维基百科本身并不被认为是一个足够合法的学术来源，但它可以是一个有用的开始，因为条目通常包含到公认的学术参考文献的链接。在线搜索引擎，如谷歌或必应，可以提供各种有趣的材料，包括社会学家在采访和会议演示中谈论他们的研究的视频。然而，在使用这样的搜索结果时，总是要评估来源的质量。教授和图书管理员在判断资料来源时可以提供宝贵的帮助。

制定假设

研究过程的下一步是制定假设，包括明确指定我

们计划观察的内容和预期的结果。假设不仅仅是一个有根据的猜测。在研究中，**假设**是关于两个或多个变量之间的关系的一个可检验的陈述。它代表着一种明确的尝试，来说明我们认为正在发生的事情和原因。它假定**因果逻辑**在起作用，这意味着变量之间存在一种关系，其中一个变量的变化会导致另一个变量的变化。

变量是假设的基石。**变量**是一种可测量的特性或特征，在不同的条件下会发生变化。收入、性别和职业都可以作为研究的变量。例如，在这些变量众多可能的值中，你可能是富人或穷人、佛教徒或基督徒、女性或男性、音乐老师或天体物理学家。

在假设中，我们区分了原因变量和结果变量。带来变化的原因变量被称为**自变量**（通常在方程式中用 x 表示）；受影响的变量被称为**因变量**（通常在方程式中用 y 表示），因为它的变化取决于自变量的影响。例如，正如我们在第 1 章"社会学的根源"部分所看到的那样，迪尔凯姆假设在宗教信仰（他的自变量）和自杀率（他的因变量）之间存在着因果关系。

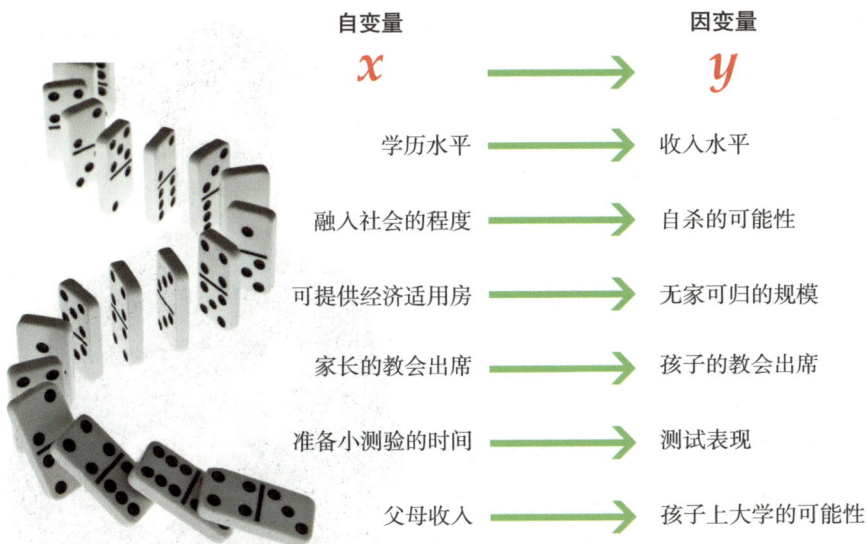

自变量 x		因变量 y
学历水平	→	收入水平
融入社会的程度	→	自杀的可能性
可提供经济适用房	→	无家可归的规模
家长的教会出席	→	孩子的教会出席
准备小测验的时间	→	测试表现
父母收入	→	孩子上大学的可能性

图 2–2　因果逻辑

图片来源：©fStop Images GmbH/Shutterstock.

社会学思考

你认为在图 2–2 中列出的每个自变量在多大程度上有助于解释大学平均绩点（GPA）的变化？你能想到其他的自变量来帮助解释 GPA 吗？

一般来说，假设陈述应该是这样的：对自变量 x 的认知可以让我们更好地解释或预测因变量 y 的值或状况。然后，我们可以将我们感兴趣的变量，比如图 2–2 中的变量，放入这个陈述中，以清楚地预测我们期望找到的结果。例如，我们可以假设，对一个人的教育水平的认知可以让我们更好地解释或预测他或她的收入水平。

在社会学中，我们经常是对抽象的概念和原理感兴趣。但为了遵守我们关于实证研究必须符合密苏里原则的承诺，即不只是简单地告诉我，要展示给我看。我们需要确保我们可以进行观察、测量，以及展示因果关系。这意味着，我们必须通过将抽象概念转化为可观察和可测量的具体指标，为每个变量创建一个**操作性定义**。当迪尔凯姆将社会融合这一抽象概念转化为宗教归属的具体指标（新教与天主教）时，他就这样做了。如果我们对学习能力、主动性和学业成就的关系感兴趣，我们就可以用受教育程度来对学业成就概念进行操作化，受教育程度可以用获得的最高文凭或者完成的学校年限来具体衡量；如果我们想更多地了解社会不平等，我们就可以使用年收入作为衡量不同结果的具体指标；如果我们想为宗教信仰建立一个可操作定义，就可以综合使用一系列指标，包括参加宗教仪式的次数、学习宗教文本所花费的时间、

假设（hypothesis）关于两个或多个变量之间关系的一种可检验的陈述。

因果逻辑（causal logic）变量之间存在一种关系，其中一个变量的变化会导致另一个变量的变化。

变量（variable）在不同条件下会发生变化的一种可测量的特性或特征。

自变量（independent variable）在因果关系中引起或影响第二个变量变化的变量。

因变量（dependent variable）在因果关系中受另一个变量影响的变量。

操作性定义（operational definition）将一个抽象的概念转化为可观察和可测量的指标。

参与祈祷或沉思的频率、对宗教信仰的坚持程度，或其他我们可能结合起来的标准。创建操作性定义的目标是尽可能清楚地表明研究人员计划观察的内容。

收集和分析数据

当我们清楚地指出了想要探索的假设后，我们就开始收集和分析数据。社会学家通过调查、观察、实验和现有的研究来收集数据。在本章后面"主要的研究设计"部分中，我们将更详细地探讨每一种技术。在这里，我们将关注研究人员必须解决的更普遍的数据收集问题，无论他们选择的是哪一种研究设计。

选择样本 社会学家必须回答的一个最基本问题是："我将从谁那里收集数据？"在大多数情况下，特别是在大型研究项目中，社会学家不可能从他们想研究的总体中的每个人那里收集信息。因此，他们通常只会选择该总体的一个子集。**抽样**就是从一个大的总体中选择一个对这个总体有统计代表性的样本。为了确保一个样本具有代表性，社会学家通常使用某种形式的**随机抽样**，即被研究的总体中的每个成员都有相等的机会被选中。例如，在通过电话进行民意调查时，民意调查机构通常使用随机数字拨号系统，以确保所有的号码，包括那些未列出的号码，都有相同的可能性被包括在内。

抽样（sample）从一个大的总体中选择一个对这个总体有统计代表性的样本。
随机抽样（random sample）总体中的每个成员都有相等的机会被选中。
效度（validity）一种测量或量表真正反映所研究的现象的程度。
信度（raliability）一种测量方法产生一致性结果的程度。

如果进行得当，这样的抽样可以使研究人员能够估计他们的结果可能有多大的代表性。例如，美国人口普查局会基于具有统计代表性的人口样本产生一份题为"美国的收入与贫困状况"的年度报告，每年秋季发布，它提供了大量关于家庭类型、地区、族裔、种族和性别的数据，

图片来源：©Mike Kemp/Rubberball/Getty Images.

并提供了每种数据的误差幅度的统计估计。而大多数的在线民调，比如 Twitter、Facebook 或新闻网站上的调查并非如此，因为它们完全依赖登录和选择参与的人。虽然这样的调查可能是有趣的、好玩的或具有刺激性的，但我们没有办法判断它们是否具有代表性。

确保效度和信度 为了对他们的发现有信心，并保持科学的方法，社会学家追求既有效又可靠的研究结果。

效度是指一种测量或量表真正反映所研究的现象的程度。例如，一个有效的收入测量可以准确地表示一个人在一个特定的时间段内（比如每小时或每年）赚了多少钱。如果一项关于收入的调查没有写得很清楚，一些受访者可能会理解为是询问他从一项工作中挣了多少钱；另一些人可能会添加来自其他来源，比如投资的收入；还有些人可能会报告整个家庭的收入，包括来自孩子或配偶的收入。

信度是指一种测量方法产生一致性结果的程度。也就是说，使用相同的工具、在相同的环境下、从相同的人那里收集数据，应该得到相同的结果。例如，如果你在两次不同的时间发给人们关于收入和教育的相同的问卷，除非在两次时间之间某些方面发生了显著的变化，否则回答应该是大致相同的。信度和效度一起使我们能够带着对我们的发现的信心进入下一个阶段。

得出结论

在研究过程的最后阶段，社会学家会得出结论，说明他们发现了什么。在这样做的时候，他们必须决定他们的假设的命运，并为他们的结果考虑其他可能的替换解释。

支持假设 数据提供了一种基础，使我们能够决定是应该接受假设还是拒绝假设。无论数据是从调查、观察、实验中，或其他来源中收集到的，我们都使用这些数据来得出我们的自变量和因变量之间可能的因果关系的结论。首先，我们必须确定变量是否相关。

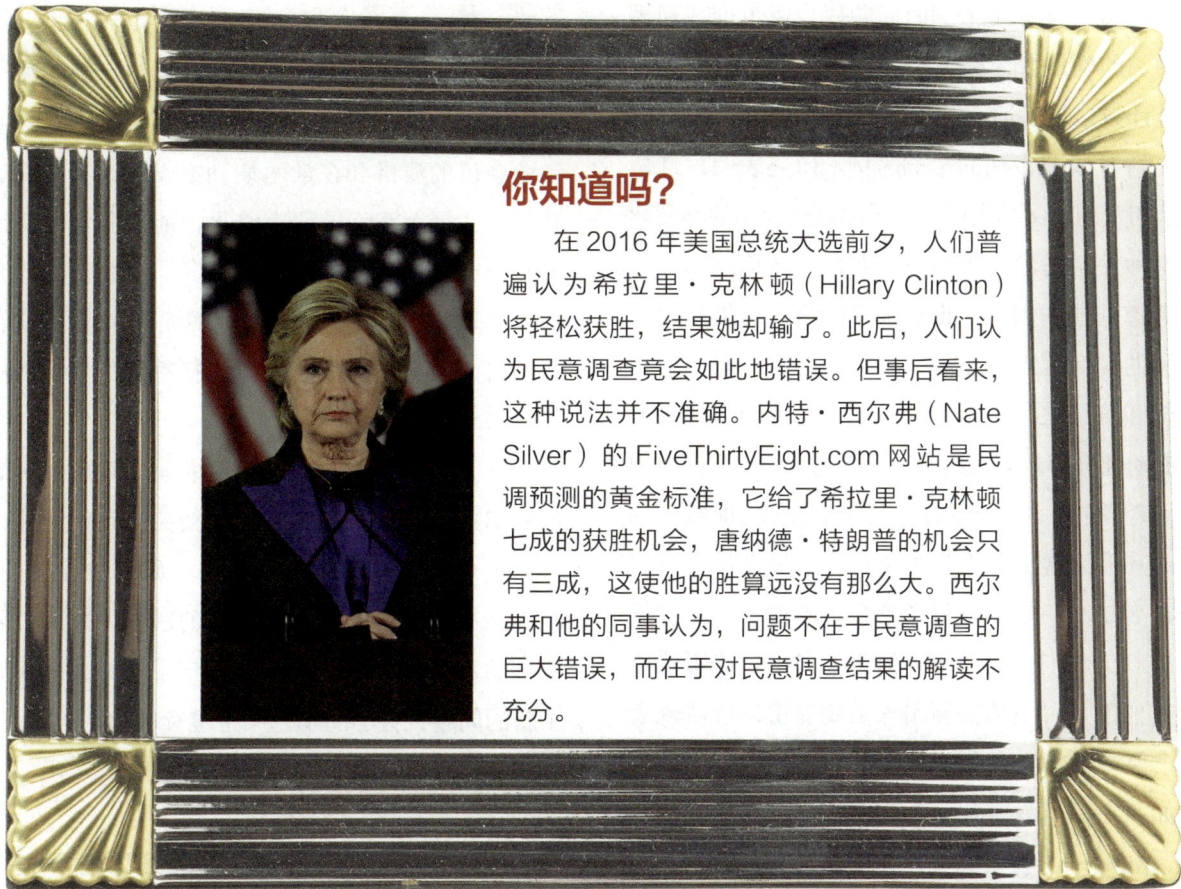

你知道吗？

在 2016 年美国总统大选前夕，人们普遍认为希拉里·克林顿（Hillary Clinton）将轻松获胜，结果她却输了。此后，人们认为民意调查竟会如此地错误。但事后看来，这种说法并不准确。内特·西尔弗（Nate Silver）的 FiveThirtyEight.com 网站是民调预测的黄金标准，它给了希拉里·克林顿七成的获胜机会，唐纳德·特朗普的机会只有三成，这使他的胜算远没有那么大。西尔弗和他的同事认为，问题不在于民意调查的巨大错误，而在于对民意调查结果的解读不充分。

相关性是两个变量之间的一种关系，其中一个变量的变化与另一个变量的变化同时发生。例如，随着一个人受教育程度的提高，他的收入也会上升吗？我们可以使用现有的数据资源来回答这个问题。根据美国人口普查局的数据，如果一个人受过更高程度的教育，那么他获得高收入的概率就会显著上升。正如图 2-3 所显示的，那些获得高中文凭的人最有可能属于最低收入群体，年收入低于 4 万美元，最不可能属于高收入类别；而那些获得学士学位的人则相反，他们最有可能属于高收入群体，年收入 8 万美元及以上，最不可能属于低收入群体。我们还可以看到，这种相关性并不完美，因为一些属于高中文凭类别的人收入可能很高，而另一些拥有学士学位或以上学位的人则可能属于低收入群体。

假设我们发现我们的变量是相关的，我们必须做的第二个决定是这种关系是否是因果关系。在解释结果时，一个基本的事实是，相关性并不等于因果关系。这种明显的关系很可能是由于偶然的或一些其他因素的影响所导

> **相关性**（correlation） 两个变量之间的一种关系，其中一个变量的变化与另一个变量的变化同时发生。

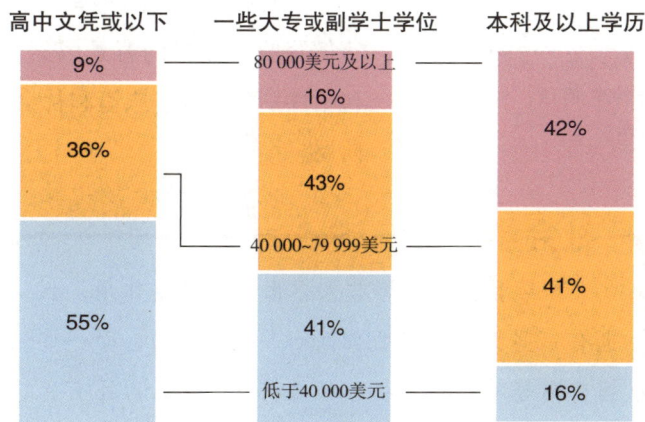

图 2-3　学位获得和收入的相关性

注：数据包括 25~64 岁的全年全职工作人员。高中类别包括那些有大学但没有学位的人。

资料来源：U.S. Census Bureau 2018b:Table PINC-03.

致。研究人员的任务是依据时间顺序、逻辑推理和理论来证明，的确是自变量的变化导致了因变量的变化。而仅靠统计数据是远远不够的。

以离婚对孩子幸福的影响为例。研究表明，这两个变量是相关的：父母离婚的孩子表现出长期的不利影响。但这种关系是因果关系吗？在得出结论之前，我们应该考虑其他的因素。也许孩子的负面后果是由于父母之间的冲突程度的影响，而不是离婚本身，或是由于父母和孩子之间关系的性质，或是由于诸如失业或地理流动性等背景因素的影响。换句话说，我们必须考虑除了离婚之外，还可能涉及其他变量的可能影响。

控制其他因素　考虑到人类行为的复杂性，只研究一个自变量和一个因变量通常是不够的。虽然这样的分析可以为我们提供见解，但为了考虑可能影响因变量的其他因素，我们需要引入**控制变量**，即研究者引入一个保持不变的因素，以检验自变量的相对影响。

例如，在探索教育和收入之间的关系时，我们应该考虑诸如父母的收入或者社会网络关系对这种相关性的解释。在这种情况下，也许"你认识谁"比"你知道什么"更重要。控制变量的引入允许我们检验有多少最初被认为是由于教育所导致的收入变化，实际上是由于父母收入的影响或是社交网络关系的影响。在后面的章节中，我们会考虑其他一些有助于解释收入差异的背景因素，包括性别、种族、族裔和社会阶层。

控制变量（control variables）
一个保持不变的因素，以检验自变量的相对影响。
研究设计（research design）
一种科学地获取数据的详细计划或方法。
调查（survey）用一系列预先设计的问题，来收集关于人们的特定属性、信念和行为的信息。

社会学思考

虽然教育在解释收入方面起着重要作用，但也有一些受教育程度最低的人收入较高，而一些拥有高等学位的人收入相对较少。你认为还有什么社会因素可以解释一个人的收入？一个人的性别、种族、族裔、宗教、年龄和社会背景对收入有什么影响？

总结：研究过程

当我们的研究完成后，我们会与社会学家、政策制定者和其他人分享我们的研究结果，主要是通过在专业会议的演讲和在学术期刊上发表论文。以这种公开的方式展示我们的研究结果，能使我们的研究成为未来研究进行回顾文献的一部分。将我们的研究置于这样的审查中，可以发现我们所犯的错误，或者揭示我们研究的不同之处，比如包括额外的变量或使用其他技术来收集数据。

研究是循环的。在对我们的假设得出结论后，我们利用这些结果来完善我们最初关于我们为什么会这样思考和行动的理论。然后这个研究过程又开始了，我们又产生新的想法，导致新的假设，这反过来导致更多的数据收集。最终我们找到了答案，但我们也有了新的问题，科学的车轮又将继续转动。

＞＞ 主要的研究设计

社会学家收集信息，以各种方式讲述我们的生活故事。有时他们想要探索一个集体的故事，也许是为了了解国家对于教育、政治或宗教等问题的态度，也许是他们想讲述那些经常被排除在这种大规模描述之外的个人和群体的故事。正如我们看到的那样，艾丽斯·戈夫曼在费城市中心做了她的研究。为了收集讲述这些故事所需的信息，社会学家遵循着特定**研究设计**中所规定的指导方针，即科学地获取数据的详细计划或方法。社会学有四种主要的研究设计：调查、观察、实验和使用现有资源。

调查

调查是最常用的研究设计。我们所有人可能都被调查过一些事情：我们打算投票给哪位总统候选人？我们最喜欢的电视节目是什么？我们花了多少时间来学习一门课程？**调查**是用一系列预先设计的问题，来收集关于人们的特定属性、信念和行为的信息。在选举季，以政治民意调查形式进行的民意调查变得特别普遍。主要的民意调查机构包括盖洛普民意测验

图片来源：©Bettmann/Getty Images.

中心（Gallup）、皮尤研究中心（Pew Research）、美国调查（SurveyUSA）、美国广播公司新闻（ABC News）、华盛顿邮报（Washington Post）和昆尼皮亚克（Quinnipiac）大学。所有这些机构都使用谨慎的技术来确保其结果的准确性。

调查设计中的问题 如前所述，如果要真正反映更广大的总体，调查就必须以精确的、有代表性的抽样为基础。我们可能会怀疑，仅仅来自几百人的反馈能否准确地反映超过 3 亿人的想法，但进行适当的调查就可以做到这一点。例如，当涉及总统选举的民意调查时，我们可以将这些民意调查的结果与实际的选举结果进行比较。在一项关于总统选举民意调查历史准确性的研究中，政治学专家科斯塔斯·帕纳戈普洛斯（Costas Panagopoulos）报告说，平均来看，从 1956—2012 年的民意调查结果与准确预测最终结果之间的距离不到 2 个百分点。即使在 2016 年的总统选举中，民意调查机构错误地预测希拉里·克林顿将击败唐纳德·特朗普，但他们对普选结果的预测相差并不大。在大选前夕，美国民调的平均水平显示，希拉里·克林顿领先特朗普 3.1 个百分点。最终的投票结果显示，她在全国范围内比特朗普多获得 2.1% 的选票。尽管民意调查专家有时不能"回答正确"［例如，错误地预测杜威（Dewey）会在 1948 年的总统选举中击败杜鲁门（Truman）］，但他们大多数时候能做到，而且非常精确。

近年来，分析师们已经开始对民意调查结果进行汇总，这意味着他们会根据众多单个民意调查结果的平均值得出一个单一的分数。如图 2-4 所示，每个独立点代表一个民意调查结果，曲线代表平均值。有了这样的图表，我们可以看到，尽管任何一项单独的民意调查结果都可以与平均水平有明显的不同，但是把它们合起来，就可以对可能的结果提供一个更好的衡量。定期产生最新民意调查结果的网站包括 FiveThirtyEight.com、Pollster.com 和 PollingReport.com。

除了确保样本具有代表性外，社会学家在进行调查时还必须非常谨慎地注意提问的措辞。如果不这样做，就会威胁到其结果的信度和效度。一个有效的问题必须足够简单和清晰，以便人们理解。它还必须足够具体，以便研究人员更好地解释结果。开放式问题

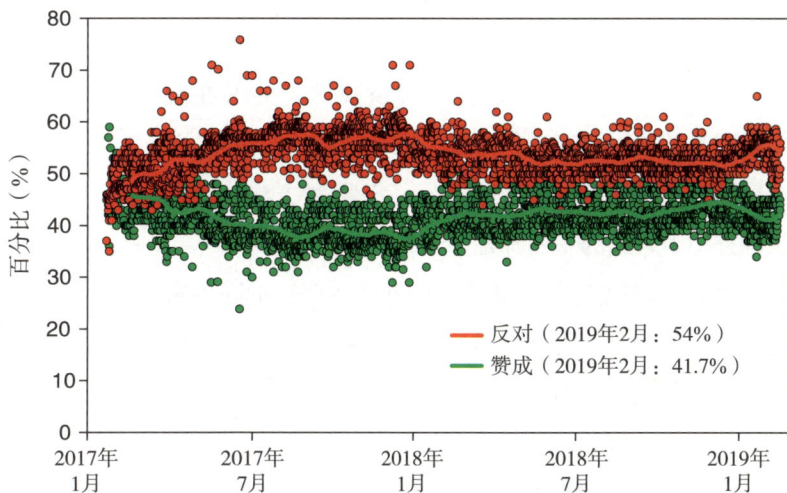

图 2-4　唐纳德·特朗普总统的支持率和反对率

注：每个点代表一个民意调查，衡量唐纳德·特朗普在担任总统期间的支持率或反对率。曲线代表支持和反对的民意调查的平均值。

资料来源：基于 FiveThirtyEight 2019 年的数据。

（"你觉得教育电视上的节目怎么样？"）必须仔细地使用措辞，以明确所需的信息类型。只有在抽样做得正确、问题的措辞准确且没有偏见的前提下，调查才能成为不可或缺的信息来源。

另一个值得注意的问题是调查人员的特征可能会对调查结果产生影响。例如，相比于男性调查员，女性调查员往往从女性被访者那里得到更多的女性主义的回答；而相比于白人调查员，非裔美国人调查员往往从黑人被访者那里得到更详细的与种族相关问题的回答。性别和种族的可能影响再次表明了进行社会研究需要多么地小心仔细。

调查类型 说到调查的管理，有两个主要的方法：访谈和问卷调查。在**访谈**中，研究者通过面对面或电话询问被调查者以获得所需的信息；而**问卷调查**则是由被调查者填写一份打印出来的或计算机化的表格，并返回给研究人员。每一种方法都有其优点。访谈可

访谈（interview）通过面对面或电话询问被调查者以获得所需的信息。

问卷调查（questionnaire）被调查者填写一份打印出来的或计算机化的表格，并返回给研究人员。

以获得更高的回答率，因为人们觉得要拒绝一个私人的访问请求比扔掉一份打印的问卷会更困难。此外，一个熟练的访谈人员可以跟进问题，以澄清被访者的潜在感受和回答的原因。对他们来说，问卷调查具有更便宜、更容易分发到大量人员的优点。无论哪种方法，我们从调查中了解到的东西都是惊人的。

例如，研究人员使用调查来更好地理解不同国家的人们之间的看法有何差异。他们对来自 14 个国家的 11 527 人的代表性样本进行了调查，询问了各种不同主题的问题。例如，关于少女怀孕，他们问："在你看来，（国家名称）15~19 岁女孩怀孕的比例是多少？"在美国，得到的平均答案是 24%，在英国，人们猜测的是 16%，而在瑞典，则是 7%。关于移民问题，他们问："你认为（国家名称）的总人口中，有多大比例是

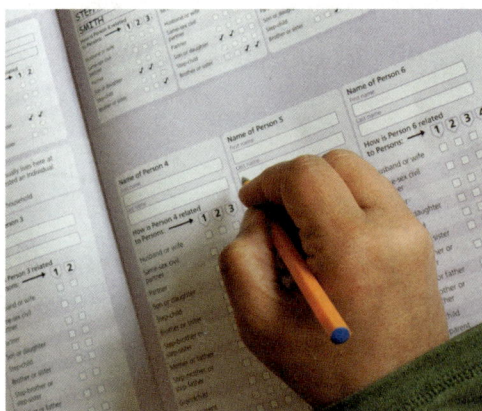

图片来源：Charles Bowman/Getty Images.

外来的移民？"在美国，平均猜测是 32%，在英国是 24%，在瑞典是 23%。此外，他们还询问有关宗教、老年人口、投票率、失业率、凶杀率和预期寿命等，各个国家之间的答案差异很大。

然后，研究人员将这些认知与每个问题的实际比率进行了比较，他们想知道这两者之间的差异程度是否因国家而异。在青少年怀孕的问题上，美国的实际比率是 3%，与预期的比率相差 21 个百分点。这 14 个国家的人都高估了自己国家的青少年怀孕率。如图 2-5 所示，美国移民人口的实际比例是 13%，与预期的比例相差 19 个百分点。同样，所有 14 个国家的人都高估了其移民人口的比例。然后研究者根据每个国家人们的估计数据与实际数据的接近程度对这些国家进行了排名。准确性排名第一的国家是瑞典，排在最后一名的国家是意大利，美国排在第 13 名。理解观念很重要，因为正如我们从托马斯定理那里学到的，我们是基于我们对真实的认知来行动的，而不是依据真实的现实。因此如果我们的看法不准确，我们相应的行动就可能不会那么有效。

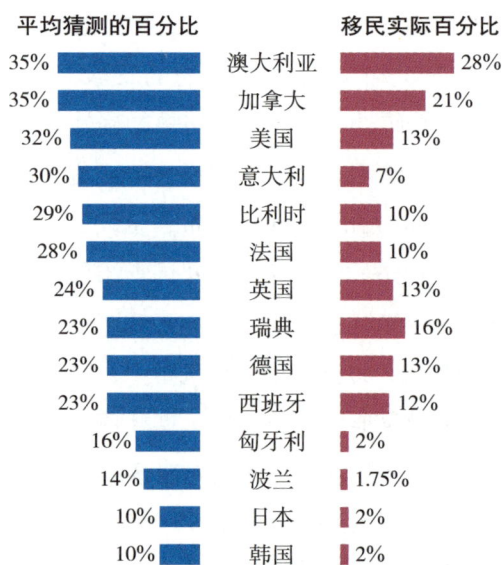

平均猜测的百分比		移民实际百分比
35%	澳大利亚	28%
35%	加拿大	21%
32%	美国	13%
30%	意大利	7%
29%	比利时	10%
28%	法国	10%
24%	英国	13%
23%	瑞典	16%
23%	德国	13%
23%	西班牙	12%
16%	匈牙利	2%
14%	波兰	1.75%
10%	日本	2%
10%	韩国	2%

图 2-5 移民率：感知与现实的对比
资料来源：ipsos MORI，2014.

定量和定性的研究 调查通常是**定量研究**的一个例子，它主要收集和报告数字形式的资料。对这些数据的分析依赖从简单的到复杂的统计方法。这种统计方法似乎有些令人生畏，但如果我们只是把统计方法看作另一种讲故事的方式，那就会有所帮助。统计方法作为工具，只是提供了另外一个窗口。从这个窗口中，我们可以了解到正在发生什么以及为什么发生。尽管需要训练才能理解高水平社会学研究中的复杂统计方法，但基本的描述性统计，如百分比和集中趋势的测量，更容易熟悉，也仍然很有帮助。**平均数**或平均值是一组数值相加并除以数值的数量所计算出的数字。**中位数**或中点是将一个序列的数值分成数目相等的两组数值。当存在会扭曲平均值的极端分数时，中位数是最常使用的。**众数**是一组数值中最常见的那个值。它在社会学研究中很少使用。作为集中趋势的测量，平均数、中位数和众数都提供了一个单一的分数，来作为对整个分数分布的简单总结。

定量研究被证明在熟悉的、定义明确的主题上特别有用。但当我们希望探索新的概念和背景时，研究人员经常转向定性研究。**定性研究**是一种依赖叙述说明而不是统计程序的描述性研究。定量研究关注的是各种量化事物的方式，而定性研究则试图理解人们通过与他人的互动来构建意义性的语境。它关注的是小群体和社区，而不是大的群体或整个国家。定性研究中最常见的研究设计是观察。

观察

研究者通过直接参与和/或密切关注一个群体或社区来收集信息就是在进行**观察**。这种研究设计使得社会学家能够比使用其他方法更深入地了解行为和社区。虽然与调查方法相比，观察似乎是一种相对非正式的方法，但研究者在观察他们的研究对象时会遵循适当的程序，并小心地做好详细的记录。

当今社会学中一种流行而有用的定性研究形式是

> **研究是一种正式的好奇心。它是有目的的探索和窥探。**
>
> 佐拉·尼尔·赫斯顿（Zora Neale Hurston）

民族志——通过扩展的系统观察来对整个社会环境进行研究。通常，重点是关注研究对象自己是如何看待他们在某些环境中的社会生活。在有些情况下，社会学家会实际加入到群体中一段时间，以准确地了解事物是如何运作的。这种方式被称为参与观察。

这就是艾丽斯·戈夫曼在费城学习时所采取的方法。由于她把自己融入了这个社区，她能够更全面地描述居住在那里的年轻非裔美国男性的生活。此外，她还描述了他们生活中女性的经历（她们的妻子、姐妹和女朋友）；描述了当地企业家提供商品和服务的地下市场，有用于药物检测的清洁尿液、伪造的文件，以及为囚犯提供手机的监狱警卫；还有那些住在市中心但远离非法活动的人以及卷入非法活动的人的生活。因为她使

定量研究（quantitative research）主要以数字形式收集和报告数据的研究。

平均数（mean）是一组数值相加并除以数值的数量所计算出的数字。

中位数（median）将一个序列的数值分成数目相等的两组数值。

众数（mode）是一组数值中最常见的那个值。

定性研究（qualitative）依赖叙述说明而不是统计程序的描述性研究。

观察（observation）一种研究者通过直接参与和/或密切关注一个群体或社区来收集信息的研究技术。

民族志（ethnography）通过扩展的系统观察来对整个社会环境进行研究。

走向全球

到国外研究

研究人员现在定期会从世界各地收集数据，即使是在困难的情况下。例如，自2004年以来，研究人员每年都会在阿富汗进行一次全国性调查。2017年，他们派出了929名阿富汗调查人员，在全国各地对阿富汗人进行了10 012次面对面的采访。他们了解到，人们对这个国家的总体方向的看法仍然很低，有61%的人认为阿富汗正在朝着错误的方向前进。如果有机会，39%的阿富汗人会因为担心安全而离开阿富汗，这是他们想要移民的一个主要原因。与此同时，77%的受访者表示，他们通常对自己的生活感到满意。

你想通过深入的参与观察来了解什么社会群体或环境（如宗教群体、政治组织、姐妹会/兄弟会、实验室或办公室）？你将如何保持合作？你将如何获得群体成员的信任？

用了参与观察，所以她的描述是深刻而丰富的，同时，她还包含了许多来自当事人的扩展引用。

观察研究提出了关于研究人员和他们的研究对象之间合适的关系性质的问题。充分参与到研究对象中间，可以更深入地了解这样的社会世界中的生活，但这种深度必须与客观性的需要相平衡。例如，艾丽斯·戈夫曼决定与她的两名线人成为室友，这让她能够近距离了解她们日常生活的现实，但这也引发了人们对她保持客观性能力的疑问。后来其中一个线人被谋杀了，另一个线人想出去寻找凶手，戈夫曼就自愿开车帮忙。批评者后来对她的这种行为是否构成谋杀提出了质疑。

除了客观性问题以外，另一个相关的问题是，与社区某一部分的密切接触，是否可能导致在描述另一部分时不够详细。因为我们不可能同时待在不同的地方。对特定社区及其内部特定成员的狭隘关注所获得的深度，是以牺牲观察的广度为代价的。

实验（experiment） 一种受控程序，其中研究人员评估自变量对因变量的影响。

实验组（experimental group） 在实验中暴露于由研究者引入的自变量的被试。

实验

实验是收集数据的第三个主要研究设计。**实验**是一种受控程序，其中研究人员评估自变量对因变量的影响。目标是尽可能地将因变量与任何其他影响隔离开来，从而使因变量发生的任何变化都只能归因于自变量。在一个经典的实验中，研究人员从将实验对象划分为具有相似特征的两组开始。**实验组**的人暴露于

1925 年在西屋电气公司的员工。

图片来源：©Topical Press Agency/Hulton Archive/Getty Images.

自变量的影响下；**对照组**的人则不受到这种影响。这样，如果科学家想测试一种新型的抗生素，他们会给予实验组服用，而不给予对照组，然后比较两组的结果。

实验在社会学中已经变得更加普遍，但它们也提出了一个挑战。社会学家想要理解人们在日常环境中的自然反应。大多数的人类行为并不是孤立发生的，它们会受到其他因素的影响，所以特殊创造出的实验条件不太可能存在于现实世界中。社会学家也对故意操纵人们反应的恰当性表达了伦理上的担忧。

对实验的另一个挑战是，仅仅一个社会科学家或其他观察者的出现，就可能影响到被研究的人的行为。这一点同样也影响到观察研究。对这一现象的认识产生于 20 世纪 20 年代和 30 年代在芝加哥附近的西部电力公司霍桑工厂进行的一项实验。一组研究人员希望弄清楚如何提高该工厂工人的生产力。研究人员操纵了照明和工作时间等变量，想看看这些方面的变化会对工人的生产量产生什么样的影响。令他们惊讶的是，他们发现他们所采取的每一个步骤似乎都在增加产量。即使是那些看似可能产生相反效果的措施，比如将工厂的照明减少到月光水平，也会导致更高的生产率。

白人在求职中的特权

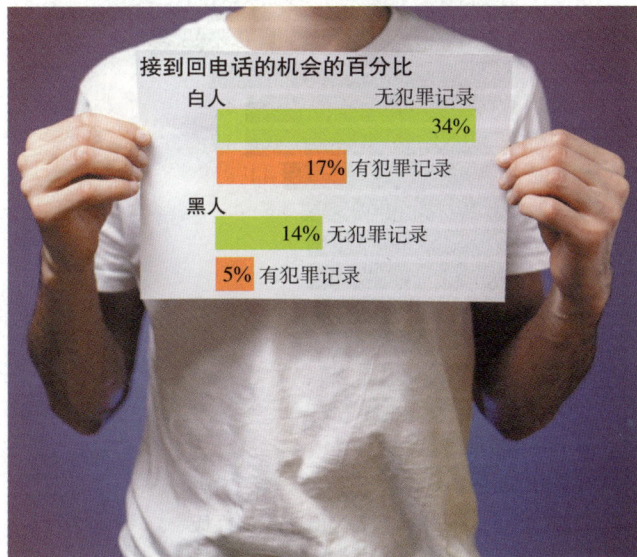

资料来源：Pager，2003:958. 图片来源：©Dolas/iStock/Getty Images.

为什么工厂的工人会在不利的条件下更努力地工作呢？研究人员最初得出结论说，工人改变他们的行为是因为他们知道自己正在被研究。他们对作为实验对象的新奇感以及研究人员对他们感兴趣的事实，做出了明智的反应。从那时起，社会学家就用"**霍桑效应**"一词来描述实验观察者对他们的研究对象所产生的意外影响。尽管后来的研究表明，工厂的情况其实相当复杂。这个案例强调了在寻求理解个体在现实环境中的行为时研究者的出现所带来的困难。

社会学家有时会进行所谓的自然实验，在实地寻求一种近似的实验条件。例如，社会学家德瓦·帕格（Devah Pager）设计了一个实验，评估求职者的犯罪背景对个人的就业机会可能产生的影响。此外，她还引入了种族作为控制变量。她派了四个彬彬有礼、衣着考究的年轻人到威斯康星州密尔沃基市找一份入门级工作。这四名学生都是 23 岁的大学生，但他们都把自己说成是工作经历相似的高中毕业生。其中两个人是黑人，两个人是白人。一名黑人申请人和一名白人申请人声称曾因持有可卡因并意图分发而在监狱服刑 18 个月。

> **对照组**（control group） 在实验中未被研究者引入自变量的被试。
> **霍桑效应**（Hawthorne effect） 实验观察者对他们的研究对象产生的意外影响。

> **社会学思考**
>
> 想象一下，你对玩电脑或主机游戏对大学生成绩的影响感兴趣。你如何建立一个实验来衡量这种效应？

拥有 350 名潜在雇主的这四名男生的经历截然不同。自称有监狱记录的白人申请人收到的回电话数量只有另一个白人申请人的一半——17%：34%。但是，就像左图中所显示的那样，尽管他的犯罪记录的影响很戏剧性，但他的种族的影响更显著。尽管他有入狱记录，但这位白人还是收到了比没有犯罪记录的黑人申请人略多一些的回电，分别有 17% 和 14%。为了评估她的发现的有效性，帕格和她的同事后来在纽约进行了一个类似的实验，结果是相同的。这个实验表明，在找工作方面，种族问题很重要。

使用现有资源

社会学家并不一定需要收集新的数据来进行研究。第四个主要的研究设计——**二次分析**，是指利用现有数据进行新分析的各种研究技术。二次分析分为使用现有数据集和对现有文档的分析两大类。

现有数据库通常是由其他的研究人员为其他目的所收集的数据组成，然后另一些研究人员可以用它们来研究他们自己的假设。进行自己的分析之前，现有数据库提供了一个原始调查者获得的回答的简单记录。美国人口普查局是提供这些数据的一个宝库。根据美国宪法的要求，该局每 10 年就会试图从美国的每个家庭中收集数据。2010 年，它最终从全国 99.62% 的住宅单位中收集了信息。除了 10 年一次的人口普查，人口普查研究人员还定期使用美国人口有代表性的样本来收集数据。

二次分析（secondary analysis）利用现有数据进行新分析的各种研究技术。

收集这种规模的数据非常昂贵且耗时，所以人口普查提供的信息对研究人员是非常有价值的。

另一个有价值的现有数据库来自国家舆论研究中心（National Opinion Research Center，NORC）的综合社会调查（General Social Survey，GSS）。GSS 于 1972 年首次实施，是一项每隔一年进行一次的全国性调查。调查用英语和西班牙语对美国成年人的有代表性样本进行有关各种主题的深度访问，这些主题包括就业历史、教育、政治偏好、宗教信仰、枪支所有权、堕胎权利，等等。NORC 的调查员在很多年里经常问同样的问题，这允许分析回答是如何随时间变化的。GSS 数据浏览器可以供所有人在线使用。

图片来源：U.S. Census Bureau, Public Information Office（PIO）.

使用现有的数据库可以让我们看到最初的研究者可能从未考虑过的趋势或模式。例如，美国社会保障局的流行婴儿名字网站每年都会更新数千份新生儿登记信息的数据。利用这些数据，我们可以认识到文化趋势的变化。从 1900—1972 年，约翰这个名字一直排在男孩名字的前五名，但后来却跌到了第 27 位。从 1900—1965 年，玛丽这个名字排名第一或第二，现在排名第 126 位。相比之下，胡安这个名字在 1900 年排名第 215 位，在 1999 年达到顶峰，排在第 46 位，现在排名第 137 位。玛丽亚从 1900 年的第 150 位开始上升，1973—1975 年达到顶峰，排名第 31 位，现在排名第 111 位。这些变化反映了美国拉丁裔人口日益增长的影响。

另一个来源，即美国人口普查局的现有数据，证实了这一转变，如图 2-6 所示。对这些数据的分析显示，尽管史密斯仍然是美国最常见的姓氏，但加西亚和罗德里格斯从 2007 年开始就进入了前 10 名。这是美国历史上第一次有一个非英裔美国人的名字被列为最常见的名字。这种名称的变化反映了美国人口从一个主要由欧洲后裔组成的国家转向为一个

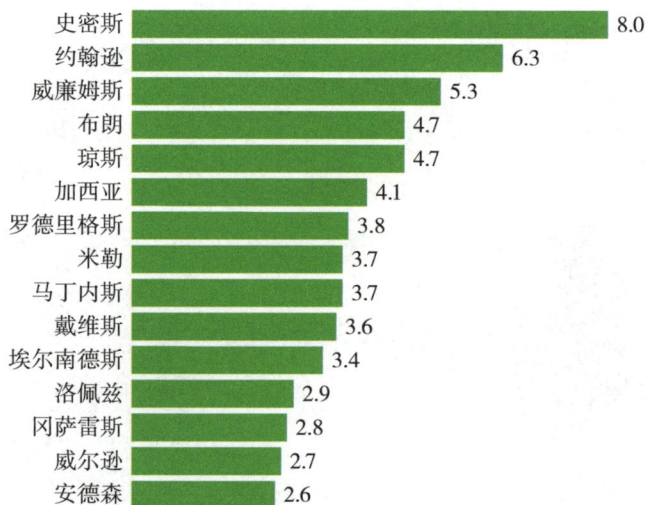

姓氏	数值
史密斯	8.0
约翰逊	6.3
威廉姆斯	5.3
布朗	4.7
琼斯	4.7
加西亚	4.1
罗德里格斯	3.8
米勒	3.7
马丁内斯	3.7
戴维斯	3.6
埃尔南德斯	3.4
洛佩兹	2.9
冈萨雷斯	2.8
威尔逊	2.7
安德森	2.6

图 2-6　美国最常见的姓氏

注：数据是指总体的每 1000 人中。
资料来源：Chalabi and Flowers, 2014.

全球多样化的国家。社会学家预计这一趋势将继续下去。在一项试图结合名字和姓氏的统计分析中，研究人员估计詹姆斯·史密斯是美国最常见的名字，而玛丽亚·加西亚来到了第15位。

除了使用现有的数据库外，二次分析还可以涉及现有的文档。通过研究报纸、期刊、日记、歌曲、广播和电视录像、网站、法律文件和其他许多可能类型的文件，可以帮助我们深入了解人们是如何思考和行动的。更好的是，文献不仅可以来自现在，而且可以来自过去，使历史社会学成为可能。例如，我们不可能对20世纪60年代的人们进行调查、访谈、参与观察或实验，但我们仍然可以通过分析他们留下的记录，了解到有关他们的有价值的社会学认识。

社会学思考

"Name Voyager" 是在 www.babynamewizard.com 上的一个应用程序，它允许人们输入任何名字，并观察其在不同时期的流行情况。去该程序输入几个名字，看看它们的使用情况发生了什么样的变化。思考一下你尝试过的一些名字，是什么因素导致了它们的兴衰？你的名字有多受欢迎？随着时间的推移，它的流行程度是如何发生变化的以及为什么会发生变化？

在进行这类研究时，最常用的技术之一是**内容分析**，即根据给定的基本原理对数据进行系统编码和客观记录。欧文·戈夫曼在对广告如何描绘女性进行开创性的探索时，就使用了内容分析的方法。他研究的广告典型地表明女性扮演着次要的和依赖的角色。在广告中，女性比男性更多地使用爱抚和触摸的手势。即使在领导角色中，女性也有可能摆出引人注目的诱人姿势或凝视远方。珍妮·基尔伯恩（Jeanne Kilbourne）在她的电影《温柔地杀害4》（*Killing Us Softly 4: Advertising's Image of Women*）中对广告内容的分析表明，女性不断地被作为描绘的目标。她发现，广告商传达的主要信息是，女性应该花时间、精力和

金钱，去努力达到那种只有在图像处理软件的帮助下才能实现的理想化的、用喷枪修饰的女性美女形象。她引用了超模辛迪·克劳福德（Cindy Crawford）的话："我希望自己看起来像像辛迪·克劳福德。"

除了允许进行历史的研究，二次分析对社会学家的另一个吸引力是它的无反应性。

> **内容分析**（content analysis）根据给定的基本原理对数据进行系统编码和客观记录。

也就是说，做这种类型的研究不会影响人们的反应。例如，埃米尔·迪尔凯姆对现有自杀数据的统计分析对人们自杀死亡的可能性没有影响。换句话说，二次分析使研究人员能够避免与霍桑效应相关的问题。

在时间和金钱方面，二次分析也可能比其他研究设计要便宜得多，但这只在所需要的数据存在的情况

模特辛迪·克劳福德回应摄影店在广告中的涂刷："我希望自己看起来像辛迪·克劳福德。"
图片来源：©Chirag Wakaskar/Getty Images.

你有没有问过自己："他们在想什么？"也许是在想人们喜欢的音乐，想他们穿的衣服，想他们选择的专业，想他们得到的工作，想他们约会的人，想他们所信奉的宗教信仰，或者他们所支持的候选人。虽然社会学不能对为什么特定的个体会那样思考和行动的问题提供具体的答案，但它确实对影响我们选择的社会因素提供了见解。想象一下，如果你有机会回答诸如上述这些特定的问题，你会选择哪一个？你可以识别出哪些自变量和因变量？你的假设是什么？你可以选择什么样的研究设计呢？社会学的有趣之处在于，我们可以从提出我们好奇的问题开始，然后通过研究去找到答案。

下才有效。二次分析面临的最大挑战是，研究人员依赖于其他人收集的数据，因此，使用现有来源的研究人员可能找不到他们想要的或所需要的资料。例如，研究家庭暴力的社会学家使用来自警察和社会服务机构的有关虐待配偶和虐待儿童案件的数据，但并非所有事件都能报告给当局，结果导致那些没有报告的重要信息被排除在分析之外。

每一项研究设计都为社会学家提供了他们进行分析和得出结论所需的信息。虽然大多数研究只依赖一种类型的设计，但也有一些研究使用多种设计的组合。例如，通过同时进行调查和参与观察，研究人员受益于两者所提供的优势。然而，在所有的情况下，资源的可得性，从时间和金钱两方面看，就限制了许多的可能性。

主要的研究设计

方法	示例	优点	局限
调查	调查问卷访谈	细节和广度	深度、时间和金钱
观察	民族志	深度和解释	时间和访问权限
实验	故意操纵人的社会行为	因果关系的控制和特异性	不自然的环境和伦理问题
使用现有资源／二次分析	对人口普查或健康数据的分析 对电影或电视广告的分析	历史分析、无反应性和成本	为某些其他目的而收集的数据

> > 研究伦理学

由于社会学研究涉及研究人类，社会学家必须特别小心地对待他们的研究对象，避免他们暴露于不应有的伤害之中。美国社会学协会（ASA）在其**道德规范**中提出了由其专业成员制定、并针对其专业成员的可接受的行为标准。它提出了下列总的原则：

道德规范（code of ethics）由专业成员制定、并针对专业成员的可接受的行为标准。

- 专业能力：以适当的方式使用适当的研究技术；
- 正直：要诚实、尊重他人、公平；
- 专业和科学责任：坚持最高的科学与专业标准；
- 尊重人的权利、尊严和多样性：要公正、不歧视，

尊重所有人的尊严和价值；
- 社会责任：对公共利益有贡献。

随着时间的推移，这些总的原则为研究人员提供了一些具体的实践指导。例如，研究人员应该从研究对象那里获得知情同意，这意味着，如果可能的话，研究对象应该意识到任何可能的参与风险，并明确同意参与。为了确认该研究不会将研究对象置于不合理的风险水平，研究人员通常要将他们的研究计划书提交给伦理审查委员会。

保密

保护研究对象最常见的技术之一是向他们保证为他们保密，即不泄露他们的身份，这样其他人就不知道

是谁参与了研究。确保研究对象的隐私有助于保护他们免受参与的潜在负面影响。有时，参与可以是完全匿名的，所以即使是研究人员也不知道是谁提供了哪些回答。

这种看起来有希望的保密可能很明确，但在实践中可能很难遵守。例如，从事参与观察研究的社会学家是否应该保护违法的研究对象的秘密？对于一位正在采访政治活动人士的社会学家来说，当这项研究受到政府有关部门的质疑时，他又该如何做呢？

和记者一样，社会学家也发现自己面临着是否向执法部门透露他们的消息来源的道德困境。1993 年 5 月，社会学家里克·斯卡斯（Rik Scarce）由于藐视法庭而被监禁，因为他拒绝告诉联邦大陪审团他所知道的（甚至不确定他是否知道）有关 1991 年美国动物权利保护人士突袭一个大学研究实验室的情况。当时，斯卡斯正在为写一本关于环保抗议者的书做研究，他至少认识一名入室盗窃的嫌疑人。尽管他受到了联邦法官的惩罚，但斯卡斯赢得了狱友的尊重，他们认为他是一个"不会告密"的男子汉。

为捍卫保密原则，美国社会学协会在斯卡斯提出上诉时支持他的立场。斯卡斯始终保持沉默。最终，法官裁定，进一步的监禁不会有任何好处，斯卡斯在入狱 159 天后被释放。美国最高法院最终拒绝审理斯卡斯的上诉案件。由于法院没有考虑他的案件，斯卡斯认为，需要联邦立法来明确学者和媒体成员对他们所采访的人保密的权利。

研究经费

美国社会学协会的道德行为准

则所关注的另一个问题是，资金来源可能会影响研究结果。接受来自私人组织、甚至是一个有望从研究结果中受益的政府机构的资金，可能会与美国社会学协会关于在研究中要保持客观性和完整性的首要原则相冲突。因此，研究机构应公开所有的资金来源。

举一个例子，当埃克森美孚公司（ExxonMobil）因为其油轮埃克森·瓦尔迪兹号在阿拉斯加海岸附近触礁，溢出超过 1100 万加仑的石油进入威廉王子海湾，而被要求支付 53 亿美元的赔偿时，它对判决提出上诉，并接触了可能愿意研究陪审团审议的法律学者、社会学家和心理学家。该公司的目标是为其律师的论点提供学术支持，即在这类案件中的惩罚性判决是由错误的审议造成的，并不能阻止未来的事件。一些学者质疑在这种情况下学者接受资金做研究是否适当，即使资金来源已被披露，而接受埃克森美孚公司资金支持的学者们则否认这影响了他们的工作或改变了他们的结论。埃克森美孚公司采用了这些研究的结果作为其上诉的一部分，最终支付了 12.5 亿美元的罚款。

价值中立

社会学家的伦理考虑不仅在于他们所使用的方法和他们所接受的资金，还在于他们解释其研究结果的方式。社会学家马克斯·韦伯认识到，个人价值观会影响社会学家为研究所选择的主题。在他看来，这

"埃克森·瓦尔迪兹号"一案提出了关于社会科学家研究资金的伦理问题。
图片来源：Bob Hallinen/Anchorage Daily News/MCT/Tribune News Service/Getty Images.

是完全可以接受的。但他认为，研究人员不应该让他们的个人感受影响到他们对数据的解释。用韦伯的话来说，社会学家必须在他们的研究中保持**价值中立**。作为这种中立性的一部分，研究人员有接受研究发现的伦理义务，即使这些数据与他们个人的观点、与基于理论的解释或者与被广泛接受的信念相反。关于艾丽斯·戈夫曼对费城市中心的研究所引发的一个担忧是，她离她的研究对象太近了，因而失去了客观性。这一批评的前提是，站在任何一方都可能会削弱研究者准确描述正在发生的事情的能力。

　　一些社会学家认为，这种中立性是不可能的。他们担心韦伯对无价值社会学的坚持可能导致公众在接受社会学结论时，不注意探索研究人员的偏见。其他人则认为，社会学家可能会用客观性作为保持不批评现有机构和权力中心的理由。例如，尽管 W. E. B. 杜波依斯和简·亚当斯的早期工作已有所提示，但社会学家仍然需要被提醒，即这门学科并没有充分考虑所有人的社会行为。

　　社会学家不应该只关注占多数的人们，还必须寻找那些由于相对缺乏权力和资源而经常被忽视的人们

价值中立（value neutrality）马克斯·韦伯所说的关于社会学家在解释数据时的客观性。

的故事。事实上，社会学家正是通过倾听那些被排除在主流权力的来源之外、被拒绝获得宝贵资源的人的声音，更好地了解了社会。在乔伊斯·拉德纳（Joyce Ladner）的经典著作《白人社会学的死亡》（*The Death of White Sociology*）一书中，她呼吁人们注意，主流社会学家倾向于只在社会问题的背景下来研究非裔美国人的生活。同样，女性主义社会学家舒拉米特·莱因哈兹（Shulamit Reinharz）也认为，社会学研究不仅应该包括主流之外的社会学家的研究，还应该开放利用非社会学家的相关研究，这些研究可能会对社会生活的理解提供额外的深度。价值中立的问题并不意味着社会学家不能有观点，但它确实意味着他们必须努力克服他们可能给研究分析带

《金赛性学教授》（*Kinsey*）
采用个案方法研究现代
性行为之父。
《科学竞赛》（*Science Fair*）
在国际高中生科学与工程博览会
上探索极客文化。
《印第安纳的蒙罗维亚》
（*Monrovia, Indiana*）
近距离亲身体验美国小镇。
《人生七年》（*56 Up*）
纪录片记录了 14 名儿童从 7 岁到 56 岁的生活。
《魔鬼游乐场》（*Devil's Playground*）
阿米什青少年在阿米什社区中奉献一生之前，
先尝试饮酒、吸毒和性行为。

电影　关于社会学研究

5

来的任何偏见，不管是不是无意的。

女性主义方法论

　　虽然研究者必须客观，但他们的理论取向必然会影响到他们所提出的问题，或者，同样重要的，他们所没有提出的问题。由于女性主义的贡献开辟了如此多且新的研究方向，使用女性主义视角的社会学家可能对当代的社会研究者产生了最大的影响。例如，直到 20 世纪 60 年代，研究人员经常分开研究工作和家庭，好像它们是两个独立的机构一样。然而，女性主义理论家反对它们是独立领域的观点。她们是第一个将家务劳动看作真正的工作，并研究人们在平衡工作和家庭需求方面所面临的困难的社会学家。

　　女性主义理论家也关注了研究人员在社会学研究中忽视女性的倾向。在社会学历史的大部分时间里，研究人员对男性研究对象或者以男性为主导的群体和组织进行了研究，然后将他们的发现推广到所有人。例如，几十年来，对城市生活的民族志研究主要集中在男性通常聚集的街角、社区酒馆和保龄球馆等场所。尽管研究人员通过这种方式获得了有价值的见解，但他们并没有形成对城市生活的真实印象，因为他们忽

略了女性可能聚集的地方，比如游乐场、杂货店和前台。这些都是女性主义的视角所关注的领域。

女性主义学者也为在社会学领域中提高全球意识做出了贡献。对于女性主义理论家来说，工业化国家和发展中国家之间的传统区分忽略了这两个所谓独立的世界之间的密切关系。女性主义理论家们呼吁对移民女性在维持其家庭方面、在工业国家的家庭使用来自欠发达国家的用人，以及在全球贩卖性工作者等现象中所扮演的特殊角色进行更多的研究。

最后，女性主义研究者比其他研究人员更倾向于参与到研究对象中以及向他们询问，这导致了定性研究和参与性研究的显著增加。他们也更倾向于寻求变革、提高公众意识，以及影响政策，这代表着对社会学根源的回归。

社会学家必须与世界相接触。尽管

> **被发现的最大障碍不是无知，而是对知识的幻觉。**
>
> 丹尼尔·布尔斯汀（Daniel Boorstin）

他们有很多方法来实现这一点，但首先，这种参与是要通过研究来实现的。正如我们在本章中所看到的，社会学家如果回避，或者仅从理论上，或者只是假设我们为什么会按那样的方式思考和行动，这是不够的。我们必须走出去，收集数据，并利用它来告知我们对人类行为的理解和解释。这样做之后，我们还要对这些知识负责，无论是简单地通过会议演讲和期刊文章与其他社会学家分享这些知识，还是利用这些知识去积极地争取建设性的社会变革。

行动起来！

人物观察

作为一个小型的观察项目，可以进行有意的人物观察。选择一个公共场所，比如一个购物中心，那里人来人往，记录你观察到的东西。突出的特点是什么？不同性别、年龄、种族或族裔的人有什么不同？他们单独来或者结伴来的程度如何？记录你所有的观察，然后用你的数据写出总结，说明你发现了什么。

本章回顾

1. 社会学作为一种认知方式与常识的区别是什么？
   - 社会学家进行了系统的实证研究，以更好地理解我们为什么会这样思考和行动。

2. 在回答人们为什么这样思考和行动时，社会学家采取了哪些步骤？
   - 他们需要定义问题，回顾文献，制定假设，收集和分析数据，并得出结论。

3. 社会学家使用什么技术来收集资料？
   - 用于收集数据的研究设计包括调查、观察、实验和使用现有资源。

4. 社会学家在进行研究时必须考虑什么伦理问题？
   - 他们有责任遵守美国社会学协会的道德行为准则，特别是尊重保密，公开研究经费，保持价值中立，以及总体上尊重他们的研究对象。

不同社会学视角下的社会学研究

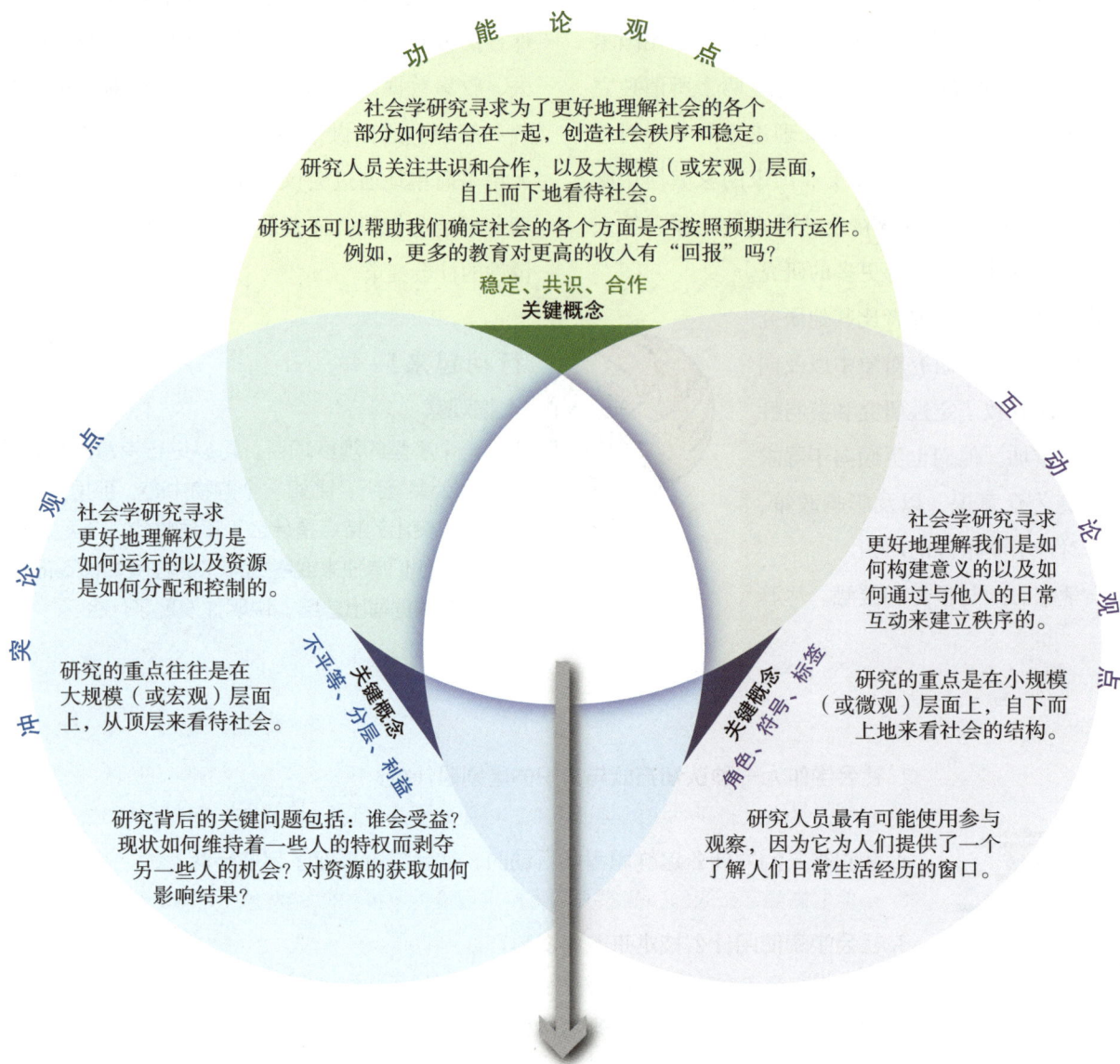

功 能 论 观 点

社会学研究寻求为了更好地理解社会的各个
部分如何结合在一起，创造社会秩序和稳定。

研究人员关注共识和合作，以及大规模（或宏观）层面，
自上而下地看待社会。

研究还可以帮助我们确定社会的各个方面是否按照预期进行运作。
例如，更多的教育对更高的收入有"回报"吗？

稳定、共识、合作
关键概念

冲 突 论 观 点

社会学研究寻求
更好地理解权力是
如何运行的以及资源
是如何分配和控制的。

研究的重点往往是在
大规模（或宏观）层面
上，从顶层来看待社会。

不平等、分层、利益
关键概念

研究背后的关键问题包括：谁会受益？
现状如何维持着一些人的特权而剥夺
另一些人的机会？对资源的获取如何
影响结果？

互 动 论 观 点

社会学研究寻求
更好地理解我们是如
何构建意义的以及如
何通过与他人的日常
互动来建立秩序的。

研究的重点是在小规模
（或微观）层面上，自下而
上地来看社会的结构。

角色、符号、标签
关键概念

研究人员最有可能使用参与
观察，因为它为人们提供了一个
了解人们日常生活经历的窗口。

建立联系

回顾本章之后，请回答下列问题。

1

艾丽斯·戈夫曼在她的研究中使用了哪个观点？
为什么？

2

每种观点如何以略微不同的方式来研究教育和
收入之间的关系？

3

研究人员的视角如何影响他或她所选择的研究
设计？为每一种视角给出一个例子。

4

每种观点如何解释德瓦·帕格在其关于种族
和求职的实验中的发现？

第**3**章

文化

营造一个场景

2019 年 1 月 13 日，查利·托德（Charlie Todd）乘坐纽约市地铁。他没有穿裤子，但他并不孤单。事实上，那天在纽约，数千名其他无裤乘客也加入了他的行列。他们聚集在城市周边的六个地方，登上不同的地铁线路，前往联合车站集合。他们穿梭在许多地铁车厢，但彼此之间的互动很少，行为也尽可能表现正常。这项活动是由 Improv Everywhere① 组织的一年一度的无裤地铁乘坐活动的一部分。2001 年成立的 Improv Everywhere 组织自称是"在公共场所引起混乱

和欢乐的恶作剧集体"。

Improv Everywhere 发起了 160 多项任务，其中一些任务你我可能很熟悉，因为它的视频经常走红。无裤日活动始于 2002 年，当时只有 7 名参与者，后来规模越来越大。到 2019 年，为庆祝其成立 18 周年，来自全球各地数 10 个城市的数千人参与，其中包括阿姆斯特丹、布宜诺斯艾利斯和布拉格。Improv Everywhere 最受欢迎的视频之一来自其 2008 年在纽约中央车站的任务，当时 200 多名参与者（"代理人"）

---

① Improv Everywhere 是 2001 年于美国纽约市成立的非正统搞笑团体。"即兴表演，随处搞笑"是这个团体的宗旨。作为 Improv Everywhere 精心策划的诸多行动中的一个，"无裤乘坐地铁"活动自 2002 年起每年举行一次。——译者注

聚集在中央车站，同时在原地僵立了 5 分钟，之后他们恢复了各自正在做的事情，就好像什么都没发生一样。2017 年，Improv Everywhere 在一节地铁车厢中举办了一场假装甜蜜的 16 岁生日惊喜派对，派对上有气球、彩带和杯形蛋糕，看看能否让一车中随机的陌生人加入进来一起玩。2018 年，该组织举办了一场酒吧琐事比赛，由游戏节目主持人、欢呼的观众、五彩纸屑和现金组成（这些以及许多其他任务的视频可以在 ImprovEverywhere.com 上找到）。

Improv Everywhere 的场景有助于揭示我们习以为

常的行为准则。在我们的日常生活中，我们遵循着基本上看不见的常规，我们希望其他人也这样做。如果有人不这样做，我们往往会感到不舒服，因为它扰乱了我们的秩序感。Improv Everywhere 制作的视频的妙处之一在于观察人们的反应。当人们意识到自己正在参与一场运动时，最初的困惑和紧张后往往会伴随着会心一笑。我们希望并需要他人的行为是可预测的，因此我们创建正式和非正式的规则来指导我们的行为。这些规则是文化的重要组成部分。

边读边思考 >>

- 人类为什么创造文化?
- 文化由什么构成?
- 文化是如何为人类赋能和约束人类的?

>> 现实的社会建构

个人和社会之间的关系是社会学的核心。有时我们选择做意想不到的事，比如在地铁上不穿裤子，但大多数时候我们遵守正常的社会惯例，如在"地铁无裤日"依然穿上裤子。在确定个人自我和社会环境之间的关系时，我们所从事的正是"**现实的社会建构**"。社会学家彼得·伯格（Peter Berger）和托马斯·卢克曼（Thomas Luckmann）创造了这一短语来描述持续的相互依存关系。在这种关系中，个人通过我们的行动创造社会，同时个人又是我们建构的社会的产物。他们建构世界的三步模式包括以下要素。

现实的社会建构（social construction of reality）持续的相互依存关系。在这种关系中，个人通过我们的行动创造社会，同时个人又是我们建构的社会的产物。

- **文化建构**。我们的行为并不是严格由生物本能决定的。为了生存，我们必须与自然以及彼此之间建立关系。我们通过创造工具、语言、想法、信念、行为规则等来建立秩序和意义。文化使我

们能够理解我们的经历并塑造我们的行为（详细信息请参阅本章"文化建构"部分）。

- **自我建构**。通过社会化，我们成为我们创造的世界的产物。任何时候，我们进入一个新的社会世界（例如，出生、上大学、入职第一天、结婚），我们都不是从零开始的。我们是由在我们之前的其他人业已构建的工具、想法和行动规则等塑造的。我们通过与他人的互动、分享想法和经验来学习我们应该如何思考和行动。通过社会化，我们受到我们建构的文化的约束（见第 4 章关于社会化的内容）。

- **社会建构**。在前两个步骤之间是一个中间阶段，在这个阶段中，我们与他人分享我们创造的文化。在文化被分享之后，我们作为个体失去了对社会的控制。社会不再是"我"控制的东西，而是目前在"我们"的手中。作为我们共同接受的结果，即使我们最初创造了它，社会也变成外在的、真实的或自然的。理解社会的一种方式是将其视为我们生活其中的环境、社会世界或结构。我们理

所当然地认为它只是"存在"（见第 5 章关于社会和社会结构的内容）。

简而言之，现实的社会建构涉及个人与社会之间的持续互动。正如图 3–1 显示的那样，在第一阶段，作为个人，我们有能力创造和再生产我们生存所需的物质、认知和规范文化。同时，在第二阶段，由于我们从周围的人那里习得的社会化，我们成了我们自己。通过社会化，我们学会了做出选择，以加强现有的关系和预期的行为，这些关系和行为随着时间的推移已经以社会的形式加以常规化和固定化，如第三阶段所示。因此，我们周围的世界变得有序和可预测。通过社会互动，我们既在创造又在被创造，既是社会的生产者又是社会的产物。在本章中，我们重点关注模型的第一阶段，即探索我们创造文化的方式以及我们为什么这样做。我们将在第 4 章和第 5 章中探讨其他两个阶段。

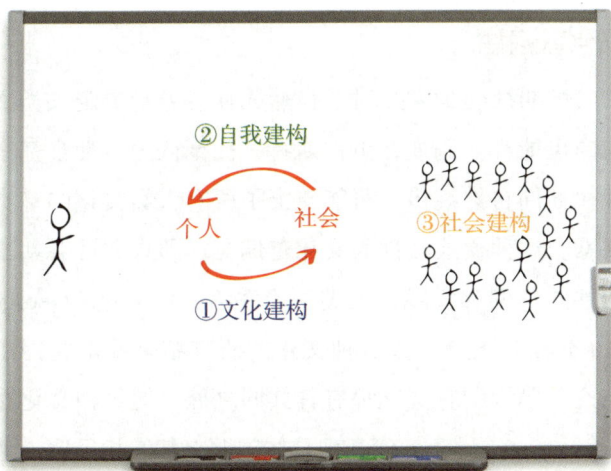

图 3–1　世界构建

资料来源：McGraw-Hill Education. 图片来源：RTimages/Alamy Stock Photo.

社会学思考

社会环境如何影响我们与他人的关系？如果有人问你学校情况如何，与在宿舍和朋友一起时或与同事一起工作时相比，在家里与父母一起时，你的反应会有什么不同？

> > **文化建构**

我们需要文化。作为人类，我们缺乏其他物种与生俱来的确保其生存的复杂本能。例如，与鸟类不同，我们的基因没有提供建造巢穴（或家园）的知识，但我们可以选择在冬天寻找温暖的气候而在夏天寻找凉爽的气候。由于我们的行动不是由生物本能决定的，我们必须建立生物本能的对应物，以便提供食物、衣服、住所和其他许多人类需求。**文化**包括人类在建立我们与自然以及彼此之间关系时所创造的一切。它包括语言、知识、物质创造物以及行为规则。换言之，它包含了我们为生存和发展而所说、所知、所做的一切。

> **文化**（culture）　人类在建立我们与自然以及彼此之间关系时所创造的一切。

文化在个人和外部世界之间起中介作用。当我们通过听觉、视觉、触觉、嗅觉、味觉等感觉来体验自然世界时，我们就是依靠文化来解释这些感觉。我们的视网膜可能会向大脑发送神经脉冲，但文化赋予我们的大脑将这些神经脉冲信号转换为有意义模式的能力。例如，我们可能无法在视幻觉中看到图像，直到有人轻推并告诉我们"朝这边看"。关于物理图像的一切都没有改变，但在他人的帮助下，我们对它的看法却发生了变化。我们不直接感知自然，而是经由文化的透镜来感知周围的世界。

通过与他人的互动，我们建立并分享对世界的看法，以及我们应该如何在其中行动。由此产生的共享文化为我们提供了一套类似于习惯、技能和风格的工具包。例如，当有人打招呼时，我们知道如何做出回应。当我们第一天上课时，我们知道坐在哪里或站在哪里，这取决于我们是学生还是教授。文化促进了社会互动。

随着时间的推移，我们认为共享文化是理所当然的。我们思考的方式、我们遵循的规则、我们创造的一切，对我们来说都是自然的。我们将这些期望传递给家庭、学校、礼拜场所和工作场所中的其他人。因此，我们知道该做什么、什么时候做、和谁一起做。

如此反复，我们创造了社会。**社会**是通过规范的社会互动模式创造和共享文化的关系结构。社会提供了我们互动的理所当然的结构，既支持也约束我们所构建的文化。在一个特定的社会中，一些思考、行动和制造的方式似乎是不可避免的，而其他方式甚至可能是不可想象的。例如，我们的政府组织方式决定了我们的权利和责任，我们的教育组织方式决定了我们学习的方式和内容。

社会（society）　通过规范的社会互动模式创造和共享文化的关系结构。

文化普遍性（cultural universals）人类社会共享的共同信仰和实践。

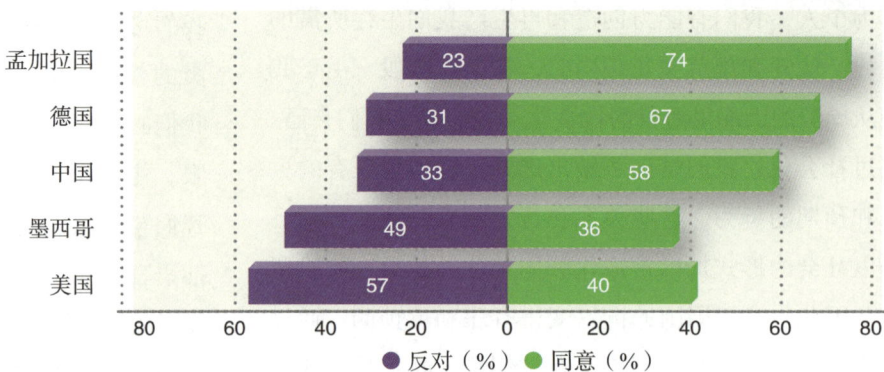

社会学思考

有时我们会反复地看到一些东西，直到有人指出它们我们才识别出图案的含义，比如联邦快递标志上的箭头（提示：它在 E 和 x 之间[①]）。这能告诉我们关于权威对于认知的重要性吗？

社会以不同的方式建构文化，导致了显著的跨文化差异。当人们出国旅行时往往会遇到自己视之为当然的一些想法和行动却与当地文化格格不入的情形。语言、手势、婚礼仪式和宗教教义各不相同。在印度，父母习惯于为子女安排婚姻，但在美国，父母通常把这种选择权留给子女自己。开罗世代居住的民众认为说阿拉伯语是很自然的，而大多数布宜诺斯艾利斯人对西班牙语也有同感。

图片来源：©McGraw-Hill Education/Jill Braaten，photographer.

文化普遍性

早期社会学家探讨了自然或社会力量决定人类文化的可能性。例如，奥古斯特·孔德认为，社会基本规律如同自然规律，可能支配了所有人类文化的基本要素。这种模式被称为**文化普遍性**，即人类社会共享的共同信仰和实践。人类学家乔治·默多克（George Murdock）比较了数百种文化的研究结果并由此得出结论，尽管所有文化都有其共同之处，但每种文化在如何处理具体问题上却大相径庭。他列出的 70 个文化普遍性的类别包括体育运动、社区组织、舞蹈、社会分工、民俗、葬礼、住房、乱伦禁忌、婚姻、人名、产权、宗教仪式、性限制和贸易等。我们在如何组织此类活动时看到的人类差

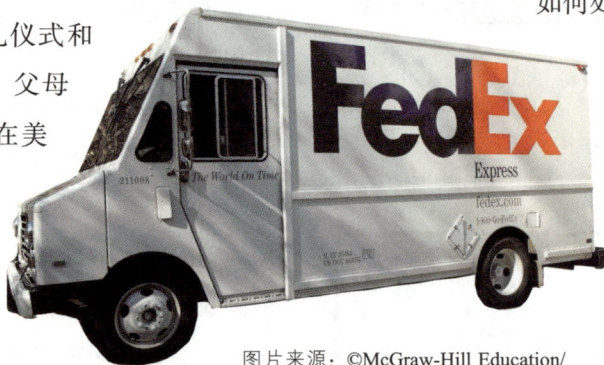

---

① 联邦快递的 logo 是它的英文 Fedex，但"Fed"是用紫色描绘的，"Ex"则用了橙红色，其中 E 和 x 之间组成了一个负空间，即向右的箭头，传递了联邦的快捷和发展精神。——译者注

在危地马拉、坦桑尼亚以及世界各地，物质文化因时因地而异。

图片来源：（左）©Chris Rennie/Robertharding/Getty Images；（右）©Judy Bellah/Lonely Planet Images/Getty Images.

异程度表明，我们没有严格决定人类行为的普遍法则。

有关我们的行为在多大程度上是确定性的争论，让我们回溯到关于先天与后天的哲学基本问题。从先天的观点出发，我们遗传的基因决定了我们的后天，如同我们的命运是由我们有限控制的计算机代码进行编程的一样。**生物社会学**是一门致力于系统研究生物性如何影响人类社会行为的学科。另一方面，后天意味着我们的命运主要是由其他人，特别是父母和幼儿园保育员对我们的社会影响而塑造的。从后天的角度来看，人性是可塑的，我们是在我们所创造的社会环境中成为我们自己的。

社会学研究表明，我们的思维和行为方式存在显著的跨文化和跨时间差异，这导致社会学家优先考虑后天教养的重要性。例如在 19 世纪，专家们认为，从生物学角度讲，女性之所以不能在大学取得好的成绩，是因为她们的脑容量太小，而她们的生殖器官又使她们太情绪化。因此，专家们剥夺了女性上大学的机会，并为此证明如不这样做则不符合女性的最佳利益。随着时间的推移，我们了解到这些预设都是虚假的。现在，大学毕业生中，女性几乎占 60%，但这些断言一度被认为是"不言自明的"，因此人们观念上也难以得到改变。过去曾借助类似的基于生物学的主张，来维

护种族、族裔和社会阶层不平等的正当性（后来发现这些主张在科学上是不正确的），这导致许多社会学家质疑对人类行为进行的生物学解释。

随着时间的推移，自然科学家越来越多地确认，先天－后天论点非此即彼的争论掩盖了这两种力量的复杂性。在科学共同体内，支持基因－文化共同进化的呼声越来越高，也就是在人类发展过程中，基因与文化相互影响。从这个角度来看，个体成长的结果不仅仅取决于他们继承了一组"坏基因"还是"好基因"，相反，研究人员认为基因和环境之间存在着相互依存的关系。基因的表达方式（换句话说，它们是否被触发）取决于我们的自然、社会和文化背景。基因对社会环境做出反应，但并不会必然地在预定时间里触发预先确定的反应。

> **生物社会学**（sociobiology）　一门致力于系统研究生物性如何影响人类社会行为的学科。

创新

因为我们的基因不会严格地决定我们的行为，所以人类有创造新事物的自由和能力。2020 年的知更鸟的巢穴看起来与 1920 年或 1020 年的巢穴没什么不同，这是知更鸟的筑巢本能使然，而人类的居所则千差万别。我们可以住在洞穴、城堡、草皮屋、普韦布洛村落（pueblo）① 、高层公寓、豪宅或普通宿舍。这种千变

---

① 普韦布洛村落位于拉丁美洲和美国西南部，尤指传统房屋建筑。——译者注

万化可能是因为人类可以自由创新。**创新**是将新思想或新目标引入文化的过程。创新有两种主要形式：发现和发明。

当有人揭示了现实中一个以前未知的方面时，**发现**就诞生了。DNA 分子的识别，以及围绕离太阳最近的恒星运转的比邻星 b 的探测（迄今为止发现的可能承载生命的最近类地行星），都是发现行为的例子。要将一项声明视为一项发现，它必须既新颖且重要。换句话说，发现一定是以前未知的，对其他人来说很重要的东西。发现袜子上有个洞可能对每个人都是新闻，包括我自己，但这并不特别重要。第一次看莎士比亚的戏剧，被它的惊艳所震撼，这对我来说可能很重要，但对其他人不一定是被揭露出来的真相。换句话说，当决定某件事是否被视为一项发现时，我们要总问："这一消息对谁而言？""这对他们有多重要？"例如，哥伦布是第一位"发现"美洲大陆的人，这一发现意味着会让已经生活在那里的人们感到惊讶，更不用说他们世代生活在此的祖先了。

第二种创新形式，**发明**，即结合现有的材料以创造新的东西。人类是创造性动物，我们发明出新的技术、新的理论、新的艺术作品、新的做事方式，如此等等。弓箭、汽车和 iPhone 都是发明的例子，新教和民主等抽象概念也是如此。发明家经常被描绘成经历"尤里卡"（eureka）[①]灵光乍现时刻的孤独天才，然而对技术创新的研究却揭示了这一过程的社会性。为了发明某些东西，我们必须考虑到现有的社交网络、可用的资源、可能的赞助商、潜在的消费者以及可能的批评者，等等，仅仅一个伟大的想法或目标是不够的。无论是发现还是发明，都不应脱离其诞生的社会背景。现有的文化可能促进

创新（innovation） 通过发现或发明将新思想或新目标引入文化的过程。

发现（discovery） 揭示了现实中一个以前未知的方面的过程。

发明（invention） 结合现有的材料以创造新的东西。

传播（diffusion） 文化的某些方面在社会内部和社会之间扩散的过程。

喜剧常常从社会学想象中获得灵感。例如，大学幽默网站创造了 "Columbusing"（哥伦布发现）一词，用来描述白人因发现他人早已知道的事情而获得荣誉的过程。在其讽刺性视频中，一名年轻的白人男子声称"发现"了一家酒吧，尽管他的非裔美国朋友已经去那里有一段时间了。关于什么才算 "Columbusing" 的争论可能会引起分歧。例如，一些人认为 "color runs" 是指参与者在跑步途中把各种颜色泼在衬衫上，他们的灵感来自印度的洒红节，其他人则认为 "color runs" 是无害的乐趣。

图片来源：©Chelsea Lauren/S. C. Johnson & Son, Inc./Getty Images.

流行社会学

也可能阻碍可能的创新。

传播

为使创新获得成功，其他人必须承认并接受新的发现或发明。社会学家使用"**传播**"一词来指文化的某些方面在社会内部和社会之间扩散的过程。历史上，社会文化之间的传播主要是通过有意的跨文化接触，如探险、战争和传教等工作的形式发生的。今天，曾经相对封闭和隔绝的各国之间的边界变得更具有渗透性，这在很大程度上是交通和通信创新的结果。借由

---

① 相传数学家阿基米德接受国王的委托，要计算一顶王冠中所用黄金的纯度。灵感在阿基米德踏进浴盆的那一刻降临，他瞬间顿悟：物体在水中的浮力等于它排开水的重量。据说阿基米德兴奋地跳出浴盆，一路裸奔回家，大声喊着："Heurēka！"这个古希腊词语的意思是"我找到了"。自此以后，"Eureka!"成为人们在苦思冥想不得其解之后，灵光乍现、脑洞大开、豁然开朗时的兴奋欢呼。——译者注

星巴克中国首席执行官王静瑛负责管理该公司海外增长最快的市场。

注：自 2024 年 9 月 30 日起，刘文娟由星巴克中国联席首席执行官改任星巴克中国首席执行官，王静瑛继续担任星巴克中国董事长。

图片来源：©Jason Redmond/AFP/Getty Images.

大众媒体、互联网、移民和旅游业，我们经常要面对其他文化的人、信仰、习俗和制成品。

快餐连锁店的全球扩张提供了一个文化传播的经典例子。麦当劳公司于 1940 年在加利福尼亚州圣伯纳迪诺成立了第一家餐厅，目前在美国有 14 036 家分店，在全球其他国家有 23 205 家分店。同样，以其绿色标志而闻名的星巴克，1971 年成立于华盛顿州西雅图市，如今在全球有 28 916 家分店（其中 14 451 家分店在美国）。中国大陆第一家星巴克分店于 1999 年开业，而到了 2018 年，中国大陆已有 3598 家星巴克分店。在一个一直以茶为首选饮品的国家，星巴克公司的成功令人震惊。事实上，对于许多中国人来说，喝咖啡现在已经成为中产阶级成功的身份象征。

文化传播往往是有代价的。在实践中，全球化进程导致了更富裕国家对发展中国家的文化统治。在这些遭遇中，发达国家的人们往往只是挑选出他们认为有趣或具有异国情调的文化习俗，而发展中国家的人们往往丧失其传统价值观，开始认同占主导地位国家的文化。后者可能会抛弃或忽视自己的母语和服饰，试图模仿大众市场娱乐和时尚的偶像。就这样，西方流行文化对本土文化构成了威胁。例如，沃尔特·迪士尼（Walt Disney）的批评者称他的作品"可能是美国文化帝国主义的主要代表，用自己的作品取代了本土文化的神话"。因此，通过传播，有些东西得到了，有些东西却失去了，而往往是较贫穷的社会牺牲了更多的本土文化。

> > 文化的三要素

我们创造的文化可以分为三大类：物质文化、认知文化和规范文化。每种类型的文化都使我们能够更有效地与周围的世界进行互动。我们依次来看每一个类型。

物质文化

由于我们缺乏决定我们行为的复杂本能，为了生存，我们必须与自然世界建立联系。我们通过创造**物质文化**来对自然环境进行物理改造来实现我们的目的。物质文化包括我们穿的衣服、我们读的书、我们坐的椅子、我们走的地毯、我们用的灯、我们住的房屋、我们驾驶的汽车、我们行驶的道路，等等。

> **物质文化**（material culture）对自然环境进行物理改造来实现我们的目的。

一旦创造出来，这些物体就成为我们生活的一部分。我们看不到我们把它们制造出来的事实，认为它们是天然存在的。例如，手机的使用，我们在上图中可以看到，回溯到 1985 年，美国只有 340 213 名手机用户。而截至 2017 年底，这一数字已增至 400 205 829 部，其中包括 2.73 亿部智能手机。现在无线设备的订阅量已超过了美国人口总数，其曾经是精英们的奢侈品，如今却成了我们许多普通人生活中不可或缺的

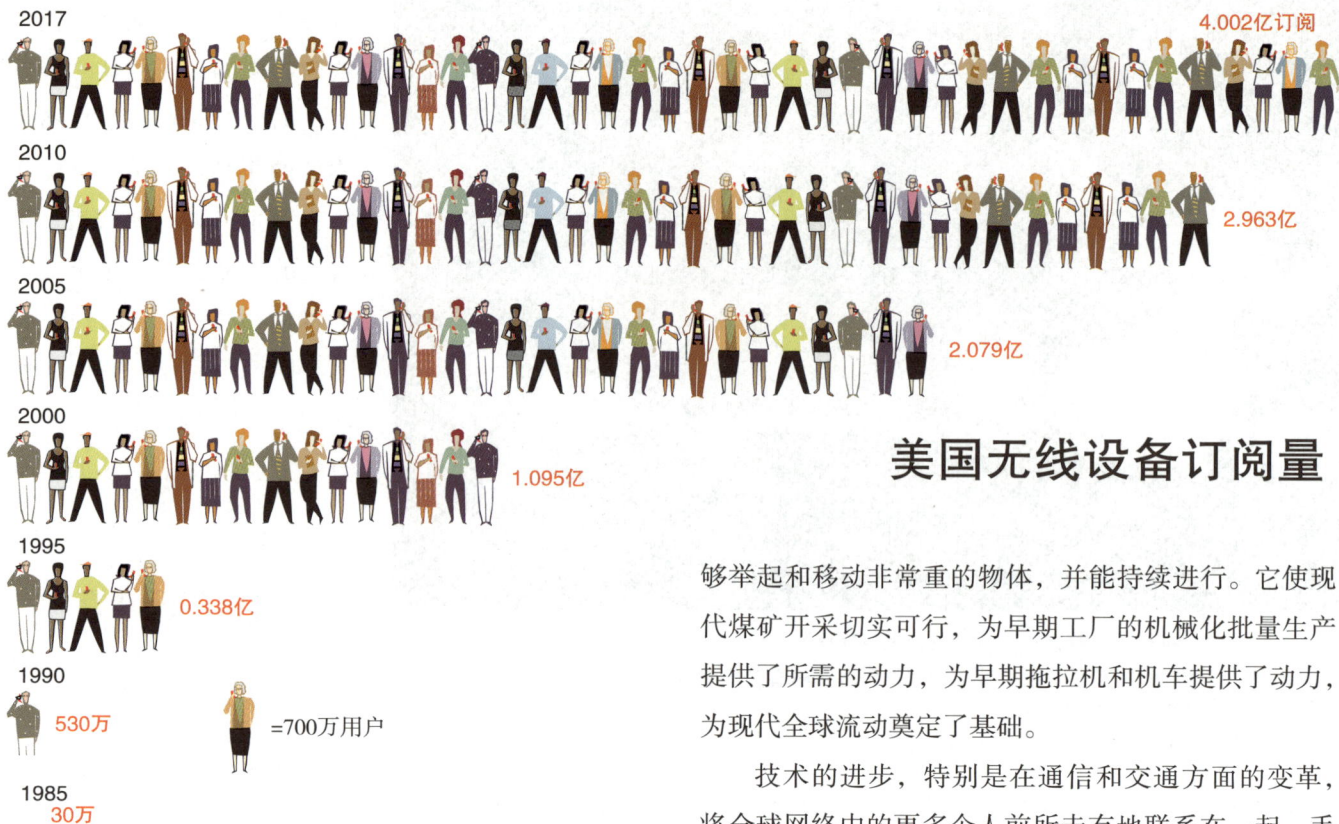

2017 .... 4.002亿订阅

2010 .... 2.963亿

2005 .... 2.079亿

2000 .... 1.095亿

1995 ...... 0.338亿

1990 530万   =700万用户

1985 30万

技术使我们能够与几乎任何地方的任何人保持联系。图中这些数字表明，自1985年以来，美国无线设备订阅的数量呈爆炸式增长。

资料来源：CTIA，2018.

美国无线设备订阅量

够举起和移动非常重的物体，并能持续进行。它使现代煤矿开采切实可行，为早期工厂的机械化批量生产提供了所需的动力，为早期拖拉机和机车提供了动力，为现代全球流动奠定了基础。

技术的进步，特别是在通信和交通方面的变革，将全球网络中的更多个人前所未有地联系在一起。手机使我们能够在几乎任何地方与朋友和家人均保持联系；飞机、火车和汽车几乎可以让我们在短时间内完成长途旅行，减少了地理隔离的限制；笔记本电脑和iPad让我们无论走到哪里都能把工作带到身边。

我们的知识、信仰、价值观和法律，也就是下文中将有更详细描述的认知和规范文化的核心要素，并不总能够跟得上我们新事物发明的步伐。社会学家威廉·F.奥格本（William F. Ogburn）创造了"文化惰距"（或称"文化滞后"）一词，以描述技术创新比我们感知、解释和应对这种变化的能力更快的一般原则。例如，九个月的学校日历是为了农业经济而设计的，这样在夏天的几个月里，孩子们就可以留在家里为田里耕作的家庭成员搭把手。迄今为止，尽管只有一小部分人的工作仍然是农业，但大多数学校仍然保留了以前的校历。另一个例子是，全球气候变化已成为一个紧迫的话题。科学家们一致指出了二氧

东西。

我们用来指代物质文化的最常见术语是技术。**技术**是一种物质文化形式，在这种形式中，人类将自然资源转化为实现实际目的的工具。它不仅包括电脑、汽车和手机等高科技物品，还包括球杆、车轮、汤匙和粉笔等低科技物品。

技术提高了我们的能力，赋予了我们经常与超级英雄联系在一起的力量，包括透视、治愈能力、飞檐走壁等。这种能力发展的关键时刻是工业革命时期蒸汽机的发明。它为我们提供了前所未有的力量和毅力——能

技术（technology）一种物质文化形式，在这种形式中，人类将自然资源转化为实现实际目的的工具。

文化惰距（cultural）技术创新比我们感知、解释和应对这种变化的能力更快的一般原则。

图片来源：©Sam74100/iStock/Getty Images.

化碳排放在全球气候变暖中所扮演的角色，但我们发现很难改变人们可能需要的生活方式，例如仍然驾驶小型汽车而没有更多使用公共交通工具以减少碳排放。

认知文化

文化的第二个组成部分是**认知文化**，由我们对现实的心理和符号表征组成。作为文化的一部分，认知文化包括价值观、信仰、知识以及我们为理解周围世界而建构的所有其他想法。认知文化中最基本的组成部分，也许是人类文化创造中最重要的部分，那就是语言。

语言 语言是所有交流与合作的基石，是一个共享符号系统，包括语音、文字、数字、符号和非言语手势以及表情。语言提供了共同文化的基础，因为它促进了与他人的日常交流，使集体行动成为可能。据全世界所有已知语言的数据库 Ethologue 估计，目前全球有 7097 种活语言，其中，1559 种语言（22%）被归类为"处于困境中"，922 种语言（13%）正在"消亡"；有 151 种语言的使用者少于 10 人；自 1950 年以来，已有 370 种语言灭绝（Simons and Fennig, 2018）。

> **认知文化**（cognitive culture）由我们对现实的心理和符号表征组成。
>
> **语言**（language）是一个共享符号系统，包括语音、文字、数字、符号和非言语手势以及表情。

文化、技术和超级英雄

你有没有想过科技会为我们提供超级英雄的力量？有些超级英雄（如超人和 X 战警）生来如此，但其他人却以老式的方式获得力量：他们发明了它们。像钢铁侠和蝙蝠侠这样的角色之所以吸引我们，部分是因为他们依靠人类的创新来获得力量和毅力。技术使它们比高速子弹更快，或比火车头更强大。技术还为我们提供了哪些类似超级英雄的力量呢？

图片来源：Marvel Enterprises/Album/Alamy Stock Photo.

流行社会学

你知道吗？

詹姆斯·瓦特（James Watt）被普遍认为是蒸汽机的发明者。但埃及亚历山大港的数学家希罗（Hero）于公元 1 世纪就发明了一种蒸汽机的雏形，即"汽转球"（Aeolipile）。1712 年，托马斯·纽科门（Thomas Newcomen）发明了第一台实用的蒸汽机，用于从煤矿中抽水。瓦特对这项发明进行了改进，增加了一个单独的冷凝器，使其效率更高，为此他于 1769 年获得了专利。

图片来源：Album/Alamy Stock Photo.

你知道吗？

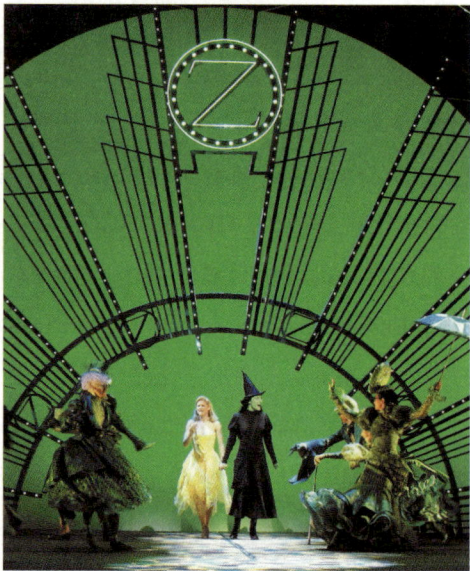

马克·普拉特（Marc Platt）主修社会学专业。他是百老汇戏剧《魔法坏女巫》（*Wicked*）和众多电影电视剧的制片人，其中包括《律政俏佳人》（*Legally Blonde*）、《爱乐之城》（*La La Land*）、《火车上的女孩》（*The Girl on the Train*）和《欢乐满人间 2》（*Mary Poppins Returns*）。

图片来源：Thomas Kienzle/AP Images.

语言本质上是社会性的。我们一致认为某些声音或形状意味着某些事情，然后我们根据这些共同的意义采取行动。最重要的是我们共同的感知，而不是我们使用的实际声音或图像。例如，我们可以教小狗错误的命令（"fetch"表示停留、"rollover"表示抖动，等等）。小狗永远不会知道有什么不同，但我们会笑，因为它的反应会与我们的期望相冲突。当我们开始学习一门新的语言时，我们就受制于那些教我们的人。我们依赖他们的权威，而测试我们流利程度的唯一方法是通过与其他说话者之间的互动。

由于语言是社会建构的，它对变化保持开放。我们创造新的词汇并修改现有词汇以适应我们的需要，特别在现代全球文化中创新似乎永无止境的背景下更是如此。为了跟上潮流，字典会定期修改。2018年，《韦氏大词典》（*Merriam-Webster Collegiate Dictionary*）新增了800多个单词和短语，包括bougie、hangry、Latinx、bingeable、tl；dr和GOAT成为有史以来最伟大的单词。与此同时，文字也会随着时间的推移而消失。六卷本的《美国地区英语词典》（*Dictionary of American Regional English*）收录的一些词汇很少超出美国当地语境。在许多可能的候选词中，有50个濒临灭绝的单词和短语，包括bonnyclabber、fleech、frog strangler、popskull和winklehawk等。

一些语言学家（包括业余爱好者）抓住了语言的社会建构本质，希望以不同的动机从头开始创造全新的语言。语言学家阿里卡·奥克伦特（Arika Okrent）确定了三个语言发明的时代。首先，语言创造者试图建立一个更具逻辑性的沟通系统。受科学革命的启发，他们对现有语言的低效和不规则感到震惊。他们在17世纪和18世纪发明了新的语言[如弗朗西斯·洛德威克（Francis Lodwick）的《普通写作》（*Common Writing*）或约翰·威尔金斯（John Wilkins）的《哲学语言》（*Philosophical Language*）]，希望为我们提供一种概念之间的关系是合理的，所有部分都整合成一个连贯的整体的语言。他们不希望单词是我们附加在事物上的任意发音，而是希望通过语言以映射事物的本质。尽管他们成功地创建了连贯的系统，但他们所创建的语言很难使用，也未能吸引广泛的接受。

20世纪是语言发明的第二个时代，其动机是构建一种相对容易学习、普遍能够接受的语言，这种语言将超越民族和族裔之间的差异。他们认为，减少民族之间的语言障碍可以提升世界和平的前景。这些发明者强调的不是语言表现的纯粹性，而是务实的语言沟通。这类语言中最成功的是世界语，至今仍在使用。世界语最初由卢德维克·柴门霍夫（Ludwik Zamenhof）于1887年创建，字面意思是"希望者博士"。世界语原本是作为第二语言使用的，世界各地的人们除了母语之外还会学习这门语言。它以简化的形式结合了现有语言的各个方面，使其更易于学习。语言学习网站Duolingo提供免费的世界语课程。

近些年是语言发明的第三个时代，其动力主要来自被称为"人造语言制作者"的业余爱好者，他们发明语言纯粹是为了好玩和盈利。大多数人视构建一

走向全球
不同起源地区的世界活语言分布情况

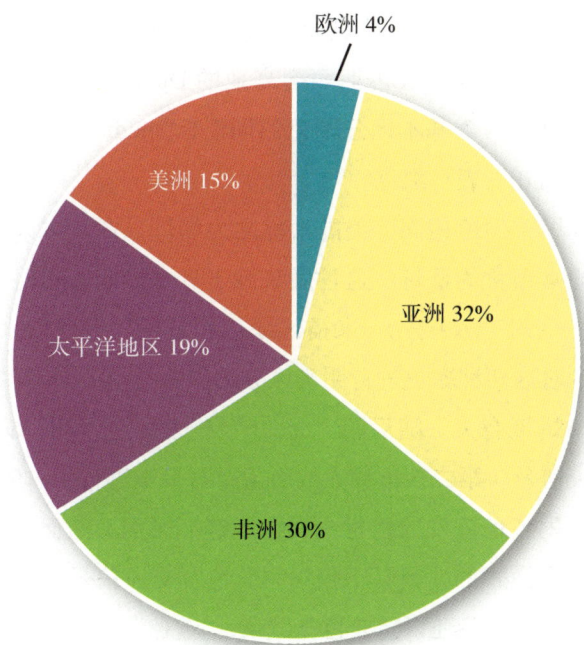

注：共有 7097 种语言。
资料来源：Simons and Fennig, 2018.

在当今全球的 7097 种活语言中，2143 种起源于非洲。尽管目前有 30% 的语言来自非洲，但世界上只有 15% 的人将这些语言作为第一语言；尽管全世界只有 4% 的语言起源于欧洲，但以欧洲为基础的语言占据了全世界 26% 的人口。这种差异主要是由于英语和西班牙语在全球的传播所导致的。

种完整的、有功能的语言为一项挑战，这些语言构建尝试的灵感通常可以追溯到 J.R.R. 托尔金（J. R. R. Tolkien）为《指环王》（*Lord of the Rings*）三部曲创作的"精灵语"。托尔金是一位语言学家，他研究语言的历史、结构和评论，并利用这些知识确保其构建的语言遵循常见的语言模式和实践。由于技术细节的需要，许多最近的"人造语言制作者"经常接受类似的训练，例如马克·欧克朗（Marc Okrand）为《星际迷航》（*Star Trek*）系列电影创建了克林贡语（Klingon，见网站 www.kli.org）；保罗·弗罗姆（Paul Frommer）

个人社会学
发明新单词

在俄勒冈州阿什兰附近的一次家庭徒步旅行中，我想起了我们创造新词的能力。当时四岁的埃莉诺在山上徒步旅行时骑在我的肩膀上，她的妹妹埃米莉和我的妻子洛丽都落在后面了。埃莉诺转过身来，尽可能大声地对他们喊道："Stop chicken jagging!" 我们很快就明白了她的意思，从那以后我们一直在使用这个词。为了使一个声音成为一个词，它的意义必须被其他人所分享。例如，为了使埃莉诺的新词作为一个词得到正式认可，在字典中，"chickenjagging"的含义必须除了我们的直系亲属之外也能被理解和使用。你有没有创造过只有在朋友或家人中才有意义的单词和短语呢？

为电影《阿凡达》（*Avatar*）创建了纳威语（Na'vi，见网站 www.LearnNavi.org）。对于那些想学习的人，语言学习网站 Duolingo 还提供《星际迷航》中的克林贡语和高等瓦雷利亚语（High Valyrian）的免费语言教学，后者是《权力的游戏》（*Game of Thrones*）中使用的许多构造语言之一。

尽管世界语取得了相对的成功，但以上这些发明的语言都没有被广泛采用。这些尝试似乎忽略了一点，即语言构建依赖于一种共同体努力，它是在几代人的共同经验基础上建立起来的，这些经验导致了人们对世界运作方式的共同理解。尽管从技术上讲，从头开始创造一种语言是可能的，但这样做削弱了这种经验对塑造我们究竟是谁的重要性。正如语言学家阿里卡·奥克伦特在她的语言发明史中所说，"[语言]是我们身份的宝库……[世界语以及其他发明的语言]要求我们远离那些使我们的语言个性化和独特性的因素，而去选择一种通用性和普遍性的语言。它要求我们放弃使我们与世界其他地方区别开来的因素，去做一些使世界上每个人都相同的事情"。在某种程度上，世界语、克林贡语或高等瓦雷利亚语等语言已经取得了成功，它们是通过创建一个由致力于保持语言活力的共享参与者组成的共同体来实现的。

一旦被创造和分享，我们使用的语言就会影响我们在周围世界所看到的东西。语言学家爱德华·萨皮尔（Edward Sapir）和本杰明·沃尔夫（Benjamin Whorf）捕捉到了这种见解。根据以他们名字命名的**萨皮尔 - 沃尔夫假设**，语言的结构和词汇塑造了我们对现实的感知，因此也塑造了我们的行为。它也被称为"语言相对性假设"，表明我们对现实的概念并不是严格由自然来决定的，而更多是由我们使用的语言中可用的词汇、句法和语义来决定的。例如，从字面意义上讲，语言

萨皮尔 - 沃尔夫假设（Sapir-Whorf hypothesis） 语言的结构和词汇塑造了我们对现实的感知，因此也塑造了我们的行为。

美国有线电视网（HBO）系列剧《权力的游戏》使用了多种构造语言。其中之一的多斯拉其语（随后被更名为高等瓦雷利亚语）是由语言学家大卫·J.彼得森（David J. Peterson）创建的，他是语言创造协会的创始人。彼得森只用了乔治·R.R.马丁（George R. R. Martin，该剧改编自丛书的作者）创造的几个单词和名字，就建立了一套完整的语言系统（包括语法、句法和词汇）。2017年，据美国社会保障署统计，466名父母给女儿取名为哈利西（Khaleesi），这在多斯拉其语中是"女王"的意思。有关该语言的介绍，请访问 www. livinglanguage.com/dothraki。

图片来源：HBO/Album/Alamy Stock Photo.

流行社会学

可能会改变我们对世界的着色。人类学家布伦特·伯林（Brent Berlin）和语言学家保罗·凯伊（Paul Kay）指出，人类具有进行数百万种颜色区分的物理能力，但语言识别的颜色数量远没有那么多。英语能够在"yellow"和"orange"之间做出区分，但其他一些语言却不能。在新几内亚西部高地的 Dugum-Dani 语言中，只有两个基本区分颜色的词汇，"modla"表示白色，"mili"表示黑色。

尽管颜色相同，美国人称之为绿灯，在日本人那里通常被称为蓝灯。这种做法源于日本早期，当时只有一个词"ao（青）"来描述绿色和蓝色。近代以来，日本对这两种颜色进行明确区分的做法与 1917 年开始进口蜡笔有关。随后用"midori"代表绿色，用"ao"代表蓝色。第二次世界大战后盟军对日本进行了占领，在全国各地分发的教材中强化了这一区别。然而，早期语言模式的残留，不仅以"蓝色"交通信号灯的形式存在，而且还以"蓝色"蔬菜、"蓝色"苹果和"蓝色"树叶的形式存在。

女权主义者指出，与性别有关的语言会强化一种刻板印象，即某些工作对男性比女性更合适。每次我们使用诸如邮递员、警察或消防员之类的术语时，我们都在暗示（尤其是对幼儿而言）这些职业只适合由男性担任。然而，也有许多女性担任邮递员、警察或消防员——这一事实通过越来越多地使用这种不存在的语言而被合法化。

语言学家叙泽特·黑登·埃尔金（Suzette Haden Elgin）甚至发明了一种新的语言来表达女性的体验。她认为"现有的人类语言不足以表达妇女的观点"，这导致对妇女生活中关键问题的看法不足。凭借她在纳瓦荷语（Diné bizaad）方面的专业知识，她创建了拉丹语（Láadanas），以检验萨皮尔 - 沃尔夫假说。她认为，使用拉丹语将打开真实性的新维度，而使用英语等语言则不容易进入妇女世界。拉丹语初学者课程可在 www.LáadanLanguage.org 网站上获得。

我们用来指代男人和女人的俚语有哪些？一种性别比另一种性别更加重要吗？这些俚语的表达对男性或女性意味着什么？

语言也可以传递与种族有关的刻板印象。查阅在美国出版的字典里的形容词 "black" 的含义，你会发现字典中的解释，诸如 "忧郁的、阴暗的或令人生畏的、缺乏道德光辉或善良的、残暴的、邪恶的、威胁的、怒不可遏的"。相比之下，字典中在形容词 "white" 的含义中则列出了 "纯净的" 和 "无辜的" 等解释。通过这样的语言模式，我们的文化加强了与术语（和肤色）"white" 的积极联系，与 "black" 的消极联系。那么，一份旨在阻止人们从事某一行业的名单被称为 "黑名单"（blacklist），而一个我们认为可以接受的谎言被称为 "善意的谎言"（white lie），这是否令人惊讶？这些例子表明，语言可以塑造我们的视觉、味觉、嗅觉、触觉和听觉。

当然，我们不仅仅通过文字进行交流。如果你不喜欢开会的方式，你可能会突然坐下来，双臂交叉，嘴角下垂；当你看到一个朋友涕泗横流，你可以给他一个紧紧的拥抱；在赢得一场重要比赛后，你可以与你的队友击掌相庆。这些都是**非言语沟通**的例子——使用手势、面部表情和其他视觉图像进行沟通。我们并不是天生就有这些表情的。就像我们学习其他形式的语言一样，我们从分享我们文化的人那里学习语言，学习如何表现和识别幸福、悲伤、快乐、羞耻、痛苦和其他情绪状态。

与其他语言形式一样，非言语沟通在所有文化中不尽相同。例如，不同文化背景的人在正常社交过程中身体接触他人的程度不同。即使是经验丰富的旅行者有时也会对这些差异感到措手不及。在沙特阿拉伯，一名中年男子在完成商业交易后可能想与男性商业伙伴牵手示意。这个手势会让大多数美国人感到惊讶，在美国文化中这被认为是一种恭维之意。手势的含义是另一种非言语沟通的形式，在不同的文化中可能有不同的含义。例如，在澳大利亚和伊拉克，竖起大拇指的手势被认为是粗鲁的、冒犯的。

价值观 除了创造一种共同的语言作为我们认知文化的一部分，我们还会认同一些原则作为我们是谁以及我们相信什么的核心。价值观是关于在一种文化中什么是好的、可取的、适当的或不好的、不可取的、不适当的集合概念。它们通常表示为一般原则，然后形成我们认可的适当的行动。价值观的例子涉及家庭、爱情、机会、社区和自由等方面，即使是个人主义也体现了集体价值观。正如美国散文家理查德·罗德里格斯（Richard Rodriguez）所指出的那样，"美国个人主义是一种公共衍生的价值观，而不是真正的个性表达。十几岁的女孩坚持反抗父母，反抗传统或习俗，因为她受到美国文化的庇护……因为她知道自己从已故祖先和活着的父母那里继承了叛逆的种子"。当然，

> **非言语沟通**（nonverbal communication） 使用手势、面部表情和其他视觉图像进行沟通。
> **价值观**（values） 关于在一种文化中什么是好的、可取的、适当的或不好的、不可取的、不适当的集合概念。

典型的青少年翻白眼传达了一个明确的非言语信息。
图片来源：©Echo/Cultura/Getty Images.

一个社会的所有成员并不会一致认同其价值观。愤怒的政治辩论和宣传冲突原因的广告牌告诉了我们很多。

一种文化的价值观可能会改变，但大多数价值观在一个人的一生中保持相对稳定。在美国，由社会共享并强烈感受到的价值观是我们生活的基本组成部分。社会学家罗宾·威廉姆斯（Robin Williams）列出了美国的基本价值观。这些价值观包括自由、平等、民主、道德、从众、进步、人道主义以及物质舒适。显然，并非所有3.29亿美国人都认同这些价值观，但这样一份清单是界定美国民族性格的起点。

每年，来自全美180多所四年制大学的135 000多名一年级大学生填写一份问卷，该问卷询问他们心目中最为重要的价值观。考虑到其覆盖的范围、内容以及样本数量，该调查提供了一种国家价值观的晴雨表。1966年第一次进行这项调查时，一年级学生最看重的价值观是"发展一种有意义的人生哲学"，80%的新生认为这一价值观是必不可少的或非常重要的。相比之下，只有44%的人选择"经济上非常富足"。正如图3-2中所显示的，从那时起，这两个价值观的相对位置几乎发生了翻转。例如，在2017年的一年级学生中，82.5%的人认为"经济上非常富足"是一个非常重要的价值观，而仅有48.1%的人选择"发展一种有意义的人生哲学"作为人生目标。

社会学思考

考虑一下威廉姆斯的基本价值观清单。你认为大多数人都重视这些价值观吗？一些如自由和从众等价值观之间会如何冲突？我们如何解决此类冲突？

研究人员还研究了一年级学生的其他家庭和社区价值观。在"经济上非常富足"之后，2017年新生第二高的选择是"养家糊口"，占比73.1%；"帮助有困难的人"排在第三位，占比72%；选择"帮助促进种

在阿拉伯文化中，男人有时会手拉手，以示感情和友谊。
图片来源：©Dbimages/Alamy Stock Photo.

认为目标非常重要或必不可少的百分比

帮助促进种族间理解

经济上非常富足

发展一种有意义的人生哲学

82.5
49.7
48.1

图3-2　美国大学一年级新生的人生目标

资料来源：Stolzenberg et al., 2019. 图片来源：©Carson Ganci/Design Pics.

族间理解"作为人生目标的比例上升到49.7%。正如这些数字所表明的那样，一个国家的价值观可能会随着时间的推移而波动。

由于挑战了诚实作为一种共同的价值观，作弊是大学校园里的一个重大问题。Google 或 TurnItIn.com 搜索引擎这样的计算机化服务可以识别出剽窃，教授们发现他们学生提交的许多论文全部或部分存在抄袭现象。当被问及学术诚信问题时，在过去的一年内，32% 的高中生承认在课堂作业中抄袭过互联网文件，51% 的高中生说他们在学校考试中作过弊，74% 的高中生承认抄袭过其他人的家庭作业。同时，86% 的人同意"撒谎或欺骗是不值得的，因为这会伤害到你的品格"。也许作弊已经成为学生文化中正常的一部分，即使它与学校所主导的价值观不一致。

规范文化

认知文化强调我们的想法或信仰，而规范文化作为文化的第三要素，则关注我们的行为。**规范文化**包括我们建立、遵守和执行行为原则的方式。在我们的日常生活中，我们通常会遵守**规范**——一个大

《抱歉打扰》(*Sorry to Bother You*)
一位非裔美国电话销售员为了追求美国梦而操着白人口音。

《第七日》[*En el Séptimo Día (On the Seventh Day)*]
社区中有力量。

《假如比尔街可以作证》(*If Beale Street Could Talk*)
一对年轻夫妇的爱情遭遇了社会的不公正。

《骑士》(*The Rider*)
一位牛仔竞技冠军的骑行事故粉碎了他的梦想。

《革命之路》(*Revolutionary Road*)
当生活中的美国梦成为一场噩梦。

电影 关于美国文化

5

大小小的社会所维持的既定行为标准，从"不可杀人"到"食不言"。为了使规范变得有意义，人们必须广泛承认并遵守它。大多数时候，我们不假思索地遵循规范。规范的力量来自我们的坚守。

规范的种类 社会学家根据中心性、正式性以及遵守性将规范分为三大类。如果将规范视为连续谱，则每一类型的各种规范分别在连续谱的不同位置。首先，规范根据其在社会的中心地位如何进行分类。**民德**（发音为"MOR-ays"）是被认为对社会福利非常必要的规范，通常是因为这一规范体现了该社会的核心价值观。每个社会都要求严格遵守其民德，违反民德可能招致重大处罚。因此，美国有强烈反对谋杀、叛国和虐待儿童等民德，并严惩其中每一种行为。**民俗**是规范日常行为的准则。当我们礼貌地说"请""谢谢""不要插队"等时，我们就是在遵循民俗。这些规范在应用时没有那么严格，违反这些规范引起的社会关注相对较少。时尚通常代表一种民俗，比如我们可以自由选择穿什么样的服饰，但选择不穿衣服，除非在明确规定的情况下，才算违反了规范。

规范也可以根据正式程度进行分类。**正式规范**通常已被记载下来，并规定了对违规者的严格处罚。在美国，我们经常将规范正式化为**法律**，这些法律是由国家强制执行的正式规范。但法律只是正式规范其中的一个例子，任何系统化的指南，如大学目录中规定的大学专业要求或纸牌游戏规则，也被视为正式

规范文化（normative culture） 包括我们建立、遵守和执行行为原则的方式。

规范（norm） 一个社会所维持的既定行为标准。

民德（mores） 被认为对社会福利非常必要的规范。

民俗（folkways） 规范日常行为的准则，违反这些规范引起的关注相对较少。

正式规范（formal norms） 通常已被记载下来，并规定了对违规者的严格处罚。

法律（laws） 由国家强制执行的正式规范。

规范。相比之下，**非正式规范**通常被社会成员所理解但没有准确的记录。对于各种日常互动，我们基本上遵循着未成文的规则，例如如何乘坐电梯、如何在人行道上超过别人，以及如何在大学课堂上表现。对此类规范的了解通常被认为是不言自明的。

第三类规范与预期遵守有关。**理想规范**是人们同意应该遵循的行为准则；**现实规范**是由人们的实际行为产生的行为规则。理想规范反映了我们集体所说的"应然"，而现实规范反映了行动中的"实然"。超速行驶是两者进行对比的典型例子。张贴的限速牌反映了理想规范，但事实是，大多数人经常超过该限制，这是现实规范的反映。为了展示两者之间的差异，参加《关于限速的思考》（*55: A Meditation on the Speed Limit*）电影节的学生们，在高速公路上并排行驶时坚持限速，结果堵车数英里，几乎造成灾难性的后果。他们称之为"非凡的公众从众行为"。

速度限制体现了最普遍违反的理想规范之一。树立的速度限制牌使法律明确呈现，但在实践中，大多数人遵循的真正标准是以每小时快出几英里的速度行驶。
图片来源：Rob Byron/Shutterstock.

非正式规范（informal norms）通常被社会成员所理解但没有准确的记录。
理想规范（ideal norms）人们同意应该遵循的行为准则。
现实规范（real norms）由人们的实际行为产生的行为规则。
制裁（sanctions）对涉及社会规范行为的惩罚和奖励。

打破常规 虽然规范为我们提供了行动指南，但我们可以选择不遵守。有时，我们在面临着相互冲突规范之间的选择时而违反了规范。例如，假设你住在一栋公寓楼里，一天晚上听到隔壁女人的尖叫声，她正遭受丈夫的殴打。如果你决定以敲邻居的门或报警的方式进行干预，那么你在管好自己的事与帮助家庭暴力受害者之间不能两全其美。

过去不死，亦从未逝去。

威廉·福克纳（William Faulkner）

有时我们违反了一个规范，只是因为我们属于不同的社会亚群体，亚群体之间的规范相互冲突。例如，青少年如果遵从同龄人的标准去饮酒可能会违背父母亲的准则。同样，企业高管可能会拒绝他们在研究生院培训中学习到的准则，选择鬼鬼祟祟的会计技巧，以应对要求不惜一切代价实现利润最大化的企业文化，包括欺骗投资者和政府监管机构。

即使规范之间不相互冲突，任何规范都有例外。同样一个行为，在不同的情况下，可能会导致一个人或者被视为英雄或者被当作恶棍。例如，秘密进行电话录音通常被认为不仅具有侵犯性，而且是非法的。然而当法庭为获得刑事审判的有效证据时，电话录音行为却能获得合法性，我们会大加赞扬用这种方法将一名有组织犯罪分子进行定罪的政府特工。

社会学思考

Improv Everywhere 组织的无裤地铁之旅呼吁人们在舒适区之外做些事情。哪些因素可能影响人们的参与决定？需要什么才能让你参与？

违反规范也可以成为社会变革的基础。例如，直到 20 世纪 60 年代，美国大部分地区的正式规范都禁止不同种族群体间的人通婚，而直到 2014 年最高法院做出一项裁决，同性婚姻才被正式承认。在大多数争取社会变革的斗争中，与现有规范做斗争的人面临嘲笑、蔑视甚至死亡威胁。直到斗争结束，这种创新才成为新的规范。然而，如果不是那些为使另一套规范合法化而斗争的开创性规则破坏者，变革就不会发生。

制裁 当我们违反规范时，我们通常可以期望得到一种旨在使我们的行为恢复到正常的反应。**制裁**是对涉及社会规范行为的惩罚和奖励。制裁可以在外部和内部予以实施。通过外在约束（他律），我们同时运用积极和消极制裁来影响他人的行为。积极制裁的例子包括因表现出色而加薪、因赢得比赛而获得奖牌、因善举而获得感谢或因工作出色而获得表扬；负面制裁包括对逾期图书馆借书行为的罚款、对犯罪的监禁以及对在电影院打电话的人投以蔑视的眼光。大多数时候，我们甚至不需要他人提供的外部强制措施来约束我们的行为。通过内部约束（自律），我们以鼓励或约束我们行为的方式来奖励或惩罚自己。对快乐或自豪的期待，或避免内疚或羞耻的愿望，可以服务于调节我们行为的强大动机。

我们生命中的每一刻都面临着一个决定。我们可以按预期行事，也可以另辟蹊径。正如社会学家古斯塔夫·勒庞（Gustave Le Bon）在 1895 年所言："没有传统，文明是不可能的，而没有对这些传统的破坏，进步又是不可能的。困难，一个巨大的困难，是在稳定性和可变性之间找到适当的平衡。"遵循规范提供了我们需要的秩序，但也招致了现状的延续。违反规范可以导致积极的社会变革，但也会招致社会混乱，而选择破坏规范可能会导致负面制裁。在一个规范的世界里，我们经常面临这样的张力——服从还是不服从。

20 世纪 60 年代和 70 年代的农业罢工和罢市提醒全国对移民工人严峻经济困境的警觉。

图片来源：©Rob Crandall/The Image Works.

- 在非正式场合穿正装
- 吃饭时使用不正确的餐具或不使用餐具
- 以回应老板或老师的方式来回应朋友或家人
- 与某人聊天时，保持长时间的停顿
- 与某人谈话时，稍微靠近或远离他或她站立
- 在电梯中面向电梯背面站立，而不是进来就转过身

规范为我们提供了指导日常行为的规则。我们所需要做的就是跳出规则界限，哪怕是一点点，看看它们对我们生活的影响何在。以上这些是人们如何违反规范的一些例子。你对违反这些规范有什么感觉？其他人会如何回应你？

图片来源：（连衣裙）©Squared Studios/Photodisc/Getty Images；（牛仔裤）©Gordana Sermek/iStock/Getty Images.

电影 关于美国境外文化

《小偷家族》（Shoplifters）有时最好选择自己的家庭。

《蛇之拥抱》（Embrace of the Serpent）当最后的部落亚马孙萨满遭遇两位科学家时，世界发生了碰撞。

《罗马》（Roma）墨西哥城一个家庭生活中的一年。

《我在伊朗长大》（Persepolis）以伊斯兰革命为背景的成人动画电影。

《入殓师》（Departures）一名失业男子成为入殓师而违反了日本的规范。

5

> > 文化差异性

文化的所有元素共同为我们提供了社会的连贯性和秩序,但文化也因时间和地点而异。只要他们保持在通常的社交范围内,个人的是非意识对他们来说就很有效,但与领域以外的他人接触可以揭示他们现实概念的局限性。此外,一些人有更大的权力将自己的文化强加给其他人,这就突出了理解文化创造和文化共享的背景的重要性。

文化差异性的各方面

为了更全面地理解文化差异,社会学家特别关注社会内部和社会之间存在的差异。加拿大北部的因纽特人部落身穿皮草,以鲸脂为食,与东南亚农民几乎别无二致。后者的衣着是为了取暖,主要以稻田里种植的水稻为生。文化适应以满足特定的环境,如气候、技术水平、人口和地理。这种对不同条件的适应表现在文化几乎所有元素的差异上,包括语言、价值观、规范和制裁。

亚文化 文化内部可能存在差异。**亚文化**是社会的一部分,具有不同于大社会模式,成员共享独特的风俗习惯和价值观模式。牛仔竞技骑手、退休社区的居民、海上钻井平台上的工人都是社会学家所说的亚文化的例子。许多亚文化的存在是美国等复杂社会的特征。

亚文化俚语

动漫迷(Anime and Manga Fans)
亚克力眼睛(chibi eyes):动漫中常用的有个性的、天真烂漫的大眼睛。
魔女(majoko):动漫中拥有神奇力量、一心想要拯救世界的女孩角色。

诈骗犯(Con Artists & Scammers)
小偷(grifter):通过欺骗手段来窃取他人财物或信息的人。
网络钓鱼(phishing):通过发送看似来自合法公司的电子邮件,来诱骗用户透露个人信息的一种网络诈骗手段。

涂鸦者(Graffiti Writers)
偷学(bite):抄袭或模仿另一位涂鸦作者的作品。
涂画(burner):一件在风格上令人印象深刻、色彩绚丽且通常具有复杂图案的涂鸦作品,这些作品往往由相互交织的字母和其他视觉元素组成。
小玩意(toy):用来形容一个缺乏经验或技能的涂鸦作者。
涂掉(kill):通过大量地、密集地涂画自己的作品来"占领"或"控制"某个区域。

摩托车手(Bikers/Motorcyclists)
大脑保护桶(brain bucket):一种头盔。
调墨师(ink slinger):文身艺术家。
忧虑程度(pucker factor):在发生事故或危险情况时,个体所感受到的恐慌或紧张的程度。
院子里的鲨鱼(yard shark):(非正式用语)攻击过往摩托车手的狗。

滑板爱好者(Skateboarders)
甲板(deck):滑板的平台部分。
面部着地(face plant):滑板者在尝试技巧或跳跃时失去平衡,导致面部先着地的一种摔倒方式。
凑合(sketchy):通常用来形容一个技巧或动作完成得不够流畅、稳定或完美。

亚文化往往产生自己独特的俚语(行话)。这些俚语在这些亚文化中可能是合适的,但它们在局内人和局外人之间划出了界限。
资料来源:Reid, 2006. 图片来源:RubberBall Productions/Photodisc/Getty Images.

种暗语使亚文化的内部成员能够理解其具有特殊含义的词汇,从而使他们与局外人区分开来。这样一来,它澄清了"我们"和"他们"之间的界限,并加强了共同身份的认同。我们在短信和社交媒体世界中习以为常的词汇和首字母缩略词中看到了类似的东西。在那里,缩写快速而激烈地出现,从为人熟知的"lol"

社会学思考

大学校园中常见的亚文化是什么?哪些标志使其易于识别?为什么这样的亚文化更有可能在大学校园里形成?

亚文化(subcultures) 社会的一部分,具有不同于大社会模式,成员共享独特的风俗习惯和价值观模式。
暗语(argot) 区别于更广泛社会的专门语言。

亚文化的成员参与主流文化,同时参与独特而与众不同的行为。通常,亚文化会发展出自己的俚语,即**暗语**,区别于更广泛社会的专门语言。这

图片来源：©Marvy! Advertising Photography.

轻人中蓬勃兴起，他们对现有文化的关注最少。

20世纪60年代，通常以"性、毒品和摇滚乐"为特征，提供了广泛反文化的经典案例。这种反文化的成员主要由年轻人组成，他们排斥这个他们认为过于物质主义和技术化的社会。成员广泛多样，包括许多从主流社会机构中"退出"的政治激进分子和"嬉皮士"。年轻人在他们的作品、演讲和歌曲中表达了他们对新社会的愿景、希望和梦想。他们拒绝了购买更昂贵的汽车、更大的房屋以及积累无尽的物质财富的压力；相反，他们表达了生活在一种基于更人性化价值观的

> **反文化**（counterculture） 一种明显而故意反对更大文化的某些方面的亚文化。

（laughing out loud 的首字母缩写，表示"哈哈大笑"）、"smh"（shaking my head 的首字母缩写，表示"摇头"）、"tbt"（throwback Thursday 的缩写，表示"回溯到星期四"）以及"143"（谐音古代英语，表示"我爱你"），到更为晦涩的"1337"［意思是"精英"，指符号语言，或"黑客文（leek-speak）"］或"pwned"（黑客文，表示"压倒性击败或占主导地位"）。

近年来，美国政治亚文化之间的鸿沟日益扩大，导致人们越来越担心其可能引发的社会后果。诸如移民是否有利于美国、性骚扰有多普遍、对穆斯林的歧视是否得到足够重视、警察对每个种族的人的公平程度、说"我为自己是美国人而自豪"的可能性等议题，共和党人和民主党人存在分歧。随着近年来社交媒体上尤其明显的对立党派成员之间日常交往的减少，分歧双方的误解也在日渐增长。例如，共和党人认为38%的民主党人是男同性恋、女同性恋或双性恋，而实际上只有6%；民主党人认为44%的共和党人年收入超过25万美元，事实上只有2%的人年收入超过25万美元。这种亚文化分歧可能会降低群体之间的信任，从而可能削弱被认为是所有人共享的共同文化的信念。

反文化 有时，一种亚文化可以发展成为主流文化的替代品。当一种亚文化明显而故意反对更大文化的某些方面时，它就被称为**反文化**。反文化通常在年

埃塞俄比亚苏瑞部落和穆尔西部落的女性使用唇盘来增强她们的吸引力。

图片来源：©Gavin Hellier/Robertharding/Getty Images.

我们现在认为女性的投票权是理所当然的，但女性投票权的获得只是因为女性挑战了主流意识形态。

图片来源：©George Rinhart/Corbis Historical/Getty Images.

文化中的愿望，例如分享、爱以及与环境共存。作为一股政治力量，他们致力于和平，反对美国卷入战争，鼓励逃避兵役，以及主张种族和性别平等。

2001 年"9·11"事件发生后，美国各地的人们了解到，在他们自己的国家里，存在着作为反文化活动的恐怖组织。许多国家不得不应对内部反文化群体，这些群体往往植根于长期存在的民族、族裔或政治分歧，其成员强烈反对主流文化的价值观和规范。在大多数情况下，这不会导致暴力，但在某些情况下，如在北爱尔兰、以色列和法国，一些组织利用包括自杀式爆炸在内的袭击来发表象征性和真实性的声明，试图引起人们对其处境的关注，并结束对他们的镇压。恐怖组织不一定只有外人在为其提供资助，通常，人们对自己国家的政策不再抱有幻想，于是少数人采取了非常暴力的措施。

文化震惊　今天，我们越来越有可能接触到甚至沉浸在不同于我们自己的文化中，例如，越来越多的学生出国留学。

文化震惊（culture shock）当人们遇到不熟悉的文化习俗时，会产生晕头转向、不确定甚至恐惧的感觉。

即使是那些参加了出发前定向培训的人，一旦来到这个陌生国家也往往很难适应，因为他们认为理所当然的许多小事，他们以前几乎没有注意到的事情，都不再适用以前的规则了。当人们遇到不熟悉的文化习俗时，会产生晕头转向、不确定甚至恐惧的感觉，这可能是正在遭遇**文化震惊**。例如，一位美国居民在访问柬埔寨的某些地区时，晚餐想要吃肉，当他得知当地特产是老鼠肉时，可能会大吃一惊；同样，来自恪守教规的伊斯兰文化的人，第一次看到美国和其他西方文化中常见的相对挑逗性的着装风格和公开的情感表达时，可能会感到震惊。

有趣的是，留学生回国后，他们可能会经历一种逆向文化冲击。他们在离开母国的时间里发生了改变，而且往往是在他们没有意识到的情况下，他们发现自己已经不能如此轻易地回归到家里人所期望的旧习惯中。文化冲击向我们揭示了文化的力量以及文化被视为理所当然的本质。我们遵循的规则是如此地根深蒂固，以至于我们几乎没有注意到我们一直在遵循它们，直到它们不再提供我们假设为给定的结构和秩序。

主流意识形态

当涉及获得文化接受时，一个群体的相对力量可以决定其成功的程度。文化维护某些群体特权的一种方式是通过建立**主流意识形态**，即一套使现存强大的社会、经济和政治利益合法化的文化信仰和实践。主流意识形态是认知文化的一部分，它有助于解释和证明谁得到了什么以及为什么得到了这些，从而合法化现状并维持现状。主流思想甚至可以压制可能的另类表达，视此类表达为现有秩序的威胁。马克思认为，社会中的主流思想维护着统治阶级的利益。这一看法是由社会学家乔治·卢卡奇（Georg Lukács）和安东尼奥·葛兰西（Antonio Gramsci）提出并发展起来的，他们认为主流意识形态可以用作权力的工具。

一个社会最强大的团体和机构控制着该社会的财富和财产。他们可以利用对这些资源的控制来影响宗教、教育和媒体，从而为主流意识形态提供支持。女权主义者认为，如果社会上所有最重要的机构都发出这样的信息，即女性应该屈从于男性，那么这种占主流地位的意识形态就有助于控制女性，并使女性处于屈从地位。玩具广告中的男孩和女孩形象典型地强化了性别刻板印象，女孩玩粉色等柔和色彩的厨房玩具，而男孩玩假扮的电动工具和视频游戏。同样，杂志广告中所看到的女性则强化了不切实际的女性之美形象（通常经过 Photoshop 软件处理），这些形象会影响女性看待自己以及男性看待和对待女性的方式。

理解他人

作为社会学家，我们有责任从他人的角度去理解他们。这意味着一个挑战，因为我们的本能倾向是更喜欢我们自己的物质、认知和规范文化。当我们遇到那些信仰和实践与我们明显不同的人时，我们很容易做出他们的文化劣于我们自己文化的判断。

种族中心主义 社会学家威廉·格雷厄姆·萨姆纳（William Graham Sumner）创造了"种族中心主义"一词，指的是认为自己的文化和生活方式代表了正常的或优于所有其他文化的倾向。种族中心主义者将自己所在的群体视为正常群体，并将自己的群体作为衡量所有文化差异的标准。因此，将牛视为食物来源的西方人可能会看不起印度的宗教和文化，因为后者认为牛是神圣的。一种文化中的人可能会认为另一种文化中的择偶或育儿行为是不可想象的。

从社会学角度来看，我们需要理解某种程度的种族中心主义是正常的。如果我们不认同我们社区的价值观和规范，我们很可能会改变它们，以支持更好的价值观和规范。种族中心主义提出的挑战并不是来自人们对其社区或生活方式的自豪感，而是源于当我们的自豪感或爱国主义以牺牲其他民族为代价时对其他民族和文化的含蓄诋毁。社会学家在方法论上有义务克服种族中心主义，努力更好地理解人们为什么会这样思考和行动。

种族中心主义的价值判断使美国重建伊拉克政府的民主努力变得复杂化。在 2003 年伊拉克战争之前，美国的规划者们假设伊拉克人会像第二次世界大战后的德国和日本那样适应新的政府形式。但在伊拉克文化中，与德国和日本文化不同，对家庭和大家族的忠诚优先于爱国主义和共同利益。在一个几乎一半人（甚至城里人）都在堂兄弟姐妹或表兄弟姐妹中通婚的国家，公民在政府和商业交易中倾向于偏爱自己的亲属，为什么要相信一个家族外的陌生人？那么，西方人批评的裙带关系在伊拉克人看来实际上是可以接受的，甚至是令人钦佩的做法。

> **主流意识形态**（dominant ideology）一套使现存强大的社会、经济和政治利益合法化的文化信仰和实践。
> **种族中心主义**（ethnocentrism）认为自己的文化和生活方式代表了正常的或优于所有其他文化的倾向。
> **文化相对主义**（cultural relativism）从他人的文化角度来看待他人的行为。

只有设身处地为他人着想，你才能真正了解一个人。

哈珀·李（Harper Lee），《杀死一只知更鸟》
（*To Kill a Mockingbird*）

文化相对主义 种族中心主义意味着用观察者熟悉的文化作为正确行为的标准来评估其他文化，而**文化相对主义**则意味着从他人的文化角度来看待他人的行为。作为社会学家，我们有责任从文化自身的角度理解其他文化，而不是把我们自己的价值观强加给他们。与种族中心主义者不同，文化相对主义者寻求采用马克斯·韦伯认为非常重要的那种价值中立。

文化相对主义强调不同的社会背景产生不同的规范和价值观，因此，我们必须在一夫多妻制、斗牛表演和君主制等所处的特定文化背景下对其进行审视。文化相对主义与道德相对主义不同，后者认为不存在终极的规范标准。社会学家不必放弃自己的道德观，无可厚非地去接受每一种文化差异。但文化相对主义确实需要严肃的和不偏不倚的努力，根据其独特的文化来评估规范、价值观和习俗。

行动起来！

打破常规

选择一些无关紧要的面对面交流的规范并违反它（而不是扰乱一个群体）。避免伤害任何他人、违反政策或违法的行为。一定要给人留下这样的印象：你正在做的事情是完全正常的，并记录下别人对你的反应。他们会寻求什么方式来理解你的行为或恢复秩序？打破常规对你有什么影响？关于我们的日常行为，你学到了什么？

实践社会学想象力，需要我们更充分地意识到我们作为人类为自己所创造的文化，并更好地适应其他人为自己所创建的各种文化。文化一直在塑造我们的日常行为，我们从它提供的工具中进行选择。在很大程度上，我们没有意识到自己沉浸在一个由自己创造的世界中。无论是读书、做饭还是在街上拥抱陌生人，我们都是通过文化与外部世界以及彼此之间建立联系的。

本章回顾

1. **人类为什么创造文化？**
   - 人类缺乏其他动物的复杂本能，因此他们必须与自然以及彼此之间建立联系。我们通过构建共享文化来实现这一点。

2. **文化由什么构成？**
   - 文化有三个主要元素。物质文化包括我们对物质环境的改造；认知文化是文化的思维部分，包括语言、价值观、信念和知识；规范文化为行为提供规则。

3. **文化是如何为人类赋能和约束人类的？**
   - 尽管文化为我们提供了生存所需的知识、规则和制成品，但它也限制了我们的选择。文字使我们能够看到，工具使我们能够制造东西，但两者都是为特定目的而设计的，并保护我们免受其他可能性的影响。此外，由于种族中心主义，我们切断了与来自不同文化新可能性之间的联系。

图片来源：PeopleImages/E+/Getty Images.

不同社会学视角下的文化

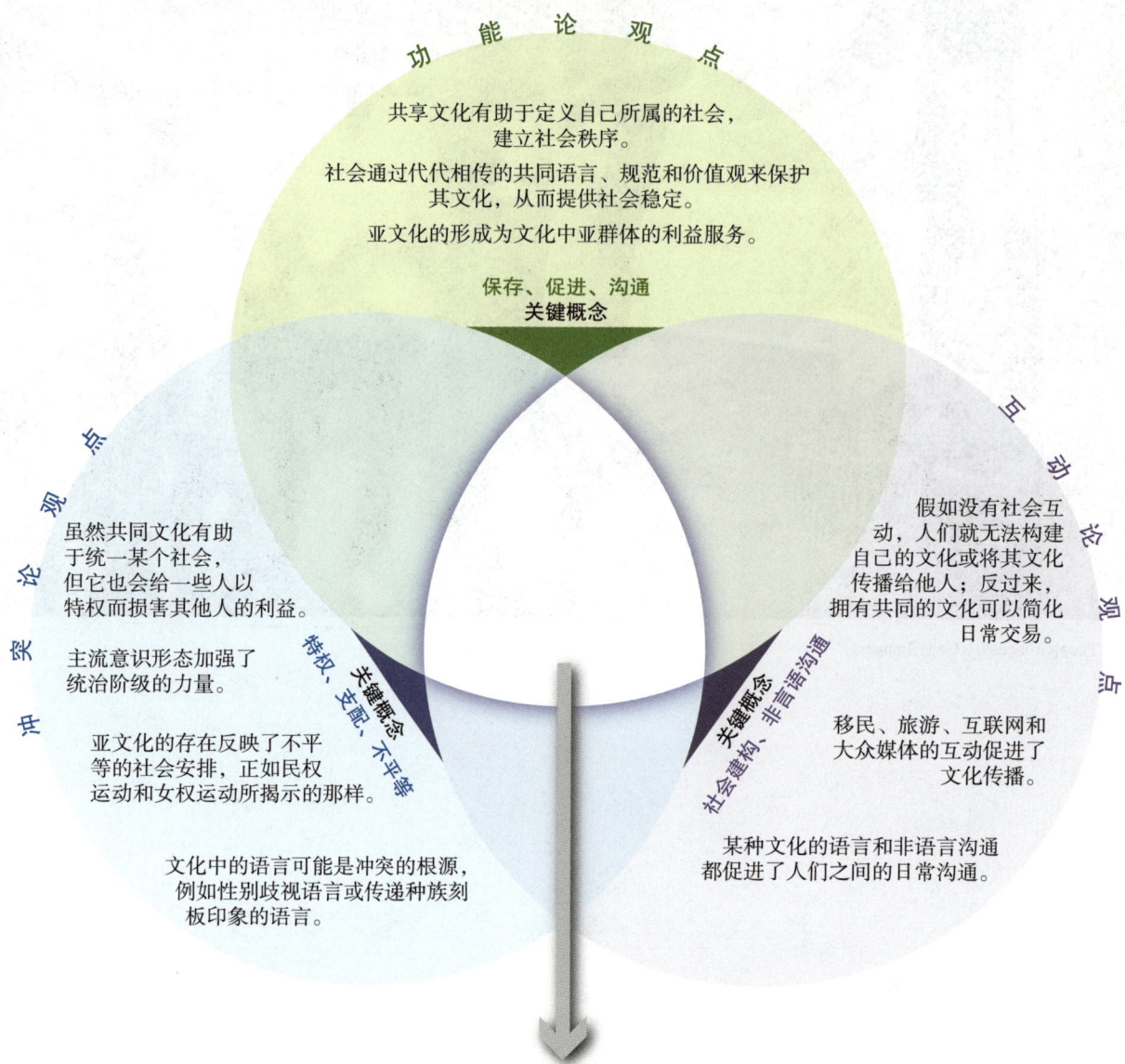

功 能 论 观 点

共享文化有助于定义自己所属的社会，
建立社会秩序。

社会通过代代相传的共同语言、规范和价值观来保护
其文化，从而提供社会稳定。

亚文化的形成为文化中亚群体的利益服务。

保存、促进、沟通
关键概念

冲 突 论 观 点

虽然共同文化有助
于统一某个社会，
但它也会给一些人以
特权而损害其他人的利益。

主流意识形态加强了
统治阶级的力量。

亚文化的存在反映了不平
等的社会安排，正如民权
运动和女权运动所揭示的那样。

文化中的语言可能是冲突的根源，
例如性别歧视语言或传递种族刻
板印象的语言。

特权、支配、不平等
关键概念

互 动 论 观 点

假如没有社会互
动，人们就无法构建
自己的文化或将其文化
传播给他人；反过来，
拥有共同的文化可以简化
日常交易。

移民、旅游、互联网和
大众媒体的互动促进了
文化传播。

某种文化的语言和非语言沟通
都促进了人们之间的日常沟通。

社会建构、非言语沟通
关键概念

建立联系

回顾本章之后，请回答下列问题。

1
这三种观点如何描述从"地铁无裤乘车日"中
得出的体验？

2
每种视角如何解释物质文化、认知文化和规范
文化在我们的生活中所扮演的角色？

3
每种视角如何处理主流意识形态在文化中所
扮演的角色？

4
你会如何用这些视角来描述你学校的一种亚
文化？

第**4**章

社会化

图片来源：Marco Secchi/Awakening/Corbis/Getty Images.

成功和社会影响

作为一名刚出道的无名作家，J.K. 罗琳（J. K. Rowling）屡次碰壁。她的第一本书《哈利波特与魔法石》（*Harry Potter and the Philosopher's Stone*，英国读者所熟知的书名）曾遭到十几个出版商的拒绝。当布卢姆斯伯里（Bloomsbury）出版社的董事会主席奈杰尔·牛顿（Nigel Newton）将该书的第 1 章交到 8 岁女儿艾丽斯的手中时，罗琳迎来了重大转机。艾丽斯对这本书爱不释手。她执意让父亲也读这本书，并且在接下来的几个月里"不停地唠叨"，"想看看接下来会发生怎样的故事"。

罗琳这种初时遭拒，后又屡获殊荣的成功故事

及其所创造的畅销神话并不罕见。赫尔曼·麦尔维尔（Herman Melville）的《白鲸》（*Moby Dick*）、乔治·奥威尔（George Orwell）的《动物庄园》（*Animal Farm*）、安妮·弗兰克（Anne Frank）的《安妮日记》（*The Diary of a Young Girl*）、马德琳·英格（Madeleine L'Engle）的《时间的皱纹》（*A Wrinkle in Time*）、西尔维娅·普拉斯（Sylvia Plath）的《钟形罩》（*The Bell Jar*）、厄休拉·K. 勒古恩（Ursula K. Le Guin）的《黑暗的左手》（*The Left Hand of Darkness*）以及梅格·卡伯特（Meg Cabot）的《公主日记》（*The Princess Diaries*），最初都在出版商那里碰了壁。这类作品广受

欢迎，本该慧眼识珠的职业出版人却为何对它们兴致缺缺？

社会学家邓肯·沃茨（Duncan Watts）和两位同事进行了一项在线实验，以检验作品的内在品质与社会影响力在决定艺术成功方面的孰轻孰重。他们向每位在线参与者（共 14 341 人）提供 48 首不知名艺术家的新歌，让这些参与者听歌，然后给歌曲打分。如果他们愿意，还可以免费下载。为了检验变量，研究人员将参与者分为九组。其中一组为对照组，仅被告知歌手的名字和歌名。另外八组的参与者，即实验组，不仅可以看到歌手和歌名，还可以看到每首歌被其他

组员下载的次数。如果只考虑作品的质量，那么同一首歌在所有九组中的排名都应该相同，无论是荣登榜首还是惨遭垫底。但事实并非如此。由于实验组的参与者提前知晓了歌曲的下载次数，他们对歌曲的喜好显然受到这方面的影响。即使是早期受欢迎的歌曲，在各试验组之间也存在着显著的不同。所以，最终排名靠前的歌曲也不尽相同。上述实验结果表明，歌曲、小说和艺术作品的受欢迎程度并不仅仅取决于其内在品质，社会影响在决定艺术成功方面也起着重要的作用。如果能够改变这种影响，特别是在早期，很可能会得到不一样的结果。

边读边思考 >>

- 我们是如何成为我们自己的？
- 谁塑造了我们的社会化？
- 我们的发展如何随时间而变化？

>> 社会化的角色

婴儿是非常脆弱的。他们甚至缺乏照顾自己的最基本的能力。倘若世上没有语言来给事物命名，没有信仰来赋予事物意义，没有规范使人们知道自己该做什么，没有技术教导人们应如何使用工具或器具，我们怎么可能生存下去呢？好消息是，婴儿并不需要从头开始。得益于前人所创造的文化，婴儿从中学习如何说话、如何思考以及行动。

在这一章中，我们将探讨我们如何通过向他人学习而成为我们自己。其代表了第 3 章中图 3-1 的第二阶段。在第一个阶段，我们构建了文化，以建立人与自然的关系以及我们与他人

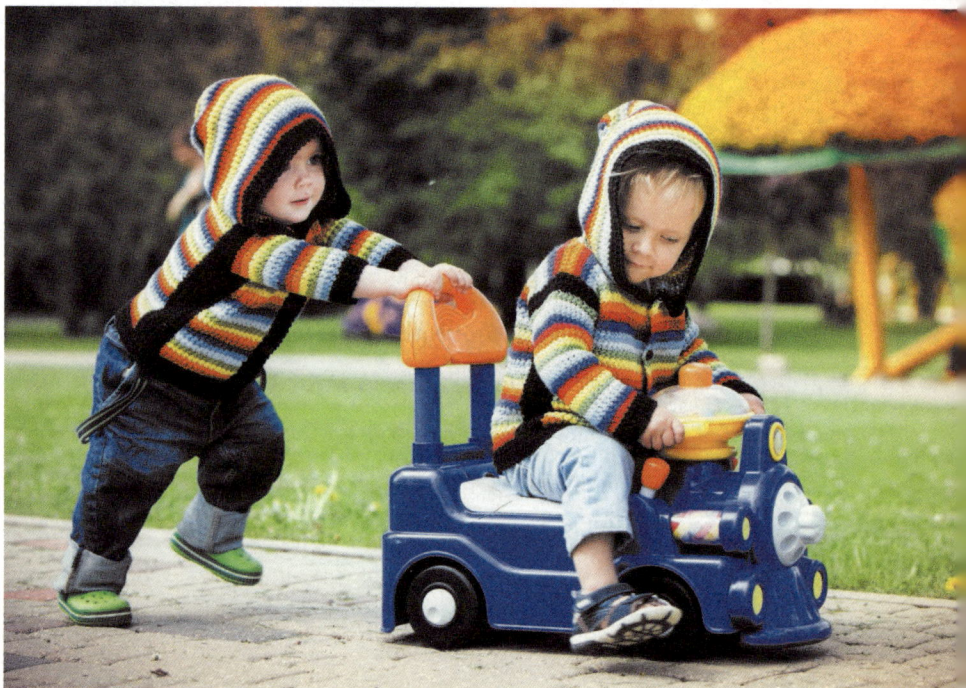

图片来源：Baltskars/iStock/Getty Images.

之间的关系。而在第二阶段，我们则成为我们自己所创造的世界的产物。

社会学思考

想想你两岁前学到的技能，有哪些是你现在认为理所当然的？你是从谁那里学来的？是在怎样的情况下学到的？

文化的内化

通过与他人的互动，我们习得生存与发展所需的知识。社会学家把这种文化内化的实践称为**社会化**，即人们学习适合某一特定文化成员的态度、价值观和行为的过程，这一过程将持续终生。我们通过与父母、老师、朋友、同事以及其他人的互动来吸收文化。社会化无处不在，在诸如学校、车间之类的正式场合，以及游乐场或 Instagram 等非正式场合中，我们都可以感受得到。通过与他人的不断接触，我们最终成为我们自己。

或许，语言是我们需要学习的最基本的文化要素。在婴儿还不能理解我们交谈的内容之前，我们就开始教其语言了。刚开始，我们用的是儿语。其音调更高、更为多变，且元音较长，语速较慢。在八个月大之前，婴儿都喜欢儿语，这种语言也被称为婴儿指向型语言。它为儿童未来母语的形成奠定了基础。

在婴儿尝试发声的过程中，我们可以清晰地观察到社会化正在发生作用，因为婴儿甚至在认识单词之前就开始模仿他们所听到的内容。在网络走红的一段双胞胎叽叽喳喳的视频即是一个力证。视频中，两个 17 个月大的双胞胎宝宝你来我往地进行"对话"。他们除了发出"嗒嗒嗒"，就没有更多的话语了。但是，他们的表情、手势、轮流发言以及笑声似乎都恰到好处。显然，他们知道语言听起来应该是怎样的——通过与家人、朋友及其他人的交流，他们对此了然于心——他们能够掌握词汇的具体含义，只不过是时间的早晚而已。

尽管儿语在很大程度上具有文化普遍性，但声音的频率、所包含的元音和辅音及其之间的关系则因文化而异。在英语环境中的婴儿所听到的组合明显有别于在瑞典语或日语环境中成长的婴儿。这种差异为儿童学习母语的细节奠定了基础，例如，英语有 10 个元音，而瑞典语有 16 个，日语则有 5 个。在这些不同的语境中，儿语也相应地有所变化，使某些语言通路更为顺畅，另一些语言通路则被屏蔽。

社会隔离的影响

鉴于儿时的社会化在塑造我们成为什么样的人中扮演着重要的角色，因此，这段时期社会化的缺失将对个体的发展产生毁灭性影响。通过研究童年经历过极端社会隔离的儿童以及得不到照料的灵长类动物，我们可以窥见这种剥夺社会化的后果。

社会化（socialization）人们学习适合某一特定文化成员的态度、价值观和行为的过程，这一过程将持续终生。

极端的童年隔离。被隔离或被恶意弃养的儿童（有时被称为野孩子，暗指他们重返野蛮的或未开化的状态）往往很难从幼时社会化的缺失中恢复过来。一个著名的案例就是吉妮——一个 13 岁的女孩，加州当局于 1970 年发现了她。从 20 个月大起，吉妮就一直被极端地社会隔离。白天，她被绑在便盆椅上动弹不得。晚上，她被绑在婴儿床上。如果她发出声响，她

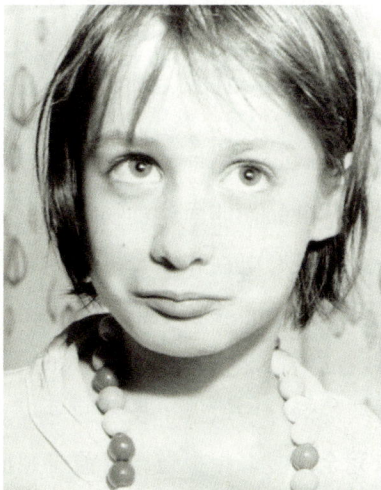

13 岁时的吉妮。
图片来源：Bettmann/Getty Images.

极端隔离环境下长大的
儿童案例

沙姆迪欧（Shamdeo），印度苏坦普尔狼孩	1974 年，与狼玩耍时被发现，当时约 4 岁
梅米·勒布朗（Memmie·LeBlance），法国香槟区的野女孩	被发现时约 18 到 20 岁，在被遗弃前已学会语言
约翰·塞布尼亚（John Ssebunya），乌干达的猴孩	1991 年，6 岁的他被发现跟一群猴子生活在一起，现在的他常常讲述自己的经历
印度的尼格·采海蒂（Ng Chhaidy）	4 岁时在丛林中失踪，随后当地流传着"丛林女孩"的故事，38 年后（2012 年）被发现
奥克萨娜·马拉娅（Oxana Malaya），乌克兰的狗孩	1991 年，8 岁的她在自家后院的狗圈里被发现
万亚·尤玎（Vanya Yudin），俄罗斯的鸟孩	2008 年 2 月被发现，他虽然跟母亲生活在一起，但母亲从来不跟他说话，他只会像鸟一样鸣叫
印度 Dihungi 的豹孩	1915 年，5 岁的他在一群豹子中被发现，已在野外生活了 3 年之久。

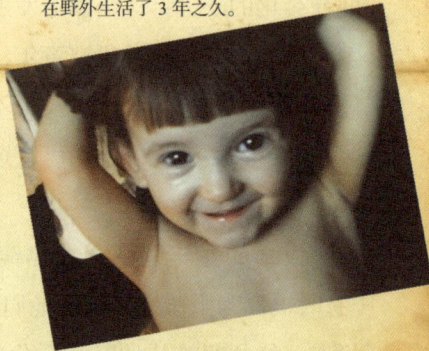

卡玛拉（Kamala）和阿玛拉（Amala），印度米德纳普尔的狼女	
1920 年，两个女孩被发现与狼为伍，时年 8 岁和 2 岁	
俄罗斯的牛孩	2012 年，这个 5 岁的小女孩被发现跟奶牛生活在一起，只会用哞哞的声音与人交流
娜塔莎·米哈伊洛娃（Natasha Mikhailova），西伯利亚狗孩	这个 5 岁的俄罗斯女孩于 2009 年被发现，在满是狗和猫的房间里她像宠物一样被养大。

资料来源：Keith，2008；Newton，2002；www.feralchildren.com. 图片来源：（孩童）Denis Gukov/AFP/Getty Images；（书）Preto Perola/Shutterstock.

的父亲便会对她咆哮、撕扯，还可能是一顿暴揍。她一直被喂食婴儿食品而非固体食物，家人也不许跟她交谈。由于家里没有电视和收音机，她从来没有听过正常人类说话的声音。获救一年后，吉妮接受了大量的治疗，可她的语言能力跟 18 个月大的婴儿差不多。尽管她在持续的治疗中取得了长足的进步，但她的语言能力从未完全恢复。据报道，目前吉妮已 60 多岁，生活在加利福尼亚州专为发育障碍的成人所设立的一

个寄养家庭中。

距离现在时间较近的类似案例发生于 2005 年的佛罗里达州植物城（Plant City），警方接到一起虐童案件的报警并前往调查。在一间垃圾遍地的房子里，他们发现了一个瘦弱的女孩。房内蟑螂横行、臭气熏天，脏尿布充斥着整个房间。女孩名叫丹妮尔，快 7 岁了，可体重只有 46 磅。她的头发上爬满了虱子，浑身长满皮疹和疥疮。她无法吃固体食物，不能进行眼神交流，对疼痛也毫无反应。她不会说话，就社交、心理和智力发展水平而言，她跟六个月大的婴儿相差无几。在进行医疗检查之后，医生们确定她的身体没有任何毛病，但无法解释她当时的状况；相反，他们认为症结在于长期的疏于照顾。

极端的社会隔离可能造成严重的长期影响。丹妮尔于 2007 年被收养，她学会了基本的自理技能，包括上厕所、用叉子和勺子吃饭，但她几乎不会说话，也不识字。10 年来，她的家人一直在帮助她，希望她能学会自己穿衣服、刷牙、做三明治和结识新同学。对于大多数夫妇而言，抚养有特殊需求的孩子的确是一项挑战。丹妮尔的养父母最终以离婚收场。在丹妮尔 18 岁的时候，养父把她送到了田纳西州的一个教养院，随后每个月都去探望她。

上述极端隔离的案例显示了儿童早期社会化的重要性。现在我们了解到，仅仅满足婴儿的生理需要是不够的，父母还必须关心孩子的社会发展。如果父母严格限制孩子与家人、朋友以及其他人的互动，甚至是跟陌生人的互动，尤其在婴儿期和蹒跚学步的时候，这些孩子将错过跟某些人的社会互动，而这些人对于孩童的社会、心理和情感发展起着不可或缺的作用。

灵长类动物的研究　对于隔离饲养动物的研究也证实了早期社会化的必要性。由于在人类婴儿身上进行这样的实验有悖伦理，心理学家哈里·哈洛（Harry Harlow）便使用恒河猴进行了实验，以更好地了解早期

社会化的重要意义。通过观察在与母亲分离、远离猴群的环境中成长的猴子，他解密了极端隔离的长期影响。就像吉妮和丹妮尔的情况一样，在隔离环境中长大的恒河猴非常胆小，容易受惊。它们无法交配，雌性即使被人工授精成功，也有虐待子女的倾向。

图片来源：Medioimages/Glow Images.

哈洛的实验非常具有颠覆性，表现之一就是他使用了"人造母亲"。在这个实验中，哈洛向被隔离的猴子展示了两个代理母亲——一个是被绒布覆盖的假母猴，另一个是由铁丝包裹且能供应奶水的猴子模型。一只又一只的猴子跑到铁丝模型妈妈那里去喝救命的奶水，但更多的时间是跟更像母亲的绒布模型待在一起。显然，小猴子对温暖、舒适及亲密关系的需求更甚于对食物的需求。

从童年期被极端隔离的案例以及对灵长类动物的

哈里·哈洛所使用的由绒布覆盖的"人造母亲"。
图片来源：Nina Leen/The Life Picture Collection/Getty Images.

研究中可以得知，人类不具备保证个体生存的复杂本能；相反，我们必须依赖他人的照顾和关怀（尤其是年幼时）才能生存下来。如果没有这种早期的儿童社会化，我们将很难与外界建立合作关系，仅凭生物本能是不够的。人类创造的文化为我们提供了必要的工具，而通过社会化，我们与他人共享这些工具。

> > **自我和社会化**

虽然我们从他人那里学习生存的必备技能，但我们并不是被设定好程序的机器人，不可能对他人唯命是从，哪怕这个人是我们的父母、老师、老板、政客抑或宗教领袖。作为个体，我们不断地与周遭的世界共舞。我们可以有自己的想法和行为方式，但有赖于自身所能获得的文化资源。

关于自我的社会学方法

在与他人的关系中，我们的**自我**得以形成。**自我**是我们对自己是谁并区别于他人的一种意识，在独特的社会互动组合中形成。它不是一个静态的实体；相反，随着我们对人生经历的理解不同，自我也在个体的一生中不断发展变化着。由于早期的社会学家特别关注日常互动对个体自我的塑造，社会学中的互动论也随之发展起来。

库利：镜中我 美国社会学家查尔斯·霍顿·库利（Charles Horton Cooley，1864—1929）是互动论的创始人之一。他认为，个体对他人的反应做出回应，从而形成了自我。我们将他人对我们言行的反应作为一面镜子，引导我们应该如何看待自己，无论是正面赞扬还是负面评价。库利用"**镜中我**"一词来描述其理论，即个体关于他

自我（self） 我们对自己是谁并区别于他人的一种意识，在独特的社会互动组合中形成。

镜中我（looking-glass self） 一种理论，强调个体关于他人对自己看法的认知，决定了个体将成为怎样的人。

人对自己看法的认知，决定了个体将成为怎样的人。

根据库利的理论，我们对自我的理解涉及一个复杂的计算过程，在此过程中我们不断地解读并做出反应。这种自我发展的过程包括三个阶段。首先，我们想象别人是如何看待我们的，比如亲戚、朋友，甚至是街上的陌生人；

主我（I） 与"客我"共生的发起行动的自我。

客我（Me） 社会化的自我，根据从他人那里习得的标准来规划个人的行动、评判个人的表现。

其次，我们想象他人是如何评价我们对其所见事物的看法的，比如聪明的、迷人的、害羞的或是奇怪的；最后，我们根据这些想象性的假设来定义自我——"我很聪明"或"我很漂亮"。这是一个持续进行的过程，发生于我们的每一次互动中。在库利看来，我们之所以是自己，既不是基于他人如何看待我们，也不是基于他们对我们的评价，而是基于我们认为他人会如何评价我们自己。

在库利的模型中，自我意识源于我们对他人如何看待我们的"想象"。由于我们永远无法真正知道别人的想法，自我认同常常建立在我们对他人看法的错误认知上。设想下你的第一次约会或面试。在整个互动过程中，你得到的所有暗示都是积极的——你的约会对象或面试官总是面带微笑、开怀大笑或适时地点头。你心情愉悦地回家，相信接下来必定一帆风顺。可是，你的约会对象从未回复你的电话，或者期待的工作机会并没有到来。以前的洋洋自得瞬间化作失望、怀疑与自责，你扪心自问："我到底哪里出了问题？"对于面试官或约会对象对自己的真实想法依然是一头雾水。在库利的世界里，我们是谁，很大程度上取决于我们如何解读自己对与他人的互动。

社会学思考

第一次约会时，你通过什么来判断事情是否进展顺利？在工作面试中，你依据的又是哪些线索？你认为在多大程度上人们可以伪造这些线索？

> 自我和他人不是作为相互排斥的事实而存在的。
>
> 查尔斯·霍顿·库利

米德：自我和概化他人 美国社会学家乔治·赫伯特·米德（George Herbert Mead，1863—1931）也是一位互动论的倡导者，他试图扩展库利的理论。米德着力阐明个体的自我与环境之间的关系。他认为，自我由两个核心部分组成：主我和客我。**主我**是发起行动的自我，是我们走路、读书、唱歌、微笑、说话以及从事其他一切可能活动的那个部分。**客我**是社会化的自我，先用我们已有的经历与经验来规划下一步行动，再以这些经历和经验为标准来评判自身的表现。

客我计划走直线，可当主我实际行动时，可能会产生偏差。接下来，客我便会从这次经历中吸取教训，指导下一步的行动。
图片来源：Eugene Sergeev/123RF.

在米德看来，正是社会化的自我与行为的自我之间的持续互动，使得个体的自我显现出来。客我负责计划，主我负责行动，随后客我负责评判。例如，在课堂讨论中，根据以往的经验，客我很清楚教授希望大家能够参与讨论，并在评分时会对参与者给予奖励。所以，主我鼓足勇气、积极参与讨论。发言结束后，客我将评估事情进展得如何，以现有的反馈来指导未来的参与行动。

在我们所有的互动中，我们依赖于一个反馈环。在此循环中，我们收集信息、处理信息，并以此来指导下一步的动作。在某些方面，这种循环关系跟数学老师采用"猜测与检验"来解决某类谎言问题时所选取的策略颇为相似。在这种方法中，我们会先尝试一个解决方案，看看是否奏效；如果无效，我们就再试一个。在每次连续的尝试中，运用已获得的信息使得下一步的猜测更可靠，从而找到适当的途径来正确地解决问题。同样，在我们与他人的互动中，适当的行为方式随着时间的推移而显现。我们会更加确信某些反应是合适的，这也使我们未来的行动决策更为轻松，并带来更强的掌控感。

根据米德的观点，我们从自身的特殊经历中总结经验，领悟到相似的人在相似的情况下会如何行动，并期望他人以同样的方式行事。客我就是在这一过程中发展起来的。

米德用"**重要他人**"来描述我们与之互动、对个人自我发展最重要的特定个体。这些重要他人包括我们的父母、朋友、同事、教练以及其他人。随着时间的推移，我们开始明白，这些重要他人所占据的位置其实只是大规模社交网络的冰山一角。

通过共同的经历，个体的群体思维中形成了一幅共享的社会地图。米德使用"**概化他人**"一词来指代个人与他人互动时所考虑到的作为一个整体的社会态度、观点与期望。简言之，这个概念表明：当个体行动时，他（或她）会考虑到相对的地位、贡献以及对整个人群的期望。例如，当一个孩子意识到举止礼貌的重要性时，并不仅仅是因为其父母的教导；更确切的是因为，它作为一种规范广泛存在于各种社会环境中，无论是在家庭、学校、宗教服务，还是在杂货店。在成长过程中，孩子们不断学习并将这些共同的认识内化，米德提出了儿童在发展这种能力时必经的三个阶段。

1. **准备阶段**。在米德所谓的准备阶段，孩子们年纪尚小，他们只是对身边的人进行模仿，尤其是互动频繁的家庭成员。我们不妨来看看咿呀学语的婴儿，他们甚至在还不认识单词的时候就已将语言内化了：小孩看到家长在做木工活时，也会猛敲木头；当哥哥姐姐在附近扔球时，小孩也会试图抛出小球。这种模仿在很大程度上是下意识地对他人行为的单纯模仿。

随着年龄的增长，儿童开始意识到行为被赋予了意义，他们愈发熟练地使用符号与他人交流。**符号**特指某些手势、物体和语言，人类基于此进行交流。通过跟亲友的互动、观看电视里的动画片和绘本，处于准备阶段的儿童开始发展出终身受益的互动技巧。他们学会了使用符号来达到自己的目的，比如说"请"和"谢谢"，或者在当地超市的糖果货架旁大发脾气。

2. **玩耍阶段**。当儿童掌握了以符号进行互动的技巧，他们会逐渐了解这些符号背后的社会关系。在玩耍阶段，大概三到五岁的时候，儿童开始假扮他人，如医生、家长、超级英雄或老师。对于成年人而言，这样的游戏意义不大，也不是特别有条理；而对儿童而言，他们能够轻松地融入各种各样的角色并随时抽离出来，尤其是当他们年纪还小的时候。在米德看来，假扮他人不仅仅是一项有趣的游戏，更是个体自我发展的关键部分。

事实上，米德特别提到了角色扮演，这是玩耍阶段的一个重要方面。他用**角色扮演**一词来描述从心理上假设他人的想法，并以此假想为依据做出反应的过程。通过这个过程，年幼的孩子会设想他人在特定情境下的反应，并逐步掌握行动的秘诀。譬如，究竟何时才是向父母求助的最佳时机？如

重要他人（significant others）我们与之互动、对个人自我发展最重要的特定个体。

概化他人（generalized other）个人与他人互动时所考虑到的作为一个整体的社会态度、观点与期望。

符号（symbols）特指某些手势、物体和语言，人类基于此进行交流。

角色扮演（role taking）从心理上假设他人的想法，并以此假想为依据做出反应的过程。

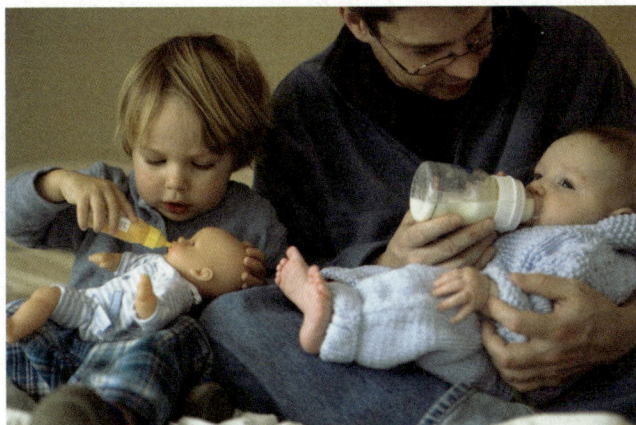

年幼的孩子通过模仿进行学习。
图片来源：Aurora Photos/Alamy Stock Photo.

果父母下班回家时心情都不大好，那么孩子可能会等到晚饭后才提出自己的要求。毕竟，父母在晚饭后更为放松，也更容易接近。

3. 游戏阶段。 在米德提出的第三个阶段，即游戏阶段（约 6～9 岁），孩子开始学习并深刻地领悟到自己置身于相互联系与依赖的关系之中。成功取决于每个人的各司其职，每个人必须时常服从集体的期望。在教导儿童开展团体运动的过程中，从玩耍到游戏的转变表现得尤为明显。当他们年幼时，你常常看到一群孩子追着一个球跑，或者一窝蜂地前进。此时，他们还不知道应该让不同的人踢不同的位置，因为如果每个人都按照被分配的位置来踢球，那么团队作战的成功率更高。他们之所以这么做，是因为他们理所当然地以为有人会守门，这样就可以把球给踢出去；或者当球落在他们身后时，会有守门员扑救。上述过程形象地勾勒出各就各位、各司其职的画卷，让我们窥见了一种社会规则的框架，而个体将其内化则标志着进入米德模型的最后发展阶段。

在这个阶段，孩子们开始明白：社会确实如同游戏一样在运行，它具有内在的逻辑性、共享的规则，并向不同的玩家提出了期望。作为重要的他人，孩子们可能都认识他们的校长桑切斯女士，但也意识到校长的位置是独立于桑切斯女士而存在的，它还承载着一定的期望，在学校的情境下赋予诸如教师、监护人、助教和学生之类的位置意义。在游戏中，如果占据不同位置的个体不能各司其职，整个游戏将会崩溃。

托马斯：认知与行动 美国社会学家 W.I. 托马斯强调了认知对于塑造自我认知的作用。根据第 1 章中提到的托马斯定理，"如果人们认定情况是真实的，那么其结果也是真实的"，换句话说，影响我们行为的是认知，而不是现实本身。例如，假设我们被灌输"外来者即是威胁"的观念，那么，我们可能会减少与外来者的接触，或避免他们跟我

拟剧论（dramaturgical approach）社会互动论的一个研究视角，它将个体视为舞台上的演员，而社会互动则是人们为了演出圆满落幕而进行的角色扮演。

> **揭开自我真面目的是我们的选择，而非我们的能力。**
>
> J.K. 罗琳

们接触，即使他们并未构成真正的威胁，甚至还可能向他们开战。

如果是认知决定行动，位置则决定认知，这是托马斯定理的另一个重要推论。正如我们在第 3 章中看到的，为了建立人与自然的关系、人与人之间的关系，人类创造文化。基于这种文化，我们形成对自然与他人的认知，而社会化则将上述认知内化。我们习得的东西取决于我们相对于他人的位置。一个在 21 世纪美国文化中成长起来的人，其思想和行为必定跟在 14 世纪的日本长大的人截然不同。社会环境塑造了二者的自我意识，改变环境，就能使自我发生改变。

戈夫曼：自我呈现 加拿大社会学家欧文·戈夫曼认为，我们都必须根据所处的环境来扮演自己的角色，上述观点直接促成了他称之为**拟剧论**的创立。该方法的研究视角是将个体视为舞台上的演员，而社会互动则是人们为了演出圆满落幕而进行的角色扮演。戈夫曼的灵感部分源于莎士比亚的戏剧《皆大欢喜》（*As You Like It*）中的台词："全世界是一个大舞台，男男女女都不过是演员：你方唱罢，我登台。人这一生扮演着诸多角色。"（第二幕，第七场）在戈夫曼看来，当我们扮演自己的角色时，每个人都试图向他人传递我们是谁的信息，即便他人也在干着同样的事。

社会学思考

让我们将上课设想为一场表演。谁是关键人物？他们最常用的台词是什么？令人信服的道具有哪些？这场表演可能会如何中断？人们又会采取什么措施来挽救？

通过上述类比，戈夫曼将我们的注意力吸引到表演的方方面面，而对这些方面的分析可以让我们更好地理解表演成功的要素是什么。表演是在舞台上进行的。前台是为观众表演的地方，包括适宜的布景，可能还涉及合作团队中的其他演员。在很大程度上，我们按照剧本行事，尽管也可以有即兴创作，但过多的

根据欧文·戈夫曼的说法，我们可以将自己视为舞台上表演的演员来分析所有的互动。
图片来源：Robbie Jack/Corbis Entertainment/Getty Images.

即兴创作可能会降低我们试图刻画的人物的可信度。后台是我们准备的地方，包括穿上服装和收集适当的道具，使表演更加可信。最终，观众会评判我们的表演。无论我们扮演的是学生、餐厅服务员，抑或是恋人，我们都非常清楚自己的职责；如果我们没有在恰当的时间说出正确的台词或使用了错误的道具，就会毁掉整个演出，个体的自我意识也岌岌可危。

在生命的早期，为了取悦特定的观众、打造独特的形象，我们学会了有偏向性地调整自我在他人眼中的呈现。戈夫曼将这种自我呈现的修饰称为**印象管理**。当事情没有如我们所希望的那般发展时，我们会试着"挽回面子"。戈夫曼将这一过程称为"**面子工作**"，意思是我们改变自己的表现，以维持良好的形象，避免在公众面前尴尬。当我们感到慌乱或被拒绝时，我们经常会有一些挽回面子的举动。在酒吧被拒时，一个人可能会用"面子工作"来回应："这地方全是草根。我要走了。"或者，如果我们考得很糟糕，我们可能会对一个同样考得很差的朋友说："这个教授真差劲。"如果社会互动继续下去，我们就会觉得保持积极的自我形象是必要的。

在库利、米德、托马斯和戈夫曼看来，就本质而言，我们的自我具有社会性。我们与他人的每一次相遇都为自我评估提供了机会。尽管随着时间的推移，个体对自我的感觉可能相对固定，但随着与他人关系的发展与结束，它总是被不断修正。一种新颖的互动或体验往往能让我们质疑自己习以为常的事物，从而对真正的自我产生新的理解。

印象管理（impression management）为了取悦特定的观众、打造独特的形象，个体不断调整自我在他人眼中的呈现。

面子工作（face-work）我们改变自己的表现，以维持良好的形象，避免在公众面前尴尬。

我们还是他们

通过社会化，我们将所属群体的文化内化。我们将所属群体的规范、价值观、信仰和技术牢记在心，这对我们而言是再正常不过的事情，而且在某种程度上凌驾于其他群体的规范、价值观、信仰及技术之上。

正如我们在第 3 章"理解他人"中所看到的，这种民族中心主义是一种自然的反应。我们在自己和他人之间画出界限，然后以此来界定我们是谁，以及我们不是谁。在体育（绿湾包装工队的球迷 vs 明尼苏达海盗队的球迷 vs 新英格兰爱国者队的球迷）、政治（民主党 vs 共和党）、高中（运动健将 vs 学霸 vs 校园明星 vs 刺儿头）、工作场所（销售部门 vs 营销部门）、宗教（基督徒 vs 穆斯林 vs 佛教徒）等方面，均可以看到这样的划分。上述划分虽然巩固了个体的身份认同，但往往是以我们如何看待他人为代价的。

群体成员的身份本身就决定了我们的思考与行为方式。社会心理学家亨利·泰弗尔（Henri Tajfel）进行了一系列实验，他将被试随机分成几个小组。他发现，即使被试以前没有共同组团的经历或者没有形成共同的群体文化，只要是被分为同一组，组员之间就会相互认同、优待彼此，并试图阻止其他组的人受益。

偏见（prejudice） 一种基于个人在特定群体中的成员身份而先入为主的、有所偏倚的判断，可能是积极的也可能是消极的。

内隐偏见（implicit bias） 价值联想：价值（无论正面或负面）与特定群体、子群体或人的特征之间自动的以及无意识的关联。

泰弗尔认为，在区分"我们还是他们"的思维方式中，有三个核心元素发挥着作用。第一，社会归类涉及对群体差异的初步认识。任何标记都可以作为群体差异的基础，比如品味、职业或年龄。社会学家尤为关注基于性别、种族、族裔和阶级所带来的分类效应。第二，当个体的自我意识与区别于其他群体的某个特定群体相联系时，便会产生社会认同。通过遵循该群体的规范、接受其信仰、使用适当的语言，并努力融入其中，个体根据群体的期望开展文化实践。我们不断地吸收群体文化，使得成员身份成为我们的一个身份。第三，社会比较包括根据群体之间的关系对群体进行排序，以有利于我们

所属群体的方式来比较"我们"和"他们"。换言之，我们建立起自我或表现出对本群体的偏爱，同时也可能对其他群体进行贬低或诋毁。通过回答"我是谁""我为了谁"之类的爱国主义问题，激发个体对于国旗的热爱和祖国的自豪感，强调我们在所属群体中的地位，从而强化我们的身份认同与自尊，这才是根源之所在。

另一方面，赋予我们所属的群体文化以特权，为偏见的滋生提供了温床。**偏见**是一种基于个人在特定群体中的成员身份而先入为主的、有所偏倚的判断，可能是积极的也可能是消极的。我们把那些想法和行为跟自己不同的人视为低人一等，以此来拔高自己。我们总以为偏见是显而易见的，即偏见很容易从个体对"他们"的看法中被识破。可是，社会化会使我们在群体之间做出优劣之分，而我们往往并未意识到自己在多大程度上受到前者的影响。理论家将这种判断称为**内隐偏见**，即价值（无论正面或负面）与特定群体、子群体或人的特征之间自动的以及无意识的关联。研究人员利用包括内隐关联测试在内的各种评估工具，找到了发现测量内隐偏见的方法。

社会学思考

请访问 Project Implicit 网站，参加其中任意一个测试。你的测试结果与自我评估在多大程度上是吻合的？影响个人分数的因素有哪些？我们可以采取什么措施来改变自己的内隐偏见？

图片来源：ZUMA Press，Inc./Alamy Stock Photo.

内隐联想测试测量了被试在看到图像时的反应时间，试图找到积极和消极的联想。研究者设计了相关测试，以评估有关种族、性别、年龄、体重、性取向、残疾等方面的隐性偏见。随后，研究者根据被试的种族、性别、年龄、地区或其他已收集过信息的变量进行结果比较。大家在网上可以搜到各种各样的测试，每个人都可以参加，比如，哈佛大学的"隐式计划"就有好几种。

每当提及社会化，我们总是将注意力放在其积极的一面——社会化教会了我们如何说话、如何行动以及如何创造。但通过与他人的互动，我们也学会了如何仇恨、如何歧视。了解这些态度从何而来、为何有如此态度，以及可能连我们自己都没意识到的反应程度，将有助于我们采取措施并做出改变。

> > 社会化媒介

社会学家指向的是作为社会化媒介的各种环境，个人和群体置身于其中以塑造社会身份。常见的社会化媒介为家庭、学校、同辈群体、大众传媒、工作场所、宗教和国家等。

家庭

家庭是我们最为重要的社会化媒介。研究表明，家庭在儿童社交中的作用不宜过分夸大。婴儿具有某些与生俱来的能力——大多数婴儿能听、能看、能闻、能尝，可以感觉到热、冷和疼痛，但如果没有他人的帮助，他们就无法生存。喂养、清洁、抚慰婴儿的责任主要由家庭成员来承担。在家庭环境中，我们学习说话、走路，学会自己吃饭和上厕所，等等，这些基本技能我们以为是自然而然地就会了，殊不知是我们在家庭中习得的。在成长的过程中，孩子观察到父母如何示爱、理财、吵架、处理工作压力等，这让他们为未来的家庭生活做好了准备。我们将在第 7 章更全面地探讨家庭的定义和功能。

儿童并不是被动地进行社会化。正如米德在主我中所暗示的，儿童的选择有时会令其父母备感失望。

爱国主义代表着团结的号召，但也可以作为一种排斥的形式。
图片来源：Michael B. Thomas/Getty Images.

恰是这种行为，说明儿童积极地参与了自我的建构。从阿米什人（Amish）的经历，我们可以看到家庭社会化的力量。在阿米什，儿童成长于高度有组织、有纪律的环境中，可是他们依然无法抵挡阿米什世界之外的同龄人的诱惑。大约在 16 岁的时候，阿米什的青少年开始约会或恋爱。他们把人生的这一阶段称为"流浪期"（rumspringa），翻译过来大致就是"四处奔波"的意思。该阶段将持续至结婚，通常是在 20 岁出头的时候。在这段从童年到成年的过渡期，他们更加自由，可以尝试一些原本被禁止的活动，包括穿外族的衣服、拥有手机、买电视和 DVD 播放机、开车、抽烟、喝酒，甚至吸毒（尽管大多数人还没到这么严重的地步）等。在此期间，他们还必须决定：究竟是通过宣誓和受洗来承诺一辈子做阿米什人，还是追求阿米什区之外的生活。父母的反应通常是睁一只眼闭一只眼，有时甚至假装没注意到。因为他们知道，阿米什式的社会化将会持续终生，这些孩子几乎最终还是回归到传统的阿米什生活方式上来，这令他们很安心。研究表明，只有约 20% 的阿米什青年脱离教派，其中的大多数人加入了为数不多的较为现代的门诺派（mennonite groups），而接受过洗礼的成年人却鲜少离开阿米什。

跨文化差异 儿童如何在家庭中进行社会化，世界各地各有不同。在越南，婴儿六个月大的时候就开始接受如厕训练。母亲会用口哨发出提醒，而孩子在九个月大的时候就能有效地完成如厕训练。在瑞典，当进店购物或吃东西的时候，哪怕是寒冬，家长们也常常把婴儿留在店外的婴儿车内睡觉，以便让孩子呼吸更多的新鲜空气。他们相信，这样可以使婴儿更健康，更不容易生病。在日本，孩子们从小就独自去上学。在东京这样的城市，一年级学生必须学会独自乘坐公共汽车、地铁以及长途步行。为了确保孩子们的安全，父母们小心翼翼地定下各种规矩：永远不要和陌生人说话；如果下错站，请跟车站工作人员确认；如果坐过站，就一直坐到终点站，再跟父母打电话；记得走楼梯，而不要坐自动扶梯；乘车时不要睡着。一位家长承认，她确实很担心，"可是，6岁以后，孩子应该尝试独立来摆脱对母亲的依赖。如果你的孩子过了6岁，你还送孩子去上学，那么，每个人都会奇怪地盯着你"。

在美国，无论是出于担心孩子的安全，还是担心被指控伤害儿童，很少有父母会考虑给年幼的孩子如此大的独立空间。近几十年来，美国的育儿规范发生了变化，导致家长更多地参与孩子的生活中来并强化了监督。在反思父母是否过度保护孩子的问题时，记者汉娜·罗森指出："在20世纪70年代被定性为偏执狂的行为——护送三年级学生去学校，禁止孩子在街上踢球，让孩子在腿上滑滑梯，现在已经很普遍。"不同文化背景、不同时段下育儿方式的多样性再次证明，我们的行为并不仅仅是由基因决定的。

种族与性别的影响　在美国，家庭内部的社会化培养还包括接触到有关性别和种族的文化设定。例如，非裔美国人的家长很清楚，两岁大的孩子就能从儿童书籍、玩具和电视节目中接收有关非裔美国人的负面信息，其中的绝大多数是为了迎合白人消费者。与此同时，正如我们将在第13章中看到的，非裔美国家庭拥有的财富较少，更有可能陷入贫困，这就限制了其子女获得课外项目、夏令营、专业导师和教练等资源的机会。由于大多数美国社区处于种族隔离状态，非裔美国家庭往往住在贫困社区或其附近，因此，其子女很容易受到帮派和毒品的影响，尽管家长们的家庭价值观很强。

在个体是否符合传统的性别角色设定方面，家庭内的社会化也扮演着重要的角色。**性别角色**，即社会对男性和女性在恰当的行为、态度及活动方面的规范性期望。例如，在美国的主流文化中，传统上，人们认为坚韧是男子气概的象征——而且只有男人才喜欢坚韧，而将温柔与女人味联系在一起。正如我们将在第12章中看到的，并不是所有的社会都是这种模式，还有更为多样的性别角色。有些社会存在着三种或更

性别角色（gender roles）社会对男性和女性在恰当的行为、态度及活动方面的规范性期望。

图片来源：Mark Wilson/Getty Images.

在许多北欧国家，将婴儿留在商店和餐馆外的婴儿车里并不罕见。

图片来源：Bjoern Kaehler/AP Images.

多的性别类型。在美国，人们越来越意识到，性别是一个流动的概念，可以有多种表达方式。无论是个人还是社会对上述多样性的接受度上，家庭内部的社会化经历均发挥着重要的作用。

学校

在学校里，个体通常会走出予以自己更多庇护的家庭，学会成为更大的社会群体中的一员。例如，美国的学校传授普遍认为理所应当的广义的社会知识——不仅有阅读、写作和算术等基本技能，还包括共同的文化知识，诸如国歌、美国独立战争的英雄以及必备的优良品质。就像家庭一样，学校也有明确的社会化目标——尤其是对于孩子的社会化，那就是将其所属社会的规范和价值观内化。

鉴于共享文化是将个体团结起来的社会黏合剂，因此学校教给孩子们更为广泛的社会价值观与习俗。如果我们不把知识和技能一代代传下去，社会将会崩塌。可是，我们在学校获得的知识，远超书本知识，还包括我们在操场上学到的更多非正式的经验教训。我们确实学到了历史、科学、阅读、数学等方面的相关事实和数据，但同时也学会了当父母或老师不在身边监督或施以援手时应如何自律、自救。

图片来源：Blue jean images/Getty Images.

图片来源：Robert Daly/Caia Image/Glow Images.

尽管学校保障了社会秩序，并为个人的发展提供了机会，但是在对学生社会化的过程中也加剧了现有的不平等。正如经济学家塞缪尔·鲍尔斯（Samuel Bowles）和赫伯特·金蒂斯（Herbert Gintis）所观察到的，学校培养出服从管教的学生，而后者在以后也将成为易于管理的工人。两位学者认为，学校的主要功能与其说是传道授业，倒不如说更注重通过社会化让学生服从并接纳职场的权威。

学校教导学生如何为了奖励而努力工作、如何进行团队协作、如何在截止日期前完成任务、如何遵守指示，等等。那些将这些技能内化得最好的学生将会得到职场的青睐，而挑战权威和呼吁改变的学生则会受到惩罚。我们将在第8章中更全面地探讨教育的各个要素。

同辈群体

随着年龄的增长，特别是在青春期，朋友、同学及其他同龄人在塑造我们的思维和行为方式方面变得愈发重要。为了弄清楚同辈群体在个体年龄相对较小的阶段所扮演的角色，社会学家帕特里夏（Patricia）和彼得·阿德勒（Peter Adler）对小学四年级到六年级的学生进行了观察研究。他们发现，即使是在如此小的年龄，学生中已经建立了等级，从位于顶端的包括"酷孩子"在内的"流行小团体"，到位于底层的、所谓的"社会孤立者"，后者有时被其他孩子称为"笨蛋"或"书呆子"。孩子们从中获得了自己适合哪里、应该如何表现的相关信息。在另一项针对小学生的研究中，阿德勒夫妇发现，衡量学生是否受欢迎的标准强化了性别刻板印象。作为一个受欢迎的男孩，他要擅长运动、坚强硬朗，不要太书呆子气；作为一个受欢迎的女孩，则意味着富于魅力，能够在社交圈里八面玲珑、左右逢源，而且，家境还得足够富裕，这样才买得起最潮最酷的物件。

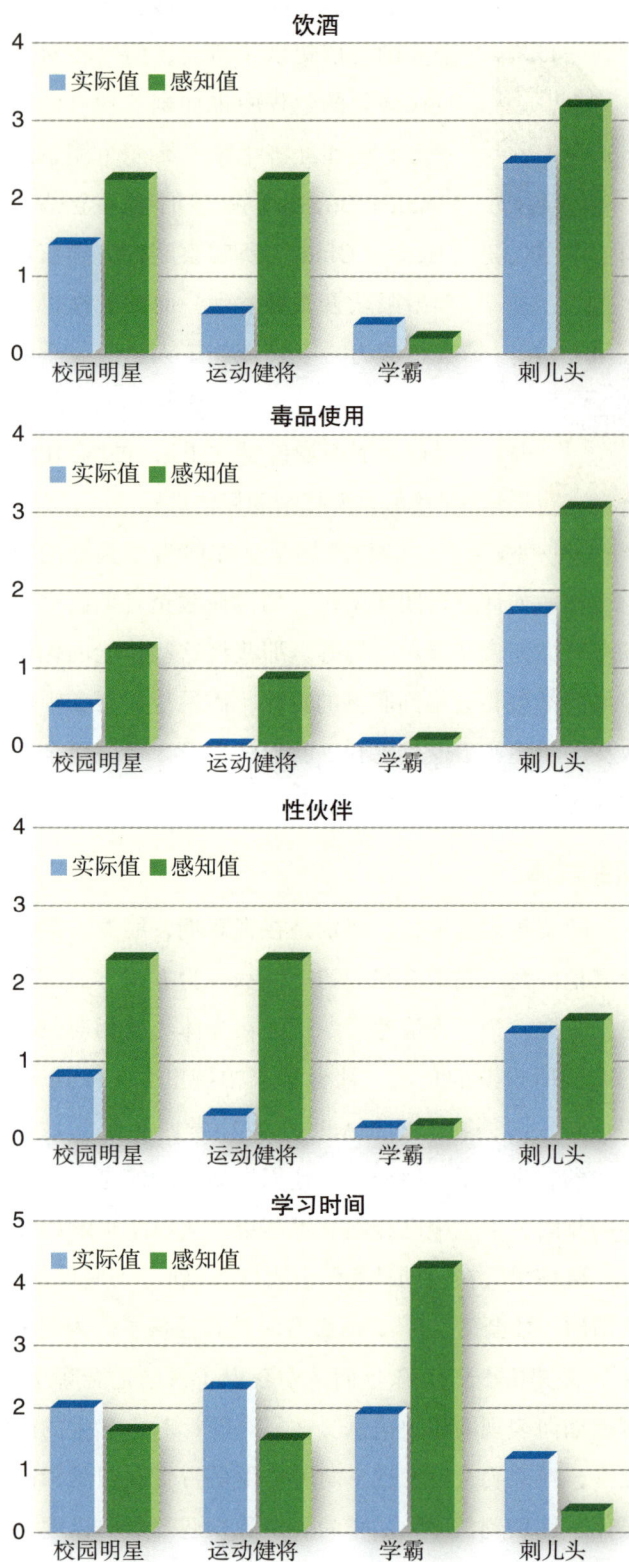

图 4-1 高中生行为：感知与现实的对比

注：实际值代表一组同辈群体内学生自我报告发生某行为频次的均值；感知值代表外群体学生眼中某类学生发生某种行为频次的均值

资料来源：Helms et al., 2014.

同辈群体对于高中生的影响已经成为流行文化的一个主题，经典电影《早餐俱乐部》（*The Breakfast Club*）或许完美地诠释了这一点。在这部电影中，"一个学霸、一个运动健将、一个废柴、一个校花和一个刺儿头"在周六早上的留校期间被迫聚在了一起。最后，这五个学生克服了对彼此的刻板印象，尽释前嫌。

为了更好地理解现实世界中的同辈群体文化，北卡罗来纳大学的研究者考察了高中特定群体之外的学生对于这些特定人群的看法，并将其与每个群体中成员自我报告的实际行为进行了对比，如图 4-1 所示。基于对高中生的采访，他们关注了四类群体：校园明星、运动健将、学霸和刺儿头。一系列的误解也被揭开，譬如：

- 普通学生高估了校园明星的性伙伴数量；
- 普通学生高估了运动健将的饮酒量；
- 普通学生高估了学霸花在学习上的时间；
- 普通学生对于刺儿头毒品使用的次数估计过多。

总之，研究者得出结论，高中生们尤其喜欢高估两类最受欢迎群体的学生在性、毒品和饮酒方面的参与度。在后续研究中，研究者则发现，经过一段时间的追踪，恰恰是那些认为受欢迎的孩子更可能从事危险行为的学生，反而发生危险行为的概率更大，这跟我们从托马斯定理中已洞悉的"认知塑造行为"相一致。

大众传媒

在人类历史的大部分时间里，由于社会化主要以人与人之间的接触为主，因此人们对于更广袤世界中正在发生的事情知之甚少。而现在，我们则可以同步接收世界各地正在发生事件的动态报道。技术革新引发了大众传播媒介的崛起，从而使上述成为可能。"media"是"medium"的复数形式，传媒是指能够传递思想或传送物体的人或物。譬如语言，作为一个共享的符号系统，它为我们提供了沟通的媒介。大众传媒这个术语指的是能够轻易地将大量信息传递给大量人群的诸多技术。

如果我们将大众传媒视为信息传递的容器，可以区分出七种主要的媒体。作为第一种大众传媒，印刷的兴起得益于1439年约翰内斯·古登堡（Johannes Gutenberg）发明的活字印刷机。这种印刷机使得复制与印刷文字材料成为可能，并带来了出版物的空前繁荣，至今仍以书籍、宣传单、广告牌、报纸和杂志的形式存在。从那以后，书籍与宣传单的流行在历史事件中发挥了重要的作用，包括1517年开始的新教改革和1776年开始的美国独立战争。

第二种大众传媒为录音，兴于19世纪晚期。从那时起，唱片为大众提供了从古典音乐到摇滚乐等多种音乐表现形式。随着时间的推移，技术的创新使得录像也成为可能。在不同时期，录音技术包括蜡筒录音、黑胶唱片、磁带录音（如卷盘式磁带、8轨卡带、音频卡带和家庭录像带）、CD和DVD。由于磁带录音包含了"录制"按钮，使该领域的变革尤为明显。原因在于，"录制"按钮几乎使所有人都能录制自己的唱片，尽管如今看来这种功能是理所当然的。

电影代表了第三种大众传媒。从20世纪初开始，影院遍布美国。匹兹堡的Nickelodeon是最早的一批影院，于1905年开放，当时的票价为5美分。电影院成为一个共享空间，当地的居民可以更直接地从视觉上接收来自更广阔世界的流行故事、新闻报道与流行时尚。

第四种大众传媒为收音机，它将大众传媒广播直接带入了平常百姓家。匹兹堡的KDKA是第一个在美国注册的商业广播电台。1920年，电台迅速遍布全美。广播节目包括音乐、新闻、体育和情节式的故事（肥皂剧，如今电视剧中开放式结局且持续性的故事情节皆源于此）。无线电使突发新闻能够迅速而广泛地传递给全体国民，甚至能够跟政治领导人进行直接沟通。1928年，赫

伯特·胡佛（Herbert Hoover）成为首位通过广播接触大众的总统候选人。在大萧条和第二次世界大战期间，富兰克林·德拉诺·罗斯福（Franklin Delano Roosevelt）总统通过广播向全国进行"围炉夜话"，引发热烈反响。

电视则是第五种大众传媒，它兼具广播的即时性、覆盖广，以及电影的视觉优势。由于人们在客厅的电视里就可以收看突发新闻、体育赛事、综艺节目、音乐会等，如今的世界变得越来越小。20世纪40年代，电视开始在美国各地流行起来，到了50年代，电视已成为人们广泛采用的媒介。1960年，约翰·F.肯尼迪（John F. Kennedy）和理查德·M.尼克松（Richard M. Nixon）之间的总统辩论首次播出。肯尼迪在加利福尼亚州的竞选活动中被晒成了古铜色，看起来更上镜，而尼克松则面色苍白，汗流浃背，屏幕上显得很不自

不同年龄组每周使用媒体的平均时间

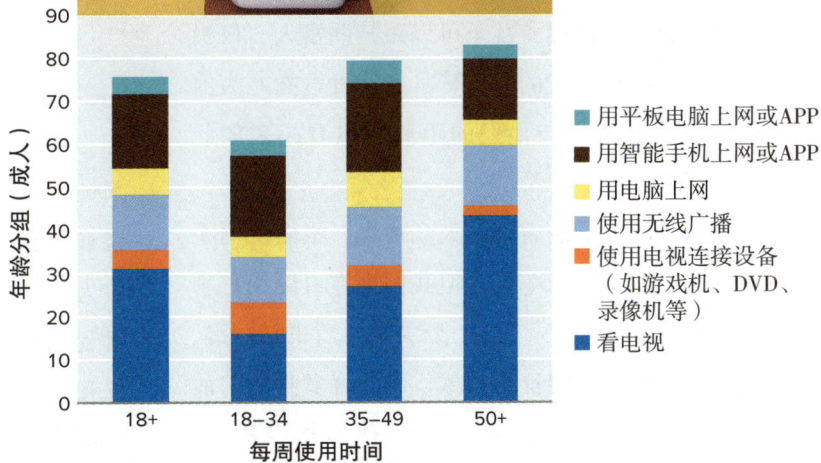

用平板电脑上网或APP
用智能手机上网或APP
用电脑上网
使用无线广播
使用电视连接设备（如游戏机、DVD、录像机等）
看电视

年龄分组（成人）
每周使用时间

资料来源：Nielsen，2017. 图片来源：Datacraft Co Ltd/Getty Images.

在，就这么一点差别可能就影响了大选结果。从此以后，候选人及其竞选团队就敏锐地意识到电视镜头对于潜在结果的重要影响。虽然主要的电视网络（包括ABC、CBS、FOX和NBC），以及一些精选的有线电视频道公司（尤其是ESPN）对于报道的内容和方式予以了限定，同时也操控哪些内容报道需刻意忽略，但随着有线电视和卫星电视的扩张，电视频道出现了爆炸式增长。

社会学思考

在美国，18~34岁的人平均每天花2小时42分钟在智能手机上使用APP或上网。你觉得，这个时间消耗是高还是低？如此使用手机，可能带来怎样的积极影响和消极影响？

第六类大众传媒，通常被称为互联网。在整个20世纪90年代，互联网的访问量激增。万维网通过一系列网络将计算机连接起来，同时经由网络浏览器加速了计算机之间的连接。将互联网作为一种大众传媒，主要有两个关键性的判别要素。首先是信息检索，它是我们获取海量数据的源泉。无论是写大学论文时查找资料，还是搜寻彩虹与独角兽的图片，现在的个人比以往任何时候都具有更强的搜寻信息的能力。第二个要素是社交网络，它为我们提供了前所未有的接触他人的机会。诸如Facebook、Twitter、Instagram和Snapchat这样的网站几乎可以让好友之间保持热络、个人与老友的友谊长存，甚至可以跟某些富人、权贵和名人互动。得到名人的"点赞"或转发可能尤为值得称道，因为普通人与他们的距离突然看起来如此之近。

移动电话代表了最后一种大众传媒。虽然发明手机的初衷只是为了接听电话，但我们现在可以用它来发短信、拍照、上网、录视频、玩游戏、看书、问路、听广播、看电影、访问音乐收藏，以及许多其他的活动。智能手机可以取代诸多设备，包括手表、健身追踪器、计算器、录音机、指南针、手电筒、水平仪、

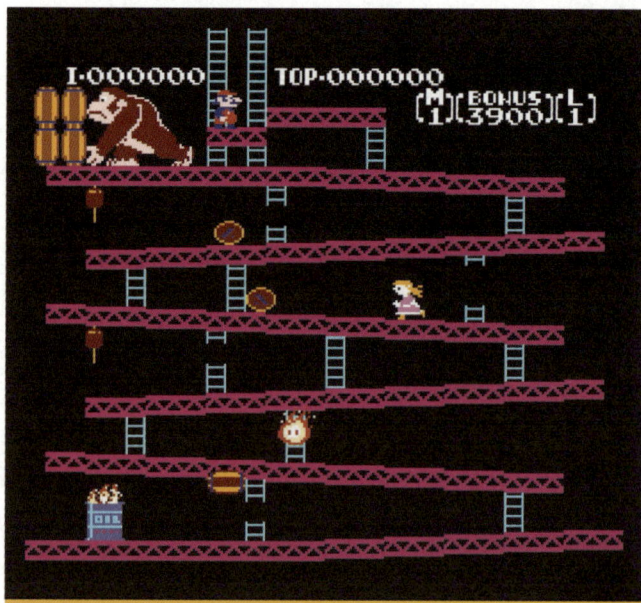

电子游戏设计师迈克·米卡（Mike Mika）三岁的女儿很喜欢玩经典街机游戏《大金刚》（*Donkey Kong*）。游戏中，一只金刚般的猿猴绑架了波琳，马里奥的任务就是拯救波琳。一天，米卡的女儿问："我怎么才能扮演那个女孩呢？我要救马里奥！"在花了几天时间破解《大金刚》的只读存储器之后，米卡实现了女儿的愿望，让公主成为救世英雄。

根据阿妮塔·萨琪西（Anita Sarkeesian）的说法，"身陷困境的少女"这一情节设计在电子游戏中极为常见。她总结道："从本质上来说，这款游戏的情节设计是通过让男性角色获得权力而让女性角色失去权力。"在6000多名女性运动支持者的帮助下，她调查了电子游戏中的女性形象并制作成一系列视频，大家可以在其网站Feminist Frequency上进行观看。

图片来源：Mike Mika.

流行社会学

闹钟、日历、便携式游戏设备，等等。将所有这些元素整合到一个设备之中，使得采众家之长并进行创新成为可能。例如，手游《精灵宝可梦》（*Pokémon Go*）就利用智能手机的摄像头、GPS、健身追踪器、陀螺仪和社交网络软件的元素，打造了一个全新的AR游戏世界。在探索这类AR游戏可能带来的健康益处时，微软公司的研究者发现，《精灵宝可梦》让用户的身体

不同国家电话和手机使用情况

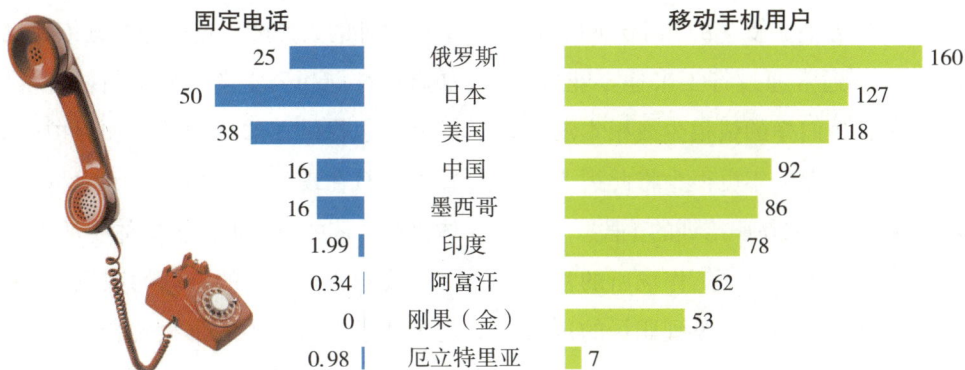

固定电话		移动手机用户	
25	俄罗斯	160	
50	日本	127	
38	美国	118	
16	中国	92	
16	墨西哥	86	
1.99	印度	78	
0.34	阿富汗	62	
0	刚果（金）	53	
0.98	厄立特里亚	7	

注：数据为每百人比率。

资料来源：国际电信联盟，2017. 图片来源：EyeWire/Getty Images.

活动量每天增加了近 1500 步，对活动量较低人群的影响尤为明显。

许多发展中国家基本上跳过了使用固定电话的阶段，直接应用移动技术，该过程被称为跨越式发展。由于其绕过了整整一代的技术，如此一来，就节省了安装固定线路所需的所有基础设施成本。譬如，在肯尼亚、加纳和尼日利亚，现在 80% 的成年人拥有一部手机。移动电话的使用使人们能够与家人保持联系，获得就业机会，并扩大社交网络。拥有一部手机对家庭而言尤其重要，特别是当孩子背井离乡到城市或国外谋求发展机会时。

诸如大众传媒等社会化媒介的关键在于，它们改变了我们的思维和行为方式。我们对媒体所带来的新文化信仰和新实践接触得越多，我们可能越会包容他人，更深地了解自己。当然，这样的接触也会挑战我们所珍视的文化，时间和距离可能造成的过滤器效应已成为过去。从在线论坛和 Twitter 动态中时不时表达的敌意，我们就可以感受到这种影响。鉴于上述表达的途径是由新近出现的大众传媒所创造的，或许我们将会在未来制定更有效的规范，以实现积极正向的沟通。

工作场所

学习如何在职场中表现得体，是人类社会化中必不可少的一部分。雇主和同事都希望你知道自己该做什么以及什么时候做。正如我们在米德的概化他人概念中所看到的，只有团队中的每一个人各司其职，团队才能顺利完成任务。作为社会化的媒介，工作场所则保证上述活动得以发生。

在过去，工作场所的社会化始于年轻人。几代人以前，大多数儿童在很小的时候就开始工作，主要是

你知道吗？

每年3月的第一个周五是"全国断网日"。组织者鼓励人们关闭电脑和手机，从"冷冰冰的科技和信息洪流"中抽离出来，休息24小时。敦促参与者利用这段休息的时间与所爱的人多接触，走出家门，改善健康，重返宁静，并回馈社会。

图片来源：（家庭）Ariel Skelley/Blend Images/Getty Images；（手提电脑）D. Hurst/Alamy Stock Photo.

在农场劳动中帮忙。尽管最终颁布了限制童工的法律，上述做法一直延续到工业革命时期。现在，高中适龄学生的就业率徘徊在 25% 左右，夏季的几个月则达到顶峰，约为 33%。青少年通常通过打工来挣零花钱；80% 的高中毕业生表示，他们挣的钱很少或根本没有用于家庭开支。此外，这些青少年也很少将此视为一种职业兴趣的探索，或作为获取在职培训的手段。

当转向更为稳定的全职工作时，工作场所的社会化就发生了变化。职业社会化在从学校到职场的过渡期表现得最为明显，不过它会在个人的全部工作历程中一直存在。技术进步和公司重组可能会改变职位的要求，新的培训提上日程。根据美国劳工统计局的数据，年龄在 18~50 岁之间的人一般从事过 11.9 种不同的工作。我们不再认为自己会将一份工作干到老，因此，无论是出于自愿选择还是迫不得已，我们都必须接纳职业社会化是持续不断进行着的。

宗教和国家

社会科学家们越来越认识到政府（"国家"）日益突显的重要性，以及宗教作为社会化媒介的持续影响。

成人礼（rite of passage） 标志着个体从一个社会地位到另一个社会地位的象征性转变，以戏剧化的方式证明个人地位的变化。

传统上，在美国文化中，家庭成员是主要的照顾者，但到了 20 世纪，家庭的保护功能逐渐转移至外部机构，如公立学校、医院、精神健康诊所和儿童保育中心，其中许多都是由国家经营的。譬如，学龄前儿童越来越多地由父母以外的人照顾，这就包括政府赞助或运营的项目，如启智计划和公立学校的学前教育项目。历史上，宗教团体也提供了这样的关照和保护。尽管早期社会学预测宗教在现代社会中的影响力将会削弱，但宗教团体仍在个体的身份形成及集体生活中发挥着重要作用。

政府和有组织的宗教均采取了一定的举措，来标记个体生命历程中的重大转变。譬如，宗教组织总是在不断地举行有意义的仪式活动，如洗礼、赎罪礼或成年礼，这些活动往往把大家庭的所有成员聚集在一起，即使他们在其他场合素未谋面。而政府则规定了一个人在哪个年龄可以开车、喝酒、有选举权，或者在何时无须征得父母同意就可以结婚，抑或个体允许加班或退休的年龄。尽管这些规定并非严格意义的成人礼——很多 18 岁的人并没有去投票，大多数人也没有按照政府的规定来决定退休年龄，但它们确实象征着以下事实：我们已经进入了人生的又一不同阶段，社会对我们的行为有着不同的期待。

▶ ▶ 贯穿整个生命历程的社会化

非洲刚果哥打人（Kota）中的青少年将自己涂成蓝色；而古巴裔美国女孩在通宵舞会之前会进行为期一天的宗教静修。上述皆为**成人礼**——这些仪式标志着个体从一个社会地位到另一个社会地位的象征性转变，以戏剧化的方式证明个人地位的变化。

在哥打人的仪式中，蓝色代表死亡的颜色，象征着童年的逝去，以及向成年的过渡。对于迈阿密古巴裔美国人社区的青春期女孩来说，Quinceañera 庆祝活动包含了由派对策划者、宴会承办商、服装设计师和 Quinceañera 拉丁小姐选美大赛组成的网络，作为女孩在 15 岁时的成年礼。数千年来，埃及的母亲们会在 Soboa 仪式上七次跨过七天大的婴儿，以庆祝新生儿的降生；而海军

印度列城村的学童。
图片来源：Nevada Wier/Iconica/Getty Images.

尽管参选率每年都有所不同，但 2018 年中期选举的投票率高于 1912 年以来的任何一次中期选举。

图片来源：Autumn Payne/Sacramento Bee/Tribune News Service/MCT/Getty Images.

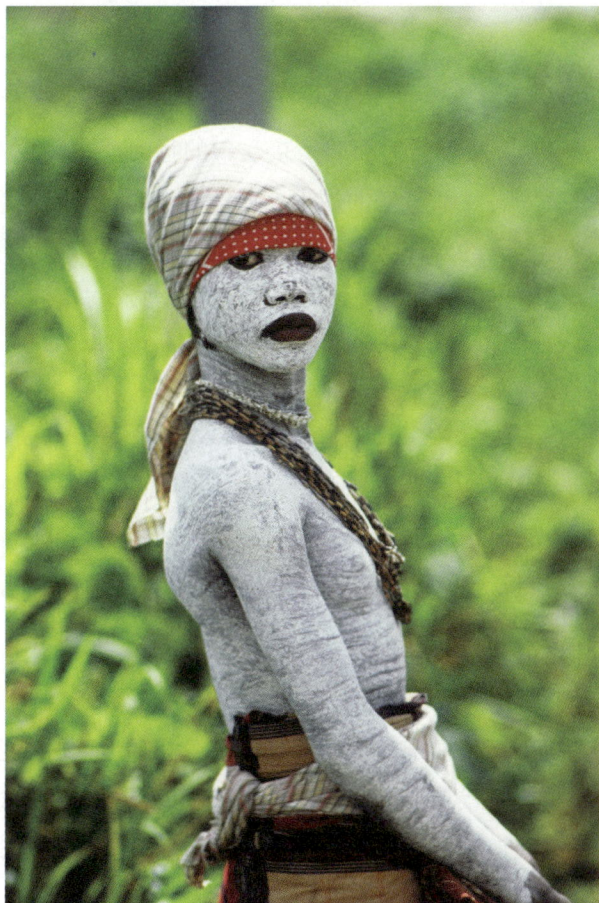

在某些文化中，人们以人体彩绘作为宣告青春期到来的一种仪式。

图片来源：Thomas S. England/Science Source.

学院（Naval Academy）的高年级学生为了庆祝毕业，则会向天空抛帽子。

生命历程

　　这些特殊的仪式标志着生命历程中的发展阶段。它们表明，社会化进程将贯穿生命周期的所有阶段。事实上，一些研究者倾向于将社会化视为一个终生的过程。基于**生命历程视角**的社会学家和其他社会科学家详细地考察了影响人们一生（从出生到死亡）的社会因素，譬如性别和收入。他们意识到，生物的变化有助于塑造人类的行为，但不能达到完全支配的作用。

　　从孩童到成人的过渡过程中，某些标志代表了个体从一个生命阶段到另一个生命阶段的过渡，我们能够加以识别。对于每一个社会，甚至每一代人，这些里程碑都不尽相同。如图 4-2 所示，根据美国一项全国性调查，完成正式教育已上升至成人礼排行榜的首位，90% 的人将其视为重要的成人礼。平均而言，美国人希望在 23 岁生日之前达到这一里程碑。人生历程中的其他重大事件，如结婚或为人父母，则预计在三四年后发生。有趣的是，这些标志性事件在人们心中已经不是那么重要了，只有约三分之一的受访者将结婚视为成年的重大标志性事件，而不到三分之一的受访者认可为人父母的重要里程碑意义。

　　当人们按着各自的节奏，迎来自己的独立时，我们可以发现，美国的青少年和成年之间并非泾渭分明，明显有别于其他某些社会。如今，从孩童成长为成年人的时间不断增加，很少有年轻人在相同的年龄完成学业、结婚或是离开原生家庭，他们向成年人的过渡也是模糊不清的。"青春"这个词则用来形容 20 多岁的年轻人所经历的长期的混沌状态。

生命历程视角（life course approach）采取该研究取向的社会学家和其他社会科学家着重考察影响人们一生（从出生到死亡）的社会因素。

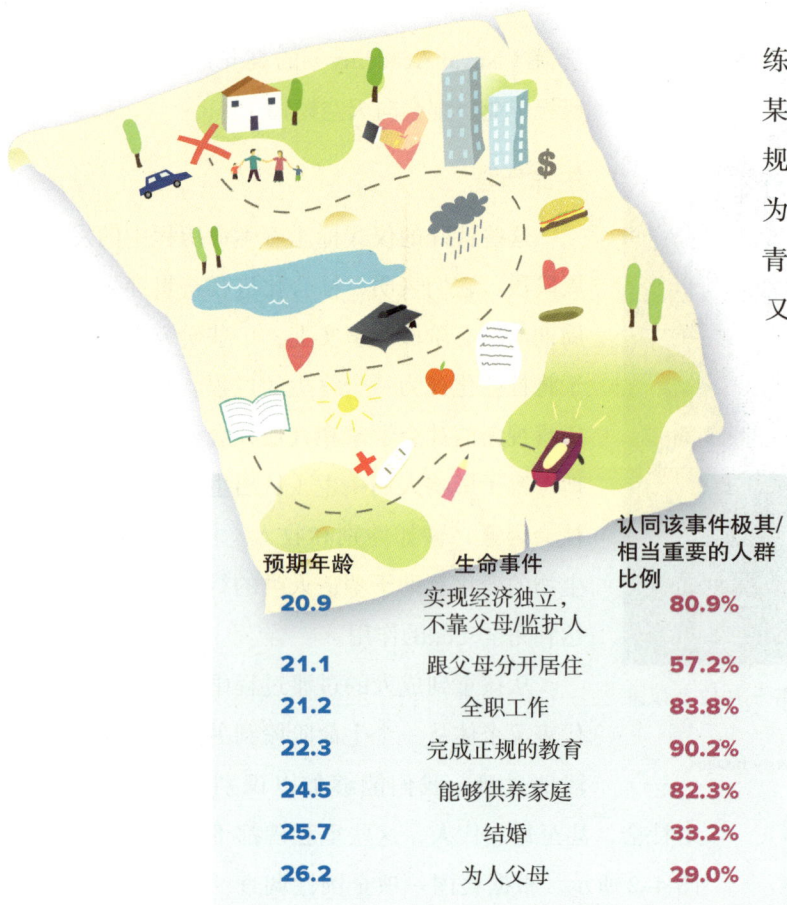

预期年龄	生命事件	认同该事件极其/相当重要的人群比例
20.9	实现经济独立，不靠父母/监护人	80.9%
21.1	跟父母分开居住	57.2%
21.2	全职工作	83.8%
22.3	完成正规的教育	90.2%
24.5	能够供养家庭	82.3%
25.7	结婚	33.2%
26.2	为人父母	29.0%

图4-2　向成年过渡的里程碑

资料来源：Smith, 2004.

社会学思考

抛开年龄，你觉得自己在多大程度上是个成年人？在迈向成年的转变中，你认为有哪些重要的标志（或时刻）？哪些社会因素使得我们成年的过程变得模糊不清？

预期社会化和再社会化

在人生的旅途中，我们总是为即将到来的事情未雨绸缪，并做出必要的适应与改变。为了做好准备，我们将经历**预期社会化**，它是一个人为了未来的地位、职业和社会关系而进行"排

预期社会化（anticipatory socialization）个人为了未来的地位、职业和社会关系而进行"排练"的社会化过程。

再社会化（resocialization）抛弃旧有的行为模式，接受新的行为模式，并将其视为一种生活转变的过程。

全面控制机构（total institution）个人生活的方方面面处于单一的权威管理之下的某种机构。

练"的社会化过程。如果一种文化的成员在真正获得某种社会地位之前就已经熟悉了与该社会地位相关的规范、价值观和行为，那么该文化就能更为有效、更为顺利地发挥作用。诸多成人生活的准备始于童年和青少年时期的预期社会化，并且在我们准备完成一个又一个新责任的过程中持续一生。

高中生在为上大学做准备时，会经历某些预期社会化。他们开始想象大学生活的情形，当到达校园时自己会成为什么样的人。他们可能会从朋友和家人那里获取信息，以更好地了解未来会发生什么，但他们也越来越依赖校园网站和Facebook词条。为了加速这一进程并吸引更多的学生，大学在网站上投入了更多的时间和经费。通过这些网站，学生可以进行校园的虚拟游览、收听播客，以及浏览从校歌到样本动物学讲座等各种视频。

有时，要承担一种新的社会地位或职业岗位，需要我们改变原有的方向。**再社会化**指的是抛弃旧有的行为模式，接受新的行为模式，并将其视为一种生活转变的过程。通常，再社会化明显源于改造个人的外在力量，它可能发生在劳教所、治疗小组、监狱、宗教皈依场所，以及政治教化营。再社会化的过程往往会给个人造成相当大的压力——比一般的社会化，甚至是预期社会化都要大得多。

当再社会化发生在一个封闭的机构之内时，尤为有效。欧文·戈夫曼创造了"**全面控制机构**"一词，指的是个人生活的方方面面处于单一的权威管理之下的某种机构。鉴于这类机构所能维持的时间以及人们选择退出的难易程度，从夏令营、寄宿学校，到监狱、军队、精神病院或修道院，或多或少都显得有些极端。由于整个机构通常与社会的其他部分相隔绝，所以它几乎满足了成员的所有需求。在极端的形式下，其要求是如此地复杂，其活动是如此地包罗万象，以至于整个机构就是一个微型社会。

戈夫曼指出了全面控制机构的几个共同特征。

监狱里的生活是受到严格管制的，娱乐时间也是如此。
图片来源：Justin Sullivan/Getty Images.

- 个人的所有生活都局限在同一个区域，受到单一权威的管制。
- 机构内的任何活动都是在同一机构内、由他人陪伴开展的，例如，新兵或修道院的新手。
- 控制当局无须征询参与者意见，便可制定规则和安排活动。
- 在全面控制机构中，个体生活的全部意义在于实现组织目标。因此，修道院的所有活动均以祈祷、与上帝交流为中心。

在全面控制机构中，人们往往泯灭自我。譬如，当一个人进了监狱，他或她可能会经历一系列**丢脸仪式**的羞辱，包括剥夺衣服、珠宝及其他个人财产等。从那时起，日常生活变得循规蹈矩，个人毫无主动性可言。在专制的社会环境中，个人变得无足轻重、泯灭于众生。

社会学思考

在多大程度上，夏令营、游轮，甚至住宿学院的生活跟一个全面控制机构是相似的？又有哪些不同？

生命历程中的角色转换

正如我们所看到的，我们所经历的关键过渡期常常发生于我们踏入成人世界的时候，也许是离开父母的家、开始一份事业，又或者是步入婚姻时。随着年龄的增长，我们将进入中年过渡期，通常在 40 岁左右开始。男性和女性往往会经历一段自我评估的紧张期，通常被称为**中年危机**。在这段时期，他们意识到自己尚未实

丢脸仪式（degradation ceremony）社会化的某个方面，发生于某些全面控制机构之中，使人们受到屈辱的仪式。

中年危机（midlife crisis）始于 40 岁左右，因自我评估所致的压力期。

现基本的目标和抱负,特别有时不我待的紧张感,这种个体期望与现实结果之间的冲突带来了压力感。而上述压力往往与个人的事业或伴侣有关,更糟糕的是,他们还肩负着"上有老下有小"的重担,不得不负重前行。

如今,一个日益普遍的中年挑战就是沦为"三明治一代","**三明治一代**"指的是那些竭力兼顾父母和孩子相互竞争性需求的成年人。他们提供的照顾被分割为两块:对于子女而言,哪怕是已成年的年轻人,也可能需要予以大量的支持和指导;对于年迈的父母,成年子女可能需要对其健康和经济问题进行干预。在40~59岁的成年人中,有47%的人表示家中同时供养了65岁或65岁以上的老人和未成年的孩子,或者还在照顾已成年子女。

就像女性是照顾孩子的主力军,照顾年迈父母的责任也几乎全部落在了女性身上。总体上,年迈父母所得到的照顾中有60%是由女性提供的,随着老年人照顾需求的日益

三明治一代(sandwich generation)
那些竭力兼顾父母和孩子相互竞争性需求的成年人。

增多与照顾耗时的增加,女性承担的照顾比例甚至会不断攀升。越来越多的中年女性以及更年轻的女性发现自己踏入了"女儿轨道",她们不得不耗费越来越多的时间和精力在年迈的父母身上。

> > 老龄化与社会

由于医疗保健领域的进步、营养水平的提高以及工作环境的改善,美国及世界各地人们的预期寿命均得到显著提高。1900年出生在美国的人的平均预期寿命为47岁,但2016年在美国出生的男性和女性的预期寿命分别为76.1岁和81.1岁。美国65岁及以上人口的比例从1900年的4.1%增长到2014年的15%;预计到2060年,这一比例将上升到24%。从全球来看,美国、法国和日本等高收入国家的预期寿命为80岁,而阿富汗、卢旺达和索马里等低收入国家的预期寿命只有63岁。

社会对待老年人的方式因文化的差异而有所不同。在一个社会中,老人可能被以礼相待,而在另一个社会中他们则可能被视为没有生产力且"难缠的"。夏尔巴人(sherpas)是尼泊尔说藏语的佛教徒,他们遵从的是一种理想化的老年文化。在夏尔巴文化中,几乎所有的老者都有自己的房子,且大多数人的身体状况相对良好。通常,年长的夏尔巴人看重自身的独立性,不愿意跟子女住在一起。不过,对于非洲的富拉尼人(fulani)而言,年老的男性和女性会迁居至家庭宅基地的边缘角落,而这正是人死后被埋葬的地方。由于年老者已被视为社会性死亡,他们实际上已经睡在了自己的坟墓上。

可以理解的是,所有社会都有某种年龄分层制度,以将某些社会角色与人生的不同时期联系起来。在美国,儿童在达到被认为足够成熟的年龄之前,诸如投票或饮酒的某些权利是被剥夺的。有些年龄分层似乎在所难免,就像将幼童送上战场,或者指望年长的公民去造船厂干装卸工之类的体力活,则毫无意义。

	65岁及以上人口所占比例
日本	27%
意大利	22%
法国	18%
加拿大	16%
美国	15%
俄罗斯	14%
中国	10%
墨西哥	6%
印度	6%
阿富汗	2%

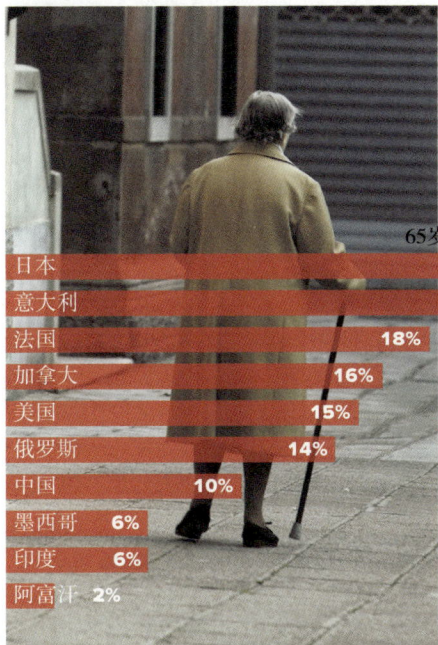

资料来源：Population Reference Bureau, 2016. 图片来源：Ingram Publishing/age fotostock.

尼泊尔的夏尔巴人非常尊重老人。
图片来源：Paula Bronstein/Getty Images.

适应退休生活

完成退休的角色转变，是一个艰难的过程。退休是一个过渡仪式，通常标志着从较高的全职劳动参与中抽离出来。某些具有象征意义的活动也与这一仪式有关，譬如退休礼物、退休派对以及工作最后一天的特殊时刻。退休前的这段时间本身就会令人情绪激动，而当退休人员还得培训其继任者时则表现得尤为明显。

老年学家罗伯特·阿奇利（Robert Atchley）明确了退休需经历的几个阶段。

- **退休前期**。个人为退休做准备的预期社会化的时期。
- **临近期**。个人确定离职的具体日期。
- **蜜月期**。通常是一段愉快的时期，此时人们尝试自己以前没来得及做的事情。
- **觉醒期**。在面对新生活时（可能是疾病或贫困），退休人员感到失望甚至抑郁。
- **重新定位期**。此时个体选择更为务实的退休生活。
- **稳定期**。此时人们学会了以合理和舒适的方式应对退休后的生活。
- **终止期**。当个人无法再从事基本的日常活动时（如自我照料和家务劳动），这个阶段便开始了。

退休并非是一个简单的过渡，而是因人而异的一系列调整。鉴于个体经济和健康状况等因素的差异，每个人所经历的退休期的长度和时间均有所不同。其实，一个人不一定会经历阿奇利所提出的退休的所有阶段，譬如，被迫退休或经济困难的人可能永远不会有退休的蜜月期。出于个人意愿或生活所迫，许多退休人员仍然活跃于美国有偿劳动力市场，他们一般从事兼职工作来补贴养老金。

＞ ＞ 关于老龄化

关于老年人的特殊问题已经成为一个专门的研究与探索领域的焦点，这就是**老年学**，即从社会学和心理学的角度来研究老龄化及老年人问题的学科。它起源于20世纪30年代，当时越来越多的社会科学家开始正视这一人群的困境。老年学家主要依靠社会学的原理和理论来解释衰老对于个人与社会的影响，还利用心理学、人类学、体

老年学（gerontology）从社会学和心理学的角度来研究老龄化及老年人问题的学科。

美国老年人口的实际增长与预期

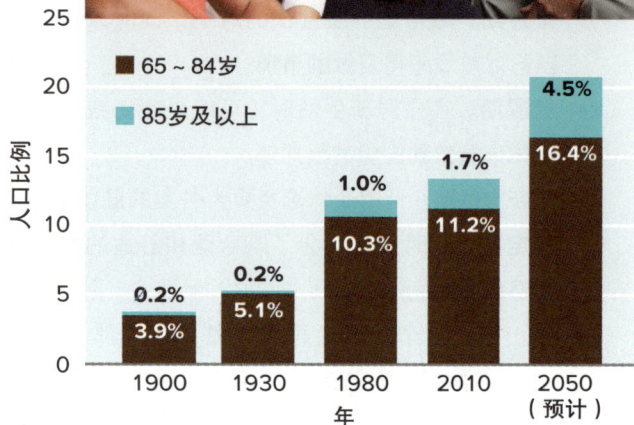

资料来源：He et al.，2005:9；Ortman et al.，2014；Werner，2011. 图片来源：Monkey Business Images/Shutterstock.

育、心理咨询和医学来研究衰老的过程。在此基础上，衍生出老年撤退理论、活动理论和年龄歧视三种理论视角。

社会学思考

你认为，多大年龄才算"变老"？哪些因素影响了我们对"老"的概念？

撤退理论

在研究了身体健康、经济状况相对较好的老年人之

撤退理论（disengagement theory）关于老龄化的一种理论，这种理论认为社会和老年人之间的许多关系被相互切断了。

活动理论（activity theory）关于老龄化一种理论，该理论主张那些保持活跃度和社会参与的老年人拥有更高的生活质量。

后，伊莱恩·卡明（Elaine Cumming）和威廉·亨利（William Henry）提出了**撤退理论**，该理论含蓄地指出，社会和老年人之间的许多关系被相互切断了。

鉴于社会秩序在社会中的重要性，撤退理论强调社会角色的代代相传保证了社会的稳定。

根据这一理论，死亡的降临迫使人们放弃大部分的社会角色，诸如就业者、志愿者、配偶、兴趣爱好者等角色，甚至读者的角色也得放弃。而这些角色所承担的功能则由年轻的社会成员接替。人们认为，老年人准备迎接死亡的时候，会逐渐陷入一种不活跃的状态。与此同时，通过在居住方面（在养老院和社区）、教育方面（专门为老年人设计的项目）和娱乐方面（在老年人中心）对老年人进行隔离，社会对他们敬而远之（见图4-3）。撤退理论中隐晦地主张，社会应该帮助老年人退出他们所习以为常的社会角色。

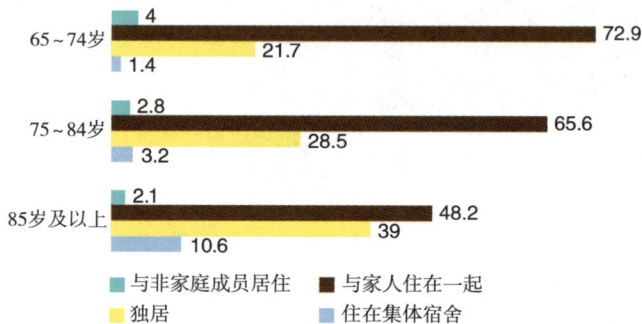

图 4-3　不同年龄段的生活安排

资料来源：Roberts et al.，2018.

撤退理论已经引起了相当大的争议。一些老年学家认为，该理论不应暗示老年人希望被忽视或抛弃，更不该鼓励他们退出有意义的社会角色。撤退理论的批评者坚持认为，社会迫使老年人以一种非自愿地、痛苦的方式退出有偿劳动力市场及有意义的社会关系。年长的员工并不是主动要求离职，而是发现自己是被赶出工作岗位的——在许多情况下，他们甚至还没来得及享受最大的退休福利。

活动理论

活动理论一般被视为撤退理论的对立理论，它主张那些保持活跃度和社会参与的老年人拥有更高的生活质量。该观点的支持者承认，一个70岁的人也许无法或并不想承担其在40岁时的各种社会角色，但他们认为，老年人与其他群体在社交需求方面本质上是一

图片来源：Donna Day/Big Cheese Photo/SuperStock.

样的。

对老年人而言，无论是在工作还是其他社会参与中，保持积极参与究竟有多重要？1995 年发生在芝加哥的一场悲剧式灾难表明，这可能是一个生死攸关的问题。持续一周多的猛烈热浪——连续两天的高温指数超过 115 ℉ ①，导致 733 人死于高温，其中，约四分之三的死者为 65 岁及以上人群。随后的分析显示，独居老人的死亡风险最高，这表明老年人的支持网络确实有助于挽救其生命。年长的西班牙裔和亚裔美国人在热浪中的死亡率低于其他种族及族裔，因为他们拥有更强大的社交网络，从而可能使其与亲友的联系更加紧密。

而老年人健康状况的改善（有时被社会科学家所忽视）验证了活动理论者的相关论点。有别于过去，疾病和慢性病不再是老年人的苦难根源。近年来，人们对健身的重视、优质医疗保健的可获得性、对传染病的更好控制以及致命性中风及心脏病发作数量的下降，均减少了衰老所致的创伤。

越来越多的医学研究也指出了保持社会参与的重要性。在晚年智力下降的人群中，那些退出社会关系与社会活动的人的智力下降得最快。幸运的是，老年人正在寻找保持社交的新方法。譬如，他们越来越多地使用互联网，以保持跟亲友的联系。

年长者以志愿者与就业者的方式继续参与到社会

老年人的劳动参与率持续上升

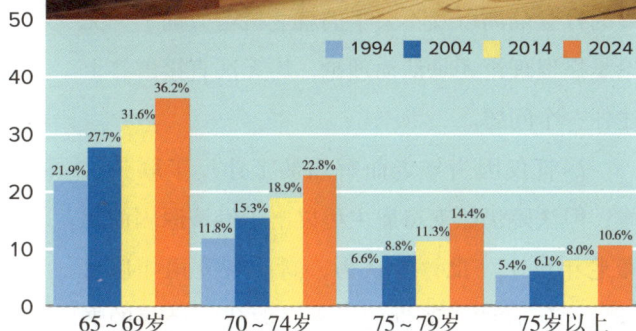

注：2024 年的数据为预测值。
资料来源：Toossi, 2015:Table 3. 图片来源：laflor/Getty Images.

中来。许多活动均涉及义务劳动，而年轻人从事该活动则可能会获得报酬。无偿的老年工种包括医院的志愿者（相对于助手和勤杂工）、红十字会等慈善机构的司机（有别于雇用司机）、家庭教师（相对于专业机构中的教师），以及慈善义卖中的手艺人（区别于木匠和裁缝）。老年人持续就业已成为大势所趋。例如，2014 年，在 65 岁及以上的人群中，18.6% 的人从事全职或兼职工作。尽管许多人是为了享受工作所带来的社会参与感而继续工作，不过也有人是为了维持生计而持续就业。

年龄歧视

在 20 世纪 70 年代，医生罗伯特·巴特勒（Robert Butler）作为一名老年病专家在进行研究时，在华盛顿特区他家的附近发现一个住宅开发项目禁止老年人使用，由此引起了他的关注与担忧。巴特勒创造了"**年龄歧视**"

> **年龄歧视**（ageism） 基于年龄的偏见和歧视。

① ℉是指华氏度。华氏度 =32+ 摄氏度 ×1.8。115 ℉约为 46.11℃。——译者注

一词，特指基于年龄的偏见和歧视。例如，我们可能会假设某人因为"太老了"而不能胜任一项严格意义上的工作，或者我们可能会因为她"太年轻"而拒绝给她一份富于权威的工作。

在分析人们因年龄而面临的困难时，我们必须考虑社会认知和机会剥夺的影响。批评者认为，撤退理论与活动理论均无法回答老年人的社会互动为何必须改变或减少。老年人的低社会地位体现在国家对他们的偏见与歧视、基于年龄的社会隔离以及不公平的就业机会方面——无论是撤退理论还是活动理论，均无法直接解答上述任一个问题。

尽管仅因为年老而解雇员工违反了联邦法律，但法院仍然支持雇主可以出于经济原因而解雇老年员工。批评者认为，同一家公司随后可以雇用年轻的、廉价的工人来取代有经验的老工人。每当经济增长放缓、企业裁员时，有关年龄歧视的投诉数量就会急剧上升，这是因为年龄较大的员工开始怀疑自己在裁员中首当其冲。例如，在2006—2008年美国经济的严重衰退期，向平等就业机会委员会（Equal Employment Opportunity Commission）提交的年龄歧视投诉上升了49%。

总的来说，美国老年人的生活水平比以往任何时候都要高得多。某种程度上，老年人总体生活水平的提高归功于财富的大量积累，主要表现为住房所有权、私人养老金和其他金融资产等形式。不过，老年人生活的改善很大程度上源于社会保障福利的提升。相较于其他国家的养老金计划，美国并不算高，但美国老年人的全部收入中有33%来自社会保障。即便如此，在2017年，65岁及以上的老人中仍有9.2%的人生活在贫困线以下。

诸如女性、少数种族和少数族裔人群，这些早年更有可能面临收入不平等的群体在年老时仍会面临同样的境地。65岁及以上女性的贫困率为10.5%，而老年男性的贫困率为7.5%。考虑到种族和族裔的因素，65岁及以上的非洲裔美国人的贫困率为19.3%，西班牙裔美国人的贫困率为17%，二者均为同龄非西班牙裔白人贫困率（7%）的两倍多。

死亡与临终

在电影《遗愿清单》中，由摩根·弗里曼（Morgan Freeman）和杰克·尼科尔森（Jack Nicholson）分别饰演的两位主角确诊为癌症晚期，寿命只有不到一年的时间。他们将"死之前"（kick the bucket）所有想做的事情都列在了一张清单上，上面既包括他们从来不敢做的事情，比如环游世界和跳伞，也有与破裂的关系和解。

时至今日，死亡在美国仍是讳莫如深的一个话题。死亡意味着一种覆水难收的根本性毁灭，因此我们常常会发现，对"人终将一死"采取回避态度会令人们生活得更轻松。用社会学家彼得·伯格（Peter Berger）的话来解释，即"死亡给社会带来一个可怕的问题……因为它威胁到社会赖以生存的基本秩序假设"。然而，心理学家伊丽莎白·库伯勒-罗斯（Elisabeth Kübler-Ross），通过其开创性著作《直到最后一课：生与死的学习》（On Death and Dying），大力鼓励人们公

电影 关于老龄化

5

《飞屋环游记》（Up）
一名暴躁老人与一个小男孩的非凡冒险。

《夜晚的灵魂》（Our Souls at Night）
毗邻而居的两位老者彼此安慰、陪伴和相爱的故事。

《45周年》（45 Years）
在结婚45周年纪念日的前夕，一对夫妇重新面对过去的故事。

《初学者》（Beginners）
从老父亲那里重拾爱的真谛。

《遗愿清单》（The Bucket List）
当即将面临死亡时，两名男子逐一实现清单上的愿望的故事。

开讨论死亡的过程。库伯勒-罗斯根据她对 200 名癌症患者的研究，明确了他们所经历的五个阶段：否认、愤怒、讨价还价、抑郁、最终接受。

虽然上述话题可能依然令我们不爽，但《遗愿清单》中对于"善终"的描述代表了人们更为接纳的一种态度。老年学家理查德·卡利什（Richard Kalish）列出了人们为了"善终"所必须面对的一些问题。其中包括：完成未竟之事，比如解决保险和遗产问题；恢复和谐的社会关系，跟亲友告别；处理医疗需求；为幸存者制订葬礼计划及其他安排。在完成这些任务的过程中，尽管人们将痛失所爱，即将离世之人却积极配合，以便顺利地完成代际过渡、保证角色的连续性、使医疗流程有条不紊，以对社会系统的破坏降至最低。

此外，为了达成人们希望善终的愿望，各种相关机构应运而生。在 20 世纪 60 年代，临终关怀被引入英国，致力于缓解人们在这一最后过渡期的苦楚。临终关怀的工作人员安抚患者，并帮助他们在去世之前尽可能待在家中，或置身于如家一般的医院环境或其他特殊设施中，从而提高患者弥留之际的生活质量。2016 年，有 4382 个医疗保险认证的临终关怀项目处于运营状态，为 143 万名医疗保险患者提供服务。

美国最近的变化表明，人们已经从对死亡的长期禁忌中走了出来。例如，曾经整齐划一的丧亲实践正变得愈发多样化和富于疗愈性。通过立遗嘱、设置"生前遗嘱"（用以说明他们对使用生命维持设备的感受的医疗授权）、捐献器官，或指导家庭成员准

备葬礼、火化或土葬，越来越多的人积极应对终将到来的死亡。鉴于医学和技术的进步，以及人们对于死亡和临终的泰然处之及日益开放的态度，善终在美国有望成为一种普遍的社会常态。

在生命的最后岁月中，我们将迎来最为艰巨的一些社会化挑战（以及成人礼）。退休破坏了我们基于职业所建立起来的自我意识，而后者在美国是身份认同的一个极其重要的来源。同样地，回顾以往的成败、应对每况愈下的身体、承认人终有一死，这些都可能迫使我们痛苦地进行调整。而部分的困难在于，在以前的人生阶段中，每当遇到"现在该怎么办"这个问题时，均能迎刃而解，而现阶段则显得黔驴技穷，这也意味着我们的生命即将走向终结。

然而，当我们回首自己的人生故事，那些塑造了今日之我们的人历历在目，他们在我们整体的自我概念和自我满足中起着至关重要的作用。正如我们所看到的，我们与他人是相互依存的。而且，不论他人对我们生活的影响是福也好，是祸也罢，倘若没有他们，我们就不会成为现在的自己。

临终关怀（hospice care） 为了帮助绝症患者减轻病痛、安宁地死去，在患者家中或特殊的医院病房及其他设施中采取的一种治疗方式。

行动起来！

技术禁闭期

在多大程度上，我们将技术及其影响视为理所当然？不妨用"技术禁闭期"来测试下。换言之，在预先设定的一段时间内（如一天、几天或一周），停用手机、电脑、电视、互联网接入，等等。然后，记录每天发生的事情。你最想念的是什么？作为替代，你发现自己实际上在干什么？这个过程究竟有多难？随着时间的推移，你是否会感到轻松些？你从中领悟了什么？

本章回顾

1. 我们是如何成为自己的?

   • 我们在出生时是脆弱的,依赖于他人对我们的社会化影响。而与我们互动的他人则为我们自身的生存发展提供了必需的文化工具。

2. 谁塑造了我们的社会化?

   • 尽管几乎所有与我们接触的人都会对我们产生重大影响,但对我们的发展尤为重要的是家庭、学校、同辈群体、大众传媒、工作场所、宗教和国家。

3. 我们的发展如何随时间而变化?

   • 在人生的不同阶段,我们学习新事物,经历从孩童到成年,再从成年到老年的重大转变。在每个阶段,他人对我们的期望也会发生很大的变化。

不同社会学视角下的社会化

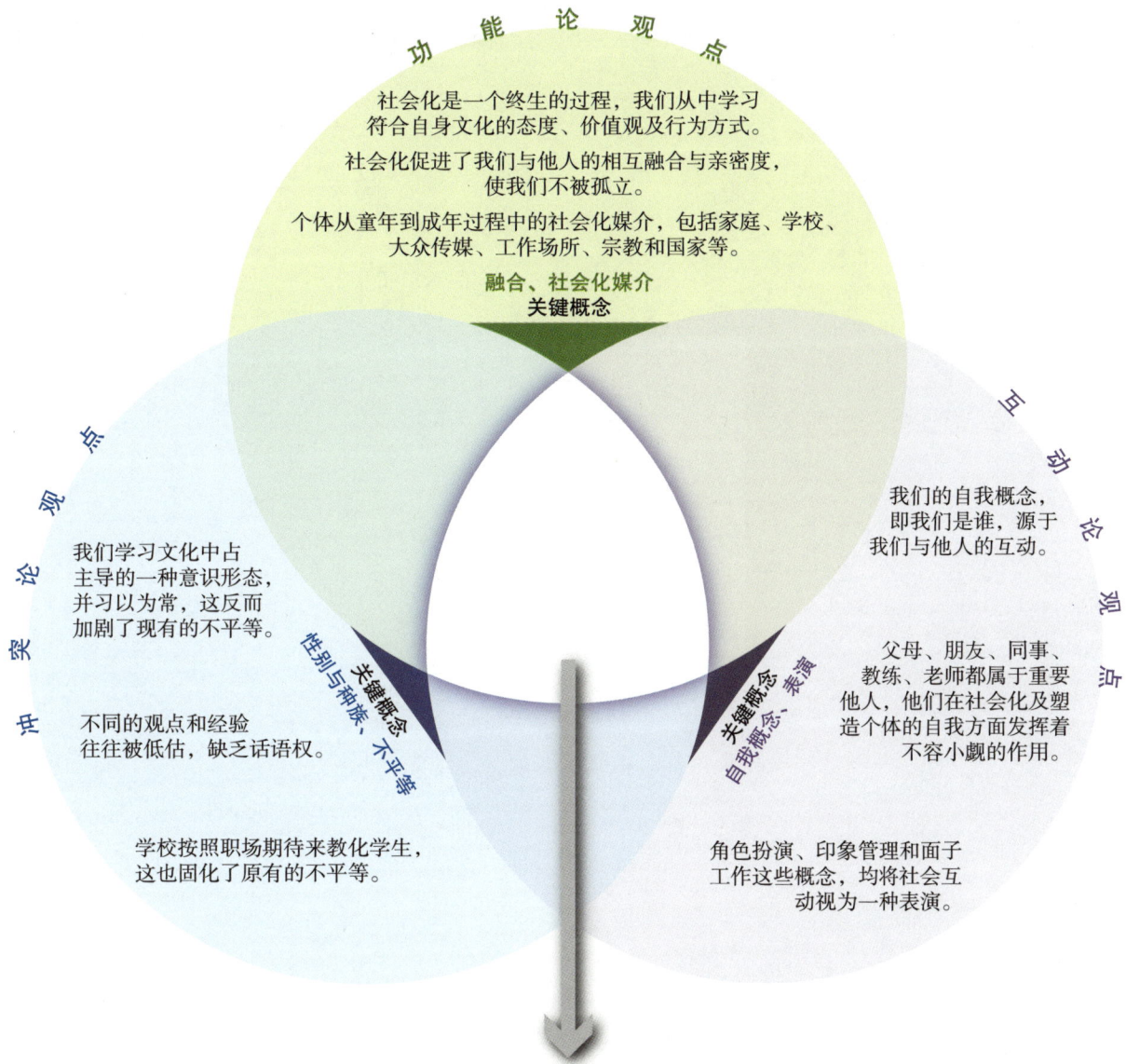

功能论观点

社会化是一个终生的过程，我们从中学习符合自身文化的态度、价值观及行为方式。

社会化促进了我们与他人的相互融合与亲密度，使我们不被孤立。

个体从童年到成年过程中的社会化媒介，包括家庭、学校、大众传媒、工作场所、宗教和国家等。

融合、社会化媒介
关键概念

冲突论观点

我们学习文化中占主导的一种意识形态，并习以为常，这反而加剧了现有的不平等。

不同的观点和经验往往被低估，缺乏话语权。

学校按照职场期待来教化学生，这也固化了原有的不平等。

关键概念
性别与种族、不平等

互动论观点

我们的自我概念，即我们是谁，源于我们与他人的互动。

父母、朋友、同事、教练、老师都属于重要他人，他们在社会化及塑造个体的自我方面发挥着不容小觑的作用。

关键概念、表演
自我概念、表演

角色扮演、印象管理和面子工作这些概念，均将社会互动视为一种表演。

建立联系

回顾本章之后，请回答下列问题。

1
上述理论视角是如何分别描述极端隔离带给个体的影响的？

2
上述理论视角是如何解释社会化对于儿童所扮演的角色的？

3
功能论者如何看待预期社会化？其观点与冲突论有何不同？

4
哪些社会化媒介对你的生活的影响最大？上述每种理论视角对你有何启发？

图片来源：Monkey Business Images/Shutterstock.

第 5 章

社会结构与社会互动

赢与输

生活如同一场游戏。这种说法已成为某种陈词滥调，就像那些频频出现在贺卡或励志性海报之中的言语，往往后面还伴随着一些振奋人心的建议以引导人们如何走向成功。不过，就社会学而言，关注游戏是如何进行的，有助于我们更深刻地认识我们的生活究竟发生了什么以及为何如此这般。

在美国，大多数游戏中的玩家一开始就具备同等的基础条件和获胜机会——相同数量的纸牌、相同数量的现金，或者在棋盘上占据相同的位置。而洗牌和掷骰子所带来的随机性，则客观上能够减少不公平。不过，前提是赢输更多地取决于技术，而非其他因素。

但是，在有些游戏中，游戏本身的结构就注定了可能的结果。中国的传统纸牌游戏"争上游"就是这么一个特例。这款游戏有很多的变式，譬如日本的"大贫民"、越南的"十三"、美国的"国王与仆人""伟大的君主、总统与人渣"。

这类游戏的特殊之处在于，每个玩家所占据的地位代表了各自的优势与劣势。在其中的一个六人版本中，玩家的地位包括国王、皇后、伐木工、商人、农民和仆人。在所有的牌发完之后，仆人要将自己最好的三张牌给国王，然后换来国王三张最差的牌。同样地，农民和皇后也要按此规则互换两张牌，商人和伐木工则互换一张牌。游戏开始后，人们都要想方设法出完手中的牌，这就要求下家要比上家出的牌更大。在每一局的最后，所有玩家都出完了手里的牌，此时玩家的身份也发生转换。第一个出完手里所有牌的人成为新的国王，以此类推，最后一个出完牌的人成为新的仆人。由于牌在玩家之间进行非对等性互换，故原来处于优势地位的人更容易保持优势，而处于劣势地位的人则难以翻身。

当你是一个处于优势地位的玩家时，很容易自我感觉良好，并将个人的成就归功于自己技术精湛；而当你是处于劣势地位的玩家时，则会挫败不已、怀疑自己技不如人，对因身份差异所致的地位特权感到不公平和怨恨。游戏结构的不公平，导致了结果的不公平。这在仆人被迫用两张 A 与一张大（小）王，换回低分值牌时，就已经被展现得淋漓尽致了。

生活中，我们并非在纯粹的环境下做出抉择。对于底层玩家，上述游戏的启示在于，即使你的牌打对了，你仍然可能输。生活就像这些游戏，我们所处的结构性地位决定了我们的选择以及能够获得的机会。

边读边思考 >>

- 社会为我们提供了什么？
- 社会学家是如何描述传统社会与现代社会的差异的？
- 社会结构是如何塑造个人行为的？

> > 社会互动

我们都愿意相信自己是自己命运的主宰，然而我们做抉择时所处的环境（如居家、上学或在办公室）塑造了我们的选择。在本章中，我们将讨论社会是如何构建的，这是"世界构建"三步模型的第三个阶段。在该模型的第一阶段，正如我们在第 3 章中所看到的，为了建立一种与自然以及彼此之间的关系，我们构建了文化。在第二阶段，就像第 4 章所探讨的，通过社会化，我们的自我成为我们所创造的文化的产物。现在，我们转向第三个阶段，聚焦于**社会结构**，它提供了社会的基本框架，由人们所占据的地位及其之间的关系所组成。我们可以将结构视为一种社会地理或环境。当社会学家就地点的重要性发问时，他们所关注的是个人所占据的位置对其思考方式与行为模式的影响。

社会结构（social structure）社会的基本框架，由人们所占据的地位及其之间的关系所组成。

社会互动（social interaction）指两个或更多的人相互理解、反应，并做出回应的一种互惠交换。

在本章中，我们将探索构成社会的核心要素。这些要素包括地位、群体和网络，以及诸如家庭、教育与宗教等制度。我们将在接下来的章节中更深入地探讨这些问题。

自我与社会

为了更好地理解我们所处的社会地位（比如女儿、学生或员工），我们可以先观察下我们与他人的日常交流。无论是我们共同构建文化，还是通过社会化相互学习，这些都是通过**社会互动**实现的。它是指两个或更多的人相互理解、反应，并做出回应的一种互惠交换。通过这个过程，我们开始了解社会对我们的期望是怎样的。当被父母管教或被老师表扬时，这些惩罚和奖励使我们更好地了解在未来应该如何表现。随着时间的推移，我们所做的选择塑造了我们的行为模式，由此，我们的日常社会互动构成了社会大厦的基石。

在诸如上课、工作或驾驶这类与他人的日常交往中，个人的自我逐渐形成。诚如第4章所述，我们必须将自我视为一种持续进行的过程，该过程通过我们与他人的交流而不断地被创造和调整，社会为自我的生成这一动态过程提供了生存的土壤。乔治·赫伯特·米德曾说过，"自我只能存在于跟他人自我的明确关系之中，无法在我们的自我与他人的自我之间划出一条清晰的界限"。这一社会的或关系的自我概念与美国主流的自我意识背道而驰，后者常见的表达如"坚定的个人主义"或"我行我素"。

随着时间的推移，通过与他人的互动，我们会形成例行惯例式的行为模式，并被人们视为理应如此。譬如，坐在同一张桌旁、与同一个同事共进午餐，或是行驶相同的路线。我们每天做相同的事情，以许多相同的方式来思考，其他人也是如此。最终，这些重复的做法会固化为正式和非正式的规范，或成为制度性的法律，由此产生的可预测性让我们了解在大多数时候应该做什么。

最后，我们相对于其他人所占据的位置也被固定下来，比如学生、老板或交警。对处于上述位置时应如何行事，人们形成了共同的期待。当这种认识超出个人的直接感知并成为社会共识时，就可以撇开具体位置的个人而谈论地位本身及其之间的各种关系。社会便是最终的产物，即社会是关系的构建，通过规范化的社会互动模式，文化在社会中得以创造和共享。

身份与权力

随着我们之间的关系模式变得司空见惯，社会似乎就不太可能按其他的方式运行。从冲突论视角来看，那些被视作理所当然的模式造成了一种权力差异，使得一些人的价值观和声音比其他人更具有影响力。而且，正如在第4章"我们还是他们"一节中所看到的，我们可能在很大程度上没有意识到这种差异的存在。当相对弱势群体的成员对现有的社会规范发出挑战时，凸显了群体成员身份或社会地位所影响的集体意识，并有助于我们以新的方式来感知现实。例如，奥运会金牌得主穆罕默德·阿里（Muhammad Ali）于20世纪60年代初开始他的职业拳击生涯时，与其他年轻的非裔美国拳击手类似，他也由一个白人拳击集团管理，并以卡修斯·克莱（Cassius Clay）的新名字获得赞助。不过，这位年轻的拳击手很快进行了反抗，他打破了人们对于黑人运动员卑微的刻板印象，并开始定义自己的社会角色。他皈依了伊斯兰教，成为以美国为总部的伊斯兰国家组织成员，并放弃了他的"奴隶名"，改名为穆罕默德·阿里。他坚持表达自己的政治观点，比如反对参加越南战争。通过对抗种族主义的思维和话语，阿里改变了非裔美国运动员的社会交往环境。就文化的再定义而言，他帮助自己与其他非裔美国人在体育界及其他领域创造了新的机会。

你知道吗？

穆罕默德·阿里被判逃兵罪并被处以五年监禁。1967年，他因不愿违反穆斯林教徒的和平主义宗教信仰而拒绝入伍。最终，美国最高法院推翻了其逃兵的定罪，阿里也免除了牢狱之灾。

图片来源：John Rooney/AP Images.

>> 社会结构的要素

谈到游戏，正如之前所看到的，我们发明的规则为我们提供了一个连贯的结构。是否使用棋盘、卡片、骰子或令牌，均由游戏规则来明确。它们告诉我们玩家可以采取哪些行动，以及何时可以采取这些行动。当规则发生变化时，无论是在游戏还是社会中，我们都必须相应地改变我们的行为。游戏设计师扎克·盖奇（Zach Gage）决定在其智能手机应用程序"糟透了的象棋"（*Really Bad Chess*）中破坏经典游戏的规则。在他的游戏中，玩家的棋子及其摆放的位置被随机分配。你可能有五张皇后，而你的对手只有一张。这样，数百年来行之有效的国际象棋策略和战术便不再适用。每次游戏时，玩家都必须适应不断变化的环境。想象一下，若社会也像这个游戏一样，每天早上我们被告知游戏规则发生了变化，无论是在物质文化、认知文化还是规范文化方面，那我们就不得不随时调整适应。

每个游戏都有自己的内在逻辑，这也指引着我们如何进行游戏。虽然社会要复杂得多，但运作方式相似。通过将人们所占据的位置联结起来，并明确它们之间的关系，社会提供了一种基本的框架。这就好比一座在建的大厦，唯有在早期我们才能窥探到大厦不可或缺的内部框架——大梁、托梁、螺柱、桁架等。类似地，社会学家则试图识别和揭示社会的四个基本组成部分，即地位与角色、群体、社交网络和社会制度。接下来，我们将逐一查看。

地位与角色

尽管个体之间的互动奠定了社会存在的基础，但社会结构独立于占据特定位置的个人而存在。就像在大学的课堂上，从结构的角度来看，扮演学生和教授角色的个人反而不如其扮演的角色重要。为了更好地理解上述运作过程，我们可以先来看看地位与角色。

地位（status） 我们相对于他人所占据的社会位置。
自致地位（achieved status） 个体通过努力而获得的社会地位。

先赋地位与自致地位 在社会学中，**地位**是社会结构的最基本要素，它指的是我们相对于其他人所占有的位置（见图 5–1）。在家庭中，我们占据的地位可能是女儿、祖母或侄子；而在工作场所，我们可能是助理经理、首席执行官或销售员。由于上述角色强调的是位置而非个人，所以地位是独立于占据位置的个体而存在的。我们可以同时拥有多种社会地位，并且随着生命历程的发展，我们将被赋予一系列的社会地位。

根据个体获得地位的方式，社会学家对地位进行了分类。**自致地位**指的是个体通过努力而获得的社会地位。这些结果可以是正面的，也可以是负面的，例如，钢琴家、大学毕业生、姐妹会成员和家长都属于自致地位。每种身份的获得都是个体采取必要行动的结果，如练琴、上学、宣誓以及生孩子。上述均属于我们日常生活中值得肯定的行动结果。然而，囚犯同样是一种自致地位，它是个体实施犯罪的结果。正如我们在第 10 章 "美国梦" 中将要探讨的，白手起家的故事（作为美国梦的一种代表）则假定了人们获得更高社会地位的可能性。

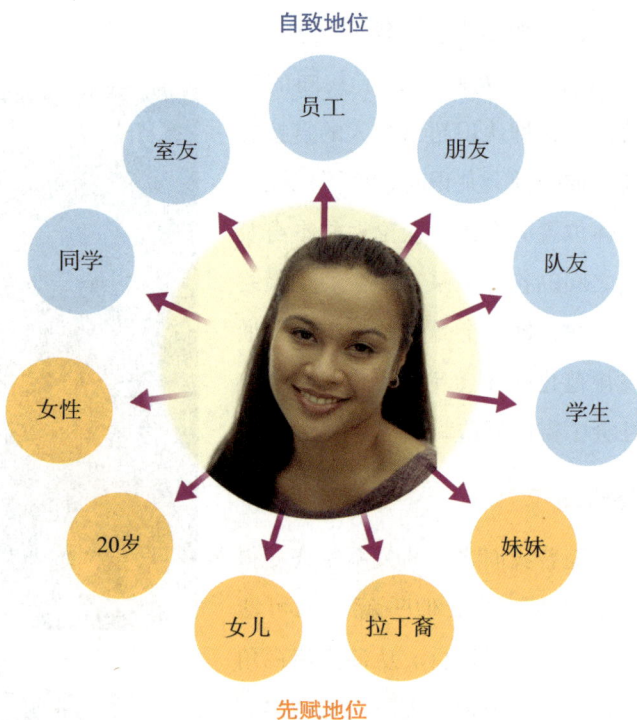

图 5–1 社会地位

图片来源：Amos Morgan/Photodisc/Getty Images.

相反，**先赋地位**是指个人的社会地位由社会所赋予的，与其独特的才能或品质无关。自致地位是个人行为的结果，而先赋地位则是被强加的。通常，人从一出生便被赋予了年龄、种族、性别等设定，这些都被认为是先赋地位。不过，任何特征都可以成为一种先赋地位，前提是有足够多的有社会影响力的人物认定其重要性，并迫使其他人认可。举个例子，正如在第13章中即将看到的，美国的种族概念随着时间的推移而发生了变化，这说明仅凭生物学特征并不能证明这些地位的重要性。一般，先赋地位被用来证明某种特权，或在下属群体中赋予某人成员资格。

由于地位是人们创造的一种社会结构，它们也在发生着变化，地位之间的界限可能并非想象中的那么泾渭分明。我们可以看到，社会对于性、性别及性行为的界定，就是这样不断变化着的。曾经有很长一段时间，美国人都认为性别在受孕时就已注定，只存在着两种不同的性别，而且个体是何性别是显而易见的。我们将在第12章中更详细地探讨这个主题。此外，人们还假设，个体的思维和行为模式在很大程度上取决于其所属的群体，并且个体对此无力改变。

美国人越来越相信生理因素并不能决定命运。人们可以选择从事何种职业、是否养育孩子、表达怎样的情绪、如何穿着，或者如何表达自己的性取向。例如，直到最近，大多数美国人才意识到，正是先天被赋予的"男性"或"女性"身份制约了他们对婚姻伴侣的选择，只能选择异性。1996年，有27%的美国成年人认为同性婚姻是合法的，但是2018年时，这一数字上升到67%。不同政党对同性婚姻的看法也不尽相同，83%的民主党人支持同性伴侣结婚的权利，而共和党人中只有44%的支持率。2015年，美国最高法院承认了同性伴侣结婚的合法权利，这反映了公众对此的认知也在发生着变化。

主要地位　个体所占据的所有地位并非都是平等的。无论是自致地位还是先赋地位的，某些地位在定义我们是谁方面比其他地位发挥着更为重要的作用。社会学家用**主要地位**这一术语来指代一种能够主导其他地位，从而决定一个人的一般社会位置的地位。这种地位犹如一面透镜，人们基于此来观察一个人所可能具有的其他特征。残疾人常常发现，在正常人眼中，他们只是诸如盲人或轮椅使用者之类的形象，并未被当作有着各自强项与弱点的复杂个体，也没有意识到残疾仅是他们生活的一个方面而已。换句话说，由于"残疾人"的地位被过分强调，掩盖了残疾人有能力从事有意义的工作之事实，从而导致了社会普遍对他们的歧视。在美国，种族、性别和阶层往往被作为主要地位，具有主导作用。

主要地位会对机会的获得产生影响。在20世纪60年代，非裔美国活动家马尔科姆·艾克斯（Malcolm X，1925—1965）因极力宣扬黑人权力和作为黑人的自豪感，成为一位颇具争议的人物。他回忆道，在八年级时，他的感受和观点就发生了翻天覆地的变化。当时，他的白人英语老师劝告他："你想成为律师，简

马尔科姆·艾克斯穷其一生试图改变种族作为主要地位的影响。

图片来源：Burt Shavitz/Pic Inc/The LIFE Images Collection/Getty Images.

先赋地位（ascribed status）由社会所赋予的，与个体独特的才能或品质无关的社会地位。

主要地位（master status）一种能够主导其他地位，从而决定一个人的一般社会位置的地位

诸如老师或孩子之类的社会地位决定了我们的行为。

图片来源：ImageDJ/Alamy Stock Photo.

直是异想天开，还不如当一个木匠吧。"正因如此，马尔科姆·艾克斯意识到：在美国，黑人身份代表着一种主要地位，是其成为律师之路上的绊脚石。于是，他穷其一生都在挑战这个先入为主的观念。基于主要地位的习以为常的观点塑造了人们对于"什么是可能的"之认知，从而也可能惯性地剥夺那些处于负面污名地位的人们的机会。

角色 无论你是家长、大学生、社会工作者还是一名穆斯林，你所拥有的每种身份决定了随之而来的一系列行为，后者隐含着社会对具有该身份的个体的期望。假如你是家长，你就得为子女提供衣食住行；倘若你是学生，那你应该去上课、学习，诸如此类。社会学家使用"**社会角色**"这个术语来描述占据特定社会地位的人们所采取的一系列被社会期待的行为。为了区分二者，我们可以将地位理解为个体的某种属性，而角色则是指个体的某些行为。个体占有一个地位，扮演某种角色。

社会角色（social role）
占据特定社会地位的人们所采取的一系列被社会期待的行为。

我们可以跟某些角色达到完美契合。在这种情况下，与其说我们是在扮演角色，不如说是在做自己。当所处的地位让我们清楚地知道他人的期望以及我们对他人的期望时，就会发生这种情况。例如，跟老友出游时，老友甚至可以说出下一秒自己打算说的话。而有些时候，特别是当我们迈入一种新的地位时，我们的行为看起来极不自然。大学的第一个学期、第一次约会，或新工作的第一周都是尴尬的时刻，人们常常担心自己会像骗子一样被拆穿。

正如我们从欧文·戈夫曼的拟剧论中学到的，无论自己内心感受如何，所有的人都在不断地扮演各种角色。布鲁斯·斯普林斯廷（Bruce Springsteen）回顾了自己作为摇滚巨星的职业生涯。在舞台上，他是风光无限的摇滚英雄，而实际上成年后的他一直被抑郁症所侵扰，二者的角色冲突似乎在所难免。"我有足够的时间，"他说，"我想说的是，'天哪，我真希望我能成为那个人'。实际上，观众在舞台上看到的我，跟日常的我有着天壤之别。"对于我们大多数人而言，大多数的情况也是如此。当与他人互动时，我们所看到的是一种自我的外在呈现，它是由我们所处的地位来决定的。

当社会地位发生改变，我们的所思所想所行也会发生相应的变化。所有人都会遇到尴尬和不舒服的时刻。戈夫曼是这样描述的："在多重面具和众多角色的背后，每个表演者往往都有一个固定的表情，这种表情由于未经社会化而显得赤裸裸，同时又非常专注，是为了完成某项艰巨且富有挑战性的任务而暗自发力的模样。"我们必须为多名观众演出，这些观众有时候甚至是相互冲突的，这就使得高效而成功的演出变得更加复杂。

社会学思考

试着对你现有的社会地位列出清单。看看，哪些是先天赋予的？哪些是后天自致的？由于角色是社会地位的产物，你希望扮演哪种角色？

角色紧张与角色冲突 鉴于角色包括了预期的行

为，当我们遇到彼此似乎不一致的角色期待时，紧张感便会油然而生。社会学家探讨了两种类型的紧张关系：角色紧张和角色冲突。当同一社会地位下不同的角色期待发生冲突时，就会出现**角色紧张**。例如，对于一名大学生来说，做好时间的平衡是一大挑战，因为你不仅要抽时间准备社会学考试、撰写文学课的论文，还要抽空完成在食堂勤工俭学的洗碗工作、参加校园乐队的单簧管练习以及大型比赛，同时可能还得应付室友的恶作剧。当同一个体所持有的两个（或多个）社会地位产生的期望不兼容时，**角色冲突**就会发生。譬如，有孩子的职业女性在重返校园攻读学位时，她可能疲于应付作为员工、母亲和大学生这些身份所带来的多重期待。为了便于理解紧张和冲突之间的区别，请记住，角色紧张源于同一地位内不同角色之间的矛盾，而角色冲突则关乎不同地位之间的角色矛盾。

角色紧张和角色冲突均能给人带来压力，二者对人们是否能够有效地分配时间、注意力和资源提出了挑战。人们发现，自己不得不在心中时刻盘算着：完成某种角色而忽略另一种角色所致的相对成本与收益。正是在上述过程中，人们权衡每种角色的重要性，以及可能从他人那里得到的奖励或惩罚。

社会学思考

根据你的个人经历，举例说明角色紧张和角色冲突。为了缓解上述问题，在社会结构方面应该做出哪些改变？你的建议是什么？

要想缓解角色紧张和角色冲突，方法之一就是修改现有的地位关系和角色期望。但是，这并非易事。由于没有能力改变期望与关系，无法获得有效资源，个人与他人讨价还价的机会极为有限。正如在第12章中将要看到的，女性一直努力改变现有的社会结构，以使自己在教育、就业、晋升等方面具有平等的机会。然而，对于任何致力于变革、但在社会中缺乏权力的群体而言，改变现状是一项艰巨的挑战。毕竟，现有结构总是倾向于自我复制与维持。

角色退出 就像进入新的地位时，我们必须了解对应期待的社会角色；当离开一种地位时，我们也要经历一些步骤。社会学家海伦·罗斯·富克斯·伊博（Helen Rose Fuchs Ebaugh）使用"**角色退出**"一词来描述这一过程，即为了建立一个新的角色和身份，从自我认同的核心角色中脱离出来。通过对有犯罪前科的人、离异男女、康复中的酗酒者、前修女、前医生、退休人员和跨性别者的采访，伊博（她自己也曾是修女）研究了自愿退出重要社会角色的过程。

伊博提出了关于角色退出的四阶段模型。第一阶段从怀疑开始。处于该阶段的个体将经历挫折、倦怠，或者只是对自己的社会地位及其相关角色遭受指责而感到不悦。第二阶段是寻找替代方案。比如，对工作不满的人可能会请假缺勤；一对怨偶可能会开始尝试

角色紧张（role strain）发生于同一社会地位下不同的角色期待发生冲突时

角色冲突（role conflict）发生于同一个体所持有的两个（或多个）社会地位产生的期望不兼容时

角色退出（role exit）为了建立一个新的角色和身份，从自我认同的核心角色中脱离出来的过程。

个人社会学
社会结构确实能产生影响

虽然我喜欢教书，可我讨厌评分。每当跟学生们谈及此事，他们就说只能怪我自己；如果我不布置作业，就不必给学生打分。但我并不是在世外桃源里教书，如果我不布置论文和考试，学生们就会把精力放在迫在眉睫的化学考试或文学论文上，而不是去阅读、参与课程互动，甚至不来上我的课。这并不意味着，学生对我的课不感兴趣或者他们对我不真诚，而是学生们不得不平衡好完成各科作业的时间，后者体现的是老师之间的较量。

由于我们生活在各种社会系统之中，对这些系统的期望抑制了我们对潜在创新的渴望。我们所嵌入的结构（如学校、工作、娱乐等），会在哪些方面阻止我们做出改变，哪怕是我们想这样做，即使人们希望有所改变，将个体嵌入社会结构的方式阻碍了他们做出改变？

像珍娜·塔拉科娃（Jenna Talackova）这样的变性者，常常不得不在角色退出的四个阶段中寻求自洽。

图片来源：Kevork Djansezian/Getty Images.

彼此认为属于分居的种种行为。第三个阶段则是行动阶段：离开。伊博发现，绝大多数受访者都能找到一个明显的转折点，这对于采取最后的行动、辞职、结束婚姻或从其他类型的角色中退出，都是至关重要的。只有 20% 的受访者认为，角色退出是一个渐进的、没有明显转折点的演进过程。

角色退出的最后一个阶段涉及新身份的创建。例如，大学生可能会经历角色退出。他们的身份由高中生转换而来，从一个在家里事事依赖父母的孩子变成与同龄人共处一室的相对独立的大学生。在此过程中，他们可能会保留与之前身份相关的物品，比如奖杯、印有字母的夹克或是毛绒玩具。宿舍里可能摆满了某些物品，以此来表达他们希望被感知的方式。譬

群体（group） 由两个及两个以上的个体组成，他们因相同的身份或共同的目标而联合起来，长此以往形成了有别于群外人的互动模式。

初级群体（primary groups） 以关系亲密的、进行面对面互动和合作为特征的小型群体。

如，房间里的衣服、海报及装饰布置都是为了精心地释放出"这就是我"的气息。

群体

我们所占据的位置及其相应的社会角色期望，跟其他的地位联系在一起，构成了社会结构的第二大要素——群体。在社会学的术语中，**群体**由两个及两个以上的个体组成，他们因相同的身份或共同的目标而联合起来，长此以往形成了有别于群外人的互动模式。一个群体可以由女子垒球队、医院办公室、犹太教堂或交响乐团的成员组成。群体不同于集群（aggregate），后者是指一群碰巧在同一时间出现在同一个地点的人，但他们鲜少互动，共同的目标感也不强，更不会采取共同的行动。比如，在繁忙的十字路口等着过马路的人群，或是一起搭乘电梯的人群，这些都属于集群。一生中，我们大部分时间都在进行群体互动，所属群体的种类将影响我们的忠诚度和参与度。有些群体要求我们全神贯注，以便个体获得核心身份的认同感，而有些群体则让我们更轻松地完成某些特定的目标。

初级群体和次级群体。在第 4 章中，我们已经介绍过查尔斯·霍顿·库利的"镜中我"理论。他创造了"**初级群体**"一词，用以指代那些以关系亲密的、进行面对面互动和合作为特征的小群体。这样的群体通常要求成员保持长期的忠诚，并且需要我们投入更多的自我。尽管人们也会跟队友、志同道合的教友、同事或街头帮派成员建立一种紧密且深入的关系，但是对许多人而言，家庭成员之间构成了一种初级群体。就像在体育运动中，我们经常会听到一种说法叫作

"团队之中无小我"，这使得队员之间感觉"就像家人一样"。团队协作可以使队员之间更加信任彼此、依赖对方。队员们开始意识到，球队里的投手、外场手或捕手不仅会在赛场上为自己做接应，而且在自己需要时也会得到他们的场外支援。

纵观历史，初级群体在规模较小、更为亲密的传统社会中占据主导地位，而在现代社会中，大部分时间里，我们主要跟次级群体中的他人进行互动。这些**次级群体**是为了完成特定的、共同的目标而创建的一种正式的、非个人的群体。其成员之间的关系可能不是那么的亲密，参与的动机通常也是工具性的，即这些群体是为了完成确定的目标而存在的。个体的自我投入一般是按阶段进行的，这也意味着我们不会将整个自我投入到这些次级群体中，只愿意投入有助于目标实现的部分自我。譬如，在诸如亲友这样的初级群体中，我们会完全放松身心；但在次级群体中，比如大学课堂上，我们可能不太愿意放松自己的情感戒备，或者提出不合时宜的话题，相反，我们可能会专注于某些具体的目标，采取必要的行动来完成课业、获得学分，乃至毕业，以便实现我们的其他人生目标。职场亦是如此。

内群体和外群体 群体成员之间共享的规范、价

初级群体和次级群体的比较

初级群体	次级群体
通常规模较小	一般规模较大
持续互动的时间相对较长	互动的时间相对较短，常常是临时性的
关系亲密，有面对面的联系	社会亲密度较低，甚至彼此不熟悉
需要一定感情投入的关系	一般是泛泛之交的关系
相互合作的、友爱的	更加正式的、不带个人色彩的

鉴于队员会花时间一起训练、同甘共苦，团队是作为群体的一种主要形式。
图片来源：Courtesy of Central College，photographer Dan Vander Beek.

值观、目标及其共同的经历，使得群体成员与外人之间的界限泾渭分明。由此所产生的"我们 – 他们"的分界将带来强烈的群体认同感，但这往往是以牺牲他人为代价的，尤其是当"他们"被认定在文化或种族上跟"我们"存在不同时，从而成为排斥他人的根本出发点。社会学家使用内群体和外群体来区分上述两种分类。

内群体由一类拥有共同身份和相同归属感的人组成。成员将自己与群体外人员区分开来。内群体小至一个青少年团体，大至一个国家。相对于内群体，**外群体**则被界定为不属于某个群体或者跟某个群体格

次级群体（secondary groups）为了完成特定的、共同的目标而创建的一种正式的、非个人的群体。

内群体（in-group）拥有共同身份和相同归属感的一类人群。

外群体（out-group）不属于某个群体或者跟某个群体格格不入的一类人群。

图片来源：Keith Srakocic/AP Images.

格不入的一类人。例如，在一个由高中"受欢迎人物"或"运动员"组成的内群体中，一个科学"天才"可能会被视作外群体成员；反之亦然。

群体的成员关系影响着我们的认知。内群体认可的行为，在外群体看来可能被视为不合时宜。社会学家罗伯特·默顿（Robert Merton）将这一过程描述为"群体内的美德"向"群体外的恶习"之转变。我们可以看到上述两个标准是如何在恐怖主义的语境下运作的。当一个群体或者一个国家采取侵略行动时，通常会辩解说这些行动

参照群体（reference group）个体进行自我评价或自我行为评价时，作为评价标准的群体。

联盟（coalition）为了一个共同的目标而形成的临时或永久性的联合。

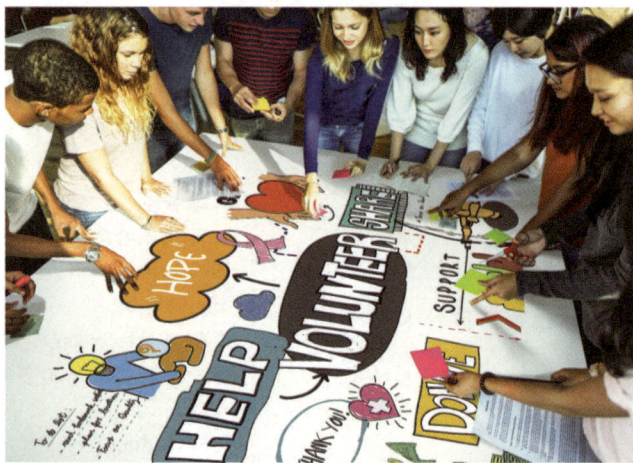

大学社团为便于学生找到志同道合的伙伴提供了很多机会。
图片来源：Rawpixel.com/Shutterstock.

是必要的，即使平民面临受伤或死亡。反对者则立马激愤地将该行为贴上恐怖主义标签，并呼吁国际社会予以谴责。然而，这些反对者的报复行动本身可能也会伤害到平民，侵略者随后又谴责其为恐怖主义行为。

社会学思考

在一所典型的美国高中里，内群体和外群体是如何发挥作用的？哪些群体是共同的？划分群内成员和群外人士之间的界限是如何维持的？

参照群体 无论是内群体和初级群体都会极大地影响个体的思维与行为方式。个体在自我评价和自我行为评价时，会以某个群体为标准进行比较。社会学家将上述作为比较标准的群体称之为**参照群体**。参照群体将对成员的身份认同或自我意识产生重大影响。例如，一个加入姐妹会或兄弟会的大学生可能会效仿其他成员的行为。刚开始时，他们可能跟其他成员有着相似的打扮，听着同样的音乐，在 Instagram 社交平台上分享"标签"，在类似的网店和俱乐部里闲逛。

参照群体有两大功能。首先，通过制定某些行为与信仰的标准并强制执行，参照群体起到了规范的作用。新入会的成员如果想要融入姐妹会或兄弟会，至少在某种程度上必须遵从该组织的规范。其次，参照群体还发挥了比较的功能，为人们衡量自己和他人提供了标准。兄弟会或姐妹会成员将会以组织内的某些成员为参照系，进行自我评估。

联盟 随着群体的壮大，开始出现联盟。**联盟**是为了一个共同的目标而形成的联合，无论它是暂时性的还是永久的。当不同背景或兴趣的人为了共同的目标走到一起时，就会形成联盟。联盟的运作常常出现在政治运动中。威廉·朱利叶斯·威尔逊（William Julius Wilson）曾报道过得克萨斯州的社区组织，该组织成员包括白人和拉丁裔人、工人阶级和富人。他们联合起来，致力于改善人行道、优化排水系统和综合治理路面铺设。威尔逊希望，以此类联盟的运行来促进种族之间的相互理解。

我属于哪里，就是什么样的人。

一句古老的毛利谚语

如今，一提到社交网络，人们便会联想到诸如 Instagram、Twitter 之类的应用程序，其实它还反映了我们与他人的联结过程。网络是社会结构的第三大要素。**社交网络**是一种关系网，人们通过它进行直接或间接的互动，并达成正式和非正式的目标。网络由两个主要元素组成：节点和关系。在社交网络中，节点由个体组成，关系则是个体之间的联结。社交网络最基本的组成部分是由两个相互联结的节点所组成的**二人群体**，例如，一个导师和一个学生，或者一个老板和一个工人。**三人群体**则由三个节点之间的关系组成，包括直接关系（组内每个可能配对之间的关系）和间接关系（通过第三人将另两个人联结起来的关系），比如，朋友的朋友就属于间接关系。除了三人群体，每增加一个节点，都会增加网际关系的复杂性，使可能的间接关系数量增多，延长任意两个个体到朋友的朋友（或朋友的更多朋友）之间的可能距离。而向心性测量的是特定的个体比其他个体具有更多直接和间接关系的程度。随着网络规模的扩大，向心性成为又一个重要的附加维度。

虽然直接和间接的网络连接有无限组合的可能性，但在生活中常常出现某些重复的组合模式。通过对大学生的观察，社会学家贾尼丝·麦凯布（Janice McCabe）发现了三种不同类型的友谊网络。第一种为编织器型（tight-knitters），它由一个紧密的网络组成，其中几乎所有的朋友都是彼此的朋友。这看起来有点像个纱线球，其中各种联结交错纵横、相互重叠。就像大家庭一样，该群体的成员之间相互支持和鼓励。如果这些亲密的朋友都是学霸，那么，该群体中的成员就会一起学习、交流观点、互相校对论文，并以其他方式助力学业更上一层楼。倘若群体内成员的成绩都一般，那么该群体学习的积极性便不高，并且有可能相互抑制学术的发展。

第二种为分隔器型（compartmentalizers），它通常由两个不同的集群组成，每个集群内的朋友彼此认识、相互往来，但集群之间很少有交集。该模型看起来就像一个领结，位于中间的人是两个群体之间的主要连接桥梁。通常来说，若是一个以学术为志趣的群体，那么群体成员更常常在一起学习或交流学术看法；若是一个以社交为志趣的群体，那么群体成员会常常一起喝咖啡或参加派对。上述分化也可能表现在大学朋友与家乡友人之间。该类群体面临的挑战主要来源于处于中间位置的那个人，因为这个人可能被夹在两个群体之间而左右为难。一个人可能属于多个集群，但这种中间人的身份也会给其带来更大的时间压力和身份认同的困扰。

第三种友谊网络类型为采样器型（samplers），这种类型朋友的种类众多，但在大多数情况下，他们彼此并无交集。此时，处于中间位置的人是唯一的连接点，所以这种类型看起来像一朵雏菊，每一瓣花瓣从中心向外辐射开去。其中的每个人在学术上较为独立，只是在需要时才寻求帮助。尽管他们更加独立，但是处于这类友谊网络的人认为自己更孤独，有一种与世隔绝之感。

> **社交网络**（social network）人们借此开展直接或间接的互动，并达成正式和非正式的目标的一种关系网。
>
> **二人群体**（dyad）是社交网络最基本的组成部分，由两个相互联结的节点所组成。
>
> **三人群体**（triad）位于社交网络内，由三个节点及其之间的直接关系和间接关系组成。

当一群社会学家试图探索美国高中生恋爱关系网时，其网络形状和大小的变化已清晰可见。为了加强研究结果的有效性，他们利用了细致的数据收集技术，发现 832 名学生中有 573 人在过去 18 个月里谈过恋爱或有过性行为。其中，63 对情侣是二人群体，彼此之间是一对一的关系，没有其他伴侣。其他学生则直接或间接地跟一些伙伴存在关联。正如我们在"青少年性网络"图中所看到的，一个更为庞大的群体将 288 名学生直接或间接地联结起来，整合到单独的扩展关系网之中。他们的研究结果再次印证了这样的社会学原理：终究是那个与我们有联系的人，将我们跟那些

青少年性网络

图中的每个点代表了杰斐逊高中的一名男生或女生。各点之间的连线表示持续时间在18个月以上的恋爱或性关系。大多数青少年只有一到两个伴侣，但在832名受访学生中，有288人在一个巨大的性网络中有交集，另外，90名学生有校外恋情（未在本图中显示）。

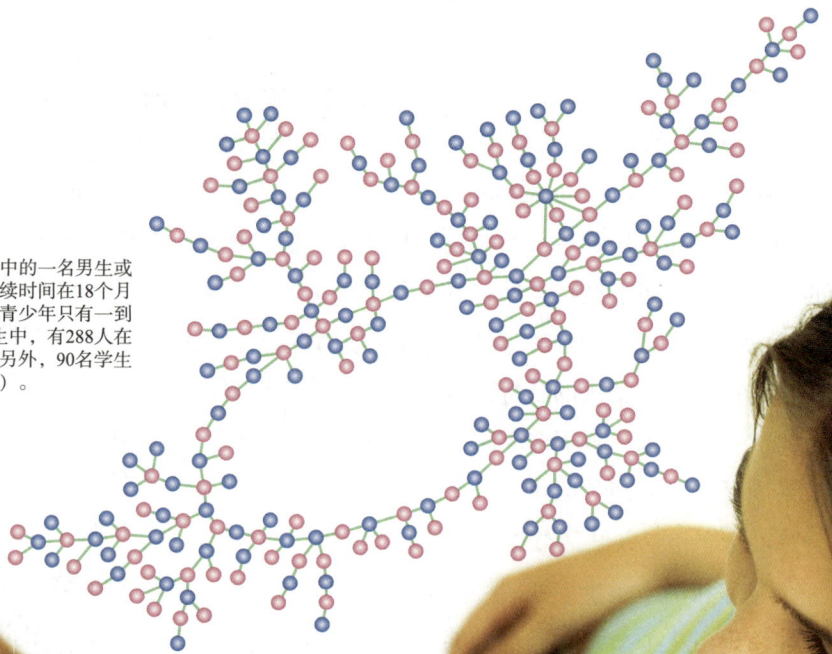

● 男生
● 女生

其他关系（如果一种模式多次出现，就用数字表示其出现的频率）

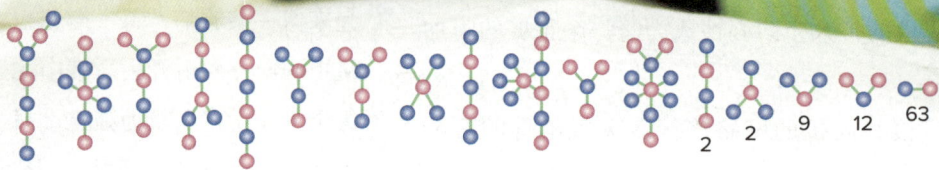

2　2　9　12　63

资料来源：Bearman，Moody，and Stovel，2004：58. 图片来源：Stockbyte/Getty Images.

素不相识或未曾谋面的人联结起来。

关于社交网络如何运作的研究产生了一些意想不到的结果。譬如，社会学家斯科特·菲尔德（Scott Feld）发现，平均而言，"大多数人结交的朋友数要比其友人的少"。这个被称为"友谊悖论"的说法似乎跟人们的直觉有出入；大多数人所认为的，事实恰恰相反。不过，当我们客观地看待社交网络的构成时，就会发现，我们的友人平均所拥有的朋友数要高于常人。

这是因为，尽管朋友满天下的人数相对较少，但这些人会在我们朋友的网络中反复出现，从而提高了他们的平均朋友数量。换言之，由于人缘好的朋友一次又一次地在不同的社交网络中被视为朋友，因此他们所带来的影响是非对等的。研究人员在Facebook中将友谊悖论付诸实验。他们发现，Facebook活跃用户中有93%所拥有的朋友数量少于比其友人拥有的朋友数量。一般来说，这些用户平均拥有190个好友，而他们的

大学生的友谊网络

- 编织器型：由一个紧密的网络组成，其中几乎所有的朋友都是彼此的朋友。

- 分隔器型：由两个（或更多）不同的集群组成，集群之间彼此不认识，或者鲜少互动。

- 采样器型：这种网络包含了各式各样的朋友，但在大多数情况下，他们彼此并不认识，也没有往来。

朋友则平均拥有 635 个好友。总的来说，正如数学家史蒂文·斯特罗加茨（Steven Strogatz）所言："我们的朋友通常比我们更受欢迎。"

受到友谊悖论的启发，社交网络的研究者们对其相关现象进行了探索。例如，在一项对 Twitter 用户的分析中，试图控制异常值（拥有众多朋友）对平均数的影响，结果发现：当分析的是中位数而非平均数时，不仅我们友人所拥有的朋友平均数更高，而且我们大多数的友人比我们拥有更多的朋友。这在 98% 的 Twitter 用户中得到了验证。另一项研究则发现，如果你是一名科学家，时常发表期刊文章，那么你的合著者会比你有更多的合著者、出版更多的刊物、文章被引用的次数也更多。所以，据此推测，这一悖论可能也适用于财富和性伴侣数量的讨论。

事实证明，我们所参与的网络在我们的生活中扮演着重要的角色。事实上，虽然我们与亲友之间最亲密的联系代表着最牢固的关系，但最有价值的某些联系可能来自我们与他人之间较弱的联系。社会学家马克·格兰诺维特（Mark Granovetter）认为，根据共同度过的时间、情感强度、相互信任和互惠义务感等标准，可以将我们的网络关系划分为强关系或弱关系。在网络较为密集的部分中，人群因彼此之间的强联系而被吸引到一起。趋同性是这些个体建立联系的典型特征，其字面意思是指对同一事物的热爱，社会学家用此术语来描述人们倾向于跟自己拥有相同学识、信仰、经历及性格相近的人建立亲密的社交网络关系。

例如，人们更愿意跟在工作、兴趣、教育、种族、族裔等方面与自己相同的人交往。在一个社交网络中，这些高度聚集的人群则可以通过位于两个不同集群且跟二者均有直接联系的个体来实现彼此的联结。

在后来称为弱关系的力量的争论中，格兰诺维特坚持认为，弱关系或许是非常重要的，因为它能够将我们跟完全不同的人际网联结起来，使我们跟与自己没有直接关系的人产生关联。譬如，涉及找工作时，他发现："大部分工作并不是通过关系好的朋友找到的，反倒是偶尔联系或很少见面的人帮助最大。"因为，这些跟我们有弱关系的人充当了不同社交网络的桥梁，为我们提供了有价值的资源和信息。

在 Facebook 的研究人员探索人际关系是如何形成的时候，弱关系原理进一步得到了证实。他们发现，结识某人并开始一段恋情的最有效方式是通过朋友的朋友。实际上，共同的朋友起到了媒人的作用。扮演媒人的这些人比那些被介绍的人多出 73% 的朋友。他们的交友网络不似那般密集，这就意味着他们的朋友相互认识的可能性较小，从而为结交新的伴侣提供了潜在的资源库。恰是扮演媒人的这些人充当了人们之间的桥梁，否则有些人可能永远都不会有交集。

社交媒体学家克莱·舍基（Clay Shirky）强调，互联网赋予了社交网络极大的潜力，从根本上改变了集体行动的发展走向。在一项针对 40 个国家的调查中，研究人员发现，76% 的互联网用户声称使用过社交网站，部分如下图所示。基于互联网的这种联结为广泛的交流和行动提供了更大的可能。舍基认为，以前的技术抑制了集体行为。这是因为，那些能够实现双向交流的技术（如电话）在很大程度上仅应用于一对一的对话，而那些通过广播促进大规模群体形成的技术往往局限

趋同性（homophily） 人们倾向于跟自己拥有相同学识、信仰、经历及性格相近的人建立亲密的社交网络关系。

社交网络的使用情况　　互联网的使用情况

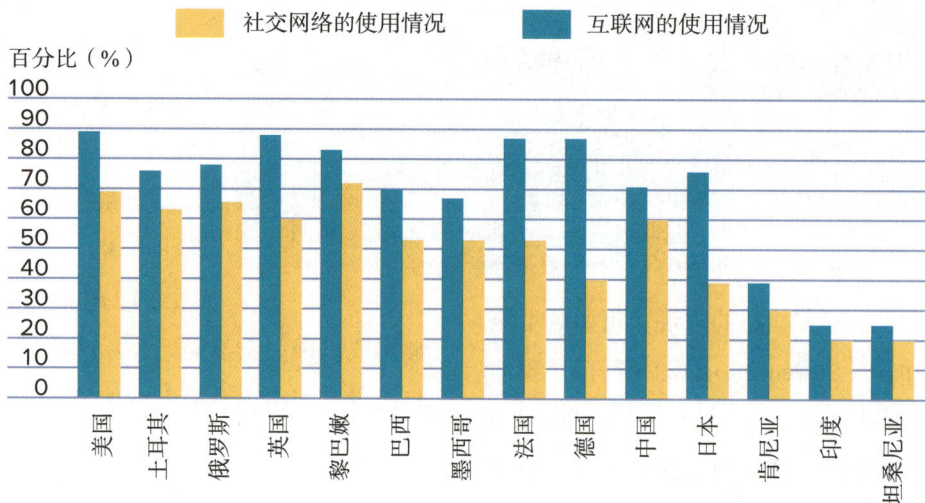

注：调查互联网的使用情况时，将偶尔使用互联网或自我报告有智能手机的人群也包括在内。

资料来源：Poushter，Bishop，and Chwe，2018.

于单向交流（如电视新闻的观众）。他指出，鉴于互联网有利于形成交互的、大规模的群体，所以，有了互联网之后，"群体行动变得更容易了"。人们可以相互交流、组织行动，就像 2017 年 1 月 21 日发生的妇女大游行。当时，美国各地有 300 万 ~500 万人参加了该游行，就前一天唐纳德·特朗普就任总统的事件发表相关声明。

社会制度

社会地位、群体和社交网络组合起来，可以解决社会某个特定部门的需求，形成社会学家所说的制度，即社会结构的第四个要素。**社会制度**是一种整合的、持久的社交网络，致力于确保社会的核心需求得到满足。社会学家常常关注的是家庭、教育、宗教、经济和政府这五个主要的制度，它们是更为宏观的社会结构的关键要素。虽然这些制度时常有所交叉、相互影响，但单独研究每个社会制度能够让我们了解其在更宏观的社会结

社会制度（social institution）一种整合的、持久的社交网络，致力于确保社会的核心需求得到满足。

构中所发挥的作用。这里，我们首先考虑每种社会制度对社会的作用，在之后的章节中再深入探讨这五种制度。

社会为了正常运转，某些功能就要发挥作用。聚焦社会制度，我们就能够发现社会满足这些需求的不同方式。例如，正是在家庭的制度背景下，人们通过繁衍下一代来确保社会的持续存在。家庭既进行生物意义的再生产（生儿育女），也承担社会意义的再生产（向下一代传授生存所需的文化）。家庭也为成员提供照顾和保护。通过教育，我们传授必需的、更为正式和更具公共意义的文化，为成员融入更大规模的社会做准备。它既包括正规的课程（历史、数学、科学等），也包括学习如何与直系亲属以外的人互动。同时，我们以宗教作为一种社会黏合剂，通过对共同的信仰和实践来建立明确的认同，解释意义的基本问题，保障个人和集体的纪律的执行。凭借法律、监管及惩罚，政府则帮助维持内部秩序，并寻求通过外交跟其他的社会建立稳定的关系。最后，经济对商品和服务的生产、分配和消费进行调节。

包括政府在内的社会制度提供了社会正常运转所需的社会秩序。
图片来源：Amble/Shutterstock.

究竟以何种方式履行上述职能？在每个社会中可能不尽相同，而这些制度的交叠程度也可能存在着很大的差异。以家庭为例，大家庭在美国的某个历史时期非常普遍，但是工业革命之后，规模更小、形式更多样的家庭则开始流行。政治上，有的社会可以通过积攒大量武器来自我保护、免受外部攻击；还有的可能决意保持政治中立，并积极发展与邻邦的合作关系。根据功能论的观点，无论社会或相对固定的群体采取什么样的特定策略，他们都必须具备上述所有功能性的先决条件，才能够存续下去。

关注社会制度所发挥的功能，有助于我们更好地理解社会秩序，但往往也意味着我们当

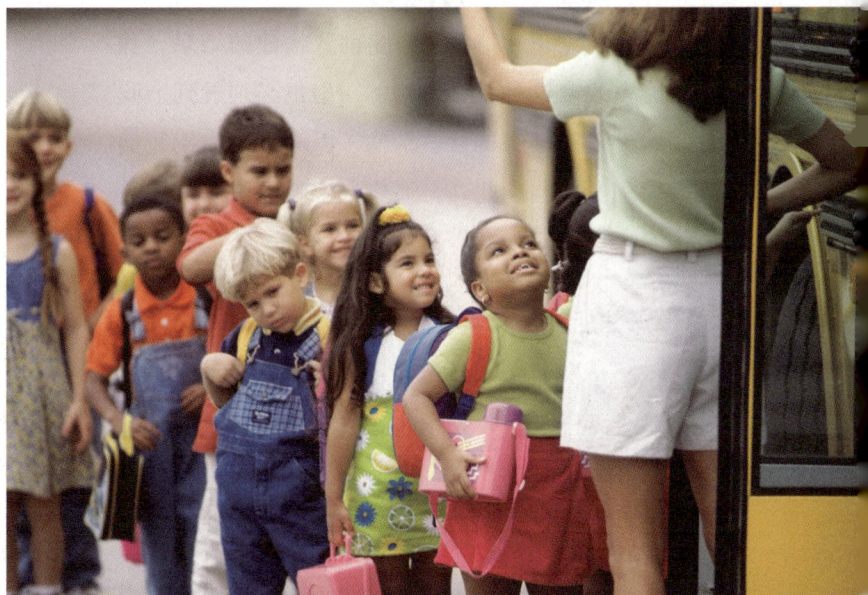

作为一种社会制度，教育既提供机会，也造成不平等。
图片来源：Purestock/SuperStock.

下所看到的事物就是其应有的模样。从冲突论视角出发的社会学家更关注权力、差异带来的后果以及资源分配。他们提醒我们还须审视这些制度的构建是如何加剧了不平等。人们可以通过不同的方式满足这些功能性需求，所以应该考虑的是为何有些群体却希望维持现状。

诸如教育之类的主要社会制度，有利于维护社会权贵的特权，同时也使非权贵群体感到无可奈何。比如，美国公立学校的资金主要源于财产税。这种制度安排使得富裕地区的学校的设施条件更好、教师的工资更高，而这些都是低收入地区所负担不起的。因此，相较于贫困区的儿童，来自富裕区的儿童在学业上更有竞争力。国家教育体系的结构默许甚至助长了这种对学童的非公平待遇。

礼俗社会（gemeinschaft）由一个紧密联系的社区组成，在农村地区较为普遍，强大的个人纽带将其成员联结起来。

法理社会（gesellschaft） 由一个大规模的、非个人的、以任务为导向的社会组成，以城市社会为代表，其中成员对群体的忠诚度有限。

通过关注社会结构的四要素（地位与角色、群体、社交网络和社会制度），我们对社会的组成部分有了进一步的理解。当社会学家论及某些方面重要时，我们就可以按图索骥，明确应考虑哪些要素。我们必须超越生活中与重要他人的个人关系，意识到这些关系是前人构建的结果。我们是有能力改变这种社会结构的，但也必须看到，我们更倾向于复制已有的社会结构，因为社会化使我们将其视为理所当然。此外，那些上位者更愿意维持社会现状。

社会学思考

教育怎么可能既是通往机会的阶梯，又是固化不平等的工具呢？在工作中，你是否遇到过如此矛盾的情形？

>> 社会结构：传统、现代和后现代

社会学兴起之初，是作为一门解释和指引传统社会向现代社会过渡的学科。在 19 世纪末，数百年来被视为天经地义的关于社会秩序的模式和做法似乎正在分崩离析。早期的社会学家认为，清晰地呈现支撑传统社会的社会结构，将有助于更好地理解现代社会崛起所带来的挑战。

礼俗社会和法理社会

19 世纪晚期，德国的工业城市崛起，社会学家费迪南德·滕尼斯（Ferdinand Tönnies，1855—1936）对祖国的这种变化深感震撼。在他看来，城市生活不似农村，并非典型的紧密联系的社区共同体。为了区分二者，滕尼斯运用了两个术语：礼俗社会和法理社会，一般将其翻译为社区和社会。

礼俗社会由一个紧密联系的社区组成，在农村地区较为普遍，强大的个人纽带将其成员联结起来。几乎每个人都彼此认识，就像一个大家庭的成员般相互熟悉，进行亲密的社会互动。成员对集体极为忠诚，愿意为了集体的利益而牺牲个人的利益。在世俗主导的社会中，社会控制主要通过非正式的手段，比如道德劝说、舆论施压，甚至是手势。这些手段之所以有效，是因为人们真的在意别人对自己的看法。然而，这种人际关系的强度是以隐私最小化和牺牲个人的主观性为代价的。在以礼俗为特征的社会中，社会的变化相对有限，每一代的生活方式几乎没有什么差别。

相比之下，**法理社会**则由一个大规模的、非个人的、以任务为导向的社会组成，以城市社会为代表，其中成员对群体的忠诚度是有限的。正如在次级群体中看到的，这里的关系强调的是工具性交换或事务性交流。社会角色决定了人们的社会互动，而诸如产品购买或商务会议安排之类的即时性任务则会产生多种社会角色。在这样的社会中，大多数成员之间是陌生人，他们觉得自己与其他人并无共同之处。个体可以认为自己高人一等，将个人利益置于群体的利益之上。除了自身利益最大化之外，成员内部鲜少有共同的价值观。因此，社会的控制必须依靠正式的手段，譬如法律及其规定的制裁。在以法理为特征的社会中，社

会变迁极为常见，甚至在一代人的时间内就有翻天覆地的变化。

针对较为看重亲密关系和不太注重个人关系的两种社会结构，社会学家引入上述两个术语来进行对比。相较于现代生活的激烈竞争，人们往往带着怀旧的滤镜来看待德国经济，认为它要比前者好得多。然而，礼俗社会中的亲密关系是需要付出代价的。在这种社会中，偏见和歧视可能具有惊人的禁锢力量；家庭背景等先赋地位往往比个体的独特才能和成就更为重要。而且，礼俗社会对那些有创造力或鹤立鸡群的人往往心存芥蒂。

阿米什人的生活方式延续了一代又一代，几乎没有变化。
图片来源：Amy Sancetta/AP Images.

社会学思考

假设你生活在一个以礼俗社会为特征的社区中，优点是什么？可能存在什么局限性？

机械团结和有机团结

尽管滕尼斯无限惆怅地回望了礼俗社会，迪尔凯姆则对现代社会的转型更感兴趣，他认为其标志着一种新形式的社会秩序的诞生。迪尔凯姆希望将社会学作为一门科学，以便更好地理解社会转变。在《社会分工论》（The Division of Labor in Society）一书中，迪尔凯姆强调了劳动分工和集体意识之间貌似矛盾的关系。随着职业更趋专业化，将社区成员联结起来的共同情感则日渐稀薄。

在劳动分工程度较低的社会中，由于人们长期以来都在一起从事同样的事情，因此，一种群体团结感油然而生。这种社会以迪尔凯姆所说的**机械团结**为特征，它是一种基于共同经验、相同的知识与技能的社会凝聚力。在这种社会中，社会关系或多或少按照其一贯的方式运行着。机械团结程度高的社会仿佛一台随着时间推移而鲜少改变的机器，所以，迪尔凯姆用"机械"这个术语来进行描述。大多数人做着同样的基础工作，就像他们的父母和祖父母一样，而且他们共同参与。这些共同的经历（无论是打猎、种地、做饭、做衣服还是建造房屋）使得社会成员拥有相似的观点和共同的价值观，每个人的行为、思想和信仰都与他人非常相似。例如，对阿米什人而言，长大后会成为什么样的人，实际上在出生时就已经决定了。由于偏离预期的路线将对社会团结构成威胁，故个人发生越轨的机会非常有限。

随着技术的发展，社会变得更加先进，其劳动分工的程度更深，职业也变得愈发专业化，从而，诞生了一种新的社会秩序基础，迪尔凯姆称之为有机团结。迪尔凯姆将**有机团结**定义为源于高度的劳动分工使得人们相互依赖，由此所形成的一种社会凝聚力。在这类社会中，为你砍伐木材和建造房屋的不再是同一个人。在大多数情况下，哪怕是生产一把椅子或一部手机这样的单一物品都需要众多具有不同技能的人来共同完成。这样导致的结果便是，在看待世界的方式以及自身在其中的位置方面，每个社会成员都不尽相同，因此基于共同经验的机械团结也就土崩瓦解了。尽管滕尼斯为此深感绝望，迪尔凯姆却认为有

机械团结（mechanical solidarity）一种基于共同经验、相同的知识及技能的社会凝聚力。在这种社会中，社会关系或多或少按照其一贯的方式运行着。

有机团结（organic solidarity）源于高度的劳动分工使得人们相互依赖，由此所形成的一种社会凝聚力。

机团结提供了一种新意义的团结及无限可能性。

正如在第 1 章 "汉堡是一个奇迹"中所看到的，在现代社会中，职业的专业化使得人们相互依赖。但讽刺的是，现代社会中人们既相互依赖又具有强烈的个人意识。尽管由于高度的劳动分工，现代社会中的我们无法自给自足，但又强烈地渴望独立。我们比以往任何时候都更需要彼此，但我们却往往不自知。迪尔凯姆认为，社会将不断进化，以解决这种冲突，稳固社会秩序。社会的各个组成部分将会认识到彼此的重要性，并像人体各个相互依赖的器官那样协同工作，这也恰是迪尔凯姆选择"有机"这个词的原因，即每个组成部分都起着至关重要的作用，却无法单独生存。

技术和社会

为了更好地理解传统社会和现代社会之间的差异，有些社会学家则聚焦于技术而非社会组织，其具体表现为劳动分工。在社会学家格哈德·伦斯基（Gerhard Lenski）看来，一个社会的技术水平对其组织方式至关重要。随着技术的变化，出现了新的社会形式，从前工业化到工业化，再到后工业化，皆是如此。一个社会所拥有的技术虽不能完全决定其特有的社会形式，但较低的技术水平将会制约社会在多大程度上能充分利用技术。

前工业社会　也许，人类历史上出现最早的前工业社会形式就是**狩猎与采集社会**。在这种社会中，人们只能依赖身边能够获得的食物和纤维。通常这类群体的规模较小，分布较为分散，劳动技术含量低，人们基本上都是成群结队地四处寻找食物。由于每个人都从事相同的日常活动，所以该社会中几乎没有劳动分工。而且，由于资源整体上较为匮乏，人们在物质占有方面的不平等相对较少。

在**园艺社会**中，人们播种和种植作物，而不仅仅靠自然界现有的食物生存。相较于狩猎采集者，园艺社会中的人们不那么热衷于游牧生活，他们更注重生产工具和家居用品。不过，这类社会的技术程度依然不高，其成员种植作物时只能借助诸如挖棒或锄头之类的简单工具。

第三种前工业社会的发展类型是**农业社会**。跟园艺社会一样，农业社会的成员主要从事粮食生产，但诸如犁等技术的创新使得农民能够大幅提高作物产量，

狩猎与采集社会（hunting-and-gathering society）　前工业社会的一种形式。人们只能依赖身边能够获得的食物和纤维，才能生存下去。

园艺社会（horticultural society）前工业社会的一种形式。人们播种和种植作物，而不仅仅靠自然界现有的食物生存。

农业社会（agrarian society）前工业社会中技术最为先进的一种社会形式。社会成员主要从事粮食生产，可以通过犁等技术的创新来提高作物产量。

农业技术的创新意味着对土地耕种的人力需求下降。
图片来源：PhotoDisc/Getty Images.

世代耕种同一块土地。因此，这使得演化为更大、更为长久的定居点成为可能。

农业社会继续依赖人力和畜力（有别于工业社会的机械动力）。技术的进步使得一部分人从食品生产中解放出来，专注于渔网修理或铁匠之类的特定工作，从而加速了社会的劳动分工。随着人类逐渐定居下来，社会机构也日趋复杂，财产权就变得愈发重要。由于农业社会相对稳定，积累了更多的财富盈余，其成员有余力专门创造像雕像、公共纪念碑和艺术品等工艺品，并使它们世代流传。

工业社会　从 18 世纪晚期开始，工业革命改变了英国的社会生活，而其所带来的社会影响在一个世纪内迅速波及世界各地。**工业社会**是一个依靠机械化生产提供商品与服务的社会。蒸汽机等新发明使得非畜力（机械动力）广泛应用于大多数劳动生产中，人类从中获得了新的发展动力，社会也得以持续发展，从

你知道吗？

工业革命的影响之一是美国人口城市化的程度大幅提升。相较于以前，越来越多的人住得更为集中，彼此的空间距离更近。

144
最大的县
人口为159 524 138
占总人口的50.3%

2998
最小的县
人口为159 332 918
占总人口的49%

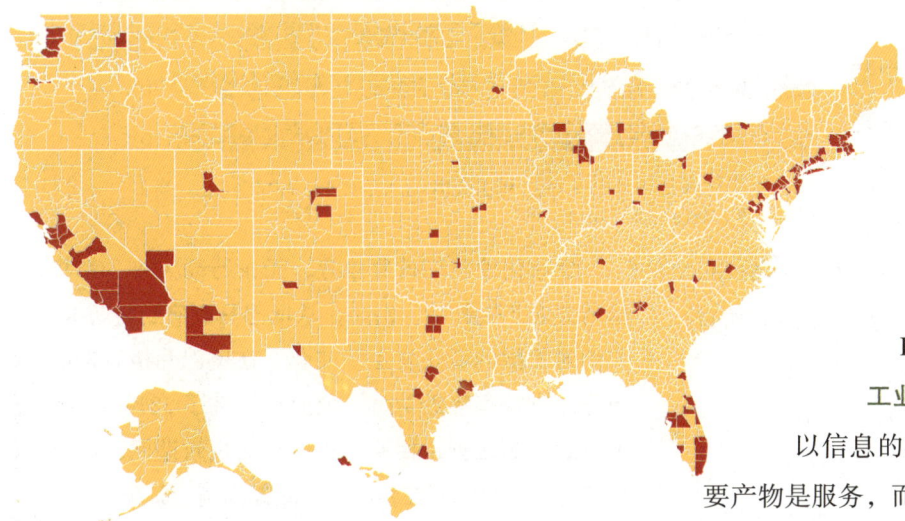

资料来源：改编自 http://dadaviz.com/s/population-extremes/#4568.

而为开辟一个新世界提供了无限可能。由此，工业化极大地改变了人们的生活和工作方式，也动摇了人们习以为常的规范和价值观。传统社会向现代社会转型过程中所带来的冲击与破坏激发了社会学先驱（如滕尼斯、迪尔凯姆和马克思）的灵感，他们相继提出了有关社会秩序和社会变革的理论。

在工业革命期间，许多国家的经济经历了以农业为主到以工业为基础的不可逆转的变化，劳动及产品制造的专业化逐渐取代了个人或家庭在家庭作坊中生产整个产品的做法。工人们（一般为男性，但也有女性甚至是儿童）则背井离乡，到工厂等城市的中心区域工作。

工业化进程产生了独特的社会影响。家庭和社区不再发挥自给自足的功能，个人、村庄和地区之间开始交换商品和服务，彼此相互依存。随着对他人劳动的日益依赖，家庭的地位下降，丧失了曾经的权力与权威。社会对于专门知识的需要推动了正式的学校教育，出现了有别于家庭的教育制度。同时，为了管理大型组织的复杂事务，科层制应运而生。我们将在"科层制"部分中进行更为详细的探讨。

> **工业社会**（industrial society）依靠机械化生产提供商品与服务的社会。
> **后工业社会**（postindustrial society）经济体系以信息的处理与控制为主的一种社会。

后工业社会　在社会秩序与关系的塑造、社会机会的供应方面，机械化大生产持续发挥着重要的作用，而技术创新则通过将部分人从物质生产的需求中解放出来，使得社会结构再次被重塑，由此带来许多技术发达国家经济中的服务业之崛起。在 20 世纪 70 年代，社会学家丹尼尔·贝尔（Daniel Bell）曾写过一篇关于技术先进的**后工业社会**的文章，这种社会的经济体系以信息的处理与控制为主。后工业社会的主要产物是服务，而非产品。大量的成员投身于跟知识传授、创意激发或思想传播相关的职业。广告、公共

关系、人力资源和计算机信息系统等领域的工作则是后工业社会的典型职业。

包括贝尔在内的一些社会学家认为，从工业社会到后工业社会的转变在很大程度上是一种积极的社会发展。然而，有些学者则将矛头指向后工业社会中资源获取的差别所带来的隐藏性后果。譬如，迈克尔·哈灵顿（Michael Harrington）在其《另一个美国》（*The Other America*）一书中提醒需注意美国的穷人问题，质疑贝尔夸大了日益壮大的白领阶层的影响力。虽然哈灵顿并不否认科学家、工程师以及经济学家在重要政治与经济决策中的参与作用，但他并不认为这些人群能够像贝尔所说的那样自由决策、不为富人利益所左右。可见，哈灵顿继承了马克思的传统，坚信社会阶层之间的冲突将在后工业社会中继续存在。

后现代生活

一些社会学家已经跳出关于后工业社会的讨论，开始思考后现代社会的出现。**后现代社会**是一个技术先进、多元化、相互联系且全球化的社会。尽管很难总结出一系列思想家对于后现代生活的全部看法，但有四个要素可以让我们了解当下这类社会的基本特征：故事、图像、选择和网络。

故事 后现代社会的多元化与个人主义倾向使得人们所遵循的社会规范与价值观多样化，甚至相互冲突。几乎没有人会相信，一个单一的、包罗万象的故事能够使所有人信服，无论是某个特定的宗教传统，还是囊括万物的科学理论，哪怕是众多社会学先驱所坚信的现代社会之进步势不可挡，都无法做到。相反，人们接纳了各式各样的个人叙事与群体故事，借此理解这个世界及自己在其中的位置。我们能够意识到，自己跟他人可能做着同一件事，往往却得出了截然不同的结论。以往对于现实的描述（无论是宗教的还是科学的）都较单

后现代社会（postmodern society） 一个技术先进、多元化、相互联系且全球化的社会。

一，从而具有较高的权威性，而后现代社会中故事的多样性则削弱了这种权威性。

图像 大众传媒的爆炸式增长突显了图像的重要性，这也成为后现代社会的一大特征。美国成年人每天平均花 4 小时 27 分钟观看电视（Nielsen，2017），这相当于一年中有 68 天的时间在 24 小时不间断地观看电视。无论走到哪里，我们都会被图像轰炸。

在后现代理论中，图像的意义要比电视和广告深刻得多。在后现代理论学者的眼中，我们并没有直接面对物质世界或真正地与其发生互动；相反，我们常常将对于现实的想象或构建凌驾于现实之上。后现代理论学者让·鲍德里亚（Jean Baudrillard）用一个地理隐喻阐明了这一概念，他写道："地图先于领土。"换句话说，我们构建的图像使我们专注于自己可能不会注意到的某些特征上。例如，相较于地形图或政治图，道路图会根据不同的目的突出显示某些不一样的属性，由此塑造了我们的所闻所见。我们无法绕过或透过这种文化建构来接近事物本身，故我们对真实事物的认

走向全球
美国的国际支持率

支持率最低的五个国家		支持率最高的五个国家	
俄罗斯	26%	菲律宾	83%
德国	30%	以色列	83%
阿根廷	32%	韩国	80%
墨西哥	32%	波兰	70%
荷兰	34%	肯尼亚	70%

注：数字代表各国支持（或反对）美国的人数比例。
资料来源：Wike et al.，2018.

全球化使我们彼此依存，无论行动大小，都将在全球范围内产生影响。例如，从奥巴马政府到特朗普政府，人们对美国的看法发生了变化。在奥巴马执政期间，墨西哥的支持率接近 70%，但此后下降了 38%，现在位于倒数的五名之列；相反，在奥巴马执政期间，俄罗斯的支持率为 15%，而在特朗普执政期间则上升为 26%。

识总是受制于自身所建构的图像。

选择 在后现代世界中，现实并不是先天就设定好的，而是不断协商的结果。我们从呈现于眼前的各种图像和经验中挑选我们所认定的现实。事实上，我们必须做出抉择。在以机械团结为特征的社会中，个体的人生道路实际上在其出生时就已经确定了。有别于此，后现代社会的成员则必须在其一生中不断地做出抉择。如果条件允许，我们可以选择自己的吃穿以及开什么样的车。在过去，购物主要被视为满足我们基本需求的工具性手段，现在则变成了一种自我创造的行为。正如广告学教授詹姆斯·B.特威切尔（James B. Twitchell）所说，"我们买的不是物品，而是意义"。iPhone、Coach手袋和MINI Cooper不仅仅是一部手机、一个手袋和一辆汽车，它们表达的是我们是什么样的人或希望成为怎样的人。选择的意义远不只消费品那么简单。同样地，我们还会对自己的伴侣、学校、工作、信仰乃至身份做出选择。作为个体，我们一般通过社会化从家庭中继承各种传统、语言、饮食和价值观，但在后现代社会中，我们也可以按照个人的意志行事。

网络 后现代社会的成员生活在一个全球相互联系的世界之中。我们所吃的食物、穿的衣服、读的书以及选择的商品往往来自世界的另一端，例如为身处美国的我们提供计算机援助的工程师却可能身在印度。麦当劳已经尝试使用集中调度式的"免下车"餐厅服务员（他们甚至可能位于另一个州）接单并将顾客的订单传至点餐的餐厅。一个在社会、文化、政治和经济方面紧密联系的庞大体系越来越多地将世界的各个角落联结起来。譬如，艾奥瓦州的农民不仅要关心当地的天气和社区事务，还得了解包括生物技术在内的国际农业技术创新，以及当前国际市场的状况与未来趋势。

＞＞科层制

在试图理解与诠释工业社会及后工业社会的基本结构的过程时，早期的社会学家预测了科层制的兴起，由滕尼斯对法理社会的描述以及迪尔凯姆对有机团结的分析中均有所体现。**科层制**是一种以效率最大化为原则的正式组织。随着全球化的扩张及现代生活的日益复杂，工业革命前社会中用以管理社会秩序的规则似乎不再适用。现代社会需要更为系统的治理方法，这恰恰是科层制所能满足的。在马克斯·韦伯看来，科层制代表了有史以来最为理性的管理形式。

> **科层制**（bureaucracy）
> 一种以效率最大化为原则的正式组织。

科层制的特征

	积极影响	消极影响	
		对个人的影响	对组织的影响
劳动分工	提高大型企业的效率	知识面狭窄	造成沟通障碍
权威等级	明确谁是领导	剥夺了员工的决策发言权	允许藏匿错误
书面的规章制度	使员工清楚自己的岗位期望	扼杀主动性和想象力	导致目标错置
非人格化	减少偏见	造成疏离感	降低对公司的忠诚度
按技术资格聘用	更为公正、减少内耗	降低员工在其他方面发展自我的兴趣	抑制创新思维

图片来源：Mark Evans/E+/Getty Images.

图片来源：（医生）©Creatas/PunchStock；（屠夫）Adam Crowley/Photodisc/Getty Images；（保洁）Muntz/Taxi/Getty Images；（晾衣绳）Ingram Publishing/SuperStock.

科层制的特征

科层制的成功有赖于在整个组织中建立合理的组织原则，正如下表所示，韦伯明确了科层制的五个核心特征，这正是通过构建韦伯称之为理想类型而实现的。**理想类型**是一种概括现象本质特征的抽象模型。现实中并不存在完美的科层制。尽管如此，韦伯的模型还是比较不同运作模式的科层制的有力工具。

劳动分工 科层制旨在尽可能以最有效的方式完成某些特定目标。要做到这一点，最有效的方法就是明确达成目标所需完成的所有任务，并在每个领域指派专人来执行上述任务。在传统社会，一个家具制造商可能需完成生产过程的每一个步骤，从砍树到制成桌子，均由自己亲力亲为。

理想类型（ideal type）一种概括现象本质特征的抽象模型。

除此之外，它可能还得包揽小公司经营过程中其他诸如记账、市场营销以及销售的所有事情。在现代的科层制机构中，这张桌子很可能是在流水线上生产的，每个工人只负责生产流程的一个环节。而且，公司其他部门的人员也出了力，比如设计产品线的工程师、策划广告活动的市场专家、招揽顾客的售货员、记账的会计、维护机器的机械师、善后的看管员，以及其他一大堆的工作人员。之所以这么复杂，主要是因为在一个大公司中，一个人不可能具备完成上述任务的所有专业知识。相较于全部工人接受每项技能的培训，综合每个工人的专业技能所产生的效率更高。

按上述方式进行分工，确实会造成一些潜在的弊端。一遍遍重复例行工作的工人会觉得自己跟机器上的齿轮差不多，一种疏离感油然而生，人们觉得自己无法掌控创造力，自己从生产的物品中被抽离出来，同事关系也日渐疏离。而且，它还令工人更没有安全感，尤其是随着劳动的简化和机械化降低了职业的技术要求，从而更容易找到替代者、节约培训成本。同时，科层制会导致企业高管所说的"孤岛"（silos）现象。在这种情况下，企业各个部门之间的联系有限，抑制了可能的信息交换和部门之间的合作，反而会使得效率更为低下。此外，无论是在工作场所、大学里，还是跟政府往来，我们不得不跟官僚机构的不同部分打交道，其间还得处理科层制中的繁琐程序，令人备

你知道吗？

美国人口普查局确定了 539 个不同的职业，其中包括首席执行官、航空航天工程师、音乐教师、交警和社会学家等。同时，又将上述职业分为 23 个大类。

图片来源：Rtimages/Alamy Stock photo.

感崩溃。

权威等级 科层制遵循的是等级原则，即每个职位都受到上级领导的监督。在学校中，校长领导大学的科层制，然后由其挑选行政部门的主管，而行政部门再雇用自己的员工；在罗马天主教会中，教皇是最高权威，在他手下则是主教等；在企业中，老板和工人之间的关系构成了最基本的关系，但在大公司中则存在多级别的权威。为了厘清各种关系，这类公司运用分级组织图来勾勒上下级之间的层层联系，自下而上地明确谁对谁负责的所有联结，而董事长或首席执行官则位于分级组织图的最顶端。

书面的规章制度 通过书面的规章制度，科层制通常以详细的岗位描述和综合性的员工手册使得雇员明确自己的权利和责任。如果出现规则之外的情况，科层制随时进行自我纠正，因其设有适当的规则，保证新规则的确立，以使工作期望尽可能明晰和详尽。由于科层制是由相互关联的职位组成的等级制度，为组织营造了一种有价值的连续性。作为个体的职员可能流动频繁，但科层制的结构及其过去的印记却赋予了其特有的生命力，使之超越任一个体的就业轨迹而长久存在。

当然，规章制度可能会掩盖组织某个更为宏观的目标，导致组织功能的失调。假设急诊科医生因为受

首席执行官通常位于金字塔式的科层制的顶端。自 2014 年以来，玛丽·巴拉（Mary Barra）一直担任通用汽车（General Motors）的首席执行官。

图片来源：Bill Pugliano/Getty Images.

伤严重的病患无法提供有效的美国公民身份证明而拒绝治疗，后果会如何？如果只是盲目地按规则行事，规则就不再是实现目标的手段，其本身就变成了一种重要的目标（也许重要得过了头）。罗伯特·默顿用"**目标错置**"一词来指代拘泥于科层制的官方规则，忽视规则设立的初衷的现象。

> **目标错置**（goal displacement）
> 拘泥于科层制的官方规则，忽视规则设立的初衷。

社会学思考

一提到科层制，我们为什么就联想到了程序繁琐、效率低下？实际上，这与科层制的组织原则背道而驰。我们希望被作为单独的个体来对待，然而科层制的原则在多大程度上跟以上期望相抵触？

非人格化 科层制的规范要求领导依据个人的表现而非个性做出评判。只要每个人都照章办事，无须考虑个人的情感或喜好，就能使效益最大化。这么做的目的是为了保证每个人得到平等的待遇，但它也可能导致现代组织频繁被诟病的冷漠与麻木不仁的态度。生活中，无论是注册大学的课程，还是为发生故障的电脑寻求技术支持，我们大多数人都有过这样的经历：感觉自己就像一个数字，渴望得到某些个性化的关怀。

然而，组织或社会越庞大，获得这种个人关怀的可能性就越小。毕竟，若要照顾到每个人的需求，组织的运行将非常低效。

按技术资格聘用 在理想的科层制中，人员按照技术资格（而非个人偏好）来招聘，并设有具体标准来衡量其表现。书面的人事政策规定了人员的晋升条件，倘若有人违反了其中的某些规定，人们一般有权提出上诉。结合非人格化的原则，强有力的人事规则应该侧重于"对事不对人"。该程序提供了一种安全性措施，保护员工免于被恶意解雇，并助推其对组织的忠诚度。

早在 100 年前，韦伯就提出了科层制的上述五个特征，并沿用它们来描述理想类型。虽然并

不是每个正式组织都能完全达到韦伯所说的五个特征，不过，它们所代表的潜在逻辑均指向了现代社会生活中一种典型的行事方式。

作为一种生活方式的科层化

在韦伯看来，科层制将代表现代社会发展的一大趋势，即对所有决策进行理性计算，以效率和生产力作为衡量成功的主要标准。我们最先是在企业和组织层面意识到这种模式的存在。越来越多的公司运用科层化，即一个团体、组织或社会运动在追求效率时，日益依赖技术理性决策的过程，来追求高效率。然而，随着时间的推移，技术理性方法逐渐渗透到我们生活中的方方面面。

科层化的扩张　社会学家乔治·里策尔（George Ritzer）将以效率、可计算性、可预测性和控制性原则来塑造组织以及影响决策的过程，称之为**麦当劳化**。而麦当劳化由美国波及全球，正是科层化不断扩张的一个例证。里策尔认为，上述原则是麦当劳快餐连锁店成功的诀窍，引来从医疗保健、婚礼策划到教育等诸多机构的纷纷效仿，甚至在体育赛事中，也能看到麦当劳化的影响。纵观全球，无论是在外形还是向观众展示体育运动的方式上，体育场馆日趋相似。刷卡、提供"运动之城"的车库和停车场以及自动售票，使得体育场馆的效率大为提升。所有的座位都为观众提供开阔的视觉体验，大屏幕的设置保证观众可以看到即时回放。电脑自动更新比分、球员统计及出场率，并显示在自动记分牌上。此外，通过视频显示器激发观众鼓掌或有节奏的呼喊来调动他们的热情。在食品柜台，小吃主要是知名品牌的产品。得益于数十年来的广告投入，这些品牌的顾客忠诚度较高。当然，有关球队乃至球员名字与形象的销售都受

科层化（bureaucratization）
在追求效率的过程中，一个团体、组织或社会运动日益依赖技术理性决策。
麦当劳化（McDonaldization）
以效率、可计算性、可预测性和控制性原则来塑造组织以及影响决策的过程，由美国波及全球。

到严格控制。

韦伯预测，最终哪怕是私人领域也会变得理性化。也就是说，为了应对现代生活的诸多挑战，我们会求助于新技术来进行自我管理。逛书店的体验似乎证明了韦伯的观点：在书店中，我们会找到很多励志的书籍，每一本都有自成体系的步骤来帮助我们解决生活中的问题并实现目标。这种自我发展的教导方法可能产生的一个副作用就是，我们总是担心自己做得不够好，无论是做事还是做人，时刻希望自己能够表现得更完美。

韦伯颇为担心这种理性化将会导致人格的丧失，但对此却一筹莫展。他觉得，由于其遵循的是效率最大化原则，故破解科层化的办法唯有更加地科层化。不幸的是，他认为，在此过程中人类遗失了某些东西。文化评论家迈克·戴西（Mike Daisey）以自己在亚马逊的工作经历描述了类似的情况。戴西的工作表现由以下五个要素来衡量：每次通话的时间、每小时电话联系的人数、每封客户电子邮件的处理时间、每小时以电子邮件联系的人数，以及每小时以电话和电子邮件联系的总人数。对于上述各种计算，他写道："这五个数字就代表了你。事实上，它们体现了你的全部……数据度量完美地履行了其所宣称的职责：追踪员工的一言一行，甚至一呼一吸，由此促使生产力的提高并使之可测量化。"数据度量的有效性是以牺牲员工的人性为代价的。"可悲的是，"戴西继续说道，"数据度量之所以如此有效，恰是因为它抹杀了人们的尊严——抛开个人的尊严，才能让我们准确地发现哪些人尽职尽责，而哪些人则在浑水摸鱼。"。当仅用数字来衡量员工的表现时，员工的自我中唯一有价值的便是对这些数字有贡献的部分。韦伯预测，由于自我中诸如情感需求与家庭责任的部分被认为跟工作无关，故科层制将对其自动摒弃。

从科层制到寡头政治　因此，科层化的危险之一在于其压制了其他的价值观与原则，甚至凌驾于提高

> **科层制是现有的对人类行使权威的最合理的手段。**
>
> 马克思·韦伯

资料来源：www.buttersafe.com. 图片来源：2011 Alex Culang and Raynato Castro Buttersafe.

效率这一终极目的之上。社会学家罗伯特·米歇尔斯（Robert Michels）研究了第一次世界大战前欧洲的社会主义政党与工会，发现这些组织愈发地官僚主义。为了既得利益，这些刚上台的组织领导者紧握权力不放，哪怕是最主张平等主义的领导者也不例外。毕竟，一旦失去领导地位，他们将不得不重新从事全职的体力劳动。

> **官僚主义是人类饱受折磨的枷锁。**
>
> 弗兰兹·卡夫卡（Franz Kafka）

通过研究，米歇尔斯提出了**寡头政治铁律**这一概念，即所有组织，哪怕是民主组织，都倾向于发展为由少数精英（称为寡头集团）统治的官僚体制。为什么会出现寡头政治？获得领导角色的人通常拥有指导他人（如果不是控制他人）的技能、知识或魅力。米歇尔斯认为，一个运动或组织的普通民众会向领导者寻求指引，从而强化了少数人的统治过程。此外，寡头政治的成员热衷于维持他们的领导角色、特权和权力，并利用其对资源的控制来达到上述目的。

当社会政治运动受意识形态的驱使而常态化时，人们往往会对寡头政治忧心忡忡。在美国政治中，信奉意识形态的追随者（通常为该党的中坚力量）经常抱怨当选的领导人只关心个人利益，从而成为"华盛顿的圈内人"。例如，在2016年的总统竞选中，右翼保守派批评当选的共和党领导人违背了他们的理念，这促使党外人唐纳德·特朗普成为共和党总统候选人。同样地，在意识形态上追求平等和机会的进步民主党人在总统竞选中支持了伯尼·桑德斯（Bernie Sanders），反而将最终获得提名的希拉里·克林顿斥之为进步事业的敌人、好战黩武的亲华尔街派。对于双方而言，这里就抛出这样一个问题：相比做正确的事，政客们是否更热衷于继续留任？

科层制和组织文化

韦伯的模型给人留下的一个印象就是，对于企业的组织运行而言，只有一种方式最为正确和有效。然而，随着时间的推移，管理者尝试了各式各样的策略，来促使生产力最大化。譬如，根据弗雷德里克·温斯洛·泰勒（Frederick Winslow Taylor）在19世纪晚期创立的**科学管理**理论，管理者应该设法测量工作过程中的各个方面，以消除任何低效的环节。他们使用的一个主要工具是时间运动研究，即用秒表来测量工人的每个动作。然后，寻找降低每项任务所耗费的时间的方法。在此体系中，员工作为被管理的对象，而不是管理者在意与关心的主体。

直至工人们组建工会，并迫使管理层承认他们不是被管理的客体，科学管理模式才开始被讨论正式组织的理论家们所修正。受到社会科学研究的部分启发，管理者和行政人员开始意识到工作的社会部分对于组织具有重要的影响。另一种被称为**人际关系**方法的管理哲学应运而生，它强调科层制中人的角色、沟通以及参与的作用。通过该模型，

寡头政治铁律（iron law of oligarchy）所有组织，哪怕是民主组织，都倾向于发展成为一种由少数精英统治的官僚体制。

科学管理（scientific management）测量工作过程中的各个方面，以消除任何低效的环节的一种理论。

人际关系（human relations）一种研究正式组织的方法。强调科层制中人的角色、沟通以及参与的作用，聚焦于组织中的非正式结构。

电影

5

关于社会结构与社会互动

《上班一条虫》(Office Space)
现代官僚组织的疯狂生活。

《楚门的世界》(The Truman Show)
在这个后现代故事中，一个男人的生活在不知情的情况下被电视直播。

《第九区》(District 9)
谁走谁留：生杀予夺的权力之争。

《马戏之王》(The Greatest Showman)
这就是我。

《绿皮书》(Green Book)
一名非裔美国钢琴家雇用一名意大利保镖，前往黑人歧视严重的南方进行巡回演出。

老板意识到，关注员工的感受、了解他们的悲喜以及满足其工作满意度中的情感需求也很重要。如今，许多工作场所（主要是那些地位较高的职业）已经转变为对家庭友好的企业环境。某种程度上，管理者坚信，帮助员工满足其所有的需求能够提高劳动生产力，而企业的关心与关爱则是理性计算的结果。

无论是传统社会、现代社会还是后现代社会，社会结构提供了秩序，塑造了我们所能获得的机会。我们在其设定的情境中与他人互动，而我们所处的地位决定了我们所扮演的角色。此外，我们的所思所想与一言一行则受到在群体、社交网络和制度背景下我们与他人关系的影响。作为一门学科，社会学致力于理解我们的社会结构背景及其对我们生活的影响。

然而，社会和社会结构并不是单一的事物。虽然我们在许多方面都是社会的产物，社会化让我们以恰当的方式来思考和行动，但我们也可以按新的方式来思考和行动，并构建新的文化。如今，这种变化或许变得愈发明显，因为我们的世界是如此的多元化。我们的世界不是某个结构、某个家庭和某个宗教的世界，而是由多重结构、多个家庭和多种宗教所组成的世界。我们有可能与更多的人进行更广泛的接触，而这些人的思维和行为方式比以往任何时候都更加多样化。当我们越认识到其他可能的思维与行为方式，就越能利用这些知识让世界变得更加美好。

行动起来！

地位的意义

一生中，我们会占据众多地位，其为我们打开通往一个世界的大门，同时也可能关闭通往另一个世界的通道。询问五名身居不同地位的人，如父母、教授、儿童看护人、监护人、管理者、宗教领袖，等等，他们是如何获得这些地位的？他们所占据的地位如何使之实现个人和集体的目标？他们又是如何受制于这些地位的？

1. **社会为我们提供了什么?**
   - 社会提供了一种结构,后者建立在我们所占据的位置之上;同时,社会还明确了我们所扮演的角色以及联结个体的群体、社交网络与制度。

2. **社会学家是如何描述传统社会与现代社会的差异的?**
   - 社会学家强调劳动分工和技术发展在两种社会中对于社区组织、职业和社会互动的影响。

3. **社会结构是如何塑造个人行为的?**
   - 我们所处的位置塑造了我们的认知,决定了可获得的资源以及备选的手段。例如,在科层制中,我们的社会地位、层级关系以及对于个人表现的期待均已被明确规定。

图片来源:Michaeljung/Shutterstock.

不同社会学视角下的社会结构与社会互动

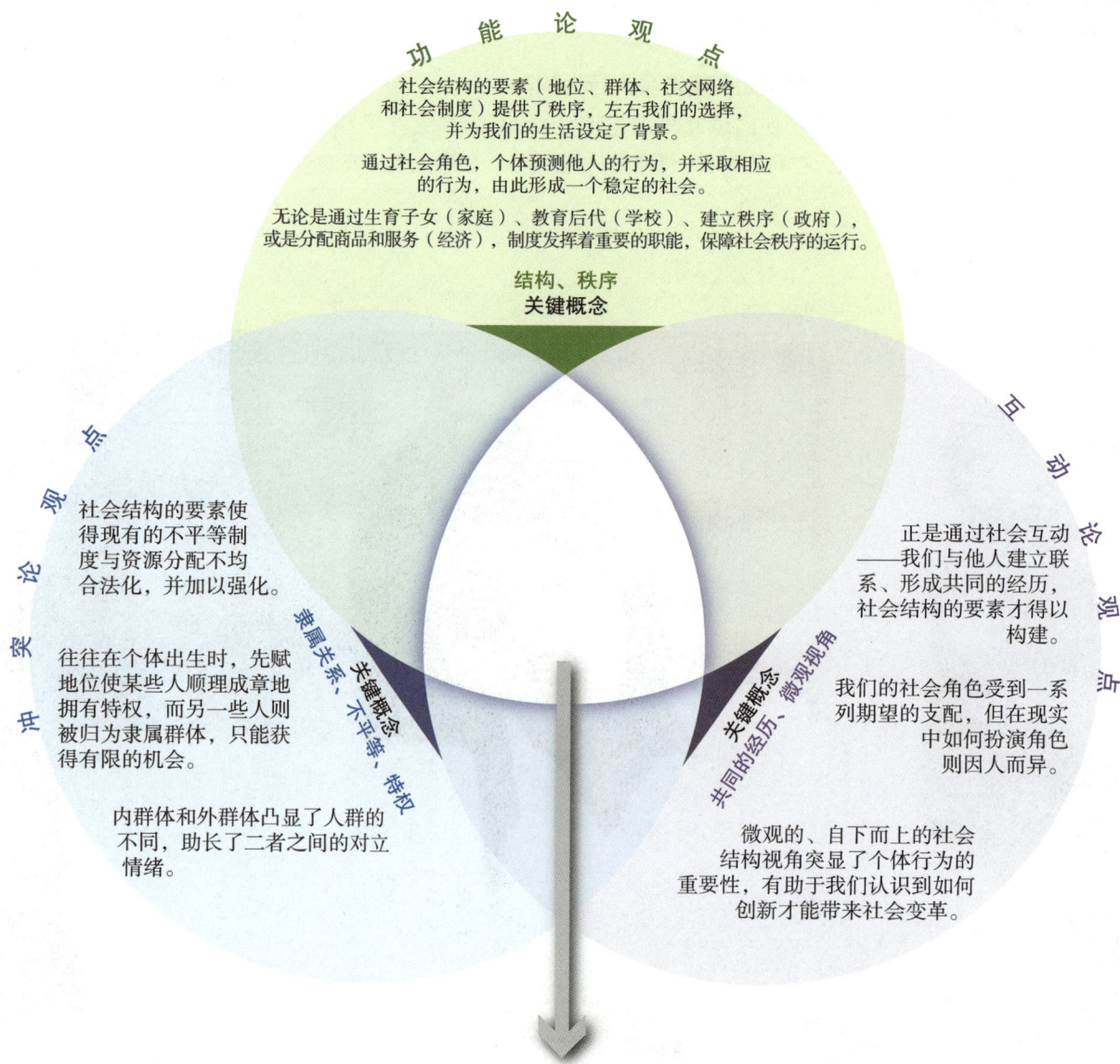

功能论观点

社会结构的要素（地位、群体、社交网络和社会制度）提供了秩序，左右我们的选择，并为我们的生活设定了背景。

通过社会角色，个体预测他人的行为，并采取相应的行为，由此形成一个稳定的社会。

无论是通过生育子女（家庭）、教育后代（学校）、建立秩序（政府），或是分配商品和服务（经济），制度发挥着重要的职能，保障社会秩序的运行。

结构、秩序
关键概念

冲突论观点

社会结构的要素使得现有的不平等制度与资源分配不均合法化，并加以强化。

往往在个体出生时，先赋地位使某些人顺理成章地拥有特权，而另一些人则被归为隶属群体，只能获得有限的机会。

内群体和外群体凸显了人群的不同，助长了二者之间的对立情绪。

隶属关系、不平等、特权
关键概念

互动论观点

正是通过社会互动——我们与他人建立联系、形成共同的经历，社会结构的要素才得以构建。

我们的社会角色受到一系列期望的支配，但在现实中如何扮演角色则因人而异。

微观的、自下而上的社会结构视角突显了个体行为的重要性，有助于我们认识到如何创新才能带来社会变革。

共同的经历、微观视角
关键概念

建立联系

回顾本章之后，请回答下列问题。

1
游戏结构如何影响我们的游戏方式？以上理论视角对你有启发吗？

2
简述功能论、冲突论和互动论分别是如何看待先赋地位与自致地位的。

3
作为一种制度，教育在哪些方面起到了稳固社会秩序和促进稳定的作用？

4
你曾经加入过某个团体吗？如果有，上述理论视角对你的经历有何启示？

第 6 章

越轨

图片来源：Jim Watson/AFP/Getty Images.

到此为止

2017 年 10 月 1 日，乡村歌手杰森·阿尔丁（Jason Aldean）在拉斯维加斯大道的一个户外乡村音乐节上表演时，密集的子弹像雨点般从上面落下。射击来自街对面曼德勒海湾度假赌场酒店 32 楼的房间。人们四散逃窜，寻求庇护，但最终仍有 58 人被射杀，另有 422 人中弹。枪声持续了大约 10 分钟。这是美国现代史上最可怕的大规模枪击事件之一。在枪手藏身的酒店套房内有 24 件武器被发现，并可计算出已发射了 1100 多发子弹。

仅仅几个月后，在 2018 年 2 月 14 日工作日即将结束时，位于佛罗里达州帕克兰的玛乔里·斯通曼·道格拉斯高中响起了火警。当学生们涌入走廊时，一名之前在该校就读的学生手持突击步枪开始射击，整个射击过程持续了 6 分 20 秒。射击结束时，有 17 人死亡，其中包括 14 名学生和 3 名学校工作人员，另有 17 人受伤。事后，学生们表示对美国频繁地出现大规模枪击事件非常愤怒。

他们的愤怒是有道理的。美国发生大规模枪击惨案的频率密集得令人担忧。在帕克兰事件之后，有许多大规模枪击事件上了全国新闻的头条。2018 年 5 月 18 日，在得克萨斯州圣达菲高中，8 名学生和 2 名教师被该校一名学生用霰弹枪和左轮手枪射杀；2018 年

10月27日，在宾夕法尼亚州匹兹堡的生命之树犹太教堂，一名手持AR-15半自动步枪和三把格洛克手枪的男子杀死了11人；2018年11月8日，在加利福尼亚州千橡树市的边境线烧烤酒吧，一名手持格洛克半自动手枪的枪手杀死了12人。在上面的每一例惨案中，官方都表明了他们的关注，并为死者做了祷告。

在帕克兰事件中生还的学生们决定采取行动。在袭击发生几个小时后，他们开始组织起来，发起了"到此为止"管枪行动，要求通过枪支法案的改革以减少类似袭击事件发生的可能性，并于2018年3月24日在全国各地"为生命游行"，其中包括在华盛顿特区举行的集会。他们的社会活动开始产生影响。例如，佛罗里达州将购买枪支的最低年龄从18岁提高到21岁，并规定了购买枪支必须有三天等待期，在此期间还需对购买者进行背景调查（Pazzanese, 2018；Witt, 2018）。

为了确保此类行动有效，我们需要了解大规模枪击事件发生的原因。它们是由未经控制的精神疾病引起的吗？或者是枪支泛滥引起的？或者，是因为暴力文化？社会学家在研究中通过提出这样的问题来帮助我们更好地理解越轨行为，从而使我们更好地懂得如何预防越轨行为。

边读边思考 >>

- 群体如何维持社会控制？
- 越轨和犯罪有什么区别？
- 社会学家如何解释越轨和犯罪？

> > 社会控制

作为个人，我们都会在某个时刻想要反抗社会强加给我们的期望。我们可能非常了解，个体必须要被社会化并接受周围人的规范和价值观，但如果涉及对这些规范和价值观的服从，有时候我们就很难做到。或许，不服从的冲动来自朋友和同事，正是他们给我们施加了压力。如果我们屈从于他人的要求，我们正遭受的就是他人以社会控制的形式对我们所做的约束。**社会控制**是一种社会权力，这种权力强制要求遵守社

社会控制（social control）强制要求遵守社会期待的规范和价值观来限制越轨的社会权力。

遵从（conformity）遵守同辈群体的规范，即使他们对我们来说谈不上权威。

服从（obedience）做某个权威人物所说的应该做的事情。

会期待的规范和价值观，从而限制个体的越轨行为，即违反公认的社会规范的行为。正如我们在第3章的"规范文化"中看到的，我们周围的人使用正面激励和负面制裁来鼓励和阻止某些特定行为。社会控制的可怕之处在于，这种权力往往隐蔽地掌握在有权威的人手里。

遵从和服从

我们能体验到各种形式的社会控制。**遵从**是一种横向的社会控制形式，涉及遵守同辈群体的规范，即使他们对我们来说谈不上权威。无论是参加篮球比赛或出国留学时的随波逐流，还是因为朋友参加了聚会，所以自己也参加聚会，都是某种形式的遵从。**服从**则是一种垂直的社会控制形式，包括做某个权威人物所说的应该做的事情。在服从这种社会控制形式中，我们所尊重的权威人物（无论是作为教师、宗教领袖还是教练）的社会地位赋予了他们操纵我们的权力。我们倾向于按照他们的要求去做，因为我们信任他们，他们的社会地位让我们假定他们有值得我们服从的知识和智慧。

图片来源：James Harrison/Alamy Stock Photo.

社会心理学家斯坦利·米尔格拉姆（Stanley Milgram）对服从感到好奇。他想知道，如果一个值得信赖的权威人物要求人们做一些坏事，人们会在多大程度上服从他。米尔格拉姆之所以想要研究服从，部分原因是他想更好地理解第二次世界大战期间参与屠杀600万犹太人和数百万其他民族的那些德国人的行为。战后人们给出的一种合理化理由是，那些德国人"只是听从命令"。为了更好地理解这一问题，米尔格拉姆建构了一个测试方法来评估人们服从的意愿。

米尔格拉姆设置了一个场景。在这个场景中，一名从当地社区招募的志愿者事先被告知，研究人员正在调查惩罚对学习的影响。然后该志愿者被带到实验室环境中，并被要求扮演"老师"的角色，负责向"学生"提问。如果学生答错了问题，穿着实验服的科学家就会指示老师对学生进行电击。学生每多答错一个问题，老师就会被指示增加电击的电压。然而，志愿者们不知道的是，实际上并没有进行真实的电击。这项研

究的真正目的是想看看老师或志愿者会在多大程度上服从科学家的指示。

在预先安排好的剧本中，学生故意给出错误的答案，并在被"电击"时假装痛苦。例如，当电击的电压显示为150伏时，学生会大喊"放我出去"；当电击的电压显示为270伏时，学生会极度痛苦地尖叫；当电击的电压达到350伏时，学生会痛得噤声。如果老师想停止实验，实验者会坚持让老师/志愿者继续，并使用"实验要求你继续""你别无选择，你必须继续"等说辞。米尔格拉姆多次重复这个实验，改变了23种不同的实验条件，比如科学家的性别、科学家的数量以及科学家是否进入

僵尸启示录已成为流行文化的一个主要要素。具体的例子有乔治·罗梅罗（George Romero）的电影《活死人之夜》（*Night of the Living Dead*）、马克斯·布鲁克斯（Max Brooks）的书籍和同名电影《僵尸世界大战》（*World War Z*），以及漫画小说和电视剧《行尸走肉》（*The Walking Dead*）。此类故事更多讲述的是人类和社会秩序的崩溃，而不是僵尸。如果发生僵尸大灾难，你认为社会秩序会以多快的速度崩溃？哪些因素可以最大限度地减少社会混乱？人们应该采取哪些措施来强化社会秩序？

图片来源：Gene Page/AMC/PictureLux/The Hollywood Archive/Alamy Stock Photo.

流行社会学

志愿者房间，看看这些变化可能会产生什么影响。在米尔格拉姆最为人所知的实验 5 中，65% 的志愿者一直持续到 450 伏，这是电击电压的最大值。

在米尔格拉姆实验之后，有许多研究人员试图复制他的实验并产生了可进行比较的研究结果。尽管这些研究的服从率从 28% 到 91% 不等，但 17 项研究的平均服从率达到了 65%。由于对志愿者的心理健康存在着潜在的伤害，诸如此类的研究后来被叫停了。在最近的一次类似实验中，社会心理学家杰里·伯格

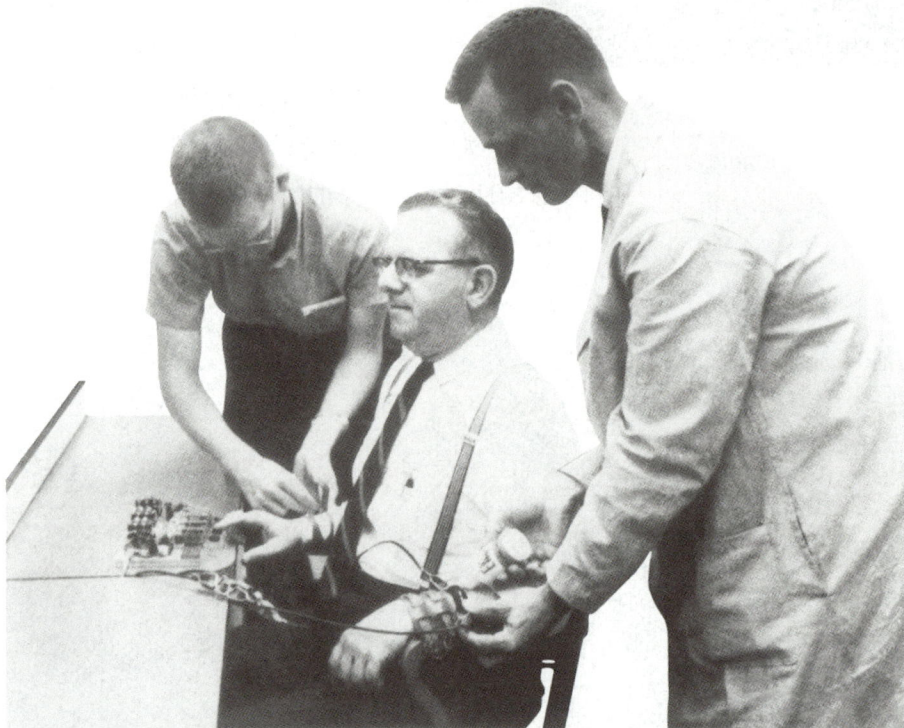

米尔格拉姆实验的参与者。
注：摘自米尔格拉姆 1968 年拍摄的电影《服从》（Obedience），米尔格拉姆于 1993 年更新，并经其许可转载。

（Jerry Burger）向志愿者保证，只要他们愿意，他们可以随时停止实验，停止实验后也同样可以获得报酬，从而最大限度地减少研究伦理方面的问题。而且，在 150 伏电压水平，学生要求停止实验，然后实验就立即结束了。此时，实验的研究目的已经达到，而学生也没有受到实质性的伤害。在这种情况下，伯格发现，仍然有 65% 的实验对象选择继续电击直到最后一刻。

社会学思考

根据美国社会学协会的《伦理准则》，研究人员必须"保护实验对象，以免其受到伤害"。米尔格拉姆的研究对象在多大程度上遭受到了精神方面的伤害？研究人员如何以及为什么会试图合理化这种风险？

米尔格拉姆得出的结论是，当处于权威地位的人告诉我们应该怎么做时，我们会去做我们不愿意做的事情，即使我们从中感到了痛苦。他指出，在现代社会，我们习惯于服从以头衔（教授、总统、医生）或制服（警察、陆军中尉、科学家）来表征身份的非个人化权威人物。因为服从权威人物，我们将行为责任转移给他们，而不能充分地意识到我们正在做什么。在这种情况下，普通人可能以极不人道的方式对待彼此。正如 2004 年在伊拉克阿布格莱布监狱拍摄的揭露真相的照片所展示的那样，美国军警羞辱甚至虐待伊拉克囚犯。

多年以后回顾之前的研究，米尔格拉姆写道："我们可能是木偶——被社会控制的木偶，但至少我们是有知觉、有意识的木偶。也许我们的意识是我们得到解放的第一步。"我们不可能在真空中做出选择，社会学使我们能够更好地识别那些塑造我们行为的社会力量，以便我们可以做出更明智的选择。

社会学思考

你认为一个人的社会背景会影响他或她在米尔格拉姆实验中的表现吗？年龄、性别、宗教或受教育程度会产生什么样的影响？

非正式社会控制和正式社会控制

除了横向的社会控制与垂直的社会控制之外,社会控制还可以分为非正式的社会控制和正式的社会控制。**非正式社会控制**涉及人与人之间的相互暗示,通过正面的或者负面的日常互动来使人们遵守规范。比如父母瞪了孩子一眼就是一种随意的制裁,表明孩子们说错了什么或做错了什么,最好立即停止。其他例子包括微笑、大笑、双臂交叉、皱眉和嘲笑。我们试着在新的环境中读懂这些线索,例如第一次约会或工作面试时,我们可以据此相应地调整我们的行为。

正式社会控制涉及由权威组织发布的鼓励性的或惩戒性的规定,以便让人们遵守规范。权威组织代理人的例子有警察、法官、学校管理人员、经理和军官等,他们的任务是确保人们遵守他们所属组织的正式规定。当社会化和非正式制裁不能塑造出令人满意的理想行为时,正式社会控制就是最后的手段。

正式社会控制和非正式社会控制之间的相互作用很复杂,因为我们有时必须在两种控制之间取得平衡。

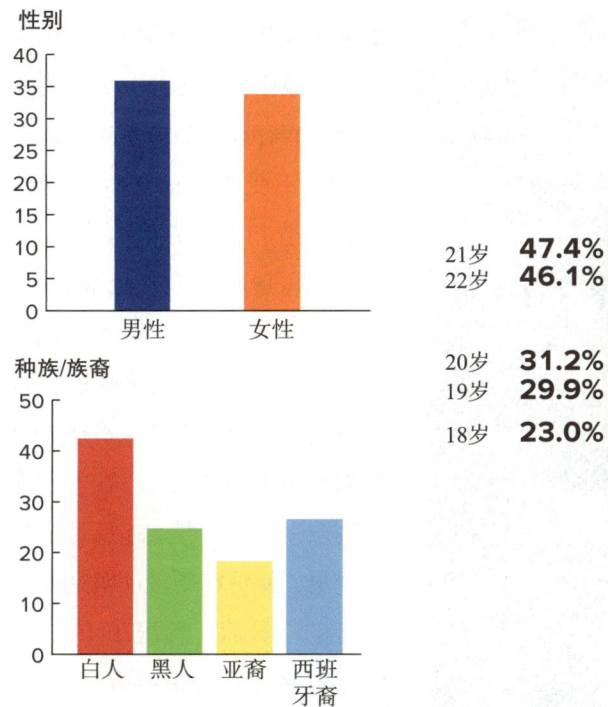

例如,大学生接收到是否可以酗酒的矛盾信息。一方面,对于大多数大学生来说,饮酒是违法的,因为他们还未达到可饮酒的法定年龄,而且对于所有学生来说,酗酒违反了学生行为准则;另一方面,正如图6-1所示,那些沉迷于酗酒的人符合学生同辈群体的规范,这些规范因年龄、性别和种族/族裔而异。针对这一问题,高校正在采取措施来加强社会控制。比如制定禁酒令、关闭违反规定的兄弟会和姐妹会、开除有多次酗酒行为的学生,并与当地酒类零售商合作,降低向学生销售酒类饮料的数量。

法律和社会

一些规范对社会是如此地重要,以至于它们被正式编入法律来限制人们的行为。**法律**——由国家强制执行的正式规范——是政府进行社会控制的一种形式。有些法律,例如禁止谋杀,是针对所有社会成员的;其他的法律,例如渔业、狩猎法规,主要影响特定的人;还有一些法律则是用来监管社会机构的(例如,公司法和对非营利组织征税的法律)。

逮捕、起诉违反法律的人并对其定罪是最有效的正式社会控制手段之一。在美国,2016年有660万成年人接受了某种形式的惩教监督,如拘留、入狱、缓刑或假释。换句话说,2.6%的美国成年人,或每38名美国成年人中就有1人遭受到这种非常正式的社会控制。从图6-2中可以看出,美国的服刑率在20世纪80年代迅速上升并保持在高位。导致服刑率急剧上升的因素包括政府打击非法滥用药物

> **非正式社会控制**(informal social control) 人与人之间的相互暗示,通过正面的或负面的日常互动来使人们遵守规范。
>
> **正式社会控制**(formal social control) 权威组织发布的鼓励性的或惩戒性的规定,以便让人们遵守规范。
>
> **法律**(laws) 由国家强制执行的正式规范。

图6-1 校园酗酒情况

注:酗酒的定义是在过去30天内,男性至少有一次在同一场合饮酒5杯以上,女性至少有一次在同一场合饮酒4杯以上。白人、黑人和亚洲人这三类里面都不包括西班牙裔。

资料来源:SAMHSA,2018. 图片来源:©Comstock/Jupiter Images.

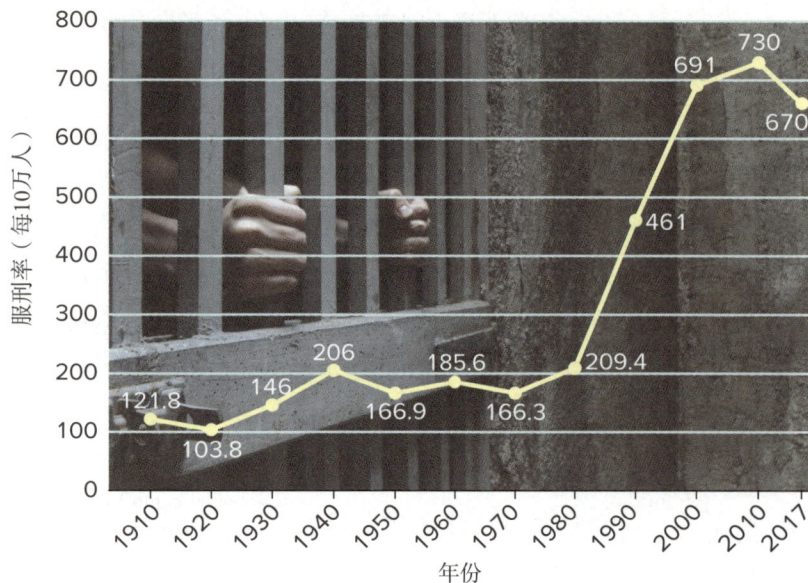

图 6-2　美国的服刑率情况（1910—2017 年）

注：服刑率指的是每 10 万美国人中的入狱人数。

资料来源：Kaeble and Cowhig，2018. 照片来源：AZemdega/E+/Getty Images.

和实行强制判决制度。例如，在 20 世纪 70 年代初期，理查德·尼克松总统宣布了"对毒品的战争"，罗纳德·里根总统在 20 世纪 80 年代扩展了这一政策并延续至今。因此，应对药物滥用的重点从预防和治疗转

向了加强执法和惩罚。1986 年发布的《反药物滥用法》（The Anti-Drug Abuse Act）对包括大麻和可卡因在内的各种药物滥用规定了强制性最低刑期。为了对犯罪采取强硬态度，这种对药物滥用的强制性最低刑期被扩展到了其他犯罪领域。1984 年发布的《量刑改革法案》（The Sentencing Reform Act）促成了美国量刑委员会的组建，该委员会为违反任何联邦法规的被告制定量刑指南，包括最低刑期。这些政策导致了更多人服刑。一些人对此进行了批评，他们指出，惩罚不成比例地落在非裔美国人和其他少数族裔身上，而且这种状况还在持续。

在多元化的社会中，法律的制定不可避免地会产生关于哪些人的价值观更应该占主导地位或哪些人的利益更应该受到保护的冲突。例如，雇用无证工人是否违法？堕胎是否违法？允许人们在公立学校祈祷是否违法？在飞机上抽烟是否违法？由于需要在相互竞争的利益中做出选择，关于此类问题一直存在激烈的争论。毫不奇怪，不受欢迎的法律，例如禁止制造和销售酒精的第 18 条修正案（1919 年获得批准），或 1974 年全美范围内开始实施的每小时 55 英里的限速政策，因为民众没有形成支持这些规范的共识而很难得到执行。在上述两个例子中，公众普遍违反了政府的规定，而法律则被证明是难以执行的。最后，美国于 1933 年废除了制造和销售酒精的禁令，国会也于 1987 年推翻了全国性的限速政策。

每一年，都有数百万人下载美国 HBO 出品的《权力的游戏》等节目获得这些节目的非法副本。

图片来源：Lux/The Hollywood Archive/Alamy Stock Photo.

作为个体，我们生命中的每一刻都面临着是服从还是反抗的选择。我们常常面临的是相互竞争且互不相容的选择，选择某一条路可能会取悦我们生活中的一些人，并使我们获得某种利益，但这样做的同时又会让其他一些人失望，还会导致我们牺牲另一种我们自己也渴望获得的利益。服从一个群体可能意味着对另一个群体的背离。

> > 越轨

社会控制的反面是越轨。**越轨**是指违反群体或社会的行为标准或期望的行为。就如上课迟到，就像穿着牛仔裤参加正式婚礼一样，都被归类为越轨行为。根据越轨的社会学定义，我们都会时不时地有越轨行为，我们每个人都会在某些情况下违反社会规范。作为一个社会整体，我们可以决定对社会规范的偏离达到多大程度才算是严重的越轨行为，社会学家为我们提供了观察工具来更好地理解我们是如何越轨的，以及我们为什么会越轨。

什么行为属于越轨行为

因为越轨涉及违反某些群体的规范，一种行为是否可以被定义为越轨行为取决于行为的背景。互联网上共享和流动的文件，包括歌曲、电影、电脑游戏、书籍以及几乎任何其他可以数字化的东西，提供了一个例子，说明了在人们的眼中什么样的行为算是越轨。每当有新的电影或节目上映时，网络盗版组织就会处于竞争的态势，看谁能第一个上传节目的高清拷贝。如果上传的是奥斯卡提名影片，竞争就会更加激烈。2018 年，到奥斯卡金像奖颁奖的那个晚上为止，已经有 94% 的提名影片有了高质量格式的盗版。

美国 HBO 出品的《权力的游戏》是被非法下载最多的网络节目之一，仅第七季就被非法下载超过 10 亿次，最后一集在发布后的 72 小时内被非法下载超过 1.2 亿次。由于向电视评论家和记者提供的预览副本可能被泄露并上传到互联网，许多电视剧集的盗版甚至当它们在有线电视网络上首映之前就已经出现。电影

和电视制片厂应对这一问题的做法是，对电影和电视剧的预览副本加以限制，以便保护视频发布网站（如 Screeners.com）的利益。然而，网上的盗版仍然持续增加。2017 年，全球有超过 100 亿部电影或电视节目被非法下载。

因为这些电影、音乐和游戏文件的属性不是物理的，它可以被一遍又一遍没有成本地复制，任何拥有计算机和网络链接的人都可以从愿意共享的人那里取得文件，并将它们传递给其他想要这些文件的人。人们很容易为这种行为辩解，认为这对任何人都没有伤害，但生产这些产品的娱乐公司却有着不同的看法。研究表明，2018 年，因盗版而遭到损失的金额达到 520 亿美元。然而，因为这些文件具有易于传播的特征，许多人并不认为下载它们是一种越轨行为，有些人甚至认为，下载这些文件是对定价过高的大公司的抗议。

> **越轨**（deviance） 违反群体或社会的行为标准或期望的行为。

关于越轨，需要记住的一个重要方面是，当人们选择以不同的方式行事时，社会就会发生变化。而我们倾向于随波逐流，从而维持现状，最终的结果是我们往往看不到现有的一些做法事实上可能违反了我们应该遵守的核心原则。当此类违规行为发生时，那些坚信这些行为正确的人往往会受到惩罚。民权运动提供了许多这样的例子，例如，非暴力抗议者在静坐和游行时，会遭到警犬、消防水管的攻击，或者会被殴打和监禁，但是，这些抗议活动最终为非裔美国人和其他人带来了更大的政治、法律和经济机会。这种改变很难发生，部分原因是那些地位最高的人有能力定义什么是可以接受的、什么是越轨，需要大众齐心协力并动员大量的资源，才能抵消这种力量。

越轨和社会污名

在思维方式、信仰、行为或外表方面偏离常规的人经常被处于社会权力高位的人归类为不同的、奇怪的、不寻常的或不正常的。整个群体——无论是基于头发颜色、肤色、身高、体重、衣着、国籍、体质，

图片来源：Leonard McLane/Digital Vision/Getty Images.

还是其他属性——都可能由于他们被假定的缺点而被贬低。社会学家欧文·戈夫曼创造了"污名"一词，用来描述将某些个体或群体成员标记为缺失的人，因为某种特征，这些人被其他人视为异常。我们对他人的看法决定了我们对待他们的方式，所以这些污名标签会产生某些后果，正如我们从托马斯定理中学到的那样。因此，污名代表了一种社会控制形式。首先，我们使用刻板印象将人们标记为不同的人，将他们描述为"其他人"。然后，"我们"与"他们"之间的区别被用来证明，对那些被污名化的群体的歧视是正当的，从而阻止他们获得有价值的物质、社会和文化资源。

> 污名（stigma） 将某些个体或群体的成员标记为缺失的人，因为某种特征，这些人被其他人视为异常。

遵守规范从而避免污名的压力会产生强大的影响，人们会尽量不过多偏离文化设定的期望。例如，女性可能会感到被迫接纳内奥米·沃尔夫（Naomi Wolf）

图片来源：©Comstock/Jupiter Images.

所提出的"美丽神话"。这是一种夸大的关于美人的理想形象，除了少数女性之外，大多数人无法企及。为了实现这一理想，许多女性接受了整形手术。2017年，300 378名女性接受了隆胸手术，218 174人选择了吸脂术，177 290人接受了眼睑手术，166 531人选择鼻子整形手术，124 869人接受了腹部除皱术。在微创手术方面，680万人选择了肉毒杆菌毒素，130万人接受了化学换肤。总体而言，仅在2017年，女性就接受了1300万次整容手术。不仅仅是女性，男性也会做整容手术，男性的整容手术占所有整容手术的13%。在男性中，有52 393人选择了鼻子整形手术，这是男性中最常见的外科手术。2017年，美国所有整容手术的总花费估计为167亿美元。避免被污名化的愿望强化了现有的规范。

人们经常因为他们曾经做过并已经不再去做的越轨行为而背负污名。"有前科""曾经无家可归"和"戒酒"的标签可以像主要身份一样发挥作用，伴随着个体的终生。戈夫曼对声望符号和污名符号进行了有益的区分。声望符号能让人们注意到个人身份的积极方面，比如婚戒或警察徽章；污名符号则会诋毁或贬低个人的身份，比如猥亵儿童的罪名。尽管污名符号并不总是显而易见的，但它们可以成为众所周知的事情。从1994年开始，许多州要求被定罪的性犯罪者要向当地警察部门登记。一些社区在网络上会公布性犯罪者的姓名和地址，在某些情况下甚至还会公布他们的照片。

背负污名会限制一个人的机会。例如，即使无家可归的人完全有资格、有能力获得某一份工作，他们也往往难以被雇用，因为雇主会对无法提供家庭住址的申请

电影 关于越轨

5

《人类清除计划》（The Purge）

每年一次，持续 12 小时，所有犯罪都是合法的。

《大话王》（Liar, Liar）

如果诚实是你唯一的选择，怎么办？

《服从》（Compliance）

说到服从，你会走多远？

《我不是女巫》（I Am Not a Witch）

一个八岁的女孩被指控为女巫。

《幽灵世界》（Ghost World）

两个被抛弃的少年的恶作剧使得事情发生了意想不到的转折。

R. J. 帕拉西奥（R. J. Palacio）的小说《奇迹》（Wonder）讲述了在家上学的五年级学生奥吉·普尔曼（Auggie Pullman）的故事。奥吉的病情让他的脸毁容了，他的父母决定让他进入公立学校就读，这样他就可以结交更多的朋友。在上学的第一天，他尽量不让别人发现他的脸被毁容这一情况。但是，没过多久，他的外貌所带来的污名开始给他的生活、学习造成了负面影响。这本书以及基于这本书拍摄的电影，揭示了污名所带来的挑战，这个挑战不仅针对背负污名的个人，也针对背负污名的个人的周围的人。

图片来源：Lionsgate/Entertainment Pictures/ZUMAPREss.com/Alamy Stock Photo.

流行社会学

人非常谨慎。虽然许多招聘机构使用电话进行联系，但手机价格昂贵，而且在无家可归的情况下拥有一部手机往往会受到其他人的怀疑。如果无家可归者生活在收容所，可以使用收容所的电话，但收容所的工作人员通常在接电话时会报出收容所的机构名称，这会使未来的雇主不愿意雇用申请人。而且，即使无家可归者被录用，如果他／她过去或现在的情况被曝光，无家可归带来的污名也会对之后的机会产生负面影响，即使他／她有着非常积极的工作表现也是如此。

> > **犯罪**

犯罪是一种特殊形式的越轨行为，其中的罪犯违反的是正式规范。社会学家将犯罪定义为被某些政府当局实施正式处罚的违反刑法的行为。谋杀等违反社会核心道德的犯罪往往会导致严厉的惩罚，因为它们构成了对生命、自由和追求幸福等核心社会价值观的冲击。入室盗窃等其他罪行导致的后果不那么严重，因此此类罪行的违法者通常会受到较轻的惩罚。

官方犯罪报告

犯罪在任何社会中都是一个严重的问题。它代表着社会秩序的崩溃，并对个人和社区的健康和安全构成潜在威胁。美国 FBI 使用所谓的"犯罪时钟"来跟踪美国的犯罪频率。例如，财产犯罪平均每 4.1 秒发生一次，最频繁的财产犯罪类别是盗窃，包括入店行窃和从汽车上偷窃物品等。暴力犯罪每 24.6 秒发生一次，其中最严重的是谋杀。在美国，每 30.5 分钟就会发生一次谋杀。

犯罪趋势 美国联邦调查局在年度报告《犯罪报告汇编》（Uniform Crime Reports, UCR）中提供了更详细的犯罪频率说明。报告中特别关注所谓的**指数罪案**，其中包括每年

犯罪（Crime）被某些政府当局实施正式处罚的违反刑法的行为。

指数罪案（index crimes）美国联邦调查局在年度报告《犯罪报告汇编》中提供的八种犯罪类型：谋杀、暴力强奸、抢劫、故意伤害、入室盗窃、盗窃、机动车盗窃和纵火。

都有统计的八种犯罪：谋杀、暴力强奸、抢劫、故意伤害、入室盗窃、扒窃、机动车盗窃和纵火。前四种属于暴力犯罪，后四种属于财产犯罪。正如"美国联邦调查局犯罪报告汇编资料"中的数据所示，这些不同犯罪类型在数量和比率上差别很大。

犯罪率随时间而变化，社会学家试图解释导致这些变化的因素。在过去的 10 年中，正如图 6-3 所示，大多数主要类别的犯罪率都有所下降。例如，自

受害者调查（victimization surveys）抽取可代表总人口的人口样本，询问他们是否曾是犯罪受害者的调查。

2008 年以来，暴力犯罪下降了 10.6%。为了解释这些趋势，社会学家试图找出可能的原因，这些原因包括：

- 人口整体老龄化，而人们在年轻时更有可能犯罪；
- 经济变化，包括 2008 年开始的经济衰退和随后的经济复苏；
- 扩展以社区为导向的警务和预防犯罪计划；
- 提高入狱率，将潜在罪犯从街头清除；
- 新的监狱教育计划旨在减少惯犯的数量。

了解这些和其他可能的影响因素，将有助于我们制定更有效的政策，进一步降低未来的犯罪率。

犯罪被"解决"的可能性因犯罪类型而异。根据联邦调查局的说法，可以通过逮捕或特殊手段"清除"犯罪行为。要通过逮捕来清除犯罪，必须至少逮捕一个人，指控他犯罪，并提交法庭起诉。通过特殊方式清除犯罪包括犯罪者死亡或受害者拒绝配合起诉等例子。正如图 6-3 中所示，暴力犯罪（清除率为 46%）比财产犯罪（清除率为 18%）更有可能被清除。

受害者调查 由于并非所有发生的犯罪都会向警方报告，《犯罪报告汇编》低估了犯罪的频率。为了更准确地统计犯罪的实际数量，研究人员进行了**受害者调查**，抽取可代表总人口的人口样本，询问他们是否曾是犯罪的受害者。美国司法部每年进行的全国犯罪受害者调查显示，某些犯罪比其他犯罪更容易被报告。正如图 6-4 所示，机动车盗窃是最有可能被报告的财产犯罪，73% 的受害者联系了警方；扒窃被报告

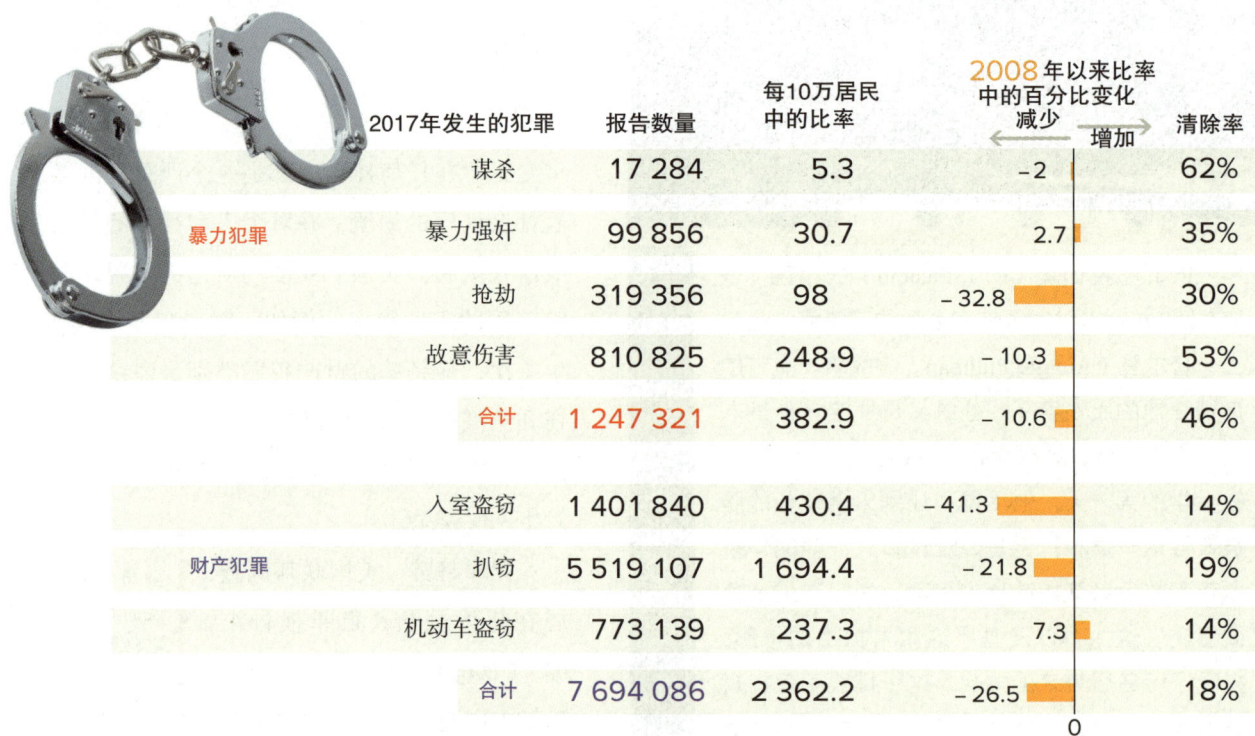

2017年发生的犯罪		报告数量	每10万居民中的比率	2008年以来比率中的百分比变化 减少←→增加	清除率
	谋杀	17 284	5.3	−2	62%
暴力犯罪	暴力强奸	99 856	30.7	2.7	35%
	抢劫	319 356	98	−32.8	30%
	故意伤害	810 825	248.9	−10.3	53%
	合计	1 247 321	382.9	−10.6	46%
	入室盗窃	1 401 840	430.4	−41.3	14%
财产犯罪	扒窃	5 519 107	1 694.4	−21.8	19%
	机动车盗窃	773 139	237.3	7.3	14%
	合计	7 694 086	2 362.2	−26.5	18%

图 6-3 美国联邦调查局犯罪报告汇编资料

注：没有充分的资料来估算纵火的确切总数。由于官方对强奸的定义在 2013 年发生了变化，强奸的百分比变化数据使用旧定义来提供适当的比较。清除率是指通过逮捕或特殊手段向警方报告的罪案的百分比。

资料来源：U.S. Department of Justice 2018a:Tables 1，1A，& 25. 图片来源：D. Hurst/Alamy.

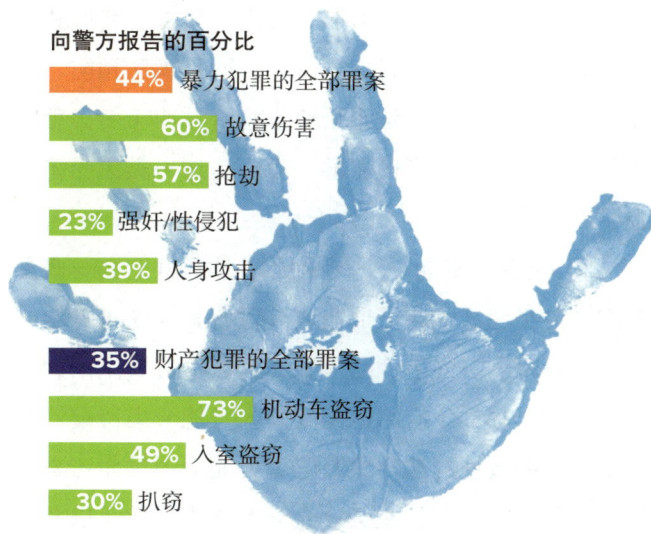

向警方报告的百分比

- **44%** 暴力犯罪的全部罪案
- **60%** 故意伤害
- **57%** 抢劫
- **23%** 强奸/性侵犯
- **39%** 人身攻击
- **35%** 财产犯罪的全部罪案
- **73%** 机动车盗窃
- **49%** 入室盗窃
- **30%** 扒窃

图6-4　向警方报告的案件

图注：百分比数据基于2016年全国犯罪受害者调查。

资料来源：Morgan and Kena, 2018:Table 4.

的可能性最小，为30%。就暴力犯罪而言，只有不到一半的受害者与警方联系过。由于并非所有罪行都会被报告，美国法律体系内的许多罪行中的正义并未得到伸张。

人们会出于各种原因选择不报案。例如，在盗窃案中，人们可能会认为，找回被盗物品的可能性很小，所以根本懒得去报案。更重要的是，少数种族和少数族裔群体的成员往往不信任执法机构，因此在受害时可能不会联系警方。此外，许多妇女没有向警方报告强奸或配偶虐待，是因为她们害怕自己也会被指责。

社会学思考

1990年通过的《克莱里法案》（Clery Act）要求高校及时向学生提供校园犯罪报告。你对官方校园犯罪报告的信任程度如何？为什么大学校园的犯罪报告可能会低估实际发生的案件数量？

白领犯罪

人们普遍认为，只要涉及盗窃、袭击或谋杀等罪行，都需要实施严厉的惩罚。但研究表明，如果犯罪的是受人尊敬的人，结果则有所不同。社会学家将**白领犯罪**定义为社会地位高的个人利用自己的权力和影响力为自己谋取利益的违法行为，包括逃税、挪用公款、操纵股票和欺诈。通常，与更常见的街头犯罪相比，此类犯罪而被定罪的罪犯受到的惩罚要轻得多，即使这些白领犯罪所涉及的金额比其他犯罪要高。

随着时间的推移，白领犯罪的定义已经扩大到包括企业和公司的犯罪。公司犯罪或公司做出的应受政府惩罚的行为有多种形式，受害者包括个人、组织和机构。公司可能做出的不良犯罪行为包括垄断、环境污染、医疗欺诈、偷税漏税、操纵股市、做假账、生产不安全商品、贿赂和腐败以及其他危害公众健康和安全的行为。

伯尼·麦道夫（Bernie Madoff）的倒台展示了历史上最大的白领犯罪案件。美国金融投资商人麦道夫向投资者承诺15%～20%的年回报率，多年来一直在兑现这一承诺，这使他能够吸引来自世界各地的许多极其富有的客户，甚至还吸引了一些慈善组织。但实际上这只是一场骗局。麦道夫向投资者提供了虚假的资料，显示其并不存在的交易和利润。据估计，他骗取了客户的650亿美元，许多人的毕生积蓄和家庭财富瞬间化为乌有。麦道夫最终承认了11项重罪，包括证券欺诈、邮件欺诈、洗钱和伪证等。

关于麦道夫案，特别有趣的是，美国证券交易委员会（SEC）的官员多次被告知麦道夫的投资可能是一场骗局。然而，在收到有关麦道夫实施庞氏骗局（Ponzi scheme）的书面指控后，美国证券交易委员会于2006年启动了正式调查，并于两年后得出"没有证据表明麦道夫存在欺诈行为"的结论。美国证券交易委员会看不到现在的分析家所说的那些显而易见的事实，以致危险的信号被忽略，但为什么会这样呢？社会学家们认为，白领犯罪的罪犯通常会在自证清白方面具有优势。事实上，在之前的每一次调查中，麦道夫都成功地利用自己作为受人尊敬的商人这一身份来证明自己的清白。如果不是他自己坦白，他的犯罪行为可能永远都不会被发现。

> **白领犯罪**（white-collar crime）
> 社会地位高的个人利用自己的权力和影响力为自己谋取利益的违法行为。

20世纪80年代的经典电影《华尔街》（*Wall Street*）讲述了戈登·盖柯（Gordon Gekko）的故事。他是一个野心勃勃的股票经纪人，后来成为现实生活中许多经纪人学习的榜样。在电影最著名的一幕中，盖柯进行了一场关于"美国到底哪里好"的演讲，并在演讲中提到了那个时代的标志性台词："贪婪是好的。"最近，电影《华尔街之狼》（*The Wolf of Wall Street*）呈现了一个截然不同的形象，将高级金融世界讽刺为非常过分与极端腐败的世界，其特征正如其中的一句台词所说的："这一切合法吗？绝对不是。"

图片来源：PictureLux/The Hollywood Archive/Alamy Stock Photo.

流行社会学

无受害者犯罪

有些犯罪似乎不那么严重，因为这些犯罪行为所伤害的只是那些愿意接受伤害的参与者。社会学家将**无受害者犯罪**用来描述成年人之间自愿交换普遍渴望获得但又是非法的商品和服务的违法行为，如赌博、吸毒和卖淫等。当事人都是自愿参与这一事实，导致一些人认为此类交易不应被视为犯罪。

一些社会活动家正在努力将此类犯罪中许多非法行为合法化。例如，去罪化（decriminalization）的支持者对为成年人制定道德准则的尝试感到困扰。在他们看来，卖淫、吸毒、赌博和其他无受害者犯罪的执行成本很高，而且无法预防。已经负担过重的刑事司法系统应该将资源用于街头犯罪和其他有明显受害者的犯罪，而不是这一类无受害者犯罪。

"无受害者犯罪"一词的批评者提出，这一概念造成了这类犯罪中除了罪犯之外没有其他受害者的假象。过量饮酒、强迫性赌博和非法吸毒造成了巨大的人身和财产损失，有酗酒问题的人可能会虐待配偶或子女，嗜赌成性的赌徒或吸毒者可能会通过偷窃来满足自己的成瘾。女权主义社会学家认为，卖淫以及情色制品中更令人不安的方面是强化了一种误解，即女性是"玩具"，可以被视为物品而不是人。对去罪化持批评态度的人们认为，社会不能默许这些产生有害后果的行为。

> **无受害者犯罪**（victimless crime） 社会学家用来描述成年人之间自愿交换普遍渴望获得但又是非法的商品和服务的违法行为。
>
> **有组织犯罪**（organized crime） 协调涉及卖淫、赌博、走私以及销售毒品等违法行为的犯罪企业之间关系的活动。

社会学思考

赌博、卖淫和个人娱乐的毒品使用是否应该合法化？这样做的潜在的积极或消极后果是什么？

有组织犯罪

在谈到有组织犯罪时，人们头脑中就会浮现流行文化中黑帮的形象，例如HBO出品的经典系列《黑道家族》（*The Sopranos*）中的托尼·索普拉诺（Tony Soprano）。在现实生活中，有组织犯罪集团的例子不仅限于黑手党，还包括日本黑帮、俄罗斯黑帮、哥伦比亚贩毒集团和许多其他国际犯罪集团。**有组织犯罪**是指协调涉及卖淫、赌博、走私以及销售毒品等违法行为的犯罪企业之间关系的活动。

有组织犯罪统治着非法商业世界，就像大公司统治着传统商业世界一样。它划分领地，为商品和服务设定价格，并在内部纠纷中充当仲裁者。作为一种秘密的地下活动，有组织犯罪通常会逃避执法。它接管合法企业，对工会施加影响，腐蚀拉拢公职人员，恐吓刑事审判中的证人，甚至向商人收取"保护费"。

从历史上看，有组织犯罪为努力摆脱贫困的群体提供了向上流动的手段。社会学家丹尼尔·贝尔（Daniel Bell）使用族裔继承（ethnic succession）一词用于描述黑帮领导权的过渡过程，先从20世纪初期的爱尔兰裔美国人过渡到20年代的犹太裔美国人，再过渡到30年代初的意大利裔美国人。最近，族裔继承变得更加复杂，反映了国家新移民的多样性。哥伦比亚、墨西哥、俄罗斯、巴基斯坦和尼日利亚移民已经开始在有组织的犯罪活动中扮演重要角色。

有组织犯罪一直存在着全球性因素。然而，执法官员和政策制定者最近确认了一种新形式的有组织犯罪，这种犯罪利用电子通信技术的进步来从事违法活动，进一步增强了有组织犯罪中的全球性因素。跨国的有组织犯罪包括走私毒品和武器、洗钱、组织非法移民偷渡和贩运赃物。

国际犯罪

过去，国际犯罪往往仅限于在相邻两国的边境秘密走私商品。然而，现在的国际犯罪越来越多地像合法商业一样，不再受到国家边界的限制。另外，现在的国际犯罪不再集中于几个特定的国家，而是已遍布全球。

跨国犯罪 越来越多的学者和执法人员将注意力转向**跨国犯罪**，即跨越多个国家边界发生的犯罪。从历史上看，跨国犯罪最可怕的例子可能是奴隶制。起初，政府并不认为奴隶制是一种犯罪，而只是对其进行监管，就像他们在交易任何其他商品一样。跨国犯罪现在包括贩运人口、交易非法枪支、销售假药和假冒商品、贩运野生动物和组织偷渡等。

打击此类犯罪的一种方法是通过多边合作，各国共同努力打击跨越边界的犯罪。对付跨国

你若想挑战王者，最好不要失手。

奥玛·利特（Omar Little），
《火线》（The Wire）

犯罪的第一个全球性的努力是建立国际刑事警察组织，这是一个由欧洲警察部队组成的合作网络，最初的目的是阻止政治革命者的跨境流动。尽管此类打击跨国犯罪的努力看上去高大上——是任何政府都希望参与合作的活动——但因敏感的法律和安全问题而变得复杂。包括美国在内的大多数签署了联合国发布的协议书的国家，都对联合打击跨国犯罪可能侵犯国家司法系统和国家安全而表示担忧。因此，它们一直不愿分享某些情报资料。2001年9月11日的恐怖袭击，既增加了打击跨国犯罪的热情，也增加了共享情报资料的风险和敏感性。

国际犯罪率 从国际视角来看待犯罪，强化了社会学关于犯罪和越轨行为的一个核心内容——区域。尽管跨国犯罪数据的比较可能很困难，但我们可以提供有关世界各地犯罪率为什么如此不同的一些见解。

暴力犯罪在美国比在西欧国家更为普遍；然而，其他类型的犯罪的发生率似乎在美国之外的其他地区更高。例如，法国、意大利、瑞典和希腊的汽车盗窃报告率都高于美国，而荷兰、丹麦、瑞典和法国的扒窃报告率也很高。至于谋杀，包括洪

跨国犯罪（Transnational crime）
跨越多个国家边界发生的犯罪。

《三块广告牌》（Three Billboards Outside Ebbing, Missouri）
一位母亲要求当地的警长承担他的职责。

《魅力之城》（Charm City）
在巴尔的摩的暴力前线。

《赴汤蹈火》（Hell or High Water）
两兄弟转而抢劫银行以拯救他们的家庭农场。

《监禁美国》（Incarcerating US）
对美国大规模监禁的探索。

《肖申克的救赎》（The Shawshank Redemption）
有些鸟不应该被关在笼子里。

电影
关于犯罪

5

走向全球

国际监禁率

排名 在219个国家中的排名	国家	国际监禁率 （每10万人中的监禁人口）
1	美国	655
2	萨尔瓦多	604
16	俄罗斯联邦	397
40	南非	280
50	以色列	236
97	墨西哥	164
110	英格兰和威尔士	141
134	中国	118
138	加拿大	114
144	肯尼亚	108
191	瑞典	59
208	日本	41
213	印度	33

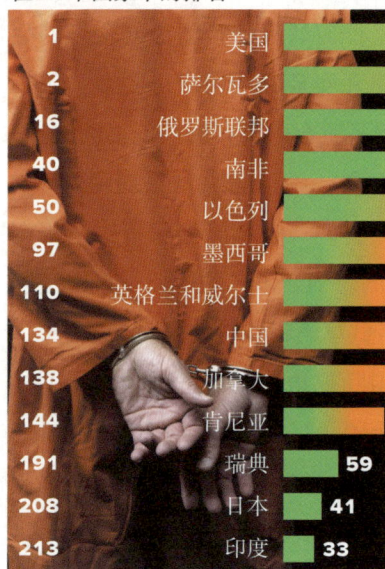

资料来源：Institute for Criminal Policy Research，2018. 图片来源：Trista Weibell/Getty Images.

走向全球

国际涉枪凶案比例

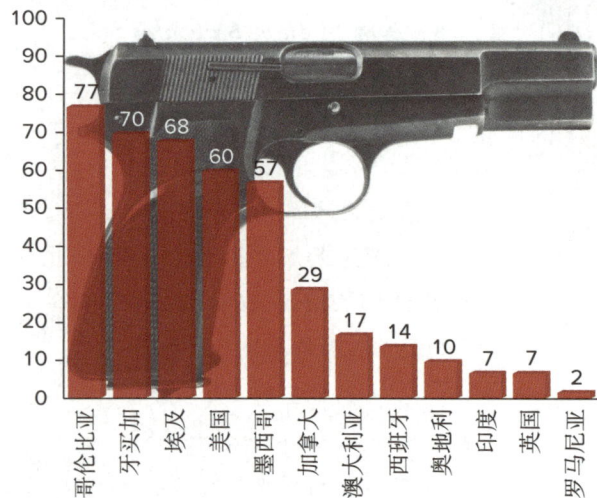

国家	百分比
哥伦比亚	77
牙买加	70
埃及	68
美国	60
墨西哥	57
加拿大	29
澳大利亚	17
西班牙	14
奥地利	10
印度	7
英国	7
罗马尼亚	2

注：该数字代表使用枪支实施的凶杀案的百分比。
资料来源：UNODC，2014. 图片来源：©Stockbyte/PunchStock.

都拉斯、萨尔瓦多和委内瑞拉在内的大多数南美洲和中美洲国家的凶杀率比美国高很多倍。但在比较监禁率时，美国将人关进监狱的比率是世界上任何国家中最高的。在普普通通的一天中，美国每10万人中就有655人被监禁，而俄罗斯为397人，墨西哥为164人，加拿大为114人。

为什么美国的暴力犯罪率比西欧高得多？社会学家埃利奥特·柯里（Elliot Currie）认为美国社会比其他社会更重视个人经济方面的成就。同时，许多观察家指出，美国文化长期以来一直容忍（如果不是宽恕的话）多种形式的暴力。再加上穷人和富人之间的巨大差距、大量失业以及大量酗酒和吸毒，这些因素共同造成了有利于犯罪的社会环境。

暴力犯罪仍然是世界各国的一个严重问题。例如，在墨西哥，2017年发生的27 734起凶杀案中，约有44%被归类为有组织犯罪式杀戮，涉及集体处决、酷刑、斩首和肢解等。暴力犯罪特别集中在墨西哥的格雷罗州、奇瓦瓦州、韦拉克鲁斯州和瓜纳华托州。暴力事件在一定程度上是政府试图打击非法毒品交易的结果。2006年费利佩·卡尔德隆（Felipe Calderón）当选墨西哥总统后，派遣了数万名士兵加强执法。从那时起，为了维护自己在地方上的势力，贩毒集团与当局、贩毒集团之间开始不断发生斗争。

> > 社会学视角下的犯罪和越轨

社会学家一直对社会成员如何以及为何联系在一起感兴趣，他们一直在探索为什么人们会违反公认的社会规范。我们知道，没有一种简单的、通用的理论可以解释所有这些行为。在这里，我们只关注社会学家提供的一些理论，这些理论确认了我们在尝试更全面地理解越轨和犯罪时必须考虑的重要因素。

犯罪和越轨的功能

社会学家利用功能论观点探索越轨行为挑战和强化社会秩序的方式。例如，迪尔凯姆想知道为什么在

所有社会中都似乎存在着破坏秩序的越轨行为。对于迪尔凯姆来说，答案在于，这些行为实际上强化了社会秩序。

迪尔凯姆的越轨功能理论 迪尔凯姆认为，没有任何行为在本质上是犯罪行为。他是这样说的："我们不能说因为一个行为是有罪的，所以冲击了公众意识，而是说因为它冲击了公众意识，所以它是有罪的。"换句话说，行动的背景比行动本身更能影响我们对它是对还是错的看法。例如，杀死另一个人并不总是谋杀。我们认为自卫或战斗中的杀戮是合法的，但我们谴责冷血的杀戮。

迪尔凯姆认为，由于某种形式的越轨存在于所有社会中，所以它一定有积极的社会功能。一个积极的功能是，大家共同将某些行为标记为越轨行为，可以使我们共享的信念和价值观更清晰，从而使我们更加紧密地团结在一起。我们经常说："这就是我们的群体特征，如果你想成为我们中的一员，你就不能越过这条线。"另一个积极功能是通过惩罚产生的，它通过将一群人团结在一起反对犯罪者来建立社会成员的联结。惩罚也起到威慑作用，看到违规者为他们的越轨行为付出代价，会阻止其他人采取类似的违法行为。当我们看到司机收到超速罚单，百货公司收银员因对顾客大喊大叫而被解雇，或大学生因抄袭论文而成绩不及格时，我们就会想起我们的集体规范和价值观的具体内容以及违反它们会有什么样的后果。最后，迪尔凯姆提出，越轨行为也可能让我们认识到现有信仰和实践的局限性，从而导致我们修改现有规范和价值观，促进积极的社会变革。

迪尔凯姆还认识到，在发生工业革命等重大社会动荡时期，社会给个体指引方向的能力可能会崩溃。迪尔凯姆使用"失范"一词来描述在深刻的社会变革和混乱时期发生的无规范状态。在这种情况下，社会约束越轨行为的力量是有限的，因为在共同的规范和价值观上没有明确的共识。正如我们在迪尔凯姆对自杀的分析中所看到的那样，当社会整合度低的时候，人们可以更不受约束地走一条偏离了社会规范的道路。

社会学思考

迪尔凯姆认为，劳动分工更细导致共享经验减少，从而削弱了共同意识。那么，个人主义文化对犯罪的可能性有什么影响？

默顿的结构紧张理论 社会学家罗伯特·默顿将迪尔凯姆的理论推进了一步。他认为，一个社会的目标与人们实现这些目标的手段之间存在着脱节。他所说的目标是指社会大多数成员共享的主流价值观，手段则是指成功所必需的物质、社会和文化资源。他并不假定所有社会成员都会完全一样地认同这些价值观，也不认为每个人都会有同样的机会来实现这些目标。将这些内容综合在一起，他创建了**越轨紧张理论**，该理论将越轨视为个体对社会文化规定的目标或社会文化提供的实现目标的手段的适应，或两者兼有，是同时对目标和手段的适应。

如果将经济成功视为美国的一个重要目标，我们就可以更好地理解默顿的理论模式。为了实现经济成功这一目标，社会所提供的手段有上学、努力工作、坚持、充分利用机会，等等。默顿想要了解，当一个人接纳社会文化规范，把经济成功视为目标，然而又缺乏实现这一目标的手段时，到底会发生什么。例如，窃贼和小企业主有着共同的目标——赚钱，但他们实现该目标的手段截然不同。默顿根据个体对目标和手段是接纳还是拒绝，创建了一个具有五种适应方式的越轨理论模型，如图 6-5 所示。

越轨紧张理论（strain theory of deviance） 罗伯特·默顿的理论，该理论将越轨视为个体对社会文化规定的目标或社会文化提供的实现目标的手段的适应，或两者兼有，是同时对目标和手段的适应。

遵从是默顿划分的类型中最常见的适应方式，与越轨行为正好相反。遵从者既接受公认的社会文化目标（如富有），也接受公认的实现手段（如努力工作）。在默顿看来，社会文化必须就公认的目标和实现这些目标的合法手段达成某种共识。如果没有这样的共识，社会只能作为人的集合而不是统一的文化共同体存在，就可能会经历持续的混乱状态。

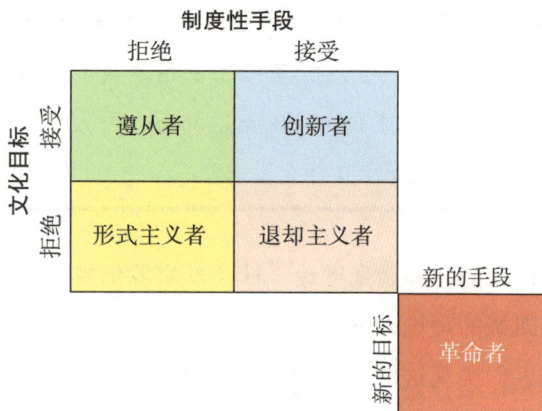

图6-5　默顿的越轨理论类型

资料来源：Merton, 1968.

其他四种类型都涉及越轨行为。创新者接受社会设定的目标，但以社会文化不认同的手段去追求这些目标，例如，窃贼偷钱购买消费品来度过奢靡的假期。形式主义者已经放弃了经济成功的目标，但仍然坚持

社会控制理论（social control theory）　一种越轨理论，该理论假定我们与社会其他成员共享的社会联系使我们遵守社会规范。

实现该目标的制度性手段。对一些人来说，工作只是一种生活方式，而不是实现目标（成功）的手段。还有一个例子是官僚们盲目地应用规章制度，而忘记了组织最核心的目标。正如默顿所描述的，退却主义者基本上已经放弃了社会设定的目标和手段。在美国，吸毒者和流浪汉通常被描绘成退却主义者，从小就沉溺于酒精或毒品的青少年也可能会成为退却主义者。

默顿提出的最后一种适应方式反映了人们在创造新的社会结构方面的努力。革命者不接纳主流的手段和目标，寻求截然不同的手段和目标来作为替代，然后建构新的社会秩序。根据默顿的理论，革命政治组织的成员也可以被归类为革命者，例如民兵组织。

默顿的理论虽然很受欢迎，但也不能完全解释越轨和犯罪的模式。该理论有助于解释某些类型的行为，例如弱势的创新者通过赌博来达成经济目标，但它无法解释犯罪率的关键差异。例如，为什么一些弱势群体的犯罪率被报告低于其他弱势群体？为什么许多处于不利环境的人拒绝将犯罪活动作为一种达成目标的

可行选择？默顿的越轨紧张理论很难回答这些问题。探索关于犯罪和越轨行为的其他社会学理论有助于我们更充分地理解这些细微差别。

赫希的社会控制理论　美国社会学家特拉维斯·赫希（Travis Hirschi）不关注人们为什么会犯罪，而是关注为什么他们不犯罪。他认为，如果听任人们自行其是，他们自然会满足自己的需求，运用撒谎、欺骗和偷窃等方式来达到自己的目的，甚至不惜牺牲他人。社会控制理论源于功能论观点，该观点推测，如果人们不能信任他人，并朝着共同目标努力，社会将无法运转。在此基础上，赫希提出了**社会控制理论**。该理论假定，我们与其他社会成员共享的社会联系使我们遵守社会规范。根据赫希的说法，越轨是由于缺乏自我控制而发生的，而自我控制则是我们与他人的关系被社会化为社会规范和价值观的结果。即使我们有时受到诱惑，我们也会考虑，如果家人、朋友和其他重要他人在发现我们所做的事情后，他们可能会怎

你知道吗？

在美国，因吸毒被捕的人数比因任何其他犯罪而被捕的人数都多。美国联邦调查局报告称，2017年有1 275 812人因违反药物滥用而被捕，占全部被逮捕人数的15.5%。从地区来看，南部被逮捕人数占总人数的比率最高。最高的三个州是南达科他州、怀俄明州和南卡罗来纳州，最低的三个州则是阿拉斯加州、马萨诸塞州和华盛顿州。

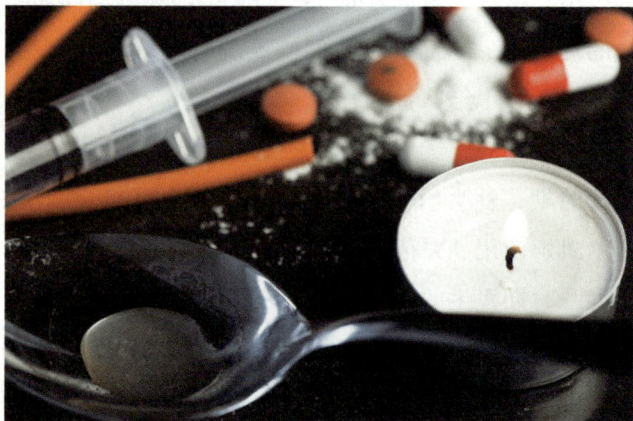

资料来源：U.S. Department of Justice, 2018c: Tables 30 and 69. 图片来源：ESB Professional/Shutterstock.

么想。因此，我们通常抑制诱惑，因为我们不想破坏这些关系。

赫希明确加强了社会联系的四个关键要素。第一，依恋是指个人对生活中重要他人的情感联系和对联系的感觉。第二，承诺涉及个人将其长远的成功与社会整体的成功联系在一起的程度。换句话说，在现有制度中投入时间、精力和资源可以减少越轨的可能性，而越轨会抑制个体进行这样的投入。第三，参与意味着花时间做被期待的事情会减少一个人越轨的可能性。对学生来说，被期待的事情包括准备考试、排练台词、参加排球练习。正如一句古老的谚语所说，"游手好闲就会惹是生非"，参与会通过让人们忙碌来防止越轨。第四，信仰通过使社会的核心价值观内化为个体的核心价值观来推行社会的核心价值观。那些在这四个维度上没有被整合进社会的人最有可能做出越轨行为。根据赫希的理论，社会可以通过让儿童在年幼时进行有效的社会化并随着儿童的成长过程中建立起牢固的社会联系来降低犯罪和越轨行为。

人际互动和定义越轨

另一种对犯罪和越轨行为的解释源于互动论者的观点。这些理论并没有关注社会层面及其假定的对社会秩序的需求，而是强调人际互动在塑造越轨行为中的重要性。这种理论中的越轨，是我们学到的某种东西或别人强加给我们的某种东西。

萨瑟兰的文化传播理论 作为人类，我们学习如何在社交场合中表现，无论是恰当的还是不恰当的。社会学家埃德温·萨瑟兰（Edwin Sutherland，1883—1950）提出，正如个人被社会化以符合社会的基本规范和价值观一样，个人也被社会化以学习越轨行为。不是我们生来就疯狂，而是我们学会了疯狂。

萨瑟兰借鉴了**文化传播**学派的思想，该学派强调个人通过与他人互动来学习犯罪行为。学习的内容不仅包括犯罪的技巧（例如，如何快速而无声地潜入一辆汽车），还包括犯罪的目的、驱动力以及对犯罪行为的合理化。文化传播理论也可以用来解释那些习惯性

酗酒或吸毒行为。

萨瑟兰坚信，通过与主流群体和重要他人的互动，人们获得了什么行为适当和什么行为不适当的定义。他使用**差异性接触**一词来描述处于赞同犯罪行为的社会环境中从而违反社会规则的过程。例如，如果人们属于支持和鼓励犯罪行为的群体或亚文化的一部分，例如街头帮派，他们更有可能存在违反规范的行为。研究表明，差异性接触的解释也适用于非犯罪行为，例如吸烟、酗酒和作弊。

萨瑟兰举了一个善于交际、外向、爱运动，并且生活在犯罪率很高的地区的孩子作为例子。这个孩子很可能会接触到有故意搞破坏、不去上学等不良行为的同龄人，他也可能会采取这些行为。但是，居住在同一社区的性格内向的孩子可能会远离同龄人，从而很少有这些不良行为。而在另一个完全不同的社区，性格外向、运动能力强的孩子可能会因为与同龄人的互动而加入少年联盟棒球队或童子军。因此，萨瑟兰将越轨行为视为一个人所属的群体类型和所拥有

文化传播（cultural transmission）一个犯罪学派，该学派认为犯罪行为是通过社会互动习得的。

差异性接触（differential association） 一种越轨理论，该理论认为人们违反社会规则是由于赞同犯罪行为的社会环境中。

图片来源：Janine Wiedel Photolibrary/Alamy Stock Photo.

和越轨行为的增加归因于家庭、学校、教堂和地方政府等社区关系和社会设置的缺位或失效。由于社区内部的联系缺乏，很难将跨年龄的成员组合起来，因此也很难在社区内实施非正式控制，尤其是对儿童的控制。如果失去社区的监督和控制，在户外玩耍就会成为产生越轨行为的机会和年龄大的越轨者通过社会化将年龄小的儿童带进越轨道路的机会。如此，犯罪也就成了对当地社会环境的正常适应。

社会解组理论激发出了我们所知道的**破窗理论**，该理论认为社区或邻里衰落的物理迹象相应地表明了社会秩序的崩溃。在这种崩溃的社会秩序中，犯罪和越轨行为会进一步加剧。衰退的物理迹象包括废弃的汽车、垃圾、涂鸦和吸毒用具。可以进行这样的类比，"如果建筑物中的一扇窗户坏了并且不修理，那么其余的窗户很快就会被打破"。破碎的窗户被视为没有人关注的标志，这也意味着，打破更多的窗户也不用承担任何后果。当这种情况发生时，社区成员会产生一种社区不安全的感觉，从而采取应对的行动，有机会的居民会搬出社区。随着非正式社会控制的崩溃，越轨行为也越来越公开，比如乞讨、卖淫、吸毒以及在公共场所的烂醉和抢劫。

的友谊类型共同作用的结果。

虽然文化传播理论无法解释第一次、一时冲动的商店偷盗行为和为生活所迫的穷人的偷盗行为，但它确实很好地解释了少年犯或"涂鸦艺术家"的越轨行为，它使我们关注社会互动和情景在增加个体采取越轨行为的动机方面所起到的重要作用。

社会解组理论 社区或邻里的社会关系的相对强度会影响其成员的行为。社会心理学家菲利普·津巴多（Philip Zimbardo）通过进行以下实验研究了这些公共关系的影响。他在两个不同的社区中各弃置了一辆汽车，汽车的引擎盖被打开，并卸下了轮毂盖。在其中一个社区，津巴多还没有设置好用于拍摄的远程摄像机之前，人们就开始对汽车进行拆解；而在另一个社区，几个星期过去了，除了一个行人在暴风雨中停下来关闭引擎盖，汽车没有被碰过。

社会解组理论并没有关注社区的关系纽带将我们团结在一起的积极方式，而是将犯罪

> **一个社会的文明程度可以通过进入监狱来判断。**
>
> 费奥多尔·陀思妥耶夫斯基
> （Fyodor Dostoevsky）

破窗理论产生了一种治安方面的观点，其预设是破窗之类的情况必须在多米诺骨牌效应开始之前及社区沦为犯罪高发区域之前尽早解决。在实践中，为防止社区沦为犯罪高发区域，警方较少关注社区衰退的物理迹象，而更多关注个人，这些个人代表着社会解组的早期迹象。比如警方会将无家可归者赶出社区，以阻止第一张多米诺骨牌的倒塌。然而，当个体是否受欢迎与他们的种族、族裔、年龄和性别相联系时，问题就出现了。

破窗理论在现实中的一个特别有争议的实践是"拦截和搜身"警务项目，该项目鼓励警察即使没有合理的理由也去拦截和搜查个人是否有毒品、武器或其

社会解组理论（social disorganization theory） 一种将犯罪和越轨行为的增加归因于家庭、学校、教堂和地方政府等公共关系和社会设置的缺位或失效的理论。

破窗理论（broken windows hypothesis） 一种认为社区或邻里衰落的物理迹象相应地表明了社会秩序的崩溃的理论。在这种崩溃的社会秩序中，犯罪和越轨行为会进一步加剧。

他非法物品。因不公平地对待年轻的非裔美国人和拉丁裔男性并否认他们的权利（宪法所赋予的），"拦截和搜身"警务项目受到广泛的批评，而且该项目是否真正能够减少犯罪也饱受质疑。尽管存在着争议，唐纳德·特朗普还是主张在芝加哥实施"拦截和搜身"警务项目作为解决该城市暴力问题的一种方式。

标签理论 就越轨而言，有时候主观的感受超过了客观现实，发挥了更大的作用。20世纪70年代初期，社会学家威廉·钱布利斯（William Chambliss）进行了一项经典的与越轨相关的社会学研究。他在一所中等规模的郊区高中进行观察，追踪研究两组他称之为圣徒（saints）和暴徒（roughnecks）的男学生群体。

那些被称为圣徒的学生来自"好家庭"，他们积极参与学校组织，计划上大学，学习成绩好；那些被称为暴徒的学生没有这些受人赞赏的光环，他们开着破旧的汽车在城里兜风，通常学习成绩也差，无论他们做什么都会引起别人的怀疑。

钱布利斯注意到，这两个群体的男孩都反复酗酒、鲁莽驾驶、逃学、小偷小摸和故意搞破坏。然而，"圣徒"们从未被警察逮捕过，而"暴徒"们则经常与警察和市民发生冲突。尽管他们的越轨行为基本相同，但这两组人并没有受到平等对待。"圣徒"们隐藏在一个令人尊崇的外表后面，人们普遍认为他们的违法行为只是偶尔的一两次放荡不羁。与托马斯定理一致，钱布利斯得出结论，人们对学生的看法根植于学生们的社会阶层地位，这极大地影响了两个学生群体未来的命运。

我们可以用标签理论来讨论越轨和理解这种差异，**标签理论**强调一个人如何被贴上越轨者或非越轨者的标签。与萨瑟兰的文化传播理论不同，标签理论并不关注为什么有些人会做出越轨行为，相反，它试图解释为什么社会将某些人（例如上面提到的"暴徒"）视为越轨者、流氓、坏孩子、失败者和罪犯，而

在允许孩子们开车之前，许多非裔美国父母会与他们"讨论"如果被警察拦下来该怎么办。
图片来源：EMPPhotography/E+/Getty Images.

对于其他行为相似的人（例如上面提到的"圣徒"），则不会这么苛刻。社会学家霍华德·贝克尔（Howard Becker）推广标签理论的分析方法，并用一句话来总结标签理论："越轨行为是被人们贴上越轨标签的行为。"

标签理论也被称为**社会反应理论**，它提醒我们，一个行为是否越轨取决于人们对该行为的反应，而不是行为本身。传统的对越轨行为的研究集中在违反社会规范的个人身上，相反，标签理论更关注警察、缓刑执行官、精神病医生、法官、教师、雇主、学校行政人员和其他社会控制监管者。有人认为，这些社会规范的代理人将某些人（而不是其他人）指定为越轨者，在创建越轨身份方面发挥了重要作用。标签理论的一个重要方面是承认某些个人或团体有权定义标签并将其应用于其他人，这种观点与强调社会权力的冲突论视角具有很大的关联。

种族脸谱化，即仅根据种族来认定犯罪嫌疑人的做法，经常发生在"拦截和搜身"警务活动中，这种做法受到了公众的质疑。多项研究证实了公众的质疑是合理的。在某些管

标签理论（labeling theory）一种试图解释为什么某些人被视为越轨者而其他从事相同行为的人却不被视为越轨者的理论。
社会反应理论（societal-reaction approach） 标签理论的另一个说法。

辖区域内例行的交通违章检查中，警察更多拦下来的是非裔美国男性，而不是白人男性，警察还预期更可能会在非裔美国男性的车内发现毒品或枪支。民权活动家们讽刺地将这些案例称为 DWB 违规行为 [①]。许多年轻的非裔美国男性的死亡，也激起了公众对给年轻的非裔美国男性打上"威胁者"标签，从而使之付出生命代价的极大担忧，这些死亡的年轻非裔美国男性包括佛罗里达州桑福德的特雷沃恩·马丁（Trayvon Martin）、密苏里州弗格森的迈克尔·布朗（Michael Brown）、纽约市的埃里克·加纳（Eric Garner）、俄亥俄州克利夫兰的塔米尔·赖斯（Tamir Rice）、明尼苏达州猎鹰高地的费兰多·卡斯提尔（Philando Castile）、加利福尼亚州萨克拉门托的斯蒂芬·克拉克（Stephon Clark）。

尽管标签理论不能完全解释为什么某些人被贴上标签而其他人成功地抵制了贴在自己身上的标签，但标签论者确实认为，个人的相对权力很大程度上决定了他或她是否有抵制不良标签的能力。标签理论的观察视角打开了一扇大门，它强调有权决定什么算是越轨的那些人的行动至关重要。

差异性正义（differential justice） 对不同群体实施不同的社会控制方式的做法。

冲突、权力和犯罪

除了对标签理论具有重要意义之外，关于圣徒和暴徒的研究还说明了拥有权力和对资源的控制在定义越轨方面发挥的作用。社会学家理查德·昆尼（Richard Quinney）坚信刑事司法系统为有权势者利益服务这一观点。与冲突论类似，这种视角认为有权力的人保护自己的利益，并根据自己的需要来确定什么是越轨行为。根据昆尼的说法，什么是犯罪也同样是这样来确定的。为了增进其自身利益，经济精英对立法者施加了影响。

> 一旦你发现自己与大多数人立场一致，就意味着你应该停下来反思了。
>
> ——马克·吐温

种族和阶层 从这个视角看待犯罪让我们注意到权力和地位对美国的整个刑事司法系统所产生的影响。研究人员发现，美国的刑事司法系统会根据嫌疑人的种族、族裔或社会阶层背景对他们进行区别对待。在许多情况下，官员们在是否提出或撤销指控、是否设置保释、保释金额的大小以及是否允许假释或拒绝保释等问题上，会根据自己的判断做出有偏见的决定。研究人员还发现，这种**差异性正义**，即对不同群体实施不同的社会控制方式的做法，使非裔美国人和拉丁裔美国人在司法系统中处于不利地位，无论他们是青少年还是成年人。平均而言，即使将先前的逮捕记录和犯罪的相对严重性考虑在内，白人罪犯的刑期也比同等的拉丁裔和非裔美国罪犯短。

在死刑案件中我们可以看到这种差异性司法模式发挥的作用。简而言之，穷人没钱聘请最好的律师，不得不依赖法院指定的律师，而这些律师通常工作过度、薪水过低。就死刑来说，资源的不平等对于贫穷的被告可能意味着生与死的不同。事实上，美国律师协会多次对大多数面临死刑的被告不能获得合适的辩护表示担忧。截至 2018 年底，DNA 分析和其他新技术已为 362 名囚犯免罪，其中 20 人曾在死囚牢房服刑，平均已经服刑 14 年。40 名无罪释放者对他们没有犯下的罪行供认不讳。总体而言，其中 61% 的冤屈者是非裔美国人。

大量的研究显示，如果受害者是白人而不是黑人，被告更有可能被判处死刑。尽管只有大约一半的谋杀案的受害者是白人，但有 75% 的死刑案件的受害者是白人。一些证据表明，占全部死囚犯 42% 的黑人被告，在法律环境相同的情况下，他们比白人被告更有可能面临死刑的处罚。总体而言，70% 被 DNA 检测证明无罪的人是非裔美国人、拉丁裔美国人、美洲原住民

[①] DWB，即 driving while black。在英语中，伴随着某种状况的驾驶通常是违法违规行为，比如酒驾（driving while intoxicated）、分心驾驶（driving while distracted）、在驾驶时发短信、接打电话等。DWB 意味着只要车上有黑人，就被警察视为违法违规行为，而不管车上的黑人是否真正的违法违规。——译者注

1976年以来美国各州的死刑数量

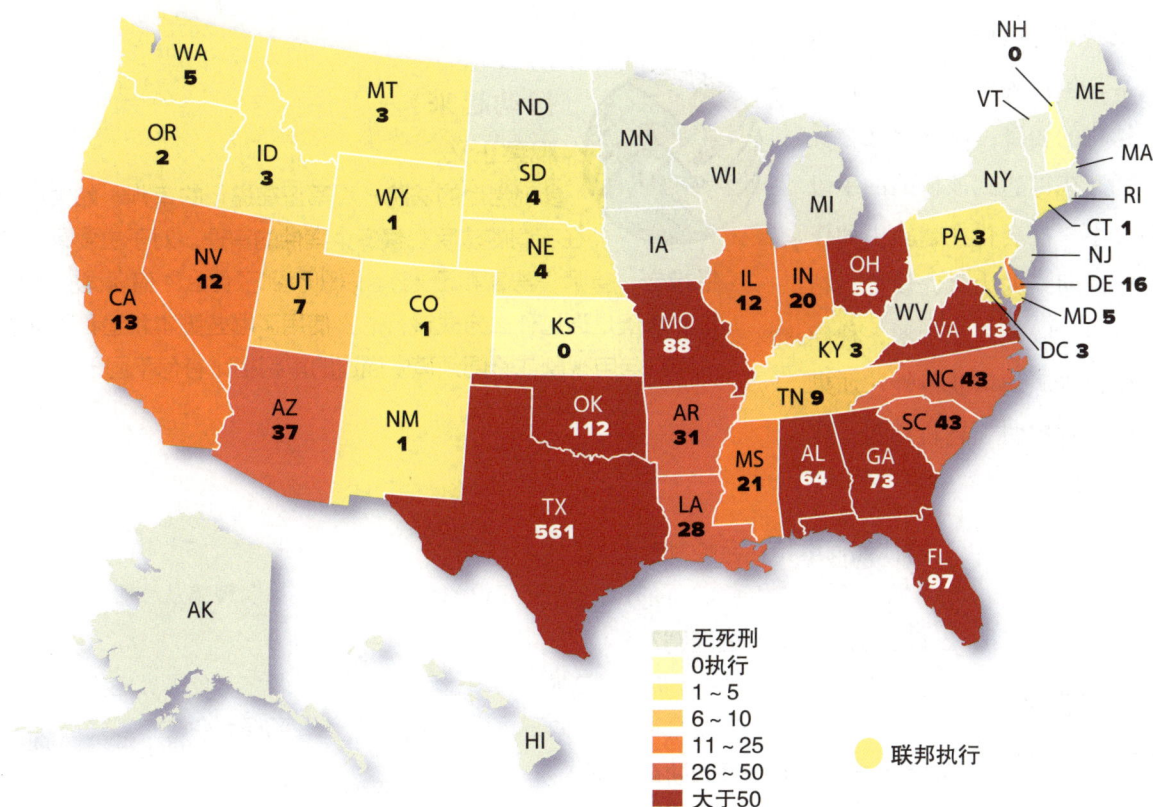

注：美国最高法院于1976年恢复死刑。数据截至2019年5月。新墨西哥州于2009年废除死刑。加利福尼亚州于2019年3月暂停使用死刑。

资料来源：Death Penalty Information Center，2019.

或亚裔美国人。还有证据表明，一些面临死刑的被告因为自己的辩护律师的种族主义态度而只能接受糟糕的法律服务。显然，即使生死攸关，歧视和种族主义也仍然不会结束。

性别 女权主义犯罪学家梅达切斯尼－林德（Meda Chesney-Lind）、丽萨·帕什科（Lisa Pasko）和吉利恩·鲍尔弗（Gillian Balfour）提出，许多现有的越轨和犯罪的认定方法都只考虑男性的利益。例如，在美国，多年来，未经妻子的同意和违背了妻子的意愿，强迫妻子发生性关系的丈夫在法律上不被视为犯有强奸罪。法律定义的强奸仅与未婚人士之间的性关系有关，这反映了当时州立法机构中绝大多数成员是男性的状况。女权主义组织多次抗议才改变了刑法中对强奸的定义。直到1993年，全部50个州的丈夫在大多数情况下都不会因为强奸妻子而被起诉。直到现在，仍然有不少于30个州的丈夫不会因为强奸妻子而被起诉。

在世界的某些地方，关于强奸和婚姻的法律继续呈现出针对女性的不平等。例如，在中东的各个国家，强奸犯可以通过与受害者结婚来避免被起诉。一些妇女权利组织通过在公共场所展示血迹斑斑的婚纱来进行抗议，以引起人们对这种做法的关注。因此，包括摩洛哥、黎巴嫩、约旦和突尼斯在内的一些国家近年来已经消除了强奸犯与受害者结婚以避免惩罚的漏洞。

从女权主义者的视角来看，我们还了解到，男性拥有更强大的挣钱能力，使得女性处于不利地位。例如，妻子可能不愿意向警方报告虐待行为，因为这样可能会让她们失去主要甚至唯一的收入来源。但随着女性在家庭和商业活动中扮演更加积极和强大的角色，这些越轨和犯罪方面的性别差异已经在缩小。

总之，关于犯罪和越轨行为的社会学视角有助于我们更好地理解和解释此类行为。单一的解释是不够的，我们必须从多种角度切入并考虑多种因素，包括为了维持社会秩序而存在的越轨的程度，既获得社会提供的目的，又获得达到该目的的手段的机会的大小，社会化在越轨中的作用，当地社区网络的力量，设置、粘贴标签的权力，以及基于阶层、种族和性别的稀缺资源的可获得性。如果我们要充分了解犯罪和越轨行为，我们需要深入探索，从足够多的角度考虑正在发生的事情，并保持足够的谨慎、关注和好奇心。

行动起来！

观察正义

参观当地的法院，观察正在进行的审判。如果可能，请在不同的法院观察多个案件的审理。对于主要参与者（包括被告、律师、法官和证人），你观察到了什么？借鉴戈夫曼的拟剧论，表演是通过什么方式进行的？使用了哪些脚本和道具？你观察到的审判与电视剧或新闻频道中描述的审判相比有何不同？

本章回顾

1. 群体如何维持社会控制？
   - 他们以正式和非正式的方式，使用正面和负面的惩罚，来实现遵从和服从。

2. 越轨和犯罪有什么区别？
   - 越轨是违反群体所期望的规范的行为，违反群体期望的规范可能导致违规者被污名化；犯罪是一种违反国家管理的正式规范的越轨行为，犯罪者会受到正式制裁。

3. 社会学家如何解释越轨和犯罪？
   - 社会学家提供了许多犯罪理论，每一个都提供了需要考虑的额外因素，例如对社会秩序的需要、人际关系和当地环境的重要性，以及权力和获取资源的重要性，这有助于我们更好地理解为什么会发生越轨和犯罪。

图片来源：Arek Malang/Shutterstock.

不同社会学视角下的越轨

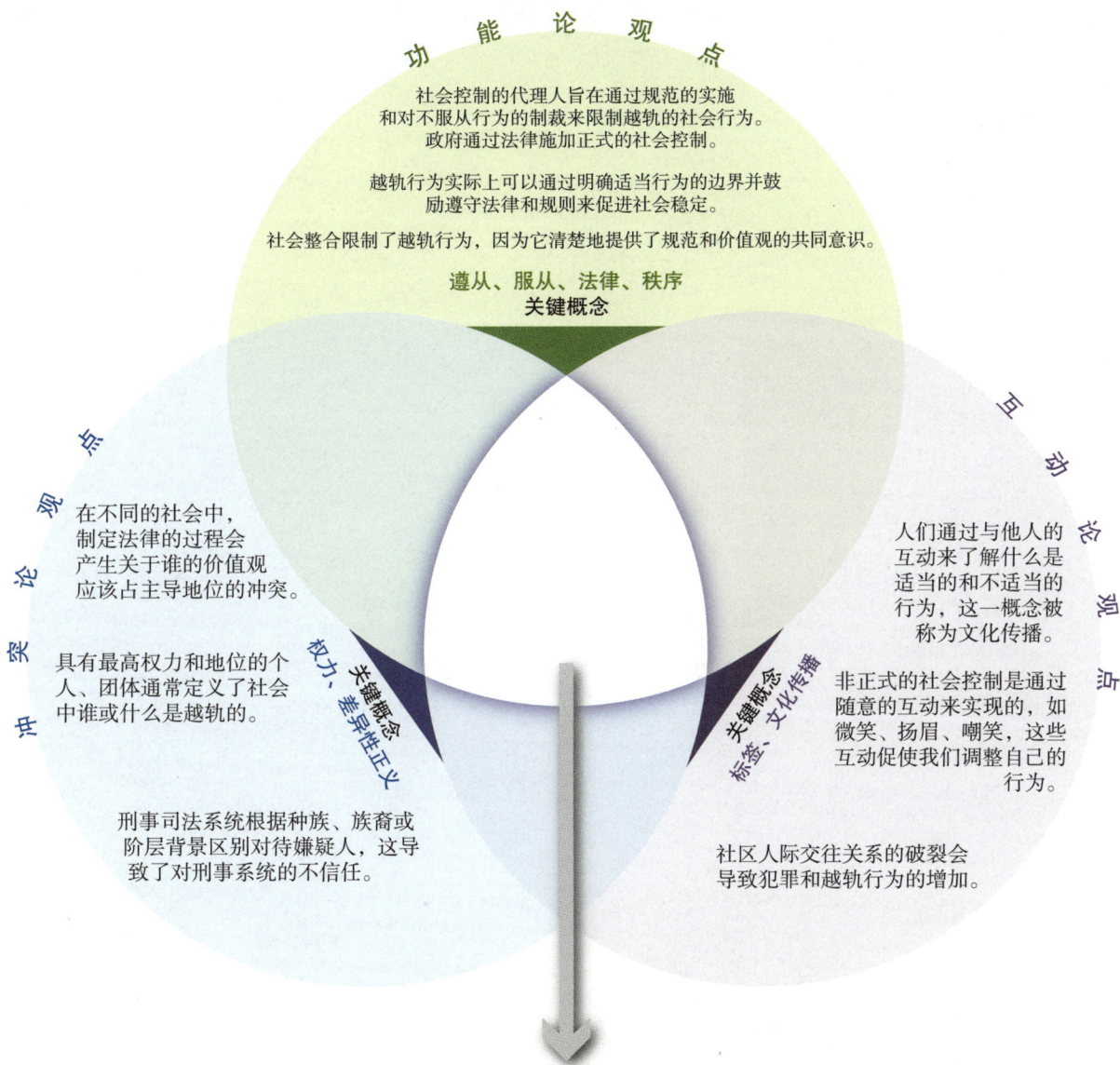

功 能 论 观 点

社会控制的代理人旨在通过规范的实施
和对不服从行为的制裁来限制越轨的社会行为。
政府通过法律施加正式的社会控制。

越轨行为实际上可以通过明确适当行为的边界并鼓
励遵守法律和规则来促进社会稳定。

社会整合限制了越轨行为，因为它清楚地提供了规范和价值观的共同意识。

遵从、服从、法律、秩序
关键概念

冲 突 论 观 点

在不同的社会中，
制定法律的过程会
产生关于谁的价值观
应该占主导地位的冲突。

具有最高权力和地位的个
人、团体通常定义了社会
中谁或什么是越轨的。

关键概念
权力、差异性正义

刑事司法系统根据种族、族裔或
阶层背景区别对待嫌疑人，这导
致了对刑事系统的不信任。

互 动 论 观 点

人们通过与他人的
互动来了解什么是
适当的和不适当的
行为，这一概念被
称为文化传播。

非正式的社会控制是通过
随意的互动来实现的，如
微笑、扬眉、嘲笑，这些
互动促使我们调整自己的
行为。

关键概念
标签、文化传播

社区人际交往关系的破裂会
导致犯罪和越轨行为的增加。

建立联系

回顾本章之后，请回答下列问题。

1

每种理论视角将如何处理、探索和解释美国的
大规模公共枪击事件？

2

你认为哪种理论视角可以最好地解释米尔格拉
姆关于服从的实验结果？为什么？

3

运用三种理论视角来分析无受害者犯罪，在你
的回答中使用以下例子中的一个来进行说明：
吸毒、赌博或卖淫。

4

哪种理论视角能够更好地描绘你习得正确的社
会行为的方式？社会规范到底是社会化的或内
化的（功能论），是由强大的权威人物强加的
（冲突论），还是通过观察他人来学习的（互
动论）？试举例说明。

图片来源：Yu Chun Christopher Wong/S3studio/Getty Images.

第7章

家庭

寻觅爱情

向左滑还是向右滑？这是数以百万计的 Tinder 用户每天都在重复的问与答。寻找真爱不是一件容易的事，其规则随时间和文化的不同而不同。从包办婚姻到一夜情，我们身处的社会塑造着我们可能的选择。智能手机技术使得 Tinder 这样的应用程序成为可能，它为寻觅真爱的人开辟了一个充满可能性的全新世界。Tinder 的工作原理是为那些同在寻觅真爱的人牵线搭桥，当两个用户都向右滑，表明他们彼此之间有好感，配对就成功了。然后，他们在应用程序里交换信息，看看是否会有进一步的发展。

Tinder 很早就意识到其能从社会学的洞察中受益，因此，它聘请了一位加州大学洛杉矶分校毕业的社会学博士杰西卡·卡比诺（Jessica Carbino）。卡比诺通过调查、焦点小组和内容分析，收集了 Tinder 将近四年的数据，然后转向开发另一款在线约会应用程序 Bumble。让 Bumble 声名鹊起的是，在异性恋关系中让女性主动出击，通过向右滑来建立联系，然后进行匹配。

卡比诺认为，在线约会程序的发展是社会结构变迁的结果。她声称，这些工具已经"取代或补充了人们极其碎片化的约会市场。以往，人们通过家庭或朋友结识，但现在由于结婚和生育普遍被推迟，找到最终伴侣的难度越来越大"。Tinder、Bumble 及其他在线约会程序实现了以往那些由社会交往所提供的功能。

卡比诺在她的研究里发现，80% 的 Tinder 用户和 85% 的 Bumble 用户，都在寻找稳定的关系或婚姻而不是勾搭。通过对个人资料的分析，她发现那些在个人资料照片中以微笑示人的用户获得他人向右滑的可能性要高出 14%，贴出正面照的用户的概率高出 20%，但戴眼镜或帽子的人则分别会减少 15% 和 12% 的积极反馈。

男性和女性使用 Tinder 的方式各异。男性更有可能向右滑后却不再跟进发送信息；女性较少向右滑，但更有可能发送信息。在配对之后，也就是双方都"点赞"对方后，男性发出一条信息的中位数时长是 2 分钟，女性对应的则是 38 分钟。男性所发信息的中位数字符数是 12 个，女性是 122 个。

当涉及爱情、婚姻、性及孩子等时，人们在不同的时间和地点所做出的选择是不同的。本章将以社会学的方式展开探讨，以促进我们理解这些不同是如何发生以及为什么会发生的。

[边读
边思考 >>

• 家庭意味着什么？
• 人们如何选择伴侣？
• 家庭具有怎样的多样性？
]

>> 家庭的定义

世界各地的家庭有着多种形态与规模。在某些地方，一个女人可能会同时嫁给多个男人，而且这些男人通常是兄弟。这种制度使得他们的子女能共享有限的良田。而在马达加斯加的贝齐寮人（Betsileo），一个男人则有多位妻子，分别住在他种植了水稻的不同村子里。他最好的稻田在哪里，哪里的妻子就会被视为正妻或地位最高的妻子。在巴西和委内瑞拉的亚诺玛米人（Yanomami），如果与自己舅舅或姑妈家的孩子发生性关系是可被接受的，但如果与自己姨妈或伯叔家的孩子发生同样的行为则会被认为乱伦。

这种家庭结构中的跨文化差异支持了社会学的基本法则——文化，包括我们关于家庭的信仰和实践，都是被社会所建构的，也没有一

你知道吗？

在美国，每年有超过 220 万对新人结婚。2017 年，内华达州的结婚率名列榜首，每千人中有 28.6 对新人；紧随其后的夏威夷州，每千人中 15.3 对。美国全国的结婚率是 6.9‰。也许，并非所有的萍水相逢都是春梦了无痕。

WELCOME TO Fabulous LAS VEGAS NEVADA

资料来源：Centers for Disease Control and Prevention，2018a. 图片来源：©Brand X Pictures/Jupiter Images.

20 世纪 50 年代电视中的家庭，在家庭结构、种族及族裔等方面几乎没有多样性的呈现。
图片来源：Hulton Archive/NBC Television/Getty Images.

个单一的、通用的模式来规定家庭必须是什么样的。为了处理这种差异，社会学家发展出两种方法来定义家庭。第一种是实质性定义，聚焦家庭是什么；第二种则是功能性定义，关注家庭做什么。

实质：家庭是什么

也许，**实质性定义**是最传统的定义家庭的方式。这是基于血缘和法律对家庭所作的一种定义，前者从生物学意义上将人们联系起来，后者则通过正式的社会认可建立关联。从血缘而言，这种方式侧重于人们所共享的生物遗传，即直接从父母传递给孩子的基因，同样也可借此间接地将人们与（外）祖父母、叔伯（舅）、（姑）姨及其他生物学上的亲属联系起来；从法律而言，意味着家庭作为纽带，尤其是以婚姻及收养的形式，得到了社会的认可和规范上的确认。

这种定义方式最主要的优点在于其界限清晰，我们能说出谁是家里人以及谁不是，这使得家庭的统计变得更简便易行，因此也就不奇怪美国人口普查自1930 年以来就沿用这一实质性定义，即"一个家庭由户主及生活在同一户中的其他人构成，且这些人与户

主具有生育、婚姻或收养的关系"，而未做大的修改。这一定义也使我们能够沿着时间的脉络去追溯谁和谁有着亲属关系。

亲属关系模式　在论及家庭的实质性定义时，社会学家强调了**亲属关系**在描述与他人关联状态上的重要性。我们的亲属群体超出了我们的直系亲属，不仅包括（姑）姨、叔伯（舅）、表（堂）兄弟姐妹及姻亲等，还包括跨代际的关系。纵观人类的历史，亲属关系通常涉及义务和责任。我们有义务去帮助我们的亲属，我们也可能会向他们寻求各种各样的支持，包括贷款和照看孩子。

社会学思考

在你的家庭中，代际间的亲属关系网络和扩展家庭的成员有多重要？自你的父辈和祖父辈以来，这方面发生了怎样的变化？

在跨代追溯亲属关系时，社会学家明确了三种血统模式，来强调实质性定义中所涉及的"血缘"。美国的家庭通常遵循**双系继嗣**制度，这意味着一个家庭中父母双方的亲属关系被视为同等重要，例如，父亲家庭的亲属不会比母亲家庭的亲属更重要。历史上，大多数的社会在追溯血统时更倾向于家庭的某一方。在**父系继嗣**（源于拉丁语 pater，即"父

家庭的实质性定义（substantive definition of families）基于血缘和法律对家庭所作的一种定义，前者从生物学意义上将人们联系起来，后者则通过正式的社会认可建立关联。

亲属关系（kinship）与他人有亲属关联的状态。

双系继嗣（bilateral descent）家庭中父母双方的亲属关系被视为同等重要的亲属制度。

父系继嗣（patrilineal descent）只有父亲的亲属是重要的亲属制度。

母系继嗣（matrilineal descent）只有母亲的亲属是重要的亲属制度。

一夫一妻制（monogamy）男女仅在彼此之间建立婚姻关系的婚姻制度。

阶段性一夫一妻制（serial monogamy）一个人一生中可能有好几个配偶，但每段婚姻里的配偶都是唯一的婚姻制度。

多配偶制（polygamy）一个人同时拥有多个丈夫或妻子的婚姻制度。

一夫多妻制（polygyny）一个男人同时与多个女人建立婚姻关系的婚姻制度。

一妻多夫制（polyandry）一个女人同时与多个男人建立婚姻关系的婚姻制度。

扩展家庭（extended family）一个家庭里诸如（外）祖父母、（姑）姨或叔伯（舅）等亲属，像父母和孩子那样生活在同一或相邻的户中。

核心家庭（nuclear family）一对已婚夫妇与他们同住的未婚的孩子。

亲"）的社会，有关财产、继承和情感联络等方面，只有父亲的亲属是重要的；相反，在**母系继嗣**（源于拉丁语 mater，即"母亲"）的社会，只有母亲的亲属才是重要的。

婚姻类型　在论及家庭实质性定义中的"法律"部分时可知，美国历史上绝大多数婚姻都是一夫一妻制。**一夫一妻制**描述了一种婚姻形式，即婚姻中的男女仅在彼此之间建立婚姻关系。但这并不一定意味着一个人一生只有一个婚姻伴侣，随着时间的推移，许多美国人会经历好几段认真的恋爱关系，社会学家安德鲁·切尔林（Andrew Cherlin）将其称为"婚姻围城"。所谓**阶段性一夫一妻制**，指的是一个人一生中可能会有好几个配偶，但每段婚姻里的配偶都是唯一的。

有些文化允许一个人同时拥有多个丈夫或妻子，这种婚姻形式被称为**多配偶制**，主要有两种基本的类型。最为常见的是**一夫多妻制**，指一个男人同时与多个女人建立婚姻关系；较为少见的是**一妻多夫制**，指一个女人同时与多个男人建立婚姻关系。尽管 20 世纪的大部分时间里，多配偶制逐步式微，但在 28 个撒哈拉以南非洲国家中，至少 10% 的男人仍然有着一夫多妻制的婚姻。在一项全美调查中，研究者发现 19% 的成年人认为多配偶制在道德上是可以接受的，高于 2001 年的 7%。

社会学思考

你为什么认为多配偶制是历史上最为普遍的婚姻形式？为什么其在现代社会被一夫一妻制所取代？

家庭网络　实质性的方法还唤起了我们对那些被称之为亲密家庭成员的人的关注。纵观历史，家庭关系是一种宝贵的资产，为我们提供了获取物质、社会及文化资源的机会。因此，**扩展家庭**更为普遍，即一个家庭里诸如（外）祖父母、（姑）姨或叔伯（舅）等亲属，像父母和孩子那样生活在同一或相邻的户中。我们依赖亲戚们来获得食物、居所、机会及知识。事实上，历史学家斯蒂芬妮·孔茨（Stephanie Coontz）认为，从历史上来看，结婚最主要的原因不是择一人终老，而是寻得姻亲并通过其扩展合作关系的网络。这就是媒人传统的逻辑，即资源分配远甚于浪漫爱情。作为社区的一员，媒人为了整体的利益致力于社交网络的最大化。

随着工业革命的到来，大家庭从一种资产转变成了一种负债。相较于农业社区里的儿童可以辅助父母干农活，那些生活在城市里的儿童则主要成了消费者，其父母必须为他们提供衣食及居所，这意味着一笔不菲的开销。另外，工作也不再受地域的严格限制，因此孩子较少的工人更容易流动，如果公司想调动他们去别的地方，这也是一个优势。结果就是，家庭的规模变小了，主流的家庭形式从扩展家庭向**核心家庭**转变，后者包括一对已婚夫妻及与他们同住的未婚的孩子。核心家庭的概念建立在血缘及法律之实质性定义的实质或核心上，涉及亲子关系和婚姻关系。

采用实质性方法定义家庭，最主要的优点在于其提供了清晰的界限，能够区分谁算家里人而谁不算。至少从理论上来说，这个定义使得通过呈现跨代际的亲子关系与代际内社会认可的关系（如婚姻）来绘制家谱成为可能。然而，在实践中，我们也发现这种方法存在局限性。例如，在收养的情形中，你是否将孩子生物学意义上的祖先视为家谱里的一部分呢？继父或继母的祖先呢？再有，如果父母一方与继父或继母离婚，会发生什么？那个在育儿中可能发挥了重要作用的继父或继母，就此不再有关联了吗？那些在家庭中非常重要的亲密朋友怎么办？父亲的大学同学鲍勃叔叔算家里人吗？新的生殖技术形式，包括捐献的精子、卵子以及代孕父母，都对这种方法的生物学先决条件提出了挑战。我们提出的任何实质性定义都可能会有将我们视为家庭成员的人排除在外的风险。于是，社会学家转向更为包容的家庭的功能主义的定义来化解这些困扰。

功能：家庭做什么

美国人似乎认为关于家庭的传统定义过于严苛了。当他们被问及如何定义家庭时，他们所给出的回答要比实质性定义更具包容性。在一项调查中，仅有22%的受访者对家庭的定义与美国人口普查局所使用的方式相同；相反，74%的人认为家庭是"所有成员之间相互关爱的群体"。

我们需要一个足够包容的家庭的定义，以涵盖人们所组成的广泛的亲密群体，诸如扩展家庭、核心家庭、单亲家庭、混合或重组或再婚家庭、同性恋家庭、丁克家庭、种族和族裔混居家庭、两地分居家庭、代孕或自由组合家庭等。避免陷入过于狭隘的家庭概念并支持其多样性的方式之一，是将重心从实质性方法所强调的家庭是什么转到家庭做什么的问题上去。**家庭的功能论视角的定义**关注家庭如何为个人及社会整体提供生理的、社会的及情感的需求。

与功能论者观点一致，社会学家威廉·F.奥格本指出了家庭于我们而言的六种主要功能。

- **繁衍**。一个社会要想得以延续，就必须替换衰亡的成员。家庭提供了生物繁衍发生的环境。
- **社会化**。父母及其他家庭成员监督孩子的行为，并

将他们所身处的文化中的规范、价值观和语言传递给孩子。

- **保护**。与其他动物的幼崽不同，人类的婴儿需要持续的照料和经济保障。在所有文化中，家庭都承担着保护和养育孩子的最终责任。
- **性行为规范**。性行为规范会在不同时期（例如，约会的习俗）和不同文化间（相较于宽容的丹麦而言，沙特阿拉伯更为严苛）有所变化。然而不管哪个时期或哪种文化价值观的社会，性行为规范都相当清楚的被限定在家庭的范围内。
- **情感和陪伴**。理想情况下，家庭为其成员提供了温暖亲密的关系，帮助他们获取满足感和安全感。当然，家庭成员可能会从家庭外，如同辈群体、学校及工作中，得到这样一种反馈，即将家庭视为一个令人不快或者遭受虐待的地方。尽管如此，

家庭的功能论视角的定义（functionalist definition of families）该定义关注家庭如何为个人及社会整体提供生理的、社会的及情感的需求。

不同类型的美国家庭（1940—2018年）

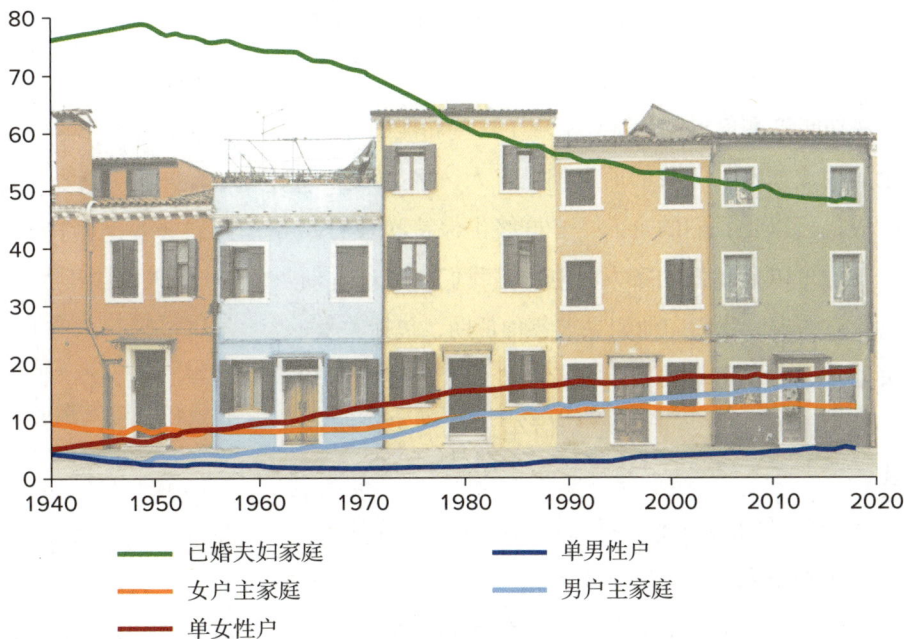

注：单男性户和单女性户涵盖那些单独居住或仅与非亲属关系的人（包括那些住在大学宿舍、收容所或军事基地的人）生活在一起的男性或女性。

资料来源：U.S. Census Bureau 2018d:Table HH-1. 图片来源：S. Greg Panosian/Getty Images.

图例：
- 已婚夫妇家庭
- 女户主家庭
- 单女性户
- 单男性户
- 男户主家庭

社会学研究

我们说朋友、队友、鲍勃叔叔及宠物"如家人一般",是在表达我们与他们之间的亲密关系,我们甚至会把我们生命中的重要他人称作姐妹、兄弟、妈妈或爸爸。之所以这样做,是因为于我们而言,他们发挥了如家人一般的作用。对很多人来说,家庭指的就是家庭的功能。

图片来源:Ariel Skelley/Blend Images.

我们还是期望我们的亲属能理解我们、关心我们,当我们需要他们的时候能出现在我们身边。

- **提升社会地位**。基于我们父母和兄弟姐妹的家庭背景及声誉,我们继承了某种社会地位。例如,我们父母的种族、族裔、社会阶层、教育程度、职业和宗教,都决定了我们所能获取的物质的、社会的和文化的资源,以及由此我们可能会拥有的选择。

从功能论视角出发,所有实现了这些功能的群体,无论其构成如何,于我们而言就是家人。例如,运动队的成员可以是我们的家人,一群终生保持联系的大学密友也可以是我们的家人。他们是我们在艰难时刻可以依靠的人,我们向他们寻求各种帮助,包括关爱、有关如何思考和行动的指南或者与谁约会的建议,有时甚至是物质的支持,无论是借车还是借买比萨饼的钱。

越来越多的人甚至会将宠物视作家人。在美国,95%的宠物主人认为其宠物是家庭成员,64%的人会为宠物购买圣诞节等节日礼物,一些夫妇甚至将狗列为他们婚礼的嘉宾。宠物对另外那些可能独居的人而言更为重要,他们彼此相依为伴。

个人社会学

将宠物视为家人

当按照"做什么"而不是"是什么"来讨论家庭时,我的学生必定会问:"宠物算家人吗?"一些人对此表示强烈认同,而另一些人则认为这是他们所听到的最为荒谬的问题。随着时间的推移,越来越多的学生支持将宠物作为家人的那一方。当罗莉和我收养了杰西——布罗克威士柯基犬后,我更能理解其中的缘由了。人们与他们的宠物建立了强烈的情感纽带,并且有些人将它们视为自己的"宠物孩子"。宠物陪伴人们,使之感到舒畅。当杰西开始出现退行性脊髓病(一种遗传性基因病)时,我们毫不犹豫地为它提供了医疗护理及一套有轮子的装置来帮助它出行。宠物让我们有了可关心的对象,而它们也能用自己的方式关心我们。这不就是家人的意义吗?

冲突:谁说了算

无论我们选择哪种定义,处于人际关系中的人们都不可避免需要解决权力的问题。例如,夫妻必须决定住在哪里、如何布置他们的家、谁来购物、烹饪和打扫、节日里拜访哪一方的家庭,以及其他大大小小的一堆决定。兄弟姐妹可能不得不商议关于父母临终关怀的棘手问题。一个社会的社会规范决定了不同的家庭成员在这些决策上所具有的权力大小，而这些规范随文化和时间的变化而变化。

纵观历史，决策权很大程度上取决于性别。一个由男性主导家庭决策的社会，被称为**父权制**社会。在父权制社会，例如伊朗，尽管妻子理应受到尊重和友好以待，但通常是最年长的男性掌握最高的权力。一个伊朗妇女的地位通常由她与男性亲属的关系来定义，常见的如妻子或女儿。在很多父权制社会，女性要比男性更难离婚。相比较而言，在**母权制**社会中，女性比男性拥有更大的权威。正式的母权制并不常见，其曾出现在美洲土著部落以及那些因战争或觅食远征而导致男性长期缺席的国家中。

一个多世纪以前，卡尔·马克思的同事、冲突论的拥护者弗里德里希·恩格斯（Friedrich Engels）甚至认为家庭是社会不平等的最终根源，因为其在权力、财产和特权的转移上发挥着作用。他认为，从历史上来看，家庭已使男性的统治地位合法化且长期延续下来。这助长了社会不公，剥夺了本该属于女性的机会，限制了性表达和择偶的自由。在美国，直到19世纪中期第一波当代女性主义浪潮的出现，妻子和孩子作为丈夫和父亲的合法财产的说法才真正被加以质疑。

在美国，抚育孩子和维系家庭的责任仍大多落在妇女身上。社会学家发现，在异性恋关系中，尽管父亲在儿童照料中的参与已有所增加，但母亲每周在照顾孩子和操持家务上所耗费的时间，仍然超过父亲的两倍。此外，510万已婚全职妈妈与19万已婚全职爸爸的比值达到27∶1，这一占主导地位的实践强化了规范预期。

多年来女性和男性在类似运动中的努力，一定程度上促进了父权制和母权制之外的第三种权力模式的兴起。在**平权家庭**中，夫妻平等相待。这种转变至少有部分是由女性之前被剥夺的职业及经济机会所驱动的。但在实践中，这并不意味着此类家庭里所有领域的决策与责任都是平等共担的。在某些领域，可能是

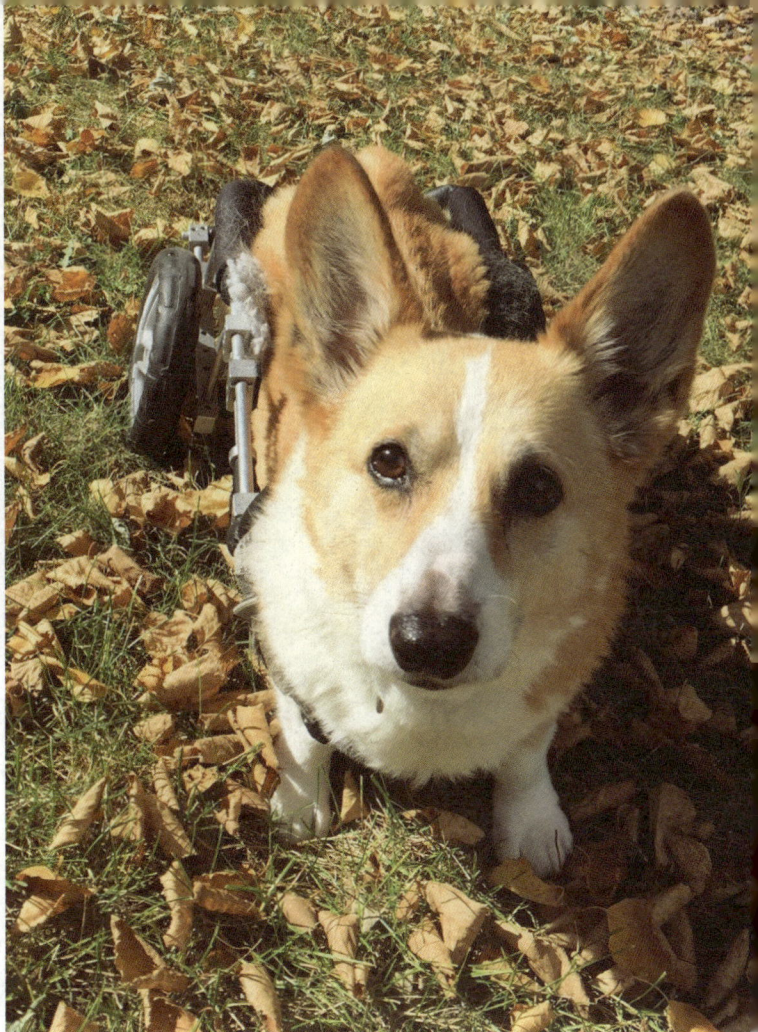

图片来源：Courtesy of Jon Witt.

妻子掌管大权，而另外一些领域则是丈夫说了算。例如，社会学家发现就双亲家庭中所包含的有偿和无偿劳动而言，尽管任务分配不同，但母亲的总工作时长与父亲的大致相等，均为每周65小时。

冲突论学者提出的另外一个问题，涉及家庭在维持现存的不平等制度中所扮演的角色。尽管人们普遍认为美国是充满机会的乐土，但获取有价值资源的机会并不会被平等地分配给所有人。家庭是物质、社会及文化资源得以代代相传的基础，子女继承了其父母（某些情形中，也是继承了更早的几代人）或有特权或无特权的社会与经济地位。家庭的社会经济地位会对儿童成年后的机遇产生显著影响，因为其关系到儿童对营养、健康照料、住房、教育机会及诸多其他资源的获取。

父权制（patriarchy） 男性主导家庭决策的社会。
母权制（matriarchy） 女性主导家庭决策的社会。
平权家庭（egalitarian family） 夫妻平等相待的权力模式。

图片来源：Ben STANSALL - WPA Pool/Getty Images.

> > 婚姻、生育与育儿

历史学家斯蒂芬妮·孔茨（2008）认为，如果婚姻奏效的话，那么现在的婚姻要好过以往。她写道，婚姻"为其成员——成人和儿童——提供了比以往更多的利益。好的婚姻给男女双方所带来的公平和幸福，远超出过去的夫妻们的想象"。她指出，共同决策和分担家务增加了陪伴孩子的时间，减少了暴力、性胁迫及通奸的可能性。

婚姻趋势

人们还会继续选择走进婚姻。当前，在 25 岁及以上的成年人中，几乎有 80% 的人都已结婚或曾经结过婚。在从未结过婚的成年人中，58% 的人表示他们希望有朝一日能结婚。与此同时，美国的结婚率实际上正处于或接近历史最低水平也是事实（Parker and Stepler, 2017; Wang and Parker, 2014）。

结婚率如此之低，一定程度上是因为人们的结婚时间延迟了。如图 7-1 所示，2018 年，美国初婚年龄的中位值是女性 27.8 岁、男性 29.8 岁。相比之下，1960 年的中位值为女性 20.3 岁、男性 22.8 岁。结婚率的变化还取决于其他各种因素，包括收入、教育、种族、族裔和国籍等。

正如图 4-2 所描述的那样，婚姻延迟可能性的日益增长是个人对婚姻的认知所决定的。社会学家安德鲁·切尔林认为婚姻的象征意义由此发生了转变。从历史上看，在美国，尤其是在 20 世纪 60 年代，许多人视婚姻为成年生活的基石（cornerstone），是成年人较早经历的事情，为其他的成人关系和责任的建立奠定了基础。今天，人们更倾向于将婚姻视作顶石（capstone），即开启婚后我们共同行动的标志。从这个角度来看，人们希望在步入婚姻和成年之前，先完成学业并在事业上站稳脚跟。

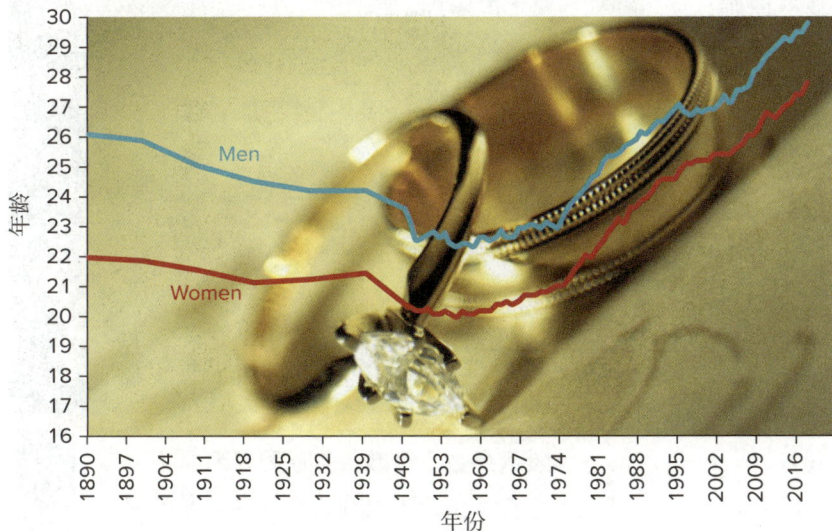

图 7-1　美国初婚年龄的中位数

资料来源：U.S. Census Bureau 2018f:Table MS-2. 图片来源：Janis Christie/Photodisc/Getty Images.

求婚与择偶

有很多方式可以让我们找寻到使我们安定下来的人。历史上，由家庭或媒人包办的婚姻并不罕见，直至今日，这种做法仍在许多文化中传承。例如，在亚洲国家乌兹别克斯坦，求婚大多是由这对夫妻的父母精心安排的。在对嫁妆做最后检查时，一名年轻的乌兹别克斯坦女人被教导，她应满心欢喜地嫁给一个与之仅有一面之缘的男人。

在美国谈及婚姻，大多数人会认为是真爱在指引。我们无法想象被包括父母和媒人等其他人牵着鼻子走，通过包办婚姻来为我们选择伴侣。当知道这种做法现在仍在美国的某些亚文化中延续时，许多人惊诧不已。我们往往理所当然地认为自己才是最适合做出这样私人的、亲密的选择的人。

社会学思考

在美国，一些富裕的专业人士会支付巨额费用以寻求婚介服务。人们为什么会选择这样做呢？在寻找浪漫伴侣时，依靠自己的人脉和判断有何不足？

在线约会应用程序的使用，反映了我们个人主义

追求的最新结果，那就是为自己挑选合适的人。我们依据其他人在屏幕上的自我呈现选择向右或向左滑，与此同时也希望自己的表现能吸引到别人。然而研究表明，我们在这些在线互动中并不总是诚实地展示我们自己，我们试图通过夸大自己的兴趣、经验和能力，来使自己看起来更具吸引力。我们也会在不忙时声称自己很忙来避免互动，我们会以稍后联系来暗示他人离开，即使没有联系对方我们也会以自己从未忘记来为自己的疏于沟通加以辩解。通常，我们用这些技巧温和地让别人释怀，而其他人也会对我们做同样的事情。

尽管在线约会应用程序开辟了新的可能，但实际上我们的潜在伴侣的数量却因我们的社会地位而大幅

婚姻习俗，包括礼仪风俗，在不同文化中相去甚远。

图片来源：（上图）©Erica Simone Leeds；（下图）Don Tremain/ Photodisc/ Getty Images.

减少。社会学有助于我们识别三条择偶的基本原则，其不可避免地缩小了我们选择的范围。

- 我们的选择仅限于那些我们能接触到且与之有联系的人。
- 我们被家人、朋友的意见所左右，也深受所属组织（包括学校、宗教团体和工作场所）的影响。
- 我们最容易被与自己相似的人所吸引。

第一条是说我们的地理位置及在社会结构中的地位会影响我们与某人建立关系的可能性。第二条是说我们的朋友、家人、信众及同事等，在我们的约会计划和伴侣选择中发挥着重要的作用，有时甚至会对一段关系是否应该继续拥有正式或非正式的有效否决权。最后一条，正如俗话所说：物以类聚，人以群分（或至少倾向于如此）。

当社会学家分析影响我们择偶的社会因素时，他们尤其注意内婚制和外婚制之间的平衡。**内婚制**（源于希腊语 endon）规定了必须在特定群体内部择偶，且禁止与其外部成员结婚。例如，在美国，许多人被期望与他们所属种族、族裔或宗教群体内的人结婚，与群体外成员通婚会招致强烈劝阻甚至禁止。内婚制旨在通过建议我们应该与"同类"的人结婚来增强群体的凝聚力。

相反，**外婚制**（源于希腊语 exo）要求人们必须在特定群体之外择偶，这里的特定群体通常是指自己的家庭或某些亲属。在不同文化和不同时期，"多近为近"的规则各不相同，但**乱伦禁忌**几乎是所有社会都通用的社会规范，其禁止在某些文化限定范围内的亲属之间发生性关系。在美国，这意味着人们必须和核心家庭以外的人结婚，不能与兄弟姐妹结婚，而且在大多数州，人们也不能与表（堂）兄弟姐妹结婚。

内婚制（endogamy）将择偶对象限制在同一群体内。
外婚制（exogamy）要求人们必须在特定群体之外择偶。
乱伦禁忌（incest taboo）禁止在某些文化限定范围内的亲属之间发生性关系。

内婚制影响了许多社会地位的变量。我们倾向于选择与我们具有相同年龄、种族、族裔、教育程度和宗教信仰的伴侣。尽管这些变量的影响程度随着时间的推移发生了变化，

浪漫喜剧数不胜数，其原因显而易见。其中有紧张刺激的追求过程，也有令人期待、几乎必不可少的幸福结局。但是，这对满心欢喜的夫妻如何共同面对日常生活中的世俗现实呢？电影历史学家珍妮·贝辛格（Jeanine Basinger）认为，婚姻题材的电影销路不畅，是因为婚姻更像是旋转木马而不是过山车。为了使婚姻题材的电影更吸引人，电影制片人使用了睹始知终的情节：他们以展示幸福伴侣天长地久的誓盟为开端，然后用七种常见的威胁之一（金钱、不忠、姻亲／孩子、不和、阶级、成瘾和谋杀）来破坏他们的关系，最后通过消除威胁、再次承诺此后余生幸福生活而重归于好。

图片来源：Collection Christophel/Color Force/SK Global/Warner Bros/Alamy Stock Photo.

流行社会学

但每个变量仍发挥着重要的作用。例如，就年龄而言，在美国已婚夫妇中，34% 的夫妇的年龄差在 1 岁以内，77% 在 5 岁以内，仅有 9% 在 10 岁及以上，1.3% 在 20 岁及以上。年龄是第三方压力中可能产生重要影响的一个因素，人们往往对那些年龄悬殊的夫妇的关系心存质疑。

种族在择偶中的作用表明了社会规范是如何既可以改变，也可以维持不变的。长期以来，跨种族通婚在美国是非法的。南方的 16 个州一直恪守这一规则，直到 1967 年，具有美国原住民血统的非裔美国妇女米尔德里德（Mildred）和白人男子理查德·洛

结婚前情侣应该问（或希望问）的10个问题

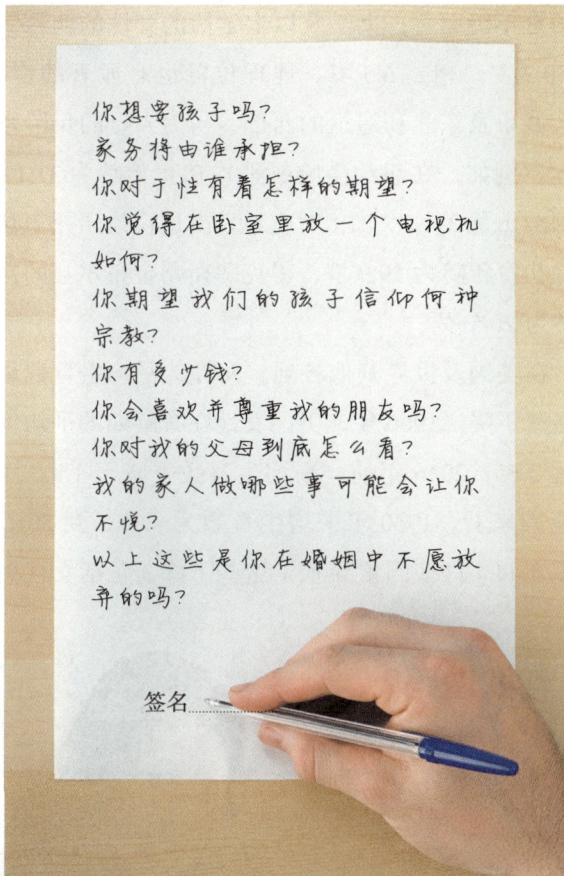

你想要孩子吗？

家务将由谁承担？

你对于性有着怎样的期望？

你觉得在卧室里放一个电视机如何？

你期望我们的孩子信仰何种宗教？

你有多少钱？

你会喜欢并尊重我的朋友吗？

你对我的父母到底怎么看？

我的家人做哪些事可能会让你不悦？

以上这些是你在婚姻中不愿放弃的吗？

签名

资料来源：The New York Times，2006. 图片来源：©Jasper White/Image Source.

文（Richard Loving）提起的法庭诉讼改变了这一地域的法律。洛文的家乡弗吉尼亚禁止跨种族通婚，因此他们前往华盛顿特区结婚。但在返回弗吉尼亚的家一个月后的某一天，他们在卧室睡觉时遭遇了警察夜间突袭被捕。在承认违反了弗吉尼亚1924年《种族完整法案》、同意离开本州且25年内不再一同返回后，洛文一家才得以避免牢狱之灾。在最高法院为其案件辩护时，他们的律师向法庭转告了理查德·洛文的话，"科恩先生，告诉法庭我爱我的妻子，我不能与她一同生活在弗吉尼亚是不公平的"。因为这个案件，最高法院推翻了美国禁止跨种族通婚的法律。从那时起，跨种族通婚在美国变得越来越普遍。现在，320万对已婚夫妇，约占总数的5.1%，都是来自不同种族群体的配偶。在新婚夫妇中，有着不同种族或族裔背景的夫妇占17%，这暗示着未来整体比率还将持续攀升。

尽管，接受和实际涉及跨种族通婚的总数在增加，但大多数已婚者仍选择了同种族的伴侣。正如图7-2所示，不同种族和性别模式之间有所不同。白人最有可能采取内婚制，大约97%的男性和女性都会选择同种族的婚姻伴侣。在非裔美国人中，男性比女性更有可能涉入跨种族婚姻。然而，对于亚裔而言，性别差异更大，女性比男性更有可能缔结跨种族婚姻。尽管如此，仍有超过80%的亚裔女性选择了同种族的伴侣。这种模式表明了内婚制在择偶中具有持续的影响力。

即使是在这些内婚制的社会范畴内，我们仍倾向于挑选与自己相似的人。这就是众所周知的**同类婚**——有意识或无意识地选择与自己具有相似的个人和社会特征伴侣的

同类婚（homogamy） 有意识或无意识地选择与自己具有相似个体或社会特征伴侣的倾向。

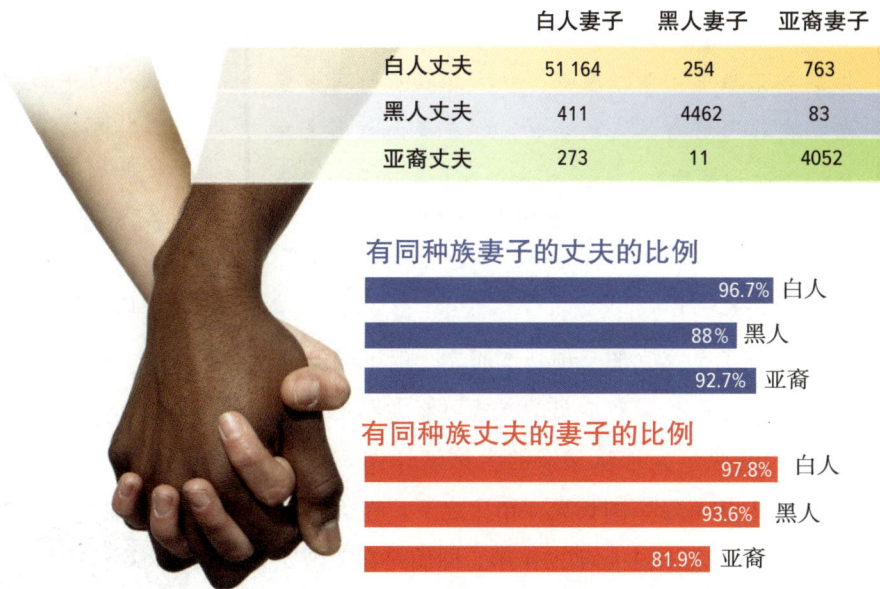

	白人妻子	黑人妻子	亚裔妻子
白人丈夫	51 164	254	763
黑人丈夫	411	4462	83
亚裔丈夫	273	11	4052

有同种族妻子的丈夫的比例

96.7% 白人
88% 黑人
92.7% 亚裔

有同种族丈夫的妻子的比例

97.8% 白人
93.6% 黑人
81.9% 亚裔

图7-2 跨种族通婚的模式

注：数字以千计。表格未显示其他种族的丈夫和妻子的数据。

资料来源：U.S. Census Bureau 2018g:Table FG3. 图片来源：Alexandre Zveiger/Shutterstock.

倾向。例如，我们倾向于与那些和我们自身有着相似教育、职业和收入特征的人结为连理。

大多数在线约会服务都采用同类婚原则来帮助情侣配对。早在 Tinder 获得社会学家杰西卡·卡比诺帮助之前，一项早期的在线约会服务就聘用社会学家佩珀·舒瓦茨（Pepper Schwartz）作为顾问，开发了一项包含 48 个问题的调查，其涵盖了从背景特征到决策模式、冲动程度等方方面面的问题。基于此匹配方法，互联网约会网站 eHarmony 声称其促成了 200 多万例婚姻。总之，研究者估计 1/4 至 1/3 的情侣是在网上认识的。对于那些潜在伴侣数量较少的人而言，包括男同性恋、女同性恋和中年异性恋者，这个比率甚至更高。一些证据表明在网上认识的夫妇婚姻满意度更高，离婚的可能性略低。

理论上，以我们之名发出的丘比特之箭能够射中任何人，但爱不是盲目的，爱是塑造我们所做选择的社会及文化力量的产物。当然，与社会学想象力相一致的是，知晓了我们的选择方式是如何被模式化的，我们就可以自由地决定是继续采用那些方式进行选择，还是采取别的方式。

社会学思考

年龄、教育程度、种族、族裔、社会阶层、性别和宗教等因素，在你择一人终其身时有多重要？在你选择与某人约会时，你在多大程度上意识到了这种影响？

育儿模式与实践

照顾孩子是家庭的一项基本职能，但不同的社会将这个职责分配给家庭成员的方式可能大不相同。印度南部的纳亚尔人承认父亲的生物学作用，但对子女负责的人却是母亲的长兄。相比之下，在美国叔伯（舅）仅在儿童照顾中起辅助作用。即使是在美国，育儿模式也不尽相同。正如我们对家庭的观念发生了改变一样，育儿的实践也发生了变化。

出生 总体而言，2016 年美国女性的初育平均年龄是 26.3 岁。受教育程度在女性做何时生育的决策时发挥了重要的作用，相较于没有读大学的女性 23.8 岁的初育年龄而言，大学及以上学历的女性的初育年龄为 30.3 岁，相差 6.5 岁。地理位置也有显著的影响。在大城市及东北和遥远的西部，初为人母的年龄往往偏大。例如，在纽约曼哈顿平均初育年龄为 31.1 岁，在旧金山是 31.9 岁。相对应地，南达科他州托德县的平均初育年龄为 19.9 岁，得克萨斯州金布尔县的初育年龄为 20.5 岁。

在美国及世界其他各地，女性的平均生育数量都已显著下降。1960 年，美国女性在育龄期的平均生育数是 3.65；2016 年前，平均生育数下降至 1.8。从全球范围来看，1960 年平均生育数为 4.98，到 2016 年降至 2.44。许多因素导致了这些下降，包括女性更好

你知道吗？

直到 1978 年，在美国解雇怀孕的女性都是合法的。最高法院在 1974 年和 1976 年的要案中基本维持了这一原则。两年后，作为对这些裁决的回应，国会通过了《怀孕歧视法案》（the Pregnancy Discrimination Act），禁止因怀孕而不发福利、解雇或拒绝雇用。

图片来源：Asia Images Group/Shutterstock.

的教育和工作机会、被改善的医疗保障、节育的措施，以及延迟的初婚年龄。

结婚和生育之间的关系随时间的推移发生了变化。在美国，现在的情况是女性的初育年龄的中位数小于其初婚年龄的中位数。这一转换发生在 1988 年前后。总的来说，尽管未婚妈妈和青少年的生育率下降了，但 2016 年美国 39.8% 的新生儿来自未婚女性。

收养 收养涉及被社会认可和确认过的有关父母合法权利、责任及特权的转移，它与家庭实质性定义中的"法律"部分是相对应的。在大多数情况下，父母的权利从生物学或生育父母方转移给养父母方。大约 2.3% 的美国儿童至少有与一个养父或养母共同生活的经历。

收养无血缘关系的人有两种法律途径：（1）收养由执业机构处理，或者（2）在某些州可通过法院批准的私人协议来安排。被收养的孩子可能来自美国或其他国家。2017 年，美国家庭从其他国家收养了 4714 名儿童。美国收养的儿童的前三位原籍国分别是中国、埃塞俄比亚、韩国，分别有 1905 人、313 人、276 人。从中国收养一个儿童的平均费用为 16 610 美元。尽管国际收养的数量依旧可观，但自 2004 年到达峰值后已大幅下降，彼时此类收养曾一度高达 23 000 例。

在美国，历史上曾有一条限制，即只有已婚的夫妻才能收养孩子。1995 年在纽约通过了一项重要的法院判决，裁定已婚不再是伴侣收养孩子的必要条件。根据这项裁决，未婚的异性恋伴侣、女同性恋伴侣以及男同性恋伴侣都能在纽约州合法地收养孩子。首席大法官朱迪斯·卡亚（Judith Kaye）代表大众撰文指出，通过扩大法律所承认的父母身份的边界，该州或许能够帮助更多的儿童，使之获得"尽可能好的家庭"。当时，纽约州（继佛蒙特州和马萨诸塞州后）成为第三个承认未婚伴侣享有儿童收养权的州。而现在，

好莱坞明星桑德拉·布洛克（Sandra Bullock）和她在国内领养的儿子。
图片来源：Marcel Thomas/FilmMagic/Getty Images.

未婚人士的收养在全部的 50 个州都是合法的。

相较于被收养而言，有更多的孩子被国家资助的儿童保护机构所监护。在 2017 年，美国有 442 995 名儿童生活在寄养家庭里，其中有 123 437 人正在等待被收养。

育儿 家庭是我们生活中社会化的主要媒介。在家庭环境中我们习得了生存所必需的最基本的技能和知识，包括如何走路、说话、进食、与他人互动，等等。然而，在育儿方面，我们几乎没有接受过关于如何有效育儿的正规培训，我们大多依赖的是自己在孩童阶段所接受的养育，以及对身边家人和朋友育儿实践的观察。在 20 世纪，整个出版业的发展为父母了解怀孕百科提供了专家建议。

育儿和社会阶层 在对育儿深入研究的基础上，社会学家安妮特·拉鲁（Annette Lareau）明确了两种完全不同的育儿方式，其主要植根于父母所在的社会

收养（adoption） 被社会认可和确认过的有关父母合法权利、责任和特权的转移。

阶级背景。她发现中产阶级和中上阶级的父母倾向于将养育孩子视为一个项目。以园艺类比，她将这种方式称为**协同培养**，指一种积极参与、持续监督以促进孩子的成长和发展的育儿方式。通过这种方式，孩子们就像生长在温室里的花朵，能得到监管、照料和保护。这些孩子被鼓励参加各种活动，包括有组织的运动及夏令营。他们被教导要与医生和老师在内的成年人互动，并向他们提问。因此，他们在成长过程中往往具有一种优越感。

工人阶级和贫困家庭的育儿方式，不同于上层及中产阶级。这些父母认为他们的主要职责是确保孩子的物质需要被满足，并给孩子更多的自由让他们自行探索。拉鲁称这种方式为**成就自然成长**，指的是一种为孩子的行为提供宽泛指导的育儿方式，让孩子们有更多的自由去探索他们自己的世界。父母对孩子们的教导更多是指令性的，如做这，不要做那，而不是因地制宜地施教。这些家庭里的孩子更像是随风飘散的种子，遍地开出野花。依靠成就自然成长方式的家长认为孩子们会自发生长、蓬勃发展。他们相信，如果孩子们独自面对挑战，而不是父母如影随形、随时准备施以援手，那么孩子们会习得更多的责任。拉鲁发现，这些孩子和他们的父母一样，不太可能与教师或医生这样的权威人士打交道。

因为孩子们被传授的人际交往技能源于其社会阶级地位，所以他们童年的社会阶级是预测其成年后社会阶级的重要指标。拉鲁在最初的研究过去 10 年之后，对孩子们及其家庭进行了重访，证实了这一点。工人阶级的孩子长大后容易成为工人阶级，而父母为专业技术人员的孩子长大后也往往成了专业技术人员。

育儿、种族和族裔 不同种族和族裔的育儿方式也不尽相同。例如，在墨西哥裔美国家庭里，家庭的利益被置于个人利益之上，即众所周知的**家庭主义**是其核心价值观。扩展家庭的重要性体现为与直系家庭之外的亲属保持密切的联系和强烈的责任感。研究表明，对家庭主义的承诺会促进家庭内部的亲密度，从而有助于心理健康。然而，一个可能的后果是，对家庭的承诺可能会降低拉丁裔美国学生申请、就读和从大学毕业的可能性。

在非裔美国家庭里，强大的亲属网络也很重要。亲属关系，特别是通过母亲、（外）祖母和（姑）姨联结的亲属关系，是分享物质、社会和文化资源的重要渠道。研究者发现，非裔美国人亲属网络在儿童照料、经济援助、给予建议、情感支持以及家庭间冲突化解等方面提供了相互支持。

随着蔡美儿（Amy Chua）《虎妈战歌》（*Battle Hymn of the Tiger Mother*）一书的出版，亚裔美国家庭的育儿备受关注。她那严苛的育儿方式，较少关注孩子自尊的培养，而更多侧重于孩子的成就尤其是学业成就。对蔡美儿来说，那意味着拒绝她的女儿做其他孩子认为理所当然可以做的事情，如借宿、参演学校戏剧、看电视、玩电脑游戏、弹奏钢琴或小提琴以外的乐器，或得到低于 A 的成绩。然而，对华裔美国家庭的研究发现其育儿方式存在显著差异，虎妈的方式

协同培养（concerted cultivation） 一种积极参与、持续监督以促进孩子成长和发展的育儿方式。

成就自然成长（accomplishment of natural growth） 一种为孩子的行为提供宽泛指导的育儿方式，让孩子们有更多的自由去探索他们自己的世界。

家庭主义（familism） 将家庭利益置于个人利益之上。

电影
关于婚姻和家庭
5

《爱恋》（*Loving*）
一对夫妻的真爱征服了一切，甚至包括最高法院。

《速成家庭》（*Instant Family*）
收养孩子的人真的很特别。

《公主新娘》（*The Princess Bride*）
真爱永相随。

《不留痕迹》（*Leave No Trace*）
一对父女锚定彼此的人生。

《泥土之界》（*Mudbound*）
两个家族在这片土地上世代劳作。

既不是最典型的也不是最有效的。在这些家庭中，更为普遍的是支持性育儿方式，其会使孩子取得更好的GPA、更高的教育成就、更少的抑郁症状，以及更强的家庭责任感。

> > 现代家庭

正如家庭的功能论视角的定义所表明的那样，如今的家庭有许多不同的形态和规模。为了更好地了解当前的家庭，社会学家已经确定并调查了一些特定的家庭变化。事实上，这些家庭类型也会重叠并组合成更多的家庭类别。

┌─────────────────────────────┐
社会学思考

对女性、男性、儿童和整个社会而言，双收入家庭有哪些优点和缺点？
└─────────────────────────────┘

双收入家庭

20世纪50年代神话般的家庭形象，在诸如《老爸最了解》（*Father Knows Best*）和《天才小宝贝》（*Leave It to Beaver*）之类的电视节目中均有理想化的呈现，其描绘了养家糊口的丈夫和作为家庭主妇的妻子。丈夫的工作是赚钱满足家庭的物质所需，而妻子的工作是养育孩子、照顾丈夫。对于当时数百万的美国家庭来说，这种形象更像是传说而不是事实，而今天符合这一形象的家庭就更少了。例如，在孩子不满6岁的已婚夫妇中，夫妻双方均在工作的比例为57%，而在有6~17岁孩子的已婚夫妇中，这一比例为65.6%。在所有已婚夫妇中，无论有无孩子，20%的妻子比其丈夫多赚5000美元以上。

机会与需求共同驱动了双收入夫妇数量的增加。女性现在有争取机会的可能，而之前这些机会都被基于性别的文化期望所封锁。如今，女性的受教育水平得以提升，原本对她们几乎封闭的职业领域也逐步开放。然而，与此同时，夫妻俩也发现单靠一份收入已难以维持生计。自20世纪70年代初以来，即使有更

当前的电视节目和电影呈现出更具包容性的现代家庭的形象。
图片来源：Album/20TH CENTURY FOX TV/Alamy Stock Photo.

多的女性进入劳动力市场，家庭的平均收入仍然相对较低。

单亲家庭

随着时间的推移，**单亲家庭**，即父亲或母亲独自一人带孩子的家庭，在美国变得越来越普遍，也越来越被广泛接受。如图7–3所示，2018年，26.6%的儿童与单亲家长同住。这一情形在不同种族和族裔有所不同，19.4%的非西班牙裔美国白人儿童，53.2%的非裔美国儿童，10.8%的亚裔美国儿童，以及28.9%的西班牙裔美国儿童与单亲家长同住。

> **单亲家庭**（single-parent family）父亲或母亲独自一人带孩子生活的家庭。

单亲家长及其子女的生活并不必然比那些传统的核心家庭过得艰难。断言单亲家庭一定穷困潦倒，就如断言双亲家庭总是平安幸福一样，都太武断。然而，单亲家庭不得不依赖单一的收入或唯一的照顾者，其生活在某种程度上可能会充满压力。由十几岁的单亲母亲所支撑的家庭，面临着非常艰难的境地，尤其是她缺乏获取重要的社会和经济资源的机会。然而，自2007年以来，35岁以下所有年龄段中未婚妈妈的生育率均有所下降，而35~44岁未婚妈妈的生育率则有所

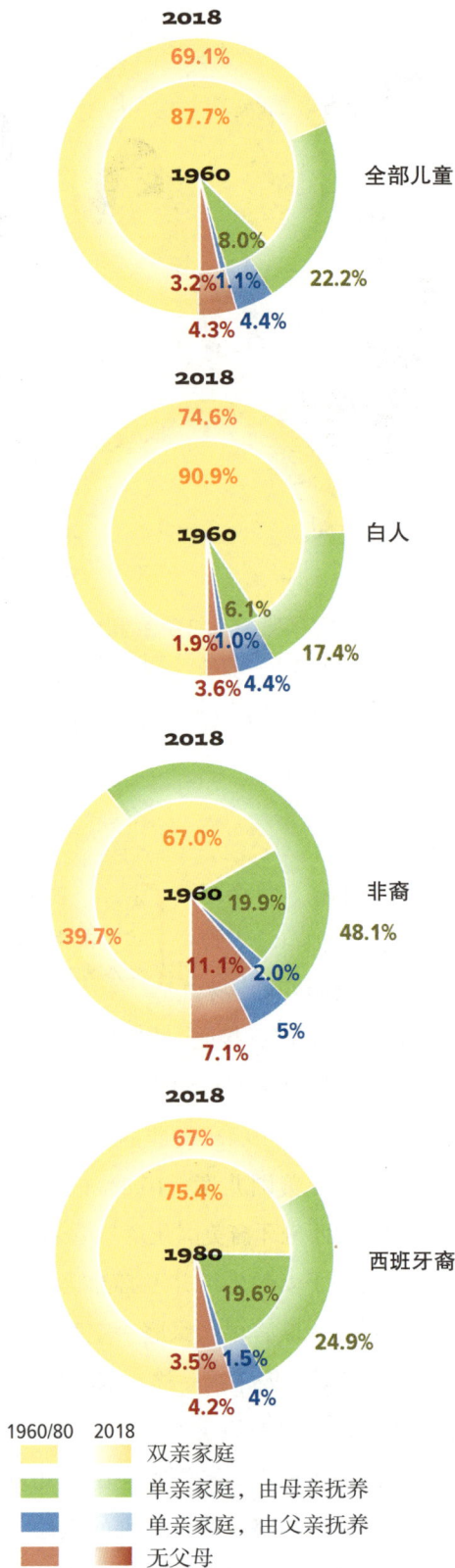

图 7-3 父母和孩子的居住情况

2018
69.1%
87.7%
1960
8.0%
3.2% 1.1%
4.3% 4.4%
22.2%
全部儿童

2018
74.6%
90.9%
1960
6.1%
1.9% 1.0%
3.6% 4.4%
17.4%
白人

2018
67.0%
19.9%
1960
39.7%
11.1% 2.0%
7.1%
5%
48.1%
非裔

2018
67%
75.4%
1980
19.6%
3.5% 1.5%
4.2%
4%
24.9%
西班牙裔

1960/80　2018
双亲家庭
单亲家庭，由母亲抚养
单亲家庭，由父亲抚养
无父母

图 7-3 父母和孩子的居住情况

注："无父母"类别包括与其他亲属或非亲属居住在一起的孩子。西班牙裔可以是任何种族的人。

资料来源：U.S. Census Bureau 2018h:Tables Ch-1，Ch-2，Ch-3，Ch-4.

上升。

尽管美国 83% 的单亲家长是母亲，但在 1970—2018 年，以单亲父亲为户主的家庭数量翻了两番多。单身母亲通常能拓展建立社交网络，而单身父亲往往更为孤立。另外，他们还必须与更习惯将女性作为监护家长的学校和社会服务机构打交道。

重组家庭

谈及重组家庭，人们脑海中所浮现出的最为常见的形象就是继父母带着年幼的继子女。未满 18 岁的孩子中大约有 4.1% 的人，至少与一位继父或继母生活在一起。但是社会学家苏珊·斯图尔特（Susan Stewart）建议我们扩展关于重组家庭的概念，将那些带着之前关系中的孩子同居的夫妇，继子女不是总住在一起的家庭，带着之前异性恋关系中的子女同住的同性恋夫妇，以及与成年子女同住的重组家庭都纳入进来。这种扩展的方法强调了重组家庭成员身份贯穿其整个生命历程的事实。

当一个成年人成为继父（母）或一个孩子成为继子（女）和继兄弟姐妹时，重组家庭中的家庭成员经常需要处理再社会化的问题。在评估这些重组家庭时，一些观察者预计孩子会从再婚中受益，因为他们将拥有第二位监护家长，并可能享有更好的经济保障。然而，在回顾了诸多关于重组家庭的研究后，社会学家安德鲁·切尔林得出结论，"从平均水平来看，重组家庭中孩子的福祉并不比离异、单亲家庭中的孩子更好"。

继父母能够而且确实在他们继子女的生活中扮演了重要且独一无二的角色，但是他们的参与并不能保证家庭生活的改善。事实上，标准还可能会下降。研究表明，与由亲生母亲抚养的孩子相比，由继母养育的孩子在医疗、教育和食物上的花费可能会更少。继父的抚养也对孩子不利，但其仅是有继母家庭的负面影响的一半。这可能是由于继母担心自己会显得过分干涉或依赖孩子生父来履行父母的职责而有所保留。

图片来源：PictureLux/The Hollywood Archive/Alamy Stock Photo.

多代家庭

随着工业革命的兴起以及随之而来的核心家庭模式的扩散，几代人同堂的时代看上去已基本结束。在20世纪的大部分时间里，似乎确实如此。如图7-4所示，美国多代同堂的比例从1940年的24.7%下降到1980年的12.1%。从那时起，多代家庭被定义为包括两代及两代以上的成年人（如果包括父母和子女，子女必须年满25岁），或有不满25岁孙辈的祖父母。

这种变化在很大程度上归因于与父母同住的年轻人比例的上升，他们要么继续与父母同住，要么搬回去与父母同住。这表明以往更为常见的老年父母与其中年子女同住的多代模式，如今发生了改变。1940年，85岁及以上的老年人中有63%生活在多代同堂的家庭中，1990年这一比例下降到18%，之后又上升到25%。在25~29岁的年轻人中，1940年有32%是多代同堂，1990年这一比例下降到19%，随后上升到33%。截至2016年，3230万人生活在两代同堂的家庭，2840万人生活在三代或三代以上的家庭中，

320万人生活在由祖父母和25岁以下的孙辈组成的家庭中。

尽管18~34岁的大学毕业生与父母同住的可能性仅为高中毕业生的一半，但有限的工作机会和较低的起薪，特别是2007年经济衰退后，再加上巨额的学

图 7-4　多代家庭

注：多代家庭被定义为包括两代或两代以上的成年人（如果包括父母和子女，那么子女必须年满25岁），或祖父母与25岁以内的孙辈同住。

资料来源：Cohn and Passel，2018；Fry and Passel，2014；Pew Research Center，2010：Table 1. 图片来源：Cathy Yeulet/stockbroker/123RF.

生贷款债务，使返家与父母同住的人数得以增加。另外，众所周知，初婚的平均年龄上升了，对于一些年轻人而言，与家人同住是一种理性选择，可以最大限度地减少开支。在年龄稍小的18~24岁的人中，包括返家的大学毕业生，目前55%的人与父母同住，而1960年这一比例为43%。正如经济的变化有助于驱动后工业革命时期单独的核心家庭的兴起一样，最近这些经济事件很可能促进一种新形式的大家庭的出现，其成员可利用这种安排所提供的物质、社会及文化资源的优势。

同居

在美国，以未婚同居来试水恋爱关系的做法越来越普遍。**同居**被定义为两名成年人基于与未婚伴侣的忠诚关系同住在一起。总体而言，美国有7%的成年人同居，总计1800万，比2007年增加了29%。

同居（cohabitation）两名成年人基于与未婚伴侣的忠诚关系同住在一起。

> 对于人类的灵魂而言，还有什么比在静默无言的回忆中，感受彼此生命交织更为美好的事。
>
> 乔治·艾略特（George Eliot）

年轻人更有可能选择同居，25~34岁的成年人中有14%选择了同居，而50岁及以上的人中这一比例为4%。

美国有大约半数的已婚夫妇承认他们婚前就已同居，而且这一比例很有可能还会增加。20世纪60年代，美国未婚夫妇家庭的数量增加了6倍，1990—2000年又增加了72个百分点。30~44岁的成年人中，未接受过大学教育者较之有大学学位者更有可能同居。与其他种族和族裔群体相比，同居在非裔美国人和美国印第安人中更为普遍，在亚裔美国人中最不常见。图7-5显示了各州未婚伴侣同居的比例情况。

在欧洲大部分地区，同居是如此稀疏平常，以至于人们通常的态度基调似乎是"爱，是的；结婚，或许吧"。在冰岛，62%的孩子为单亲母亲所生；在法国、英国和挪威，这一比例约为40%。这些国家的政府政策对已婚和未婚的伴侣或家庭几乎未进行法律上的区分。不同于美国描述同居夫妇的最佳用语似乎是"伴侣"，在瑞典他们使用sambo来指代与你同居但没有结婚的人。它结合了瑞典语中samman（意为在一起）以及boende（意为迁就）的元素，暗示了高于男女朋友的承诺水平。

保持单身

越来越多的人选择保持单身。1960年，25岁及以上的成年人中有9%从未结过婚。此后，这一比例翻了一番多，达到20.6%。更为普遍的观察发现，大概有42%的成年人没有一同生活的配偶或伴侣。这其中，有35%的人独居，22%的人与包括儿童在内的他人生活在一起。如果考虑年龄的话，25岁以下

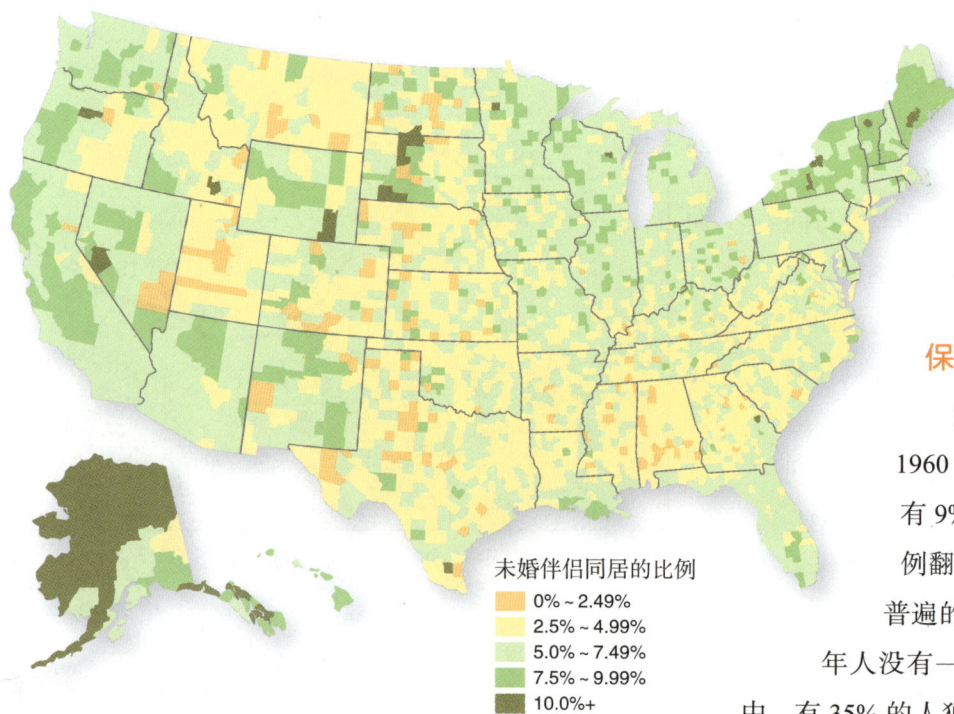

未婚伴侣同居的比例
- 0% ~ 2.49%
- 2.5% ~ 4.99%
- 5.0% ~ 7.49%
- 7.5% ~ 9.99%
- 10.0%+

图7-5 各州未婚伴侣同居的比例

资料来源：U.S. Census Bureau, 2015b：Table 11009.

的成年人中有 61% 的人没有配偶或伴侣。

　　诸多因素可以用来解释保持单身趋势的原因，包括同居率的上升，以及如我们之前所看到的事实，即结婚的人等待的时间正在变得更久。在从未结过婚的人中，58% 的人表示他们希望有朝一日结婚，还有 14% 的人不想结婚。考虑到年龄因素，50 岁及以上从未结过婚的人中有 32% 表示他们不想结婚，而在 50 岁以下的未婚成年人中这一比例为 11%。

　　一个人选择不结婚可能有很多原因。许多人表示他们从未遇到意中人；另一些人则指出经济状况不稳定。有些单身人士不想将其性亲密关系局限在一个终身伴侣上，有些男性及女性不希望过度依赖其他任何一个人，也不希望任何人过度依赖他们。在一个珍视个性及自我实现的社会，单身生活方式可以提供婚姻所不能给予的确定的自由。

　　与单身人士孤独的刻板印象相反，研究表明保持单身的人与父母、兄弟姐妹、朋友及邻居的社会联系比那些已婚人士更为紧密。单身人士更有可能与他人保持联系，并在其社交网络中给予并接受他人的帮助。其他研究表明，单身人士相比已婚人士而言经历了更多的个人成长，拥有更强的自主和自决意识。但文化所赋予婚姻的特权，使得我们可能低估了单身的好处，相关研究也不够充分。

坚持不育

　　在过去，没有孩子通常会被描述成一种诅咒。然而，如今某种程度上由于现代节育技术的发展，越来越多的人主动选择不要孩子，越来越多的夫妇拒绝"结婚必要生子"的观点。根据人口普查

数据可知，40~50 岁的女性中有 15.9% 的人从未生育过。相较于受教育程度较低者，那些大学及以上学历者更有可能选择不为人父母。在 40~50 岁拥有研究生或专业学位的女性中，没有孩子的比例占 22.3%，几乎是那些未完成高中学业女性（11.6%）的两倍。放眼未来，近 1/3 的千禧一代表示他们不想要孩子。

　　经济方面的考量是促使这一态度转变的原因；生孩子也是一件极其破费的事。据估计，2015 年生孩子的中等收入的父母，从孩子出生到 18 岁，将在其衣食住行上花费 284 570 美元。如果孩子上大学，这一花销数量取决于其所选择的大学，有可能会翻倍。因为意识到经济压力，一些夫妇生育的孩子数量少于其原本的预期，而其他人则在权衡无子女婚姻的好处。

>> 离婚

　　"你是否承诺爱、尊重、珍惜……直至死亡将你们分开？"每年，来自社会各阶层、各种族及各族裔的人都会签订这项具有法律约束力的协议。然而，这些承诺中有相当一部分未能信守不渝，而是以离婚收场。

离婚的统计趋势

　　离婚到底有多普遍？令人惊讶的是，这不是一个能简单作答的问题，而且离婚的统计数据很难被解释。媒体经常报道说每两段婚姻中就有一段以离婚告终，但是该数据具有误导性，因为很多婚姻持续了几十年。它是基于一年内发生的所有离婚（无论夫妻何时结婚的）与同年新结婚数量的比较。社会学家菲利普·科恩（Philip Cohen）预测，根据当前的比率，今天结婚的人中有 52.7% 会在

2017 年，超级情侣安吉丽娜·朱莉（Angelina Jolie）和布拉德·皮特（Brad Pitt）结束了 12 年的恋爱和 2 年的婚姻。
图片来源：Jaguar PS/Shutterstock.

美国结婚和离婚的发展趋势

每千人的比率

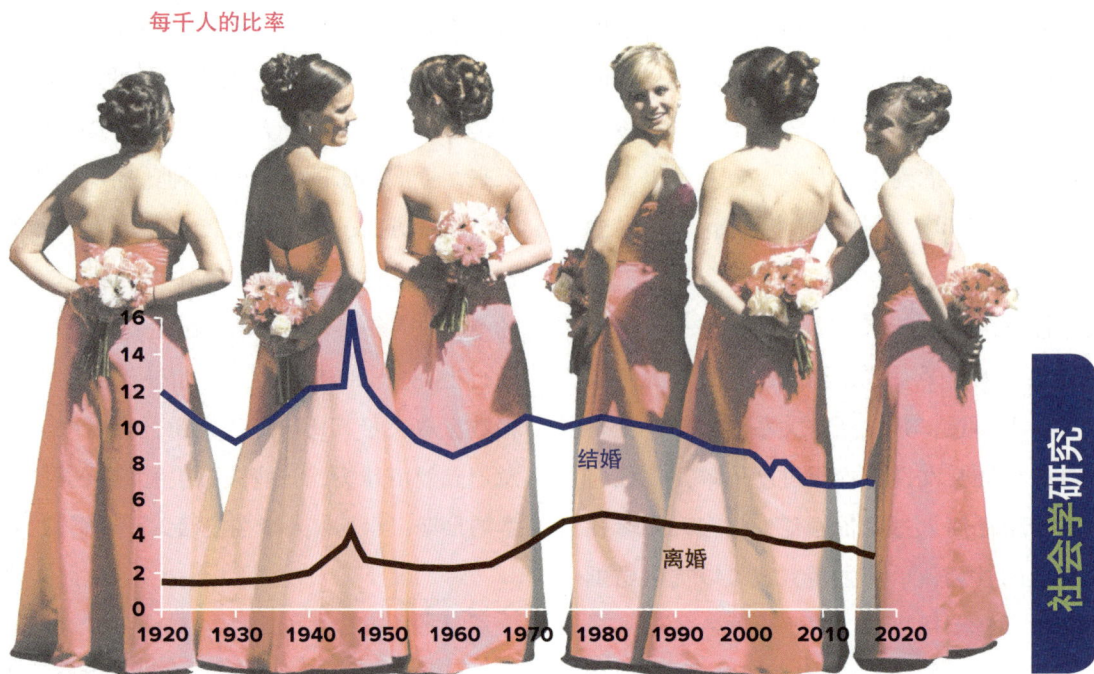

资料来源: Centers for Disease Control and Prevention, 2018a; Tejada-Vera and Sutton, 2010; U.S. Census Bureau, 1975:64. 图片来源: TriggerPhoto/E+/Getty Images.

其中一位去世之前离婚。夫妻结婚时间越长，离婚的可能性就越低。例如，一对结婚 15 年的夫妻离婚的概率为 30%。

美国的离婚率自 20 世纪 60 年代开始大幅飙升，但从那以后，趋势一直走低，自 20 世纪 80 年代以来一直在稳步下降。年龄不同，离婚率也不同。对于 50 岁以上的人来说，离婚率自 1990 年以来翻了一番。但同期在 25~39 岁的成年人中，离婚率下降了 21%。根据社会学家菲利普·科恩的观点，千禧一代离婚率下降的原因部分是因为婚姻正在变得更为罕见和稳定。年轻人选择结婚更加谨慎，但一旦选择结婚他们也更有可能长久相伴。

离婚并不必然会使人们对婚姻感到不满。在美国，大约有 63% 的离婚者已经再婚。他们从离婚到再婚的中位数时长是 4 年。女性再婚的可能性低于男性，因为她们中许多人在离婚后保留了对孩子的监护权，这使得新的成人关系变得更为复杂。

与离婚有关的因素

与 100 年前相比，导致离婚率上升的主要因素之一是社会对离婚的接受度增加了。人们不再认为有必要忍受一段不幸的婚姻，甚至那些过去将离婚视为一种罪过的主要的宗教团体，对离婚的消极态度也有所缓和。

在美国，诸多因素促进了社会对离婚日益增长的接纳。例如，在过去 30 年里，大多数州都采用了限制较少的离婚法。无过错离婚法，允许夫妻双方在不追究对方责任的情形下（例如，通过指明通奸）结束婚姻，其在 20 世纪 70 年代被引入初期导致离婚率激增，但除此之外并无其他太大的影响。另外，家庭收入的普遍增加，加上穷人可以获取免费的法律援助，意味着更多的夫妻能够负担得起昂贵的离婚诉讼费用。而且，随着社会为女性提供的机会的增加，越来越多的妻子在经济上和情感上对丈夫的依赖逐渐降低。如果婚姻看上去了无希望，她们认为自己有能力从婚姻中抽身离去。

离婚对孩子的影响

离婚对所有涉入其中的人而言都是一种创伤，而对于每年超过 100 万的父母离异的孩子来说更有着特殊的意义。社会学就离婚对孩子的影响展开过重要的讨论，其中主要的一项研究，跨越 25 年追踪调查了 131 个离异家庭的孩子。结论表明，离婚的影响是实质性的且持久的，包括更高的药物和酒精滥用率、受限的大学资源，以及成年后对亲密关系的恐惧。这些研究者建议，父母为了孩子应该维持一个"足够好"的婚姻。此研究的局限之一是样本规模相对较小，结论能够在多大程度被推广受到质疑。

其他社会学家的结论是，对许多孩子而言，离婚是令人期待的，因为其标志着一段功能极度失调的关系的结束。社会学家保罗·R. 阿马托（Paul R. Amato）和艾伦·布思（Alan Booth）主持的一项全国性研究显示，在大约 1/3 的离婚中，孩子实际上受益于父母的分离，因为这减少了他们遭遇冲突的可能。其他研究者也通过更大的样本得出结论，即离婚的长期、有害的影响仅作用于少数孩子。

围绕诸如离婚、同居及同性家庭等议题的争辩，凸显了社会学家在研究家庭生活时试图解决的诸多问题。什么是家庭，其做什么，如何做，面临哪些障碍，这些是与所有家庭都相关的问题。在现代多元的世界里，过去单一的传统不再被视为理所当然。人们来自多种不同的文化，有着各自习以为常的预设。社会学研究这些复杂性，为我们更好地理解如何在家庭中思考和行动提供了工具。

行动起来！

家庭调查

就有关家庭的问题访问 5~10 个人（比如同学）。问他们这样一些问题：他们如何定义家庭？家庭只包含那些有血缘关系和法律关系的人，还是也包括其他人？宠物算不算家人？他们有多少兄弟姐妹？他们的父母有多少兄弟姐妹？择偶时父母和朋友应该扮演什么角色？记录下他们的回答。这些回答是否呈现出某种模式？你从这样的样本中能够得出什么结论？

本章回顾

1. 家庭意味着什么？

- 社会学家从家庭是什么（强调血缘和法律）和家庭做什么或家庭的功能（包括繁衍、社会化、保护、性行为规范、情感和陪伴、提供社会地位）来定义家庭。

2. 人们如何选择伴侣？

- 社会因素塑造了个人选择潜在伴侣的对象。人们在选择中权衡，倾向于那些来自其群体内（内婚制）而不是毗邻群体（外婚制）的人。人们倾向于选择具有相似社会特征（同类婚）的伴侣，包括年龄、教育程度、阶层、种族和族裔上的相似。

3. 家庭具有怎样的多样性？

- 在邻近性（扩展对核心）、权威（父权制、母权制和平权主义）、存续时间（离婚）和结构（双收入、单亲家庭、重组家庭、同居、单身、无子女及同性）方面存在显著差异。

图片来源：Digital Vision/Getty Images.

不同社会学视角下的家庭

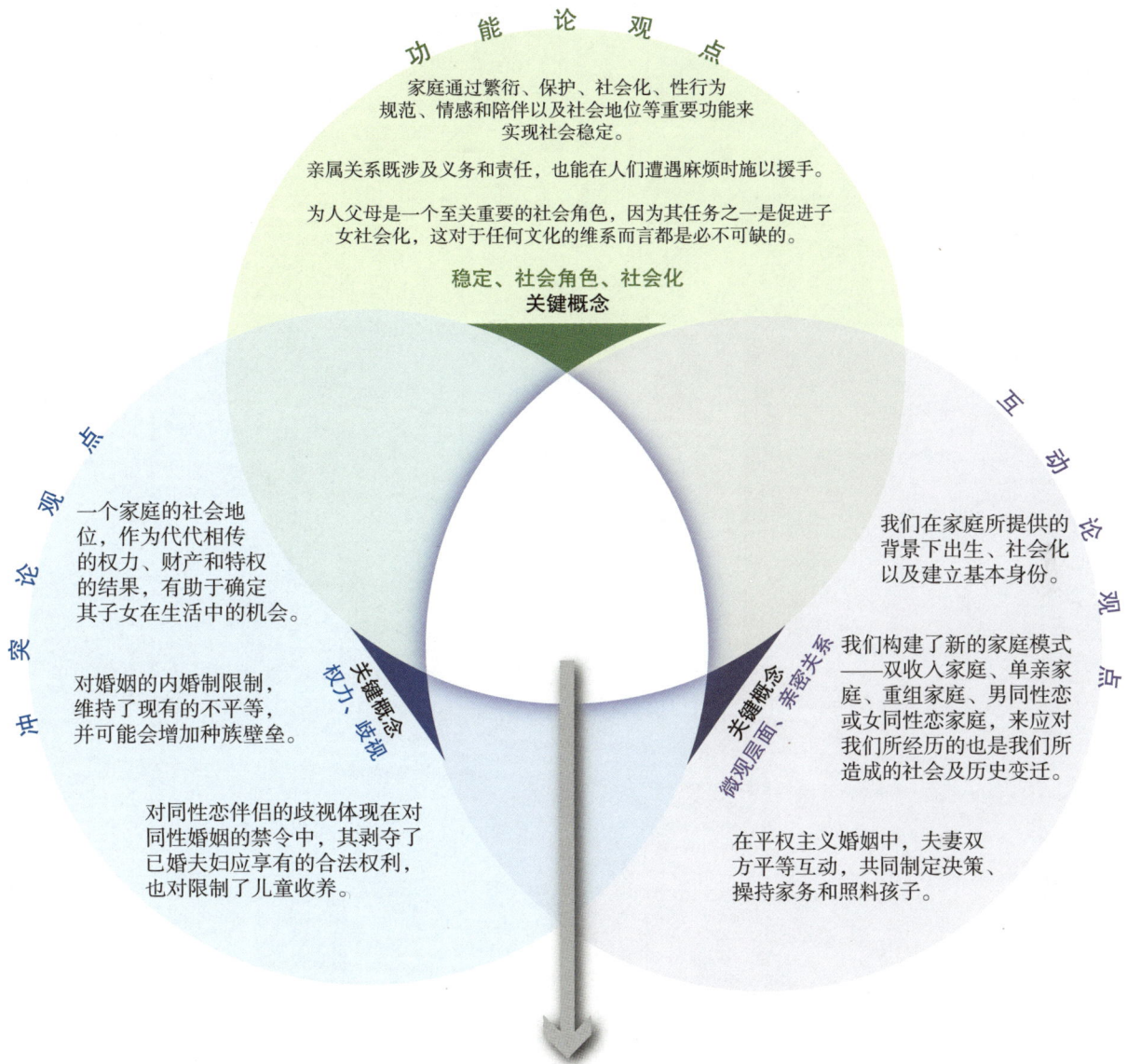

功 能 论 观 点

家庭通过繁衍、保护、社会化、性行为规范、情感和陪伴以及社会地位等重要功能来实现社会稳定。

亲属关系既涉及义务和责任，也能在人们遭遇麻烦时施以援手。

为人父母是一个至关重要的社会角色，因为其任务之一是促进子女社会化，这对于任何文化的维系而言都是必不可少的。

稳定、社会角色、社会化
关键概念

冲 突 论 观 点

一个家庭的社会地位，作为代代相传的权力、财产和特权的结果，有助于确定其子女在生活中的机会。

对婚姻的内婚制限制，维持了现有的不平等，并可能会增加种族壁垒。

关键概念
权力、歧视

对同性恋伴侣的歧视体现在对同性婚姻的禁令中，其剥夺了已婚夫妇应享有的合法权利，也对限制了儿童收养。

互 动 论 观 点

我们在家庭所提供的背景下出生、社会化以及建立基本身份。

我们构建了新的家庭模式——双收入家庭、单亲家庭、重组家庭、男同性恋或女同性恋家庭，来应对我们所经历的也是我们所造成的社会及历史变迁。

关键概念、亲密夫妻
微观层面、亲密关系

在平权主义婚姻中，夫妻双方平等互动，共同制定决策、操持家务和照料孩子。

建立联系

回顾本章之后，请回答下列问题。

1
如何用各视角来阐明在线约会服务及应用程序（如Tinder和Bumble）的使用？

2
浏览"不同类型的美国家庭"图表，每种视角会侧重于用什么因素去解释这一阶段的变化？

3
为什么功能论视角基于家庭做什么所作的定义，比基于家庭是什么所作的定义，更能帮助我们深入地理解今天的家庭？

4
你家里谁说了算？在功能论、冲突论及互动论视角中，哪个视角是描述你家庭动态的最佳选择？

教育和宗教

交易场所

梅兰妮是一个非常聪明的学生，她住在纽约布朗克斯区的一个贫困地区。她喜欢阅读，成绩优异，梦想能去上大学，她的老师和朋友们都相信她能实现任何目标。在上高中的第一天，她的第一个真实念头是事情可能不会像计划的那样发生。当梅兰妮走进她所在社区的一所公立大学时，她高中时的幻想破灭了。她是优等生，但学校缺乏基本资源。学校不提供预修课程，甚至都没有图书馆，她无法想象未来的道路。

幸好她参观了距离她学校只有3英里的菲尔德斯顿学校（Fieldston School），这给她带来了转机。菲尔德斯顿是一所精英私立学校，位于布朗克斯的一个特

区，占地18英亩，2018年的学费超过5万美元。当梅兰妮在菲尔德斯顿下车时，她简直不敢相信自己的眼睛，梦境仿佛变成了现实。然而，她自知无法成为这里的学生，当场崩溃大哭。

不过，梅兰妮还有机会。海茨大学的老师提名她为久负盛名的波塞基金会（Posse Foundation）奖学金候选人。该奖学金旨在甄别那些可能被忽视的、有学术前景和领导力潜质的高中生，并为他们提供精英私立大学的全额学费。经过严格的筛选程序，梅兰妮进入了最后一轮，但遗憾落选。她的梦想再次破灭。

梅兰妮决定提前从高中毕业。因为几乎看不到任

何可行性，她基本上放弃了上大学的梦想。她在附近的一家超市找到了一份工作，有时候也去社区大学上课。十年后，她还在那里工作。她对自己的离开感到愤怒，希望自己能继续追逐教育之梦，但这在当时几乎是不可能的。

对梅兰妮来说，问题不在于她的才能。梅兰妮的同学说她"无疑是教室里最聪明的人"，她的老师也同意这个评价，夸赞她"非常非常聪明"。她的才智足以让她在大学里出类拔萃。她的困难是缺乏经济、社会和文化资源，无法与那些天生就享有、并习惯了各种资源的学生竞争。

不幸的是，梅兰妮的故事并非个例，它很不幸地普遍存在。在美国，教育被视为所有人获得机会的途径，然而，并不是所有的学生都能平等地获得设施、人脉、程序和其他资源。社会学探讨了这种差异的后果。

边读边思考 >>

- 教育是如何维系社会秩序的？
- 教育是如何维系现有的不平等体系的？
- 社会学家是如何定义宗教的？

>> 社会中的教育

从社会学的角度看，**教育**是一种致力于通过正式程序由教师向学生传递文化的社会制度。随着工业革命的到来和全球化的兴起，向儿童传授在社会中有效生存所需知识和技能的责任在很大程度上从家庭转移到了学校。现在我们在教育上投入了大量的时间和金钱，因为我们相信教育为个人和集体带来的益处值得如此。

教育（education）一种致力于通过正式程序由教师向学生传递文化的社会制度。

教育和机会

美国的教育历史经历了一个循环，先是倡导包容原则，扩大参与机会，然后认识到那些原则达不到希望的实际程度，这个循环再次开始。从最早期开始，民主和精英制度的共同原则就塑造了美国对教育的义务。宪法的开场白"我们国民"强调了个人参与管理的重要性。正如公共教育的早期倡导者托马斯·杰斐逊（Thomas Jefferson）在 1816 年所写的那样："如果一个国家期望在国民无知的情况下却拥有自由，那么

你知道吗？

在 2017 届高中毕业生中，66.7% 的人随后在秋季进入大学。其中，进入 2 年制学校的占 66%，进入 3~4 年制大学的占 34%。

资料来源：Bureau of Labor Statistics, 2018e. 图片来源：©Kristy-Anne Glubish/Design Pics/ PunchStock.

这种期望无论在历史上还是未来都绝不会实现。"换句话说，民主需要受过教育的公民具备阅读、写作和算术能力，这样他们才能在投票站做出明智的决定。

精英制度代表了评判美国公共教育的另一个重要价值尺度。精英主义的原则是，我们的社会和经济地位应该基于能力和努力而不是基于继承来获得。例如，杰斐逊坚持认为，公立学校提供了一种识别人才并培养他们的机制。他认为，如果出生在贫困家庭的

年轻天才因为缺乏获得教育的必要手段而从未得到发展技能的机会，社会将遭受损失。本着同样的精神，有时被称为"美国公共教育之父"的霍勒斯·曼恩（Horace Mann）在1848年写道："教育是自人类起源以来实现人人平等的最伟大的平衡器。"曼恩相信，建立高质量、人手充足的公立学校将确保贫困儿童与富裕家庭的孩子一样，拥有相同的教室、课程和求学经历，从而为每个人提供获得成功的机会。

受教育程度

在美国，由此产生的对教育的社会性责任导致了教育作为一种社会机构的扩张。在过去100年左右的时间里，这种扩张的程度反映在受教育程度比例的急剧提高上。如图8-1所示，从1910年到2017年，拥有高中学历的人口比例从13.5%上升到89.6%，拥有大学学历的人口比例从2.7%上升到34.2%。随着教育变得越来越容易获得，也越来越受人期待，越来越多的人走上了教育提供的道路。

这种增长的部分原因是，美国的教育随着时间的推移变得更加包容。最初，公立学校只对白人男性开放。在19世纪，教育在很大程度上是被种族隔离的。1896年最高法院在"普莱西诉弗格森案"（Plessy v. Ferguson）的裁决中确认了这一做法，也强化了"隔离但平等"的原则。经过两个多世纪的教育改革努力和法律判决，公共教育终于不再区分不同种族、族裔、性别或国籍，而向所有人开放。在教育改革家方面，艾玛·哈特·威拉德（Emma Hart Willard），她于1821年开办了第一所大学层级的女子学校。还有社会学家W. E. B. 杜波依斯和简·亚当斯，他们都在19世纪末为种族和性别平等而奋斗。在法律裁决方面，例如1954年的"布朗诉教育委员会案"（Brown v. Board of Education）使人们发现，将教育设施隔离的做法在本质上是不平等的。而在法律方面，1972年的《教育法第九修正案》（Title IX）则规定，给予男性和女性平等的教育机会是学校获得联邦资金支持的必要条件。

教育作为一种公共机构的兴起并不仅仅限于美国。正如"走向全球：25~34岁人群受教育程度"中所示，尽管受教育程度各不相同，但世界各国都对教育做出了重大承诺。受教育程度的提高为个人打开了大门，并为社会造就了更多受过教育的公民。因为教育已经成为世界上如此重要的社会制度，社会学家试图描述和解释它所发挥的作用。

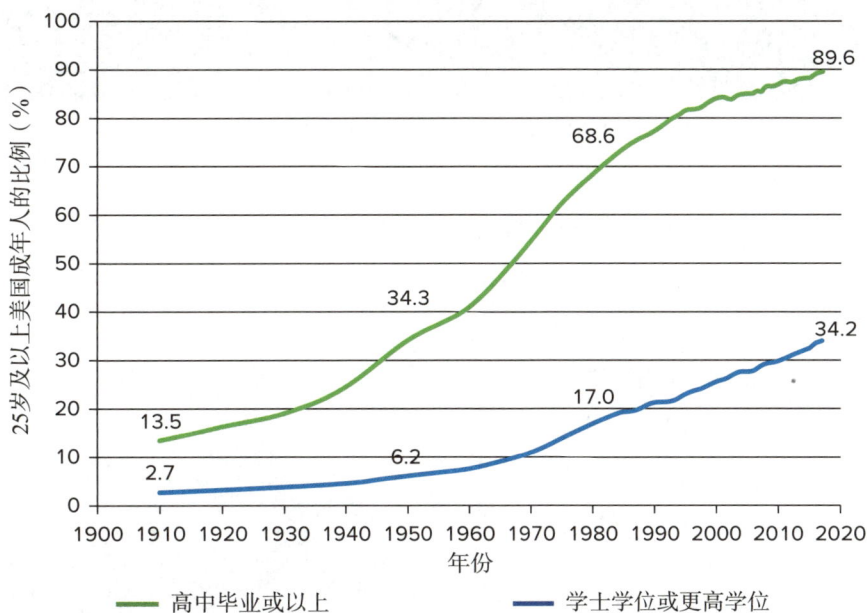

图 8-1　美国的受教育程度

注释：数据专指美国25岁及以上成年人。

资料来源：National Center for Education Statistics，2018:Table 104.10.

社区大学

社区大学的存在是对早期教育倡导者提出的教育理想的一种证明。20世纪40年代的《退伍军人权利法案》（GI Gill）和20世纪60年代的佩尔助学金项目（Pell Grants）为那些资源有限的人提供了相当丰厚的财政援助资金，为他们上大学拓宽了途径。但高等教育的成本持续急剧上升。然而，社区大学相对较低的费用和开放的招生政策降低了学生成功注册的门槛。

25~34 岁人群受教育程度

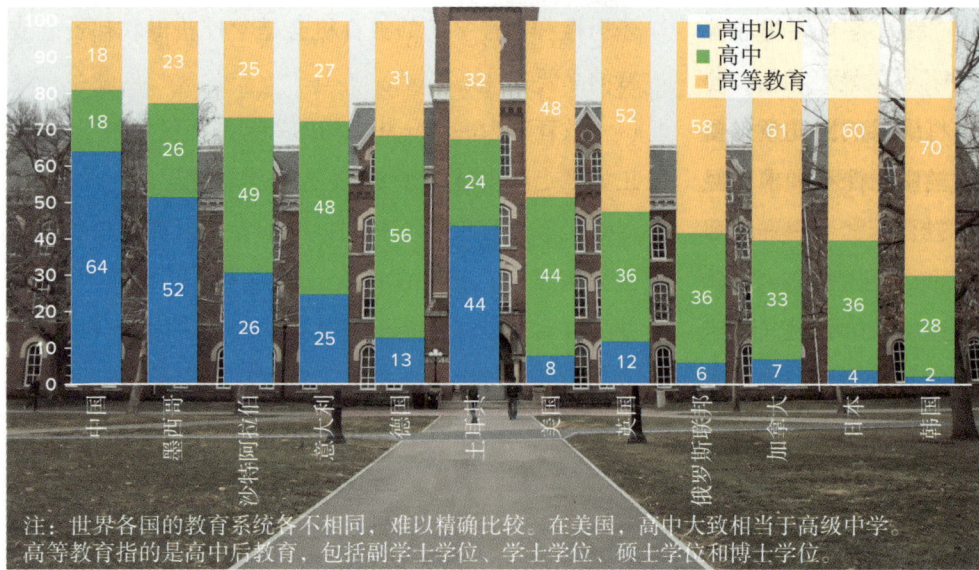

图例：
- 高中以下
- 高中
- 高等教育

各国数据（高中以下 / 高中 / 高等教育）：
- 中国：64 / 18 / 18
- 墨西哥：52 / 26 / 23
- 沙特阿拉伯：26 / 49 / 25
- 意大利：25 / 48 / 27
- 德国：13 / 56 / 31
- 土耳其：44 / 24 / 32
- 美国：8 / 44 / 48
- 英国：12 / 36 / 52
- 俄罗斯联邦：6 / 36 / 58
- 加拿大：7 / 33 / 61
- 日本：4 / 36 / 60
- 韩国：2 / 28 / 70

注：世界各国的教育系统各不相同，难以精确比较。在美国，高中大致相当于高级中学。高等教育指的是高中后教育，包括副学士学位、学士学位、硕士学位和博士学位。

资料来源：OECD，2018a:Table A1.2. 图片来源：McGraw-Hill Education.

图 8–2 所显示的那样，社区学院的费用比州立、公立四年制学院或私立四年制学院或大学要便宜得多。为了便于比较，这张图显示的是学费、杂费和食宿费减去助学金后的情况。许多社区大学的学生不住在校园里，这种选择可以大大降低成本。

2016 年，美国有 610 万名学生上社区大学，几乎是 1970 年的三倍，占了所有在校大学生的 31%。与上四年制大学的同龄人相比，这些学生更有可能是年龄较大者、女性、黑人、西班牙裔、低收入者和兼职人员。事实上，他或者她父母的收入和受教育水平越高，这些学生上社区大学的可能性就

越小。这一事实凸显了社区大学在为那些资源有限的人提供机会方面所发挥的作用。进入社区大学激发了学生的志向。无论他们最初只是希望学习几门课程，还是获得一个两年制的学位，这些学生中几乎有一半的人后来渴望接受更多的教育，包括获得四年制学位或是更高的学位。

社区大学确实为许多人提供了机会，但将两年制与四年制大学的学生相比较时，他们获得学位的可能性差异相当显著。在那些两年制学校的学生中，35.1% 的人获得了毕业文凭、副学士学位或学士学位。相比之下，上四年制大学并获得学位的学生比例为 64.2%。辍学的可能性也各不相同。入学六年后，46.2% 的两年制学校学生不再注册，也

图例：
- 两年制公立社区大学费用
- 四年制公立州立大学费用
- 四年制私立非营利大学费用

净成本：学费、杂费和食宿费减去助学金（美元）

数据点：
- 四年制私立非营利大学费用：20 390 / 22 140 / 24 460 / 27 290
- 四年制公立州立大学费用：8240 / 8880 / 12 110 / 14 880
- 两年制公立社区大学费用：7030 / 7680 / 7560 / 8270

年份：1990—1991、1995—1996、2000—2001、2005—2006、2010—2011、2015—2016

图 8–2　大学的净成本

注：净成本指的是学生和 / 或家庭必须支付的学费、杂费和食宿费，扣除联邦、州、地方和机构的助学金援助以及教育税收抵免后的金额。所有年份的成本都是用 2018 年的美元价格报告的。2017—2018 年的数值为估算值。

资料来源：College Board，2018b:Table 7. 图片来源：Purestock/SuperStock.

没有获得学位，而在上四年制学校的学生中，这个比例只有 23.6%。

一些社会学家认为，社区大学起到了"舒缓"的作用，让那些没能获得学位的学生不因自己的不成功而自责。根据这一理论，社会上的好工作比需要它们的人要少，获得学位将会增加一个人得到这些工作的概率。就个体水平而言，社区大学似乎为每个人提供了机会。因为有了获得学位的机会，那些放弃学业的学生更有可能因为失败而自责，而不是对一开始没有提供足够好工作的社会结构进行批判。通过这种方式，社区大学有助于证明不平等体系的存在。

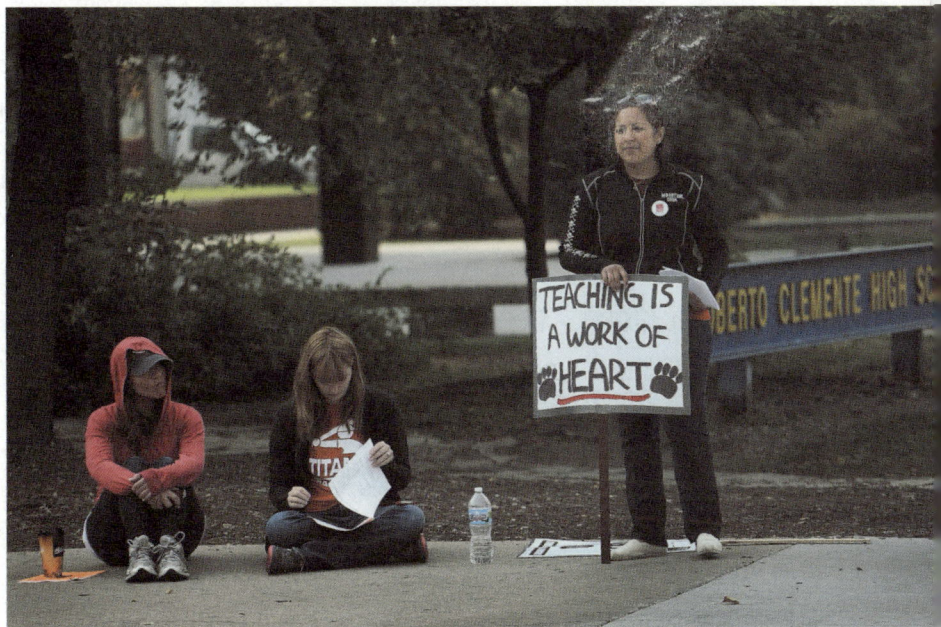

图片来源：Scott Olson/Getty Images.

教学是一种职业

没有教师，学校就无法运转。然而，在小学和初中阶段，教师越来越多地遭遇到在科层制下作为一名专业人员所固有的内在冲突。教师必须在体制内工作，服从其层级结构，遵守其既定规则。与此同时，教师希望能在一定程度上自主地从事自己的职业，尊重自己的判断。当教师不得不同时作为一个学区的教师、纪律执行者、行政人员和雇员时，冲突就产生了。

作为专业人士，教师能感受到来自多个方面的压力。首先，教学所需的学历水平仍然很高，并且公众已经开始要求进行新的资历考试。其次，教师的工资明显低于许多受过同等教育的专业人员和技术工人。最后，在政治舞台上，对教师作为有能力和负责任的专业人员的尊重受到了挑战。许多教师因失望和沮丧而离开了教育领域，从事其他职业。事实上，四分之一到三分之一的新教师在入职的头三年内辞职，多达一半的教师在入职五年内离开了城市中的贫困学

美国教师的平均工资

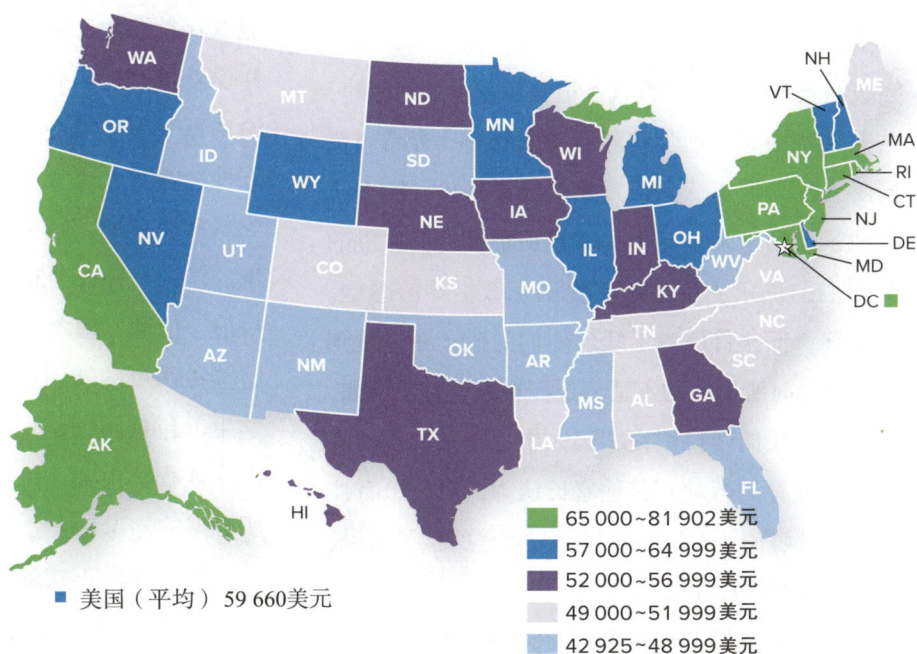

■ 美国（平均）59 660 美元

- 🟩 65 000~81 902 美元
- 🟦 57 000~64 999 美元
- 🟪 52 000~56 999 美元
- ⬜ 49 000~51 999 美元
- 🟦 42 925~48 999 美元

注：数据来自 2016—2017 年。

资料来源：National Education Association，2018:Table B-6.

校。甚至在最初的一年内，教师的流动率也相当高，尤其在高度贫困地区，超过 20% 的教师第二年不再继续在同一所学校任教。

在学院和大学的层次上，拥有博士学位或类似的最终学位可以是一种骄傲的资本，并带来重大的声望。但事实证明，教授的学术就业市场可能具有挑战性。提供更好的工作保障、薪水和福利的终身教职工作已经变得不那么常见了。2016 年，高校 73% 的教学岗位由研究生、兼职教师和全职非终身教授组成。在两年制学校，包括社区大学，63% 的全职、非终身教职教师一年一签合同，这使得他们一年比一年更脆弱。众所周知，被某课程临时聘用的兼职教授的薪水很低，而且通常也不存在什么福利。

在家教育

美国对公共教育的承诺为更多的学生打开了机会之门。但近年来，出现了一种相反的趋势，越来越多的家庭决定退出公立和私立学校，回归到让孩子在家接受教育。现在几乎有 170 万学生在家接受教育，约占中小学校总人数的 3.3%。进行在家教育的更有可能是白人家庭，这些家庭通常有父母，只有一人在工作。父母中有人获得了学士学位，并且家庭中有三个或更多的孩子。

当被问及选择在家教育这条道路最重要的原因时，25% 的家长认为对其他学校环境，如安全、毒品或负面的同龄人压力的担忧是最重要的因素，19% 的人认为对其他学校的学术指导不满意是最重要的，17% 的人认为他们的决定主要是出于提供宗教指导的愿望。另外，也有一部分移民为了缓解他们的孩子在过渡到一个新的社会时所面临的不适而选择在家教育。例如，在美国不断增长的阿拉伯裔美国人中，越来越多的人加入了在家教育的行动。其他家长认为，对于患有注意力缺陷多动障碍（ADHD）和学习障碍的孩子来说，这是一个很好的替代性选择。

在家教育比例的上升表明，人们对教育制度化的做法越来越不满。早期的公立学校教育倡导者认为，

根植于一个共同价值观基础上的共同课程非常重要，然而，在家教育则倾向于多元化和保留社区独特的亚文化价值的愿望。虽然新的学校教育形式可以满足当今社会中不同群体内的个人需求，但它们也破坏了将公共教育作为一种促进社会内在统一性方式的历史承诺。

> **社会学思考**
>
> 你认为在家教育的优势和缺陷是什么？它是如何有助于增进更强烈的认同感的？它可能会对社会秩序带来怎样的威胁？

> > 社会学视角下的教育

教育有助于提供和维持一种社会秩序感，但同时它也会加剧现有的不平等体系。社会学家利用功能论、冲突论和互动论的多种视角来探索教育在这两方面的影响。

功能论视角下的教育

社会需要每一代人都获得必要的知识和技能以确保未来继续发展和进步，个体需要学习这些知识和技能以在社会生存和发展，学校通过教授怎样阅读、怎样说外语、怎样修理汽车等来提供这些知识。从功能论观点来看，社会学家认为教育对个人和社会履行了五种功能。

文化传递 每个社会都有一套被其成员重视的常识。作为一种社会制度，教育保留并传播社会的规范、价值、信仰、理念和技能，从而强化社会的主流文化。这些被认可的知识通过学校教授的正式课程被传授给学生，包括阅读、写作、算术、历史以及自然等其他更多课程。由此，每一代年轻人都在学习生存和成功所必需的知识。

除了提供正式的课程之外，学校还为孩子们创造了社交空间，同龄人自主交流，成长为独立于家庭的个体。家长无法一直寸步不离地守在孩子身边，因此

也无法确保他们的言行正确或免出意外。学校是孩子们学会自立且与同辈群体建立关系的地方。随着孩子们年龄的增长，同龄人之间的关系会越来越紧密，与家长世界之间的距离也越来越远。

社会融合 我们共享的知识也有助于形成共同的身份感或目标感。学生们有时会想，为什么他们需要知道一些看似不重要的历史事实或 $a^2 + b^2 = c^2$ 这样的数学方程式。答案很简单，是我们共同的文化将我们紧密联系在一起，即使没有任何一个人掌握所有的知识，即使任何一件东西似乎只对玩《挑战自我》（*Jeopardy*）的参赛者来说才是必要的！这些知识代表了我们是谁和我们认为什么才是重要的。用迪尔凯姆的理论来说，它是我们集体意识的一部分，是把我们团结在一起的社会黏合剂；或者，用米德的理论来说，我们在学校里学到的共同文化有助于我们形成推己及人的认知和关于社会的认知图景。

> **教育是我们通向未来的通行证，因为明天只属于今天为它做好准备的人。**
>
> 马尔科姆·艾克斯

社会学思考

为什么学生经常觉得学校教给了他们很多无用的事实？这种态度对现代社会中的社会融合可能意味着什么？

当学生来自不同背景，有着不同的文化期望时，一些融合式举措就变得更加重要了，比如许多院校建立了学生可以分享经验的学习社区，有的学校还可能要求一年级和二年级的学生住校。这些制度的目标都是为了将不同种族、族裔和宗教的人组合成一个有集体意识的共同体。教育促进的社会融合有助于保持社会稳定和达成社会共识。

软技能和职业培训 除了教授将我们团结在一起的通用知识外，学校还教授有利于个人成功的特定技能，如行为规范和工作技能。低年级学生在大部分时间都被要求遵循老师的指导来行事。在正式的社会性训练中，学生逐渐吸收内化标准的社会行为规范，并最终学会礼貌、守时、创造力、自律和责任感等所谓的软技能，这些个性特征在教育和就业成功方面发挥着重要作用。

考虑到现代社会复杂的劳动分工，我们希望学校教授学生特定的硬技能以成为专业领域中高效的工作者。社会学家金斯利·戴维斯（Kingsley Davis）和威尔伯特·E.摩尔（Wilbert E. Moore）从功能论视角进行了一项经典研究，他们认为，所有的社会都存在对社会发展更重要的职位，或者需要更多的技能来完成的工作，但是并不是每个人都能胜任这些工作，例如，不是每个人都有医生、会计或律师的专业知识。由于我们看重被戴维斯和摩尔称为"人力资本"的工作知识、技能、能力和经验，我们达成共识要以高薪收入和社会尊重来回报那些花费时间和努力来提高技能的劳动者。我们将分数作为衡量这种能力的一种指标，并向雇主提供毕业生的学位，以证明他们受过足够的培训，能够出色地完成工作。对于25~34岁的人来说，即使是在职业生涯早期，提高教育水平的付出也会带来更高的收入。

文化创新 虽然学校确实保存和传播现有的文化，但教育制度也可以促进社会变革。这种情况在学院和大学层面最为常见，学院和大学里有两种常见类型的创新。第一种是追求新技术、新方法和新数据。这种情况在规模较大的研究型大学最为常见。这些大学的教授通常认为自己的主要角色是研究人员，而不是教师。他们的专业地位通常是根据他们在获得研究经费、获得专利、在期刊上发表文章、在专业会议上展示成果等方面的成功程度来衡量的。这种类型的研究导致了许多领域的文化创新，包括太空探索、医疗技术和消费产品等。

第二种创新是对新思想的探索。大学如同一座象牙塔，在这里教授和学生们可以挑战现有的价值观和规范，并尝试提出新的观念。例如，在20世纪60年

教育的回报

教育水平

教育水平	年收入中位数（美元）
高中，未获得学位	28 607
高中毕业（包括同等学力）	32 301
大学，未获得学位	36 498
副学士学位	39 808
学士学位	52 199
硕士学位	62 298
专业学位	77 084
博士学位	88 013

你的努力会得到回报

注：包括 25~34 岁的人全职及全年的薪酬和报酬。
资料来源：U.S. Census Bureau, 2018b:Table PINC-03.1.3.2.1. 图片来源：Don Farrall/Photodisc/Getty Images.

代，学生和教授们探讨了战争与和平、种族不平等、性别规范、娱乐性毒品等诸多议题。从事这类实验的教授们，若发表了前卫或不受欢迎的想法时，可能会被指责脱离实际或言辞欠妥，但我们需要有人来大胆实验新的想法，这样我们的文化才不会停滞不前。

儿童照护 在人类历史上，一向是由家庭来承担教育和照顾孩童直至成年的主要责任。渐渐地，我们越来越希望由学校和教师承担更多的工作，而且是越早介入越好。从 1970 年到 2016 年，3~5 岁学龄前儿童在幼儿园的入学率从 37.5% 上升到 64.6%，全日制学校 的入学率从 6.4% 上升到 41.9%。尽管这种转变确实让孩子们在这个全球竞争激烈的世界里占据了技能学习的先机，但也让工作忙碌的家长们逐渐依赖学校去照料和保护他们的孩子，这样他们就能有时间更好地投入工作。

冲突论视角下的教育

教育并不能为所有人提供平等的机会。在某种程

度上，现有体系带来了先天的不平等结果，社会运作不像由能力和努力来决定的"精英制"，而更像"贵族制"，结果由继承的地位或财富来决定。社会学家利用冲突论视角来帮助我们更好地理解教育如何复制现有的不平等体系。

资源分配不均 正如我们在本章开始时看到的，学校并不都是一样的，可供学生使用的设施和课程差别很大。乔纳森·考泽尔（Jonathan Kozol）已经对教育不平等问题进行了几十年的研究，他认为，富裕地区提供的机会是贫困地区难以企及的，包括开设更多的大学预修课程、配置高科技实验室、购置体育设施，以及开设艺术、音乐和语言等各类选修课。这种资源悬殊的原因在于学校的资金主要来自地方财政税收，富裕地区的学校就能比贫困地区获得更多的资金。以芝加哥为例，2017 年，公立学区在每个学生身上花费了 15 412 美元，而富裕的北部郊区高地公园/迪尔菲尔德学区为每个学生的花费为 25 520 美元。正如一位纽约市公立学校前校长所说的那样，"我相信当有一天富人不再为自己的孩子花那么多钱时，钱也就变得不重要了"。

当然，金钱并不是影响结果的唯一因素，我们还必须考虑社会和文化资源因素。例如，社会学家安妮特·拉鲁发现，父母的教育水平是其子女教育成果的一个强有力的预测指标。父母的教育从孩子幼时开始一直贯穿学生时代，而在某种程度上，不同的教育方式造成了文化差异。例如，正如图 8–3 所示，学生在

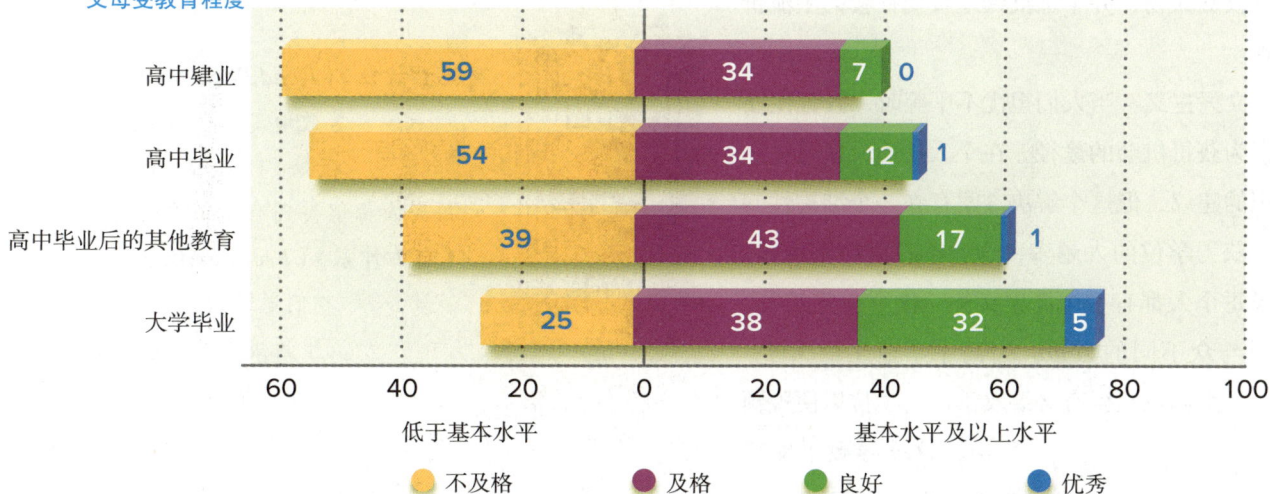

父母受教育程度

	低于基本水平		基本水平及以上水平		
高中肄业	59	34	7	0	
高中毕业	54	34	12	1	
高中毕业后的其他教育	39	43	17	1	
大学毕业	25	38	32	5	

● 不及格　● 及格　● 良好　● 优秀

图 8-3　父母受教育程度对学生考试成绩的影响

注：按父母最高受教育程度排列的 12 年级学生在 2015 年美国国家教育进展评估（NAEP）中所获得的数学成绩的比例分布图。
资料来源：NAEP，2016.

数学测验等标准化考试中的表现因父母的受教育程度而异。在父母有大学学历的高中毕业生中，37% 的人数学成绩达到精通或高级水平。相比之下，那些父母仅拿到高中学历的学生只有 13% 达到同等水平。同样的，大学入学考试成绩（SAT）分数也受到诸多因素的影响，如种族、族裔、家庭收入和学校类型等。

对应原则　社会学家塞缪尔·鲍尔斯和赫伯特·金蒂斯认为，教育的主要功能是为统治精英的利益服务。资本主义需要多样化劳动力，以从事从简单到复杂的各种工作。这意味着只有小比例的劳动者需要高级知识来处理那些复杂的工作，而更大比例的人口只需要掌握必要技能就可熟练完成那些要求相对较低的工作。美国的教育并没有为所有人提供机会，而是遵循鲍尔斯和金蒂斯所称的**对应原则**——学校通过使学生社会化，让他们接受所在的社会地位，从而使现有社会阶级结构得到复制。学校就像工厂一样有效地运作，不断生产正确数量和种类的工作，以满足资本主义经济发展的需要。一些来自工人阶级的学生，被传授适合基层职位的技能，特别是接受和服从权威的技能；另外一些来自中上层阶级的学生，更有可能学习到适合高级别工作的技能，如领导力、创造力和决策力。

鲍尔斯和金蒂斯使用"隐性课程"这个术语将学校教授的含主要学术内容的正式课程做出区分。他们把**隐性课程**定义为"教导学生服从权威和接受社会主流意识形态的课程"。服从权威包括学习服从命令、在老师允许后才能说话、给出合适的答案，等等。接受社会主流意识形态意味着把资本主义的优越性视为理所当然，并认可私有财产是唯一适合的所有权形式。通过诸如此类的方式，学校使学生社会化，自愿

对应原则（correspondence principle）　学校通过使学生社会化，让他们接受所在的社会地位，现有社会阶级结构从而得到复制。
隐性课程（hidden curriculum）　教导学生服从权威和接受社会的主导意识形态的课程。

你知道吗？

高中毕业后直接上大学的可能性因家庭收入而异，例如，83% 来自高收入家庭的学生在当年 10 月进入大学，而来自低收入家庭的这一比例为 65%。

资料来源：National Center for Education Statistics，2018:Table 302.30. 图片来源：Jeremy Baumann/123RF.

服从权威人物，并不加批判地接受社会的主流价值观。

文凭主义　当人们担忧不平等时，教育往往被视为获得机会的途径。在个人层面，这是一个有用的建议，但这个解决方案存在一个结构性问题。获得学位的人越多，这些学位就越不值钱。如果每个人都有一个高中文凭，这个文凭就失去了与众不同的力量。当高中毕业生供大于求，学生们就觉得有必要攻读本科学位以便脱颖而出，这就导致了**文凭主义**，即要求某职位申请者必须拥有相对高的学历。如今许多学生担心这种学历膨胀会导致即使拥有本科学位也不一定能找到一份好工作。

文凭主义（credentialism）要求某职位申请者必须拥有相对高的学历。

文凭主义会强化现有社会的不平等模式。来自贫困家庭、工人阶级和中产阶级少数族裔的学生认识到，要想取得成功越来越需要大学学历，但由于缺乏足够的资源，他们可能不得不以学生贷款的形式承担大量债务。2017—2018年，美国学生和家长的学生贷款达1056亿美元。在公立高等院校中，2016—2017年申请过学生贷款的大学毕业生达到了58%，平均债务为2.69万美元；在私立高等院校中，这一比例达到了61%，平均债务为3.26万美元。正如你所预料的那样，来自高收入家庭的学生比来自低收入家庭的学生毕业时更有可能毫无贷款之忧地毕业。来自收入前25%家庭中，45%的学生毕业时没有债务，而在收入垫底的25%家庭中，仅21%的毕业生为无债务学生。

性别　女性在美国经历了长期的教育歧视。但是，如上所述，由于女性运动，女人和女孩们获得了教育机会。1972年，《教育法第九修正案》在扩大教育覆盖面方面发挥了关键作用，它规定"在美国接受联邦财政援助的任何教育项目或活动中，任何人不得因性别而被排除在外、被剥夺权益，或遭受歧视"。尽管《教育法第九修正案》最常被视作为女性在体育运动中获得平等机会做出贡献，但其实它也取消了男女分班制，并且禁止在招生活动中存在性别歧视。

电影　关于教育

《死亡诗社》（*Dead Poets Society*）
勇敢地走出一条新路。
《夜校》（*Night School*）
每个人都值得拥有第二次机会。
《自由作家》（*Freedom Writers*）
学生们通过讲述自己的生活故事建立联结。
《泰瑞》（*Terri*）
为校长助理照顾一个不适应环境的过度肥胖青少年的故事。
《壁花少年》（*The Perks of Being a Wallflower*）
高中生活的考验与磨难。

5

社会学思考

女性参加高中教育的人数从1972年的294 015名增加到2018年的3 415 306名。参加全美大学生体育协会（National Collegiate Athletic Association, NCAA）的女性人数从1972年的31 852人增加到2018年的216 378人。女性人数现在占NCAA运动员的44%。如果没有一部强制增加机会的法律，我们是否还能看到这种大幅增长？体育运动中女性参与机会的提高会对其他领域女性参与机会产生怎样的影响？

在美国历史的早期，大学甚至不招收女性。1833年，奥柏林学院是第一所招收女生的学校，但在那之后的很长一段时间，其他学校都拒绝女生入学。耶鲁大学、达特茅斯大学和哈佛大学直到20世纪六七十年代才完全实现男女同校。然而，随着时代的进步，进入大学并顺利毕业的女性比例大幅上升。1900年，学士学位获得者中仅19%为女性，自20世纪50年代以来，这一比例急剧上升，到2016年，这一比例上升到了57%。女性大学教师也变得更普遍，目前女教授占全体教师的49%，而1970年这一比例仅为23%。

就大学水平的教育结果而言，性别也影响了大学生选择的专业。从图 8–4 中可以看出，相比起哲学、物理或航空航天工程专业，女性更多的是获得基础教育、注册护理或心理学学士学位。正如我们将在第 12 章中"社会性别与不平等"部分探讨的那样，大学专业的选择会对男女之间的收入差异产生影响。

互动论视角下的教育

为了更好地理解影响结果的因素，社会学家使用互动论视角探索微观层面发生的事情，包括观察教师如何看待学生，教师的看法如何影响他们对待学生，以及这些行为可能会给学生带来的后果。

教师期望　教师的看法对学生的成就有很大的影响。心理学家罗伯特·罗森塔尔（Robert Rosenthal）和校长莉诺·雅各布森（Lenore Jacobson）记录了他们提出的"**教师期望效应**"，即教师对学生表现的期望有可能对学生的实际成绩产生影响。他们的实验记录了这种效应，且与社会学的互动论和托马斯定理的认知塑造行为理论有着异曲同工之处。

> **教师期望效应**　教师对学生表现的期望可能会对学生的实际成绩产生影响。

罗森塔尔和雅各布森告知老师们，他们正在对旧金山一所小学的孩子们进行语言和推理能力的预测试。测试结束后，研究人员告诉老师们某些学生"具有特别的学术发展潜力"。然而，研究人员并没有使用实际考试分数来进行评估，而是随机选择了 20% 的学生称作"潜力生"。当这些学生后来再次接受测试时，得分不仅明显高于他们在之前测试中的得分，而且也明显

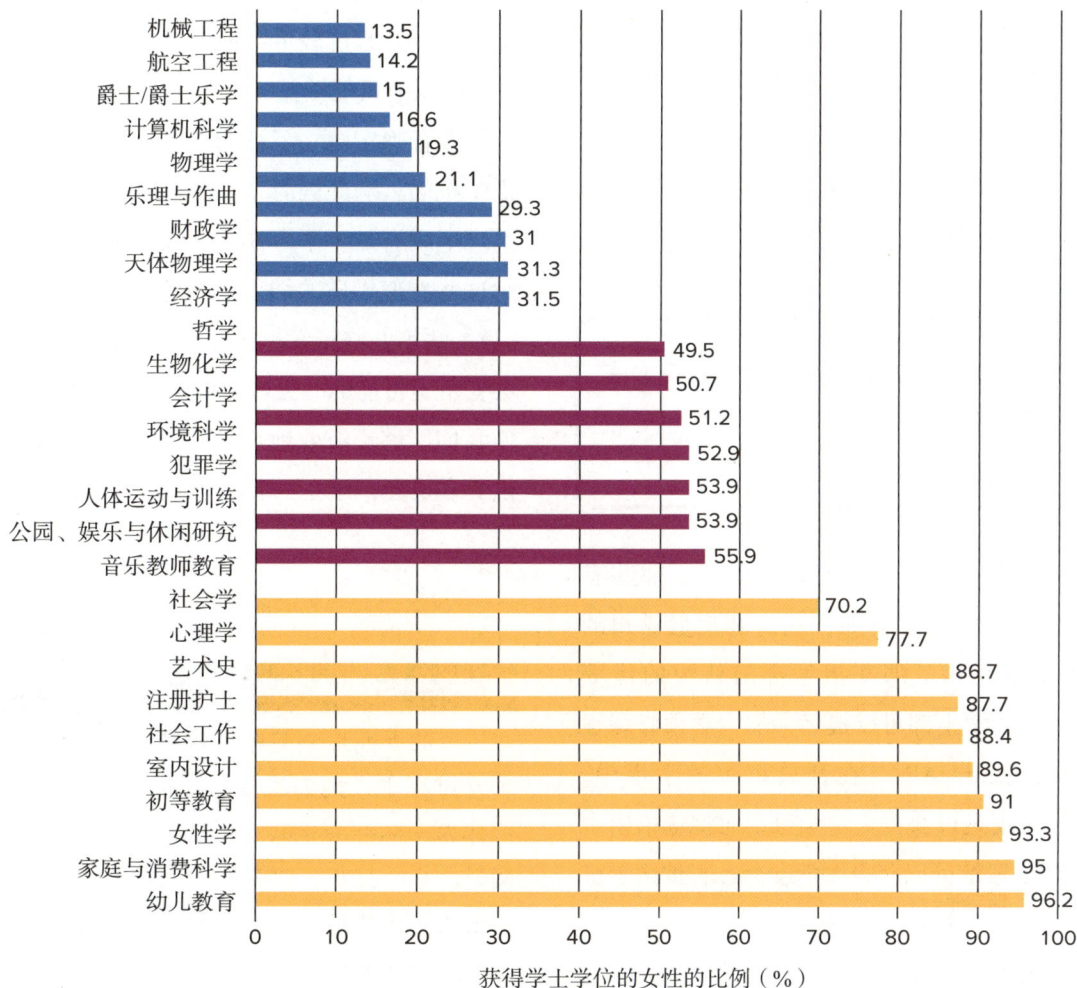

专业	获得学士学位的女性的比例（%）
机械工程	13.5
航空工程	14.2
爵士/爵士乐学	15
计算机科学	16.6
物理学	19.3
乐理与作曲	21.1
财政学	29.3
天体物理学	31
经济学	31.3
哲学	31.5
生物化学	49.5
会计学	50.7
环境科学	51.2
犯罪学	52.9
人体运动与训练	53.9
公园、娱乐与休闲研究	53.9
音乐教师教育	55.9
社会学	70.2
心理学	77.7
艺术史	86.7
注册护士	87.7
社会工作	88.4
室内设计	89.6
初等教育	91
女性学	93.3
家庭与消费科学	95
幼儿教育	96.2

图 8–4　不同大学专业中的女性占比

注：每一栏代表所选专业中获得学士学位的女性占比。

资料来源：National Center for Education Statistics，2018:Table 318.30.

高于同龄人。此外，老师们认为这些"潜力生"比他们的同学更有趣、更具好奇心、适应力更好。作为犯罪学中标签理论的反面，这些结果提供了一个工作型的"自我实现预言"的经典案例。老师们期望一些学生可以做得很好，结果学生们真的做到了。当种族、族裔、阶级或性别等因素影响老师对学生的期望时，这种现象更值得被关注。

能力分班 学校复制现有社会不平等制度的方法之一是按学生的能力进行分班。**能力分班**指的是根据学生的考试成绩以及其他标准将他们划分到特定课程组的做法。从理论上讲，能力分班是有益的，因为它可以按照最适合学生的水平和节奏进行教育，然而，在实践中，能力分班往往从学生很小时就开始了，筛选条件往往与他们的社会阶层、种族或族裔有关。实际上，孩子们第一天到幼儿园所展现出的差异可能就会影响他们后期的长期教育结果。

> **能力分班**（tracking） 根据学生的考试成绩以及其他标准将他们划分到特定课程组的做法。

资料来源：Franklin and Zwickel，2018。图片来源：C Squared Studios/Photodisc/Getty Images.

社会学思考

你有哪些关于能力分班的经历？你认为它在多大程度上对尖子班和普通班的学生有效？它在哪些方面不利于机会平等？

这种能力分班的一个后果是，它关闭了那些有可能成功的学生的大门。例如，在加利福尼亚州的一所低收入学校，除了那些招生部门认为的优等生，所有感兴趣的学生都可以报名参加大学预修课程（Advanced Placement，AP）。在开放招生的学生中，有一半学生的表现足以获得大学学分，而挑选招生中只有 17% 的学生成绩可以获得大学学分。若被给予机会，其他被排除在外的学生也可能成功。

为那些历来被阻碍或被阻止攻读大学学位的学生提供机会，会产生积极的结果。即使过去求学困难的学生得到新机会后，尝试了却失败了，他们仍然会培养出一种"适应性恢复力"，并从中受益，使他们可以面对未能如愿进入大学的遗憾。此外，志存高远也能大大提高成功的机会。事实上，研究人员发现，那些最不可能攻读本科学位的人，比如来自低收入家庭、父母受教育程度较低，或者是非裔美国人或拉丁裔美国人，最有可能受益于获得学士学位。

教育确实建立了社会秩序，并为个人获得成功提供了机会。与此同时，在维护现有秩序的同时，它又再现了现有的不平等模式。社会学能使我们更好地理解这些看似矛盾的结果是如何通过教育实现的。正如《教育法第九修正案》实施以来的经验表明，积极的社会变革是可能的。更好地认识教育是如何发挥功能的，使我们能够更有效地努力实现教育的最初目标——提供更多机会，建立一个更开放的社会。

个人社会学

不劳而获的优势

我的女儿埃米莉和埃莉诺让我感到骄傲。在整个求学过程中，她们的成绩都很好，考试分数也很高。但作为一名社会学家，我知道这受益于她们的高学历父母。作为父母，洛莉和我通过书籍、课外活动甚至是去历史名胜度假等形式为埃米莉和埃莉诺提供了经济、社会和文化资源。来自我们这种家庭的孩子往往比缺乏类似机会的孩子在学校表现更好。这有点像埃米莉和埃莉诺在作弊，因为她们并未努力，而是天生就有了更多的资源优势。然而，在一个社会中，我们假装表现出教育结果的好坏仅仅是出于孩子个人的才能。回顾过去，你曾经拥有或希望拥有哪些机会或资源能帮助你更好地为高考成功做准备？

> > 定义宗教

教育在对社会成员进行社会化和形成共同的价值观及社会规范的过程中扮演者着重要角色，而宗教则有助于将这些信念和实践巩固凝结于人们的心中。**宗教**是一种致力于建立共同的认同感、鼓励社会融合并为信徒提供意义感和目的感的社会制度。虽然各地参与宗教活动的程度各不相同，但宗教仍然是世界舞台上和个人生活中的一支主要力量。

实质：宗教是什么

因为宗教有多种形式和规模，社会学家们就如何最确切地定义它而争论不休。他们寻求一个独有的定义，以便清楚地界定宗教与非宗教之间的界限。同时，该定义也应该涵义广泛，能包含宗教多种多样的表现形式。因此，与第 7 章中对家庭的定义类似，有些社会学家倾向于一种更独特的实质性方法，而有些则倾向于一种更广泛的功能性方法。

实质性的定义强调区分不同事物的界限。就宗教而言，它区别于其他知识和信仰形式的独特内容或实质通常涉及某种超自然形式。社会学家彼得·伯格提出了对宗教的实质性定义："宗教是人类建构神圣宇宙的事业"。这里的神圣是指宗教信仰和修行所追求的非凡境界，它为信徒提供意义、秩序和凝聚力。在描述那种神圣领域时，人们可能会涉及诸如神灵和女神、天使和恶魔、天堂和地狱、涅槃或其他存在形式之类的概念。根据这个定义，若一个社会对这种神圣领域的本质和重要性有着广泛共识，则这个社会偏宗教性。

根据实质性观念，宗教信徒区分了两种形式的现实：神圣的和世俗的。**神圣**领域包含超越日常生活的那些令人尊重、敬畏甚至恐惧的元素，与区别于神圣

图片来源：Chris Ryan/OJO Images/Getty Images.

的、生活中日常和平凡的元素的**世俗**领域相对立。宗教体验通常代表着一种接触神圣的日常超越，通过祈祷、冥想、献祭或服务等仪式体验，信徒提高了联结神圣境界的可能性。

不同的宗教团体以不同的方式定义他们对神圣或世俗的理解。例如，穆斯林、基督徒和印度教徒对神明是谁或由什么构成的回答是不同的。通常，一块面包是世俗的，但它在基督徒的圣餐仪式中就变得神圣，因为信徒通过它与上帝建立了联系。同样地，日常的烛台在举行犹太宗教仪式时就变得神圣了。对儒家教徒和道家教徒来说，香烛并非仅仅是装饰品，而是在纪念新月和满月的宗教仪式上供奉神灵的珍贵祭品。

> **宗教**（religion） 一种致力于建立共同的认同感、鼓励社会融合并为信徒提供意义感和目的感的社会制度。
> **神圣**（sacred） 超越日常生活的那些令人尊重、敬畏甚至恐惧的元素。
> **世俗**（profane） 区别于神圣的、生活中日常和平凡的元素。

功能：宗教能做什么

功能性的宗教定义较少关注宗教是什么，而更关注宗教做什么。宗教的功能性定义强调宗教的一体化，宗教不需要上帝、神灵、来世，或者其他的类似元素。事实上，对个人和社会来说，任何能把我们紧密结合在一起的社会实践都可以像宗教一样发挥作用。

正如我们在第7章中所讲到的家庭，社会学家在分析制度时明确了各种社会功能。谈到宗教，我们可以点明它的三个核心功能。第一个功能是，宗教寻求与社会更深入的融合。宗教通过共同的信仰和仪式把人们联结在一起，带来了一种身份认同感。个体根据他们在群体中的会员身份和参与程度来定义自己，最后获得更强烈的团结感。当联结融合程度很高时，信徒们更有可能为了整体的利益而做出个人时间、金钱，甚至是生命方面的牺牲。

图片来源：Michael Zak/mischoko/123RF.

为了稳固现有的社会秩序，宗教的第二个功能是强化现有的信仰和实践，这些也是形成宗教认同的核心要素。挑战这些价值观和规范无异于对该组织共同身份的威胁。为了避免这种危险，宗教设立了机制来限制潜在的异端或异常行为的可能性，并由宗教权威从外部实施制裁。例如，违反规定可能会导致被革除教籍和屏蔽隔绝等。制裁也可以在内部执行，比如罪行或负罪感在各种宗教传统中有效地抑制了宗教越轨。

宗教的第三个功能是为信徒们集体提供一种意义感和使命感。当关于生命的意义或看似毫无意义的悲剧缘何发生的问题出现时，宗教通常会给出答案以缓解信徒的恐惧。某种程度上，宗教提供了一种感觉，即宇宙万物存在着秩序，存在着超越此时此地单调现实的更伟大的目标。

宗教的功能对应物

埃米尔·迪尔凯姆将实质性和功能性的方法结合在一起创造了一个宗教定义，既明确了宗教的具体元素，又足够灵活地包含了各种宗教体验。根据迪尔凯姆的观点，宗教是"一个神圣的信仰和实践的统一体系，也就是说，这些归神和禁止的信仰和实践将所有信奉它的人团结在一个被称为'教会'的单一道德共同体内"。这一定义突出了宗教的三个要素：统一的信仰和

图片来源：Gavriel Jecan/The Image Bank/Getty Images.

图片来源：Goodshoot/Alamy Stock Photo.

实践体系、神圣事物以及团体共同体。自迪尔凯姆以来，社会学家们都在用这些概念来探索宗教的各种可能形式。

　　基于这三个要素，传统意义上的宗教可能包括被记录在教义和教条里的信仰和信条，以及参加宗教活动、祈祷、冥想和斋戒的宗教实践。典型的宗教圣物有罗马天主教徒的圣餐面包和酒或穆斯林的《古兰经》。宗教团体可能在教堂、清真寺或寺庙中举行仪式，但真正重要的是一群信徒团结成一个信仰共同体。

　　然而，迪尔凯姆对这三个要素的运用并不局限于传统的宗教观念，那些能满足宗教功能的事物也可被视作同类事物，哪怕它们并非传统印象里的宗教。任何能起到与迪尔凯姆所说的三个要素相同作用的事物都可以发挥类似于宗教的作用，例如，流行文化中的被狂热追随

的音乐组合、电视剧集、电影系列的粉丝，都可通过宗教式虔诚的角度来分析。政治也可能是如此，如支持某政党的群众有时会有宗教般的狂热。然而，也许体育运动才是最能比肩宗教类似物的领域。

　　说到信仰和仪轨，体育迷（狂热分子的简称，在历史上是一个具有宗教内涵的术语）坚信自己的队伍所向披靡，并定期举行仪式以期帮助队伍获胜。他们会穿着同样的运动衫观看比赛，坐在同样的椅子上，或者在他们的球队得分后激动热舞。所有这些都是迷信般地认为如果不这样做，他们的球队就会输掉比赛。亲笔签名、球衣和球都可被视作神圣之物；球队所比赛的体育场则被奉为圣地。最终，球队的球迷们团结在一起，形成一个共同体，球迷身份也成为自我认同的一部分，为他们带来快乐感、满足感，甚至是一种使命感。记者迈克尔·艾略特（Michael Elliot）在一篇讲述他对足球的痴迷的个人随笔中写道："成为球迷意味着什么？意味着你永远不会孤独。"

每年秋天的周日，球迷们都会聚集在朗博球场神圣的足球圣地表达崇拜。

图片来源：Larry Radloff/Icon Sportswire/Getty Images.

我承认我是绿湾包装工队（Green Bay Packers，美国的一个橄榄球队）的球迷，我虔诚地追随他们。尽管我不信，我还是会不由自主地做一些据说有用的事，比如身穿幸运衫，在比赛中不打电话。尽管我不好意思承认，在绿湾包装工队得分后，我会和我的妻子洛莉围着餐桌跳庆祝舞蹈，和家里的所有人包括我们的狗杰西击掌庆祝。洛莉更是他们的忠实粉丝。我们有包装工队的股票，还有赛季票。我们曾多次前往上了冻的朗博球场朝圣。每次去看比赛，我们都遵循同样的仪式：在同一个地点停车，在同一家餐厅吃赛前餐，提前进入体育场以充分沉浸式享受比赛。你或你认识的人对体育活动有什么迷信行为吗？

社会学思考

还有什么东西会像宗教一样对我们产生影响？比如乐队、名人、电视节目或政治人物的追随者？在多大程度上，消费主义甚至是工作可以发挥类似宗教的作用？

> > 宗教的组成部分

自迪尔凯姆以来，社会学家们已经详细阐述了宗教的三个主要元素。他们还增加了宗教体验作为宗教的第四个主要元素。

宗教信仰（religious belief）某一特定宗教的成员所坚持的立场。

宗教激进主义（foundamentalism）严格遵守核心宗教教义，并经常在现代社会也对经文教条或历史信仰做字面的、传统的、回归原初的解释。

宗教仪式（religious ritual）拥有某种信仰的成员们所要求或期望的活动

信仰

有些人相信人死后还有来生，相信上帝拥有无限的力量，或者相信超自然力量的存在。**宗教信仰**是某一特定宗教的成员所坚持的立场。它们代表了信徒所认同的信仰原则，这些信仰的内容因宗教不同而差异显著。

有一种信仰在近代变得特别重要。**宗教激进主义**指的是严格遵守核心宗教教义。20世纪60年代末期，美国宗教信仰的性质发生了重大转变。相对自由地解读宗教经文的教派（如长老会、循道宗和路德教）缩小了，而那些坚持更保守的解释并寻求回归基本信仰的教派队伍壮大了。宗教激进主义最初认为由于真正的宗教信仰和仪轨的衰落，世界正处于分崩离析之中。宗教激进主义者认为自己通过回归纯粹的原始宗教信息而展现出对未来的积极愿景。

你知道吗？ 在美国，有48%的基督教徒相信耶稣一定或很有可能在40年内重返地球。

资料来源：Pew Research Center，2013. 图片来源：DAJ/Getty Images.

"宗教激进主义"这一说法最早是指从字面上理解《圣经》的美国新教徒，但在世界大部分主流宗教团体中都存在着宗教激进主义，如罗马天主教、伊斯兰教、犹太教等。宗教激进主义者的信仰和行为大相径庭。有些人强调必须严格遵守自己的个人信仰，但对群众性质的社会议题却兴趣索然；另外一些人则对某些社会行为保持警惕，例如那些被他们视为与宗教激进主义教义相冲突的政府政策。

仪式

像任何社会制度一样，宗教发展出了独特的规范来塑造人们的行为。**宗教仪式**是拥有某种信仰的成员们所要求或期望的活动，仪式和信仰通常是相互强化的。例如，相信"爱邻居很重要"会影响信徒对周围人的态度。此外，奖励（如犹太受诫礼）或惩罚（如违反教规后的被逐出）等举措也会在宗教仪式上举行。

走向全球

你多久参加一次宗教仪式?

一周参加一次或更多次宗教仪式的人的比例

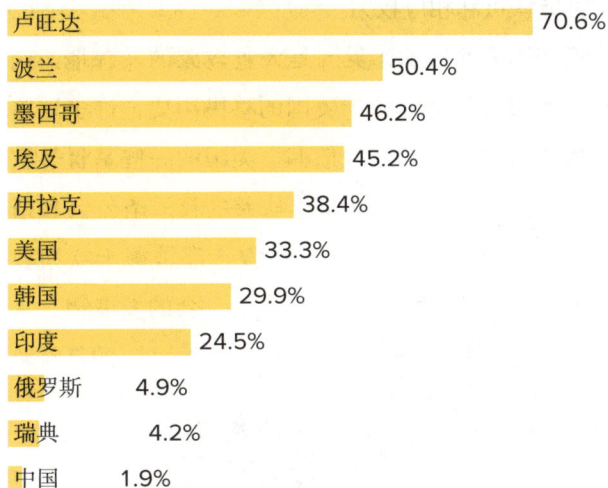

国家	比例
卢旺达	70.6%
波兰	50.4%
墨西哥	46.2%
埃及	45.2%
伊拉克	38.4%
美国	33.3%
韩国	29.9%
印度	24.5%
俄罗斯	4.9%
瑞典	4.2%
中国	1.9%

资料来源:World Values Survey,2015:V145.

宗教信徒以各种各样的方式对他们的信仰表示忠诚,包括选择戴面纱的穆斯林妇女。

图片来源:Patrick Baz/AFP/Getty Images.

宗教仪式可以非常简单,比如餐前祈祷、冥想或为某人的去世默哀。一些其他的仪式是相当复杂的,比如麦加朝圣,即穆斯林前往沙特阿拉伯麦加大清真寺的朝圣之旅。美国的大多数宗教仪式都集中在礼拜场所内进行。参加礼拜、默祷和出声祈祷、吃圣餐、唱赞美诗和圣歌等都是常见的群体性仪式行为。这些仪式起到了重要的面对面交流的作用,使人们增强了对宗教信仰的信念。宗教参与度因国而异。控制感也是仪式效力的一部分,仪式效力的一部分是它们提供的控制感。

体验

在对宗教的社会学研究中,**宗教体验**这一术语指的是与终极存在(如神灵)直接接触的感觉或意识,或被宗教情感所笼罩的感觉。宗教体验可能是非常纤细的,例如,一个人可能会在听唱诗班唱亨德尔的《哈利路亚》(*Hallelujah Chorus*)时体验到欣喜感。但是,有很多宗教体验是非常深刻的,比如穆斯林的一次麦加朝圣经历。已故的非裔美国活动家马尔科姆·艾克斯在他的自传中记录了他的麦加朝圣之旅,并描述了他是如何被那些跨越种族和肤色而聚集在麦加的穆斯林所深深打动的。对马尔科姆·艾克斯来说,伊斯兰世界中不分肤色人种"向我证明了唯一真主的力量"。

在美国,对于福音派基督徒来说,"重生"(born again)代表着一种深刻的宗教体验。为了做到这一点,无信仰者请求耶稣进入他们的内心,成为他们个人的主人和救世主。当他们成为基督徒时,这种激情经历标志着生命的转折点。根据一项全国性调查,35%的美国成年人自认为是重生或福音派基督徒。83%的福音派新教徒和历史上72%的黑人新教派教徒也是如此认为,也许并不令人惊讶。只有27%的主流新教徒认为自己是"重生或福音派",而摩门教徒和天主教徒的这一比例分别为23%和22%。这些统计数据表明,不同教派对如重生等宗教体验的认知和判断差异很大,这凸显了宗教信仰下的社会背景的重要性。

> **宗教体验**(religious experience)与终极存在(如神灵)直接接触的感觉或意识,或被宗教情感所笼罩的感觉。

团体

宗教团体有各种组织形式。社会学家发现，可以通过教会、教派、宗派和新兴宗教这四种基本组织形式进行区分。我们可以看到，这四种组织形式在其规模、权力、信仰度以及历史渊源方面存在着差异。

教会 在研究群体如何组织他们的共同体时，社会学家曾经使用"**教会**"这一术语来描述一个宗教组织，这是据说囊括了社会上大多数甚至所有成员的、并被视为国家性或官方性的宗教性组织。由

教会（ecclesia） 囊括了社会上大多数甚至所有成员的、并被视为国家性或官方性的宗教性组织。

教派（denomination） 大型的、有组织的并且与国家或政府没有官方联系的宗教。

于几乎所有人认可信念，教会的成员资格是在出生时就有了，而非自我选择。社会学角度中既有中世纪欧洲罗马天主教会这种传统典范，也有沙特阿拉伯的伊斯兰教和泰国的佛教这些当代代表。然而，在这一类别中存在显著的差异。在沙特阿拉伯的伊斯兰教政权中，宗教首领具有凌驾于国家行政之上的权力。相比之下，瑞典历史上的国家教会——路德教，对议会或首相都没有这样的权力。

教派 教派是大型的、有组织的并且与国家或政府没有官方联系的宗教。如同教会一样，它往往有一套明确的信仰体系、一个清晰的权威系统和一个通常受人尊敬的社会地位，通常吸纳大

量群体为其成员。一般来说，孩子们接受其父母的教派，并很少再考虑其他信仰。虽然教派被认为是受人尊敬的，而且不会威胁现实政府，但教派缺乏教会拥有的官方认可和相应权力。

正如图 8-5 所示，美国是大量教派的发源地。这种多样性很大程度上源于美国的移民历史，许多迁居者传播了故乡本有的宗教信仰。美国的一些基督教教派，如罗马天主教、圣公会和路德教，都是源于欧洲教会的发展物。新的基督教教

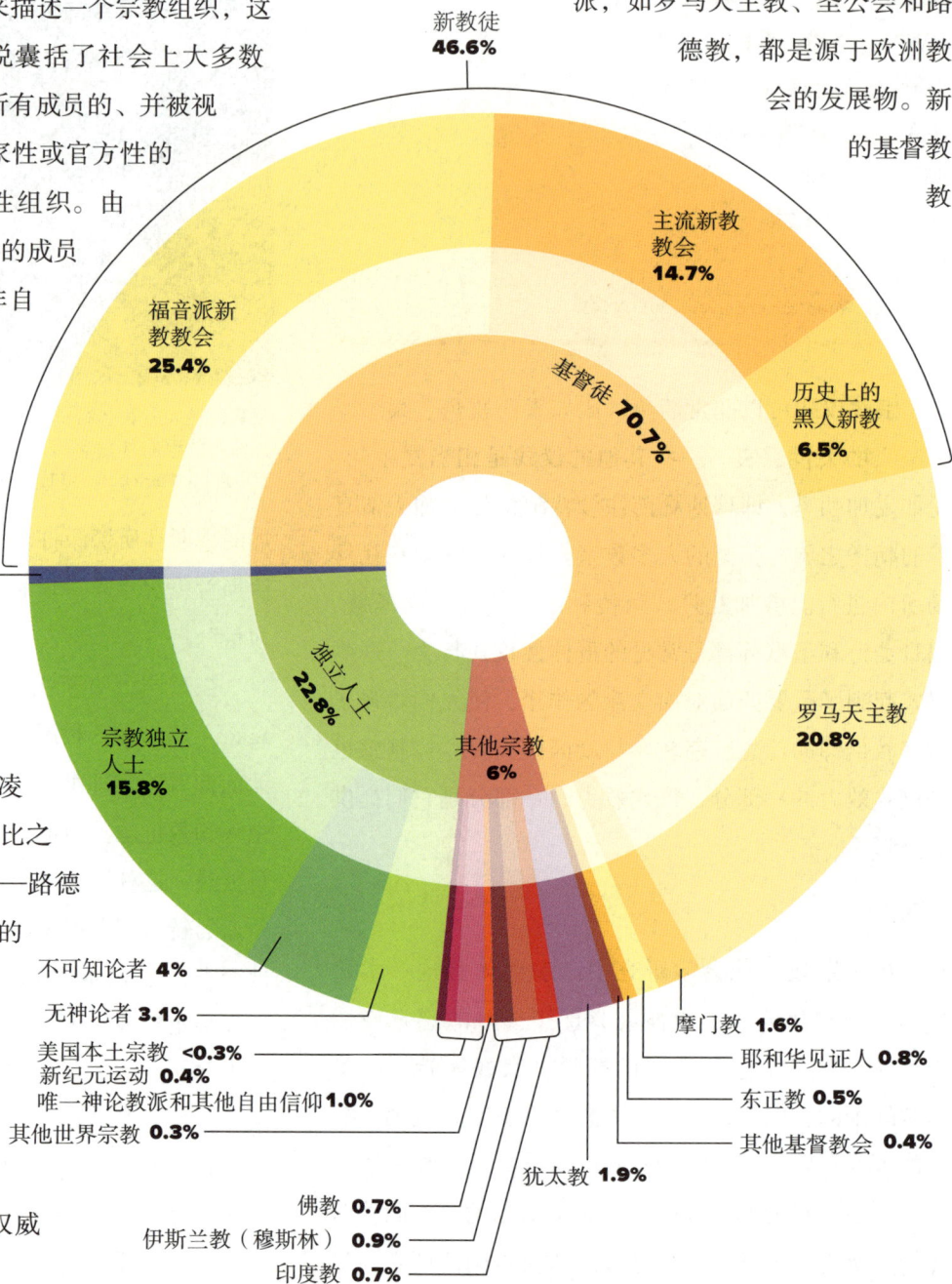

图 8-5 美国的主要宗教传统

注：由于四舍五入原则，数值加总后可能不等于100%，嵌套的数据可能不等于小计显示的结果。
资料来源：Pew Research Center, 2015f:21.

派如摩门教和基督教科学会也出现了。在上一代中，美国移民中穆斯林、印度教徒和佛教徒的数量也上升了。

那些不信奉任何宗教的人属于独立的类别，他们占美国成年人口的22.8%，包括自称无神论者和不可知论者，但这一类别中最大的群体是那些选择"无倾向"作为宗教观的人，年轻人更有可能属于这一类别。总的来说，这一无派别人群可能具有宗教信仰、参加宗教仪式，但不把自己与任何特定的宗教团体联系在一起。例如，49%的独立人士绝对确定或相当确定上帝的存在，37%的人说他们相信有天堂，34%的人说宗教在他们的生活中或多或少是很重要的。

宗派 宗派可以被定义为从其他一些宗教组织中分离出来并自我更新最初愿景的相对较小的宗教团体。许多教派，比如在16世纪宗教改革时期由马丁·路德领导的教派，会声称自己是"真正的教会"，因为他们试图清除他们认为是外来的既有部分。为了追求更纯粹的信仰，新教不断地从现有的教派分离并建立当今新的宗派流派。

各宗派往往与主流社会格格不入，也不寻求成为公认的民族宗教。与教会和教派不同的是，它们通常需要成员的坚定承诺和信仰证明。有时出于局外人身份的原因，宗派常常比那些地位稳固的宗教团体展现出更高的狂热和忠诚。许多派别乐于招募成年人作为新成员，信仰改变在这里也是可被接受的。许多宗派招募成年人作为其新成员，而新成员通过转变信仰来获得宗派的接受。

宗教流派的维持时间通常很短暂。那些能够维持下来的小派别会随着时间的推移逐渐减轻对社会的敌对态度，并且变得与教派相类似。在少数情况下，宗派能够在几代人间流传，同时保持一

定的社会独立性。社会学家米尔顿·英格尔（Milton Yinger）使用"**既成宗派**"这个术语来描述一个作为教派发展产物但仍与社会保持隔离的宗教团体。哈特派（Hutterite）、耶和华见证人、基督复临安息日会（Seventh-Day Adventist）和阿曼门诺派都是当代美国既成宗派的例子。

新宗教运动 历史上，社会学家使用"异教"这个词来描述非传统宗教信仰的另类宗教团体。然而，随着时间的推移，这个用语不再准确。虽然社会学家用它来对特定种类的信仰进行分类，但"异教"这个词已经带有负面的含义。因此，许多社会学家已经放弃使用这个术语，他们采用"新宗教运动"一词取而代之。

新宗教运动通常代表一种新的宗教或对已有信仰重要革新的小型的、另类的信仰团体。新宗教运动类似于宗派，它们往往规模较小，通常也不如公认信仰那样被重视。然而，与流派的不同在于，新宗教运动一般不是成熟教会或宗派的分立或决裂的产物。一些新兴宗教，如科幻小说作家L.罗恩·哈伯德（L.Ron Hubbard）于1954年创立的山达基教会（Church of Scientology），可能与现有的信仰完全无关。即使一个新兴宗教确实接受了某一主流信仰的一些基本信条，比如相信神灵耶稣或者穆罕默德是上帝的使者，它也会有新的启示或领悟来证明自己是一个更先进的宗教。

包括基督教在内的大部分主要宗教，最初都是在更大的社会背景下崛起的。随着时间的推移和宗教演变，他

> **宗派**（sect） 其他宗教组织中分离出来并自我更新最初愿景的相对较小的宗教团体。
> **既成宗派**（established sect） 一个作为教派发展产物但与社会保持隔离的宗教团体。
> **新宗教运动**（new religious movement, NRM） 代表一种新的宗教或对已有信仰重大革新的小型另类宗教团体。

图片来源：Pierre-Philippe Marcou/AFP/Getty Images.

们的信仰获得了更大的正统性，并转变成其他宗教类型。现有的新兴宗教可能正处于某个教派的早期发展阶段，也可能因为成员的流失或领导者的羸弱而烟消云散。这四种组织类型间的界限在某种程度上是不固定的，在宏观社会视角中将它们视为一个有着不同接受程度和不同信徒使命的连续统一体，将有助于我们对它们的认知。

> > 世界各地宗教

早期的社会学家预测，现代社会将经历广泛的**世俗化**，即宗教在公共领域尤其是在政治和经济领域的影响力逐渐减弱的过程。在美国，没有宗教信仰的人数确实在大量增加，研究人员通常称他们为"无信仰"——因为当被问及宗教信仰时，他们就是这样回答的。他们从

> **世俗化**（secularization） 宗教在公共领域尤其是在政治和经济领域的影响力逐渐减弱的过程。

1972 年占美国人口的 7%，增加到 2007 年的 16.1% 和 2015 年的 22.8%，这相当于从 2007 年到 2015 年之间增加了 1900 万人后，人数达到 5600 万。事实上，美国的"无信仰"人数比天主教徒还多。

从全球范围来看，有 11 亿人，或者说 16.8% 的世界人口，认为自己没有宗教信仰。这其中包括无神论者和不可知论者，以及未皈依某一特定宗教团体的信徒。这个无宗教信仰群体的庞大规模可能暗示出那些早期社会学家关于宗教世俗化和宗教在现代世界的重要性下降的看法是正确的。然而，2050 年的预测显示，全球自认为无宗教信仰的人口比例实际上将缩减至 13.2%。在美国和世界各地，宗教继续在个人和集体上发挥重要影响。

基督教是世界上最大的宗教，其次是伊斯兰教。尽管世界新闻事件常常暗示基督徒和穆斯林之间存在着内在冲突，但这两种信仰在许多方面都有相似之处。两者都是唯一神教派，

图片来源：George Doyle/Stockbyte/Getty Images.

都认为世上只有一个神，都有一种关于先知、来世和末日审判的信仰。事实上，伊斯兰教也认可耶稣是先知，但不认为他是上帝之子。两教的教义均以道德准则规范信徒，但对于宗教激进主义是刻板禁令，对于自由主义者则是相对宽松的指导方针。

像基督教和伊斯兰教一样，犹太教也是唯一神教派。犹太人相信，上帝的真实本性体现在《圣经·旧约》的前五卷中。根据这些经文记载，上帝与以色列十二个部落的祖先亚伯拉罕和撒拉订立了契约。即使在今天，犹太教徒仍然相信这个契约要求他们遵从上帝的旨意。如果他们一直遵循《圣经·旧约》的教条和精神，期待已久的弥赛亚终有一天会将天堂带到人间。虽然与其他主要信仰相比，犹太教的追随者相对较少，但它构成了基督教和伊斯兰教的历史基础。这就是为什么犹太人和基督徒、穆斯林一样，崇敬许多相同的神圣中东之地。

另外两种主要宗教在世界的另一个地方——印度发展起来。最早的印度教大约起源于公元前 1500 年。印度教不同于犹太教、基督教和伊斯兰教之处在于，尽管大多数信徒主要忠诚于单一神灵，如湿婆或毗湿奴，但印度教也信奉许多神灵和小神。印度教的另一个显著特点是相信轮回，或者是死后灵魂的永久重生。

不同于犹太教、基督教和伊斯兰教依靠文字进行传播，印度教信仰主要是通过口述传统得以流传。

公元前 6 世纪，佛教作为对印度教的反抗而发展起来。这种信仰是建立在乔达摩·悉达多（后来被称为佛祖，或"觉者"）的教义上的。通过冥想，佛教信徒努力克服对肉[体]或物质享受的自私欲望，以达到一种[顿悟]或涅槃的境界。佛教创建了首个修[道]制度，成为包括基督教在内的其他宗教修道制度的典范。虽然佛教最早出现在印度，但其信徒最终被印度教徒赶出了那里。佛教现在主要

主要的世界性宗教

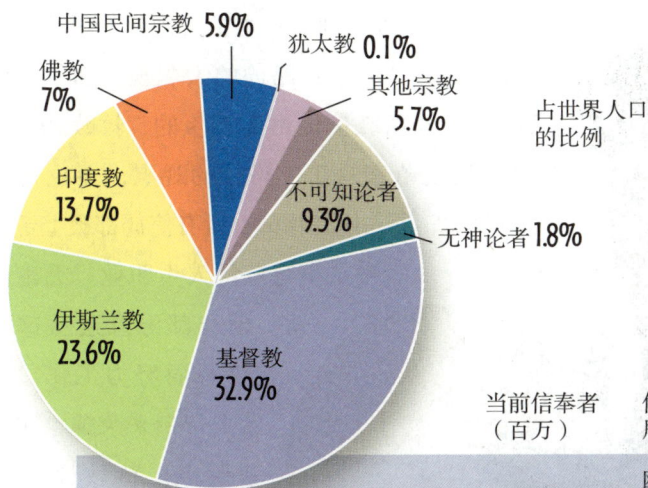

占世界人口的比例

- 中国民间宗教 5.9%
- 犹太教 0.1%
- 其他宗教 5.7%
- 佛教 7%
- 印度教 13.7%
- 不可知论者 9.3%
- 无神论者 1.8%
- 伊斯兰教 23.6%
- 基督教 32.9%

	当前信奉者（百万）	信奉者的主要居住地	创始人（及其大致出生年代）	重要经典（圣地）
基督教	2448	欧洲、北美洲、南美洲	耶稣（约公元前6年）	《圣经》（耶路撒冷、罗马）
伊斯兰教	1752	中东、中亚、北非、印度尼西亚	穆罕默德（公元570年）	《古兰经》（麦加、麦地那、耶路撒冷）
印度教	1019	印度、海外印度社区	无特定创始人（公元前1500年）	《天启书》《圣传书》（七个神圣城市，包括瓦拉纳西）
佛教	521	东南亚、东亚	乔达摩·悉达多（公元前563年）	《三藏经》（今尼泊尔某地）
犹太教	15	以色列、美国、法国、俄罗斯	亚伯拉罕（公元前2000年）	《摩西五经》《塔木德》（耶路撒冷）

资料来源：Janssen，2019：698；Swatos，2011.

存在于亚洲其他地区。

虽然各个宗教之间大相径庭，但这仍不如各种信仰内部的差异之大。基督教内部既有相对自由的教派，如长老会或圣公会，也存在较为保守的摩门教和希腊东正教天主教。类似的分歧也存在于印度教、伊斯兰教和世界其他宗教之中。

>> 社会学视角下的宗教

社会学对宗教的兴趣始于这门学科的创立之初。当时的知识分子觉察到，过去在危机时刻曾引导社会的宗教教义正在式微。奥古斯特·孔德和其他19世纪的社会学家试图提供一门可以利用科学方法建立认知并应用到社会研究中的社会科学。他们认识到宗教过去在维持社会秩序中具有举足轻重的作用，了解宗教是如何实现这些的很有必要。

整合和功能论视角

正如前面所提到的，迪尔凯姆同他参与提出的功能论观点一样，专注于宗教对社会融合的贡献。他认为在传统时代宗教是将社会凝聚在一起的黏合剂，它通过学说、布道、圣礼和仪式的形式将社会核心价值合法化。违反社会规范不仅仅意味着不服从社会的、政府的或家庭的领导，还意味着违背神灵、超自然存在，或整个人类历史上其他潜在力量的终极宿主。通过这种方式，宗教有助于确保服从并尽量抑制偏离行为的发生。

在迪尔凯姆看来，宗教团结来自共同的经历。阿米什人就是一个由共同的生活和工作而产生相同信仰的例子。然而，随着向现代社会的过渡，特别是随着劳动分工的兴起，人们不再一起做所有同样的事情，不再拥有同样的知识和技能。于是，宗教提供意义和共同目标感的能力降低了。然而，在当今许多共同仪式如认罪、成人礼、公共祈祷、婚礼和葬礼中，我们仍然可以见证它的整合力量。

从基督教堂、犹太教堂和清真寺从古至今对美国移民的影响中，也可以看到宗教的融合力量。例如，罗马天主教移民可能会在一个用他们母语（如波兰语或西班牙语）布道的地区教堂附近定居。同样，韩国移民可能会加入有较多韩裔美国人成员的长老会教堂，并延续韩国当地教会般的宗教习俗。罗马天主教和长老会教会也会帮助移民们融入到他们的新家庭中。

图片来源：Pavel Filatov/Alamy Stock Photo.

宗教和社会变革

马克斯·韦伯曾试图理解，看似保守的、旨在维护秩序的宗教有时候是如何促进社会变迁的。为此，他着重研究了宗教信仰与资本主义兴起之间的关系。他的研究结果体现在了他的社会学经典著作《新教伦理与资本主义精神》(*The Protestant Ethic and the Spirit of Capitalism*) 中，这也是社会学最著名的著作之一。

韦伯的新教伦理观　韦伯注意到，在他那个时代的欧洲国家，绝大多数的商界领袖、资本家以及优秀工人都是新教徒。这是为什么呢？通过他的历史研究，韦伯总结为宗教信仰和经济成功之间的关系是他所称的"**新教伦理**"的结果——这是从 1517 年的新教改革开始就由马丁·路德和约翰·加尔文(John Calvin) 的追随者所坚持的为上帝争光而自律劳作的共同价值观。韦伯认为，新教这种对努

新教伦理（protestant ethic）马克思·韦伯提出的术语，指由马丁·路德和约翰·加尔文的追随者所坚持的为上帝争光而自律劳作的共同价值观。

力工作和自我否定的联系为资本主义提供了一种强迫工人的途径，而这对资本主义的发展至关重要。

为了解释新教伦理对资本主义兴起的影响，韦伯强调了三个要点：路德的天职观、加尔文的宿命观以及新教信徒由此产生的"救赎恐慌"。根据新教改革家马丁·路德的观点，无论是农民、面包师、商人还是牧师，所有信徒都被上帝召唤从事特定的人生职业。无论贫富，信徒都愿意遵从这种使命感而努力工作，以给上帝带来荣耀。在此基础上，新教改革家约翰·加尔文又增加了宿命论的概念：上帝从一开始就选定谁上天堂，谁下地狱。在人们出生之前，他们灵魂的永恒命运就已经尘埃落定了。个人不能通过努力工作获得救赎；救赎完全仰仗于上帝的慈悲。更为复杂的是，没有人能够确切地知道他或她能否被救赎，因为没有人能够妄想上帝的心意。韦伯的结论是，这为那些想确认能否进入天堂的信徒带来了关于救赎的恐慌。

韦伯的理论认为，信徒们会遵循那种他们认为上帝心目中圣洁之人会过的生活方式，来试图解决这种

《大师》(*The Master*)
一位有魅力的宗教领袖招募信徒加入"起因"教。

《沉默》(*Silence*)
两名牧师在日本寻找叛教导师时遭遇信仰危机。

《来自天上的声音》(*The Apostle*)
南方的一位五旬节派牧师寻求赎罪。

《第一归正会》(*First Reformed*)
灵魂的至暗之夜。

《诺亚方舟：创世之旅》(*Noah*)
洪水即将泛滥。

电影　关于宗教

5

不确定性。这意味着他们努力工作、保持谦逊和自我克制，不是为了救赎或个人利益，而是为了上帝。虽然这样做并不一定能获得救赎，但如果不这样做，他们肯定不会被上帝选中。但是因为他们始终无法完全确定，所以他们永远不能放弃遵从上帝旨意的承诺。因此，他们努力工作并不是因为他们必须这样做（要么是为了生存，要么是被迫的），而是因为他们想要获得来自上帝的救赎。要想进行合理的生产规划，资本主义正需要这样的发自内心的努力工作，即使领到薪水后也愿意每天到岗的工人，他们与韦伯所认为的典型传统劳动者（有着适度的工作时间、悠闲的工作习惯和缺乏工作雄心）形成了鲜明对比，这用韦伯的术语来说，就是"资本主义精神"。

通过这种方式，宗教以新教改革的形式促进了资本主义的崛起，这是人类历史上最重要的社会变革例

> **但穷人的存在并不是命运中不可避免的事实……穷人是我们生活的这个体系的副产品，而我们要为这个体系负责。**
>
> *解放神学家古斯塔沃·古铁雷斯*
> *（Gustavo Gutiérrez）*

生影响。

解放神学　宗教作为社会变革力量的一个更现代的例子来自解放神学，它起源于20世纪五六十年代的拉丁美洲。许多宗教活动人士，尤其是罗马天主教神父，在面对该地区的贫困和社会不公时，认为教会有责任伸出援手，积极为穷人服务。"解放神学"这个术语指的是利用教会在政治上努力消除世俗社会中的贫穷、歧视和其他形式的世俗不公。许多人认为，与亚当·斯密（Adam Smith）和其他欧洲经济学家和哲学家的学说相

子之一。韦伯的论述已被尊为该领域内最重要的理论成果之一，并被视为宏观分析的绝佳案例。像迪尔凯姆一样，韦伯证明了宗教不仅仅是一个私密的个人信仰问题，他强调，宗教的集体性质会对社会整体产

> **解放神学**（liberation theology）利用教会，主要是罗马天主教徒，在政治上努力来消除世俗社会中的贫困、歧视以及其他形式的世俗不公。

宗教信仰与经济繁荣

认为宗教是他们生活中重要部分的人的百分比（2011—2013）

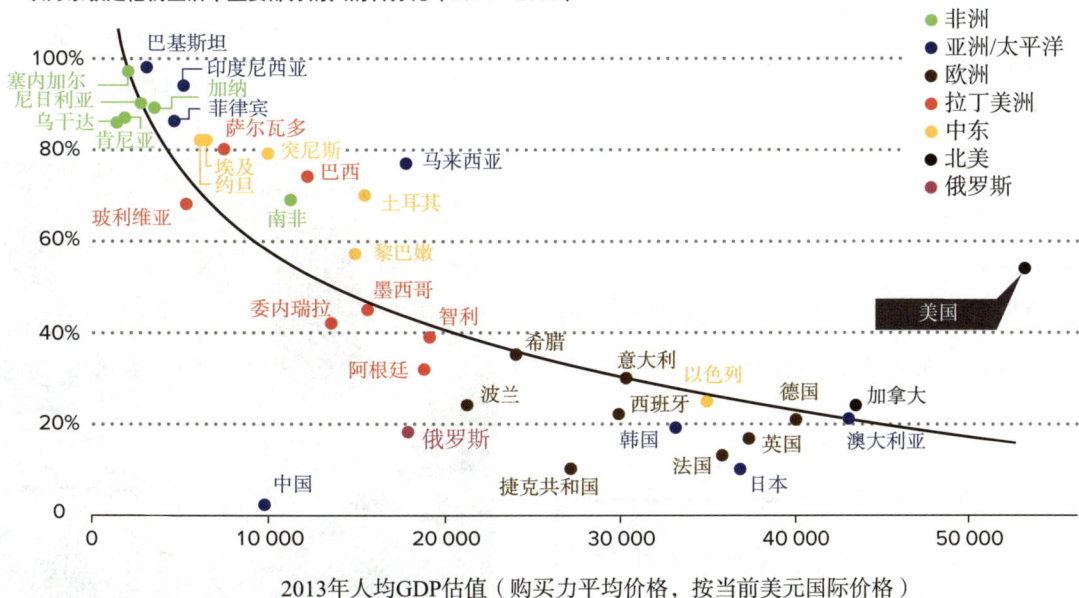

2013年人均GDP估值（购买力平均价格，按当前美元国际价格）

这条曲线代表了人均GDP和认为宗教在他们生活中扮演着非常重要角色的人的百分比之间的对数关系。请注意，与其他发达经济体相比，美国是一个例外，在人们对宗教的持续信仰方面远远偏离了曲线。你认为是什么因素导致了这种差异？

资料来源：Gao, 2015.

图片来源：Mireille Vautier/Alamy Stock Photo.

比，卡尔·马克思的理论与耶稣关于穷人的思想更契合。他们认为比起经济自我发展，只有重大社会变革才是将发展中国家的贫困群众从绝望中拯救出来的唯一可行途径。支持解放神学的宗教活动人士认为，正规宗教有道德责任来公开坚定反对对穷人、少数族裔以及妇女的压迫。

"解放神学"这个术语可以追溯到 1973 年出版的英文版《解放神学》（*A Theology of Liberation*），这本书的作者是生活在 20 世纪 60 年代初秘鲁首都利马贫民窟的牧师古斯塔沃·古铁雷斯。经过多年与周围贫苦大众的接触，古铁雷斯得出一个结论："为了服务贫苦大众，则必须投身政治活动。"最终，献身政治的拉美神学家受到了认为南北问题的核心是资本主义跨国公司的垄断的社会科学家的影响。这导致的结果之一是一种新的神学分析方法在拉丁美洲的文化和宗教传统基础上建立起来，而非基于欧洲和美国已有的发展模式。

社会学思考

你认为宗教在多大程度上能够成为一种积极的社会变革力量？你在生活经历中发现过什么例证？

冲突和社会控制

解放神学是一个相对较新的概念，它标志着对迪尔凯姆所设想的教会传统角色的突破，即教会是社会秩序和社会稳定的维护者。卡尔·马克思反对宗教的这种传统角色，在他看来，宗教由于倡导被剥削者关注超脱尘世的事物，而非着眼于改善当下的贫穷生活或被压迫境地，这阻碍了积极的社会变革。

马克思的宗教观　马克思认为，对宗教的研究为了解社会状态提供了一个重要的窗口，他把宗教称为"受压迫人群的叹息"。用他最著名的一个术语来说，宗教也是"群众的鸦片"。他认为，宗教在本质上就是麻痹，即通过为信徒们提供一种在理想来世中获得救赎希望的安慰，而使他们屈从于现世的贫苦生活。例如，在美国的奴隶制时期，白人奴隶主禁止黑奴信奉非洲本土的宗教；相反，他们鼓励奴隶信仰基督教以相信"现世顺从可换取来世救赎和永恒幸福"。从这个角度来看，基督教可能安抚了某些奴隶，并减轻了其会引爆反抗的愤怒情绪。

图片来源：Photo courtesy of Barb Ashton and Sophie Mathonnet-VanderWell.

在马克思看来，宗教在维系现有社会结构方面发挥着重要的支撑作用。如前所述，宗教的价值在于它往往会巩固其他的社会机构与整体的社会秩序。然而，从马克思的角度来看，宗教对社会稳定的促进只会助长社会不平等模式的延续。马克思认为，国教强化了当权者的利益。

从马克思主义者的角度来看，宗教使人们无法从政治角度看待自己的生活状态和社会状况，例如，通过模糊经济利益冲突的最重要意义等方式。马克思主义者认为，通过在弱势群体中催生一种"虚假意识"（false consciousness），宗教减少了结束资本主义压迫、改造社会的群众政治运动发生的可能性。这类社会学分析旨在揭示宗教是如何牺牲他人利益来为权贵阶层服务的。

性别和宗教　借鉴女权主义者的方法，研究人员和理论家指出了女性在宗教组织运作中发挥的关键性作用。与男性相比，女性更倾向承认宗教对她们生活的重要性，并更乐于每日祈祷和参加每周礼拜。女性在志愿者、工作人员和宗教教育者岗位上也发挥了不容置疑的重要作用。然而，当涉及领导职位时，女性通常被降级为附属角色。事实上，大多数宗教自古以来都是男性专任精神领袖。此外，由于大多数宗教都是父权制，男性也在宗教信仰中被推崇主导世俗事务和精神领域。

当然也有例外，如震颤派（Shakers）、基督教科学派，以及拥有悠久女神遗产的印度教，但都相对罕见。

在美国，尽管女性占神学院校学生的33%，但她们在神职人员中的比例只有17%。与男性神职人员相比，女性神职人员的职业生涯相对较短，并且通常参与的是不涉及教会领导权的工作岗位，如咨询。在那些男性受限担任领导职务的宗教中，女性仍然以非正式的方式参与。例如，大约4%的罗马天主教会领导是不具备牧师资格的女性，毕竟这是在一个面临男性牧师短缺的教会。

在本章中，我们了解了教育和宗教。在这两方面的内容中，我们都发现了社会制度在塑造我们的思维和行为方式的过程中发挥了强大的作用。教育和宗教都为我们供了机会，但也强化了包括不平等体系的现状。社会学家相信，通过更好地认识这些制度所提供的机遇和限制，我们就能更好地以个人或集体的方式促进积极的社会变革。

行动起来！

探索信仰

选一个完全不同于你过去可能经历过的宗教群体，研究他们的历史、信仰、仪式、期望和结构。以内部人的视角采访一位当地宗教组织的领袖，以便更好地了解他们的信仰和做法。如果他们可以接受，至少参加两次他们的仪式。关于这个群体，你最初的期望是什么？如果有的话，你的观点是如何改变的？

本章 回顾

1. **教育是如何维系社会秩序的？**
   - 教育传承文化，促进社会融合，进行社会教化和社会控制，刺激文化革新，还提供儿童照护。

2. **教育是如何维系现有的不平等体系的？**
   - 教育通过隐性课程、教师期望、地位赋予和文凭主义强化了现状，因此也强化了现有的不平等。

3. **社会学家是如何定义宗教的？**
   - 一种方法着眼于什么是宗教的实质，将宗教定义为与神圣领域有关的知识和信仰；另一种方法着眼于宗教在社会秩序和社会融合方面对社会产生的作用。两种方法都分析了包括信仰、仪式、经验和社区等宗教所包含的普遍因素。

不同社会学视角下的教育和宗教

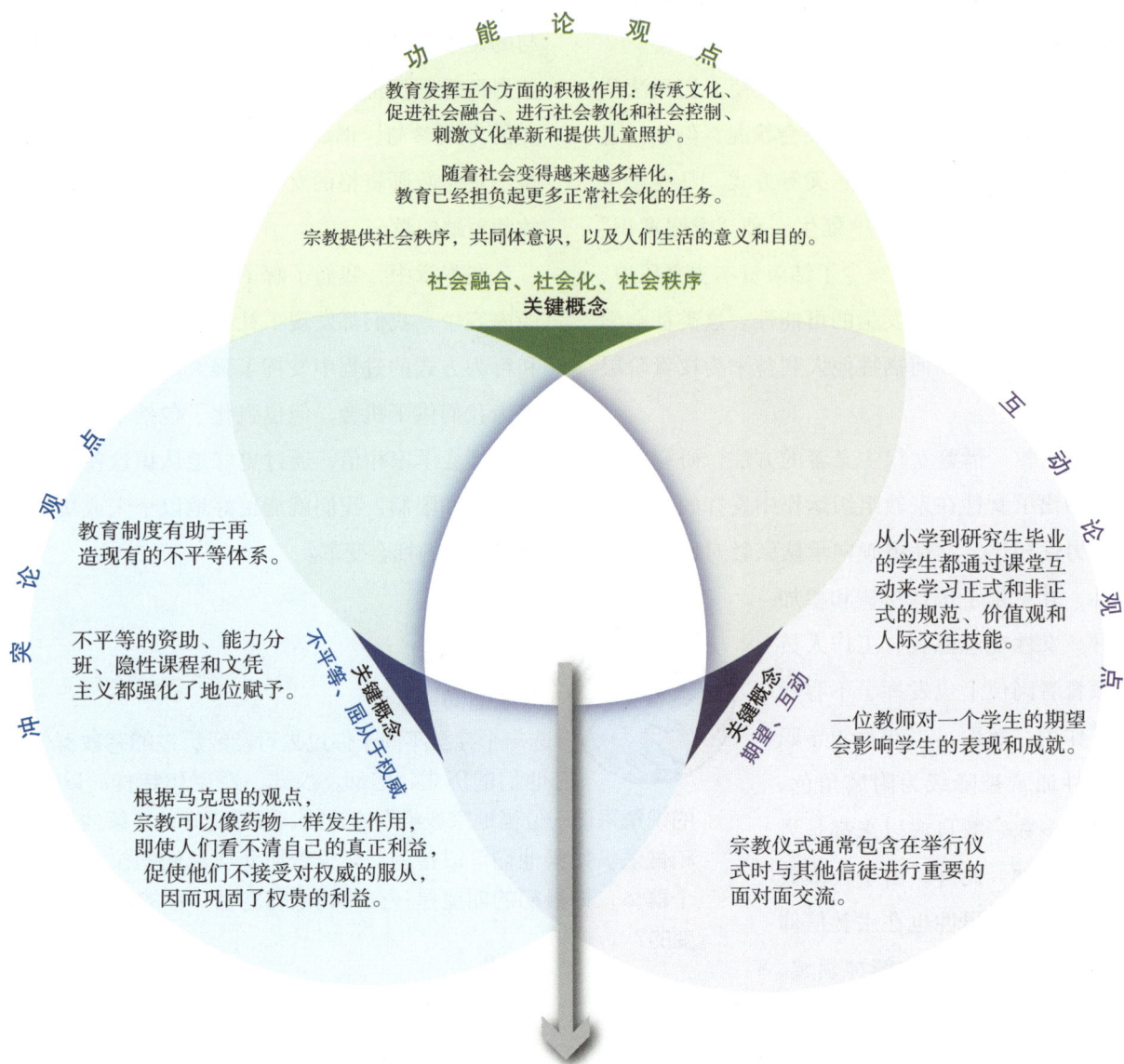

功 能 论 观 点

教育发挥五个方面的积极作用：传承文化、
促进社会融合、进行社会教化和社会控制、
刺激文化革新和提供儿童照护。

随着社会变得越来越多样化，
教育已经担负起更多正常社会化的任务。

宗教提供社会秩序，共同体意识，以及人们生活的意义和目的。

社会融合、社会化、社会秩序
关键概念

冲 突 论 观 点

教育制度有助于再
造现有的不平等体系。

不平等的资助、能力分
班、隐性课程和文凭
主义都强化了地位赋予。

不平等、屈从于权威
关键概念

根据马克思的观点，
宗教可以像药物一样发生作用，
即使人们看不清自己的真正利益，
促使他们不接受对权威的服从，
因而巩固了权贵的利益。

互 动 论 观 点

从小学到研究生毕业
的学生都通过课堂互
动来学习正式和非正
式的规范、价值观和
人际交往技能。

期望、互动
关键概念

一位教师对一个学生的期望
会影响学生的表现和成就。

宗教仪式通常包含在举行仪
式时与其他信徒进行重要的
面对面交流。

建立联系

回顾本章之后，请回答下列问题。

1

"教育的回报"图中显示，更多教育的一个好
处是获得更高的收入。从这两种角度来看，教
育还能带来什么回报？谁受益？

2

根据功能论观点和冲突论观点，教育制度如何
赋予地位？

3

运用冲突论观点，描述妇女如何在教育与宗教
领域都在经历（或曾经经历）的歧视。

4

你认为哪种视角能更好地描述典型课堂环境的
动态？举例解释。

经济与政治

第9章

图片来源：Bill Sikes/AP Images.

特朗普获胜

2016 年 11 月 8 日，唐纳德·特朗普击败了希拉里·克林顿，成为美国第 45 任总统。这一选举结果甚至让胜利者都感到意外。爱荷华、威斯康星、密歇根、俄亥俄和宾夕法尼亚等五个州是选举结果倒向特朗普的决定性力量。2012 年，民主党候选人巴拉克·奥巴马赢下了这五个州，但是在 2016 年，这些州全部转而支持了共和党候选人。分析人士指出，原因主要在于白人工人阶级选民的影响。这些选民有着怎样的诉求？早在 2016 年大选之前，社会学家阿莉·拉塞尔·霍奇尔德（Arlie Russell Hochschild）就一直在寻找这个问题的答案。

霍奇尔德注意到，作为一名居住在加利福尼亚州伯克利的白人、政治自由派、中上层的社会学教授，她的情感与居住在农村的白人、政治保守派、工人阶级之间存在着巨大的鸿沟。为了能以他们的视角理解世界，她前往路易斯安那州的农村地区，花了五年多时间进行焦点小组、开展访谈、出席教堂活动、参加政治集会。她得出的结论是，由于并未触及白人工人阶级政治立场的情感基础，很多尝试理解这些选民的努力，如狭隘地聚焦于种族或是经济不平等，都是失败的。

在霍奇尔德看来，大多数白人工人阶级视竞争为生活的正常组成部分，他们明白有成功者也有失败者。他们也相信，努力工作并遵守规则者应该获得公平的回报。但是近年来，很多白人工人阶级声称，他们实现美国梦的进程被很多他们认为并不够格的群体所阻碍。这些群体当着他们的面插队、违反规则，包括接受政府援助的穷人、受益于平权行动的非裔美国人、来自墨西哥的移民、来自印度和中国的专业技术人员、来自叙利亚的难民，以及白人工人阶级认为获得了不应得好处（通常来自政府援助）的其他人。

更糟糕的是，白人工人阶级听到了来自美国文化精英的声音，后者鄙视他们为无知、崇拜圣经的白人垃圾乡巴佬。他们在自己的土地上感觉自己像是陌生人，他们认为整个系统被操控了。他们等待一位能够解决问题的斗争者，唐纳德·特朗普就在这时出现了。

唐纳德·特朗普宣称"我们正在失去一切"，这与他们对经济的担忧产生了共鸣。特朗普提出"让美国再次伟大"的承诺，这给了他们事情会好起来的希望。他们相信特朗普就是他们寻找的斗争者，他会恢复他们的荣耀，确保他们的成功。特朗普上台两年后，他们仍然如此相信。2016 年，87% 的特朗普选民表示他们觉得特朗普"非常温暖"或是"有些温暖"。到2018 年，这些选民中还有 82% 仍然这样觉得。

基于社会学想象力，霍奇尔德理解了被调查者对现实的感知。她的研究成了社会学的经典案例，其基本的指向是阐释人们为什么这样思考和行动。本章将讨论政治和经济，我们将了解到人们在这些制度中所处的地位是怎样塑造他们的。

[边读边思考] >>

- 经济和政治权力是怎样组织起来的?
- 权力是如何运行的?
- 经济是怎样随时间而变迁的?

> > 经济体系

本章继续讨论社会制度，其构成了我们所构建的社会结构的核心。我们已经讨论过家庭（第 7 章），还有教育与宗教（第 8 章），现在我们转向经济与政治。**经济**是为产品和服务的生产、分配和消费而专门设置的社会制度。正是基于经济，我们的食物、衣服、住房等物质需求才得以满足。

纵观历史，人们满足需求的方式多种多样，包括礼物交换、物物交换以及共享产品所有权。随着时间的推移，资本主义和社会主义这两种经济体系成为组织产品和服务的供给和分配的主导方式。分析资本主义和社会主义的特点可以使我们更好地理解我们为什么会这样思考和行动。

资本主义

资本主义是私有财产的所有者在市场上自由竞争以追逐利润的社会体系。资本主义体系中的价值取决于人们愿意并且能够为可得的产品和服务支付多少。今天，很多人都认为资本主义是理所当然的。我们认为找一份工作是很正常的，这样我们就可以赚取工资，来购买我们想要或是需要的东西。但是从整个人类历史进程来看，我们今天所理解的资本主义是一项相对较新的发明。

经济（economy）为产品和服务的生产、分配和消费而专门设置的社会制度。

资本主义（capitalism）私有财产的所有者在市场上自由竞争以追逐利润的社会体系。

资本主义的基本原则是亚当·斯密 1776 年在他的《国富论》（*The Wealth of Nations*）一书中进行阐述的。他提出了四个核心概念：追逐利润、市场竞争、供需法则以及自由放任。

- **追逐利润**。资本主义的一个基本前提是，在我们与他人的交换中，人们会很自然地寻求投资回报的最大化。这不仅发生在经济交换中（即赚取金钱利润），也发生在社会和文化交换中（即使是一场对话也代表着诸如地位或注意力等象征资源的交换）。在资本主义之下，人们被视为天生的竞争者，将自己的利益置于他人之上。追逐利润被认为是道德合理且社会需要的。
- **市场竞争**。市场是我们交换产品和服务（如鞋子、手机、大学学历）的环境。生产者努力为他们的产品争取高价，而消费者寻求最划算的交易。竞争控制着价格，市场必须向所有有竞争能力者开放，这样就不会有个体或是公司控制过多的市场份额。
- **供需法则**。在一个竞争的市场中，生产和消费会在合适的价格达到自然平衡。如果一个产品或服务的需求高而供应低，那么其价格就会上涨；反之亦然。如果一个生产商定价过高，其他生产商就会进入市场以更合理的价格供应产品或是服务。亚当·斯密将这一过程描述为市场"看不见的手"，价格通过这只手达到其自然水平。公司如果对"看不见的手"的提示视而不见，比如定价过高或是过低，最终会走向破产。
- **自由放任**。**自由放任**的意思是"让他们（自由地）行动"，在这里它意味着外部实体，尤其是政府，不应该干预市场；相反，市场应该被允许在没有外部影响的情况下自由运行。在理想状况下，市场会使用看不见的手进行自我调节。资本主义模式的前提是，尽管政府很可能是善意的，但是与允许个体自由竞争相比，它们并不会为整个社会带来更好的结果。资本主义最大的社会利益来自个体为追逐利润而相互竞争。

在实践中，这些原则之间会不可避免地产生内部矛盾。资本主义需要竞争，但是资本家想要垄断。当单一商业公司控制市场时，**垄断**就会出现，比如只有一家公司生产鞋子、喷气式飞机或是明矾。形成垄断使得资本家可以获得更多的利润，因为他们是产品的唯一供应商。其结果是，只要需求不变，他们可以随心所欲地定价。一旦公司变得足够大，其就会利用自身对资源的控制迫使较小的公司破产。这违反了市场竞争原则。

你知道吗？

整体而言，56% 的美国人对资本主义持乐观态度，37% 的美国人对社会主义持积极态度。这些态度因年龄而异。在 18~29 岁的人群中，45% 对资本主义保持乐观，而 51% 对社会主义保持乐观。

图片来源：Spencer Platt/Getty Images.

为了确保没有垄断，政府通常会干预市场以促进竞争。这样做违反了自由放任原则，但是其合法性在于，这是为了将资本主义从其自身的过度行为中拯救出来。例如，在美国历史上，1890 年有谢尔曼反托拉斯法案，1913 年建立了联邦储备体系，20 世纪 30 年代以罗斯福新政对抗大萧条的影响，2008 年则以问题资产救助计划挽救银行和其他金融机构免于破产。政府也干预那些对公共利益足够重要的领域以获得合法性，例如，警察、消防、道路、国防、公共教育。这些干预背后的原则是，每个人都有权获得这些产品和服务。

社会主义

社会主义是一个社会的生产和分配资料集体所有而非私人所有的经济体系。社会主义体系中的价值来自生产产品所需的劳动量以及我们在产品中获得的效用，而不是产品在市场中的价值。19世纪中期至晚期，卡尔·马克思在大量著作中阐述了社会主义的基本原则，包括他与弗里德里希·恩格斯合著的《共产党宣言》（ *The Communist Manifesto* ）。下面的五个预设有助于我们理解为什么马克思认为社会主义必将取代资本主义。

- **人必须生产**。与动物不同，人类缺乏复杂的本能可以直接从自然中满足我们的基本需求（食物、住房和衣服）。因此，我们必须通过文化创造和技术创新来满足这些基本需求。人类没有被本能狭隘地约束，而是走向了智慧和创造性。

- **生产使我们独一无二**。我们的生产能力使人类区别于动物。正是这种自由而创新的生产能力，即马克思所谓的劳动力，必须得到保护、培养和重视，因为这是我们人类身份的核心。

- **我们将自身投入到产品中**。马克思认为，当我们生产产品时，我们是将自己的一部分投入到每一个产品之中。这在手工劳动中尤为明显，例如，一个手工制作的书架让人感到自豪，正是我们的劳动力带来了原始木材和最终书架之间的差别。如果用一个方程来表示：原材料＋劳动力＝产品。在马克思看来，我们很自然地在劳动中找到快乐，并乐于与他人分享过程和交换产品。

> **社会主义**（socialism） 社会的生产和分配资料集体所有的经济体系。
>
> **混合经济**（mixed economy） 同时融合了资本主义和社会主义要素的经济体系。

- **经济决定社会**。马克思指出，生产的能力和需求是我们的核心，因此它是社会的基础。从根本上说，我们组织经济的方式决定了所有其他社会关系形式，如政府、家庭、教育和宗教。在大多数农业社会中，生产植根于土地，所以土地的所有权和控制权成了权力的基础。社会制度很可能会强化地主的特权地位，例如，通过宗教权威对国王的统治"神权"进行合法化。随着时间的推移，我们的生产能力因为技术革新而发展，这一物质基础也随之发生转变。最终，从特定经济关系中发展出来的社会关系体系不再与新的经济基础相适应，革命就会出现，形成新的社会关系。马克思认为，这一转变带来了从封建主义到资本主义的变迁——随着带来王权的农业权力基础让位于资本家和公司的工业权力基础。他也预测，其还会从资本主义转向共产主义。

- **稀缺和分配是社会福利的障碍**。在马克思看来，理想的社会是我们作为人类能够控制并充分受益于我们的劳动力的社会。但是，历史走到今天还没有哪一个大型社会完全实现了这样的理想，因为我们缺乏为每个人生产足够产品的技术能力。这导致了贫富分化的社会体系：奴隶社会奴隶主与奴隶的分化、封建社会地主与农民的分化、资本主义社会资本家与工人的分化。多亏了技术创新（我们生产创新能力的结果），我们能够最终解决生产不足的问题。实际上，马克思赞扬资本主义，因为其不断向生产者施加创新的压力而最终解决了这一问题。当我们在技术上有能力为所有人生产足够的产品之后，持续的贫困、饥荒或是极端不平等就源于我们分配产品的方式，而不是因为我们没有能力生产足够的产品。换句话说，这是一个社会问题，可以通过建立新的公平分配的社会关系来解决。马克思指出，人们最终会认为在物质丰裕的情况下维持这样的经济极端是没有意义的，因此，指向社会主义的社会关系革命不可避免。

在实践中，集体所有的社会主义理想很难实现。苏联进行了宏大的实验，它将俄罗斯及其周边的很多国家都整合进一个大型的社会主义集团，但最终在1989年解体。

混合经济

在实践中，没有一个社会完全符合资本主义或是社会主义的理想原则；相反，最好是将资本主义和社会主义视为一个连续统的两端。**混合经济**同时融合了资本主义和社会主义的要素。从社会主义理想出发走向混合经济，涉及向竞争和自由市场开放国有经济的某些方面。中国的改革始于1978年，在邓小平的领导下追求更强的经济生产力。改革最先开始于农业，集体所有的公共土地被划分给个人。这一改革使中国成为全世界增长最快和最强的经济体之一（见图9-1）。

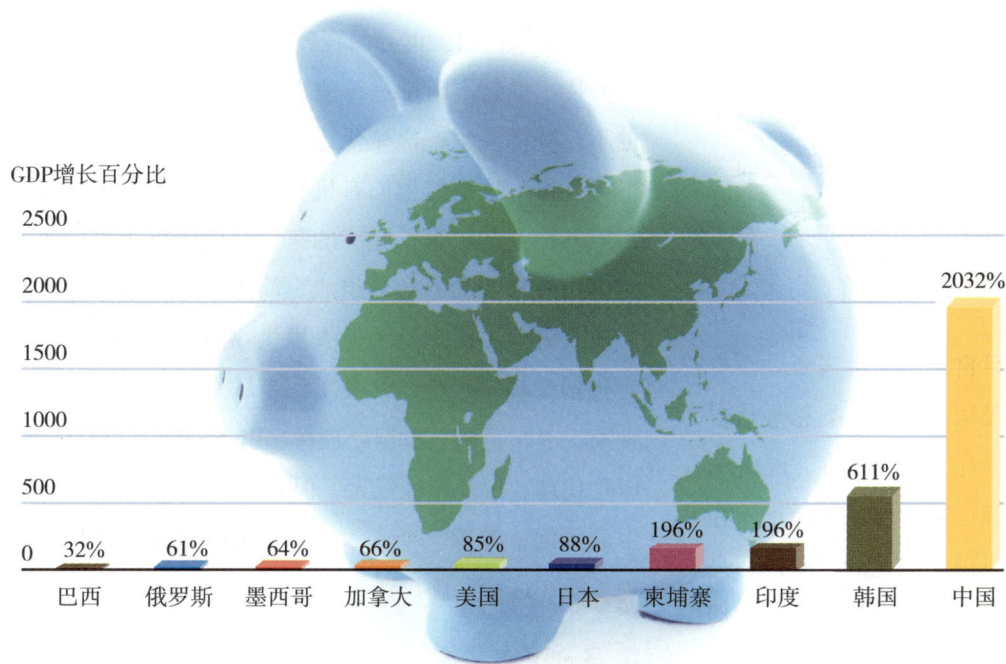

图 9-1 1980—2017 年全球人均 GDP 增长百分比

资料来源：U.S. Department of Agriculture，2018. 图片来源：Amanda Rhode/E+/Getty Images.

在美国，关于政府应该在多大程度上参与经济的争论由来已久，但是 2008 年经济危机挑战了人们对于自由放任原则的信任。政府官员认为，有些公司"大到不能倒闭"是指其倒闭带来的多米诺骨牌效应将远大于违反不干预理想的成本。乔治·W. 布什政府是自由市场原则的坚定支持者，却在这场危机中迈出了政府干预经济的第一步。2008 年 9 月，它推动国会通过了问题资产救助计划（TARP），提供高达 7000 亿美元用于购买抵押担保证券和支持金融业。奥巴马政府继续沿着相同的路线前进。例如，为了尽快重启美国经济，国会于 2009 年 2 月通过了《美国复苏和再投资法案》（ARRA），提供近 8000 亿美元用于基础设施项目、教育、医疗保健基金以及减税。2009 年 6 月，曾多年保持全球最大公司的通用汽车申请破产保护。美国政府介入并成为其大股东，持有 60% 的股份。这些基金帮助很多公司生存下来，免于破产。现在这些公司重新站了起来，它们已经偿还了从政府那里获得的贷款。

例如，通用汽车提前五年全额连本带息偿还了 84 亿美元的政府贷款。2013 年，美国财政部出售了其最后持有的通用汽车股票份额。

尽管批评人士指责布什总统和奥巴马总统正推动美国走向社会主义，但是大多数人希望两位总统的努力可以将经济衰退对他们生活的负面影响降到最低。大多数公民最终接受了这些巨额政府支出，视其为拯救资本主义免受自身过度行为之害的一种手段。亿万富翁投资人沃伦·巴菲特后来反思了政府干预，他总结道："只有一种反作用力可供使用，那就是你，山姆大叔……是的，山姆大叔，你做到了。"

社会学思考

美国政府是否应该不管显而易见的经济后果而让公司直接倒闭？

>> 经济变迁

无论是资本主义形式还是社会主义形式，现代经济都是人类在不同时代进行经济适应的结果。从最早的狩猎和采集社会一直到现在的全球经济，人类不断地寻找满足自身需求的新方式。这些创新的连锁反应从根本上改变了，也将继续改变着我们与自然以及我们相互之间的关系。

经济产业和技术创新

在人类历史的大部分时间里，劳动的首要任务是确保我们的基本需求得到满足。技术创新，尤其是工业革命相关的技术创新，将人们解放了出来，进而关注其他种类的工作。社会学家强调经济的三大产业来说明上述转变：第一产业关注开采，第二产业强调转型，第三产业聚焦服务。

我们作为物种，必须满足自己的生存需要。没有食物、衣服和住房，我们就没法生存。人类总是从自然中获取我们需要的东西来确保自身的生存。经济的**第一产业**涉及直接从自然环境中提取产品的活动。在历史上，这一产业最重要的表现是农业的兴起，但是其也包括诸如渔业、狩猎、林业和矿业等活动。我们在第5章"技术和社会"部分中介绍的狩猎和采集、园艺以及农业社会的经济就是主要以这一经济产业为特征。

工业革命从根本上改变了我们与自然的关系。包括伊莱·惠特尼（Eli Whitney）的轧花机、塞勒斯·麦考密克（Cyrus McCormick）的机械收割机，以及约翰·迪尔（John Deere）的钢犁等技术进步都促进了农产品的大规模生产。于是，生产粮食所需的农业工人减少了，他们可以有机会在随工业生产技术创新而来的新兴工厂中工作。经济的**第二产业**由将原材料或中间材料转变成制成品的

第一产业（primary sector）涉及直接从自然环境中提取产品的活动的经济产业。

第二产业（secondary sector）由将原材料或中间材料转变成制成品的活动所组成的经济产业。

第三产业（tertiary sector）由提供服务而不是生产有形产品的活动组成的经济产业。

现代人知道所有事物的价格，却不知道它们的价值。

奥斯卡·王尔德（Oscar Wilde）

活动所组成。这一产业的工人生产产品，生产机械化推动了运输和通信的革命，有效地使世界变得更小。我们可以在任何时间与任何人进行实时的通信，也可以在几个小时的时间内就跑到地球的另一端。因此，公司现在可以从几乎任何地方获得原材料，将它们制成产品，并将这些产品销售给全世界的客户。

技术创新不断推进，使得工业生产的劳动密集度也不断降低。生产机械化意味着制造业只需要更少的工人，再一次地使他们有机会从事新的工作，这带来了第三产业的扩张。经济的**第三产业**由提供服务而不是生产有形产品的活动组成。简单来说，服务业涉及为他人做事，而不是为他人提供物质产品。服务业职业包括教师、医生、社会工作者、食品服务员、酒店管家、卡车司机、数据处理员、财务顾问、投资咨询、保险代理、房地产经纪人、保管人、演员、私人教练、生涯顾问，等等。今天的大多数大学生攻读学位就是为了能在这一产业找到一份好工作。

经济全球化

当一个社会的经济基础从一个经济产业转向另一个时，重大动荡就会发生。在人类历史的大部分时间

《悲惨世界》（Les Misérables）
经济和政治危机时期的一个正派人。

《美国之冬》（American Winter）
经济大衰退影响家庭。

《温柔杀戮》（Killing Them Softly）
关于金融危机和经济崩溃的寓言。

《大空头》（The Big Short）
向失败投资，大赚一笔。

《万物有价》（The Price of Everything）
作为价值的艺术还是艺术的价值。

电影 关于宗教

5

里，经济交换主要发生在一个社区范围内或在相邻的社区之间。诸如交通和通信等技术创新开启了贸易的广泛可能性，这使向整个大陆的人或是向世界另一端的人销售产品成为可能。

资本主义的发展进一步推动了这种扩张，例如，卡尔·马克思就肯定资本主义，因为它有助于了不起的技术创新的产生。关于资本主义，他写道："它第一个证明了，人的活动能够取得什么样的成就。它创造了完全不同于埃及金字塔、罗马水道和哥特式大教堂的奇迹。"

为了例证资本主义带来的某些创新，马克思写道："资产阶级……所创造的生产力，比过去一切世代创造的全部生产力还要多、还要大。自然力的征服、机器的采用、化学在工业和农业中的应用、轮船的行驶、铁路的通行、电报的使用、整个大陆的开垦、河川的通航，仿佛用法术从地下呼唤出来的大量人口，过去哪一个世代会料想到在社会劳动里蕴藏有这样的生产力呢？"马克思的这段话写于1848年，我们可能只能靠想象他该如何评价自那时以来所发生的技术创新。

这些经济变迁不可避免地对我们的社会关系产生了深远的影响。经济从以农业为主转向以工业为主，社区从以农村为主转向以城市为主，政治从地方性为主转向全国性，之后转向国际性。总之，全球化改变了人们的工作方式、生活方式、治理方式，等等。一旦这种转变出现，应对远超本地范围的不断变化的经济状况就成了常态，而我们还将继续生活在这样的世界中。

从20世纪70年代开始，随着经济重点从第二产业（制造业）转向第三产业（服务业），美国和其他国家都经历了相似的混乱。**去工业化**在这一转变中发挥了重要作用，它是指系统而广泛地减少对国内制造业和原材料生产的投入。这种转型对美国的东北部和中西部地区打击尤为严重，宾夕法尼亚州的匹兹堡、密歇根州的底特律、印第安纳州的加里，还有很多其他工业重镇，其在诸如汽车制造或钢铁生产等行业为蓝领工人提供着高薪工作，只能眼睁睁看着工作消失，

去工业化给社区带来了深远的影响，比如在底特律，工厂倒闭了，企业破产了，整个社区也被遗弃了。
图片来源：Josh Cornish/Shutterstock.

因为工厂破产了。

两个重要因素在去工业化进程中发挥了关键作用。第一是劳动的机械化。通过技术创新，一台机器就可以完成很多工人做的工作。以流水线的形式进行生产协调倍增了这种影响，而机器人和计算机的出现则进一步扩大了这种影响。经济学家约翰·梅纳德·凯恩斯（John Maynard Keynes）将由此带来的失业称为"技术性失业"。在这种情况下，生产力可以保持高水平，但是第二产业的制造业工作岗位的数量及其工资水平却在下降。

去工业化（deindustrialization）系统而广泛地减少对国内制造业和原材料生产的投入。
离岸外包（offshoring）将工作外包给外国的承包商。

推动去工业化的第二个因素是劳动的全球化。在美国，一开始的时候是公司将其工业生产工厂从美国中心城市搬到郊区，随后再搬到劳动法较弱的南方，最后则是搬离美国，搬到工资较低但健康、安全和环境法规限制较少的墨西哥等地。其中一种形式是**离岸外包**，即将工作外包给外国的承包商。这一实践首先冲击了制造业部门，美国电视公司和中国制造企业合作生产电视机时就是这样。但是这一实践也在越来越多地影响服务业工作，因为先进的电信技术，以及劳动力相对廉价的发展中国家中熟练且能讲英语的工人越来越多。这些工作可能需要大量的培训，比如会计和财务分析，计算机编程或是放射学。今天，看你

CT 扫描结果或是核磁共振成像的很可能是另一个国家的人。

除了劳动的机械化和全球化之外，公司也忙于自身结构的调整。它们这样做是为了追求更高的利润，哪怕是要以牺牲员工为代价。一种做法是**裁员**，通过组织重构减少公司的员工规模。裁员的目标是增加效率和降低成本，以应对全球竞争。"合理精简"一词经常用来合法化这一做法，两个以上员工或是不同部门的工作职责被压缩为一个。公司使用的另一种做法是外包。例如，公司订立分包合同，雇用外部公司来承担过去由内部员工完成的工作，比如安保或保洁。公司这样做主要是为了节省资金，从事这些工作的人通常要比他们所代替的那些内部员工赚得少得多。

裁员（downsizing） 通过组织重构减少公司的员工规模。

政治（politics） 个体或群体之间就有价值资源的分配而进行的竞争。

政体（polity） 在一个社会中建立和执行规则并与其他社会协商关系的社会制度。

社会学思考

如果你是一家美国制造公司的首席执行官，正面临着因全球竞争带来的利润下滑，你会怎么做？你会将生产工厂搬到海外去以降低劳动力成本吗？还有哪些其他选择吗？公司运行的体系在多大程度上影响了可能的选择？

经济全球化的发展伴随着风险。由于整个经济体系涉及全世界各地金融机构、跨国公司和各国政府之间的关系，所以整个体系任何一个部分的改变都可能对整个全球经济网络带来多米诺骨牌效应。2007 年就是这样，全球金融危机导致了人们通常所说的大衰退。

经济衰退对工人打击很大，失业成为很普遍的问题。美国的失业率从 2008 年 2 月到 2010 年 10 月翻了一倍，一直到 2016 年底才恢复到金融危机前的水平。更重要的是，经历长期失业的人数越来越多。而在那些保有工作的人中，大多数人的工资停滞不涨，很多人甚至出现了下降。2007—2009 年，美国家庭平均收入降低了 17.4%，这是大萧条以来降幅最大的两年。

对很多人来说，坏消息并没有就此结束。在金融危机之后的数年内，保有工作但是工作收入不足以摆脱贫困的人数增加了，人们期望的退休年龄也延迟了。自那时起，情况得到了改善。2009—2015 年，美国家庭平均收入增长了 13%，但并不是每个人都分享到了经济变强带来的好处。要求更多教育、培训和经验的工作，其数量增长速度高于那些只要较少教育、培训和经验的工作；要求高社会和分析技能的工作，其工资增长速度高于那些只要求身体机能的工作。美国前 1% 人口的收入增长了 37.4%，但是后 99% 人口的收入仅增加了 7.6%。公司也表现良好，赚到了创纪录的利润，部分是因为它们通过削减员工队伍并提高剩余员工的生产率来降低了自己的成本。

社会学思考

诸如失业率上升和下降这样的宏观经济趋势，对你、你的朋友、你的家庭有着怎样的影响？当前的经济发展趋势会怎样影响你对未来的计划？

> > **政治体系**

新的经济体系是回应更为广泛的历史变迁而发展的，政治体系也是如此。在所有社会中，某人或者某个群体，无论是部落首领、独裁者、政务委员会还是议会，都会就怎样使用资源和分配产品做出重要决策。权力和权威的斗争不可避免地涉及**政治**，即个体或群体之间在有价值资源的分配上进行的竞争。社会学家使用**政体**一词来描述在一个社会中建立和执行规则并与其他社会协商关系的社会制度。政体主要通过警察和法院来维持其内部秩序，它也提供外交关系，包括与外部实体（如其他国家）订立和平条约、贸易法案、战争宣言等。

政府是制度化的权威形式。根据政府在制定和执行法律上的责任、国际关系的范围以及国家经济的全球化，这些正式的权威体系做出一系列重大政治决策。

这些体系有很多形式，包括君主制、寡头政治、独裁、极权主义以及民主制等。

君主制

君主制是由一个王室成员（通常是国王、女王或其他世袭统治者）进行领导的政府形式。在早期，很多君主都宣称神授予他们进行统治的神圣权利。通常，他们在传统的基础上进行统治，有时候也伴随着武力的使用。但是，到21世纪初，真正拥有政治权力的君主已经很少，例如，伊丽莎白女王二世主要就是以礼仪性的身份任职。

寡头政治

寡头政治是少数个体进行统治的政府形式。这是一种古老的统治方式，在古希腊和古埃及盛行，现在的寡头政治往往采取军事统治的形式。在非洲、亚洲、拉丁美洲的某些发展中国家，军官中的某些小派系可能从合法选举的政权或是其他军事集团中强行夺取权力。

严格来说，寡头政治一词只适用于少数特定个体进行统治的政府。我们可能会认为西方的很多工业化国家应该被视为寡头政治（而不是民主制），因为只有大企业、政府和军队的少数有权势的领导人在进行真正的统治。在本章的后面，我们会详细检视美国政治体系中的"精英模式"。

独裁和极权主义

独裁是一个人几乎拥有制定和执行法律的全部权力的政府。独裁者主要通过使用武力来进行统治，通常包括监禁、酷刑以及处决。一般来说，他们靠强夺权力，而不是基于自由选举（如在民主制中）或是继承权力（如在君主制中）。有些独裁者依靠自己的个人魅力赢得人民的支持，但是其支持者的热情常常带有恐惧；主要依赖武力的独裁者则通常会遭到其人民的痛恨。

独裁者通常会对其人民的生活进行压倒性的控制，其政府被称为极权主义（君主制和寡头政治也可能形成这种统治形式）。极权主义是政府对一个社会的社会和政治生活的方方面面都进行事实上的完全控制和监管。极权主义政权通常有一个包罗万象的意识形态（将其真理观提升到高于所有人并反对所有人的位置），一个强力的领导人，以及在必要时能够通过说服、宣传和暴力来执行其统治的权力。希特勒统治时期的德国就被归为极权主义国家。

> 君主制（monarchy）由一个王室成员（通常是国王、女王或其他世袭统治者）进行领导的政府形式。
> 寡头政治（oligarchy）少数个体进行统治的政府形式。
> 独裁（dictatorship）一个人几乎拥有制定和执行法律的全部权力的政府。
> 极权主义（totalitarianism）政府对一个社会的社会和政治生活的方方面面都进行事实上的完全控制和监管。

你知道吗？

伊丽莎白女王的官方职责之一是任命首相。但是，由于这一政治权力取决于议会，所以这在很大程度上已经成为仪式性的了。

图片来源：Peter Macdiarmid/Getty Images.

国际社会普遍认为苏丹总统奥马尔·巴希尔（Omar al-Bashir）是一个极权主义独裁者。
图片来源：Ashraf Shazly/AFP/Getty Images.

民主制

从字面上看，**民主制**的意思就是人民政府。这个词来源于两个希腊词根——一个是"demos"，意思是平民或普通民众；另一个是"kratia"，意思是统治。在民主制中，权力不属于特定的个人或职位。个体公民是政治权威的基础，权力背后的原则是"一人一票"。这一原则意味着，至少在理论上，每个人在决策中都有平等的权力。

民主制（democracy）从字面上看，民主制的意思就是人民政府。
代议民主制（representative democracy）公民选举政治领导人代表人民进行决策的政府体系。

社会学思考

乔治·W.布什在担任总统的初期，表达了和他的某些前任相同的观点。当谈到与国会合作时，他开玩笑道："独裁的话就会容易得多了。"美国的政府体系在哪些方面有着有意为之的低效？为什么这些是有意为之的？

图片来源：National Archives and Records Administration.

直接民主制提供了民主制最纯粹的形式，即所有公民对所有重大决策都进行投票且得票多者获胜。但是在美国这样庞大而人口众多的国家，直接民主制在国家层面是不现实的，所有美国人不可能在所有重要问题上都进行投票。因此，人民统治就以代议民主制的形式出现了。**代议民主制**是公民选举政治领导人代表人民进行决策的政府体系。

代表的选择方式可能会各不相同，而用来选出代表的体系会影响我们所获得的政治的类型。例如，美国占主导地位的是两党制，其在一定程度上是立法委员选举方式的结果。为了选出众议院的议员，美国被划分成435个地理位置各不相同的国会选区，每个选区只有一个席位。选举就在每一个选区内进行，获胜者将成为该选区的代表。由于这种赢者通吃的体系，候选人都会想要去吸引多数选民，这往往会导致两个党派争夺更多选民。美国有很多"第三党派"，例如，2016年，加里·约翰逊（Gary Johnson）是自由意志党的候选人，吉尔·斯坦（Jill Stein）是绿党的候选人。但是赢者通吃的体系使得少数党派很难突破去获得更多选票，尤其是在与两大主要政党根深蒂固的权力和影响力进行争斗的情况下。例如，2016年，所有第三党派候选人总共就获得了780万张选票，占所有选票的5.7%。

社会学思考

美国通常被归为代议民主制，当选的国会和州议会议员制定美国的法律。但是，批评人士质疑美国的民主制到底有多少代表性？国会和州议会真的代表大众吗？美国人民是合法自治的，还是美国政府已经成了权力精英的大本营？

另一种选择立法委员的体系是比例代表制，巴西、以色列、荷兰和南非都有这种形式。

在这些国家中，一个选区可以有很多代表席位，赢家根据在该选区获得的选票比例来确定。例如，若一个政党获得15%的选票，那么该党派将获得大约15%的立法委员席位。在这种体系中，永远不可能获得多数选票的党派仍然可以获得立法委员席位，此外，一个政党获得多数席位的可能性也下降了。于是，各个党派通常需要相互合作组建执政联盟，这会赋予少数党派更多的权力。

如果民主制中的公民对当前的发展方向不满意，他们可以投票建立新的政策或是选举新的领导人。随着时间的推移，政策会出现重大变迁以回应人民意志的改变。例如，在美国早期历史中，人人生而平等并被赋予不可剥夺的权利这一"不言而喻"的真理只适用于拥有财产的美国白人。慢慢地，关于公民的界定扩展到包括其他人。谁应该被视为美国公民的争论直到今天仍在继续，例如，关于儿童或移民权利的辩论就是明证。

> > 权力和权威

在经济和政治领域，权力很重要。社会学家一直对权力如何获得以及权力如何维持很感兴趣。在重大的政治和经济转型中，早期社会学家提出了权力理论，这些理论能够广泛地解释基于市场的资本主义的扩张或是民主的兴起，但是却难以解释人际关系中权力的产生。

权力

马克斯·韦伯认为，**权力**是即便遭遇抵抗也能贯彻自己对他人意志的能力。换句话说，假如你能够让他人做你想要他们做的事情，哪怕他们并不愿意——无论是去打仗、协调一次商务会面、打扫他们的房间，还是参加一次考试——那么你就有权力。权力关系可能涉及大型组织、小型群体，甚至是亲密关系中的个人。

韦伯将权力看作连续统，其基础是权力的被行使者视权力为合法的程度。连续统的一端是**武力**，实际或威胁使用强迫手段将自己的意志强加于他人。领导人监禁或处决持不同政见者时，他们就是在使用武力；恐怖分子占领或引爆大使馆，或是暗杀政治领导人时，他们也在使用武力。奴隶制经济通常依赖于武力。这种体系效率不高，因为要让人们做他们不愿意做的事情所需的治安成本很高。

在连续统的另一端是韦伯所说的**权威**，权力的被行使者视为合法的权力。这种权力取决于人们对其领导人的统治权的信念。例如，在民主制中，就算支持的候选人在选举中失败，人们还是会继续遵守法律，就是源于他们对体系的合法性有着根本的信念。2016年的美国总统选举检验了这种信念，希拉里·克林顿在全美获得的选票比唐纳德·特朗普多 2 864 974 张，但是特朗普赢得了选举。

这一结果之所以出现，是因为在美国体系中，特朗普赢得了更多的选举人票，而正是选举人票决定了谁能获胜。特朗普以威斯康星州高 0.7%，密歇根州高 0.2%，宾夕法尼亚州高 0.7% 的微弱优势击败了希拉里，而基于赢者通吃的选举人票制度，特朗普得到了足够赢得胜利的选举人票，哪怕全美有更多人实际投票给了希拉里。人们接受这样的结果完全是基于他们对现有选举制度合法性的信念。韦伯认为权威比武力要有效得多，因为其服从的动力来自追随者内部，而不必由外部强加。

权威的类型

为了更好地理解权威在实践中运行的方式，韦伯界定了三种主要的权威类型：传统型权威、克里斯玛型权威以及法理型权威。领导者的合法性通常主要取决于其中一种权威，但是这三种类型也可以同时存在。

传统型权威 在以传统型权威为基础的政治经济体系中，合法的权力来自习俗和约定俗成的实践。换句话说，过去的实践合法化我们现在的行动。在韦伯看来，这种权威基于这样一种信念："日常习惯（提供了）不可侵犯的行为规范。"我们以现在的方式做事，正是因为我们过去总是这样做。皇帝、女王或者部落首领可能被爱戴也可能被憎恶，可能称职也可能一团糟，但是就合法性而言，这些都无关紧要。对于传统型的领导者而言，其权威来自人们对习俗的信仰，而非领导者的个人魅力、技术

权力（power） 即便遭遇抵抗也能贯彻自己对他人意志的能力。

武力（force） 实际或威胁使用强迫手段将自己的意志强加于他人。

权威（authority） 权力的被行使者视为合法的权力。

传统型权威（traditional authority） 合法的权力来自习俗和约定俗成的实践。

能力甚至是成文法律。例如，在英国，人们相信国王和王后的统治权是上帝赋予的，在过去的数百年时间里从未遭受过质疑。但是现在王室制定政策的权力已经基本上移交给了议会，王室家族的角色大体上都是仪式性的。

个人社会学
因为我这么说

我很惊讶，我的女儿们，埃米莉和埃莉诺，经常会按照我要求的去做。在她们小时候，如果她们不服从，她们就得"坐在绿椅子上"。这算不上什么惩罚，那张椅子就放在我们的客厅里，那里可以很清楚地看到电视，也不会和家里的其他人隔开。结果，只是威胁得坐到绿椅子上就已经足够了。最终她们认为"因为我这么说"的传统型权威已经理由充分。当然，随着她们长大，她们开始质疑我的权威的合法性，寻找她们应该服从的理由。因此，我经常为她们应该做或者不做某事提出合适的理由。但是，即便到现在，她们也经常愿意按照我说的去做，因为我是她们的父亲。

克里斯玛型权威 根据韦伯的第二种权威，权力可以通过个人的超凡魅力合法化。**克里斯玛型权威**指的是领导者通过向其追随者展现无与伦比的个人或情感魅力使其权力合法化。例如，圣女贞德就是中世纪法国的一个普通农村女孩，但是因为人们相信她和她的事业，她能够团结法国人民，并带领他们投身反对英国侵略者的重要战斗，哪怕她并没有获得正式承认的权力地位。

克里斯玛型权威（charismatic authority） 领导者通过向其追随者展现无与伦比的个人或情感魅力使其权力合法化。

法理型权威（rational-legal authority） 涉及正式确定和接受的规则、原则和行为程序，这些都是为了以最有效的方式达成目标而设立。

个人魅力使得像圣女贞德这样的人在没有既定规则或传统的基础上进行领导。实际上，克里斯玛型权威更多地来自追随者的信仰，而不是领导者的实际素质。只要人们相信一个克里斯玛型领导者（比如耶

稣、圣女贞德、圣雄甘地、马尔科姆十世或马丁·路德·金）有着不同于普通民众的品质，那么领导者就会保有权威，并且往往不受质疑。不幸的是，诸如阿道夫·希特勒这样的邪恶人物也是如此，他的个人魅力使得纳粹德国走向了暴力和毁灭的结局。

宗教和政治领袖通常依赖于克里斯玛型权威。对于这两类人而言，说服力和个人魅力是非常重要的资本。例如，宗教领袖经常大胆宣称他们是更高精神力量（比如神和女神）的代言人，他们常常号召追随者们在时间和金钱上做出牺牲，甚至在极端状况下献出生命。政治领袖，尤其是在民主社会中他们必须说服公民给他们投票，依赖于他们的鼓舞能力。正如我们在本章的开头所看到的，唐纳德·特朗普在白人工人阶级选民中取得成功的一个关键要素就是他激发希望的能力。

法理型权威 韦伯所称的第三种权威是**法理型权威**，涉及正式确定和接受的规则、原则和行为程序，这些都是为了以最有效的方式达成目标而设立。科层制是法理型权威最纯粹的形式。在第5章的"科层制"

你知道吗？

2018年，美国人连续第11年将巴拉克·奥巴马评为美国最受尊敬的人，他们将米歇尔·奥巴马评为最受尊敬的女性。排在第二位的分别是唐纳德·特朗普和奥普拉·温弗瑞（Oprah Winfrey）。

资料来源：Jones，2018b. 图片来源：Ron Sachs Pool/Getty Images.

部分中我们已经知道，科层制中存在着权威等级，其专业领域是明确划分的，存在着指导决策的规章制度，人员评价基于他们的表现，人员招聘基于能力。在法理型权威之下，如果出现了没有指导方针指示该怎样进行的情况，新的规则就会被制定，再次发生时就知道应该怎么办了。因此，规则和制度不断增多，这些体系也变得越来越庞大，这导致人们对效率低下、非人性化和功能障碍越来越担忧。

社会学思考

父母、老板、教授最依赖于三种权威类型的哪一种？这三类个体有些时候会使用全部三种权威类型吗？

以韦伯的模型分析权力，使得我们能够更好地理解经济和政治的关系。我们对统治者合法性的接受程度决定着他们可能使用的权力的类型。例如，20 个世纪五六十年代警察面对民权抗议者时，有时候会使用武力。抗议者们被迫做了他们本不想做的事情，如果他们不这样做，那么质疑现行体系合法性的那些人就会受到人身伤害并被判入狱，但是，警察和政治领导人拥有这样做的合法权利这一预设却是被广泛接受的。正如韦伯所言，当统治合法性以权威的形式被内化，大多数人都会遵从领导者的意愿，并期待其他人也这样做。

平衡经济和政治权力

尽管代表着两种不同的制度，但是经济和政治在实践中是相互交织和相互影响的。一方的权力会对另一方的权力产生积极的或消极的影响。在美国，双方的核心价值都可能发生冲突，引发关于哪一方的价值应该优先的争论。

人们信仰的圣雄甘地就是一个克里斯玛型权威领袖，这一信仰促成了印度在 1947 年脱离英国实现独立。图片来源：Elliot & Fry/Hulton Archive/Getty Images.

资本主义和民主制之间的内在张力 美国的资本主义和民主制之间存在着内在张力。一方面，资本主义假定了竞争原则。在资本主义中，个人在市场上竞争，以销售最多的产品或是获得最好的交易，他们总是着眼于自身的最佳利益。这种竞争不可避免地在成功者和失败者之间产生了经济等级。简单来说，不平等就是资本主义的核心。

但是另一方面，民主制的核心是平等原则。民主制假定个体在根本上是相同的，例如，其表现在所有人的个人尊严概念中，不论他们的经济地位如何。一人一票的民主承诺凸显了这一理念的重要意义。民主政府有义务保障人民的个人权利。

经济学家阿瑟·奥肯（Arthur Okun）详细讨论了资本主义和民主制之间的张力。他提出资本主义民主制代表的就是一种矛盾。

电影 关于政治

5

《大法官金斯伯格》（RBG）
著名的鲁斯·巴德·金斯伯格。

《华盛顿邮报》（The Post）
总统、媒体和人民。

《冷战》（Cold War）
寻找困难时期的爱情。

《韦纳》（Weiner）
一场跌跌撞撞、不断破坏的政治运动。

《天空之眼》（Eye in the Sky）
恐怖主义时代无人机战争的困境。

一方面，资本主义生产"经济福利的巨大差异"；另一方面，民主制预设"人人平等的政治和社会体系"。但是他认为，只要维持良性平衡，这种张力有可能带来积极效果。资本主义代表分配产品和服务的有效方式，而民主制提供治理社会的平等方式。在奥肯看来，"资本主义和民主制真的是一种极不可能的混合。或许这就是为什么同时需要两者——在平等中放入理性，在效率中放入人性"。管理这种张力有助于解释为什么美国最好被称为混合经济。

同时遵循这两大原则形成的社会政策总是随着时间推移而来回变化，有时候是资本主义的竞争优先，有时候是民主制的平等优先。例如，2018年美国中期选举之前，保守派共和党人基于市场竞争会带来最大社会利益的假设，强烈主张降低税收和大幅削减联邦社会福利项目资金；另一方面，自由派民主党人基于民主国家有义务确保其公民享有基本平等的假设，则主张对富人征收更多的税，以及构建更为强大的社会支持安全网络。

公民权利　讨论民主制和资本主义之间内在张力的另一种方式是更为细致地检视资本主义对权利的承诺会带来什么。公民权利不仅仅涉及投票权。社会学家 T. H. 马歇尔（T. H. Marshall）界定了三种公民权利：公民权、政治权和社会权。

- 民事权利。这些公民权利保护个人自由。我们发现有些权利明确写进《权利法案》，即美国宪法第1到第10条修正案中。其包括保护言论自由、集会自由、携带武器权利、宗教自由等。
- 政治权利。其保证充分参与政治进程的权利。在原则上，每一个公民都可以通过投票或竞选公职参与政治，但是全民政治参与往往并不能够得到保证。1870年，美国宪法第15条修正案将政治权利扩大到非裔美国人，1920年，美国宪法第19条修正案保障了女性的政治权利。

多元主义模型（pluralist model）社区中很多相互竞争的群体都会进入政府，因此没有哪一个群体会占据支配地位的社会观点。

- 社会权利。这些权利为我们提供福利和安全。

其基于的假设是：必须确定最低生活标准来确保所有人有能力行使其民事权利和政治权利。为了保证这些权利，某些产品和服务（如公共教育或警察和消防）从市场中被撤了出来，以确保不管支付能力如何，每个人都至少享有最低限度的使用权。对于政府在保障基本物质、社会、文化资源使用权中应该发挥怎样的作用，存在着实质性的争论。

在美国，除了被判有罪的重罪犯是否有投票权这样的争论还在继续，关于民事权利和政治权利的争论已经基本上解决了。但是，围绕社会权利的政治冲突仍然不断出现，例如，是否实行全民医疗保险可能是最近争论最为激烈的案例。其争论的核心是到底资本主义内在的竞争原则应该优先，还是民主制内部的平等原则应该优先。

社会学思考

在你看来，美国的政治平等原则和经济竞争原则在多大程度上是相互矛盾的？

美国的权力结构

多年来，社会学家不断尝试去揭露美国真正的掌权者是哪些人。"我们人民"真的通过自己选出来的代表在运行这个国家，还是说，一小撮幕后精英控制着政府还有经济体系？社会科学家提出了两个美国权力结构的基本模型来回答这些问题：多元主义模型和权力精英模型。

多元主义模型　多元主义理论认为权力是广泛分布于整个社会的。尽管某些群体可能在特定时期在某些领域拥有更大的权力，但是在高层并不存在一个核心群体能够以牺牲他人为代价来持续推进自己的利益。在这种**多元主义模型**看来，很多相互竞争的群体都会进入政府，因此没有哪一个群体会占据支配地位。

多元主义模型的支持者使用观察法所搜集的大量社区个案研究的数据来支持他们的观点。最为著名的案例之一来自罗伯特·达尔（Robert Dahl）对康涅狄格州纽黑文市决策的研究。达尔发现，尽管参与每一个重要决策的人数都非常少，但是社区权力仍然是分散的。几乎没有政治行动者可以在所有问题上行使决策权，也没有哪一个群体可以一直按照自己的方式行事。某个个体或者群体可能在城市更新的争论中很有影响力，但却对教育政策几乎没有影响。

从历史上看，多元主义一直都强调大量人能够参与或是影响政府决策的方式，诸如 Facebook 和 Twitter 这样的通信技术增加了人们被倾听的可能性。不仅在美国这样的国家是这样，在全世界的发展中国家也是这样。例如，能够通过电子邮件与政治领袖进行交流，使得普通公民在政治中发声的机会不断增多。

多元主义模型也有批评者。社会学家 G. 威廉·多姆霍夫（G. William Domhoff）重新审视了达尔对纽黑文决策的研究，他认为达尔和其他多元主义学者并没有注意到在决策中表现亮眼的地方精英是隶属于更大的全国性的统治阶级的。此外，如达尔在纽黑文的研究这样的社区权力研究，只能检视已经进入政治议程的问题所进行的决策，他们没有看到，精英的潜在力量已经将某些问题整个排除在政治争论之外。

权力精英模型 这些批评为权力运行的另一个模型提供了支持。权力精英模型延续冲突论视角，其根源可以追溯到卡尔·马克思。马克思相信代议民主制不过建立了权力掌握在人民手中的幻象，形成了一种共同的虚假意识。与其他对权力关系持精英模型的人一样，马克思认为社会是由一小群有着相同政治和经济利益的个体所统治的。在他看来，政府官员和军事领导者从本质上看都不过是在执行资产阶级的命令，而资产阶级拥有工厂并控制着自然资源。

米尔斯的模型。社会学家 C. 赖特·米尔斯在他开创性的著作《权力精英》（The Power Elite）中提出了与马克思相似的模型。米尔斯指出，重大决策的权力掌握在政府内外的一小部分人手里。在他看来，执政的**权力精英**由掌握着美国命运的一小群军事、工业和政府领导人所组成。用一个金字塔可

> **精英模型**（elite model） 一种认为社会是由一小群有着相同政治和经济利益的个体所统治的观点。
>
> **权力精英**（power elite） 一小群军事、工业和政府领导人掌握着美国的命运。

美国政府的公信力

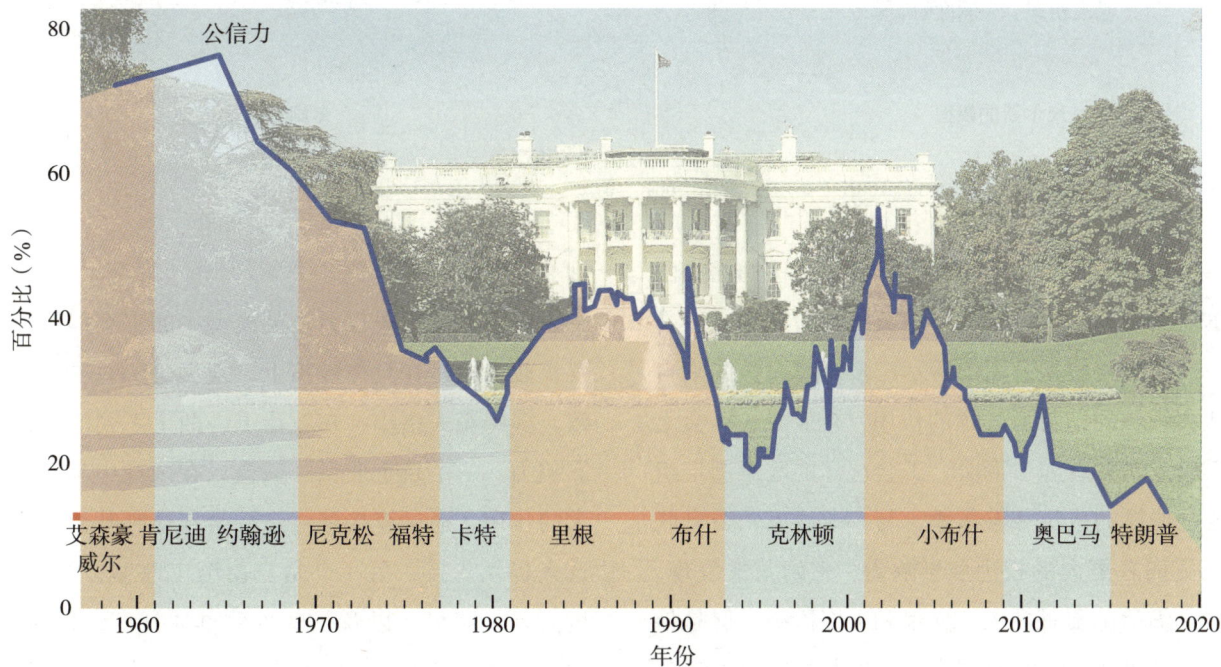

注：百分比代表了那些"总是"或者"大多数时候"都"可以相信华盛顿政府在做正确的事情"的人。
资料来源：Pew Research Center，2017b. 图片来源：Digital Vision/PunchStock.

以呈现出米尔斯模型中的美国权力结构，如图9–2所示。权力精英高高在上，包括公司富豪、政府行政部门领导人以及军事首脑（米尔斯称之为军阀）。在其之下是地方舆论领袖、政府立法部门成员以及特殊利益集团的领导者。米尔斯认为，这些个体和群体基本上为主导的权力精英马首是瞻。金字塔的底部是缺乏组织、受剥削的大众。

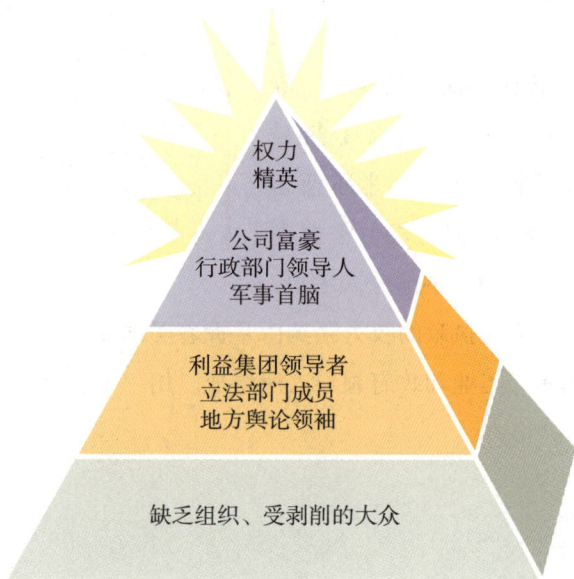

只有每个人都关心个体权利，多数原则才是有效的。你总不能让五匹狼和一只羊投票决定晚饭吃什么。

拉瑞·弗莱恩特（Larry Flynt）

米尔斯理论的一个根本要素是，权力精英不仅成员相对较少，而且是作为一个有自我意识、有凝聚力的单位在运行。精英不一定非得是邪恶或是无情的，但是他们是由相同类型的人所组成，相互之间定期互动，并有着基本相同的政治和经济利益。米尔斯的权力精英并非是阴谋集团，而是由少数有影响的人所组成的利益和情感共同体。

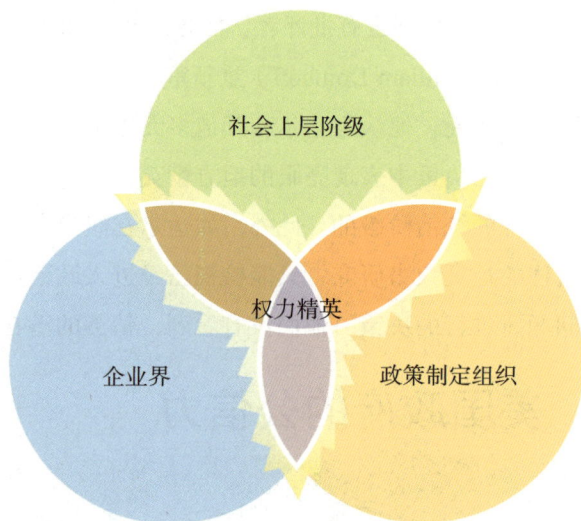

图9–2　权力精英模型

资料来源：（左）基于 C. W. Mills,（1956）2000;（右）Domhoff, 2009, 2014.

多姆霍夫的模型。 社会学家 G. 威廉·多姆霍夫同意米尔斯的观点，也认为权力精英统治着美国。但是正如"权力精英模型"图中所示，多姆霍夫强调来自三个社会领域的精英所发挥的作用：企业界、社会上层阶级以及诸如智库、商会、工会这样的政策制定组织。这些群体的成员相互重叠，与一个以上领域有联系的成员拥有更大的权力和影响力。多姆霍夫发现，后一类人仍然主要是白人、男性和上层阶级，但是他也注意到有少数女性和少数族裔男性占据着关键位置——这些群体被排除在米尔斯所谓的高层之外，直

到今天数量仍然不多。

尽管多姆霍夫权力精英模型中的三个群体确实相互重叠，但是在具体政策上，他们也不总是能达成一致。多姆霍夫指出，在政治上，两个不同的联盟很有影响力。一个是企业保守联盟，在两党中都发挥着很大的作用，通过直接邮件和社会媒体呼吁为特定的候选人提供支持；另一个是自由劳工联盟，基于工会、地方环境组织，以及某些少数群体社区、自由教会、大学和艺术社区。这一联盟拥有的权力表明，权力精英成员的利益并不总是单一的或者统一的，而是在整

体上他们会共同努力来推动自身更大的利益。

> > 美国的政治参与

不管权力在多大程度上掌握在美国人民的手中，他们都是在投票箱前最为清晰地进行权力行使。不管多有钱，也不管多有名，候选人都必须说服公民出来为他们投票。因此，竞选活动需要投入大量资源发展和动员有偿和志愿的员工来编写信息、拨打电话、直接上门，推动选民进行投票，因为正是这些做法才有可能改变选举的结果。

选民认同与参与

从图9-3中可以看到，选民对政党的认同每年都不尽相同。2017年，美国33%的登记选民认为自己是民主党人，26%认为自己是共和党人，37%认为自己是无党派人士。由于选民倾向于支持自己党派的成员，因此大量努力都用来说服那些无党派选民转向一个政党而不是另一个政党。

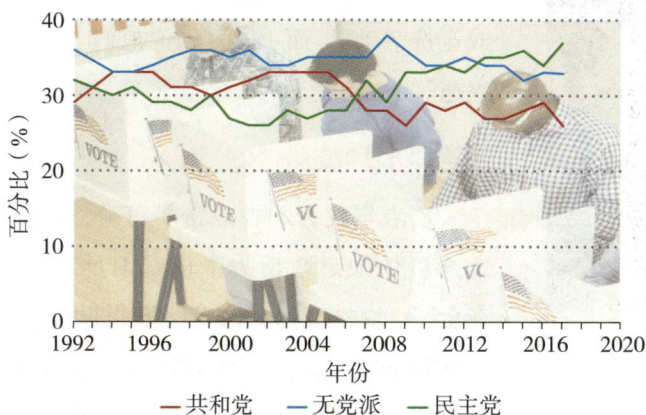

图9-3 你属于哪个政党

注：结果来自对以下问题的回答："在今天的政治中，你认为自己是共和党人、民主党人还是无党派人士？"

资料来源：Pew Research Center，2018b. 图片来源：©Hill Street Studios/Blend Images LLC/Glow Images RF.

政党偏好受到社会因素的显著影响。例如，在2018年美国中期选举中，59%的女性把票投给了民主党候选人，而51%的男性支持共和党候选人；在种族方面，54%的非西班牙裔白人投票给了共和党，而90%的非裔美国人和69%的西班牙裔美国人支持民主党；年龄方面也有影响，年轻人更愿意投票给民主党（67%），而老年人更愿意支持共和党（50%）；教育也影响政党偏好，上过大学的人都更愿意投票给民主党候选人，而没有上过大学的会选择共和党。

政治参与使政府要对选民负责。如果参与降低，政府只能以更低的社会责任感运行。美国的选民参与率在不同时期变动很大。1848—1896年，其参与率达到顶点，这一时期平均有约80%的合格选民会参加总统选举投票。在20世纪的不同时期，其参与率触底，约为50%。过去四次美国总统选举的选民投票率一直徘徊在60%左右。但是正如"走向全球：全球选民投票率"中所示，与同样举行总统选举的其他国家相比，美国的投票率并不高。实际上，在114个有数据的国家中，美国的选民投票率排在第56位。在图9-4中我们可以看到，不投票的原因各不相同。但是因为"不喜欢候选人或竞选活动"而选择不投票的美国成年人比例，从近期总统选举的平均约10%飙升至2016年的24.8%。

投票参与率因社会群体而异。年轻选民的投票参与率要显著低于老年选民。例如，在2016年的美国总统选举中，18~29岁的选民中，只有46%参与了投票，而65岁及以上者中的投票率为71%。这一差异非常重要，因为选民的偏好因年龄而异。2016年，18~29岁的选民中，55%投给了希拉里，37%选择支持特朗普。65岁及以上的老年人中，45%支持希拉里，而53%投给了特朗普。如果年轻人的投票率可以更高，希拉里可能就会获胜。在2018年的中期选举中，这一年龄组的投票率，相较之前的中期选举，有了大幅上升。

从1996—2012年，非裔美国人的投票参与率一直

总统选举中登记选民的投票率（%）

98.2 卢旺达
79.7 巴西
79.5 肯尼亚
79.5 法国
71.8 纳米比亚
67.5 俄罗斯联邦
65.4 美国
63.4 墨西哥
57.5 洪都拉斯
41.1 埃及
38.9 阿富汗
18.1 海地

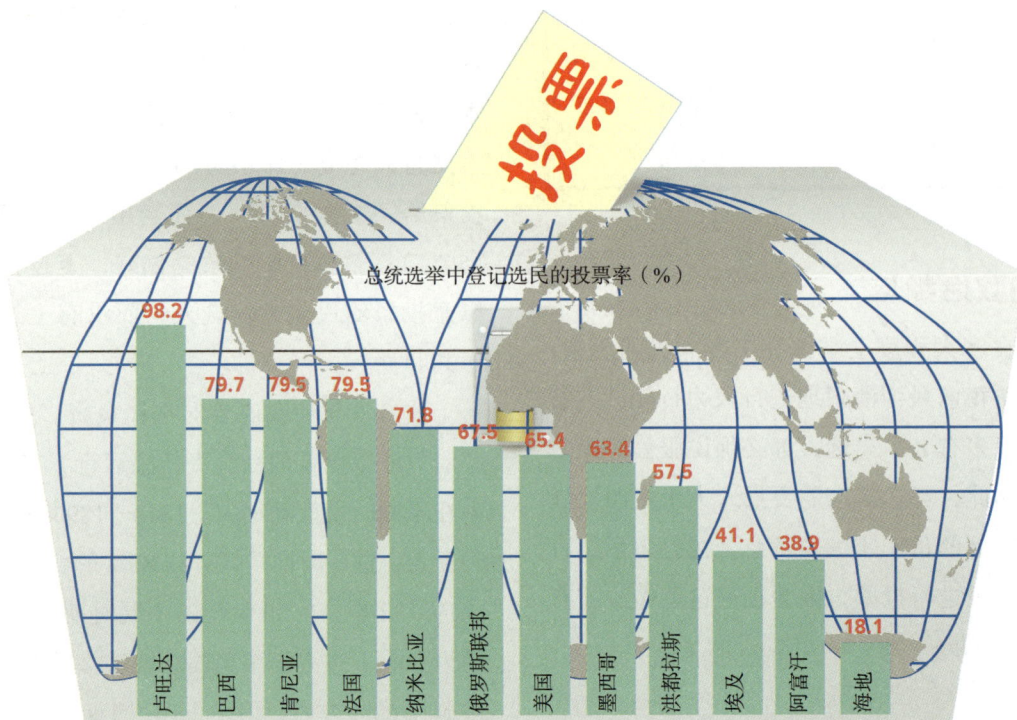

注：结果来自各国最近的总统选举。美国的数据来自 2016 年。

资料来源：International Institute for Democracy and Electoral Assistance，2019a. 图片来源：Evirgen/E+/Getty Images.

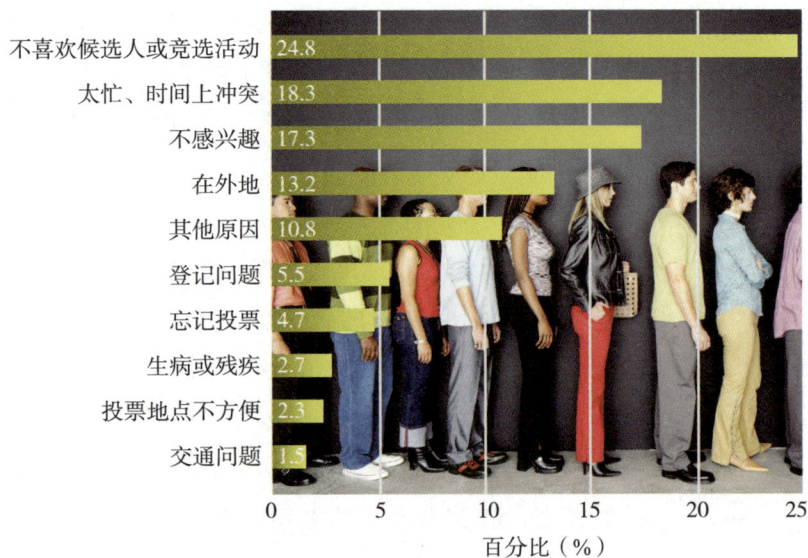

不喜欢候选人或竞选活动　24.8
太忙、时间上冲突　18.3
不感兴趣　17.3
在外地　13.2
其他原因　10.8
登记问题　5.5
忘记投票　4.7
生病或残疾　2.7
投票地点不方便　2.3
交通问题　1.5

0　5　10　15　20　25

百分比（%）

图 9-4　年轻人不投票的原因

注：年轻人指的是 18~24 岁的成人。结果来自 2016 年美国总统选举。

资料来源：U.S. Census Bureau, 2017d:Table 10. 图片来源：©Ryan McVay/Getty Images RF.

都在上涨，但是 2016 年出现了下降。1996 年，非裔美国人中有 53% 参与了投票。2012 年，这一比例上升为 66.6%，首次超过了非西班牙裔白人。之后的 2016 年，其参与率下降到了 59.6%。对于 2016 年没有去投票的非裔美国人而言，19.6% 给出的理由是"不喜欢候选人或竞选活动"，而 18.6% 则说他们"不感兴趣"。

政治中的种族和性别

政治与权力和权威密不可分，因此边缘群体缺乏政治力量也就不足为奇。在全美，女性直到 1920 年才获得投票权。大多数华裔美国人直到 1926 年才获准参与投票，美洲印第安人直到 1954 年才赢得投票权，而非裔美国人实际上一直在很大程度上被剥夺投票权，直到 1965 年全美投票权立法获得通过。

对于获得政治权力而言，被剥夺政治机会会带来长期后果。如图 9–5 所示，女性、非裔美国人、西班牙裔美国人、亚裔美国人、夏威夷人以及太平洋岛民，与他们在美国总人口中的比重相比，都存在代表不足的问题。例如，女性在参、众两院的比例全都不足其在美国人口中所占比例的一半。

但是，由于 2018 年中期选举，美国国会确实变得更为多样化。从整体上看，第 116 届美国国会在女性和有色人种数量上都是创纪录的。111 名新当选的国会议员中，女性有 42 名，有色人种有 24 名。堪萨斯州和新墨西哥州为国会输送了第一批美洲原住民女性；密歇根州和明尼苏达州选出了国会的第一批穆斯林女性；纽约州的亚历山德里亚·奥卡西奥 - 科尔特斯（Alexandria Ocasio-Cortez）年仅 29 岁就成为国会最年轻的当选女议员。

从全球来看，只有三个国家的国家立法机构中，女性成员数量超过一半。从"走向全球：国家立法机构中的女性数量"中可以看出，非洲卢旺达共和国的排名最高，女性比例达 61.3%，古巴为 53.2%，玻利维亚为 53.1%。从总体上看，美国在国家立法机构中的女性比例问题上，在 2018 年排在 190 个国家的第 103

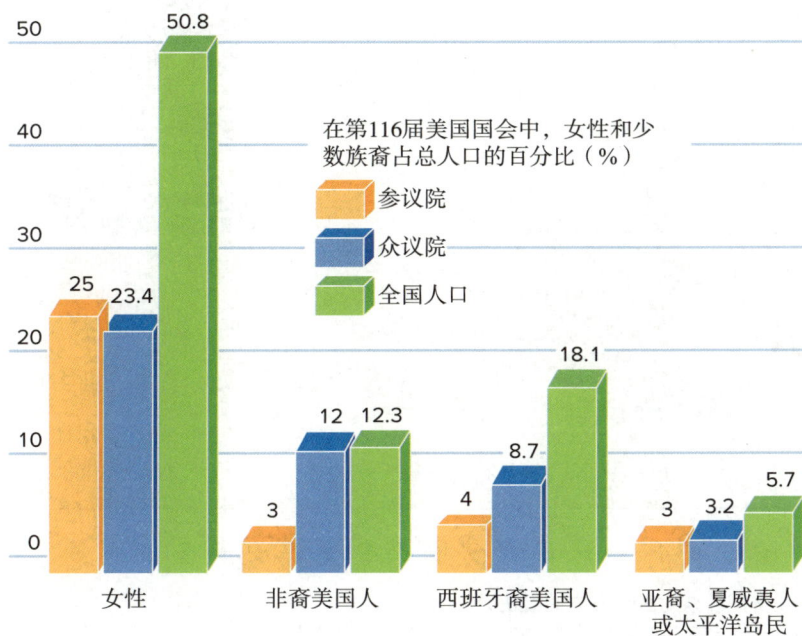

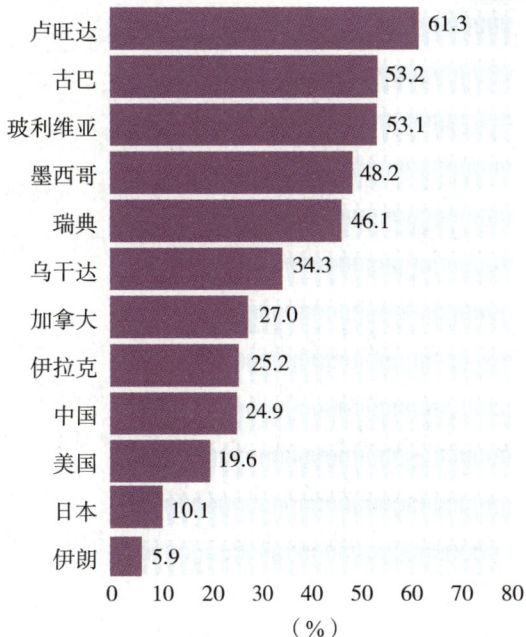

国家	比例(%)
卢旺达	61.3
古巴	53.2
玻利维亚	53.1
墨西哥	48.2
瑞典	46.1
乌干达	34.3
加拿大	27.0
伊拉克	25.2
中国	24.9
美国	19.6
日本	10.1
伊朗	5.9

（%）

注：数据截至 2018 年 11 月 1 日，仅关注众议院。数据不包括美国参议院或是英国上议院等。

资料来源：Inter-Parliamentary Union, 2018.

位。为改变这一状况，很多国家都对女性代表实行配额制。在有些国家，政府为女性留出了一定比例的席位；而在另一些国家，政党设定其候选人中女性比例应不低于某一百分比。在全世界，现在有 120 个国家正实行某种法律认定的或是自愿的配额制度。

> > 战争与和平

就政治权力而言，恐怕没有哪个决策会比是否开战更为重要。冲突是社会关系的核心之一。社会学家西奥多·卡普洛（Theodore Caplow）和路易斯·希克斯（Louis Hicks）将**战争**定义为拥有训练有素并配备致命武器的武装部队的组织之间的冲突。这一定义比法律上的界定更为宽泛，法律

> **战争（war）** 拥有训练有素并配备致命武器的武装部队的组织之间的冲突。

	参议院	众议院	全国人口
女性	25	23.4	50.8
非裔美国人	3	12	12.3
西班牙裔美国人	4	8.7	18.1
亚裔、夏威夷裔或太平洋岛民	3	3.2	5.7

在第116届美国国会中，女性和少数族裔占总人口的百分比（%）

图 9–5　美国国会代表不足情况

资料来源：Edmondson and Lee, 2019；Jin, 2019；U.S. Census Bureau, 2018a.

上的战争通常要求正式宣战。

战争

社会学家以三种方式研究战争。持全球视角的社会学家研究两个或两个以上国家是如何以及为何陷入军事冲突的；持民族国家视角的社会学家强调国内政治、社会经济和文化力量的互动；而持微观视角的社会学家聚焦于战争对个体以及他们所属群体的社会影响。

全球层面的分析侧重于宏观问题，如资源分配、政治哲学之争以及边界争端。其通常涉及政治和经济体系相互竞争的国家，第一次世界大战、第二次世界大战以及冷战都是如此。有些人认为伊拉克冲突事关为中东带去自由和民主，但是另一些人指出，其动机不过是石油和利润。

社会学家花了大量精力来研究导致战争的国内决策过程。越南战争期间，约翰逊总统和尼克松总统都误导了国会，将可能的结果描绘成错误的乐观图景。在他们的故意歪曲之下，国会批准了这两届政府所要求的军费。但是在 1971 年，《纽约时报》披露了一批机密文件（现在被称为"五角大楼文件"）表明两届政府的很多成员都故意歪曲了战争的真实前景。两年之后，美国国会越过尼克松的否决，通过了《战争权力法案》（WPA），要求总统向国会报告将武装部队投入战争的原因。

即使政府领导人决定开战，舆论也在战争的执行中起着非常重要的作用。截至 1971 年，美国士兵在越南阵亡人数已经超过 5 万人，反战情绪强烈。从那时候开始，美国发动的战争都基本遵循相似的模式。一开始对战争重要性和军费开支必要性的支持，会随着战争所需时间的拖长而不断消退。如图 9-6 所示，发生在伊拉克和阿富汗的冲突都证明了这一点。

在人际互动的层面上，战争显现着人性最坏的一面，也显现着人性最好的一面。2004 年，美国士兵在伊拉克阿布格莱布监狱虐待伊拉克囚犯的图片震惊了世界。对于社会科学家而言，狱警的行为堕落让人想起了心理学教授菲利普·津巴多 1971 年在斯坦福大学进行的模拟监狱实验。在这个实验中，模拟监狱中的

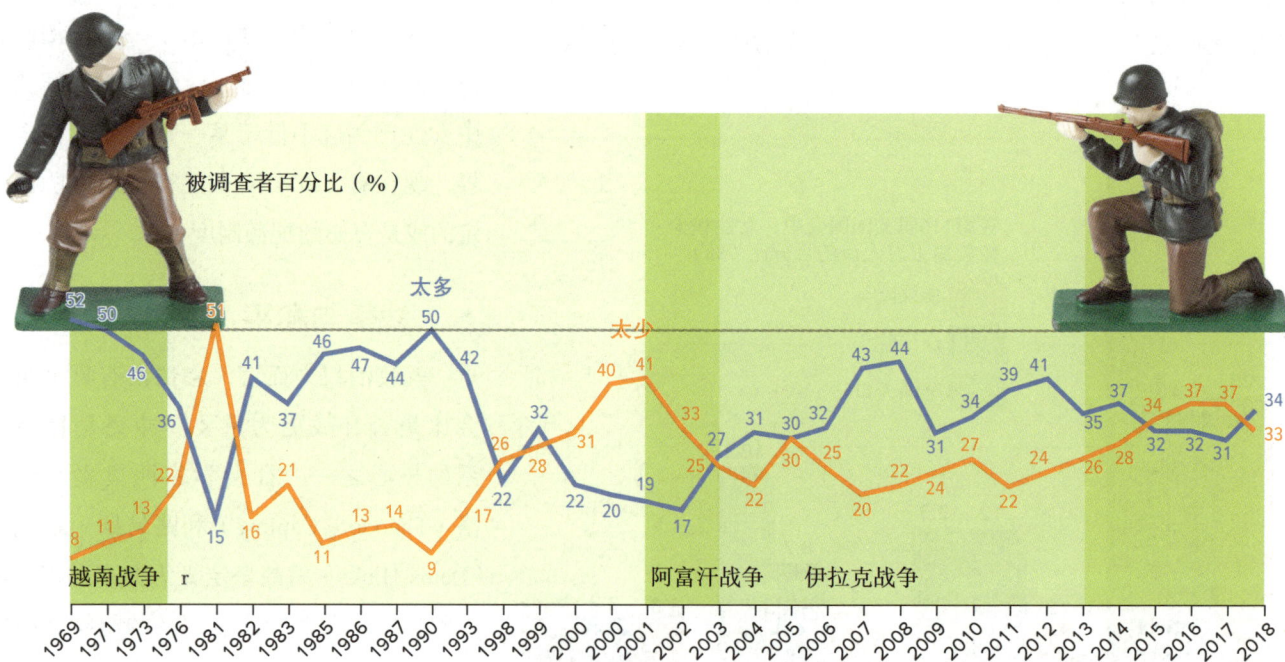

图 9-6　美国公众对国防开支的看法

注：被调查者回答的问题是："就华盛顿政府应该将多少资金用于国防和军事目的有很多争论。你对此有什么看法？你认为我们花得太少了、差不多，还是太多了？"

资料来源：Gallup, 2018a. 图片来源：McGraw-Hill Education.

电影《猎杀本·拉登》（Zero Dark Thirty）刻画了基地组织领导人奥萨马·本·拉登（Osama Bin Laden）被抓获并被击毙的场景，这一电影初上映似乎就锁定了奥斯卡最佳影片奖。但是，很快就出现了负面的传言，因为它对酷刑的使用进行了积极的描绘，人们质疑这是否就是一部美国军方协助拍摄的宣传电影。这部影片最终在奥斯卡最佳影片奖中输给了《逃离德黑兰》（Argo）。这场争论并不令人惊讶，打从有好莱坞开始，带有政治目的的电影就如影随形。《一个国家的诞生》（The Birth of a Nation）、《从军乐》（This Is the Army）、《奇爱博士》（Dr. Strangelove）、《陆军野战医院》（M*A*S*H）、《夺金三王》（Three Kings）、《比利·林恩的中场战事》（Billy Lynn's Long Halftime Walk）等电影都有它们想要表达的政治观点。

图片来源：Moviestore collection Ltd/Alamy Stock Photo.

流行社会学

志愿者狱警对志愿者囚犯进行了施虐。津巴多认为，正是狱警相对于囚犯的权力地位导致了他们的行为，而非这些人本身的性格。2004年7月，美国军方开始使用这一实验的纪录片来训练军队审讯人员，以避免囚犯虐待的发生。

恐怖主义

2013年4月发生的波士顿马拉松爆炸案再次提醒人们，少数有政治目标的人有能力在数百万人心中植入恐惧。从全球来看，在比利时布鲁塞尔，机场自杀式爆炸的袭击事件造成了32人死亡；在法国尼斯，一辆卡车冲入国庆日的人群，造成了84人死亡；在尼日利亚马达加里，自杀式爆炸造成了57人死亡；在德国柏林，一辆卡车闯入繁忙的圣诞市场，造成了多人伤亡。这些只不过是2016年发生的几起重大袭击事件。恐怖行动，不管是少数人还是多数人所为，都可能是一股强大的力量。**恐怖主义**的正式定义是，为追求政治目的针对随机目标或象征目标使用或威胁使用暴力。对恐怖主义者来说，目标合法化了手段。他们相信现状是压迫的，而铤而走险的做法对于结束被剥夺者的苦难而言，至关重要。

恐怖袭击旨在破坏人们的日常生活。

图片来源：Sylvain Lefevre/Getty Images.

当代恐怖主义的一个重要特征是媒体的使用。恐怖主义者可能希望自己的个人身份保密，但是尽可能公开其政治信息和想要取得的目标。很多恐怖暴力行为的目的更多是象征性的，而非战略性或战术性的。这些袭击代表一份声明，恐怖主义者认为世界已经走错了路，而公认的政治道路对于问题的解决根本无效或是

> **恐怖主义**（terrorism） 为追求政治目的针对随机目标或象征目标使用或威胁使用暴力。

备受阻碍，更大更重要的斗争已经开始，其提高了赌注并以此合法化了自己的手段。不管是通过打电话给媒体、匿名宣言还是其他手段，恐怖主义者通常都会对其暴力行为负责并进行辩护。

恐怖主义是一个全球性问题。2017年，全球有18 814人死于恐怖袭击。恐怖主义造成的死亡人数已经连续第三年下降。阿富汗因恐怖主义造成的死亡远超其他国家，排在后面的是伊拉克、尼日利亚、索马里、叙利亚，但是伊拉克和叙利亚每年死亡人数都出现了显著下降。

自2011年9月11日以来，世界各国的政府都重新开始努力打击恐怖主义。尽管公众普遍认为加强监管和社会控制是一种必要的恶行，但是这些措施还是引发了治理问题。例如，美国和其他国家的一些公民就对诸如2001年的《美国爱国者法案》等措施威胁公民自由深表忧虑。对这些打击政治暴力的努力而言，恐怖主义还真是一个恰当的名词。

和平

社会学家认为，**和平**既指没有战争，也指在国家之间发展合作关系的积极努力。但是，必须要指出，武装冲突不仅仅涉及相互交战的国家。从1945年到20世纪末，国家之间发生了25场重大战争，共造成330万人死亡。这数据很惊人，但是同一时期发生了127场国内战争，导致1600万人死亡。换句话说，死于国内冲突的人数是死于国家间战争人数的五倍。

和平（peace） 没有战争，或者更广义地说，是在国家之间发展合作关系的积极努力。

社会学家和其他使用社会学理论和研究的社会科学家都试图确定阻止战争的条件。他们的发现之一是，国家之间的贸易可能会遏制武装冲突。随着国家之间交换产品、人员还有文化，它们变得更为一体化，威胁相互之间安全的可能性也会降低。从这种视角出发，除了贸易之外，移民和外汇项目也能有力促进国际关系。

促进和平的另一种手段是国际慈善机构、活动家团体或是非政府组织的活动。红十字会、红新月会、无国界医生组织在任何有需要的地方提供服务，而不考虑国籍。在过去的几十年间，这些非政府组织在数量、规模和范围上都在不断扩展。通过分享当地状况的消息以及澄清当地问题，它们通常可以阻止冲突升级为暴力和战争。有些非政府组织为之前的对手达成了停火协定、和解，甚至结束了战争。

最后，很多分析人士都强调，国家不可能通过暴力威胁来维持安全。他们认为，维持和平的最佳方式是在潜在对手之间发展强有力的双边安全协议。要走这条道路，就需要积极外交，在某种程度上需要在敌对国家之间建立谈判，但这可能会带来争议。

从令人惊讶的选举结果到和平运动，诸如此类的故事带来了人类改变现状的希望。即便宏观经济趋势可能对公司、社区和个体带来负面影响，也会影响政治结果，但是积极的社会变革仍然是可能的。社会学分析帮助我们理解经济和政治运行中的潜在过程，也能帮助我们认识到这些体系中存在着带来变迁的可能机会。

行动起来！

玩政治

找到某些地方、州或者联邦的民选官员，对他们的政治生活进行访谈。他们开始的动机是什么？他们能够做到什么？他们在完成工作时会遇到哪些挫折？如果可能的话，他们会进行哪些变革？他们会给你哪些建议？把他们说的都记录下来，并反思关于变革的机遇和挑战的经验教训。

本章回顾

1. 经济和政治权力是怎样组织起来的?

- 两大经济体系是资本主义和社会主义，但是在实践中大多数经济体都是两者的某种混合。政府的政治体系包括君主制、寡头政治、独裁、极权主义和民主制。当检视美国的正式权力时，对于美国在多大程度上存在着一个由权力精英组成的小而团结的群体有效进行着统治，还是说美国的领导权更为分散和多元化而通过民主进程运行，存在着争议。

2. 权力是如何运行的?

- 权力是能够让他人做你想要他们做的事情的能力，从使用武力到接受权威。在权威中，追随者会基于传统、法理或是个人魅力而将权力接受为合法化。

3. 经济是怎样随时间而变迁的?

- 从工业革命到去工业化，再到更近的全球经济危机和复苏，现代经济更为动态，其变迁的后果对于国家和个人而言也更为深远。通过政治参与，人类有可能影响经济变迁的方向。

不同社会学视角下的政治和经济

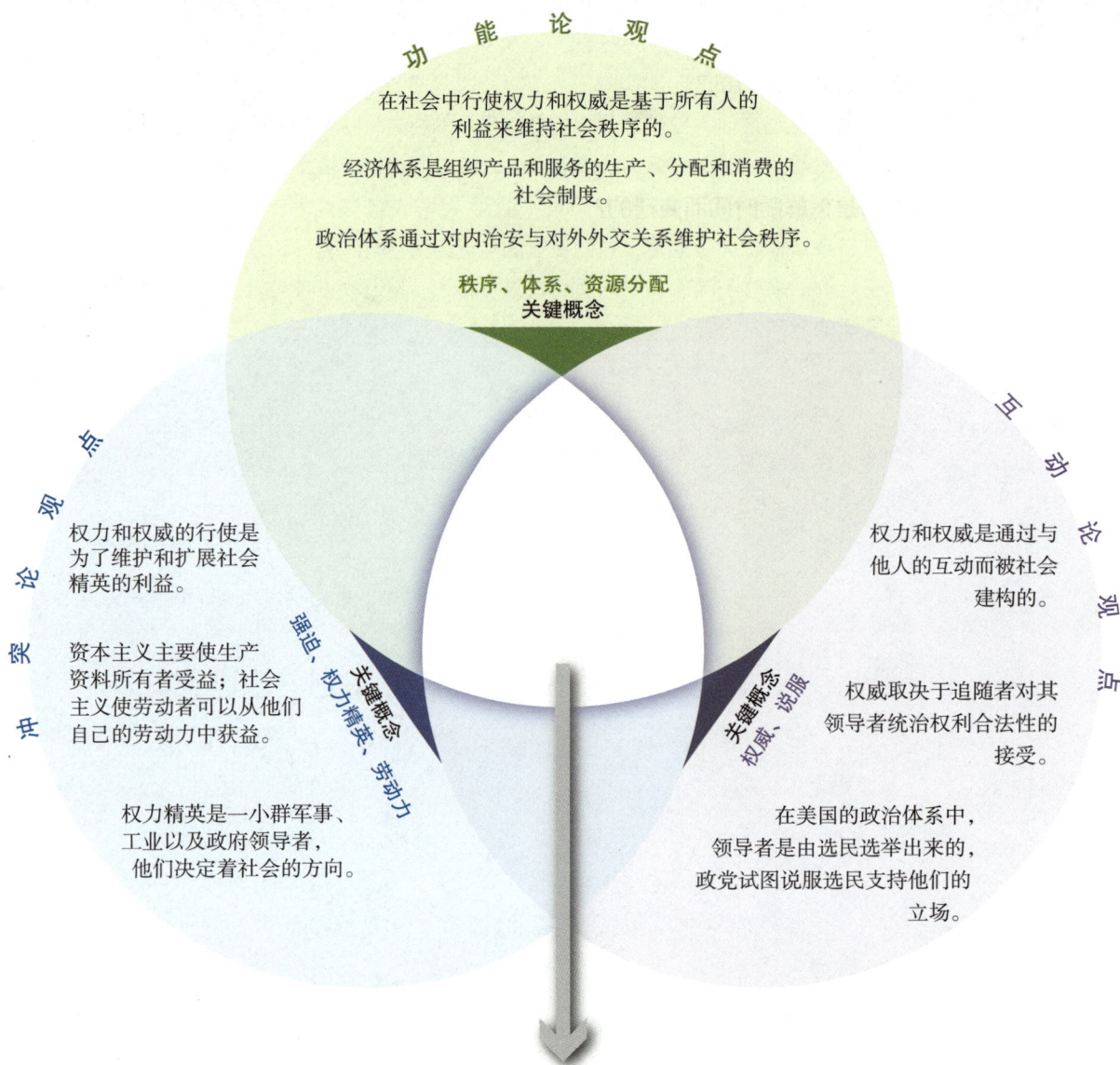

功能论观点

在社会中行使权力和权威是基于所有人的利益来维持社会秩序的。

经济体系是组织产品和服务的生产、分配和消费的社会制度。

政治体系通过对内治安与对外外交关系维护社会秩序。

秩序、体系、资源分配
关键概念

冲突论观点

权力和权威的行使是为了维护和扩展社会精英的利益。

资本主义主要使生产资料所有者受益；社会主义使劳动者可以从他们自己的劳动力中获益。

关键概念
强迫、权力精英、劳动力

权力精英是一小群军事、工业以及政府领导者，他们决定着社会的方向。

互动论观点

权力和权威是通过与他人的互动而被社会建构的。

关键概念
权威、说服

权威取决于追随者对其领导者统治权利合法性的接受。

在美国的政治体系中，领导者是由选民选举出来的，政党试图说服选民支持他们的立场。

建立联系

回顾本章之后，请回答下列问题。

1
上述三种视角如何解释霍奇尔德所研究的白人工人阶级的政治立场问题？

2
上述三种视角如何解释克里斯玛型权威？

3
上述三种视角如何解释战争？

4
你是积极选民还是冷漠选民？哪些因素影响了你的选择？哪种视角可以更好地解释你参与政治世界的方式？

社会阶级

勉强过活

蕾·麦考密克（Rae McCormick）的父亲在她 11 岁时死于脑动脉瘤，此后不久，她母亲抛弃了她。为了照料自己，蕾在她的家乡克利夫兰独自生活了一段时间，和姐姐一起住了一段时间之后，蕾的妈妈又将监护权移交给了一位家庭朋友。当蕾年满 18 岁，她的社会保障生还者福利支票停止发放时，那个女人将蕾踢了出去，她又一次独立了。21 岁时，蕾遇到了唐尼，他们有一个女儿名叫阿扎拉。接下来的几年里，蕾和唐尼生活在一起，但他多次殴打她、欺骗她，所以她离开了他。她最终从乔治和卡米拉那里租了一个房间，这对老夫妇是她父亲的朋友。他们三人，加上另外三名寄宿生，汇集了所有的资源来渡过难关。她们租的房子缺少自来水管道，所以她们从地下室用 5 加仑的水桶把水提上来洗盘子、洗澡和冲厕所。她们的厨房缺少一个可用的炉子，所以她们在外面用木炭烧饭。

蕾最想要的是一份好工作，以及一个可以自己抚养阿扎拉的地方。就在一切似乎好转的时候，她失去了她喜欢的沃尔玛超市的工作，在那里的前六个月，她两次被评为"月度出纳"。尽管她每月付给乔治和卡米拉 50 美元汽油费和皮卡的使用费，但油箱是空的，她还得把剩余的工资用于租金、尿布和杂货。她工作的商店经理告诉她，如果她找不到按时上班的方法，她就不必再回来了。她多次试图寻找另一份工作，但都以失败告终。

社会学家凯瑟琳·爱丁（Kathryn Edin）和社会工作学教授卢克·谢弗（luke Shaefer）在他们的书中讲述了蕾的故事，以及其他像她一样的人的故事，书中写道："每天收入2美元在美国几乎无法生存。"他们报告说，美国有150万家庭，包括大约300万儿童，依靠每天人均现金收入不足2美元生存。根据他们的观察研究、访谈以及分析的数据，爱丁和谢弗得出结论，与数百万面临赤贫的人一样，"蕾，在她目前的情况下……基本上不可能实现她的梦想……住房太贵，她可能得到的工作报酬太少，而且给予的帮助太少"（2015:91）。在本章中，我们将探讨我们在社会阶级体系中的地位如何影响我们的生活机遇。

边读边思考 >>

- 什么是社会阶级？
- 社会阶级是如何运作的？
- 社会阶级的后果是什么？

>> 生活机遇

社会学的核心课程之一就是地位很重要。出生在纽约市公园大道的一个富裕家庭，与出生在克利夫兰一个贫穷家庭相比，有着截然不同的意义。为了描述我们所处的地位如何影响我们的结果，马克斯·韦伯介绍了生活机遇的概念，其是指我们成功的可能性取决于我们获得有价值的物质、社会和文化资源的机会。你选择的大学、你的工作、你挣的钱、你开的车、你居住的社区、你得到的医疗保健以及许多其他事情都是由你所处的社会地位决定的。

我们对社会学的定义通过包含短语"差异的顺序"突出了地位和权力的重要性。这一表达强调了社会学家对如何分配调查资源的重要性，以及我们如何证明这些分配的合理性。在本章中及接下来的几章，我们将仔细研究这些后果，特别关注社会阶级、性别、种族和族裔。

生活机遇（life chances）我们成功的可能性取决于我们获得有价值的物质、社会和文化资源的机会。
分层（stratification）导致社会中经济回报和权力的不平等现象长期存在的对整个群体基于一定标准的结构性排序。
奴隶制（slavery）一种一些人被作为财产归他人所有的强制奴役制度。

分层体系

为了更好地理解我们的经济地位如何影响我们可能的结果，我们需要更好地了解我们所处的结构。并非所有社会都以相同的方式构建自身，但所有社会内部都存在差异。社会学家将内置于社会结构中的不平等称为社会**分层**，是指对整个群体基于一定标准的结构性排序，这种排序导致社会中经济回报和权力的不平等现象长期存在。社会分层中的阶层是指社会结构中固有的权力和影响力的不同层次。社会学家主要关注四种分层制度：奴隶制、种姓制、等级制和社会阶级。

奴隶制 奴隶制是一种一些人被作为财产归他人所有的强制奴役制度。被奴役的人变成了客体而不是主体。主人可以自由对待他们，就像对待他们的马或牛一样。

奴隶制的做法随着时间的推移而有所变化。例如，古希腊大多数被奴役的人是战俘或被海盗俘虏和贩卖的个人，奴隶地位不一定是永久的。相比之下，奴隶制在美国是一种被赋予的身份，被奴役的人在自由方面面临种族和法律障碍。1619年，荷兰商人将后来成为美国第一批被奴役的非洲人带到詹姆斯敦，并在那里最近建立的烟草种植园工作。随着美国作为一个新国家的成立，美国宪法将奴隶所有权确立为一项合法权利，包括乔治·华盛顿和托马斯·杰斐逊在内的许多创始人将拥有的人作为奴隶所有。直到1865年，随着美国宪法第13条修正案规定，奴隶制在美国全境被禁止，但该修正案包括"除非作为对犯罪的惩罚，该当事人应被正式定罪"。

今天，对联合国所有成员国都具有约束力的《世界人权宣言》禁止一切形式的奴隶制。根据联合国2018年的数据，当代形式的奴役包括债役、强迫劳动、童工和儿童奴役、性奴役、买卖儿童、强迫婚姻和买卖妻子。在许多发展中国家，保税劳工被终身监禁。尽管奴隶制在美国和欧洲是非法的，但外来工人和无证移民多年来一直被迫在恶劣的条件下劳动，以偿还债务或避免移交给移民当局。2018年，美国国家人口贩运资源中心报告了5147起潜在人口贩运事件，其中3718起涉及性贩运。

种姓制 在基于**种姓制**的分层体系中，阶层之间的界限是明确的，等级之间的关系是规范的，社会地位是确定的。你出生的种姓在你死之前都是一样的，它决定了你一生中的机会，包括你的朋友是谁、你将从事什么职业、你将嫁给谁。基于种姓的系统是刚性的，仅允许种姓之间的有限的和形式化的互动。

最常见的种姓制度主要出现在印度，与印度教有关。这一制度有四个主要种姓，即祭司（婆罗门）、战士（刹帝利）、商人（吠舍）和工匠/农民（首陀罗）。在这四个主要种姓中，

你知道吗？

根据全球奴隶制指数，估计全世界有4030万人面临某种形式的现代奴隶制，他们将这种奴隶制定义为"一个人剥夺了另一个人的自由——他们控制自己身体的自由，选择拒绝某些工作或停止工作的自由——这样他们就可以被剥削"。

资料来源：Global Slavery Index 2018. 图片来源：Mahmud Fahm/Moment Open/Getty Images.

有数千个次种姓群体。还有第五类，达利特人，在过去被称为贱民，被认为卑微和不洁，以至于在这个分层体系中没有一席之地。1950年，印度脱离英国独立后，通过了一部新宪法，正式宣布种姓制度为非法。此外，与城市化相关的经济变化和技术的影

> **种姓制（caste）** 一种分层制度，其中阶层之间的界限是明确的，等级之间的关系是规范的，社会地位是确定的。

响削弱了其理所当然的地位。然而，种姓制度在塑造整个印度的社会互动模式方面继续发挥着强大的作用。

尽管个人无法改变其种姓，但这并不意味着随着时间的推移也不能改变。例如，印度的次种姓通过采用高于他们的种姓的原则和做法，提高了他们的整体地位。这一过程被称为梵语化，源于大多数印度教经文所用的古印度语言。因为祭司婆罗门种姓代表着最高阶级，采用包括成为素食主义者和戒酒的这种生活方式，是该群体希望获得更高地位的标志，尽管这对于已经接近最

图片来源：Edwin J. Morgan/Bettmann/Getty Images.

印度家庭的生活机遇继续受到种姓制的影响。
图片来源：Andrew Aitchison/Alamy Stock Photo.

高地位的群体来说是最成功的。寻求成为更高阶层的成员以获得社会地位并不是基于种姓制所独有的。

等级制　**等级制**将社会权力划分为三个主要部分：教会、贵族和平民。这种分层制度是中世纪欧洲的特点，尤其是在英国和法国。大约在 1030 年，法国主教阿代尔贝罗恩·德拉昂在一首写给法国国王的诗中提到了三个庄园，他将它们分别称为奥拉托雷斯、贝拉托雷斯和拉博拉托雷斯，或祈祷者、战斗者和工作者。第一等级的成员包括主教、僧侣、牧师和修女；第二等级由骑士、贵族和夫人、公爵和公爵夫人以及其他出身高贵的人组成；农民和农奴是第三等级的一部分，他们为所有人生产粮食。在这个封建制度中，统治者君主，通常是国王，统治着一切，但随着时间的推移，这些群体的代表在政治制度中都有一定的发言权。等级制度的残留仍以英国教会、上议院和下议院的形式存在于英国。

这一制度的权力主要取决于贵族的土地所有权，尽管教会也拥有大量的土地所有权。农民通过向贵族支付租金（主要是以农产品的形式），以换取耕种土地的机会，从而为贵族提供收入。贵族们在骑士们的帮

> **等级制**（estate system）　将社会权力划分为教会、贵族和平民三个主要部门的分层制度。
>
> **社会阶级**（social class）　主要取决于现实和感知的社会经济地位的分层制度。

助下，保障维护秩序，保护农民免受强盗和敌对贵族的侵扰。正如在种姓制中一样，社会地位在很大程度上归因于出身。贵族们继承了他们的头衔和财产，平民们几乎无法改变他们的命运，而教堂确实提供了一定程度的机会。到了 12 世纪，神职在欧洲大部分地区已成为一个独特的类别。此外，当地商人和工匠的机会也开始扩大，第一次出现了有一群人的财富不依赖于土地所有权或农业。他们的成功最终促成了封建主义的消亡和资本主义的兴起。

社会阶级　在最终的分层体系中，**社会阶级**和社会地位主要取决于现实和感知的社会经济地位。社会阶级可以客观地、主观地评价。客观指标主要包括教育、职业和收入。作为一名机械工程师的大学毕业生年收入为 83 000 美元，高于年收入为 32 000 美元的牙科助理工作的高中毕业生。主观阶级认同，指的是一个人对特定社会阶级类别的认同程度，也起着一定的作用。例如，对于一个赚了很多钱的人来说，完全有可能认同她或他出生的较低社会阶层。其他人的感知也起着重要作用，因为正如我们在托马斯定理中所学到的那样，感知塑造了行动，对于社会阶级来说，这很可能会影响我们获得宝贵资源的程度。因为社会阶级可能涉及多种指标，有时甚至是相互矛盾的指标，所以要建立一个普遍的、通用的社会阶级模型是有问题的。

社会学家通常使用五级模型来描述美国的阶级体系，尽管还有许多其他模型可用。最上层的是上层阶级，包括 1%~2% 的人口，他们富有、受人尊敬、政治势力强大。他们下面是中上层阶级，主要由企业高管、医生、律师、建筑师和其他专业人士组成，约占人口的 15%。接下来 30%~35% 是中产阶级，由不太富裕的专业人士组成，如学校教师和护士，还有小企

业主、文书工作者和其他拥有体面工作但只有最低限度自治权的人，即他们被控制做什么和什么时候做。第四类是工人阶级，他们的工作通常涉及一定程度的体力劳动，包括木匠、水管工和工厂工人，占人口的30%~35%。最后一个群体是下层阶级，通常被称为穷人，占人口的15%~20%。这一阶层的人获得资源的机会有限且不稳定，成员中包括过多的非裔美国人、西班牙裔美国人、移民和单身母亲。

当被问及自己的社会阶级时，美国人很难做出回应。困难之一在于人们普遍认为美国不存在社会阶级。另一个是人们在与他人建立联系时遇到的困难。尤其是，人们似乎不愿意把自己归为富人或穷人。正如图10-1显示的，51%的年收入超过10万美元的人仍然认为自己是中产阶级，拒绝接受中上层和上层阶级评价。从另一个角度来看，当被问及认为一个人富有需要多少钱时，不同收入水平的人有不同的看法。在年

图片来源：The British Library/The Image Works.

收入低于30 000美元的人群中，54%的人选择收入低于100 000美元的人被视为富人。在那些年薪10万美元及以上的人中，只有2%的人表示门槛很低。在如此高的收入水平下，46%的人表示，年收入50万美元或以上才能被视为富人。

社会流动

一个社会的分层体系极大地影响着一个人的生活机会。虽然改变地位的机会是可能的，但改变地位的可能性却大不相同。在大多数情况下，农家女孩嫁给王子的故事只不过是一个童话故事，它植根于等级制度。为了更好地理解**社会流动**的机会，即社会阶层内部或之间的流动，社会学家调查了社会开放与封闭的程度。

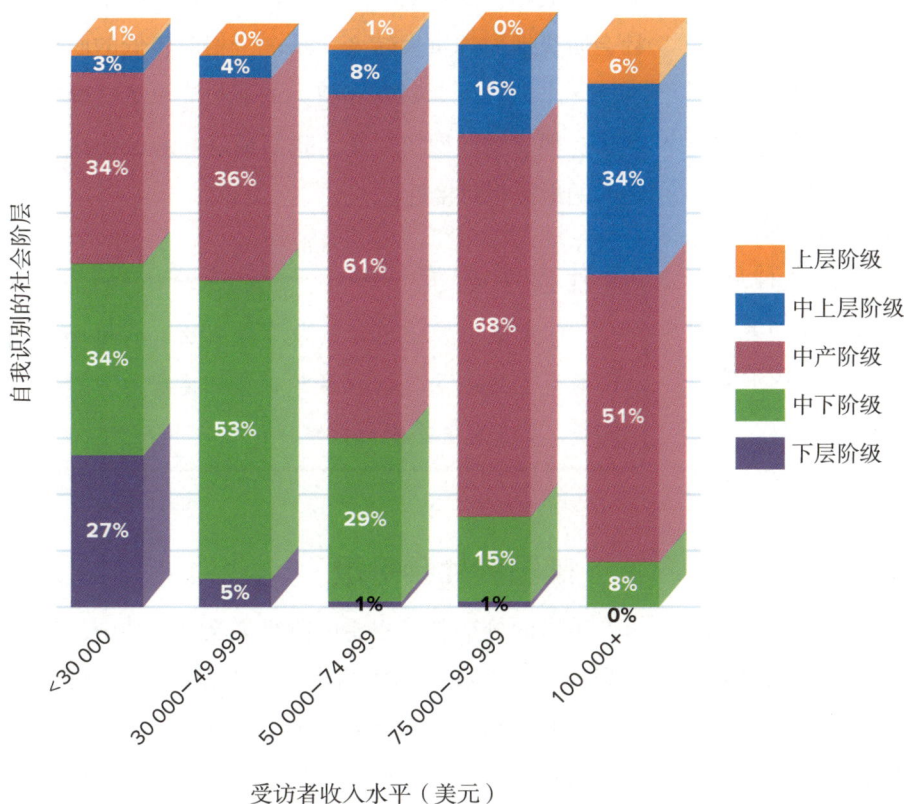

图 10-1　美国人自我识别的社会阶层

注：受访者被问及："你认为自己属于哪一个社会阶层？"然后根据家庭收入将他们的答案归类。

资料来源：Pew Research Center，2015a.

社会流动（social mobility）
社会阶层内部或之间的流动。

你知道吗？

沃尔顿家族的六名成员是沃尔玛创始人山姆·沃尔顿（Sam Walton）的继承人，他们拥有的财富比美国底层40%家庭的总和还要多。

资料来源：Bivens，2012. 图片来源：Gilles Mingasson/Getty Images.

开放与封闭分层系统　一个具有**开放系统**的社会允许阶层之间的社会流动。在前面讨论的分层体系中，基于阶级的体系有可能比其他体系更开放。原则上，资本主义寻求找出最有能力的人，并奖励他们的努力，而不管他们的父母是富有还是贫穷。流动的可能性成为努力工作的动力。

一个具有**封闭系统**的社会不允许阶层之间的社会流动。社会地位是被赋予的，所以你出生的地位就是你一生所处的地位。种姓制度大多是封闭的，在人的一生中移动的机会有限。有流动障碍的社会，无论是基于宗教、性别、种族、族裔、阶层还是任何其他地位的变量，都比没有此类障碍的社会更封闭。

社会流动的类型　社会学家还区分了阶层内流动和阶层间流动。例如，一名巴士司机成为酒店职员后，从一个社会地位转移到另一个相同等级的社会地位，社会学家称这种流动为**水平流动**。然而，如果巴士司机成为律师，他将经历**垂直流动**——个人从一个社会地位转移到另一个不同等级的社会地位的流动。垂直流动包括在社会分层体系中向上或向下流动。

另一对对比鲜明的流动类型涉及几代人之间的流动和成年人职业生涯中的变化。**代际流动**是指儿童相对于其父母的社会地位的变化。因此，一位父亲是印刷工的大学教授就提供了一个垂直向上的代际流动的例子；一对父母都是医生的水管工则说明了垂直向下的代际流动。由于教育对向上流动性的贡献很大，任何阻碍追求更高学位的障碍都会限制代际流动。

相反，**代内流动**涉及一个人成年生活中社会地位的变化。因此，作为教师助手进入有偿劳动力队伍并最终成为学区负责人，他则经历了垂直向上的代内流动；当一个人在会计师事务所破产后成为出租车司机，他则经历垂直向下的代内流动。

在美国，定义"美国梦"的一种方式是垂直向上的代内流动。换言之，一个人在其职业生涯中会经历社会阶级地位的重大转变，从一个相对较低的职位转变为一个拥有巨大财富和权力的职位。虽然这确实发生了，但"美国现实"是，我们最终的地位往往与开始时的地位相对接近。

开放系统（open system）　一个允许阶层之间社会流动的分层体系的社会。

封闭系统（closed system）　一个不允许阶层之间社会流动的分层体系的社会。

水平流动（horizontal mobility）　个人从一个社会地位转移到另一个相同等级的社会地位。

垂直流动（vertical mobility）　个人从一个社会地位转移到另一个不同等级的社会地位。

代际流动（intergenerational mobility）　儿童相对于其父母的社会地位的变化。

代内流动（intragenerational mobility）　一个人成年生活中社会地位的变化。

社会学思考

你家庭中社会流动的故事是什么？代际和代内的变化达到了什么程度？什么因素促成了社会流动，如家庭关系或历史事件？

＞＞ 美国的社会阶级

美国的分层制度主要以阶级为基础，其中，有三类资源在塑造我们的生活机遇方面发挥着重要作用。一类是物质资源，是指我们拥有或控制的经济资产，包括金钱、财产和土地。一类是社会资源，包括基于我们所处地位的声望和基于我们所属社交网络的关系。事实证明，"重要的不是你知道什么，而是你认识谁"这句老话有一定道理。职位和关系使我们有可能提高实现目标的可能性。最后一类是文化资源，包括我们的品位、语言和看待世界的方式。它代表了我们在实现目标时可以利用的认知、规范和物质文化元素的知识。一个简单但经典的例子就是知道在正式晚餐的各个菜式中使用哪种叉子。它也包括当我们被安排在商务会议、摇滚音乐会的现场，或是在课堂上知道如何应对。从物质、社会和文化资源的角度来看待社会阶级，能够使我们更好地理解实现美国梦的可能性。

收入和财富

收入和财富为社会阶级提供了物质基础。**收入**是指在一段时间内获得的钱。它通常以每小时工资或每年工资的形式出现，但投资回报率，例如股票股息或

尽管他们喜欢否认社会阶级的存在，但美国人对流行文化中所描绘的阶级有着浓厚的兴趣。这种好奇心在《唐顿庄园》（*Downton Abbey*）、《大侦探福尔摩斯》（*Sherlock Holmes*）、《神秘博士》（*Doctor Who*）和《荒唐阿姨》（*Absolutely Fabulous*）等英国节目的吸引力中尤为明显。也许仅仅因为口音，但英国社会的社会阶级维度往往是这些节目的核心元素，为了解其他社会中社会分层的实施方式提供了一个窗口。例如，《唐顿庄园》描绘了20世纪初一个贵族家庭及其仆人的生活。

图片来源：PictureLux/The Hollywood Archive/Alamy Stock Photo.

流行社会学

出售房产的利润，包括一段时间内的房屋，也很重要。**财富**是指所有物质资产的总价值减去某一时间点的债务。它包括储蓄、股票、土地或任何其他有价值的物质资产。如果你要卖掉你所有的一切，还清你所有的债务，那么你剩下的就是你的财富价值。这些物质资源使我们基于阶级的生活方式成为可能。因此，如果我们要了解美国的社会阶级，就需要清楚地了解他们的分布情况。

收入 在考虑收入时，首先考虑人口的平均收入是有帮助的。这样做可以简单总结整个团队的典型收入，并为团队内部和团队之间的比较建立基线。2017年，美国家庭收入中位数为 61 372 美元，比前一年增加了 1.8%。因为中位数是分布在中间的数字，所以美国有一半家庭当年的收入高于 61 372 美元，一半的家庭收入低于这个数字。

> **收入**（income） 在一段时间内获得的钱。
> **财富**（wealth） 所有物质资产的总价值减去某一时间点的债务。

社会学家利用各种指标探讨收入不平等的程度。其中一种方式是强调平均值和中位数之间可能存在的差异。例如，2017年，美国家庭的平均收入为 86 220 美元，平均值大大高于中位数。当平均值显著高于中位数时，这表明有一些极高的收入会提升平均值，从而使其成为衡量一个群体典型收入的无效指标。经典的例子是，每当比尔·盖茨走进一个房间，房间里所有人

图片来源：Tana Lee Alves/WireImage/Getty Images.

的平均收入通常都会飙升，除非他所在的房间里有同样富有的亿万富翁。社会学家称之为离群者的极高收入的存在，指向了严重的收入不平等。

社会学家用来探讨收入不平等的另一种方法是研究五分位数，这使他们对收入分布从低到高有了更好的认识。五分位法不是将人口按中位数分成一半，而是将所有有收入的家庭分成五组，从收入最少的家庭到收入最多的家庭，然后在 20%、40%、60% 和 80% 之间画一条线。美国约有 1.26 亿户家庭，因此每五分之一人口将包括同等数量的家庭，即约 2520 万户。然后，我们可以比较每个五分之一人口的收入占总收入的百分比以及每个五分之一人口的平均收入。

从图 10-2 中，我们可以更好地了解美国的收入分布情况。如果收入在所有家庭中平均分布，那么每五

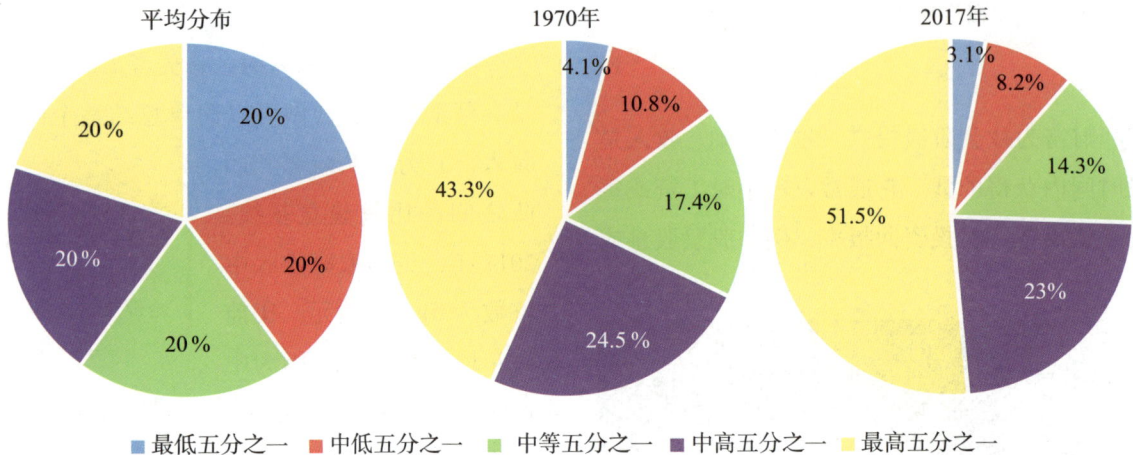

图 10-2　总收入比例五分位法

注：每块扇形代表五分之一家庭总收入的份额。

资料来源：Fontenot, Semega, and Kollar, 2018: Table A-2.

分之一的家庭将获得总收入的 20%。每五分位数偏离 20% 的程度表明收入不平等的存在程度。例如，2017 年，收入最低的五分之一家庭中有 20% 的家庭收入占美国所有收入的 3.1%。相比之下，最高五分之一人口中 20% 的家庭收入占总收入的 51.5%。换言之，收入最高的 20% 家庭的收入高于 80% 家庭的收入总和。

通过比较 1970 年和 2017 年的五分位数分布，我们可以看到收入不平等是如何随着时间的推移而变化的。收入最高的五分之一家庭的收入份额大幅增长，从 1970 年的 43.3% 增长到 2017 年的 51.5%。因此，其他 80% 的家庭现在在总收入中所占的份额要小得多。事实上，其他收入五分之一的人现在所占的比例比过去要小。简单地说，这表明了富人可能变得更富，穷人可能变得更穷。

除了百分比之外，社会学家还研究了每五分之一人的平均收入。如图 10-3 所示，富人越富，穷人越穷，这需要改进。1970—2017 年，排名前五分之一的人的平均收入确实有所增加，但所有群体的收入都有所增加。鉴于

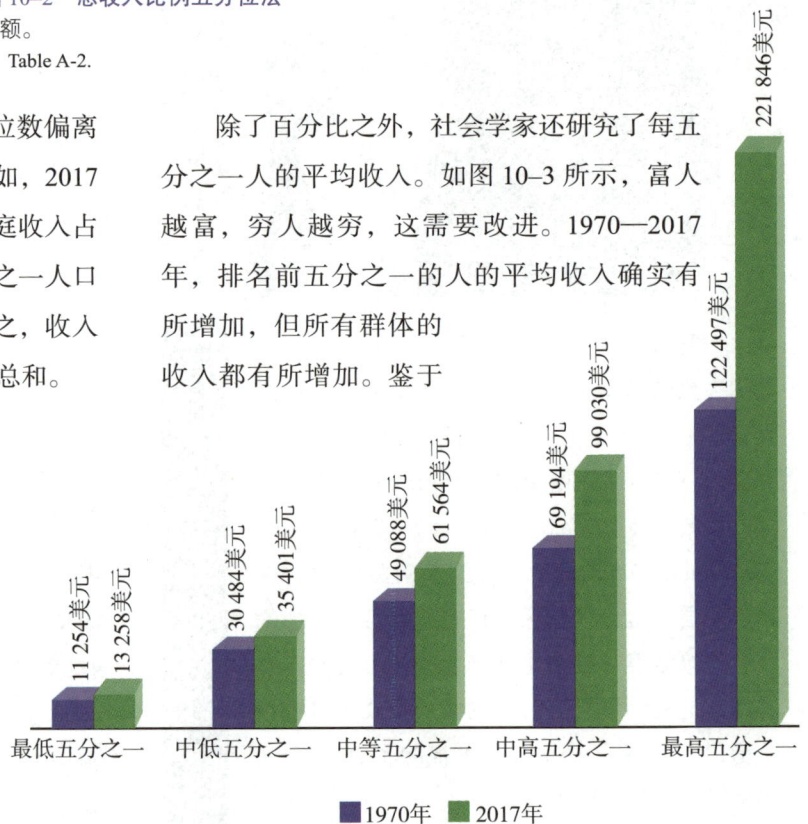

图 10-3　家庭平均收入五分位法

注：1970 年的收入以 2017 年的美元价格计。

资料来源：Fontenot, Semega, and Kollar 2018:Table A-2.

收入是以经通货膨胀调整后的不变美元计量的，这些增长反映了实际增长。所有团体现在的收入都比过去多，但是，排名靠前的人的增长速度比排名靠后的人快得多。2017 年，收入最低的五分之一人口的收入增长了 17.8%，达到 13 258 美元，相比之下，收入最高的五分之一人口的收入增长了 81.1%，达到 221 848 美元。每个人都做得更好，但顶部和底部之间的差距越来越大。

为了更好地了解那些处于最高层的人赚了多少钱，社会学家和其他人特别关注了前 1% 和其他 99% 之间的差异。例如，经济学家托马斯·皮凯蒂（Thomas Piketty）和伊曼纽尔·塞斯（Emmanuel Saez）发现，2014 年前 1% 的成年人的平均年收入为 1 304 771 美元。如图 10–4 所示，前 1% 的人的收入百分比现在超过了后 50% 的人。然而，即使在这一最高类别中，也存在着巨大的收入差异。例如，根据美国国税局的数据，2016 年，前 0.01% 的纳税申报表的平均年收入为 3270 万美元，前 0.001% 的 1409 份纳税申报表平均年收入则为 1.455 亿美元。另一方面，2017 年，1370 万家庭被报告收入低于 15 000 美元。

社会学家评估收入不平等的最后一种方法是使用一个称为基尼系数的数字。意大利社会学家和统计学家科拉多·基尼（Corrado Gini）创建了这个统计数据，以衡量包括收入和财富在人口中的分布。基尼系数位于 0 和 1 之间，基尼系数越大，不平等程度越大。例如，如果人口中的每个人都有相同的收入，基尼系数就等于零；如果一个人什么都挣，而其他人什么都没挣到，基尼系数就等于 1。基尼系数的实际值是一个比较统计数据，因为它让我们看到不平等是随着时间的推移而增加还是减少。在美国，收入基尼系数在 1968 年达到 0.386 的低点。自那时以来，它一直稳步上升，1990 年达到 0.428，到 2017 年上升到 0.482。这一上升趋势表明，美国的收入不平等程度在那段时间内显著加剧。

尽管所有五分之一人口的收入都有所增加，但长期以来，普通工人的收入相对稳定。事实上，正如图 10–5 所示，私营企业中担任非监管角色的典型工人现在的收入与 20 世纪 70 年代初大致相同。如果我们不

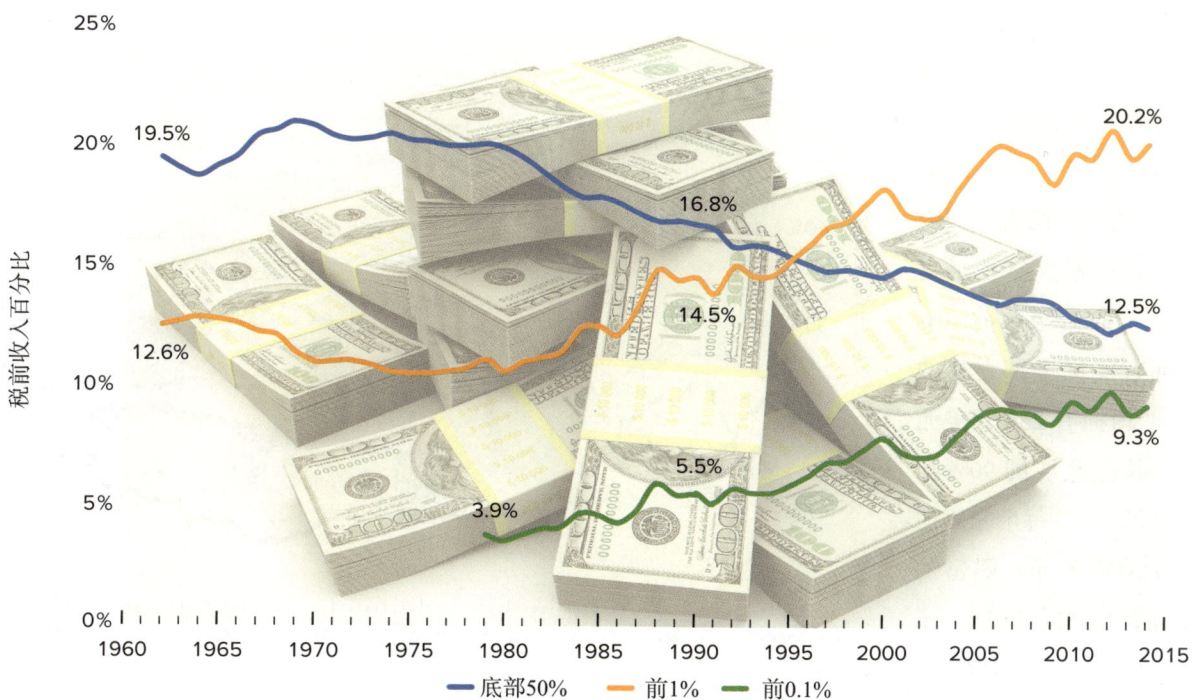

图 10–4　美国的收入分布

注：数据代表 20 岁及以上美国成年人的百分比。
资料来源：Piketty，Saez，and Zucman，2016. 图片来源：Mmaxer/Shatterstock.

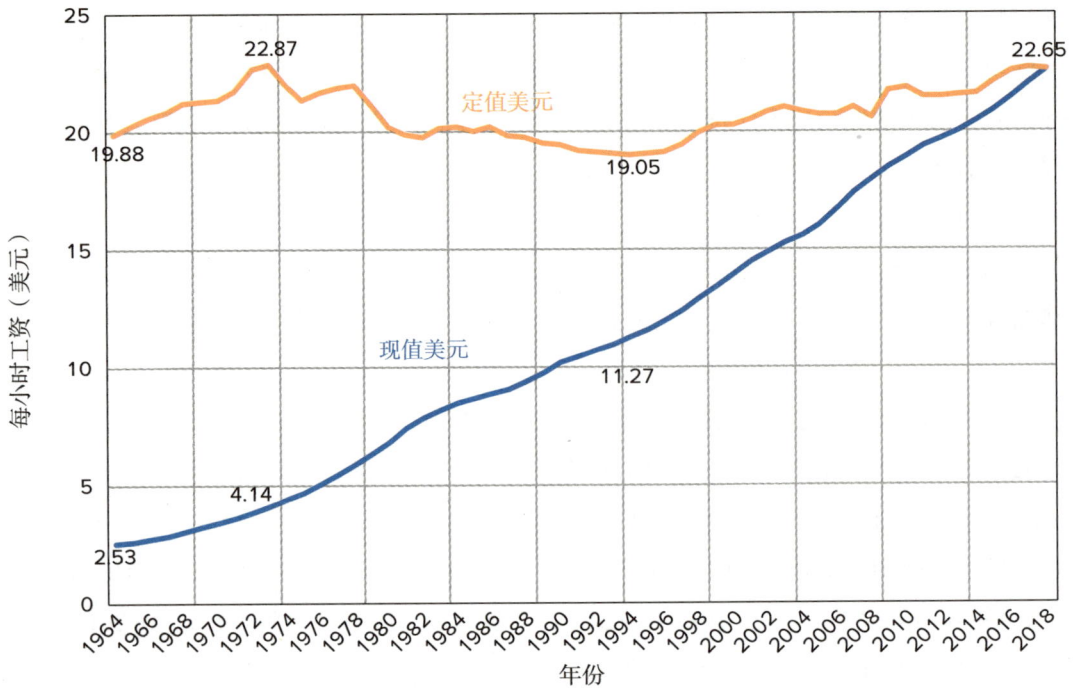

图 10-5 平均每小时收入（1964—2018 年）

注：数据显示私营非农业部门生产和非管理人员的每小时收入。现值美元显示当时的每小时收入。定值美元报告的收入以 2018 年的美元价值计算，以适应通货膨胀。

资料来源：Bureau of Labor Statistics，2019a，2019b.

把个人的生活成就置于影响我们获得机会的更大的结构性力量的背景下，我们就无法充分理解这些成就。

财富 财富在美国的分布甚至比收入更不均衡。2018 年，美国成年人的财富中位数为 61 667 美元，但平均值为 403 974 美元，两者之间的巨大差异是巨额财富由最富有家庭拥有的结果。前 10% 的家庭拥有美国全部财富的 77.2%，平均拥有 256 万美元的价值，其他底层的 90% 拥有剩余的 22.8%，每个家庭的净值为 84 000 美元。财富的基尼系数为 0.852，这进一步证明了美国存在严重的财富不平等。

将前 10% 细分为更小的

部分，可以看出富人和非常富有的人之间的显著差异。如图 10-6 所示，前 1% 的人拥有美国家庭财富

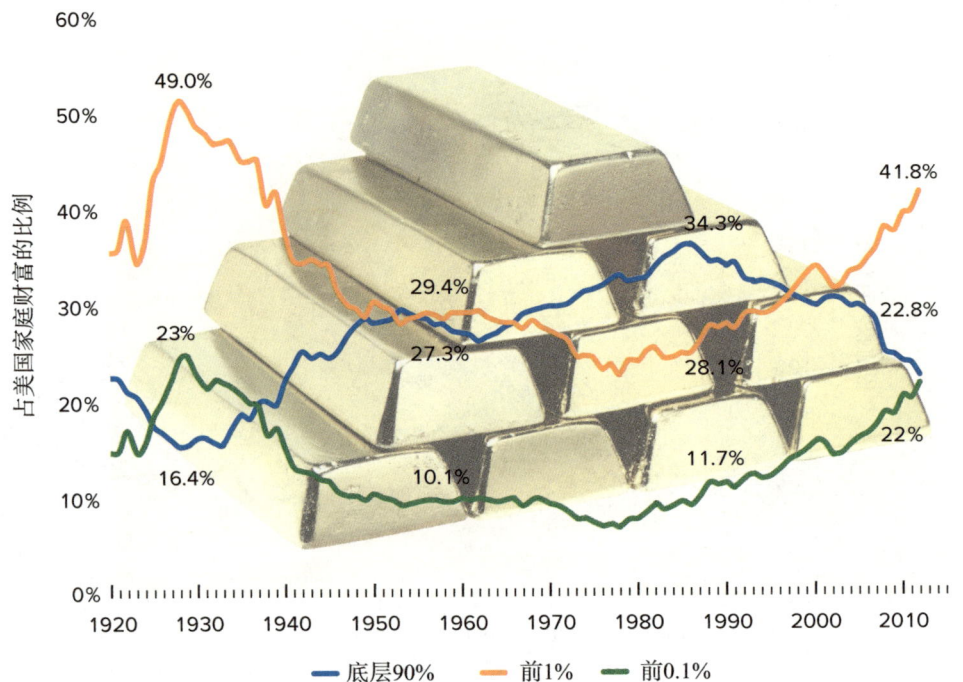

图 10-6 美国的财富分布

注：类别代表美国家庭的百分比。

资料来源：Saez and Zucman，2016. 图片来源：C Squared Studios/Photodisc/Getty Images.

你知道吗？

2017 年，前五分之一的消费者平均花费 109 743 美元购买所有物品，包括食物、衣服和住房。从长远来看，排名前五分之一的人一年的消费是排名后五分之一的人的收入的 8 倍多。

资料来源：Bureau of Labor Statistics，2018i. 图片来源：Brand X Pictures/PunchStock.

的 41.8%，平均净值为 1380 万美元。在 22.8% 的家庭中，底层 90% 的家庭共同拥有的财富约为顶层 1% 的家庭财富的一半。再往上看，前 0.1% 的家庭拥有 22% 的财富，价值 7280 万美元。换言之，排名前 0.1% 的 16.07 万户家庭拥有的财富与排名底层 90% 的 1.446 亿户家庭的财富相当。在巅峰时期，排名前 0.01% 的家庭共有 16.07 万户，拥有美国家庭财富的 11.2%，价值 3.71 亿美元。

贫困

2017 年，美国有 3970 万人生活在贫困之中，占总人口的 12.3%。根据官方统计，一个由两名成年人和两名儿童组成的家庭，年收入合计为 24 858 美元或更少，处于贫困线以下。相比之下，65 岁以下的单身人士必须年薪低于 12 752 美元才能被正式认定为穷人。

定义贫困 这样的数字让定义谁生活在贫困中看起来很简单：你要么高于门槛，要么低于门槛。然而，社会学家发现，我们对贫困的概念各不相同，例如，我们可以用绝对或相对的术语来定义贫困。

任何曾经与贫困做过斗争的人都知道贫穷的代价是多么高昂。

詹姆斯·A. 鲍德温（James A. Baldwin）

绝对贫困是指任何家庭都不应低于的最低生活水平。根据这一定义，低于贫困水平的人最终缺乏足够的生存资源。包括美国在内的许多国家使用这一标准的某种形式作为其定义贫困的基础。美国家庭中贫困儿童的比例相对较高，这意味着他们的家庭无法负担必要的消费品（食物、住所和衣服）。从全球来看，工业化国家的贫困率差异很大。

相比之下，**相对贫困**是一种浮动的剥夺标准，根据这一标准，社会底层的人与整个国家相比处于不利地位。例如，如果生活在像美国这样的富裕国家，那么拥有充足食物、衣服和住所的人也可能会被视为穷人，因为他们买不起文化上定义为重要但对生存来说并不重要的东西，例如冰箱。同样，按照美国标准被视为穷人的人，如果按照全球贫困标准，可能是富裕的，饥饿和饥荒才是世界许多地区的日常现实。此外，从历史的角度来看，目前被定义为穷人的人的绝对收入可能比 20 世纪 30 年代或 70 年代的穷人要好。

历史上，美国的贫困线最初是根据 1964 年制定的公式计算的。林登·B. 约翰逊（Lyndon B. Johnson）总统曾宣布向贫困开战，但当时还没有官方的贫困衡量标准。为了制定一项官方措施，约翰逊政府求助于社会保障局的食品经济学家莫利·欧桑斯基（Mollie Orshansky）的工作。欧桑斯基建议结合两个事实来建立一个普遍的贫困标准。第一个来自一项研究，该研究发现，家庭在食物上的支出约占预算的三分之一。第二个是美国农业部营养师制定的最低营养饮食的估计成本。欧桑斯基将这两条信息结合起来，将贫困门槛确定为美国农业部饮食成本的三倍。她认为，面临贫困的家庭将以大致相同的速度削减食品和非食品支出，来保持 3：1 的比例。

关于美国界定贫困的这一方法是否能衡量贫困的

> **绝对贫困**（absulute poverty）
> 任何家庭都不应低于的最低生活水平。
> **相对贫困**（relative poverty）
> 一种浮动的剥夺标准，根据这一标准，社会底层的人与整个国家相比处于不利地位。

图片来源：Robyn Beck/AFP/Getty Images.

走向**全球**

全球儿童贫困率

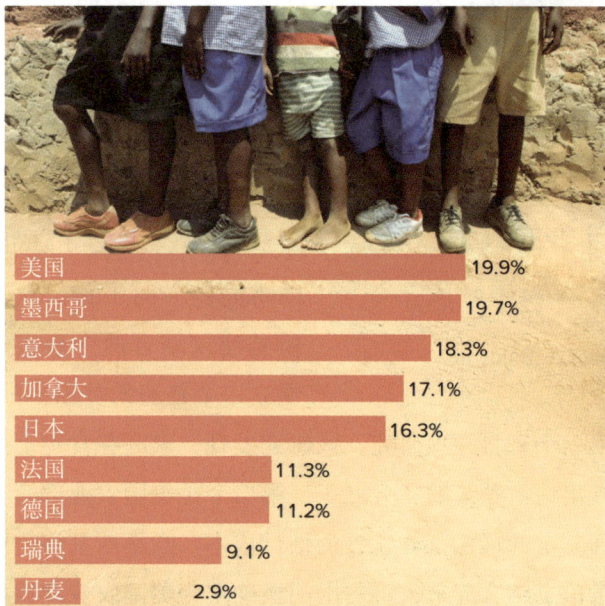

美国	19.9%
墨西哥	19.7%
意大利	18.3%
加拿大	17.1%
日本	16.3%
法国	11.3%
德国	11.2%
瑞典	9.1%
丹麦	2.9%

资料来源：OECD，2018b：Table CO2.2. 图片来源：Jason R Warren/E+/
Getty Images.

真实性质，一直存在着长期的争论。例如，批评者认为该措施过于简单，或者乘数现在应该接近 5，这将使贫困线提高。认识到官方定义的局限性，美国政府于 2011 年秋季开始计算贫困的补充指标。这一更复杂的衡量标准考虑了食品、服装、住房、公用事业、税收、工作费用和自费医疗费用的实际成本。除了收入之外，它还将食品券和税收抵免视为可用资源，并进行调整以反映不同地理区域的价格差异。

谁是穷人 通过分析那些生活在贫困线以下的人，我们学到的一个教训是，我们对贫困的见解是有缺陷的。例如，许多美国人认为，绝大多数穷人能够工作但并不去工作。然而，44.1% 的贫困人口要么是 18 岁以下的儿童，要么是 65 岁及以上的成年人。许多处于工作年龄的穷人都外出工作，尽管他们经常从事兼职工作。2017 年，美国全年全职工作的 240 万人和非全职工作的 570 万人处于贫困之中。在那些不工作的贫穷成年人中，很多人或生病，或残疾，或忙于维持家计。

一个人贫困的可能性因社会地位而异。图 10–7 通

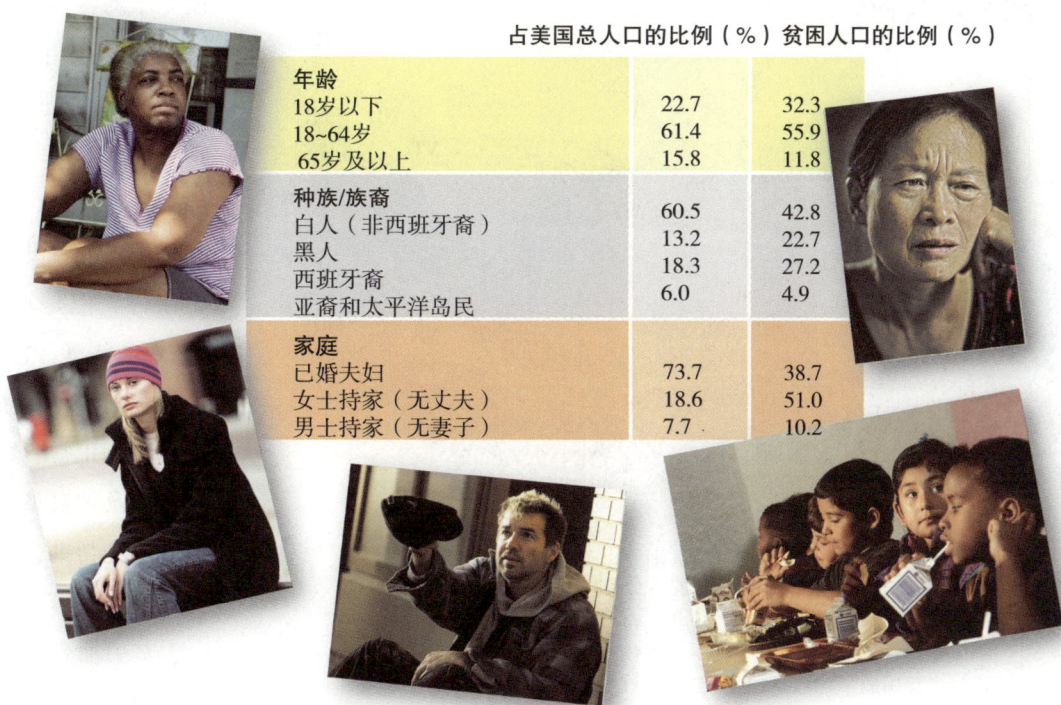

	占美国总人口的比例（%）	贫困人口的比例（%）
年龄		
18岁以下	22.7	32.3
18~64岁	61.4	55.9
65岁及以上	15.8	11.8
种族/族裔		
白人（非西班牙裔）	60.5	42.8
黑人	13.2	22.7
西班牙裔	18.3	27.2
亚裔和太平洋岛民	6.0	4.9
家庭		
已婚夫妇	73.7	38.7
女士持家（无丈夫）	18.6	51.0
男士持家（无妻子）	7.7	10.2

图 10–7　在美国的穷人的身份类别

注：年龄和种族 / 族裔百分比以总人口为基础。家庭百分比基于总家庭。

资料来源：Fontenot, Semega, and Kollar, 2018：Table 3、4. 图片来源：（右上）Wild Horse Photography/Getty Images；（右下）David Buffington/Photodisc/Getty Images；（中下）Con Tanasiuk/Design Pics；（左下）Jacobs Stock Photography/BananaStock/JupiterImages/PictureQuest；（左上）James Pauls/eyecrave LLC/Vetta/iStockphoto.

过对比美国总人口中各种身份类别的人口百分比与官方认为贫困的同一类别人口百分比来说明这一点。例如，美国 22.7% 的人不满 18 岁，但 32.3% 的贫困人口不满 18 岁。这表明，与整体人口相比，贫困人口中儿童的比例过高。65 岁及以上的人在贫困人口中所占比例不足，因为他们在贫困人口中占 11.8% 的比例低于他们在总人口中所占 15.8% 的百分比。

人们居住的社区类型也起着一定的作用。2017 年，美国 41% 的穷人生活在大都市地区的大城市。但贫困不仅仅是一个城市问题，总体而言，43% 的贫困人口生活在大都市地区以外。

对一般穷人的分析表明，他们不是一个静态群体。穷人的总体构成不断变化；一些个人和家庭在一两年后会脱离贫困线，而其他人则会滑到贫困线以下。社会学家马克·兰克（Mark Rank）在一项对 25 岁至 60 岁年龄段的经济不安全感的研究中发现，79% 的美国人至少经历了一年的失业、领取福利、官方认定贫困或接近贫困的经历。仅就贫困和接近贫困，54.1% 的人在其成年初期工作年龄段的某个时候，一年的收入低于贫困线的 150%。至于长期福利，只有 3.8% 的人口连续 10 年或更长时间获得此类福利。

社会学思考

是否应该要求福利领取者工作？如果是这样的话，政府是否应该在孩子们工作时为他们的学前和课后照顾提供补贴？

1996 年，在联邦政策的历史性转变中，国会通过了《个人责任和工作机会和解法案》（*Personal Responsibility and Work Opportunity Reconciliation Act*），结束了联邦长期以来对满足资格要求的每个贫困家庭的援助保证。该法案规定人们一生中只能享受五年福

贫困线以下的人口

贫困线以下人口
的百分比（%）

- 14 ~ 21.4
- 12.5 ~ 13.9
- 11 ~ 12.4
- 10 ~ 10.9
- 6.6 ~ 9.9

美国的平均数是12.3%

注：数据来源于 2017 年。
资料来源：U.S. Census Bureau，2018c：Table 19.

利金，并要求所有身体健康的成年人在领取两年福利金后工作（尽管允许艰苦条件除外）。联邦政府向各州提供整笔赠款用于帮助贫困和有需要的居民，并允许各州试验各种方法，使人们摆脱福利。

其他国家对社会服务项目的承诺差异很大，但大多数工业化国家在住房、社会保障、福利、医疗保健和失业补偿方面的支出比例高于美国。例如，在德国，政府支付 85% 的医疗保健支出，而英国为 80%，加拿大为 74%，墨西哥为 52%。美国政府支付了 50% 的医疗支出，低于全球平均水平的 59%。

正如蕾·麦考密克在本章开头的经验所证明的那样，经济资源缺乏的多米诺骨牌效应可能很严重。穷人往往也缺乏社交网络关系来帮助他们找到好工作，更不用说必须克服与贫困相关的负面影响。在文化资源方面，他们也常常缺乏可以作为同样宝贵资产的教育证书。新闻记者大卫·希普勒（David Shipler）在其题为《工作中的穷人：在美国被忽略的》（*The Working Poor: Invisible in America*）的深入研究中，将穷人必

须克服的各种因素组合称为"连锁贫困赤字"。正如希普勒所说："摆脱贫困并远离贫困似乎需要一系列有利条件。一项技能、良好的起薪和一份可能晋升的工作是先决条件。但是，目标明确、勇敢的自尊、没有巨额债务、没有精神疾病或成瘾、家庭功能正常、朋友关系良好，以及来自私人或政府机构适当的帮助，同样也是需要的。"

贫穷所带来的障碍以及获得财富所提供的优势提出了一个问题，即一个人单凭自己的能力能在多大程度上取得成功，或者人们继承的社会地位是否决定了他们可能的结果。

美国梦

美国梦既关乎成功，也关乎机遇。收入和财富严重不平等的存在以及贫困的持续存在本身并不违背美国梦。61% 的美国成年人认为，如果想取得成功的人愿意努力工作，他们就可以成功。不同的收入水平上的人们的这种信念没有显著差异。尽管贫富差距很大，但与包括英国、法国、希腊、俄罗斯、中国和巴基斯坦在内的许多其他国家的人们相比，美国人不太可能将贫富差距视为一个大问题。美国人假定制度是公平的，富人和穷人都应该得到他们的职位。

精英制度　对机遇的信奉体现在对精英制度的承诺上。精英制度是一种通过能力和努力相结合来实现个人社会地位的制度。从阶层划分和社会流动的角度来看，精英管理是一个开放的体系，在这个体系中，你可以获得职位。

美国对精英政治的承诺与平等原则相一致。这一

价值观在《独立宣言》的开头几句话中是这样阐述的："我们认为这些真理是不言而喻的,人人生而平等,造物主赋予他们某些不可剥夺的权利,其中包括生命、自由和追求幸福。"这种关于我们基本相同的信念意味着每个人都应该有成功的机会,不管他们在生活中的地位如何。我们的结局应该基于一些东西,而不是有幸出生在合适的家庭。收入、财富和贫困方面的结果差异是可以接受的,甚至是值得重视的,因为只要每个人都有成功的机会,这些差异就可以激励人们努力工作并做出牺牲。

图片来源:Elnur Amikishiyev/123RF.

在美国历史的早期,本杰明·富兰克林和托马斯·杰斐逊等人的作品中就明显地体现了将精英制度原则付诸实践的愿望。正如我们在第 8 章的"社会中的教育"部分中所看到的那样,这为霍勒斯·曼恩致力于将公共教育作为一个伟大的平衡器提供了理由。他的目标之一是让学校通过共享课程传播共同的美国文化。包括精英制度的重要性的价值观得到了加强,例如,1843 年的孩子们在美国最常见的教科书系列之一《麦加菲精选读本》(*McGuffey's Eclectic Readers*)中阅读这样的段落:

> 通往财富、荣誉、成就和幸福的道路对所有人敞开,只要愿意,几乎所有人都可以踏上这条道路,并取得成功。在这个自由的社会里,没有特权,每个人都能找到属于自己的位置。如果他有天赋,他就会被人认识和评价,并在社会中获得尊重和信心。

同样,在 19 世纪末,霍雷肖·阿尔杰(Horatio Alger)的畅销书《奋力拼搏》(*Struggling Upward*)、《火柴男孩标记》(*Mark the Match Boy*)和《粗鲁与准备》(*Rough and Ready*)等,强化了白手起家的理想。例如,在《愤怒的迪克》(*Ragged Dick*)中,主人公在小时候就被告知:"你知道,在这个自由的国家里,早年的贫困并不能阻碍一个人的进步。"在阿尔杰的故事

中,一个人的性格和价值观超越了社会地位,作为一种优越的资源,确保了一定的成功。

人们对美国梦的信念依然坚定。美国前总统巴拉克·奥巴马在其第二次就职演说中强化了美国对精英制度的承诺。他宣称:"我们信守我们的信条,让一个出生在最贫困地区的小女孩知道她有与其他人一样的成功机会,因为她是美国人;她是自由的、平等的,不仅在上帝眼中是平等的,在我们自己眼中也是。"。在美国,精英制度原则的周围有一种近乎神圣的光环,违反这一原则将意味着对公众信任的背叛。

贵族制度　在许多方面,对精英制度的承诺与早期美国殖民者反抗的英国君主制的统治相对应。在贵族阶层中,社会地位被赋予,特权阶层或精英阶层的成员资格被继承。与支撑精英统治的相同原则不同,这一制度以人与人之间存在固有的差异为前提。有些人生来就是领导,而其他人注定要跟随。贵族的字面

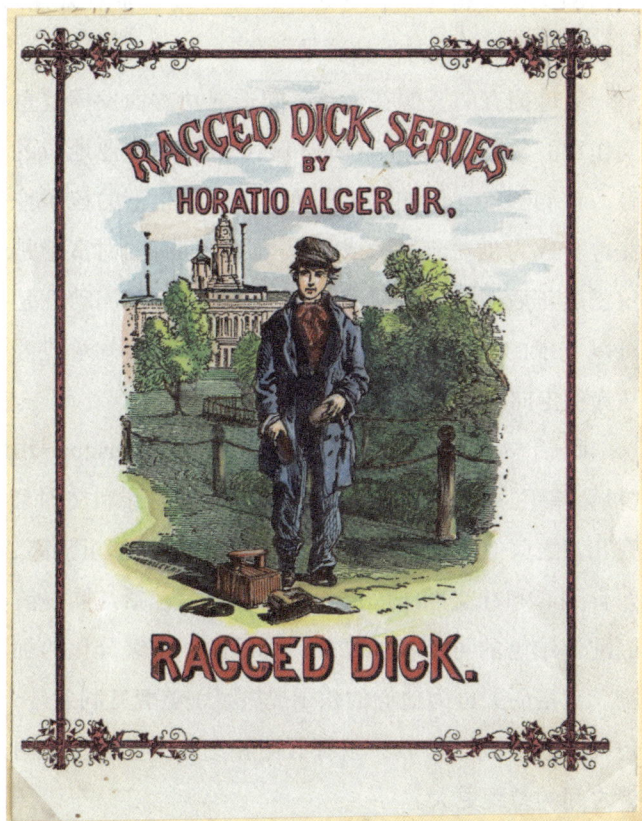

图片来源:Bettmann/Getty Images.

意思是"由最好的人统治",随着时间的推移,这意味着高贵。贵族的原则巩固了种姓和等级制度的分层。因为差异被认为是遗传的,所以社会流动的机会有限。

在美国,人们对社会流动机会的可能性不太确定。61%的人相信"只要努力,任何人都能取得成功",这一比例已从 1999 年的 74% 下降了,现在认为"努力工作和决心并不能保证大多数人成功"的人的比例从 23% 上升到了 36%。

作为美国梦的一个重要标志,孩子们比父母做得更好的可能性已经降低。正如图 10–8 显示的,比较父母和孩子年满 30 岁时的收入,并使用定值美元进行比较,1940 年出生的孩子中 92% 的收入比他们的父母同龄时的收入高。对于 1984 年出生的人来说,只有 50% 的人比他们的父母挣得多。换言之,比父母做得更好的概率现在并不比掷硬币高。

父母拥有的资源在为孩子塑造成功方面发挥着重要作用。父母的职业地位是其子女成年后职业地位的有力预测因素。例如,工薪阶层的父母生下的孩子往往也会成为工薪阶层的成年人。父母拥有的财富量是孩子成年后拥有多少财富的重要预测指标。流动性是可以实现的,但只有 6% 的底层五分之一的儿童能够从赤贫走向富裕,最终成为上层的五分之一。

政治学家罗伯特·帕特南(Robert Putnam)用"机会差距"来描述富裕阶层儿童与工薪阶层和贫困家庭儿童之间似乎越来越大的差距。他声称,邻里隔离、教育隔离和社交网络隔离程度的增加,包括与同一阶级配偶结婚的可能性的增加,都导致了阶级分化的加剧。富裕的父母为他们的孩子提供了一整套有利条件,包括私立学校、家教、教育假期和专业夏令营,使两者之间的差距更大。

正如我们从图 10–9 中所看到的那样,一个在标准

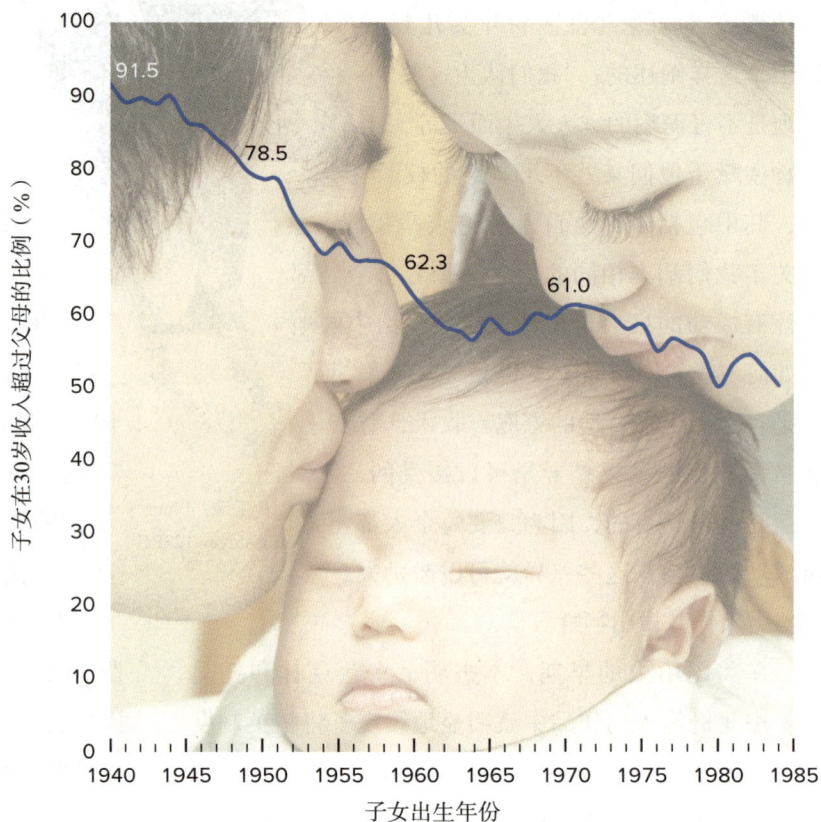

图 10–8 父母和孩子年满 30 岁时的收入比较

注:图表比较的是父母和孩子年满 30 岁时的税前收入。

资料来源:Chetty, Grusky and Hell et al., 2016. 图片来源:Cecilia Cartner/Cultura/Getty Images.

化的 8 年级数学考试中成绩不佳的高收入家庭的孩子,相比一个考试中成绩高的低收入家庭的儿童,12 年后从大学毕业的可能性更高。这表明,学习成绩差的富

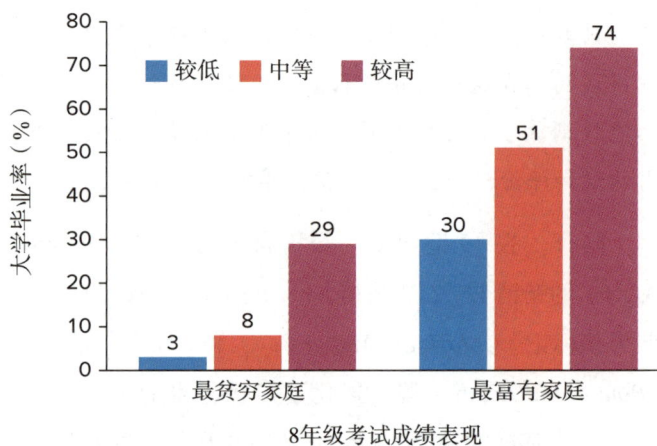

图 10–9 大学毕业的可能性

注:考试成绩为标准化 8 年级数学考试。家庭地位取决于父母的教育、职业和收入。大学毕业率的衡量标准是考试后 12 年。

资料来源:Putnam, 2015:190.

裕孩子比聪明的贫困孩子更有可能毕业。正如一份分析学术潜力和教育成功方面类似结果的报告所说："天生富有胜过天生天赋。"

上层儿童获得的经济、社会和文化优势为他们提供了一个缓冲，在失败发生时保护他们。帕特南写道："父母的财富对社会流动性尤其重要，因为它可以提供非正式保险，让孩子们冒更多的风险寻求更多的回报。"例如，那些没有机会通过教育充分发展技能的人，就不太可能分享这种成就所带来的奖励，如图10–10所示。随着时间的推移，随着上层人士向子女提供更多的资源，流动阶梯的梯级距离越来越远，资源有限的人很难达到下一个等级。然而，看到这一现

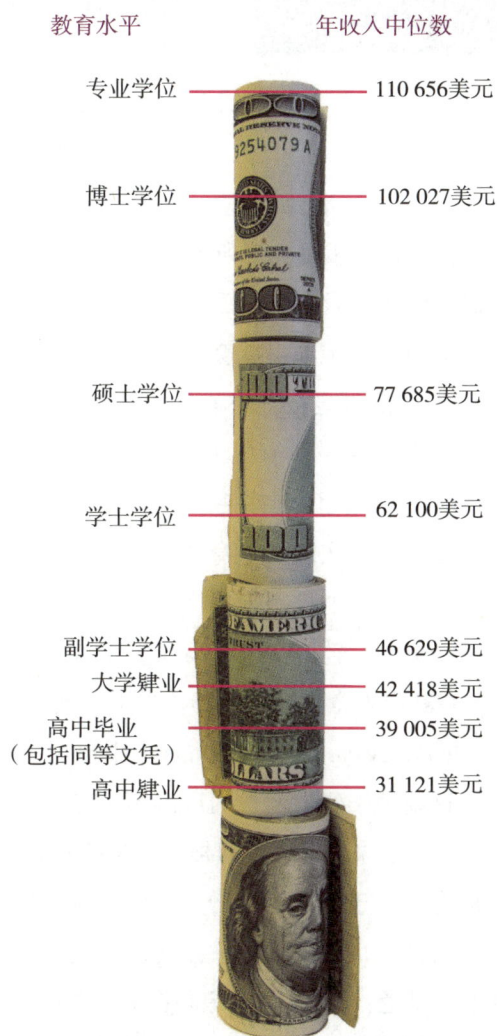

实仍然是一个挑战，因为当一个社会在原则上公开承诺精英制度时，很容易将继承资源对可能结果的影响程度降至最低。

＞＞社会学视角下的分层

通过关注阶层制度的结构及其内部资源的分配方式，我们可以更好地理解一个致力于精英制度原则的社会是如何产生贵族的。社会学家为我们提供了工具，使我们能够将注意力集中在关键资源上，从而使我们能够辨别谁拥有权力以及为什么拥有权力。如前所述，三类资源至关重要，即物质、社会和文化。

马克思和物质资源

卡尔·马克思主要关注物质资源的分配。正如我们在第9章"经济体系"部分中看到的那样，他认为，纵观历史，权力是由生产资料的所有权决定的。因此，马克思的阶级模型有两个基本范畴：所有者和非所有者。例如，在封建时代，贵族拥有土地，农民没有。在资本主义制度下，被称为**资产阶级**的统治阶级拥有生产资料，包括工厂和机器。工人阶级，即**无产阶级**，不拥有生产资料，因此他们必须出售劳动力以换取工资。

> **资产阶级**（bourgeoisie） 资本主义统治阶级，因为他们拥有生产资料。
> **无产阶级**（proletariat） 资本主义统治下的工人阶级，他们必须出售劳动力以换取工资，因为他们缺乏生产资料的所有权。

马克思认为，资本主义作为一个系统的逻辑决定了每个群体的行为。市场竞争是资本主义的核心，最初是资本家在追求利润时相互竞争的结果。为了获得更大的市场份额，资本家试图降低一般生产成本，尤其是劳动力成本。他们通过机械化（发明能够接管更多劳动力的新机器）、去技能化（通过将工作过程分解为最基本的步骤来简化工作过程，从而使所需的知识最少）和离岸外包（在世界其他地区寻找能够以更少的钱完成工作的劳动力）来降低这些成本。这并不是说资本家必然比其他人更贪婪，或者有剥削工人的特殊愿望，而是他们的行动基于系统固有的原则。

教育水平　　　　　　　年收入中位数

专业学位　　　　　　　110 656美元
博士学位　　　　　　　102 027美元
硕士学位　　　　　　　77 685美元
学士学位　　　　　　　62 100美元
副学士学位　　　　　　46 629美元
大学肄业　　　　　　　42 418美元
高中毕业（包括同等文凭）39 005美元
高中肄业　　　　　　　31 121美元

图10–10 25~64岁全年全职工人的教育回报
资料来源：U.S. Census Bureau, 2018b: Table PINC-03.
图片来源：McGraw-Hill Education.

马克思认为，这种对工人工资和工作条件的下行压力是无情的。它最终导致了全球大量工人阶级的发展，这些工人大多是贫穷、无技能的工人，他们相互竞争低工资工作，导致无产阶级之间的种族、族裔和民族主义冲突。具有讽刺意味的是，正如我们在第9章中所探讨的那样，资本主义的技术创新使更美好的未来成为可能。马克思称赞资本主义的这一方面，是因为它解决了生产问题，这是以往任何一个经济体都无法解决的。因此，我们最终将消除稀缺性。即使现在，我们已经可以生产足够的粮食，让世界上没有任何人挨饿。

一旦解决了满足我们所有需求的技术障碍，马克思认为，公平社会的唯一障碍将是资本主义社会关系体系。它对私有财产的强调使上层的少数资产阶级能够拥有和控制比他们所希望的更多的财产，而下层的大多数无产阶级仍在挣扎。最终，马克思认为，无产阶级会发现他们对现有的社会关系没有真正的兴趣。他

阶级意识（class consciousness） 一个阶级的成员对他们的共同既得利益和集体政治行动带来社会变革的必要性的主观意识。

虚假意识（false consciousness） 卡尔·马克思使用的一个术语，用来描述一个阶级的成员所持的不能准确反映他们客观立场的态度。

们将培养**阶级意识**，即对共同既得利益和集体政治行动带来社会变革的必要性的主观意识。这将导致推翻资本主义，建立一个更公平的分配制度，其形式是社会主义，然后是共产主义。

对于马克思的工作，经常出现的一个问题是：为什么革命没有发生？一个答案是，马克思认为资本家会通过塑造社会公认的价值观和规范来反对这种阶级意识的发展。主导意识形态一词描述了一系列有助于维护强大社会、经济和政治利益的文化信仰和实践。

资料来源：Elkins，2018. 图片来源：Martin H.Simon/Pool/Getty Images.

你知道吗？

薪酬最高的首席执行官是博通公司（Broadcom）的陈福阳（Hock Tan），该公司专注于半导体和通信基础设施，2017年他的收入为1.032亿美元。收入最高的女性是玛格丽特·乔治亚迪斯（Margaret Georgiadis），她在美泰公司（Mattel）的薪酬是3130万美元。

从这个角度来看，精英制度作为一种价值观的一个可能功能是强化这样一种信念，即即使在实践中存在有限的机会，流动也是可能的。此外，对精英制度的信仰强化了这样一种观念，即那些处于顶层的人是因为能力和努力才属于那里的，因此，他们应该得到他们所积累的任何财富和权力。因此，工人们必须克服马克思所说的**虚假意识**—— 一个阶级的成员所持的不能准确反映他们客观立场的态度。一个有虚假意识的工人可能会对资本主义剥削采取个人主义观点（"我被老板剥削了"）。相比之下，有阶级意识的工人意识到，所有工人都在被资产阶级剥削，他们与革命有着共同的利害关系。

由于马克思关注制度本身的结构，他能够根据社会阶层对物质资源的控制来确定社会阶层之间的内在紧张关系。最近，经济学家托马斯·皮凯蒂（Thomas Piketty）在其出人意料畅销的书《二十一世纪的资本》（*Capital in the Twenty-First Century*）中也做了类似的描述。在这篇关于经济增长的广阔历史综述中，皮凯蒂认为，从长远来看，资本回报率（包括利润、租金、利息和股息）大于整体经济增长，包括收入和产出的增长。皮凯蒂使用公式 $r>g$ 来描述这种关系。一位评论员这样总结道："拥有金钱是获得更多金钱的最佳方式。"然而，在美国，对精英制度的信奉使人们难以接受这一简单事实的后果。否认是可能的，部分原因是，

在 20 世纪大部分时间里，由于技术创新，经济增长速度超过正常水平，而由于世界大战和经济大萧条的破坏性影响，财富增长速度更慢。皮凯蒂认为，在 20 世纪中叶帮助造就了一个繁荣的中产阶级的不正常时期已经结束。实际上，皮凯蒂认为，不平等加剧是资本主义结构的必然结果，这"对精英制度模式提出了挑战"。我们从马克思和皮凯蒂身上学到的是，对物质资源的控制具有实质性的优势。

韦伯和社会资源

马克斯·韦伯接受了马克思的假设前提，即社会阶级在影响结果方面发挥着重要作用，但他认为马克思的权力概念过于狭隘，因为它几乎只关注生产资料的所有权。韦伯认为，除了物质资源外，社会资源也很重要。作为回应，他提出了一个分层的多维模型，其中包括三个组成部分：阶级、地位和政党。

韦伯用**阶级**这个词指的是一群拥有相似经济资源水平的人。他确定了阶级的两个核心要素：市场中的物质资源和技能知识。

首先，阶级是关于你拥有多少。与马克思一样，这包括生产资料的所有权，但韦伯认为，其他经济资源的所有权，包括土地、储蓄和股票，也决定了一个人的阶级地位。马克思坚持认为，在资本主义条件下，机械化和极端分工会降低熟练劳动力的价值，而韦伯则认为，鉴于现代社会的复杂性，知识将继续是劳动力市场上的一种雇主会奖励的有价值的商品。例如，通过发展我们的技能知识，例如上大学，我们提高了我们的阶级地位。

阶级代表物质资源，地位则是社会资源。韦伯用**"地位群体"**一词来指代那些拥有相同声望水平的人。你的地位所提供的权力取决于别人对你的看法，包括对荣誉的正面和负面评价。**声望**是指在社会中某一特定地位所具有的尊重和敬仰。根据全国调查，社会学家制作了"职业声望排名"，以总结人们对各种职业

> **阶级**（class） 一群拥有相似经济资源的人。
> **地位群体**（status group） 拥有相同声望水平的人。
> **声望**（prestige） 社会中某一特定地位所具有的尊重和敬仰。

图片来源：Dave Moyer.

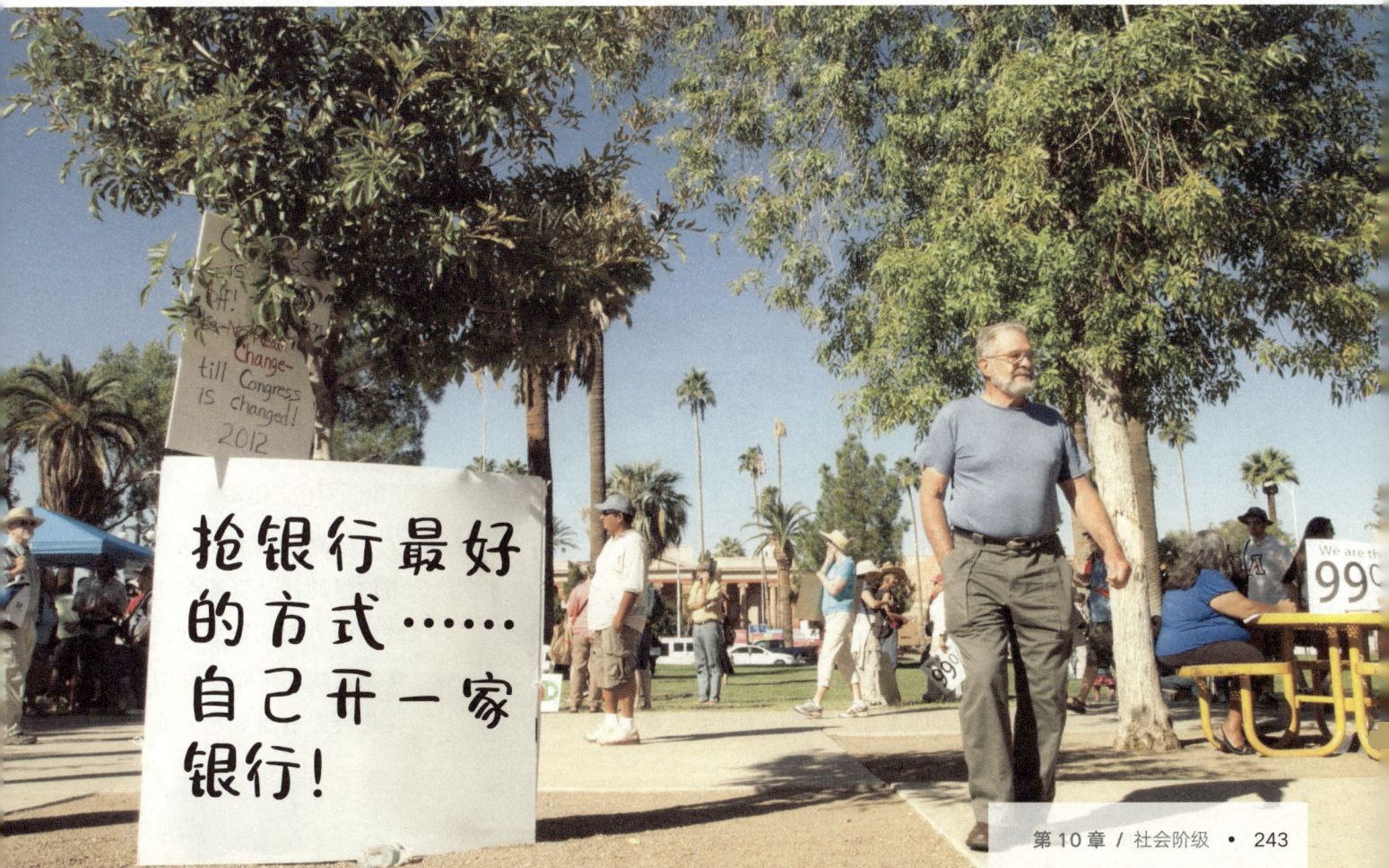

社会经济地位（socioeconomic status，SES） 一种基于教育、职业和收入组合的社会阶层地位的衡量标准。

政党（party） 组织起来完成某一特定目标的能力。

相对地位的看法。我们认为医生和律师比图书馆员和社会工作者更有声望，而他们又比看门人和女佣都高。但在以阶级为基础的体系中，声望不仅仅涉及职业。社会经济地位是衡量社会阶级地位的一个标准，它结合了教育、职业和收入。阶级和地位不一定是关联的。社会声望很高，经济地位很低，这也是可能的，因为许多神职人员在他们的信仰社区中受到高度尊重，但他们的收入往往相对较低。

韦伯的多维度分层模型的第三个主要因素集中于组织资源。政党是指组织起来完成某一特定目标的能力。这就是我们所说的政党，但这种组织超越了政治，延伸到生活的各个领域。正如我们之前在韦伯身上看到的那样，官僚机构代表了这种资源的理想形式，因为它们明确地组织起来，以最大限度地利用可用资源，并以最有效的方式实现其目标。对于韦伯来说，政党是一种潜在的资源，任何个人或团体都可以利用它。美国的民权运动就是一个典型的例子。在大社会所定义的阶级或地位资源最少的情况下，组织对于这场运动的成功至关重要。

韦伯坚持认为，在实践中，这三种资源共同作用，形成了个人和群体的力量。在一个领域很强大的人可以利用这一权力增加其他领域的资源。例如，人们将物质资源捐献给政治事业，希望这样做能促进社会和组织利益。那些已经在所有三个领域拥有权力的人比那些没有权力的人更有优势。

布迪厄和文化资源

马克思强调物质资源，韦伯强调社会资源在地位和政党两方面的重要性，社会学家皮埃尔·布迪厄增加了文化资源的重要性。他介绍

职业声望排名

职业	得分	职业	得分
内外科医生	80	工具和模具制造商	38
天文学家和物理学家	75	理发师	36
大学教授	74	印刷机操作员	36
建筑师	73	文件管理员	36
牙医	72	公共汽车司机	35
首席执行官	72	儿童保育员	35
心理学家	71	保安	34
律师	69	厨师	33
神职人员	66	办公室职员	32
飞机驾驶员	65	调酒师	32
注册护士	64	服务员	31
高中教师	64	酒店前台	30
计算机程序员	63	伐木工人	29
社会学家	63	建筑工人	28
脊椎按摩师	61	猎人	28
中小学教师	61	洗衣和干洗工人	26
警察	60	出租车司机和汽车司机	26
消防员	59	门卫	24
演员	58	女佣	20
牙科保健员	56	电话营销人员	18
图书管理员	55		
社会工作者	54		
厨师和厨师长	50		
电工	49		
保险销售代理	47		
面包师	45		
木匠	44		
募捐者	40		
住宅顾问	39		
动物训练师	38		

注：最高声望分数是 100，最低声望分数是 0。

资料来源：Hout，Smith，and Marsden，2015. 图片来源：（上）Michael N.Paras/Pixtal/age fotostock；（下）James Hardy/PhotoAlto.

做出区分，例如观看美国公共广播公司（PBS）上的《杰作》（*Masterpiece*）和《美国忍者勇士》（*American Ninja Warrior*）之间，以及聆听普拉西多·多明戈（Placido Domingo）和布鲁诺·马尔斯（Bruno Mars）的歌曲之间。这种判断基于一定程度的文化精英主义，在这种文化精英主义中，上层人士能够将自己的偏好定义为明显优于大众。工人阶级的文化资本通常被贬低为乡下人或贫民窟，其价值被严重低估——直到其他人宣称其为自己的文化资本之前，就像爵士、蓝调、摇滚和说唱一样。

电影 关于社会阶级

5

《雪国列车》（*Snowpiercer*）
在世界末日后的火车上，阶级斗争爆发了。

《冬天的骨头》（*Winter's Bone*）
一名住在奥扎克的青少年调查她父亲的犯罪行为。

《佛罗里达乐园》（*The Florida Project*）
在魔法王国的阴影下成长。

《里奇·希尔》（*Rich Hill*）
三个男孩和他们的家人艰难度日。

《一代财富》（*Generation Wealth*）
不管人们有多少，他们都会想要更多。

了**文化资本**的概念，指我们的品位、知识、态度、语言和思维方式，这些都是我们在与他人互动时交流的。文化资本通常与艺术或文学偏好相联系，而且更深入，因为它植根于我们对现实本身的感知。对于布迪厄来说，由于某些文化比其他文化更受重视，所以它代表了一种权力形式。

社会学思考

保罗·福塞尔（Paul Fussell）在他的书《阶级：美国地位体系指南》（*Class: A Guide through the American Status System*）中指出，我们衣服上的文字反映了我们的社会阶级。你衣服上的商标、品牌和文字告诉了你什么？如果你处于不同的阶级地位，你的服装选择会有什么不同？

社会学思考

一个团体如何协调其阶级、地位和党派资源来实现其目标？在校园或社区中挑选一个寻求带来社会变革的群体，想象一下你可以如何使用韦伯的原则为群体成员提供建议。

我们的东西不仅仅是物质本身。它们是讲述我们是谁、我们来自哪里以及对我们来说什么是重要的故事的象征。无论是鞋子、汽车、宠物还是智能手机，我们之所以选择它们，是因为它们符合我们的品位，而我们从周围的人那里继承的文化资本塑造了我们的品位。例如，从纳斯卡赛车到莫扎特，工人阶级的品位通常与上层阶级的品位不同。例如，交响乐音乐会、歌剧和外国电影被视为高水平文化，而流行文化包括流行电影、电视节目和大多数流媒体音乐频

当我们与他人互动时，我们会利用我们拥有的文化资本资源。与共享相同基本资源集的其他人进行这种互动相当容易。当与拥有不同文化资本存量的其他人发生互动时，互动会变得更加复杂。当高管们试图在工厂车间上随意与工人互动时，或者当我们发现自己在一个不太确定规则的地方用餐时，我们会看到这种困难。

如果文化资本偏好只是不同亚文化之间的社会差异问题，那可能不是什么大问题，但精英的文化资本也与他们对经济和社会资源的控制息息相关。因此，文化资本可以作为一种排斥工作、组织和机会的形式。例如，合格的申请人可能不会被录用，因为在面试期间，他们使用了不恰当的语法，或者似乎对相关文化

> **文化资本**（cultural capital） 我们的品位、知识、态度、语言和思维方式，这些都是我们在于他人互动时交流的。

不够熟悉，例如时事新闻或高尔夫球领域的最新消息。雇主倾向于雇用他们觉得舒服的人，而文化资本在这一过程中起着重要作用。

使文化不平等问题更加复杂的是，我们的偏好和观念往往以继承物质资本的方式从父母传给子女。父母教孩子语言模式和文化品位，从双重否定的使用到文学鉴赏。文化资本也会在学校的环境中被复制到下一代，在学校中，社区内的阶级差别决定了课程和纪律模式。社会学家杰西·斯特里布（Jessi Streib）发现，到了四岁，孩子们已经开始接受基于他们的社会阶级地位的文化习俗。在八个月的时间里，她在一个多样化的幼儿园进行了研究，发现来自中上层家庭的孩子比工人阶级的孩子更健谈，更需要老师的时间和注意力。高年级儿童的语言风格更符合课堂文化，因此，他们更有可能满足自己的需求。

从这个角度来看，社会流动不仅仅是获得更多的钱和更好的社会关系。例如，赢得彩票并不能把一个处于社会底层的人变成一个处于上层的人，或者，正如布迪厄所说，"拥有一百万本身并不能使一个人过上百万富翁的生活"。这种流动也需要社会和文化变革。要实现流动性，个人必须获得并学习不同的知识和技能，以及全新的生活方式：新的品味、态度、语言和思想。

物质、社会和文化资源

使用这些社会学工具能够使我们更好地理解社会分层是如何运作的。我们了解到，我们必须特别关注现有的社会分层体系的类型，以及决定这些体系中职位的资源类别。在封闭系统中，地位很大程度上是通过出生时的继承决定的，你几乎无法改变它。在美国基于阶级的系统中，某种程度的流动是可能的。但事实证明，无论是富有还是贫穷，都不仅仅意味着拥有更多或更少的钱，我们还必须关注社会和文化资源。

个人社会学
文化资本

作为一名教授，我知道成绩不仅仅受努力和内在智力的影响。拥有更多文化资本的学生，包括重要的背景教育资源，根本不必那么努力的工作。例如，在我的入门课程中，大三学生知道游戏规则。相比之下，一年级学生往往很难区分什么是重要的，什么是次要的。然而，随着时间的推移，大多数人学会了如何有效地学习。这一原则在学生们还没到校园之前就已经开始起作用了。那些拥有教授奖励的文化资本的学生比那些缺乏这些资源的学生更有优势。

谈到社会秩序，我们和其他人都更容易沿着同样的路径，而不是开拓新的方式。这样做，现状会自我复制。我们的社会资源，包括与家人、朋友和同事的关系网络，限制了可能为我们开辟新途径的各种联系；我们的文化资源，包括偏好、品味和知识，限制了我们可能想象的或想要的。虽然一些上层人士看不起底层人士，认为他们不负责任、目光短浅，但工人阶级可能会嘲笑富人对歌剧和芭蕾舞的高雅偏好，并批评他们的价值观是唯物主义和自私的，缺乏对家人和朋友的承诺。

> **金钱可能是财富的评价标准，但绝不是唯一的形式。**
>
> 马修·斯图尔特（Matthew Stewart）

行动起来！
社会学自传
通过课堂的视角写下你的社会学自传。你的物质资源（如家庭收入和财富）如何影响你的生活机遇？通过社会资源，即你的家庭和友谊网络联系？通过文化资源，包括品味、语言、艺术和流行文化偏好，以及家庭成员的教育程度？如果你出生在另一个拥有不同资源的家庭，你的生活会有什么不同？

由于物质、社会和文化资源的差异，改变阶级可能涉及改变身份的艰巨任务，导致一些人认为美国更像一个种姓社会。流动将涉及新的社交网络、新的生活方式和新的品味。更为复杂的是，改变阶级不仅仅需要改变我们自己，还需要其他人的认可和接受。正如贫困可能存在相互锁定的赤字一样，财富也可能具有相互关联的优势。其中一项特权是排斥，拒绝他人获得宝贵的社交网络连接。考虑到差异带来的后果，实施精英制度和实现美国梦是一项具有挑战性的任务，但是，对所涉及的挑战的理解和欣赏可以使人们有能力采取必要的步骤取得成功。

本章回顾

1. 什么是社会阶级?

- 与奴隶制、种姓和身份一样，它是一种分层制度，对人和群体进行排名，但其排名主要基于经济地位。

2. 社会阶级是如何运作的?

- 三类资源是关键：物质资源，包括收入和财富；社会资源，包括社交网络和声望；文化资源，包括品味、教育和知识。权力是基于对这些资源的获得和控制。

3. 社会阶级的后果是什么?

- 虽然以阶级为基础的制度比其他制度更开放，但我们的生活机遇是由我们继承的阶级地位以及随之而来的物质、社会和文化资源决定的。对大多数人来说，无论是职业、收入还是财富，确实发生的社会流动都是相对较短的距离。

不同社会学视角下的社会阶级

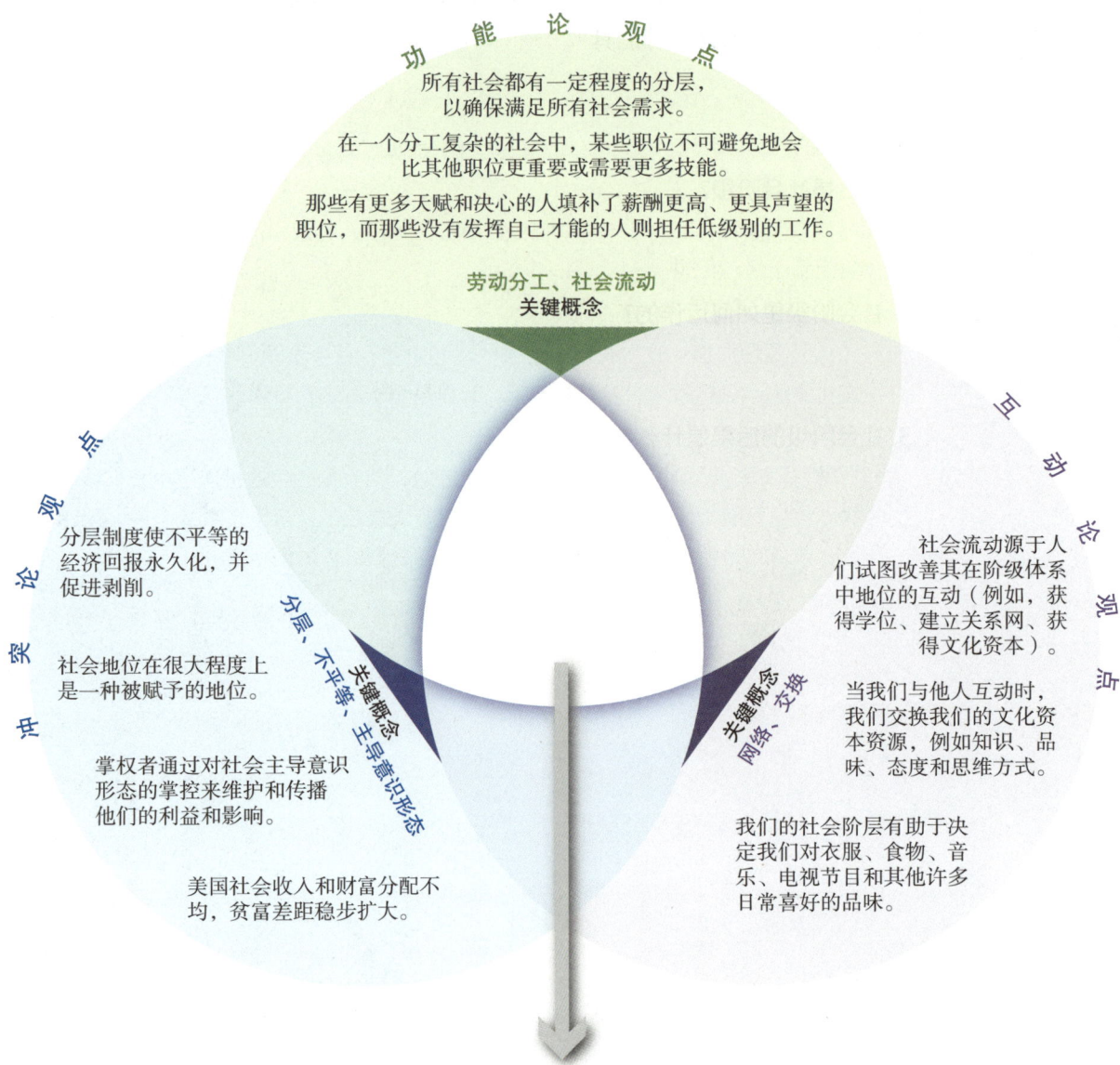

功 能 论 观 点

所有社会都有一定程度的分层，
以确保满足所有社会需求。

在一个分工复杂的社会中，某些职位不可避免地会
比其他职位更重要或需要更多技能。

那些有更多天赋和决心的人填补了薪酬更高、更具声望的
职位，而那些没有发挥自己才能的人则担任低级别的工作。

劳动分工、社会流动
关键概念

冲 突 论 观 点

分层制度使不平等的
经济回报永久化，并
促进剥削。

社会地位在很大程度上
是一种被赋予的地位。

掌权者通过对社会主导意识
形态的掌控来维护和传播
他们的利益和影响。

美国社会收入和财富分配不
均，贫富差距稳步扩大。

分层、不平等、主导意识形态
关键概念

互 动 论 观 点

社会流动源于人
们试图改善其在阶级体系
中地位的互动（例如，获
得学位、建立关系网、获
得文化资本）。

当我们与他人互动时，
我们交换我们的文化资
本资源，例如知识、品
味、态度和思维方式。

关键概念：交换
网络、交换

我们的社会阶层有助于决
定我们对衣服、食物、音
乐、电视节目和其他许多
日常喜好的品味。

建立联系

回顾本章之后，请回答下列问题。

1

从这三个视角分析社会流动。流动性以何种方
式发挥作用？如何从冲突论视角解释它？互动
在取得成功中扮演什么角色？

2

在马克思的"虚假意识"概念中，冲突论观点
和互动论观点是如何交叉的？

3

理论家如何从每个视角解释物质、社会和文化资源
在社会中的分配？

4

想想你自己的人生机遇。哪些观点有助于你看到影
响你的机遇和结果的因素？

第 11 章

全球不平等

图片来源：Viviane Moos/Corbis Historical/Getty Images.

一座城市的两则故事

孟买是一座反差鲜明的城市。一方面，它是印度的娱乐和金融之都，是宝莱坞明星和亿万富翁的故乡；另一方面，520 万居民（占城市人口的 41%）生活在被认定为贫民窟的地区。

妮塔·安巴尼（Nita Ambani）形容孟买是"梦想成真的城市"，对妮塔和她的家人来说，这的确是。妮塔的丈夫穆克什·安巴尼（Mukesh Ambani）是印度首富，净资产 454 亿美元。据报道，他们和三个孩子以及穆克什的母亲一起住在耗资 10 亿美元的 27 层的房子中，这可能是世界上最昂贵的房子。这座名为安提列亚（Antilia）的房子，包括图书馆、宴会厅、50 个

座位的剧院、游泳池、水疗中心、舞蹈工作室、梯田花园、寺庙、可容纳 160 辆汽车的停车场；据报道，该房子中还有一座冰窖，可以在大热天产生人造雪来降温。

孟买的上层人士生活得很好。从 2005 年到 2015 年，身家 3000 万美元以上的居民数量增长了 357%，这也催生了房地产热潮。为了满足这座城市对豪华住宅日益增长的需求，开发商推出了许多高成本的摩天大楼住宅项目。例如，"世界一号"（World One）建成后将成为世界上最高的住宅楼，每套住房的售价在 240 万美元至 1600 万美元之间。在唐纳德·特朗普没有成

为总统之前，他不想错过孟买高楼的繁荣，也加入进来。孟买特朗普大厦（Trump Tower Mumbai）项目起价160万美元。在解释摩天大楼的繁荣时，孟买另一家开发商的总经理巴布拉尔·瓦尔马（Babulal Varma）说："每个人都想远离人群……人们都想要上升，你远离了噪音，远离了污染。"在瓦尔马的项目中，公寓的起价为190万美元，接近顶层的公寓起价为4400万美元。

对大多数孟买人来说，街头生活看起来非常不同。为了生活，许多人不得不在迪昂纳捡垃圾，这是一个326英亩的大垃圾场，三面被贫民窟包围。人们这样做是为了找到可以回收的有利可图的东西，把它们卖给61岁的纳瓦布·阿里·谢赫（Nawab Ali Shaikh）等人。他从垃圾场收集泡沫橡胶（主要来自废弃的家具），把它切成小块，卖给玩具制造商做填充材料。这些拾荒和回收工作收入非常低，而且没有保障且存在重大的健康和安全风险。

印度最富有的1%拥有58.4%的国家财富。在天平的另一端，1.76亿人生活在每天1.9美元的国际贫困线以下。全球共有7.36亿人生活在贫困线以下。在本章中，我们将探讨这种全球不平等的各个方面。

边读边思考 >>

- 社会学家如何看待现代化?
- 全球分层的差距有多大?
- 为什么会形成全球性的普遍人权运动?

>> 全球相互依存

对我们来说，我们所依赖的人往往是我们不认识的或看不见的。在前面的章节中，我们已经通过多种方式探讨了这个观点。例如，在第1章中，我们认为汉堡是一个奇迹，强调了我们在很大程度上认为别人拥有的知识和技能是理所当然的。我们大多数人都不知道如何开采所需的矿石，以生产出屠宰牛所需的刀，而这只是我们无知的开始。然而，我们在购买汉堡、蔬菜汉堡、背包、智能手机、教科书、鞋子、衣服、汽车等东西时，却没有想过参与生产这些东西的所有人。更进一步说，我们很少考虑商品生产者的生活和工作条件。然而，没有他们的贡献，我们就无法过上现在的生活。

为了更多地了解那些让我们现在的消费成为可能且被认为是理所当然的知识和技能，美国记者A. J. 雅各布斯（A. J. Jacobs）决定试着感谢所有为他早上的一杯咖啡做出贡献的人。他从当地咖啡店的咖啡师开始，这个咖啡师有点惊讶，因为他有时觉得自己更像一台自动售货机，而不是一个人。雅各布斯感谢了幕后为他挑选咖啡豆的人，感谢了把咖啡豆送到店里的卡车司机，还感谢了在哥伦比亚的瓜尼佐（Guarnizo）家族农场里种植咖啡豆的农民，但他并没有就此止步。他感谢了为卡车铺路的工人、为公路制作沥青的工人，以及为公路上的线条生产黄色油漆的工人。他感谢了收集矿石的矿工，这些矿石被炼成钢铁，用来制造咖啡烘焙机。他也感谢了钢铁工人。他最终意识到，这个项目根本没有终点。每一个新的联系都会产生更多的联系，从而形成一个巨大的、相互依赖的网络，他们使我们的日常生活变成了现在的样子。雅各布斯在TED演讲中讲述了他的故事，该演讲可以在网上找到。

一路上，雅各布斯也学到了一些艰难的教训。正

生活必需品的获取，包括清洁饮用水，在世界各地差别很大。

图片来源：（左）Steve Morgan/Photofusion Picture Library/Alamy Stock Photo；（右）B2M Productions/Photodisc/Getty Images.

如他所说："供应链上存在着难以置信的痛苦和恐惧。"工资在这一结论中发挥了重要作用。雅各布斯总结道，虽然 3 美元买一杯咖啡似乎花费很多，但如果所有参与咖啡生产的人都拿到最低工资，成本可能会更高。绝大多数此类工作发生在美国境外，超出了大多数美国人的认知范围。

人们的生活机遇在很大程度上取决于他们出生的国家。例如，获得清洁水和现代卫生设施是发展中国家数百万人每天面临的挑战。联合国创建了人类发展指数（Human Development Index，HDI），以评估人类发展的三个关键方面的进展：健康，以预期寿命衡量；知识，用平均受教育年限和预期受教育年限来衡量；生活水平，以人均国民总收入衡量。各国的人类发展指数存在着显著差异。作为人类发展指数年度报告的一部分，联合国还探讨了这三个领域的各个方面，包括童工、工作场所安全、劳工权利、产假、业余时间、儿童营养不良、艾滋病流行、教育公共支出、环境可持续性和性别不平等。

鉴于全球化的兴起，如果我们想要理解我们为什么会这样思考和行动，我们就不能只关注一个国家内发生的事情，我们必须在全球范围内考虑问题。例如，

走向全球

衡量全球不平等

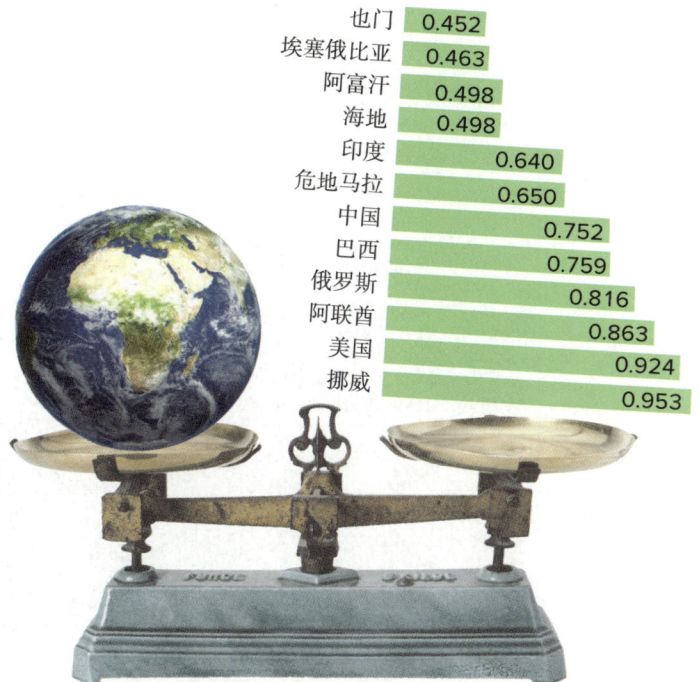

国家	HDI
也门	0.452
埃塞俄比亚	0.463
阿富汗	0.498
海地	0.498
印度	0.640
危地马拉	0.650
中国	0.752
巴西	0.759
俄罗斯	0.816
阿联酋	0.863
美国	0.924
挪威	0.953

注：人类发展指数结合了卫生、教育和收入的数据，并据此对 178 个国家进行了排名（分数从 0 到 1）。以上是 2017 年的数据。

资料来源：United Nations Development Programme，2018. 图片来源：（天平）Ryan McVay/Getty Images；（地球）1xpert/123RF.

芝加哥公司董事会通过的政策，可能会影响整个中美洲和南美洲的原住民。社会学家通过探索全球不平等的模式和实践，发展出了各种理论来解释其发展和持久性。

> > 社会学视角下的全球化

社会学发展成为一门学科，主要是为了适应从传统社会到现代社会的转变。由于工业革命带来的变化，指导人们行为的规范和价值准则正在被打破。越来越多的人在工厂工作，而不是在农场工作；他们住在大城市而不是农村社区；他们遇到越来越多与他们的想法和行为不一致的人。早期的社会学家把理解这种变化视为他们的使命，希望为如何最有效地管

现代化（modernization） 社会从传统的社会组织形式——典型的农村、农业和宗教——向后工业革命社会特征形式的演变。

理这种变化提供指导。

功能论视角下的现代化

为了理解通向光明未来的道路，持有功能论观点的社会学家首先会回顾过去。例如，埃米尔·迪尔凯姆研究了更为简单的社会，包括狩猎－采集社会和园艺社会，以便揭示对社会秩序至关重要的社会因素。了解这些因素将使社会学家和其他人能够确保社会秩序所必需的构建模块得到妥善处理，特别是在重大社会动荡时期。

迪尔凯姆和他那个时代的许多其他理论家都认为，社会是由简单进化到复杂。他们认为，通过**现代化**，所有的社会最终都会从传统的社会组织形式——典型的农村、农业和宗教——向后工业革命社会的特征形式发展。根据这一观点，现代社会的特征包括复杂的

世纪的进程
蒸汽机　电报　火车　轮船

资料来源：Library of Congress Prints and Photographs Division［LC-DIG-ppmsca-17563］.

劳动分工，其中工作是专业化的；制度专业化，包括把家庭、经济、政府、教育与宗教划分为基本独立的领域，每个领域都有自己的专家；社会或全球导向，即经济和政治焦点从地方问题转向全球；公共领域的理性决策主要依靠技术专家而不是宗教权威；随着更多来自不同背景的人相互接触，两种文化的多样性也在传播，以及平等主义作为一种包容这种多样性的价值观的相应增长。

根据现代化理论家的说法，所有人终究走向通往现代化的道路。例如，美国和西欧国家在从传统向现代过渡的过程中经历了巨大的动荡，但后来随着现代化的好处得到更广泛的共享，他们的生活变得更加舒适。他们还认为，世界上的欠发达国家，往往也是最贫穷的国家，最终将不可避免地经历同样的进化过程。从长远来看，所有国家都将从现代化中受益。

对现代化模式的信仰远远超出了社会学的范畴，成为许多现代经济和政治理论的核心前提。自由市场竞争的倡导者与我们在第9章"经济体系"部分探讨的资本主义原则保持一致，他们在现代化理论中找到了盟友。他们预先假设，发展是沿着一条不可避免的进化道路发展的，这与资本主义的放任主义承诺非常吻合，即让经济自由、自然地运行。对于这两种方法，最大数量的最大利益将不可避免地实现。

现代化观点的批评者并不认同这种通向必然进步

正如菲律宾马尼拉向我们展示的，世界各地生活在贫困中的人的住房可能很不稳定。
图片来源：John Wang/Getty Images.

的单一道路的乐观前景。他们认为现代化理论包含着种族中心主义的偏见。现代化视角将那些在现代化进化阶梯上走得不远的国家描述为原始或劣等国家。根据批评者的说法，现代化视角中隐含的假设是，世界各地的本土文化将会消亡。世界各国人民将欣然接受现代的西方消费文化，以取代他们长期以来的信仰和做法。世界各地的许多群体反对这种现代化叙事，认为这种"发展"是对他们生活方式的攻击，是对他们核心价值观和准则的威胁。

冲突论视角下的结构性不平等

持有冲突论观点的社会学家认为，走向现代化与其说与一种不可避免的进化有关，不如说是与权力和对资源的控制有关。

依附理论 根据**依附理论**，贫穷的欠发达国家成为富裕工业国家的附庸，而富裕工业国家反过来利用他们的经济和政治力量来维持其权力地位。在这里，理论家认为资源是从贫穷国流向富裕国的，例如，富裕国通过开采原材料和剥削廉价劳动力利用贫穷国。根据这种方法，系统的结构决定了现代性的赢家和输家，而不是在选择与现代化国家所建立的政策一致时的成功或失败。富裕的发达国家利用它们的经济、政治和军事力量限制了贫穷国家发展的可能性。

为了更好地理解寻求发展的贫穷国家所面临的挑战，我们必须考虑与殖民主义有关的全球政治和经济史。当一个外国势力对一个民族长期保持政治、社会、经济和文化上的统治时，就会出现**殖民主义**。简单地说，它是由外人统治的。当时的大英帝国对北美大部分地区、非洲部分地区和印度的长期统治就是殖民统治的一个例子。法国对阿尔及利亚、突尼斯和北非其他地区的统治也是如此。依附理论认为，

依附理论（dependency theory）贫穷的欠发达国家成为富裕工业国家的附庸，而富裕工业国家反过来利用它们的经济和政治力量来维持其权力地位。

殖民主义（colonialism）外国势力对一个民族长期保持在政治、社会、经济和文化上的统治。

新殖民主义（neocolonialism）实现独立后的国家对前殖民者的持续性依赖。

世界体系分析（world systems analysis）一种将全球经济体系划分为控制财富的特定工业化国家和被控制与剥削的发展中国家的观点。

殖民国家和被殖民人民之间的权力关系类似于马克思所描述的占统治地位的资产阶级和无产阶级之间的权力关系。

到20世纪80年代，这种全球政治帝国基本上消失了。第一次世界大战前的大多数殖民地国家都取得了政治独立并建立了自己的政府。但是，对其中许多国家来说，向真正自治的过渡尚未完成。殖民统治已经形成了经济剥削的模式，这种模式甚至在建国后仍在继续，部分原因是前殖民地无法发展自己的工业和技术。它们在管理和技术专长、投资资本和制成品方面更多依赖工业化国家，包括它们的前殖民者，使它们处于从属地位。这种持续的依赖和外国统治被称为**新殖民主义**。

依附理论者指出，这些贫穷国家的工人成了工业化国家大公司廉价劳动力的来源。与此同时，这些大公司还利用其跨国经济实力谈判出有利条件，从较不发达国家开采原材料。即使发展中国家在经济上取得了进步，在日益相互交织的全球经济中，它们仍然依赖强国和富有的企业。工业化国家通过支配和剥削，继续利用发展中国家以谋取私利。

世界体系分析 世界体系分析提供了依附理论的一个变体，强调各国在全球经济体系的重要性，以更好地理解全球不平等。**世界体系分析**模型将全球经济体系划分为控制财富的工业化国家和被控制与剥削的发展中国家。社会学家伊曼纽尔·沃勒斯坦（Immanuel Wallerstein）是最认同这一模型的理论家，他区分了核心国家、边缘国家和半边缘国家（见图11-1）。处于核心的是工业化国家，如美国、日本和德国，利用它们的经济和政治实力为自己谋取利益；处于边缘的是贫穷国家，包括亚洲、非洲和拉丁美洲的发展中国家，它们缺乏足够的力量来抵挡核心国家的前进；在两者中间是半边缘国家，如爱尔兰和印度等，这些国家经历了一定程度的发展，但仍无法与核心国家正面交锋。核心国家所拥有的经济和政治权力，使边缘和半边缘国家难以建立和维持自己的经济和政治自治。

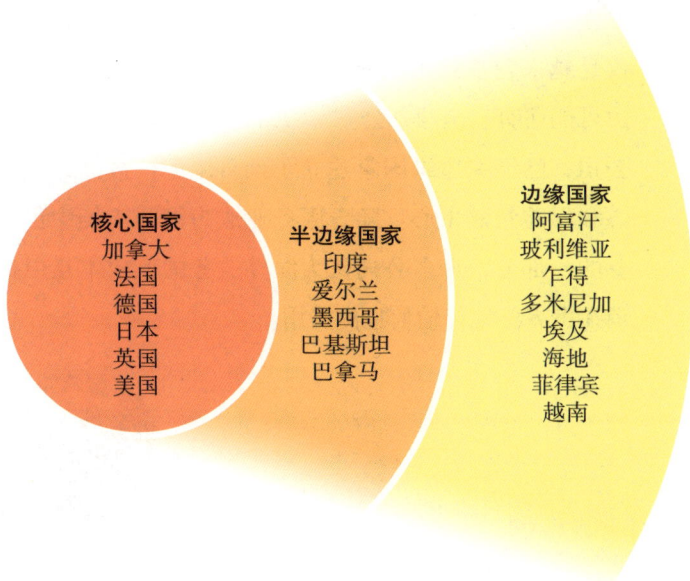

图 11-1　21 世纪的世界体系分析
注：图中仅呈现部分国家。

核心国家
加拿大
法国
德国
日本
英国
美国

半边缘国家
印度
爱尔兰
墨西哥
巴基斯坦
巴拿马

边缘国家
阿富汗
玻利维亚
乍得
多米尼加
埃及
海地
菲律宾
越南

由此产生的经济和政治冲突发生在全球化的背景下——通过贸易和思想交流，在世界范围内整合政府

世界各地的工人都面临着低工资生产工作的前景。
图片来源：Siqui Sanchez/The Image Bank/Getty Images.

政策、文化、社会运动和金融市场。由于世界金融市场的力量往往超越传统民族国家的治理，世界银行和国际货币基金组织等国际组织已成为全球经济的主要参与者。这些机构得到核心国家的大量资助并受其影响，其职能是鼓励贸易和发展，并确保国际金融市场的顺利运作。因此，他们被视为现代化的推动者和核心国家利益的主要捍卫者。批评者呼吁人们关注各种相关问题，包括对工人权利的侵犯、对环境的破坏、文化身份的丧失，以及对边缘国家少数群体的歧视。

跨国公司的发展　专注于比较不同国家可能会分散人们对世界体系方法提出的更大观点的注意力，即结果的差异更多地与获得和控制有价值资源有关，而不是与国籍有关。尼日尔、巴基斯坦和玻利维亚等边缘国家的统治精英，越来越认同包括美国在内的核心国家的统治精英，而不是它们自己国家的人民。比较不同国家是对比世界不同地区经历现代经济发展的一种便捷方式。但是，根据这种冲突论观点，它不应该妨碍我们认识到世界上经济和政治强国相对于穷人之间的更大的斗争，无论他们生活在哪里。

通过关注跨国公司不断崛起的力量，我们对精英阶层的经济实力有了更好的认识，这些公司的存在本身就已经超越了民族国家的力量，而且往往凌驾于其上。**跨国公司**指的是总部设在一个国家，但在世界各地开展业务的商业组织。私人贸易和借贷关系并不新鲜，数百年来，商人们一直在海外进行宝石、香料、服装和其他商品的贸易。如今的跨国巨头不仅在海外进行买卖，而且还在世界各地生产产品。

这些跨国公司规模庞大。它们的总收入相当于整个国家交换的商品和服务的总

跨国公司（Multinational corporation）　总部设在一个国家，但在世界各地开展业务的商业组织。

价值。对外销售是跨国公司的一个重要利润来源，鼓励它们向其他国家扩张（在许多情况下，是发展中国家）。美国经济严重依赖对外贸易，其中大部分是由跨国公司进行的。以 GDP 衡量，2017 年美国商品和服务进出口总值相当于经济总产出的 27.1%。

为了降低生产成本，企业高管采用了去工业化和离岸战略，从而将生产岗位转移到劳动力成本较低、卫生、安全和环境法规更弱的全球各地。然而，不仅仅是越来越多的生产岗位被转移，如今，全球工厂旁边可能还有"全球办公室"。总部设在核心国家的跨国公司，已经在边缘国家建立了预订服务、数据处理中心和保险索赔中心。随着服务业成为国际市场中更重要的一部分，许多公司认为海外业务的低成本足以抵消在世界各地传输信息的费用。

走向全球

与国民经济相比的全球十大跨国公司

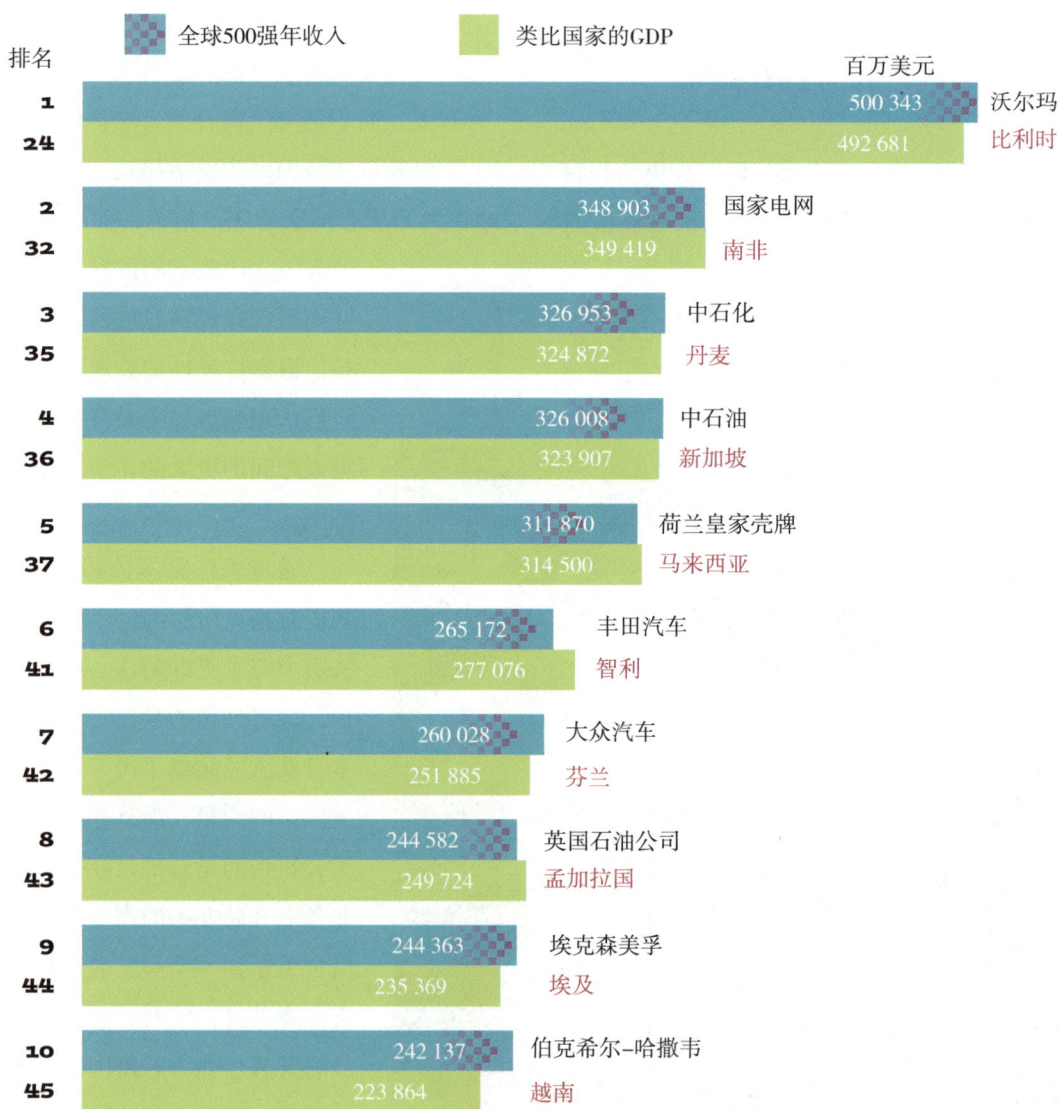

■ 全球500强年收入　　■ 类比国家的GDP

排名	全球500强年收入 (百万美元)	类比国家的GDP	名称
1	500 343		沃尔玛
24		492 681	比利时
2	348 903		国家电网
32		349 419	南非
3	326 953		中石化
35		324 872	丹麦
4	326 008		中石油
36		323 907	新加坡
5	311 870		荷兰皇家壳牌
37		314 500	马来西亚
6	265 172		丰田汽车
41		277 076	智利
7	260 028		大众汽车
42		251 885	芬兰
8	244 582		英国石油公司
43		249 724	孟加拉国
9	244 363		埃克森美孚
44		235 369	埃及
10	242 137		伯克希尔–哈撒韦
45		223 864	越南

注：跨国公司与规模相当的国家经济体进行配对。单位是百万美元。
资料来源：（公司数据）Fortune, 2018；（GDP 数据）World Bank, 2018f.

社会学思考

跨国公司已经变得如此之大，以至于它们比一些国家拥有更多的经济资源。如果它们可以将总部、办公室和生产设施迁往世界任何地方，会产生什么后果？这将如何影响一个国家的政治权力？

这些国家的工人为了获得比在其他国家更好的物质资源，为这些公司提供了源源不断的廉价劳动力。如果工人或政府的要求过于苛刻，公司就可以再次搬迁。因此，这些工人经常面临危险的工作条件。不受约束的资本主义是如何伤害发展中国家的，刚果民主共和国就是一个特别引人注目的例子。刚果有大量的钶铁矿-钽铁矿（简称钶钽铁矿），这种金属一般被用于生产电子电路板。美国制造商过去主要从澳大利亚获取钶钽铁矿，但随着对电子产品的需求不断增加，他们转向了刚果的矿商以增加供应量。

可以预见的是，不断上涨的金属价格——一度高达每千克 400 美元，是刚果工人平均年收入的三倍多——引起了不必要的关注。很快，卢旺达、乌干达和布隆迪等邻国开始与刚果交战，为获得资助冲突的资源，纷纷袭击刚果的国家公园，砍伐和焚烧以暴露森林地面下的钶钽铁矿。2010 年，美国国会通过了《多德－弗兰克法案》（*Dodd-Frank Act*），其中包括一项规定，要求制造企业披露它们是否使用了来自刚果民主共和国或毗邻国家的任何"冲突矿物"，包括钶钽铁矿、锡石、黄金、黑钨矿或其衍生物。根据联合国的一份报告，其结果就是对刚果商业和政府运作方式的改革。

研究跨国公司对外投资影响的社会学家发现，尽管这种投资最初可能会增加当地国家的财富，但最终会加剧发展中国家的经济不平等。这一发现适用于收入和所有权。上层和中产阶级从经济扩张中获益最多；下层阶级不太可能受益。而且，由于跨国公司投资的是一个国家有限的经济部门和有限的地区，只有一些部门受益。当地国家的这类经济部门，如旅馆和高级饭店的扩张，似乎阻碍了农业和其他经济部门的增长。此外，跨国公司往往通过买断或驱逐当地企业家和公司的方式，从而增加其在经济和文化上的依赖性。

在刚果民主共和国，工人们开采钶钽铁矿，这是生产电子电路板的关键成分。
图片来源：Tom Stoddart/Hulton Archive/Getty Images.

传播学教授杰克·沙欣（Jack Shaheen）对1000多部美国电影的分析发现，只有5%的阿拉伯和穆斯林角色以积极的视角呈现，刻板的描述一直延续到今天。阿拉伯人被反复讽刺为贝都因强盗、诱人的肚皮舞者、邪恶的石油大亨或狂热的恐怖分子。这样的描述以牺牲少数群体的利益为代价，强化了多数群体的主导地位，这些少数群体可能缺乏物质、社会和文化资源，无法向更广泛的观众提供另一种更微妙的叙事，比如阿拉伯和穆斯林儿童的困境，他们面临着与西方儿童相似的社会和经济困境。

图片来源：Lifestyle pictures/Alamy Stock Photo.

流行社会学

>> 世界经济不平等

与此同时，富国和穷国之间的差距正在扩大，国家内部公民的贫富差距也在扩大。正如世界体系模型所表明的，发展中国家的分层与他们在全球经济中相对薄弱和依赖的地位密切相关。当地精英与跨国公司携手合作，并从这种联盟中获得繁荣。结果，就产生了显著的收入和财富差异。

国民总收入（gross national income，GNI）一个国家在一定时期内生产的所有商品和服务的货币价值总和。

收入

衡量各国平均收入的最常用方法之一是人均**国民总收入**（GNI），它衡量的是一个国家生产的商品和服务的总价值加上来自其他国家的净收入。GNI包括一个国家的居民和企业的所有收入，包括来自海外的净收入。2017年，全球人均GNI是10 366美元。这为比较高于和低于这一平均水平的国家的收入提供了一个基线。

美国、加拿大、瑞士、挪威和澳大利亚等工业化国家的人均GNI超过4万美元。相比之下，马拉维、埃塞俄比亚、尼泊尔、卢旺达和阿富汗等30多个国家的人均国民总收入低于1000美元。布隆迪的人均GNI最低，为290美元，与美国的58 270美元形成了鲜明的对比。世界上最贫穷的国家主要集中在撒哈拉以南的非洲和南亚。

正如图11-2所示，一个国家内的富人和穷人之间的收入差距很大。例如，在南非，最低20%人口的收入占全国总收入的2.4%，而最高20%人口的收入占全国总收入的68.2%。相比之下，在乌克兰，最低20%的人的收入占总收入的5%，而最高20%的人的收入

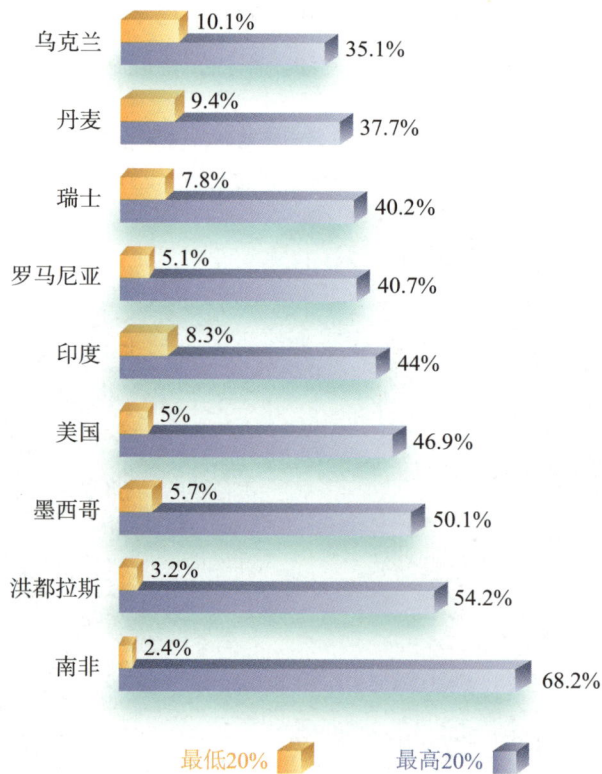

国家	最低20%	最高20%
乌克兰	10.1%	35.1%
丹麦	9.4%	37.7%
瑞士	7.8%	40.2%
罗马尼亚	5.1%	40.7%
印度	8.3%	44%
美国	5%	46.9%
墨西哥	5.7%	50.1%
洪都拉斯	3.2%	54.2%
南非	2.4%	68.2%

最低20% ▧   最高20% ▨

图11-2 部分国家的收入分布情况

注：图中所示为最高和最低20%的收入百分比。数据是最近一年的可用数据。

资料来源：World Bank，2018h，2018i.

占 46.9%。在全球范围内，持续存在严重收入不平等的国家包括塞舌尔、海地、哥伦比亚、巴西、纳米比亚、洪都拉斯和卢旺达。正如我们在印度孟买所看到的那样，由于缺乏可获得的、固定的、报酬优厚的工作，底层人口很难满足自己的需求。

尽管这种不平等现象持续存在，但近年来全球收入方面也出现了一些好消息。由于全球收入的蛋糕变大了——换句话说，更多的总收入变成了可用的——以实际美元计算的平均收入在世界各地的每个收入分组中都增加了。根据经济学家布兰科·米拉诺维奇（Branko Milanovic）的分析，在 1988 年至 2008 年期间，税后人均家庭收入在所有群体中都有显著增长。但是，正如米拉诺维奇所说，"全球化的收益不是平均分配的"。假设你把所有的家庭从收入最低的到收入最高的排列起来，在第 40 百分位到第 60 百分位之间的家庭表现最好，因为他们的收入在这一时期增长了 60% 以上。处于中间 20% 的人，米拉诺维奇称之为"新兴的全球中产阶级"，大部分生活在崛起的亚洲经济体，主要在中国，还包括印度、泰国、越南和印度尼西亚。另一个在百分比增长方面表现特别好的群体，是最富有的 1% 的人。

尽管所有人群的总收入都有所增长，但收入增长最小的人群——收入增长不到 10%——却落在全球第

80 至 90 百分位之间。该群体主要生活在较富裕的工业化国家，如美国、日本和德国，来自这些国家收入分配的下半部分。米拉诺维奇总结道："（全球化）最大的赢家是亚洲的穷人和中产阶级；大输家是富裕国家的中下层阶级。"这也包括美国工人阶级的大多数成员。

财富

在财富方面的差距甚至比收入差距更大。在全球范围内，每个成年人家庭财富的中位数为 4209 美元，平均值为 63 100 美元。两者之间的差异表明，世界上拥有大量财富的成年人比例相对较小，数据也支持了这一结论。最富有的 10% 拥有全球 85% 的家庭财富，最富有的 1% 拥有 47%。要进入全球前 1% 的富人行列，一个人的资产至少必须达到 871 317 美元。另一方面，世界上最贫穷的 50% 的成年人所拥有的财富加起来还不到全球财富的 1%。

正如图 11-3 所展示的，我们关注到国家和地区之间的财富分布，世界上大部分财富由北美、欧洲和富裕的亚太国家持有。北美拥有全球 5.4% 的成年人口，却拥有全球 33.6% 的家庭财富，仅美国就拥有全球 31% 的财富；相比之下，印度的人口占世界的 16.9%，但财富只占全球的 1.9%；整个非洲大陆拥有

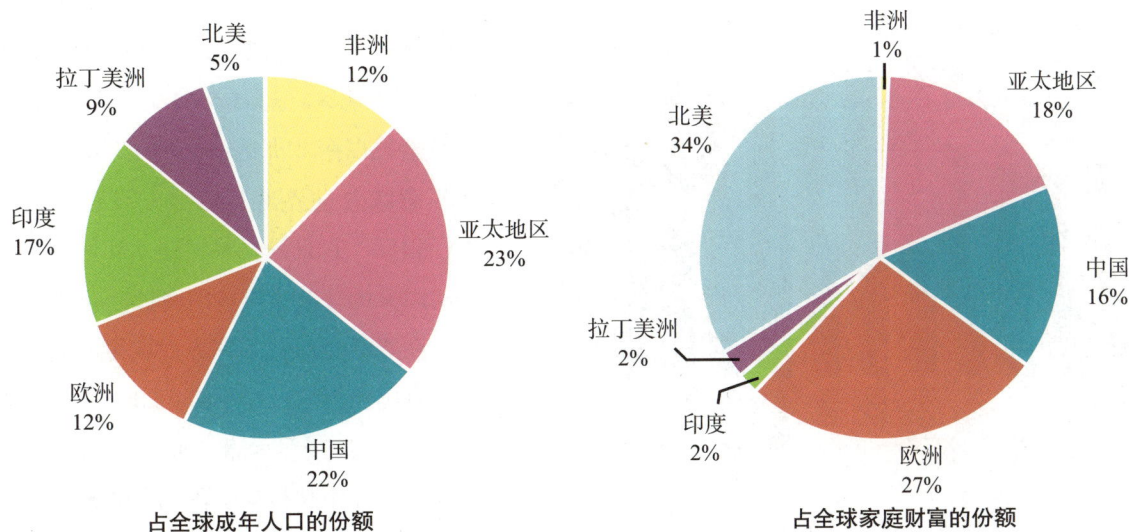

占全球成年人口的份额

北美 5%
非洲 12%
拉丁美洲 9%
印度 17%
欧洲 12%
中国 22%
亚太地区 23%

占全球家庭财富的份额

非洲 1%
亚太地区 18%
北美 34%
中国 16%
拉丁美洲 2%
印度 2%
欧洲 27%

图 11-3　全球财富分布

资料来源：Shorrocks，Davies，and Lluberas，2018：Table 2-4.

世界 12.3% 的成年人口，但财富只占全球的 0.8%。

国家内部的财富分布也有很大差异。如图 11–4 所示，在日本，1% 最富有的成年人拥有日本总财富的 19%；而在俄罗斯，1% 最富有的人拥有俄罗斯总财富的 82%。拥有大量财富会带来巨大的优势，因为拥有这些财富的人不需要仅仅依靠他们的劳动获得收入。财富可以通过各种形式的投资产生收益，既能产生更多的收入，又能产生更多的财富。

发展中国家的妇女往往面临重大障碍，使她们难以获得经济资产。研究发展中国家女性的印度社会学家卡鲁娜·查纳纳·艾哈迈德（Karuna Chanana Ahmed）称，女性是"受压迫人群中受剥削最多的"。获得就业机会是获取宝贵资源的重要途径，但不同国家的劳动力参与率的差异很大。在美国、加拿大、法国、冰岛、俄罗斯和瑞典等国家，女性占劳动力的近50%。在其他国家，这个比例可能要低得多，例如在叙利亚、卡塔尔、阿曼、阿联酋和也门，女性劳动力还不到 15%。我们将在下一章探讨更多与性别不平等相关的问题。

贫穷

在发展中国家，最不富裕者的任何经济福祉恶化都会威胁到他们的生存。全球极端贫困的标准是每天生活费低于 1.9 美元。2015 年，世界 10% 的人口生活在极端贫困中，也就是 7.36 亿人。正如图 11–5 所示，各个国家的贫困率差别很大。

来自全球范围内的好消息是，在上述收入增加的主要推动下，近几十年来国际贫困率显著下降。2017 年，全球极端贫困人口比 1990 年减少了 11 亿。这种下降主要是由于中国和印度的贫困人数的减少。

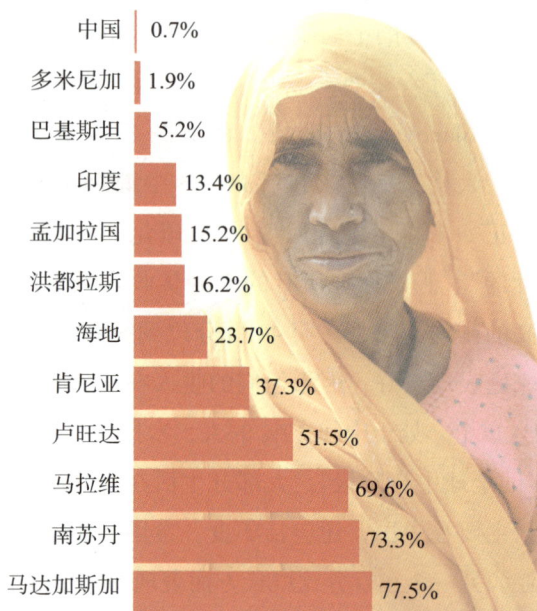

图 11–5　不同国家的贫困率
资料来源：World Bank，2018e. 图片来源：Lissa Harrison.

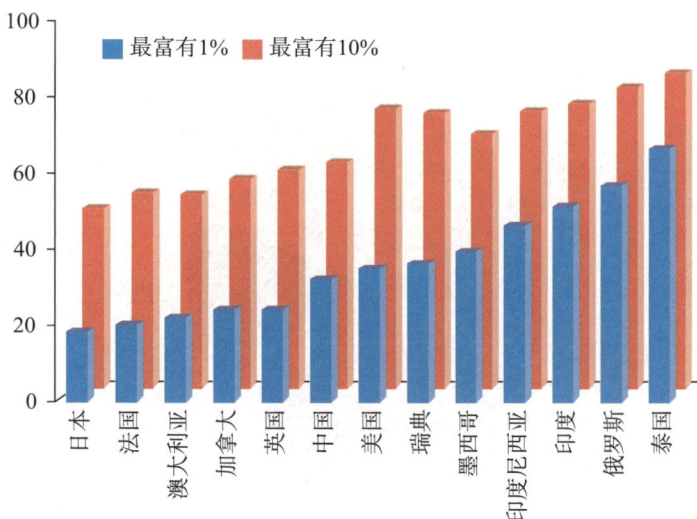

从地理上讲，尽管贫困影响着全球数亿人，但贫困的分布并不均衡。正如图 11–6 所示，每天生活在 1.9 美元贫困线以下的人主要集中在世界上两个地区。超过 56% 的全球贫困人口生活在撒哈拉以南非洲地区，约 1/3 生活在印度。这并不意味着世界上其他地方没有贫困，包括美国，相反，它只是反映了建立和使用一种适用于任何国家的普遍极端贫困衡量标准的影响。

在降低全球贫困率方面取得的成功部分归功于联合国促成的全球承诺。2000 年，联合国通过了《千年宣言》，承诺"不遗余力地将我们的男女同胞和儿童从极端贫困的悲惨和不人道的状况中解放出来"。它将 2015 年定为千年发展目标的

图 11–4　财富集中度
注：柱形表示最富有 10% 和最富有 1% 的人所拥有的国家财富的百分比。
资料来源：Shorrocks，Davies，and Lluberas，2018：Table 6-5.

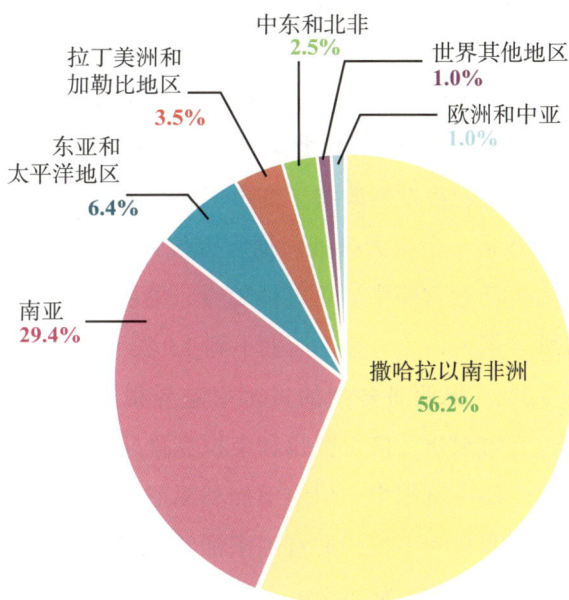

图 11–6　不同地区的全球贫困人口比例

注：图中显示了世界上 7.36 亿人每天生活费不足 1.9 美元的全球分布情况。数字代表了每个地区生活在极端贫困中的人口比例。

资料来源：World Bank，2018e：42.

最后期限，截止到 2015 年，已经取得了重大进展。将极端贫困人口减少一半的目标提前 5 年完成；将无法获得改良水源的人口比例减半的目标也已实现；在提供上小学的机会、降低儿童和孕产妇死亡率、增加艾滋病毒或艾滋病患者获得医疗的机会，以及降低结核病和疟疾发病率方面也取得了相当大的进展。

在成功实现目标的基础上，面对尚未实现目标的挑战，联合国于 2015 年提出了一个新的规划，即可持续发展目标（SDGs），截止日期为 2030 年。其目标框架是努力实现更普遍和更全面的发展愿景。可持续发展目标包括 17 项目标，如"无贫困""无饥饿""良好健康"和"优质教育"等，这些目标又包括 169 项可衡量的指标，以评估实现这些目标的进展情况。这些目标主要围绕五个主题展开：人类、地球、繁荣、和平和伙伴关系。

千年发展目标和可持续发展目标

所代表的成功，应该能给那些认为解决社会问题势不可挡、难以尝试的人以鼓励。全球不平等的程度仍然很大，但社会结构可以改变，而且确实在改变。只有当人们发挥自己的能动性，并以不同的方式行动，这种变化才会发生。

墨西哥的社会分层

把墨西哥作为一个单独的案例来关注，能够让我们更全面地了解全球不平等。墨西哥的文化史可以追溯到几千年前，蕴含各种各样的文明，包括奥尔梅克人（Olmecs）、萨普特克人（Zapotecs）、玛雅人（Maya）、托尔特克人（Toltecs）和阿兹特克人（Aztecs），以及许多拥有自己独特语言的其他当地文化群体。1521 年，以埃尔南·科尔特斯（Hernán Cortés）为首的西班牙征服者占领了阿兹特克帝国的首都特诺奇提特兰，宣称为西班牙所有，并在其废墟上建立了墨西哥城。墨西哥的殖民时代一直持续到 1821 年脱离西班牙独立，这种殖民统治的后果至今仍存在于墨西哥社会中。例如，独立后，更有统治地位的西班牙语当局试图建立一种独特的墨西哥文化和身份。因此，教育项目致力于将西班牙语确立为国家的通用语言，并以牺牲墨西哥各地土著人口的利益为代价，优先考虑占主导地位的社会群体的价值观和规范。直

你知道吗？

一个典型的孟加拉国制衣女工终其一生的收入，还不及五大制衣企业的首席执行官五天的收入。

资料来源：Oxfam，2018. 图片来源：Tomohiro Ohsumi/Bloomberg/Getty Images.

到 1992 年，墨西哥才通过宪法修正案，确认墨西哥是一个多文化和多语言的国家。

今天的墨西哥人口超过 1.25 亿人，不应该以单一的、同质的方式来看待，而且各地区的差异很大。墨西哥由 31 个州组成，其中有些州，尤其是靠近美国边境的那些州，有许多制造厂和工厂，其他一些州则严重依赖旅游业发展当地经济，而且其中有许多州相当贫穷。墨西哥城及其周边地区人口超过 2100 万，能提供任何现代城市中心所能提供的所有便利设施。如果你开车行驶在尤卡坦半岛（Yucatán）像梅里达（Mérida）这样的城市街道上，你会发现那里看起来和美国的任何郊区都很像，有购物中心、快餐连锁店和住宅小区。在农村地区，你还会发现发展相对有限和极端贫困的城镇。

墨西哥的收入、财富和贫穷　如果我们把墨西哥的经济与美国相比，两国在生活水平和生活机遇方面的差异是相当大的。正如我们前面看到的，国民总收入是衡量普通居民经济福祉的常用指标。2017 年，美国人均国民总收入达到 58 270 美元；而在墨西哥，这一数字仅为 8610 美元。考虑到这种差异，美国公司寻求在墨西哥建立制造工厂以节省劳动力成本也就不足为奇了。

墨西哥最富有和最贫穷的公民之间存在着巨大的收入差距。最高 20% 的公民收入占总收入的 50.1%，而最低 20% 的收入只占 5.7%。我们在第 10 章中探讨过，如果使用基尼系数作为不平等的指标，恰帕斯州、瓦哈卡州和尤卡坦州是墨西哥不平等程度最高的三个州。这三个州都有大量的原住民，他们的收入通常低于墨西哥其他州。

墨西哥和美国之间存在着巨大的财富差异。墨西哥人均财富中位数为 5784 美元，而美国为 61 667 美元；墨西哥成年人的人均财富为 20 620 美元，而美国为 403 974 美元。从每个国家拥有的总财富来看，美国拥有全球 31%

的家庭财富，而墨西哥只有 0.5%。在墨西哥，最富有的 1% 拥有 40% 的家庭财富。墨西哥最富有的人是卡洛斯·斯利姆·埃卢（Carlos Slim Helú），670 亿美元的身家使他成为世界第七富有的人。

尽管经济发展改善了许多墨西哥人的生活，但贫困仍然是一个重大挑战。据官方统计，43.6% 的墨西哥人生活在贫困中。更具体地看，墨西哥有 420 万人极端贫困人口（每天生活费不到 1.9 美元），占总人口的 3.3%。墨西哥各州的贫困率差异很大，在恰帕斯州、瓦哈卡州、格雷罗州和韦拉克鲁斯州，超过 60% 的人生活在贫困中；但南下加利福尼亚州、下加利福尼亚州和科阿韦拉州的贫困率都低于 25%，新莱昂州的贫困率最低，为 14.2%。

墨西哥土著族裔　土著族裔，有时被称为第一族裔，在殖民化发生之前就存在于一个地区，在这种情况下的墨西哥继续实践和认同自己独特的文化。墨西哥的例子，包括玛雅人、阿兹特克人后裔或墨西哥 68 个独特的土著语言群体中的任何一个。墨西哥的土著群体约占全国人口的 12.6%。在收入方面，71% 的人拿着最低工资或更低的工资。在这一群体中，72% 的墨西哥土著人生活在贫困中。整个墨西哥的文盲率为 8.4%，但土著人口的文盲率始终徘徊在 44% 左右。

墨西哥土著群体的从属地位只是该国肤色等级制

你知道吗？
墨西哥政府也需要去处理它们国内的非法移民。2017 年，政府驱逐了 7.4 万多名来自危地马拉、萨尔瓦多和洪都拉斯等中美洲国家的非法移民。

资料来源：Grillo，2018. 图片来源：Alfredo Estrella/AFP/Getty Images.

度的一个反映，这种制度将社会阶级地位与种族纯洁的外表联系在一起。在这个阶层的顶端是西班牙裔拉丁美洲人，占总人口的 10%，他们通常是白人，受过良好教育的商业和知识精英，有西班牙的家族根基；中间阶层是人口众多的贫困混血儿，他们大多是棕色皮肤，是异族通婚的混血儿；在肤色等级体系的最底层是赤贫的纯种墨西哥土著少数族裔和少数非洲血统，其中一些是被带到墨西哥的 20 万非洲奴隶的后裔。这种肤色等级体系是日常生活的重要组成部分，以至于一些墨西哥人用染发剂、美白剂、蓝色或绿色隐形眼镜来使自己看起来像白人和欧洲人。然而，具有讽刺意味的是，由于几个世纪以来的异族通婚，几乎所有的墨西哥人都被认为具有印第安人的血统。

社会学思考

墨西哥和美国的种族分类有什么不同？为什么会出现这样的差异？

墨西哥妇女的地位　尽管联合国于 1975 年在墨西哥召开了第一届关于妇女地位的世界会议，墨西哥女性的机会也有所改善，但妇女仍然面临着巨大的障碍。妇女占劳动力的比重从 1990 年的 29.8% 提高到 36.5%。不幸的是，与工业国家的女性相比，墨西哥女性的收入更低，她们的平均收入仅是从事类似工作的男性的 50%。男性通常仍被视为一家之主，妇女在该国许多地区难以获得信贷和技术援助，也难以继承农村地区的土地。在教育方面，土著人口比例很高的恰帕斯州（71%）和瓦哈卡州（73%）的妇女识字率远低于全国平均水平。

近几十年来，墨西哥妇女组织起来解决一系列经济、政治和健康问题。例如，早在 1973 年，墨西哥第三大城市蒙特雷的妇女就抗议该市供水的持续中断。通过包括政治家代表团、集会和公众示威在内的协调努力，她们成功地改善了蒙特雷的供水服务，这是发展中国家关心的一个主要问题。在 2007 年被拒绝竞选家乡市长后，欧弗罗西娜·克鲁斯（Eufrosina Cruz）

组织了 QUIEGO，意思是"我们希望为瓦哈卡的平等和性别团结起来"，以提高她的家乡乃至整个墨西哥女性的政治权利意识。

为了确保女性在政治上有更大的代表权，墨西哥通过了一系列法律，来规定候选人的性别配额。墨西哥于 1996 年首次制定了相关法律，随着时间的推移，这些法律得到了加强，目前法律要求提名者中至少有 40% 是女性。2014 年，墨西哥通过了联邦宪法第 41 条修正案，以巩固其在整个政治体系中实现性别平等的承诺。这些政策变化奏效了，1990 年，女性在参议院占 3.1%，在众议院占 8.8%。2018 年大选后，女性在参议院的比例上升到 49%，在众议院上升到 48%。目前，墨西哥女性代表人数在 193 个国家中排名第四，远远高于美国的 103 位。

边境地区　随着对边境地区的日益认识，反映了墨西哥和美国之间日益密切和复杂的关系。**边境地区**一词指的是墨西哥和美国边境上的共同文化

> **边境地区**（borderlands）墨西哥和美国边境上的共同文化区域。

区域。从墨西哥到美国的合法和非法移民、定期穿越边境到美国工作的临时工、国家之间持续的贸易、跨边境的媒体交流等，所有这些都使墨西哥和美国文化分离的概念在边境地区过时了。

个人社会学

出国留学

我任教的中央学院在 1965 年开办了第一个国际项目。它是为学生设立海外留学项目的引领者，现在在世界各地运营项目，如墨西哥的梅里达、威尔士的班戈和加纳的阿克拉。中央学院设立这些项目，是为了让学生有机会长期体验另一个国家，希望这样的接触能使他们超越游客的身份，深入了解另一种文化。出国真的很重要，我的学生们去的时候经常很紧张，但回来的时候都会带来很棒的故事。这段经历显然改变了他们对世界和自己的理解。哪些因素可能鼓励或阻止学生出国留学？

边境地区的经济状况相当复杂，联营工厂的出现就证明了这一点。这些都是外资工厂，通常位于墨西哥边境的另一边，可以免税进口零部件和材料。典型的工作包括制造电子产品、运输设备、电机、纺织和服装，以及呼叫中心和优惠券处理业务的服务工作。对美国公司的主要吸引力是劳动力成本较低。墨西哥边境地区生产工人的月平均工资为 514 美元，低于墨西哥内陆同类工人的 629 美元。位于得克萨斯州埃尔帕索边境的华雷斯城的工资甚至更低，为每月 422 美元。

移民到美国　墨西哥和美国之间的人口流动对两国都有重大的影响。2017 年，有 118 559 名出生在墨西哥的人加入了美国国籍，是第二大国家印度的两倍多。另有 170 581 人获得了美国合法永久居民身份。然而，同样在 2017 年，有 188 122 名墨西哥人被美国移民官员逮捕并归类为"外国人"，占被逮捕人数的 56%。这一问题也成为 2016 年总统

竞选的重要议题。唐纳德·特朗普总统候选人承诺在美国和墨西哥之间建造一堵墙，并让墨西哥支付费用。在他担任总统期间，批准修建隔离墙的资金成为一场重大政治斗争，导致美国历史上最长时间的政府关闭。

许多墨西哥人，无论是合法的还是非法的，来到美国几乎都是为了寻求经济机会。这些工人经常把一

边境地区

侨汇 300 亿美元

圣迭戈　38 591
埃尔森特罗　29 230
蒂华纳
墨西卡利
尤马　26 244
图森
诺加利斯　52 172
阿瓜普列塔
拉斯库鲁塞斯
埃尔帕索　31 561
华雷斯城
里奥格兰德　8 045
大本德　15 833
德里奥
圣安东尼奥
阿库尼亚城
拉雷多　32 641
新拉雷多
里奥格兰德谷　162 262
雷诺萨
布朗斯维尔
马塔莫罗斯

加利福尼亚　亚利桑那　新墨西哥　得克萨斯
下加利福尼亚　索诺拉　奇瓦瓦　科阿韦拉　塔毛利帕斯州

—— 现有的边界线
美资工厂的主要区域

2018年被逮捕的人数：396 579

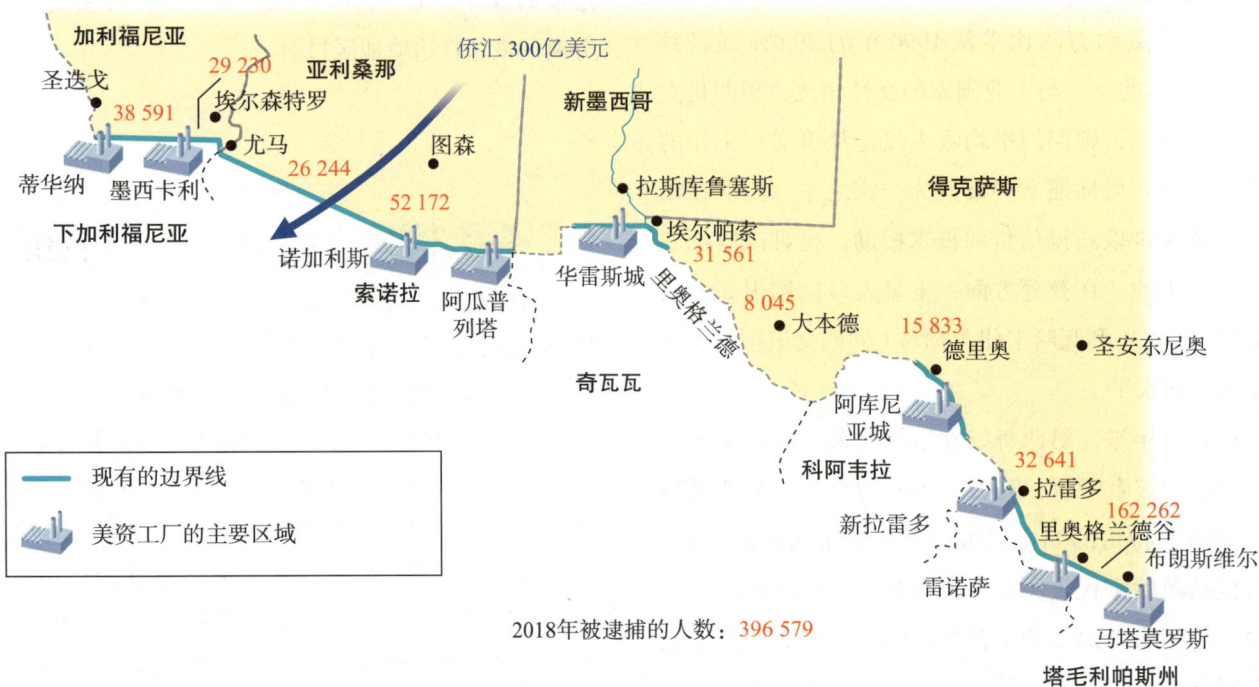

注：红色数字代表每个区域被逮捕人数。

资料来源：数据来自 U.S. Customs and Border Protection，2018a；World Bank，2018n。

部分收入寄回边境另一边的墨西哥家人那里。2017年，这种被称为侨汇（或汇款）的巨额资金流达到300亿美元，这也是墨西哥仅次于石油的第二大外国收入来源。资金也流向了相反的方向，有18亿美元从墨西哥流向了美国。

为了更好的未来而前往美国的旅程可能是致命的。许多男性、女性和儿童在试图越境进入美国寻找机会的过程中丧生。虽然很难获得可靠的数字，但美国边境巡逻队报告称，2017年边境死亡人数为294人。人数最多的三个地区是里奥格兰德谷（104人）、拉雷多（83人）和图森（72人）。

在美国，人们对移民的担忧起起伏伏，对非法移民的看法可能与现实不符。据估计，2016年共有1070万非法移民居住在美国，其中，545万人来自墨西哥，低于2007年居住在美国的700万人。总体而言，66%的非法移民在美国生活了10年以上，而只有18%的人在美国生活少于5年。来自墨西哥的非法移民平均在美国生活了17年。很大一部分非法移民是合法来到美国的，但后来签证过期，而不是在没有任何证件的情况下进入美国的。

总体而言，75%的美国人表示，总的来说，移民对国家来说是件好事。这在不同政党中有所不同，85%的民主党人和65%的共和党人同意这一观点。当被特别问及合法移民时，这一比例上升到了84%。

从墨西哥人的角度来看，美国经常把墨西哥简单地视为廉价劳动力的储备库，在需要工人时，鼓励墨西哥人越境；不需要工人时，就会劝阻和打击墨西哥人。因此，有些人认为移民更多是劳动力市场问题，而不是执法问题。从世界体系分析和依附理论的视角来看，这又是一个核心工业化国家剥削发展中国家的例子。

> 侨汇（remittances） 移民寄回原籍家庭的钱，也被称为汇款。

> > 普遍人权

随着全球化的发展，越来越多的人认识到并肯定我们的集体相互依存。许多人得出这样的结论，如果我们的福祉取决于世界各地那些我们基本上不认识和看不见的人的贡献，也许我们也有责任照顾他们的生

东帝汶持续的暴力迫使儿童到该国的难民营寻求安全。
图片来源：Paula Bronstein/Getty Images.

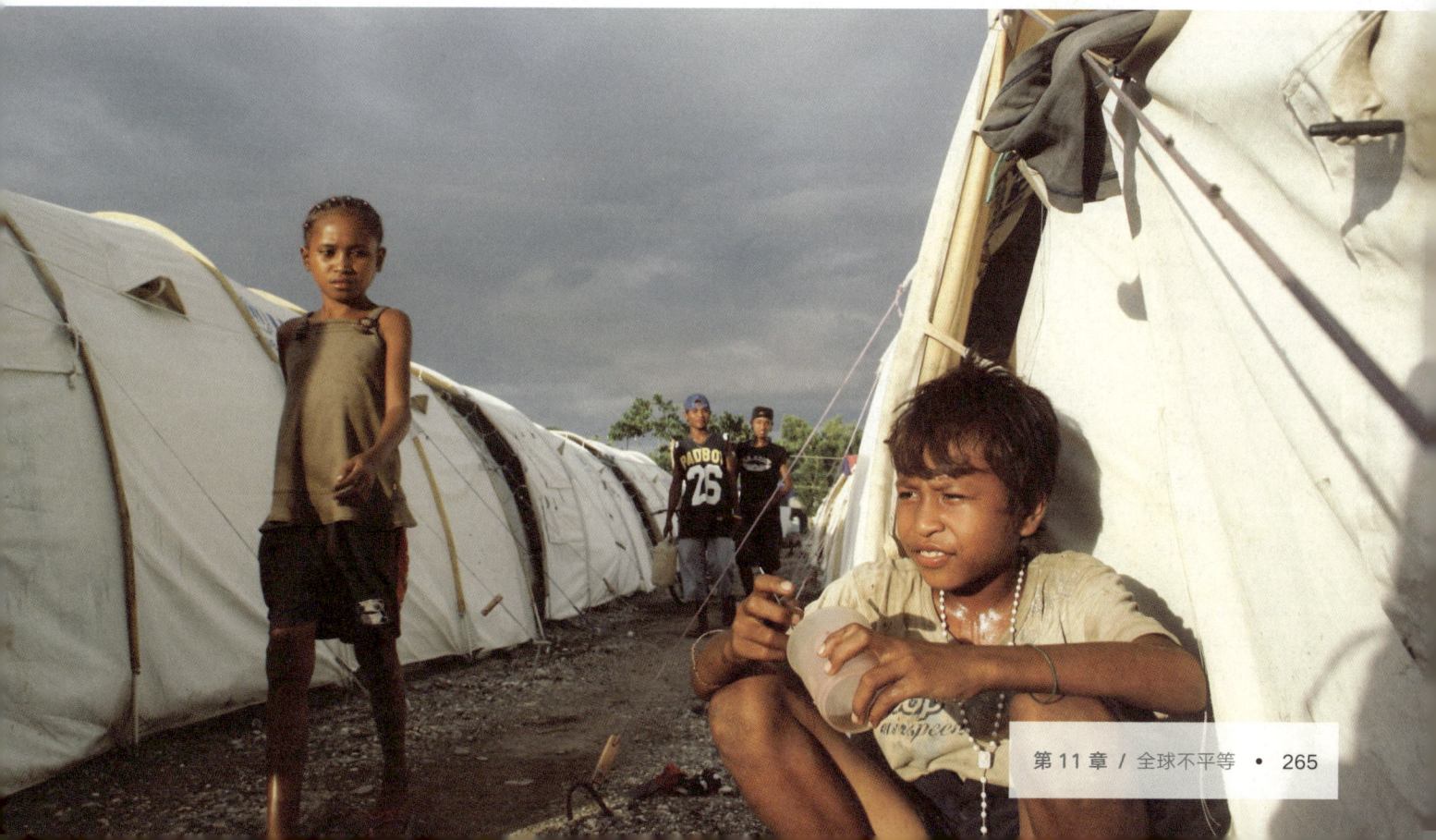

计。因此，一场确保普遍人权的运动已经兴起。这场运动的积极分子为维护和保护那些缺乏重要权力或资源的人的利益而斗争。这一运动试图作为一种制衡力量的来源，对抗跨国公司的庞大规模和经济实力，以及它们在世界各地迁移工作岗位和工厂的自由，而不考虑对当地民众的影响。人权活动人士的目标是建立一个不容谈判和不可侵犯的权利基础，无论人们在哪里，无论哪个政府或跨国公司参与其中，这个权利基础都适用。

人权的定义

人权是指所有人作为人而享有的普遍的道德权利。1948 年，联合国通过的《世界人权宣言》（UDHR）是对人权最重要的阐述。宣言第一条宣称："人人生而自由，在尊严和权利面前一律平等。"

人权（human rights）所有人作为人而享有的普遍的道德权利。

该宣言反对奴役、酷刑和有辱人格的惩罚；赋予每个人享有政治和文化的权利；肯定宗教自由和选举权；公民有权在其他国家寻求庇护，以逃避迫害；禁止任意干涉个人隐私和任意扣押个人财产。宣言同时还强调母亲和儿童有

权得到特别照顾和援助。

贩卖人口是对人权的一种根本侵犯。2000 年，美国国会通过了《人口贩运受害者保护法案》（TVPA）。该法案要求国务院监督其他国家大力调查、起诉和定罪参与人口贩卖的个人，包括政府官员。美国国务院每年都会报告其调查结果，根据各国的遵守程度将其分为三组或三级。如表 11–1 所示，第一层级国家被认为基本上遵守了该法案；第二层级国家正在努力遵守；第二层级观察名单国家也在努力遵守，尽管贩运仍然是一个真正的问题；第三层级国家不遵守。

当今世界，人权热点问题层出不穷，例如，也门于 2015 年 3 月爆发武装冲突。自那时起，侵犯人权的行为就层出不穷。截至 2018 年底，有 1400 万人面临饥饿的风险，而且容易感染霍乱等疾病。那里的战斗人员使用了被禁止的杀伤性地雷和集束武器。他们招募儿童兵，其中就包括年仅 11 岁的男孩。他们用强奸和酷刑等作为战争手段，而且空袭袭击了房屋、学校、医院和清真寺。一些公民被拘留或失踪，记者、律师和援助人员遭到骚扰、逮捕和杀害，包括食品和医疗

表 11–1 人口贩卖报告

第一层级（完全遵守）	第二层级（正在努力遵守）	第二层级观察名单（有一定努力，但问题仍在）	第三层级（不遵守，没有努力）
澳大利亚	阿富汗	孟加拉国	白俄罗斯
加拿大	巴巴多斯	古巴	伯利兹
丹麦	巴西	斐济	布隆迪
法国	希腊	科威特	赤道几内亚
德国	印度	马来西亚	伊朗
以色列	爱尔兰	尼日尔	老挝
意大利	肯尼亚	尼日利亚	朝鲜
挪威	马拉维	沙特阿拉伯	刚果共和国
波兰	墨西哥	塞内加尔	俄罗斯
韩国	罗马尼亚	南非	叙利亚
西班牙	土耳其	津巴布韦	南苏丹
美国	越南		委内瑞拉

注：表中不包括所有国家；每一层级在列国家只是部分代表。

资料来源：U.S. Department of State，2018b.

也门危机导致大规模抗议，数百万人面临饥饿。

图片来源：Ahmad Gharabli/AFP/Getty Images.

用品在内的人道主义援助被拖延、转移和拒绝。联合国秘书长在谈到那里的局势时表示，"也门正遭遇世界上最严重的人道主义危机"。世界上许多其他国家也面临着人权问题和侵犯人权的行为，包括南苏丹，甚至美国（Human Rights Watch，2019）。

原则与实践

当谈到人权时，理论与实践存在着很大的差距。冲突双方对实践的看法截然不同，一方可能认为是防御行为，另一方可能将其定义为恐怖主义。文化内部人士和外部人士会在构建侵犯的内容上有不同的意见。例如，一些人认为，印度的种姓制度将不同类别的人划分为不同等级，这是对人权的侵犯，而另一些人则认为这是事物的自然秩序。有些文化认为妇女的从属地位是他们传统的重要组成部分，是上帝的旨意。在确定谁有权定义和执行普遍人权时，这种文化差异带来了挑战。

社会学思考

你认为在战争时期侵犯人权在多大程度上是可以原谅的？在这种时候，我们对权利和安全之间平衡的看法，会如何改变我们认为的普遍性？

我们以切割女性生殖器为例，这种做法在世界上 30 多个国家中普遍存在，但西方国家谴责这是侵犯人权的行为。这种有争议的做法通常包括切除阴蒂，人们相信切除阴蒂会抑制年轻女性的性欲，使她保持贞洁，从而对未来丈夫更有吸引力。尽管一些国家已经通过了禁止这种做法的法律，但这些法律在很大程度上并没有得到执行。来自生殖器切割普遍存在的国家的移民，往往坚持要求他们的女儿接受割礼，以在允许婚前性行为的西方文化中保护她们。一种文化有权为自己定义哪些行为是适当的，而何时干预以维护和保护人权，决定在哪些方面划清界限，会给现实世界带来挑战。

1993 年，美国选择了对于人权的绝对定义，坚持认为《世界人权宣言》为全世界可接受的行为设置了一个单一的标准。然而，在实践中，解释仍然发挥着作用。一些人权活动人士认为美国有选择性地执行人权。例如，批评人士认为，当石油受到威胁时（比如在中东），或者当军事联盟发挥作用时（比如在欧洲），美国官员更有可能关注侵犯人权的问题。

社会学思考

各国政府应该在多大程度上积极应对其他国家侵犯人权的问题？在何种情况下，如果有的话，对人权的关注会因为不尊重另一种文化的独特规范、价值和习俗而变成种族中心主义？

人权运动

许多致力于带来变革的积极分子都是通过非政府组织（NGO）来实现变革的，非政府组织是致力于带来社会变革的非营利组织。这些团体的范围可能是地方的、国家的或国际的。它们的资金通常来自捐赠，工作人员也是由志愿者组成。最有名的非政府组织，比如红十字会（Red Cross）和国际关怀组织（CARE International）等。

无国界医生组织（Doctors Without Borders）是世界上最大的独立紧急医疗援助组织，因其出色的工作获得 1999 年诺贝尔和平奖。该组织成立于 1971 年，总部设在巴黎，有数千名医生、护士和其他专家志愿者在世界各地工作。2017 年，该组织向 72 个国家提供了人道主义援助，进行了 1060 多万次门诊咨询，治疗了 250 万例疟疾病例，为 886 300 人接种了脑膜炎疫苗，帮助了 28.89 万名妇女接生，并帮助了数千名患有各种疾病的其他病人。

我们从社会学中学到的一件事是，我们被嵌入在更大的网络中，在这个网络中，发生在遥远地方的决定和事件，我们可能知之甚少，甚至一无所知，这塑造了我们的日常生活体验。我们所做的选择可能会对他人的生活产生重大影响。种族清洗、侵犯人权行为、女性生殖器切割以及家庭内外针对妇女的其他形式的暴力……所有这些都生动地提醒我们，社会不平等可能会造成生死攸关的后果。在每一个案例中，人们都认识到全球不平等的后果，个人、团体和国家都采取了措施来解决这些问题。通过发展更全面的社会学想象力，我们可以更容易地看到这些问题，并采取必要的步骤来解决它们。

社会学思考

其他国家和联合国是否有权力迫使美国改变其法律以符合人权原则？

行动起来！

全球视角

世界如此之大，有很多地方我们所知甚少。选择一个你不熟悉的国家，也许你甚至不知道它的存在。尽你所能去了解它的历史、政治、经济、家庭结构、信仰，等等。如果可能的话，联系一个帮助移民的组织，更多地了解他们作为第一代移民的经历。试着从他们的角度去理解世界，你能学到什么呢？

本章回顾

1. **社会学家如何看待现代化？**
   - 强调现代化的理论家认为，现代化是社会在经历工业革命以及以后的影响时自然进化的一部分。依附论者认为，这是由于核心富裕国家和边缘发展中国家之间的根本权力斗争。

2. **全球分层的差异有多大？**
   - 对财富、收入、贫困和社会流动性的分析表明，国家内部和国家之间存在着巨大的差异。

3. **为什么会形成全球性的普遍人权运动？**
   - 随着全球不平等变得越来越明显，人权维护者致力于建立一套基本人权，以保护人类，无论他们是谁，身在何处。

不同社会学视角下的全球不平等

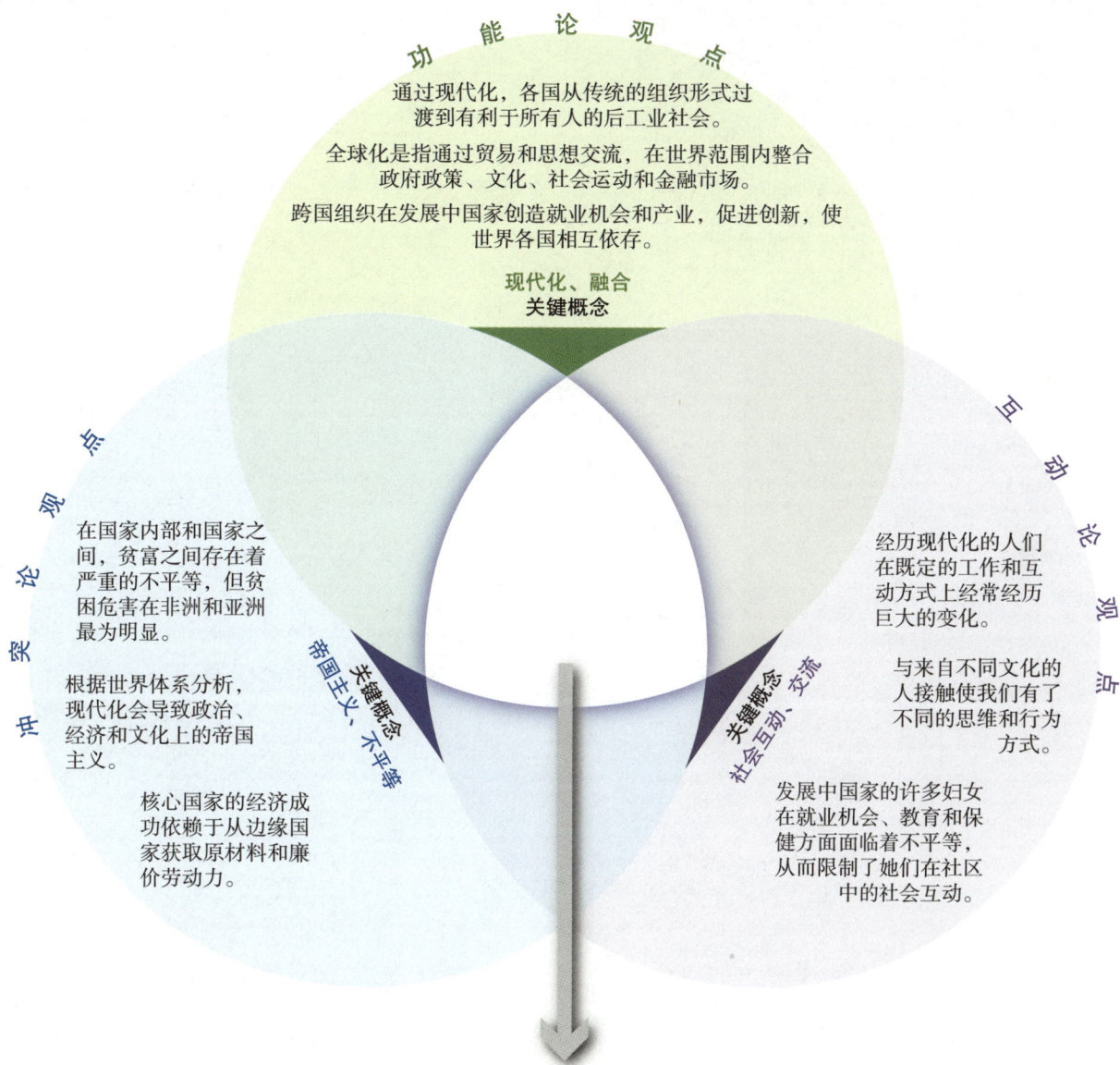

功 能 论 观 点

通过现代化，各国从传统的组织形式过渡到有利于所有人的后工业社会。

全球化是指通过贸易和思想交流，在世界范围内整合政府政策、文化、社会运动和金融市场。

跨国组织在发展中国家创造就业机会和产业，促进创新，使世界各国相互依存。

现代化、融合
关键概念

冲 突 论 观 点

在国家内部和国家之间，贫富之间存在着严重的不平等，但贫困危害在非洲和亚洲最为明显。

根据世界体系分析，现代化会导致政治、经济和文化上的帝国主义。

核心国家的经济成功依赖于从边缘国家获取原材料和廉价劳动力。

帝国主义、不平等
关键概念

互 动 论 观 点

经历现代化的人们在既定的工作和互动方式上经常经历巨大的变化。

与来自不同文化的人接触使我们有了不同的思维和行为方式。

发展中国家的许多妇女在就业机会、教育和保健方面面临着不平等，从而限制了她们在社区中的社会互动。

社会互动、交流
关键概念

建立联系

回顾本章之后，请回答下列问题。

1
每一种视角如何寻求更好地理解孟买等城市的情况？

2
现代化和世界体系理论如何与功能论和冲突论观点相适应？

3
每一种视角如何为理解美国和墨西哥之间的移民情况提供洞见？

4
你与一个发展中国家有什么关系——是作为游客，或者是第二代移民，还是活动家？哪种观点最适合这些关系？为什么？

第**12**章

社会性别与性存在

梦想

在孩童时期，你的想象力总是极其丰富。当别人问起你长大后希望成为什么，几乎一切皆有可能——超级英雄、喷气机驾驶员、芭蕾舞演员、影视明星、特工、奥运会运动员，甚至是总统。随着年龄的增长，现实来袭，多数人会将自己的选择范围缩小得更加贴近实际。但并非所有人都是如此。

雪莉·桑德伯格（Sheryl Sandberg）小的时候，母亲就鼓励她努力进取，这样她才能成为自己所希望的样子。桑德伯格接受了妈妈的建议，事实证明妈妈的话的确是对的。她获得了哈佛大学经济学学位，成为美国财政部部长，并担任谷歌全球在线销售和运营副总裁。现在，桑德伯格是 Facebook 的二把手，她在 38 岁那年就已获得了这一职位。桑德伯格的经历是一个向上流动的典型故事。

然而当她到达事业巅峰时，却发现很少有女性会有像她一样的经历，她们的路并不是这样走的。在大学时期和初入职场阶段，桑德伯格的同学和同事中男性与女性的数量比较均衡。当她攀升一个又一个职业阶梯的时候，男性数量的增加显著超过了女性。在这种不平等情况中，最令人吃惊的例子之一就是，最高层，即企业领导人的不平等。事实上，世界 500 强企业中仅有 4.8% 的首席执行官为女性。

为了不断理解女性所面临的挑战并帮助她们带来改变，桑德伯格进行了一系列努力。她在社会学家玛丽安·库珀（Marianne Cooper）的研究协助下，写成了《向前一步：女性、工作和领导意愿》（*Lean In: Women, Work, and the Will to Lead*）一书，并建立了 LeanIn.Org 组织。在她的作品里，她强调了阻碍女性在职场取得进步的两个因素。第一，女性始终不断地经历着歧视。举例来说，LeanIn.Org 组织 2018 年年度报告指出，通过调查 279 个企业所雇用的 1300 万名员工，研究者发现一种情况，即在早期职业上升的过程中，每 100 名男性晋升为管理岗位的同时，相应获得晋升的女性只有 79 位。不论是与高层领导在工作中进行实质性的互动还是非正式的互动，女性所具有的可能性都比其男性同事更低。在工作之外，女性也更不太可能与她们的领导进行社交。当面临日常交往时，

女性工作者在其职业领域中更容易受到质疑，她们往往被要求提供更多东西来证明自己的能力，并且被职场以一种不太专业性的方式来对待。

桑德伯格强调的第二个障碍，是女性在通往成功之路上，由其自身创造并且接受的内在障碍。LeanIn.Org 组织的研究者在他们的年度报告中发现，渴望成为高管的女性越来越少。桑德伯格写道："缺乏自信，不愿举手，应该向前的时候却退后，我们在大大小小的方面都阻碍了自己。"无论这种阻碍来自外部还是内部，对于女性而言，在商业或政治领域获取成功总是要面临更多的挑战。

作为一名孩童，一切似乎都是可能的。事实上，我们在社会中所处的位置塑造了我们的选择。在本章中，我们将探索关于社会性别和生理性别在我们是谁、我们将成为什么样的人中扮演了重要角色的方式。

边读边思考 >>

- 我们对社会性别和生理性别的理解是如何随着时间推移而发生变化的？
- 随着时间的推移，美国社会中的女性所拥有的机会发生了怎样的变化？
- 性别在多大程度上仍然影响着资源的获取？

>> 性别的社会建构

当一名婴儿出生时，人们最先问的一个问题就是"他是男孩还是女孩？"父母、医生和其他人回答这个问题的方式，决定了我们最初的和最重要的社会地位。

从我们出生之后不久，它就会影响他人如何与作为新生儿的我们进行社会互动。之后，它还会影响我们的衣着、交友、玩什么样的游戏、读什么样的大学专业、我们的职业类型、我们赚的钱，等等。而且，对于如何回答这个问题，我们所能得到的选择也越来越开放。

生理性别（sex）男性和女性之间的生物学差异。

社会性别（gender）我们给性别的生物学差异所赋予的一定的社会和文化意义。

跨性别（transgender）一个人的性别认同与出生时被识别的性别不同。

在 20 世纪 70 年代，社会学家开始在生理性别和社会性别之间做出更明确的划分，以便区分生物和文化属性。**生理性别**代表着男性和女性之间的生物学差异；**社会性别**则涉及我们给性别的生物学差异所赋予的一定的社会和文化意义。社会学家这样做的部分原因，是为了回应男性和女性之间存在着本质的生物学差异的观点，而这些差异常被人们用来为歧视女性作辩护。引入社会性别的概念，强调了我们对男性和女性的界定在多大程度上是由社会建构的，这种社会建构在不同文化和不同时代会表现得各不相同。最终，生理性别和社会性别之间的差异甚至都显得过于局限，这使得社会学家开始探索跨性别的重要性，**跨性别**是

指一个人的性别认同与出生时被识别的性别有所不同。每个概念都提供了一个不同的视角，通过这些视角，我们可以更好地理解我们为什么会这样思考和行动。

生理性别

生理性别关注的是细胞、激素和解剖学层面上男性和女性间的生物学差异。通过生理性别提供的镜头画面发现，女性通常有 XX 型染色体、雌激素、卵巢和阴道，男性则拥有 XY 型染色体、雄激素、睾丸和阴茎。其前提是划分界限非常明确，两性之间没有明显的生物学重叠。该模型被认为是一种简单的两性模型，或二态性模型，在这种区分模型中，男性和女性的界限是明显而绝对的。

这种简单划分的问题在于，我们发现很多被假定的规则竟都会出现例外。不少人表现出的生理特征与我们认定的性别"相反"：女性面部有毛发、男性嗓音高、女性个子高而男性个子矮、女性的臀部狭窄却肩膀宽阔、男性身材苗条或者拥有"乳房"、经历"男性秃顶"的女性，等等。差异不仅限于这些第二性征方面，还包含那些在细胞、激素和解剖学特征上存在性别模糊的人。正如遗传学家安妮·福斯特－斯特林（Anne Fausto-Sterling）在对过分简单化的两性模型的批评中指出，"仔细观察，即使在基础生物学层面上，绝对二态性也会瓦解。染色体、激素、内部性别结构、性腺和外部生殖器的差异都比大多数人意识到的要大"。正如，我们知道男性和女性都有雄激素和雌激素，而性激素水平因人而异。

从生物学上看，福斯特－斯特林认为我们至少拥有五种性别，而不只是两种。除了男性和女性以外，我们至少展现出三种中间性别。第一类是"真正的雌雄同体"，指一个人同时拥有一个睾丸和一个卵巢。换言之，他们在理论上既能产生精子，也能产生卵子。第二类是"男性伪雌雄同

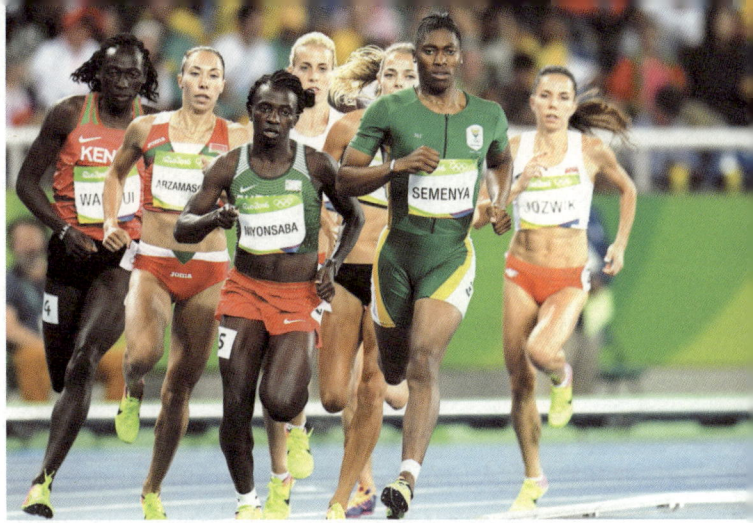

在 2016 年里约热内卢奥运会获得 800 米金牌后，南非运动员卡斯特尔·塞门亚（Caster Semenya）再次面临性别问题。在其职业生涯中，她被要求接受各种心理、妇科和内分泌测试。
图片来源：The Asahi Shimbun/Getty Images.

体"。他们有睾丸和看起来像女性生殖器的东西，缺少阴茎和卵巢。第三类为"女性伪雌雄同体"，她们有卵巢和一些男性生殖器，但没有睾丸。斯特林随后强调，在生物多样性范围内，就算是这五种性别也只能作为非常简单化的模型，生物多样性更像是一个连续统一体。

研究医学上被称为性发育障碍（DSDs）的医生发现，性的基本生物学远远超出了 XX 和 XY 染色体的组合。研究人员已经识别出超过 25 个参与这些特征发展的基因。比如，XY 个体有额外的 WNT4 基因副本，它能促进卵巢发育，抑制睾丸发育，导致子宫和输卵管发育不全。带有 RSPO1 基因的 XX 个体可以发育成卵细胞－睾丸，这是一种同时发育卵巢和睾丸的性腺。加利福尼亚大学洛杉矶分校性别生物学中心主任、研究员埃里克·韦礼安（Eric Vilain）在提到性生物学时得出的结论是"从生物学上讲，这就像一个光谱"。由于"障碍"一词的使用暗示着天生具有这些自然特征的人的一些负面影响，医学专业人士和人权倡导者建议取消性发育障碍的标签。

婴儿出生时，如果表现出男性和女性指标模糊不清，医生通常会采取

图片来源：Rainer Elstermann/Lifesize/Getty Images.

外科手术，以便使婴儿能更加适应某一种性别，即便这种模糊不清的情况很少对健康构成威胁。近年来，人们已经提出这种做法是否合适的伦理问题，特别是当最受影响的人没有发言权的时候。2013 年，联合国发表声明谴责了此类不合理的手术。2015 年，马耳他成为第一个通过法律禁止该类手术的国家。越来越多的国家已采取政策承认性的复杂性。2011 年，澳大利亚开始允许人们在自己的护照上选择第三性别。2013 年，德国允许家长将子女出生证明的性别一栏留空不填。2015 年，泰国开始修改宪法，正式承认第三性别为一项人权。2017 年，俄勒冈州成为全美国第一个允许人们在驾照上标明性别时写上 X 而不是 M 或 F 的州，此后其他州纷纷效仿。同样在 2017 年，加利福尼亚州成为全美第一个准许父母在孩子的出生证明上选择中性性别的州。

社会学思考

为什么大多数美国女性认为刮腿毛是很自然的一种行为？它在成人仪式中扮演什么角色？

社会性别

我们的生物多样性需要一个更复杂的物种模型，而不是性别的二态性模型。将社会性别加入到一个更加全面的关于性的概念中，使得我们能够捕捉更为广泛的人性表达。性别的社会建构在不同时代、不同文化中各具特色，这表明单独的生物属性并不能狭隘地决定男性还是女性。我们通常通过社会化来内化认知、规范和物质文化，而我们在社会环境中将这些文化定义为适合男性和女性的，或者对于两性来说天生就应如此的。

性别表现　早在一个孩子出生之日起，父母就开始了塑造孩童性别认同的社会化过程。包括超声波和超声图在内的影像技术的发展，使父母能在孩子出生前就知道他们的性别。今天，准爸爸妈妈们可以运用这些知识来决定买什么样的婴儿衣服，以及如何装饰他们所预期的婴儿床。性别透露方将消息分享给他人，正是靠着事先假定的粉色和蓝色的联想来识别婴儿性别。

随着孩子逐渐长大，我们通过自己的行动持续地向他们强化男性和女性之间的差异。尽管人们对这种期望的认知已经发生了变化，但在玩具货架上逛一逛，就会发现玩具在很大程度上是性别化的。然而，历史学和社会学研究表明，这种偏好并不是天生的。譬如在 1893 年，《纽约时报》上一篇报道婴儿服饰的文章就提出"总是给予男孩粉色，给予女孩蓝色"。早在 20 世纪初期，一篇《女士之家杂志》（*Ladies' Home Journal*）里的文章指出，"这个问题的确众说纷纭，但是普遍公认的准则是粉色给男孩，蓝色给女孩。究其原因，粉色作为一种更果断、更浓烈的颜色，会更加适宜男孩。而蓝色更柔和、更讲究，所以以更加受女孩青睐"。以上偏好我们是通过与他人交往的社会化经历来获得的。

性别社会化永不停歇。基于自己的性别表演，我们在社会互动中会获得积极或消极的反馈。不难发现，性别社会化有多么严格。试着去打破一些性别规则——假如你是女性，就在公共场合抽雪茄；假如你是男性，就在工作时候穿裙子。接下来蜂拥而至的将会是人们一系列纠正性的反馈。这正是科罗拉多大学和艾奥瓦州路德学院给社会学专业的学生布置的作业。教授要求学生做出一些他们认为是违背性别规则的举止。在这项实验进行的这些年里，学生们不断收到一些明显的信号，从娱乐到厌恶的都有——他们的行为太不合适，他们应该按照主流异性恋性别规范所定义的适当方式行事。

其实大多数时间我们都看不到生物学意义上所界定的男性或女性的特征，相反我们靠的是其他更为充分的指标，就像服饰或者造型。正如社会学家朱迪思·洛伯（Judith Lorber）所言，"矛盾的是，衣着常常掩盖了生理性别，但是揭示了社会性别"。在与他人互动时，我们会凭借已建立起的线索（比如全套服装和发型）来识别一个人的性别，并且认为这种识别是理所当然的。

艺术家尼克雷·拉姆（Nickolay Lamm）通过众筹的方式推出了拉米莉，这是一个与 19 岁美国女性平均身材比例相当的时尚娃娃。

图片来源：CB2/ZOB/WENN.com/Newscom.

个人社会学

描绘差别

当埃米莉和埃莉诺还是小女孩的时候，她们在我家的冰箱上贴满了她俩画的全家人的照片。这些绘画中，女孩子们都穿着裙装，而我穿着裤装；她们有着长长的睫毛，而我没有；她们披着一头长发，而我的头上光秃秃的，就像顶着一个空盘子。在埃莉诺小的时候我曾问她："如果女士们留短发，男士们留长发，你觉得怎么样？"她答道："也许吧，但是女士们留长发，男士们留短发才对。"她知道有些人并不符合她心里所预期的发型，但她已经逐渐接受了一种形象，那就是男性和女性之间的分界线是显著的、重要的，也是必然的。你的发型在多大程度上可以作为一个可用来预测性别的指标？

女性的社会性别角色 父母、学校、朋友和大众传媒作为推动者，都使得我们在社会化过程中内化了主流的社会性别规范。在这样的互动中，我们所经历的积极的和消极的制约塑造了我们所接受的、被视为合适的那些思想、行动和外表。举例来说，女性就一直面临着一种压力，那就是要保持苗条、美丽、顺从、性感和母性。

电影、电视节目和杂志广告全都建构着一种理想化的美丽女性形象。正如我们在第 6 章"越轨和社会污名"部分所看到的那样，这一被内奥米·沃尔夫称为"美丽神话"的形象，对于绝大多数女性来说基本上是难以达到的，因为它，每年都有数百万人为了追求这种美而进行整容手术。而这一形象之所以难以达到，部分原因是它们往往并不是真实的。相反，它们会在诸如 photoshop 这样的程序的作用下发生改变。对于那些不符合理想的人来说，达到理想形象尤其成问题，因为理想形象是建立在白人和异性恋假设之上的。

随着我们逐渐意识到这种人为形象的影响，人们开始尝试转变女性形象。在西班牙，时尚设计师为 T 台模特们设立了一个评分为 18 分的最低体重指数（BMI）；以色列则通过了一项法案，禁止 BMI 指数低于 18.5 分的模特参与 T 台表演和拍摄广告。再比如说，一个 5 英尺 8 英寸高的模特的体重必须至少达到 119 磅。法案同时要求媒体披露他们是否对照片进行了

歌手艾丽西亚·凯斯选择不化妆，以此作为一种自由和自我的表达。

图片来源：C Flanigan/Getty Images.

数码处理，这样会使模特看起来更加纤瘦。歌手艾丽西亚·凯斯（Alicia Keys）选择在国际观众选择奖颁奖典礼（VMA）、黑人娱乐电视大奖（BET）和格莱美大奖中素面出席，在 NBC 选秀节目《美国好声音》（The Voice）担任评委 / 教练时也从不化妆。她说，她这样做是因为"再也不想化妆和掩饰了。那不是我的面庞，不代表我的态度，不展示我的灵魂，不体现我的想法，没有承载我的梦想，没有凸显我的努力，没有看到我的情感成长。（化妆）什么都不是"。

关于女性的性别化的信息不仅仅涉及美丽，它们还投射出"女性应有定位"的理想化形象，确定出一些社会地位比另一些更适合女性。研究表明，儿童读物强化了这种信息。学者对整个 20 世纪出版的 5618 本儿童读物进行了研究，发现男性角色的出现频率是女性的两倍。当把生物性角色描绘为男性或女性时，这一显著差异达到最大化。《小黄金书》（Little Golden Books）系列图书比他们研究的其他系列书籍更不平等。尽管研究人员发现从 20 世纪 70 年代开始出现较为平等的趋势，但显著的不平衡仍然存在。他们进而得出结论："这种普遍存在的女性代表性不足的模式可能导致人们形成一种错觉，即女孩的不重要和男孩的特权。"其他研究也发现了相似的性别模式。男性更有可能被刻画成领导角色，更具有话语权，作为恶棍出现的可能性是女性的八倍之多。女性则常常被描绘为母亲形象，较少呈现为科学家角色，甚至更不可能出现在故事中。

近年来，企业已经开始回应这类性别化问题。美泰公司推出了曲线芭比、高个芭比和娇小芭比，还推出了更多肤色和发型，以反映更多种族和族裔的多样性。美国儿童文献出版社在其读物中创作了一系列不同的性别角色，如罗伯特·蒙施（Robert Munsch）的《纸袋公主》（The Paper Bag Princess）；史蒂文·伦顿（Steven Lenton）的《黛西公主》（Princess Daisy）、《巨龙》（the Dragon）和《傻瓜骑士团》（the Nincompoop Knights）；凯特·比顿（Kate Beaton）的《公主与小马》（The Princess and the Pony）。作为其超级女英雄

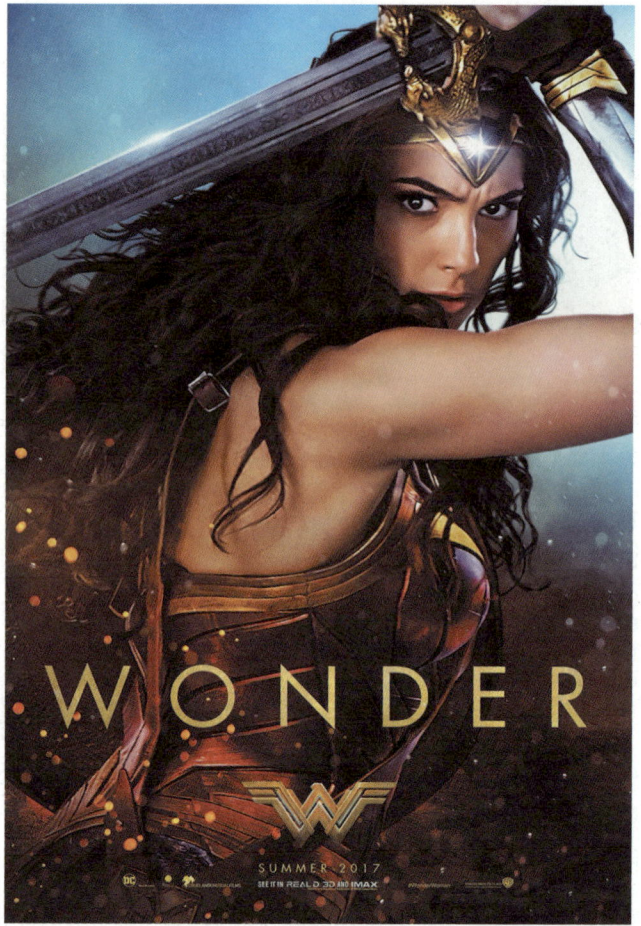

电影和书籍中对女性流行文化的表征显示出越来越多样化的取向。

图片来源：DC Entertainment/Warner Bros./Album/Newscom.

计划的一个部分，连环漫画企业 DC 娱乐公司打算为女孩们创作更多的玩偶、电视专题片、电影以及正式服装。要知道在超级英雄产品类别中，女孩这一目标人群曾在很大程度上被忽视。漫威电影《神奇女侠》（Wonder Woman）作为一部一鸣惊人的大片，令女性和女孩们感到被赋予了力量。

男性的社会性别角色　传统的性别角色期望对于男性来说同样存在，例如，全职爸爸相对比较少见。在拥有 15 岁以下子女的已婚家庭中，全职妈妈的数量是全职爸爸的 26 倍。尽管目前男性在家照顾孩子的情况仍然偏少，但在一项全国调查中，53% 的被访者表示，如果父母中只有一人在家照顾孩子，那么这个人是母亲还是父亲都无所谓。在其他回答中，45% 的被访者仍坚持妈妈应当是那个留在家里的角色，只有 2%

认为如果爸爸能够在家会更好。在这些回答中，年龄是一个关键变量，65 岁以上的人最有可能认为母亲待在家里，孩子会更好。

尽管人们对于父母角色的态度会发生变化，但是传统的性别角色期望会持续地发挥重要影响。同样，男性也不断接收来自家庭、同辈群体和大众传媒的信息，告诉他们什么是男性气质。其中一种最强大的社会期望就是男性应在身体上和精神上保持坚强，不论是在运动中、工作中甚至是社会关系中。没能遵从这种社会性别规范的男性将会受到批评，甚至是耻辱。例如，男孩可能会遭遇被父亲或兄弟称作"胆小鬼""娘娘腔"的风险。

我们也在从事非传统职业的男性身上看到了性别期望的影响，如男性担任学前教师或护士。当介绍新朋友给他们时，为了避免对方产生消极的反应，他们可能会谎报自己的职业。一个例子是，研究者访问了一位 35 岁的男护士，他说每次自己去娱乐场所消遣，常常称自己为一名木匠或其他职业，因为女士们不会有兴趣去了解一名男性护士。在与其他人的日常交流中，研究对象往往会做出类似的自动调整。

这种狭隘的男子气概观念可能会让人们付出代价。那些成功地适应男性气质文化标准的男孩，很可能成长为一名沉默寡言的男人，无法同他人分享自己的感受。他们始终保持自己的魄力和坚强，可同时也非常自闭而孤立。这些传统的社会性别角色将男性置于不利地位。如今，女孩在高中的表现超过了男孩，占据了不成比例的领导职位，从毕业生代表到班长再到年鉴主编——总之，除了男孩运动队的队长之外，什么都有。而且，她们的优势在高中后仍得以延续。从 20 世纪 80 年代开始，美国的女孩就比男孩更有可能进入大学学习。2018年，全国大学生当中女性占据了 57%。不仅如此，从 2006 年起，美国获得博士

图片来源：Bbernard/Shutterstock.

学位的女性就已超过了男性。

越来越多的美国男性对传统的男性性别角色过于局限做出了批评。澳大利亚社会学家 R.W. 康奈尔（R. W. Connell）曾提出**多重男性气质**，意味着男性气概的表达方式可以呈现多样化，超越文化上占主导地位的对何为男性的刻板印象。这需要我们扩展男子气概以涵盖各种可能的表达，包括养育照料的角

多重男性气质（multiple masculinities）这一观点认为，男子气概的表达可以有多种形式，超越了文化中占主导地位的对何为男性的刻板印象。

成千上万的海吉拉人聚集到印度加尔各答附近庆祝节日。

图片来源：Saikat Paul/Pacific Press/LightRocket/Getty Images.

色、柔弱的同性恋角色、更传统的角色，等等。

跨文化的性别　由人类学家玛格丽特·米德（Margaret Mead）开创性的工作开始，经过当代学者持续的田野工作，研究人员一再指出，性别角色在不同的物理环境、经济和政治体系中会有很大差异。有些文化假定存在三到四种性别类型。社会学家朱迪思·洛伯提出两种情况：一是"女性化的男人"，即生理上是男性但以女性的方式生活；二是"男性化的女人"，即生理上是女性但却以男性的方式生活。此类情况在不同的社会都曾出现。"男性化的女人"在非洲和美洲原住民社会中都可以看到。在阿尔巴尼亚，她们承担了男性在工作和家庭中的角色。"女性化的男人"包括大平原地区的美洲原住民中的双体人，他们也被认为是拥有两种灵魂的人，还有印度的海吉拉人（hijras），以及中东地区阿曼的沙尼斯人（xanith）。

印度尼西亚南部的苏拉威西岛上有一个巨大的族群——布吉人（bugis），他们识别出五种不同的性别：男性气质的男人（oroané）、女性气质的女人（makkunrai）、女性气质的男人（calabai）、男性气质的女人（calalai）以及跨性别巫师（bissu，就是在生理上同时拥有两种性别）。在这些社会中，多样化的性别分类是他们社会生活中被广泛接受的一部分。这些个体不仅会被人们所接受，也不会被视为异类。例如，拥有双灵魂的人和跨性别巫师都具有很高的社会地位，因为他们被认定拥有特殊的力量。

基于性别的权力分配也会因文化而异。印度尼西亚的米南卡保（minangkabau）族就是一个例子。在那里，男性和女性不是竞争对手，而是共同利益的伙伴。这个群体的特点是受益于自然环境，并混合着伊斯兰教的宗教伦理。女性通过继承而控制着土地，如果离婚，前夫只能带着自己的衣物离开。更大的社群往往经由男性、女性或双方的共同劳作来管理。这些例子所表征的文化多元化强化了一种观点，那就是先赋的生理角色并不代表一个人的命运，不同性别之间以及同一性别内部的社会关系都可以呈现出多种不同形式。

重新认识生理性别和社会性别

超越一种简单化的二态性性别模式，为男性和女性开启了一道全新的机会之门。它表明，人类学家丽莎·皮蒂（Lisa Peattie）和社会学家马丁·雷恩（Martin Rein）所说的那种自然和人为之间的界限已随时间发生了转变。当我们说一个事物是自然的，意味着它应该被接受为既定的，并且不能被改变。譬如，当人们声称"男性更加理性"，或者"女性更适合养育子女"，他们通常认为这些刻板印象是由我们的生理特性决定的，因此是不可改变的。然而，对于在不同文化、不同时代的性别如何表达的研究表明，这些被认为是区分男性和女性的内在特征实际上是人为划定的。也就是说，它们是受变化所影响的社会建构，而不是必然令我们一定要成为谁的决定性因素。

按照这种思路，一些曾被认为是自然的事情，看起来逐渐变得具有人为社会建构的痕迹，这为遭受歧视的群体带来了机会。尽管进入 20 世纪，人们仍然认为女性的生理构成使她们被排除在学校、工作、政治与社会地位之外，而如今女性在这些社会领域的参与度都得到了极大提升。举例来说，美国社会曾一度禁止女性进入大学学习，因为人们认为女性从生理上看就不可能获得成功。1847 年在费城杰斐逊医学院的一场著名演讲中，查尔斯·梅格斯（Charles Meigs）教授对全班都是男同学的妇科学学生散播了一种观点：对女性来说，"她们的大脑足够承载爱情，却不足以拥有智慧……她主宰着心灵……家务劳动就是她工作和服务的圣地"。1874 年，哈佛大学监察委员会成员的艾德伍德·克拉克（Edward Clarke）博士曾写道，女性过于娇弱，无法接受大学教育的严格要求。

思考学习所需精力的不断增加，会消耗女性子宫和卵巢的能量，导致这些生殖器官萎缩。

当女性最终获得了进入大学学习的机会时，她们表现得非常出色，而这是一项她们必须通过努力争取才能赢得的权利。现在她们的平均绩点更高了，并且在大学毕业生中女性要多于男性。曾经被认为是自然而然的事情，如今应被视为是社会所建构。这表明问题的根源不在于人的生物学属性，而是社会建构的文化曾经将女性拒之门外。

另一方面，有一种观念坚持认为，男人就不像女人那样善于抚育孩子。这似乎源于一种假设，即女性因为生育和养育孩子，自然更善于提供爱、照顾和保护。可是，研究证明，当男性是抚养孩子长大的第一责任人时，他们同样会做传统上与"母职"相关的那些事情。

研究展示了一种情况：尽管在历史被认为是缺少男性气质的单身父亲也能成功地养育孩子，同孩子发展出亲密关系和情感关系。在美国，越来越多的父亲试图找到更有效地与孩子互动的方式，而这在过去被视为非传统方式。

我们将生理性别和社会性别视为一种人为界定，揭示了二者之间的复杂关系。然而，质疑我们给性别下的自然属性定义从来不是一件易事，正如为了选举权和工作平等机会而努力的女性所感知的那样。正视这些定义看起来像是试图去挑战现实本身，但要实现社会变革，这种挑战则是非常必要的。

女性可以穿裤子

堪萨斯州司法部部长：没有法律禁止女性穿裤子

堪萨斯州托皮卡市，4月28日。斯塔布斯政府昨日收到一封来信，一位来自奥斯维戈的寡妇为自己在家中工作时穿着男性裤子而寻求许可。信中提到，她供养着一个大家庭，总需要户外工作。如果穿裙子，她的行动会受到很大限制，非常不便。

这封信被转交给司法部部长。司法部部长说并没有法律禁止女性穿着男性的裤子，尤其在女性作为家庭顶梁柱的情况下。

在美国，女性穿着裤子曾被视为一件不寻常的事，但是时代在改变。
资料来源：报纸文章《女性可以穿裤子》，1910年4月29日。

你知道吗？

在一项探索性实验中，研究人员并未告知参与在线课程的高校学生给他们上课的教授的性别。学生们往往会对他们认为是男性的教授教学格外给予高度评价，哪怕现实中上课的是一位女教授。

资料来源：MacNell, Driscoll, and Hunt, 2014。图片来源：Asia Images/PictureIndia/Getty Images.

性别光谱

当我们意识到性别可表现为远比单纯的 XX 或 XY 染色体更为复杂的程度，我们已然被社会化为社会性别角色，而不是被生理属性所决定。这使得人们得出一个结论，那就是当我们选择如何展现自我的时候，性别的多元化表现形式是具有可能的。一个人的生理

性别认同（gender identity） 一个人对自己社会性别的主观或内在的感知。

性别表达（gender expression） 一个人社会性别对外的、公开的展现。

顺性别者（cisgender） 性别认同与其出生时生理学性别相关的文化期望更加接近。

性别二态性（gender binary） 一种二态性模型，其中社会性别角色不是表示为男性就是女性，二者之间界限分明。

性别光谱（gender spectrum） 一种将性别视为连续统的模型，它包含了涉及生理性别、社会性别、性取向、性别认同和性别表达的所有可能的组合。

酷儿（queer） 一种包含多种可能的性取向、性别认同和性别表达的术语。

女性主义（feminism） 一种对女性在社会、经济和政治方面追求平等的信仰。

性别并不必然决定他或她的社会性别认同，**性别认同**指的是一个人对自己社会性别的主观或内在的感知。这种对于自己是谁的内在观念可能与个体的性别表达不同，**性别表达**则是一个人社会性别对外的、公开的展现，它常常通过衣着、发型、语言和其他性别化的举止表现出来。如上文所言，跨性别者的性别认同可能与出生时他或她被识别出的生理性别截然不同。比如说，一位跨性别者可能生来就有阴道，但他会自认为是男性，具有男性气质。

另一方面，**顺性别者**的性别认同与出生时的生理学性别相关的文化期望更加接近。这两个词汇的前缀来源于拉丁文，trans- 表示"跨越"，而 cis- 表示"与⋯⋯一致"。

为了完整地描述人们生活经历的所有情况，理论家们更进一步，他们建议我们用一种新的模式取代隐含在性别概念中的现有的非此即彼的性别二态性模型。现有的**性别二态性**模型——社会性别角色不是表示为男性就是女性，二者之间界限分明——对性取向和性别表达提出颇多限定。学者提出的替代模型描绘了一个**性别光谱**，它将性别表达为一个连续统，包含了涉及生理性别、社会性别、性取向、性别认同和性别表达的所有可能的组合。根据这一模型，社会性别看起来就像颜色轮盘一样，浓淡颜色之间并没有绝对的分界线，也不需要进行非此即彼的选择。许多人开始采用**酷儿**（或无性别者）一词的表达，因为这种表达反映出人们拒绝将生理性别和社会性别采取二元对立形式的划分，同时突出了性取向、性别认同和性别表达中的多元化可能。

> > 为了改变而努力：女性运动

我们从性别研究中总结出的一个经验，就是改变是具有可能的。正如我们从接受高等教育的女性群体中看到的那样，过去的规范并不能决定未来的行为。然而，改变总是伴随着冲突的发生。为了在政治、经济和其他的公共及私人领域给女性增进机会，人们努力抗争着将性别视为自然属性的那种文化假定。**女性主义**正是这样一种信仰，表达了女性对在社会、经济和政治方面追求平等的意愿。

第一次浪潮

1848 年，美国的女权主义运动诞生于纽约州北部的塞尼卡瀑布镇。8 月 19 日，第一次女权大会召开，伊丽莎白·卡迪·斯坦顿（Elizabeth Cady Stanton）、柳克丽霞·莫特（Lucretia Mott）以及其他致力于为女性权利而斗争的先驱们参加了此次大会。大会通过了《情感宣言》，其中指出："人类历史是一部男性不断伤害和剥夺女性的历史，直接目的是要建立对女性的专

你知道吗？

当美国开展科学教育时，男孩总是在标准化测试中比女孩获得更高分数。这一情况让许多人们推测这种差别可能源自与生俱来的性别差异。然而，一项范围更广的、对 65 个城市的研究发现，女孩更有可能胜过男孩。虽然在西欧、北欧和美洲的一些城市，男孩整体上表现更佳，但在亚洲、东欧、南欧和中东地区，女孩则比男孩更为突出。

资料来源：Fairfield and McLean, 2012. 图片来源：M. Constantini/Photoalto, Inc.

贝蒂·弗里丹是一名组织者，在美国第二次女权主义浪潮中扮演了非常重要的角色。
图片来源：B. Friedan/MPI/Archive Photos/Getty Images.

制统治。"作为对《独立宣言》的呼应和拓展，它呼吁人们承认"男性和女性生来平等"。第一次浪潮中女性主义者在争取妇女在法律和政治上的平等时遭到了嘲笑和蔑视，但为了她们的事业，她们不怕冒引起争议的风险。1872年，一位名叫苏珊·B.安东尼（Susan B. Anthony）的女性被逮捕，理由是她试图参加当年总统的竞选。

这些早期的女性主义者在医疗保健、教育和财产权方面赢得了许多胜利。第一次浪潮的最大成就是1920年美国通过和批准的宪法第19条修正案。这部宪法赋予美国女性以选举权。该修正案最初于1878年提交国会，其措辞与禁止基于种族而剥夺投票权的第15条修正案相一致。然而在获得这一最新权利后，女性运动势头大减，原因是内部各派系对未来目标不一。一段时间内，女性运动在推动社会变革方面的力量大大削弱。

第二次浪潮

美国女权主义的第二次浪潮发生于20世纪60年代，并在70年代达到高潮。贝蒂·弗里丹（Betty Friedan）的著作《女性的奥秘》（*The Feminine Mystique*）在这次浪潮中起到了至关重要的作用。同样为女性主张权

利还有其他两位先驱的著作：西蒙德·比弗（Simone de Beauvoir）的《第二性》（*The Second Sex*）以及凯特·米利特（Kate Millett）的《性政治》（*Sexual Politics*）。弗里丹是一名中上流阶层的白人女性，也是一名生活寡淡无味的家庭主妇，在20世纪50年代她同时还兼职做一名自由记者。作为她计划写的故事的一部分，弗里丹调查了她的大学同学的生活。从这些像她一样的女性那里，弗里丹总是听到千篇一律的情况——她们都有一种莫名的、痛苦的不满，这就是她提出的著名的"无名的问题"。即便她们过着多数人所向往的美国梦般的生活，这些女性还是感到失去了一些什么。她们大多因为这种空虚或不完整的感觉而责怪自己，当她们需要寻求帮助时，医生或精神科大夫给出的解决方案往往是参加慈善工作、社区活动或服用镇静剂。

在《女性的奥秘》一书中，弗里丹指出，问题的根本并非在于女性个体本身，而是在于当时女性在美国社会中的地位。这不再是一个私人问题，而是一个公共议题。弗里丹的这种意识表明她发挥了经典的社会学想象力。女性被排除在公共领域之外，她们也缺乏获得经济、社会和文化资源的机会（包括金钱和工作岗位上的权力），而这些才是真正的问题。弗里丹把自己相对幸福的部分原因归结于她保持了记者和家庭主妇的双重身份。为了挑战这一结构性问题，女性必须努力反对一种文化假设：女性最基本的也是"与生俱来"的人生目标，就是成为私人领域中的一名妻子、一名母亲。正如弗里丹所言，"我们不能再忽视女性的心声，那就是'我想要的不仅仅是我的丈夫、孩子和家庭'"。

在弗里丹的努力下，为女性谋求平等的国际妇女组织（NOW）于1966年建立。弗里丹担任主席至

1970 年。除了政治和法律斗争外，该组织的主要方式之一就是形成"增强自我意识的团体"。在其他目标实现的过程中，这些团体试图不断提高女性对她们共同面临的"无名的问题"的认识。这一共识的形成能够带来集体行为，也有助于发展出增进机会的新型社会结构。诸多努力中的核心，就是选择权至关重要。现有体制在社会生活的方方面面限制了女性的选择。女性主义者为开创结构性的机会而斗争，为确保女性能拥有更多选择的权利而斗争。这样，她们就能自主选择去上大学，就能追求基于个人能力的职业岗位，而不是受限于社会性别期望，就能自我决定步入婚姻还是保持单身，生育子女还是成为丁克，等等。

女性是否具有自我控制生育、自我控制身体的权利，同样是这次女权主义运动中至关重要的问题。在美国，大多数人支持女性合法堕胎的权利，但是也持保留意见。根据一项全国调查，58% 的被访者认为在所有情形下或多数情况下女性堕胎应属合法，而 37% 则持反对态度。当被问及 1973 年最高法院确定美国堕胎合法权利的罗伊诉韦德案时，69% 的人表示不应推翻这一裁决。

越来越多女性认识到，现有的文化观念与实践皆为性别歧视，甚至包括她们自己，也都已通过社会化而内化了传统的性别角色规范。于是女性开始挑战男性的统治地位。这种姐妹情谊变得越来越清晰，很像马克思希望出现在无产阶级中的那种阶级意识。个体女性将自己的利益同女性整体的利益联系在一起，她们拒绝认同自己的幸福取决于她们接受顺从和从属角色的原则。

第三次浪潮

部分源于第二次女权主义运动成功地为女性争取到机会并获得更多尊重，到了 20 世纪 80 年代，人们逐渐意识到，女性主义的核心目标已经基本实现。一些学者宣称，我们已经进入一个后女性主义时代。然而在 20 世纪 90 年代早期，一种新型女性主义兴起，它超越了推动第一次和第二次浪潮的结构性障碍。它敢于在文化领域发声，主张多元化的声音、表达和体验。第三次浪潮是一种观念的转变，从单纯地关注人的平等转变为宣扬差异，而且这种转变被认为是理所应当的。

第三次浪潮的兴起也是代际变迁的一个部分：年轻一代女性对女性主义古板、保守的主流形象感到不满。它同样彰显了一种信息转变，即转向对什么是女性主义的一种更加多样化和多元化的理解。这一点在早期的两部选集中表现得非常明显，而这两部作品在展示这一时期女性运动所代表的声音的多样性方面发挥了关键作用。它们是瑞贝卡·沃克（Rebecca Walker）的《变成现实：讲出真话，改变女性主义风貌》（*To Be Real: Telling the Truth and Changing the Face of Feminism*），以及芭芭拉·芬德兰（Barbara Findlen）的《倾听：来自下一代女性主义者的声音》（*Listen Up: Voices from the Next Feminist Generation*）。从前，女性主义者往往是白人，来自中上层社会，并且是异性恋者。第三次女权主义运动则特别强调女性的能动性和主观性，致力于女性个体的赋权，对性征和性探索更为开放，并颂扬来自性别、种族、族裔和阶级的多样性。接受身份的多样性令我们投身于社会公平和全球化视野，这样其他的声音就有机会被听到。

第三次浪潮包含了一些关于自我创造的后现代思

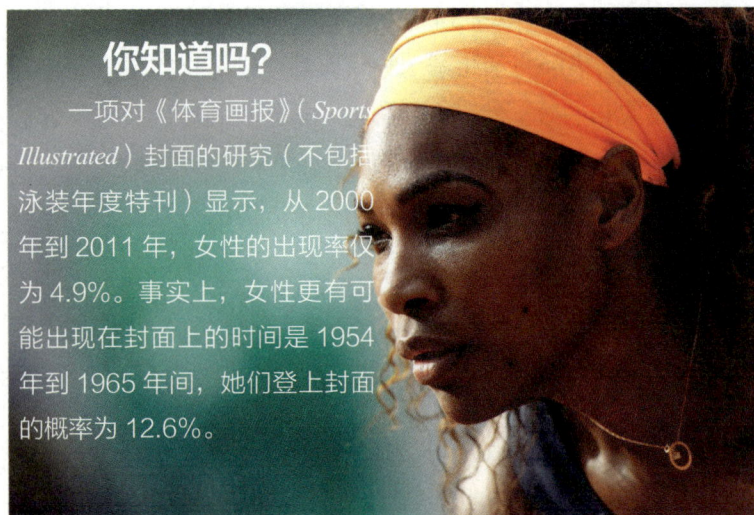

你知道吗？

一项对《体育画报》（*Sports Illustrated*）封面的研究（不包括泳装年度特刊）显示，从 2000 年到 2011 年，女性的出现率仅为 4.9%。事实上，女性更有可能出现在封面上的时间是 1954 年到 1965 年间，她们登上封面的概率为 12.6%。

资料来源：Wasike, 2016；Weber and Carini, 2013. 图片来源：Thomas Coex/Getty Images.

想，这一点在本书第 5 章的"后现代生活"部分已经提到。依据这种思想，我们可以从各种各样的可能性中选择自己的身份，也能够创造属于我们自己的现实。这与以下观念相吻合：我们的性别不是狭隘地由生理属性所决定，我们对自己性别的表达也不必同自然生理相一致，而是取决于我们自己的创造力和控制力。结果之一是，这场女性运动有了更有趣或讽刺的成分，尤其是当涉及所谓的少女女性主义时，它试图将口红、高跟鞋和更性感的女性形象作为女性主义赋权的可行象征。批评者指出，这类选择的提法非常不恰当地使得社会中种族、性别和阶级地位的持续力量变得最小化。

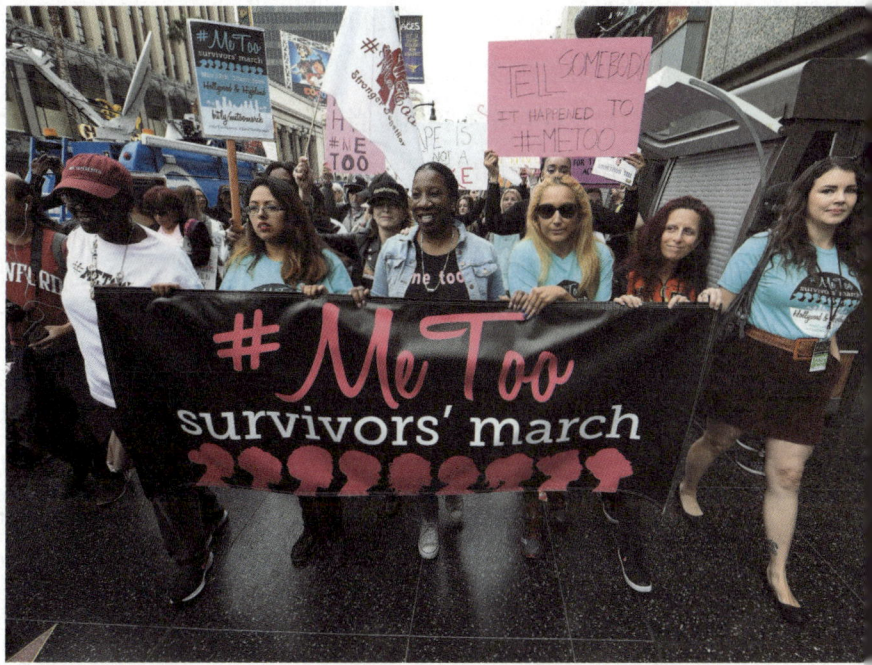

为性暴力幸存者提供支持的 #MeToo 运动，从一开始就有意识地关注交叉性。
图片来源：Mark Ralston/AFP/Getty Images.

交叉性理论

新女性主义观点的结果之一是认识到，主要凭借某一种社会地位来定义他人，可能会降低我们占据多种地位的重要性。举例而言，我们去看西班牙女性的社会地位，我们必须同时关注她们的性别和种族（也包括其他方面）。这种多重身份方法推动了两个重要理论的发展：立场理论和交叉性理论。

根据**立场理论**的观点，我们所在的社会地位和拥有的社会经验塑造了我们对现实的理解。鉴于某些人的观点比其他人更有特权（基于他们的性别、性存在、种族、族裔或阶级），该理论强调了倾听那些来自边缘人的声音的重要性。对边缘人的关注为我们理解社会系统提供了更加深刻、更加丰富的视野。

交叉性理论代表了第二种主要的进步。该理论认为，我们不能把性别、种族、阶层或性存在孤立起来谈，就好像它们彼此无关一样；相反，这种结合令我们很难说清这几个方面各自的影响力究竟有多大。因此，社会研究必须分析多重社会地位对身份、知识和产出的混合影响。法学教授金伯利·克伦肖（Kimberlé Crenshaw）的 TED 演讲中提到"交叉性已迫在眉睫"，她关注我们理解周围世界时所使用的文化框架。她提出，这些框架使我们无法看到人们在性别、性存在、种族、族裔和阶级方面所经历的社会公正层面的不平等是如何重叠的，而且这些方面本身就不能将彼此割裂开来对待。对于立场理论和交叉性理论来说，在研究中采用叙事的方法，让我们听到那些与我们不同的人的声音，至关重要。

立场理论（standpoint theory） 由于我们的社会地位塑造了我们的认知，所以要更全面地理解社会关系，就必须把来自边缘声音的观点也纳入其中。

交叉性理论（intersectionality） 不能孤立地研究性别、性存在、种族、族裔和阶级，因为它们对我们的身份、知识和产出具有混合影响。

﹥﹥ 性存在的社会建构

生理性别和社会性别被定义为更加复杂的性别光谱，不再是简单的关于男性和女性、男性气质和女性气质的二态论。这一转变同样发生在性存在方面。在美国，性的二态性模型引发了一种结果：主流意识形态假定异性恋关系，其中理想化的规范是婚前贞洁，以及对单一伴侣的终身忠诚。这种观念在 20 世纪50 年代的电视节目中达到了顶峰，如《天才小麻烦》

（*Leave It To Beaver*）和《父亲最知道》（*Father Knows Best*）。时代已经发生改变。

当我们提及性存在，我们应当就我们如何看待自己和我们所做的事情做出区分。**性存在**意征着我们作为性存在的身份认同和行为。就身份认同而言，性存在是我们是谁的一种表达方式，这种表达类似于性别、种族、族裔和阶级对我们的塑造；就性行为而言，性存在决定着我们做什么或不做什么，和谁一起以及频率如何。

性存在与身份认同

性的表达不仅仅是生理冲动和本能的结果，它存在于现有的社会、文化、历史过程中，也是这些进程的衍生物。尽管性的其他表达方式在美国有着悠久的历史，可它们的存在和实践并不总是能得到公众承认。

> **性存在**（sexuality）表征着我们作为性存在的身份认同和行为。
> **性取向**（sexual orientation）关于我们在性方面被谁吸引的一种分类。
> **异性恋者**（heterosexual）性取向的一个类别，指那些被不同性别所吸引的人。
> **同性恋者**（homosexual）性取向的一个类别，指那些被同一性别吸引的人。
> **双性恋**（bisexual）性取向的一个类别，包括既可以被男性又可以被女性所吸引的人。
> **异性恋正统主义**（heteronormativity）社会学家用这个术语来描述一种文化预设，即异性恋是性认同和性行为的适当标准，而另类的性取向是性变态、不正常的或错误的。

在20世纪60年代，对这类表达方式的广泛认可来自以"自由恋爱"为名的实验。同时期兴起的各类组织，诸如1969年的同性恋解放阵线、1970年的同性恋活动者联盟，都呼吁人们意识到性别二态性模型外关于性的选择是存在着的，这类组织还试图在公众意识中建立不同性取向的合法性。

这些历史活动导致的后果就是人们越来越意识到性取向的概念。**性取向**是关于我们在性方面被谁吸引的一种分类，代表了一种个体的和群体的身份认同。最初，按照性别二态性模型，主要有两个子范畴：异性恋和同性恋。**异性恋者**是指那些被不同性别所吸引的人；**同性恋者**则是指被同一性别所吸引的人。同性恋的男性被称为男同性恋，同性恋的女性被称为女同性恋。后来，我们又在这些子类别中加入了**双性恋**，包括那些既可以被男性又可以被女性吸引的人。人们对性取向的态度随着时间发生了显著转变。

即便异性恋、同性恋、双性恋模式已拓展了原有对性存在的认知，超越了20世纪50年代的视野，但它仍然呈现出泾渭分明的绝对分界线。将你或他人的归属进行分类是一件非常简单的事情，那就是确定你的性实践并在适当的方框中打钩。然而，人们的性经历远比这更为复杂。

尽管人们对性别和性存在的社会建构性质的认识有所增加，美国社会中占主流地位的仍是对异性恋的文化期望。社会学家采用**异性恋正统主义**一词来描述这种文化预设，即异性恋是一种性认同和性行为的恰当标准，另类性取向是性变态、不正常的或错误的。异性恋正统主义是文化中心主义的一种表达形式，它将一种特定的文化理想（异性恋）普遍化到所有其他人群中，从而否定了局外人的合法性。

作为异性恋正统主义的一个案例，1957年的一项调查发现，80%的人认为那些愿意保持单身的人是"病态的""神经质的"或"不道德的"。此外，1972年以前，同性恋在美国精神病学会的《精神疾病诊断与统计手册》（DSM）中一直被归类为心理障碍。新版 DSM-5 于2013年问世。对"性别认同障碍"的分类删除了原来的跨性别者和变性人，取而代之的是"性别焦虑症"。这样做的目的是在承认它们存在的同时，尽量减少精神诊断所带来的污名化。一些人主张保持这些诊断具有重要性，因为如果没有这样的诊断，寻求变性手术的跨性别者可能无法得到适当的诊断和治疗。

> **社会学思考**
>
> 异性恋是如何在当下的热门歌曲和电视节目中得到强化的？你能想到一些例外吗？

社会化在决定我们的性认同当中扮演了关键角色。像社会性别问题一样，我们在遵守男性和女性的主导规范时面临着巨大的压力。在社会学家C.J.帕斯科（C.

J. Pascoe）的著作《哥们，你是个基佬》（*Dude, You're a Fag*）中，作者阐述了异性恋规范是如何被社会再生产的。帕斯科对一所工人阶级高中的男孩进行了一项民族志研究。她发现，男孩们强化现有的男性文化规范的方式之一，就是随意使用"基佬"（fag）一词来谴责那些背离主流男性气质的人。根据帕斯科的观点，称某人为基佬与其说是一种反同性恋行为（尽管她也承认这是一种反同性恋行为），不如说是一种让男性服从性别规范的方式。一名同性恋者始终保持着男性气质是具有可能的，而当一个基佬则代表着一种失败的男子气概。成为基佬所带来的威胁就像幽灵一样笼罩着男孩们，随时都可能附身，只有永远保持警惕才能阻止它。帕斯科指出，拒绝这一角色同样代表着对女性气质的否定。因此，这种话语不仅支持了现有的异性恋规范标准，也强化了传统的性别观念。

社会学思考

带有性别色彩的谩骂（比如开玩笑称一个人为基佬）是怎样维系泾渭分明的性别界限的？

上述案例直指一个现实问题：性存在的差异不仅仅是性取向和非此即彼的性偏好的问题，它们同更大的权力体系有关。在这一权力体系中，一些社会地位比另一些具有更多特权。我们在社会结构的背景下，构建我们的性认同，理解我们是谁。在这些被建构的世界中，并不是所有的路径都被认为是同样合法的。在美国，建立一种异性恋以外的性认同是很困难的，这要归因于附加在这种认同上的含义，也要归因于它缺乏更广泛的文化支持。这些权力差异导致了歧视的产生和暴力的威胁。例如，美国联邦调查局曾指出，2016年报告的7227起仇恨犯罪中，16.9%涉及性取向问题。

通过回顾我们发现，为了更好地理

解关于性存在和身份认同的问题，我们应当意识到性存在的复杂性。这样做就必须考虑到生理性别（生物学意义）、社会性别（社会、文化和心理的建构）、性取向（同伴偏好）、性别认同（主观感知），以及性别表达（外部展示）等。在这些主要变量中存在着各种可能的表现形式，不只是简单的男性与女性的二分法，其结果是多种组合皆有可能。性别和性存在表达所发生的改变已逐步被人们所接受，它们曾作为处于主体地位过滤掉其他身份，如今这种影响力或许会减小。相反，根据交叉性理论的经验，性存在可能只是身份认同诸多因素中的一个重要因素。因此，我们必须将多种因素联系起来，才能更好地理解我们为什么这样思考和行动。

行为中的性存在

性存在决定了我们对自己是谁的意识，它还会影响到我们的行为。在社会学概念中，正如托马斯定理所指出的，与他人的互动塑造了我们的性身份认同。然后，我们根据这些感知来采取行动。在日常生活中，我们对自我的认知和对性行为的认知常常是相互强化

阿尔弗雷德·C. 金赛在他研究团队的帮助下，对美国的人类性行为提出了一种前所未有的洞见。
图片来源：Hulton Archive/Getty Images.

的。在行为中了解我们的性存在，既包括我们进行的性行为的类型，也包括我们与他人建立的性关系的类型。

由于公开讨论性议题普遍被视为一种禁忌，人们通常对实际的性行为既无知又好奇。《金赛报告》（*Kinsey Reports*）［1948 年的《人类男性的性行为》（*Sexual Behavior in the Human Male*）和 1953 年的《人类女性的性行为》（*Sexual Behavior in the Human Female*）］提供了最早对人类性行为的深度研究。报告由美国生物学家阿尔弗雷德·C. 金赛（Alfred C. Kinsey）及其同事汇编。他们指出，8% 男性在 16 岁到 55 岁之间有过至少三年的同性恋关系，这一特别发现在当时非常令人震惊。整个报告中的所有卷册成为当年的畅销书。金赛等人的研究为其他人进行更多的此类研究打开了一扇大门。

全美家庭发展调查（NSFG）持续更新着数据，其中包含人类性行为方面的具体信息。该调查由国家健康统计中心（NCHS）和疾病预防与控制中心（CDC）共同完成，数据来源于超过 9000 名调查对象的全国样本。全美家庭发展调查的研究人员归纳了异性恋关系模式的统计结果。在更早的一波研究中，他们发现异性伴侣的数量的中位数为女性 3.6 个，男性 6.1 个。

多年以来，此类研究中一个颇具争议的问题是美国同性恋人口的比例。通常报道的数字（来自《金赛报告》）显示，大约 10% 的人口是同性恋。全美家庭发展调查的研究对有过同性恋经历和基于特定性取向的认同做出了区分。研究者发现，18~44 岁的成年人当中，6.2% 的男性和 17.4% 的女性在日常生活里曾与同性有过性接触。参与同性性行为的可能性因年龄而有所不同。女性群体里这一差距较为显著，18~24 岁年龄段的比例为 19.4%，而 35~44 岁年龄段的比例则是 13.1%；男性群体中，18~24 岁年龄段拥有同性性行为的比例是 6.6%，而在 35~44 岁年龄段则为 6%。

人们第一次性经历的年龄历来是研究人员的另一个兴趣点。从异性经历来看，发生过性行为的青少年比例逐年上升。在 15 岁时，11.% 的女孩和 16% 的男孩有过性交行为；在 17 岁时，这一比例变成女孩 42%、男孩 41%；而在 19 岁时，比例进一步上升为女性 69%、男性 68%。与此同时，自 2007 年以来，美国青少年出生率下降了 51%，达到了历史最低水平。出生率的显著下降不分种族，不分族裔。

多数拥有性经历的青少年第一次性行为都会选择与自己有稳定关系的同伴。尽管这种可能性因性别而异，但实际数据则差别不大——女性为 74%，男性为 51%。而那些不具有性经历的青少年给出的最常见的理由，则是违背了自身的宗教或信仰，35% 的女孩和 28% 的男孩都这样认为。第二常见的理由对女性和男性来说都一样，那就是他们尚未找到那个对的人。

当我们从全局来看待性行为时，或许历史上有关人类性方面的发明当中，没有什么比避孕药的诞生更重要。避孕药于 1960 年被美国政府批准使用，并带来了性革命的火种。同其他现代化的避孕方式一起，避孕药开拓了一种可能性，那就是使人们参与性行为时

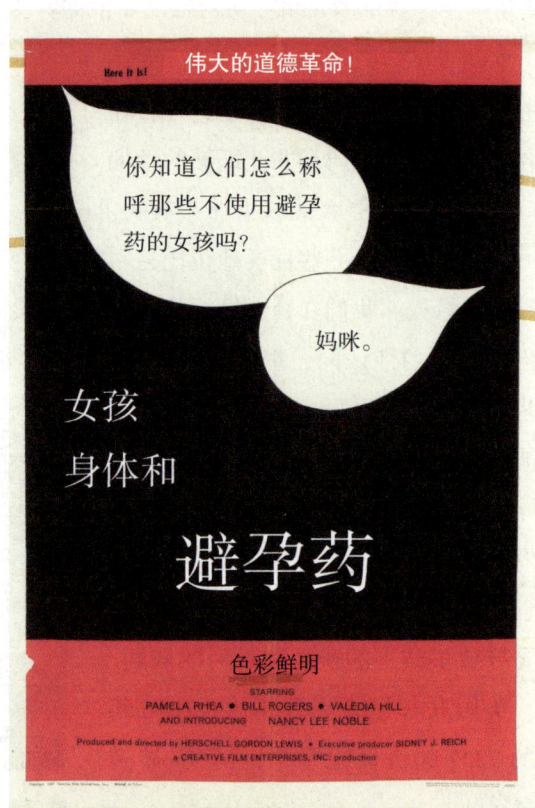

1967 年的一张电影海报。

不必承担怀孕的风险。女性通过自我控制生育，令女性对自己的性取向和职业生涯都获得了更多的控制权。有效的生育控制也引发了人们的争论：我们该怎么看待性？是为了繁衍（生育孩子）还是为了消遣（欢娱、爱情和承诺），或二者兼有之？包括罗马天主教会在内的许多宗教团体一直在不断努力解决这些问题。

在美国，61.7%的育龄女性（15~44岁）会采取节育措施。在这些人当中，26%使用避孕药，25%接受节育手术，15%依赖男性避孕套。而在没有采取节育措施的群体里，11%从未发生过性交行为，8%则是近期没有过性行为。

环顾全球，节育实践在不同国家表现得非常不同。避孕套、避孕药和节育手术等都是全球普遍采用的现代化节育手段，这些手段的使用率在15~49岁已婚或拥有同伴的女性当中达到了57%。如果将欧洲作为一个整体，那么60%的女性都采用了现代化的节育技术。在亚洲，中国的使用率为82%，印度是51%，日本为40%。将这些国家同整个非洲相比，非洲的使用率为33%，各国之间存在很大差异。一些非洲国家节育措施的使用率极低。例如，南苏丹的比例仅为6.5%，乍得是6.3%，几内亚则是8.4%。正如美国女性的情况一样，国际上女性对生育进行更大的控制，增进了她们自我决定的机会，同时还提高了将基本人权和对妇女的保护扩大到全球的可能性。

图片来源：Cathy Yeulet/Shutterstock.

社会学思考

经济、社会和文化因素是如何影响一个社会的节育使用模式的？这些因素又怎样影响着社会对性别的态度？

>> 社会性别与不平等

尽管以哈丽雅特·马蒂诺、夏洛特·帕金斯·吉尔曼和艾达·B.威尔斯巴奈特等为代表的早期社会学家已经强调了性别不平等的重要性，但20世纪50年代的社会学家塔尔科特·帕森斯（Talcott Parsons）和罗伯特·贝尔斯（Robert Bales）仍大体上接受了传统观点，将性别视为一个自然属性的二态性模型。从功能论的角度出发，他们认为家庭既需要一个工具型的领导者，又需要一个表意型的领导者，才能正常运转。家庭内部的**工具型领导**是负责完成任务的人，聚焦于长远目标，处理家庭与其他社会机构的外部关系。家庭中的**表意型领导**则是家庭中负责维持和睦关系、处理内部的情感事务的人。帕森斯和贝尔斯认为这种分工非常有效，因为女性对表意型目标的兴趣可以让男性从工具型任务中解放出来，反之亦然。基于他们的理论，女性沉浸于家庭中，扮演着妻子、母亲和管家的角色，而男性的主要阵地则是家庭之外的职业世界。

正如我们在前文中看到的贝蒂·弗里丹和对女权主义运动第二次浪潮的讨论，帕森斯理论中这一假定的理想类型的主要后果之一，就是女性被排斥在公共

工具型领导（instrumental leader） 家庭中负责完成任务的人，聚焦于长远目标，处理家庭与其他社会机构之间的外部关系。

表意型领导（expressive leader） 家庭中负责维持和睦关系、处理内部情感事务的人。

领域的经济和政治之外。这种区隔会产生重大影响，它导致女性无法获取经济资源和政治权利。长期以来，通过积极努力，女性已经争取到了更多的教育机会、工作和政治地位。然而，我们仍会在未来看到女性面临着重大的挑战。

性别偏见与歧视

有一点在社会学的定义中是显而易见的，社会学家对于理解"差异的后果"十分感兴趣。差异的后果指的是我们所建立的社会结构会对价值性资源的分配产生重要影响。涉及社会性别时，社会学家曾调查过社会系统内存在的性别歧视程度。**性别歧视**是指认为一种性别优于另一种性别的意识形态。该词汇通常指代男性对女性的偏见与歧视。但是，为深刻理解性别不平等，仅仅通过认知个体的态度与行为（比如性别歧视的言论与侵犯行为）还远远不够，我们必须把它作为社会系统本身的特征来分析。

社会学家使用**制度性歧视**一词来指代人们对待性别的方式，作为社会正常运作的一部分系统性地剥夺一个群体获得资源和机会。包括政府、军队、大型企业、媒体、高校和医疗机构在内的美国所有主要机构，几乎都由男性来掌控。对分配模式的分析可以在一定程度上评估制度性歧视的存在程度。

性别歧视（sexism）认为一种性别优于另一种性别的意识形态。
制度性歧视（institutional discrimination）作为社会正常运作的一部分，系统性地剥夺边缘群体的权利和机会。

美国社会中的女性

《独立宣言》宣称"人人生而平等"，事实上指的是有钱的白人成年男性。美国花了很长时间才承认和肯定女性的政治权利，而为女性争取全面的经济权利的斗争仍在继续。

劳动参与 自从贝蒂·弗里丹 1963 年出版《女性的奥秘》开始，劳动力市场明显地更为开放了。如今，成千上万的女性进入劳动力市场，不论她们已婚还是单身，已育还是未育，怀孕中还是近期要生产。从图 12–1 中可以看出，美国 16 岁以上女性进入劳动力市场的比例从 1950 年的 33.9% 提升至 2017 年的 57%。在拥有 6 岁以下孩子的女性当中，1975 年她们进入劳动力市场的比例为 39%，而 2017 年则是 65.1%。

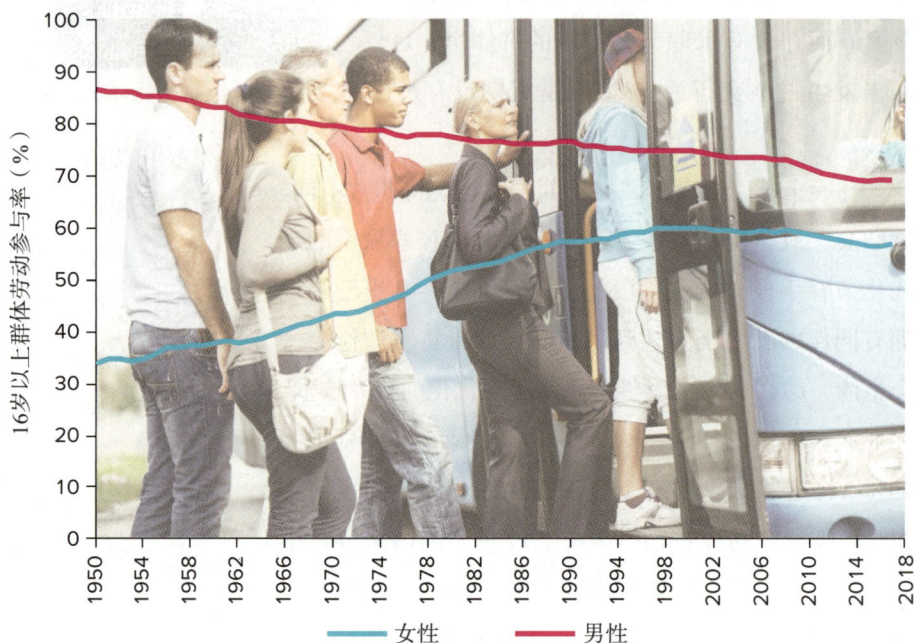

图 12–1 劳动参与率

资料来源：Bureau of Labor Statistics，2018g. 图片来源：kristian sekulic/E Plus/Getty Images.

在劳动力大军中，我们可以看到男性和女性所参与工作的显著不同。在表 12–1 中，职业中的性别隔离明显存在。比如，从事秘书工作的人当中有 95% 为女性，牙科保健员中 94.9% 也是女性。这种具有性别分类的职业通常将女性置于服务者的角色，这与传统性别角色标准保持一致。同时，在历史上被定义为"男性的工作"的职业中，女性的比例偏低。而男性工作会比女性工作带来更高的经济回报与声望。一个例子是，女性占美国有偿劳动力的 47%，然而她们在飞行员中只占 6.2%，在机械工程师中占 9.2%，在警察中占

表 12–1   **美国不同职业中的女性代表比例**

女性代表人数较少的		女性代表人数较多的	
职业	**女性比例（%）**	**职业**	**女性比例（%）**
屋顶工	0.6	空姐	72.9
汽车修理工	2.4	小学教师	79.3
电工	2.5	图书管理员	79.5
消防员	3.5	社会工作者	82.5
飞行员	6.2	出纳员	85.2
机械工程师	9.2	职业治疗师	87.6
警察	13.6	注册护士	89.9
印刷工人	17.7	前台接待员	91
计算机程序员	21.2	美发师	92.6
建筑设计师	28.6	保育员	93.7
律师	27.4	牙科保健员	94.9
内科医生	40	秘书	95

注：来自 2017 年的数据。小学教师中包括中学教师。
资料来源：Bureau of Labor Statistics，2018g：Table 11. 图片来源：JupiterImage，Creatas Image/Getty Images.

13.6%，在律师中占 37.4%。

收入　今天，我们宣扬同工同酬的价值观念，这意味着一个人的生理性别（以及种族、族裔及年龄）不应成为决定其收入的重要因素，唯一重要的应是工作表现。然而在现实中，女性并不能达到男性的平均收入水平，哪怕他们从事同一个职业。在全职工作者群体中做一个对比，整个 2017 年内男性收入的中位数为 52 146 美元，女性收入的中位数则为 41 977 美元。换句话说，男性每挣 1 美元，女性只能挣 0.805 美元。

将职业区隔纳入考虑范围并不能完全解释收入差距的存在，当然，女性确实往往集中于那些比男性平均工资水平更低的工作领域（例如女性从事儿童照料员或接待员，而男性从事医生或土木工程师）。但在美国劳动统计局提供的 125 种具体职业的充足数据中，唯有两种职业的女性平均收入高于男性：非农产业的批发零售商，以及餐厅和自助餐厅服务员。这表明，性别之间显著的收入差距在几乎所有职业领域内存在。举例而言，有三个职业的收入差距一直比较稳定：首席执行官（女性收入是男性的 79.5%）、药剂师（女性收入是男性的 82.3%），以及内科医生（女性收入是男性的 77.3%）。而从事这三个职业的女性，已经能比其他职业获得更高的平均工资。当然，一些职业的收入差距会更大，包括个人理财咨询师（女性收入是男性的 58.9%）、行政服务经理（女性收入是男性的 62.2%）和财务经理（女性收入是男性的 71.1%）。

即便在那些女性更有可能集中的职业领域，她们的平均收入仍然低于同一领域内的男性。秘书（女性收入是男性的 86.3%）、小学和中学教师（女性收入是男性的 86.7%）以及注册护士（女性收入是男性的 90.7%）都属于这种情况。从事以女性为主体的职业的男性似乎成了香饽饽，反之则不然。

除性别以外，解释收入差距的因素还包括教育和年龄。当我们把拥有相似受教育水平的男性和女性相比较时，比如，一名女性和一名男性的最高学位都是高中毕业，他们之间的工资差距始终存在。正如表 12–2 中所描绘的那样，大学毕业但未获学位的女性收入为相同受教育水平的男性的 71.6%。包括医生和律

表 12–2   **不同受教育水平的性别收入差距**

受教育水平	女性（美元）	男性（美元）	收入差距（%）
高中毕业	32 140	42 399	75.8
大学毕业，但未获学位	36 287	50 662	71.6
获得学士学位	52 531	72 082	72.9
获得硕士学位	67 704	91 439	74
获得专业学位	98 780	125 493	78.7
获得博士学位	91 954	117 570	78.2

注：数据基于 25~64 岁的全职工作人员的平均收入。高中毕业生包含那些拥有普通教育文凭的人。
资料来源：U.S. Census Bureau，2018b：Table PINC-03.

师在内的拥有专业学位的男性和女性当中的收入差距也一直存在，虽然差别没有那么大，但女性收入只相当于男性的 78.7%。

当我们将相同年龄段的女性和男性进行比较时，一种模式清晰呈现出来。平均来看 35 岁以下群体的收入差距，女性收入大约占男性收入的 90%。但在年龄更大的群体中，收入差距会扩大到 78% 左右。解释这一差异的主要因素是，这一年龄段的女性比男性更有可能离开劳动力市场，回家带孩子。结果则是当女性重返职场时，她们的资历就会比同龄男性更低，也因此获取的工资更低。

玻璃天花板效应　正如我们在本章开头讲述的雪莉·桑德伯格的故事，越是往晋升阶梯的高处望去，你会发现女性越少。较高的地位意味着拥有更多的报酬和更大的权力，但是当涉及这些工作时，女性往往被忽略。**玻璃天花板效应**就是指在工作环境中因个人的性别、种族或族裔而形成的阻碍一个合格人员晋升的无形障碍。1995 年，联邦政府"玻璃天花板委员会"提供了一份关于招聘决策壁垒的综合性研究报告。研究报告的结论是，对于女性和少数族裔应聘者的偏见会给招聘结果带来实质性的影响。报告还指出，具有资质的顶级应聘候选人数量稀缺，正是整个职业生涯中类似做法日积月累的结果，这使得女性和少数族裔应聘者缺少成为顶级岗位人员所必需的相应培训和经历。

玻璃天花板效应（glass ceiling）　在工作环境中因个人的性别、种族或族裔而形成的阻碍一个合格人员晋升的无形障碍。

近年来，各大公司都在努力增加高管阶层的多样性，但如果目标是实现男女比例平衡，那他们仍有很长的路要走。从全球来看，2015 年仅有 3.9% 的首席执行官和 14.1% 的首席财务官为女性，只有 14.7% 的董事会席位由女性占据。从另一个角度看，在这些董事会中，男性占据了 85% 的席位，这是相当大的权力和影响力的来源。不同国家的董事会代表情况各有差异。在挪威，女性拥有 46.7% 的席位；在美国，该比例为 16.6%；而在日本，这一比例仅为 3.5%。

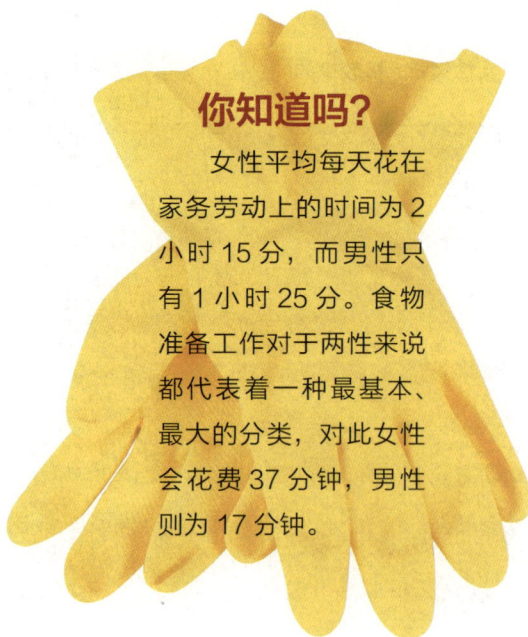

你知道吗？
女性平均每天花在家务劳动上的时间为 2 小时 15 分，而男性只有 1 小时 25 分。食物准备工作对于两性来说都代表着一种最基本、最大的分类，对此女性会花费 37 分钟，男性则为 17 分钟。

资料来源：Bureau of Labor Statistics, 2016h. 图片来源：Comstock Images/Getty Images.

家庭与工作　现代女性都面临一个挑战，那就是要努力平衡工作与家庭。当女性成为具有生产力的工薪阶层时，谁来做家务呢？在双职工家庭，父亲平均每周做家务的时间为 9.4 小时，而母亲则是 15.7 小时。

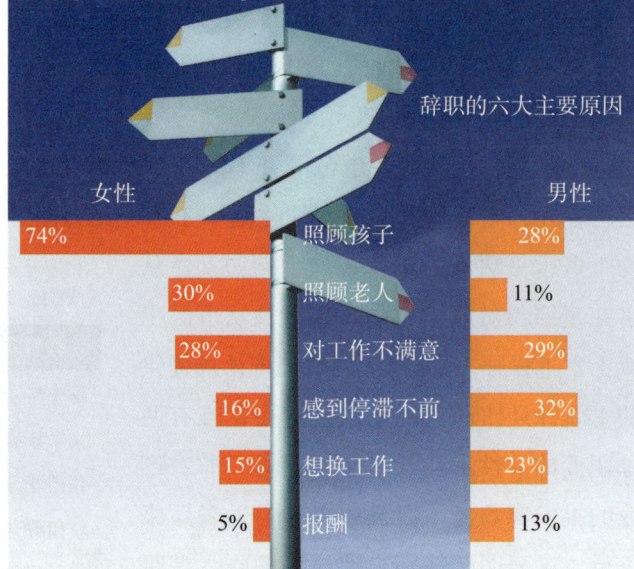

为什么要辞去工作？

辞职的六大主要原因

	女性		男性
照顾孩子	74%		28%
照顾老人	30%		11%
对工作不满意	28%		29%
感到停滞不前	16%		32%
想换工作	15%		23%
报酬	5%		13%

注：一项针对年龄在 28~55 岁之间的"高素质"员工的调查显示，自愿离职的主要原因是那些拥有硕士学位、专业学位或学士学位的人。
资料来源：Hewlett, Foster, Sherbin, Shiller, and Sumberg, 2010. 图片来源：Narvikk/Getty Images.

即使是女性外出工作而男性不工作的家庭，妻子仍然承担了更多的家务。研究人员发现，平等地分担家务能够提高整体关系满意度和性亲密程度。当家务不能被均衡分担时，对女性来说，最可能降低关系满意度的任务是每天洗碗的苦差事。

社会学家阿莉·霍赫希尔德（Arlie Hochschild）使用第二班一词，形容外出工作回家后还要承担照顾孩子和做家务的双重负担。通过对 52 对夫妇长达八年的访谈和观察，霍赫希尔德指出妻子（而不是丈夫）一边从办公室开车回家，一边计划着家庭日程安排和孩子们的玩耍时间，然后开始值她们的第二轮班。根据全国性研究，她推断女性每周花在休闲活动上的时间比她们的丈夫少 15 个小时。在一整年当中，女性会因为值第二轮班而额外增加工作整整一个月，每天都是 24 小时。而在 12 年里，这样每天工作 24 小时的话，她们会额外增加整整一年的工作量。霍赫希尔德发现，她所研究的已婚夫妇常常处于崩溃的边缘，包括工作方面和婚姻方面。基于这种思想，许多女性主义者主张政府和企业为儿童保育提供更多支持，制定更灵活的家庭休假政策，以及其他旨在减轻美国家庭负担的改革。

政治　在政治参与方面，经过多年的斗争，女性于 1920 年通过的第 19 条修正案中获得了选举权。从选民参与率上我们可以看出，女性已经拥有了机会，这可谓一种进步。事实上，女性参与投票的比例比男性还高。自 1980 年开始每一届总统大选时都会出现这种情况。

然而，当涉及担任民选公职时，我们会发现女性在权力型职位上的代表性不足，这在工作场所中是显而易见的。尽管女性几乎占据了人口的半数，但她们在当选官员中所占的比例要小得多。例如，2019 年全美 50 个州中仅有 9 个州的州长是女性。同样，在州一级，女性占全美 7383 名州议员中的 28.6%。

女性在特定政治领域所取得的进步虽然缓慢，但却在稳定地前进。1971 年，议会中女性成员只占3%。到了 2019 年，这个数字提升到 23.7%，女性议员有 127 名，达历史新高，其中众议院 102 人，参议院 25 人。在 2018 年的中期选举中，有 4 个州选出了他们的第一位女性参议员，当然还有 18 个州从未这样做过。在众议院，有色人种女性议员的数量上升到创纪录的 43 名。来自新墨西哥州的黛比·哈兰德（Deb Haaland）和堪萨斯州的沙利斯·戴维斯（Sharice Davids）成为第一个当选国会议员的美国原住民女性。密歇根州的拉希达·特莱布（Rashida Tlaib）和明尼苏达州的伊尔汗·奥马尔（Ilhan Omar）则是其中的第一批穆斯林女性。

第二班（second shift）　外出工作后回家还要承担照顾孩子和做家务的双重负担。

在最高法院，桑德拉·戴·奥康纳（Sandra Day O'Connor）于 1981 年成为美国第一位女性大法官（已于 2006 年退休）。1993 年，露丝·贝德·金斯堡（Ruth Bader Ginsberg）也加入了大法官的行列。2009 年 8 月，索尼娅·索托马约尔（Sonia Sotomayor）成为美国最高法院的第三位女性法官、第一位西班牙裔法官。2010 年 8 月，艾琳娜·卡根（Elena Kagan）宣誓就职最高法院，这是有史以来首次有三名女性同时担任最高法院法官。在行政部门，从来没有女性当选过美国总统或副总统。希拉里·克林顿曾在 2016 年向这一性别障碍发起挑战，以 2 868 692 票的优势赢得普选，但在选举人团投票中输给了唐纳德·特朗普。

针对女性的暴力　针对女性的暴力是一个全球性的问题。在全世界内的这种暴力的全面程度是未知的，因为此类犯罪往往既没有报道，也难以察觉。从全球来看，世界卫生组织推断，有 35.6% 的女性曾经历过来自亲密伴侣的性暴力或身体暴力。该比例具有显著的地区差异：撒哈拉以南的非洲中部是 65.6%，南亚是 41.7%，东亚是 16.3%，西欧则是 19.3%。

在美国，针对女性的暴力仍是一个严重的问题。根据美国犯罪受害者调查的数据，2016 年，女性遭受强奸和性侵犯的案例数为 298 410 起。总的来说，其中只有 23.2% 的强奸案和性侵案被报告给警方，而这一年的强奸案和性侵案共 130 万起。另一项研究指出，

电影

关于社会性别和生理性别

5

《爱你，西蒙》（*Love, Simon*）
向世界宣布你是谁这件事，是相当可怕的。

《抽搐症候群》（*The Fits*）
成为一个女孩意味着什么？

《月光男孩》（*Moonlight*）
一个非裔美国人面临着关于爱情、友谊和性的问题。

《倾听男人心》（*What Men Want*）
她知道男人在想什么。

《变性人》（*Transformer*）
一个跨性别女性的被接受之旅。

向警方报告此类案件的可能性或许会更低。

研究表明，所有年龄段的妇女和女孩都是暴力行为的受害者。在高中女生群体中，有 9.1% 在前一年曾被男友或女友故意击打、掌掴或伤害身体；10.7% 曾在自己不情愿的情况下被强行亲吻、抚摸或被迫发生性关系。一项对高校女性的调查显示，19% 的人在

提倡废除女性生殖器切割的尼斯·奈兰特·冷门特（Nice Nailantei Leng'ete）是《时代》杂志 2018 年评选出的全球 100 位最具影响力人物最之一。

图片来源：Taylor Hill/FilmMagic/Getty Images.

大学期间经历过性侵或性侵未遂。总体而言，3.4% 的女大学生曾被强奸，8.5% 的女大学生曾在醉酒、昏倒、被下药或睡着等丧失行为能力的情况下遭遇强奸。在被迫遭受性侵犯的女大学生中，尽管 69% 的人向家人或朋友透露了这一事件，但却只有 13% 的人向警察或校园安全部门报告。研究人员还从对美国成年女性的全国性调查中发现，18% 的女性曾在她们生命历程中的某个时候被强奸过。这些女性中只有 16% 的人向执法人员报告了此事。美国联邦调查局 2017 年的数据显示，在最极端的暴力形式中，有 549 名妻子和 488 名女友被亲密伴侣谋杀。

世界各地的女性

对女性施暴的可能性部分取决于社会对待她们的文化态度，这同她们在社会上相对缺乏权力不无关联。正如尼古拉斯·克里斯托弗（Nicholas Kristof）和雪莉·乌敦（Sherly WuDunn）在她们的著作《半边天》（*Half the Sky*）所指出的那样，"人们奴役乡村女孩的原因，同两百年前奴役黑人的理由是一样的，那就是将受害者看作被轻视的人"。她们认为，提升女性的受教育水平和各类机会将有助于减少对女性的暴力。

世界各地的女性都面临着严重的压迫、暴力和歧视。在一些国家，仅仅由于一个人是女性，一些做法就会被视为正常的：无论是性交易、被社会所容忍的强奸，还是拒绝给女性提供医疗服务。以沃尼斯特·泽本（Woineshet Zebene）的事件为例。一天夜里 11 点半，泽本正在家中熟睡。一群男人来找她，把她从家里带到埃塞俄比亚的乡村，在接下来的两天里殴打、强奸了她。事后，人们认为泽本应该嫁给那个侵犯她的男人。泽本对此表示拒绝，随之而来的竟是她再一次被绑架、殴打和强奸。她向一名法院官员求助，但得到建议居然是"克服这一点"，嫁给袭击她的人。而她当时只有 13 岁。

女性作为受害者，尤其容易受到性交易、基于性

别的暴力（包括荣誉谋杀和大规模强奸）以及出生时因医疗护理不足而导致的死亡或严重伤害。例如在加纳，21%的女性报告称自己的第一次性经历是遭遇强奸。再来看看医疗护理不足的情况，1/7 的尼日利亚女性、1/22 的撒哈拉以南的非洲女性、1/70 的印度女性，都在出生时就不幸死亡。而在美国，这一比例为1/4800。

此类做法往往不会被人们所察觉，因为它们代表了"司空见惯的残酷"。这是一种日常的暴力和歧视做法，在很大程度上是看不见的、被大家认为不可避免，甚至是自然而然的。幸运的是，全世界女性已经成功地改变了当地的态度和习俗。比如在印度，鲁奇拉·古普塔（Ruchira Gupta）创建了"Apne Aap 世界女性"网站，其使命就是终结性交易。在巴基斯坦，穆赫塔·麦（Mukhtar Mai）使用了她被青年犯罪团伙强奸后所收到的和解金，建立了一所女子学校。她随后将女子学校进一步扩大，涵盖了一个免费的法律诊

在肯尼亚，米拉·罗杰斯成立了"母亲的希望"组织，为女孩们提供更大的自主性和机会。
图片来源：©Bryce Yukio Adolphson.

所、一个公共图书馆和一个妇女收容所。而在肯尼亚，米拉·罗杰斯（Myla Rodgers）创立了一个名为"母亲的希望"组织。除了帮助建立健康诊所、家禽农场、滴灌花园和其他项目外，该组织还制作了许多在互联网上迅速传播的视频，旨在展示非洲人民的积极、参与、聪慧以及多维的一面。在这些视频中，肯尼亚、乌干达、坦桑尼亚、加纳等地方的人民被描绘成参与者，而不是被操纵的对象或研究对象。即便他们只是获得并控制了十分有限的经济资源，他们也拥有改善自己未来的愿景和能力。

世界各地的女性所拥有的机会存在显著的差异。为了努力以量化形式呈现全球性别不平等的程度，世界经济论坛公布了一项年度报告，从教育获得、健康与生存、经济参与和机会，以及政治赋权四个方面对各国进行排名。各国性别差距指数的分值区间为0到1，分值越高，表明性别平等程度越高。2018年，仅有七个国家的分值大于或等于0.8，它们是冰岛、挪威、瑞典、芬兰、尼加拉瓜、卢旺达和新西兰。美国排在第51位，分值为0.72，居于南非、古巴、加拿大和孟加拉国之后。包括也门、巴基斯坦、伊拉克和叙利亚在内的10个国家，分值低于0.6。中东和非洲地区的国家平均排位靠后，主要是由于它们在经济和政治方

走向全球
消耗在无偿劳动中的时间

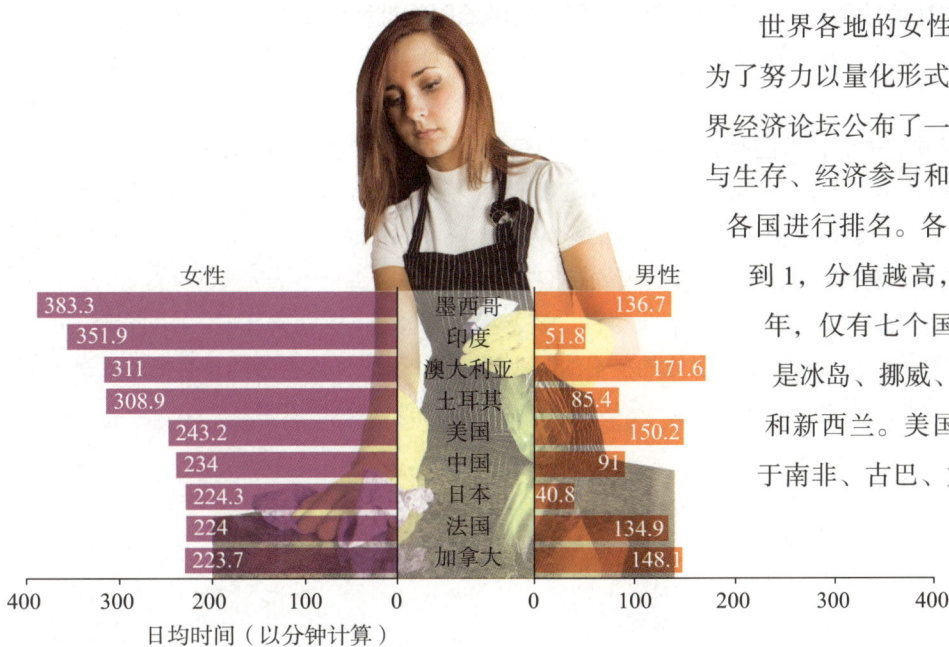

女性		男性
383.3	墨西哥	136.7
351.9	印度	51.8
311	澳大利亚	171.6
308.9	土耳其	85.4
243.2	美国	150.2
234	中国	91
224.3	日本	40.8
224	法国	134.9
223.7	加拿大	148.1

日均时间（以分钟计算）

资料来源：OECD, 2018c. 图片来源：Rich Legg/E+/Getty Images.

面的指标上得分较低。

尽管多数国家的民众都非常认同女性应当拥有平等的权利，但显著的差异仍然存在国家之间。例如，在坦桑尼亚，48%的男性同意这一观点，而女性的这一比例为73%，差距为25%。巴基斯坦的这一差距为24%，乌干达则为23%。而在日本，这种差距实际上正好相反：67%的男性和53%的女性表示，女性拥有与男性同等的权利非常重要。

改变是必然的。为了解决一些现实存在的结构性不平等问题，挪威的立法者规定了公司董事会中女性成员的最低配额。正如该计划的设计者所言："与其假设人们在工作中不能做什么，不如为员工提供机会证明他们能做什么。"现在，挪威是女性董事会成员平均比例最高的国家。对明确的工作岗位和政治上的代表席位方面设定目标，的确带来了改变。放眼未来，洛克菲勒基金会2016年制定了一个目标，那就是到2025年，达到在财富500强企业中拥有100名女性首席执行官，和目前的21名相比，实现大幅增长。

社会学常常将一些令我们感到不舒服的事情放在我们面前，比如性别不平等。而这样做的意义在于，更全面地理解我们在做什么、为什么要这样做。这些社会学知识可以引导我们采取更新的、更好的做法，以便提供更深层的理解、更大程度上的公平、平等，以及更多的机会。就像贝蒂·弗里丹在性别问题上所做的那样，通过具有社会学想象力的实践，我们能够创造一个更加美好的世界。

行动起来！

贝克德尔测试

根据漫画家艾莉森·贝克德尔（Alison Bechdel）所发明的贝克德尔测试，如果不符合以下三个标准，一部电影就是失败的。这三个标准是：（1）至少得有两个女人在里面；（2）这两个女人相互聊天；（3）聊天内容是关于一个男人以外的话题。你最喜欢的那些电影是如何展现上述几点的？

本章回顾

1. **我们对社会性别和生理性别的理解，是如何随着时间推移而发生变化的？**
   - 社会性别和生理性别被我们与生俱来的生物学属性所决定，这一狭隘的假设已经让位于对两者的另一种理解，即它们是社会建构的、复杂的、多维的。

2. **随着时间的失衡，美国社会中的女性所拥有的机会发生了怎样的变化？**
   - 20世纪50年代，女性的首要角色就是妻子和母亲。从那时起，主要受女权主义运动第二次浪潮的影响，女性的劳动力参与和收入都开始显著提升。

3. **性别在多大程度上仍然影响着资源的获取？**
   - 与从事相同职业的男性相比，女性的工资水平一直较低。这仿佛呈现出一种趋势：女性仍被隔离在以女性为主体的狭窄的职业领域中，女性对家务劳动具有更大的责任，女性当选官员的人数不足——尽管所有领域的结果都有所改善。

不同社会学视角下的社会性别与性存在

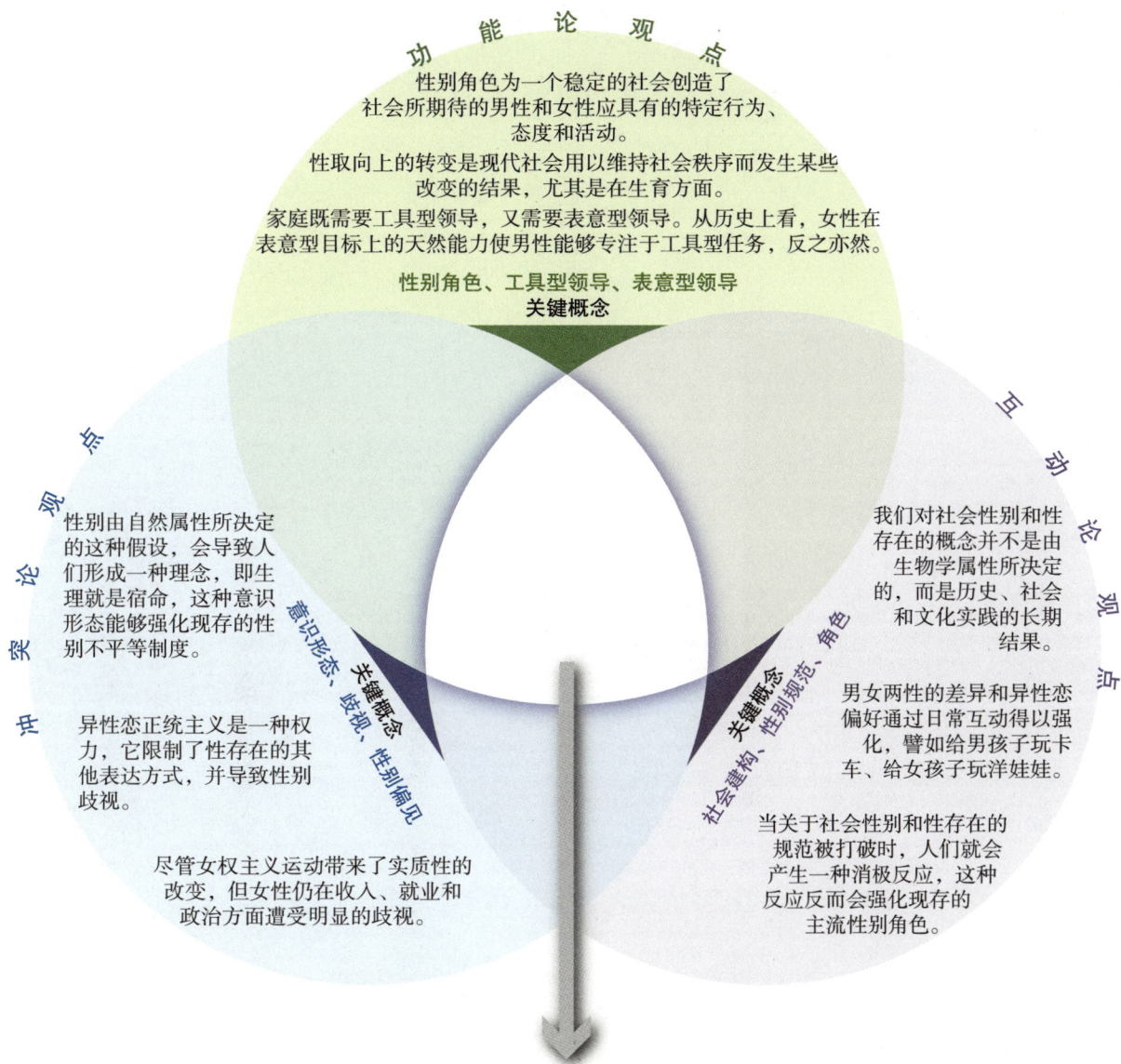

功 能 论 观 点

性别角色为一个稳定的社会创造了社会所期待的男性和女性应具有的特定行为、态度和活动。

性取向上的转变是现代社会用以维持社会秩序而发生某些改变的结果，尤其是在生育方面。

家庭既需要工具型领导，又需要表意型领导。从历史上看，女性在表意型目标上的天然能力使男性能够专注于工具型任务，反之亦然。

性别角色、工具型领导、表意型领导
关键概念

冲 突 论 观 点

性别由自然属性所决定的这种假设，会导致人们形成一种理念，即生理就是宿命，这种意识形态能够强化现存的性别不平等制度。

异性恋正统主义是一种权力，它限制了性存在的其他表达方式，并导致性别歧视。

尽管女权主义运动带来了实质性的改变，但女性仍在收入、就业和政治方面遭受明显的歧视。

意识形态、歧视、性别偏见
关键概念

互 动 论 观 点

我们对社会性别和性存在的概念并不是由生物学属性所决定的，而是历史、社会和文化实践的长期结果。

男女两性的差异和异性恋偏好通过日常互动得以强化，譬如给男孩子玩卡车、给女孩子玩洋娃娃。

当关于社会性别和性存在的规范被打破时，人们就会产生一种消极反应，这种反应反而会强化现存的主流性别角色。

社会建构、性别规范、角色
关键概念

建立联系

回顾本章之后，请回答下列问题。

1
以上三种理论视角，分别会怎样解释雪莉·桑德伯格的职业经历？

2
男性和女性之间的差别源于"自然"并始终如此，以上三种理论视角如何看待这一假设？

3
冲突论和功能论视角下的宏观方法与互动论视角下的微观方法，在研究社会性别和生理性别上有何不同？

4
三种理论视角对你理解你自己的性别角色社会化有何帮助？

第13章

种族和族裔

图片来源：Kim Kim Foster/The State/MCT/Getty Images.

黑人的命也是命

2014 年 8 月 9 日，在密苏里州的弗格森，迈克尔·布朗（Michael Brown）被警官达伦·威尔逊（Darren Wilson）拦住，因为布朗的面貌符合刚刚播出的关于一名从附近便利店偷雪茄的嫌疑人的描述。随后发生了一场对峙。事情结束时，威尔逊已经开了 12 枪，而布朗则手无寸铁地躺在街上死了。目击者对这次遭遇的描述相互矛盾，一些人辩称布朗一度转过身来，举手投降；警官威尔逊则声称布朗伸手去拿或许是武器的东西，向他冲过去。随后几天爆发了大规模抗议活动，最终点燃了我们今天所知的"黑人的命也是命"运动。

在迈克尔·布朗死后的几年里，发生了许多引人注目的事件，涉及警察杀害手无寸铁的非裔美国男性。例如，2018 年 3 月 18 日，在加利福尼亚州萨克拉门托市，22 岁的斯蒂芬·克拉克（Stephon Clark）在其祖父母家的后院被警察枪杀。两名警察共向克拉克发射了 20 发子弹，击中了他 8 次，其中大部分在背后。警方正在回应 911 报警电话，电话中有人报警称有一名身穿连帽衫的男子打碎了附近的汽车玻璃，一架直升机监控摄像机似乎已将肇事者追踪到该院子。根据警方声明，"在枪击事件发生时，警方认为嫌疑人用枪支指着他们。经过彻底搜查，现场调查人员没有找到任何枪支。在嫌疑人附近发现的唯一物品是一部手机"。克拉克当场被宣布死亡。

塔米尔·赖斯（Tamir Rice）、鲁曼·布里斯邦（Rumain Brisbon）、沃尔特·斯科特（Walter Scott）、费兰多·卡斯提尔（Philando Castile）、特伦斯·克鲁彻（Terence Crutcher）和基斯·斯科特（Keith Scott）只是少数遭受同样命运的手无寸铁的黑人。参与这些枪击案的警察往往受到相对轻微的处罚或根本没有受到任何处罚。

与所有其他种族相比，15~34 岁的非裔美国人被警察杀害的可能性要高出 10~15 倍。为了提供对此类死亡造成的损失的看法，研究人员分析了每一个被警察杀害的案例。根据死亡时的年龄与估计预期寿命的比较，2016 年死亡的人总共寿命估计为 54 754 年。其中，51.5% 的人为有色人种。

当谈到差异的后果时，我们一次又一次地了解到的一个教训是，非裔美国人往往要付出生命的代价。

边读边思考 >>

- 社会学家如何定义种族和族裔？
- 什么是偏见和歧视，它们是如何运作的？
- 种族和族裔背景对机会的影响有哪些？

>> 种族和族裔的社会建构

种族（race） 人与人之间假定的生物学差异，人们赋予其意义，从而在人口中产生假定的基因不同的亚群体。

我们的定义更多基于相似性还是差异性？这个问题是我们有关种族讨论的核心，这些讨论通常围绕生物学因素展开。也许令人惊讶的是，大多数生物学家在谈到人类时并不认为种族是一个有意义的科学概念。绘制人类 DNA 图谱的科学团队人类基因组计划（HGP）发现 99.9% 的人类基因序列是相同的。生物学家克雷格·文特（Craig Venter）是人类基因组计划的首席科学家之一，他这样总结他的研究发现："种族是一个社会概念，而不是一个科学概念。"即使随着科学家们更好地理解人类基因组的复杂性，这些统计估计值也会略有修改，但其基本前提仍将保持不变，即我们人类在生物学上的相似性远远大于我们的差异性。然而，在种族问题上，尤其是在美国，关注差异性而不是相似性的问题由来已久。

在本章中我们将探讨，社会学家如何将种族和族裔理解为人们赋予其重要意义的社会结构。作为一个社会学概念，**种族**是指人与人之间假定的生

图片来源：Tuul/Bruno Morandi/Photolibrary/Getty Images.

物学差异，人们赋予其意义，从而在人口中产生假定的基因不同的亚群体。人们赋予其意义的种族差异包括肤色、面部特征、头发质地、头发颜色、眼睛颜色等方面的差异。**族裔**是指人与人之间假定的文化差异，人们赋予其意义，从而在人口中产生假定的社会不同的亚群体。族裔差异包括语言、习俗、食物偏好、宗教等指标。局内人和局外人对差异的存在及其意义的认知，在种族和族裔对我们生活的影响中扮演了重要角色美国的种族和族裔群体分类如表 13–1 所示。

种族分类的根源

我们的种族观念植根于时间和地点。我们对它的看法会发生变化，它的重要程度或不重要程度也会发生变化。在人类历史的大部分时间里，我们现在所设想的种族是不存在的。历史上，群体被征服和奴役，但这更多与文化和部落差异有关。与生活在大陆或世界另一边的人的接触是罕见的，但当接触确实发生时，身体特征上的差异更有可能被视为是群体所处不同的气候或地理使然，而不是一些天生的和基本的生物学属性所导致。

我们可以追溯到瑞典植物学家卡尔·林奈（Carolus Linnaeus），他在 18 世纪中期创建了一种分类学，将所有生命（包括植物、动物、微生物等）组织到一个具有嵌套层次结构和标准化命名系统的单一分类系统中。正是林奈为人类创造了"智人"一词，建立了我们与其他生物的关系。作为其系统的一部分，林奈确定了四种人类，这四种人类为今天人们认识种族奠定了基础：非洲原住民（Afer）、美洲原住民（Americanus）、亚洲原住民（Asiaticus），以及欧洲原住民（Europeaus）。但林奈并没有停留在简单的分类上。在一个有争议的举动中，他继续将基本性格特征归因于每个种族群体。他形容非洲人行动缓慢、行为散漫不受拘束、容易知足；印第安人精力充沛、斗狠好战、容易受习俗支配；亚洲人心事重重、深思熟虑、贪婪；而欧洲人温和、富有创造力、遵纪

守法。

相信有可能将数百万人甚至后来的数十亿人归类为少数

族裔（ethnicity） 人与人之间假定的文化差异，人们赋予其意义，从而在人口中产生假定的社会不同的亚群体。

表 13–1　　　美国的种族和族裔群体

分类	人口数量	占总人口比例（%）
种族群体		
白人（非西班牙裔）	197 285 202	60.6
黑人 / 非裔	40 129 593	12.3
亚裔	17 999 846	5.5
华裔	4 344 981	1.3
印度裔	4 094 539	1.3
菲律宾裔	2 911 668	0.9
越南裔	1 826 998	0.6
韩裔	1 477 282	0.5
日裔	770 546	0.2
美洲印第安原住民、阿拉斯加原住民	2 145 162	0.7
夏威夷原住民 / 太平洋岛民	546 778	0.2
其他种族	833 898	0.3
族裔群体		
西班牙裔（或拉丁裔）	58 846 134	18.1
墨西哥裔	36 668 018	11.3
波多黎各裔	5 588 664	1.7
古巴裔	2 315 863	0.7
萨尔瓦多裔	2 310 784	0.7
多米尼加裔	2 081 419	0.6
白人（单一或混血，非西班牙裔）		
德裔	43 093 766	13.2
爱尔兰裔	31 479 232	9.7
英裔	23 074 947	7.1
意大利裔	16 650 674	5.1
波兰裔	9 012 085	2.8
苏格兰裔、苏格兰 - 爱尔兰裔	8 407 093	2.6
法裔	7 673 619	2.4
合计（所有群体）	325 719 178	

资料来源：U.S. Census Bureau, 2018a：Table S0201.

几个有意义的类别，这为如何最好地定义种族的争论奠定了基础。在林奈之后，追逐的重点是确定种族的数量以及种族之间的差异可能产生的后果。科学家们似乎并没有达成一致意见。在德国，约翰·布卢门巴赫（Johann Blumenbach）确定了 5 个种族：高加索人种（包括拉普人在内的欧洲人）、蒙古人种（亚洲人）、埃塞俄比亚人种（非洲人）、印第安人种（美洲原住民）和马来人种（太平洋岛民）；在法国，乔治·居维叶（Georges Cuvier）说有三个种族：高加索人种、蒙古人种以及埃塞俄比亚人种；瑞士裔美国人路易斯·阿加西兹（Louis Agassiz）区分了 11 个人种；路易斯·安东尼·德斯莫林（Louis Antoine Desmoulins）声称有 11 个人种，后来又增加到 16 个人种；塞缪尔·乔治·莫顿（Samuel George Morton）将人类分为 5 个种族，并将其细分为 22 个科；此外，还有许多其他形形色色的分类。一些人认为种族之间的差异是界限分明的和不可跨越的，而另一些人则认为它们是模糊的和暂时性的。历史学家尼尔·阿尔文·潘特（Nell Irvin Painter）指出，"对于人类种族数量甚至白人种族数量上都没有达成共识"。整个人群，如凯尔特人、意大利人或亚裔印第安人，根据不同的种族模式被划分为不同的种族群体。

在种族分类方面缺乏共识，突显了种族群体之间并没有明确的生物学界限这一科学现实；相反，种族是强加在生物学数据上的一种社会建构。无论我们选择多少类别，我们都可以在人群中找到支持该模型的证据。我们可以这样做，是因为生物学变异比分类更具有连续性。当谈到肤色时，这一点最为明显，即肤色是一种渐变连续谱，没有明确的边界标记一类肤色的结束是另一类肤色的开始。然而，我们对现有人种划分的这些颜色类别的持续使用，导致了一种自我实现的预言，通过这种预言，我们延续了种族具有生物学意义的神话。

流行社会学

当我们浏览全球各地人群的照片时，我们会发现各种各样的生理差异。巴西艺术家安杰莉卡·达斯（Angélica Dass）为来自 18 个不同国家的 4000 多幅肖像配上了与肤色匹配的潘通色卡。总的来说，她的照片描绘了人类肤色的连续谱，肤色之间并没有清晰的分界线。达斯在一次 TED 在线演讲中讨论了她的项目"Humanae"[①]。

历史事实是，现有的生物学变异是距离和时间的结果。纵观人类历史，随着群体迁移到世界其他地区，这限制了他们几代人之间的密切接触，伴随移民适应其特定环境下的地形和气候，他们的身体发生了变化，导致了肤色、头发、纹理、体型等方面的差异。例如，生活在较热气候下的个体，与生活在较冷气候下阳光照射较少的个体相比，必然会产生更多的黑色素（使我们的皮肤变得更亮或更暗），以保护他们免受更多的阳光照射。

尽管群体之间的距离似乎很遥远，但很少有文化与世界其他地方完全隔离。正如一份科学报告所说，"已知没有大群体长期保持生殖隔离"。或者，简而言之，人类一直在与邻近部落的人通婚。跨越国界

---

① Humanae 是一个在全球范围内进行的项目，发起人安杰莉卡·达斯告诉这个世界上并不只有白、黄、黑等人种，每个人的肤色都是独一无二的，"以色取人"是断章取义、不负责任的做法。——译者注

的性伴侣意味着人类也一直在分享 DNA，并将其代代相传。

当谈到基因变异时，我们所认为的种族群体内部的生物学差异实际上大于这些群体之间的差异。例如，基因研究人员卢卡·卡瓦利-斯福扎（Luca Cavalli-Sforza）、保罗·梅诺齐（Paolo Menozzi）和阿尔伯托·皮亚扎（Alberto Piazza）指出，中国东北地区的人在基因上更接近欧洲人、爱斯基摩人和北美印第安人，而不是中国南方人。从生物学角度来看，与其他大型哺乳动物的遗传变异相比，人类遗传变异的总体程度相当小，这主要是因为即使在很遥远的距离内，人类群体也总是相互沟通和繁殖。

伪科学种族主义时代

尽管从生物学角度对种族进行分类存在固有的问题和矛盾，但许多科学家仍然乐此不疲。一群科学家甚至走得更远：他们认为种族不仅基于生物学差异，而且种族可以从优到劣进行排名。他们声称人类并非共同祖先的后代。在这样做的过程中，这群科学家拒绝了普遍持有的"一元发生说"，该模型的一个版本（《圣经》）坚持认为，所有人类的祖先都可以追溯到亚当和夏娃，两人是我们所有人类的父母。相反，这群科学家提倡一种"多元发生说"，在这个模型中，不同的人类起源于多个地方。这样毫无根据的主张的后果将被证明是非常危险的，最终也是悲剧性的。

这些科学家的动机显而易见。他们寻求借助科学权威的合法性来为他们的种族主义意识形态而辩护。例如，1847 年，科学家兼"多元发生说"的拥趸路易斯·阿加西兹认为，人类起源的不同导致了优等种族和劣等种族。他声称"黑人的大脑只相当于白人妇女子宫中 7 个月大婴儿那样发育不完善的大脑"。类似这样的说法在社会学上很重要，因为它们告诉我们更多的是所谓科学家的动机，而不是这些科学家得出结论所依据的假设事实。

早期有关种族优越或种族劣等的根深蒂固的主张主要是为了证明奴隶制的做法是正当的。如果不是所

有人都像《独立宣言》中所说的那样"人人生而平等"和"造物者赋予他们若干不可剥夺的权利"，那么将整个种族置于终身劳役状态就获得了更大的合法性。亚历山大·H. 斯蒂芬斯（Alexander H. Stephens）在 1861 年以新成立的美利坚联盟国副总统的身份发言时认为，"我们的新政府建立在完全相反的理念（所有人平等）上；它的基础是建立在黑人和白人本来就不平等的伟大事实上；黑奴附属于优越的白人是黑奴的自然和正常状态"。这种有关我们基本相同之处的哲学差异导致了美国南北内战。

奴隶制并不是唯一在某种程度上被生物种族差异的伪科学加以合法化的压迫性力量。如果种族在生物学上确实是不同的和分等级的，那么那些认为自己的种族优越的人会寻求限制种族间通婚的数量，以免污染他们的基因库，这也就不足为奇了。因此，人们越来越强烈地要求保持种族的纯洁性，这种冲动也就导致了"**一滴血规则**"，即如果某个人有一个非洲黑人祖先，无论是多少代以前的祖先，这个人就算看起来是白人，也会被贴上黑人的标签。根据这个前提，即使是"一滴黑血"，也被认为足以使一个人成为"黑人"。

> **一滴血规则**（one-drop rule）如果某个人有一个非洲黑人祖先，无论是多少代以前的祖先，这个人就算看起来是白人，也会被贴上黑人的标签。

1865 年奴隶制正式废除后，"一滴血规则"成为美国分裂和压迫有色人种的替代方式，其中包括被称为"隔离但平等"的做法。1896 年，在臭名昭著的普莱西诉弗格森案中，联邦最高法院的判决确认了基于生物种族纯洁性的前提下，为黑人和白人提供"隔离但平等"座位的合法性。在这种情况下，尽管荷马·普莱西（Homer Plessy）从外表上很容易被认为是白人，但由于其 1/8 的非裔美国人血统，根据"一滴血规则"则被归类为黑人。普莱西因坐在路易斯安那州一辆"仅限白人"的火车车厢内而被捕。据报道，普莱西向列车长透露，他有 7/8 的白人血统，因此拒绝坐在"仅限有色人种"的车厢内，希望在法庭上可以挑战此类法律。然而，最终，联邦最高法院判决普莱西败诉。

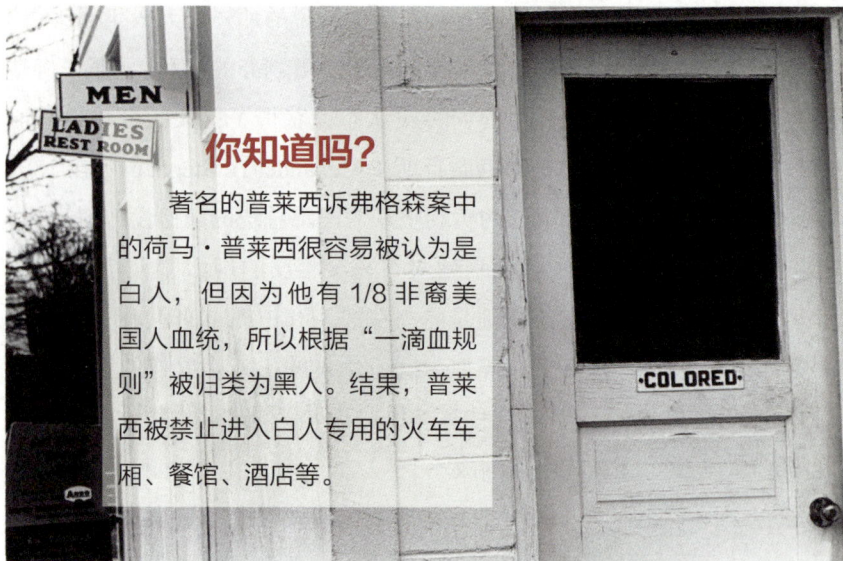

这项裁决结果使全美各地的公共场所，包括饮水机、洗手间、餐馆、公共汽车和学校的种族隔离的做法合法化。直到 1954 年，最高法院才在布朗诉托皮卡教育委员会案的裁决中推翻了这一原则。在该裁决中，最高法院裁定"隔离的教育设施本质上是不平等的"。

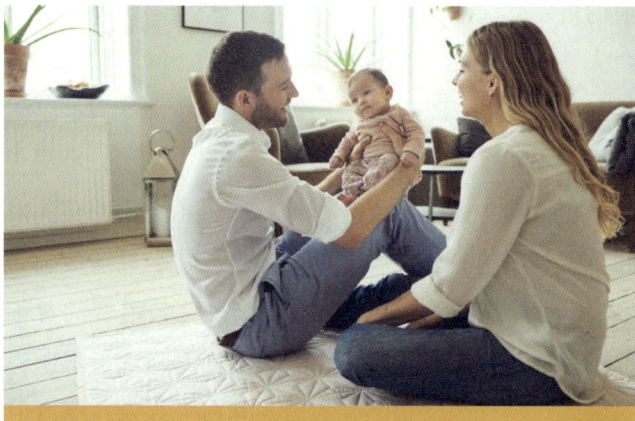

流行社会学

近年来，低出生率国家发起了鼓励本国人民多生孩子的运动。丹麦露骨的"性爱：为了丹麦的未来"视频，可以在线观看，可能已经奏效。自广告发布以来，丹麦的出生率逐年上升。这在多大程度上可能代表优生学的一种形式？

资料来源：Sims，2016.
图片来源：FlamingoImages/iStock/Getty Images.

为了追求生物纯洁性而寻求种族隔离也表现为禁止跨种族婚姻，即所谓的《反异族通婚法》。自建国以来，美国许多州（主要在南部）就禁止种族间通婚。随着美国的扩张，颁布禁令的州的数量也在增加。截至 1947 年，仍有 30 个州实施此类法律。直到 20 世纪 60 年代，美国最高法院才在洛文诉弗吉尼亚一案中最终禁止此类违反宪法的法律，宣布"根据我们的宪法，是否与另一个种族的人结婚，是个人的自由，政府无权干涉"。

20 世纪早期的优生学运动可能是这场种族纯洁运动在美国的最终体现。优生学运动试图通过选择性繁育来改善人类遗传基因库。优生学家鼓励他们认为种族优越的人多生孩子。优生学运动的另一面则涉及劝阻、抑制或彻底禁止被认定为生物学上次等种族的人之间的生殖。美国是这场运动的先驱。

1927 年，美国最高法院 8 比 1 的裁决支持弗吉尼亚州的《优生绝育法案》，并在全国范围内使优生法合法化。到 1940 年，32 个州颁布了此类法律，授权官员防止被确定为生物缺陷的个人将这些特征遗传给下一代。今天，当人们对人口结构的变化以及人口中不同亚群体的出生率（无论是高还是低）提出担忧时，我们仍然能在政治话语中听到优生学的回响。

拒绝种族伪科学

尽管包括弗雷德里克·道格拉斯和弗兰兹·博阿斯（Franz Boas）的许多学者从早期就对种族的生物学前提提出了质疑，但直到第二次世界大战，我们对种族和族裔的看法才达到一个关键的转折点。希特勒的种族主义意识形态导致许多人重新评估他们对种族和族裔的假设。在战争前夕，人类学家阿什利·蒙塔古（Ashley Montagu）在其著作《人类最危险的神话：种族谬论》（*Man's Most Dangerous Myth: The Fallacy of Race*）中指出，数十年前就预见到了人类基因组计划

1854 年,弗雷德里克·道格拉斯在回应他那个时代的种族伪科学时写道:"通过所有寻常和不寻常的测试,无论是心理、道德、身体还是心理测试,黑人也是人。"借此,道格拉斯有关非裔美国人基本人权的警示性呼吁在 100 年后作为民权运动的一部分得到了回应。

资料来源:Douglass, 1854. 图片来源:Bettmann/Getty Images.

1963 年 8 月 28 日,马丁·路德·金在华盛顿举行的争取就业和自由的游行集会中。
图片来源:Francis Miller/Time Life Pictures/Getty Images.

的结论,并认为种族是缺少生物学基础理论支持的一个社会构建物。

第二次世界大战之后,作为社会学家和人类学家团队的一员,蒙塔古负责起草联合国教科文组织有关种族的官方说明,"就所有实际的社会需求而言,'种族'与其说是一种生物现象,不如说是一种社会神话。'种族'神话造成了巨大的人类和社会伤害"。由于"种族"一词的使用存在问题,作者甚至建议,"当在通俗语中使用'种族'一词时,在谈到人种时,最好完全去掉'种族'一词而谈论族裔群体"。

接受"族裔群体"的呼吁把我们带回了起点。试图将全人类归为少数几个种族的尝试未能充分考虑到世界各地清楚展现出的生物、社会和文化多样性。将种族混为一谈可能会使我们将种族概念化为存在单一身份或文化的同质群体。说某人是黑人的意思不同于说他们来自肯尼亚,说某人来

自肯尼亚不同于说某人来自肯尼亚的孟比睿区，孟比睿人本身又不同于基库尤人、音布人或马赛人。同样，说一个人是白人并不意味着说他就来自荷兰，说一个人来自荷兰并不意味着说他就来自泽兰省，泽兰省又有别于菲仕兰省或格罗宁根市。我们使用的种族类别无法反映种族群体中可能存在的差异程度，社会学家有责任反映事实上世界的多样性。

美国人口普查反映了我们对种族和族裔的概念随着时间的推移而发生的变化，美国人口普查局用于划分美国人口的类别进行了多次修改。表13-2提供了人口普查多年来使用的模式选择。为了获得准确的人口统计，人口普查局需要互不重合且详尽的类别，这意味着每个人只适合一个类别，每个人都有适合填写的去处。事实证明，亲生父母来自两个不同种族的儿童尤其难以接受被视为理所当然的人口普查预设。

考虑到美国人口的多样性日益增加，以及跨种族婚姻的数量不断增加，美国人口普查在2000年和2010年首次允许人们在确定种族时选择一个以上的类别。人们现在可以从5个主要种族类别中选择白人、黑人、亚裔、美洲原住民、夏威夷原住民或其他太平洋岛民，除此之外，人们还可以选择"其他种族"。考虑到人们选择的所有组合，现在总共有63个可能的种族类别。在2010年的人口普查中，美国有900多万人（占总人口的2.9%）报告说他们属于两个或两个以上的种族类别。其中，20.4%的人同时选择了最常见的黑白混血。在种族类别中，选择夏威夷原住民或其他太平洋岛民的类别中超过一半的人也选择了另一个种族，而那些自认为是白人的人最不可能这样做。

在人口普查中当面临选择哪种类别的决定时，美国前总统巴拉克·奥巴马选择了非裔美国人。奥巴马的父亲是来自肯尼亚的黑人，而母亲是来自堪萨斯州的白人。他本可以轻松地选择白人、黑白混血或其他种族。当被问及为什么选择非裔美国人时，奥巴马回答说："我自我认同为非裔美国人，这就是人们对待我的方式，也是人们对我的看法。我为此而感到自豪。"并不是每个具有相同基因祖先的人都会做出相同的选

表13-2　　美国的种族分类（1790—2010年）

种族分类
1790 自由白人男性 自由白人女性 所有其他自由人 奴隶
1890 白人 黑人 混血儿 华裔 印第安人
1940 白人 黑人 印第安人 华裔、日裔、菲律宾裔、印度裔、韩裔 其他
1990 白人 黑人 美洲印第安人 因纽特人 阿留申人 亚裔或太平洋岛民、华裔、菲律宾裔、夏威夷人、韩裔、越南裔、日裔、印度裔、萨摩亚裔、关岛裔、其他亚裔或太平洋地区岛民 其他种族
2010 白人 黑人或非裔 美洲印第安人或阿拉斯加土著（部落名称） 亚裔：印度裔、华裔、菲律宾裔、日裔、韩裔、越南裔、其他亚裔（种族名称） 夏威夷原住民、关岛裔或查莫罗人、萨摩亚人或其他太平洋岛民（种族名称） 其他种族（种族名称）

资料来源：Nobles, 2000:1739；U.S. Census Bureau, 2010c. 图片来源：Markus Mainka/Shutterstock.

择。在一项针对混血大学生的研究中，研究人员发现，71%的父母为黑白混血的儿童自我认定为多种族，25%认定为黑人，5%认定为白人。

美国人口普查局在处理种族问题时面临着额外的挑战，其解决方案为考虑一种比我们传统的种族和族

裔模式更为多元化的模式提供了额外的支持。它将种族和族裔视为分别填写的项目，在族裔问题上，唯一可供选择的类别是"西班牙裔、拉丁裔"。这种情况给那些将自己视为一个独特族裔并发现种族选项不足以描述自己的群体带来了困难。在这种情况下，许多人选择了"其他种族"，然后用族裔或国籍（如墨西哥、伊朗或沙特阿拉伯）作为他们的族裔。在 2010 年的人口普查中，在那些选择"其他种族"的人中，97% 的人也选择西班牙裔作为他们的族裔。事实上，41% 的自称为西班牙裔的人也选择了"其他种族"。

我们现在知道，早期有关种族的伪科学主张是错误的。今天，血统科学使科学家们能够探索到我们需要追溯多久的历史才能确定他们所说的"我们最近的共同祖先"。基于有根据的统计估计，并以基因分析作为支持，研究人员估计，今天地球上所有人都可以追溯其直系祖先的人生活在大约 3400 年前。我们最近的共同祖先可能生活在东亚，可能靠近从白令海峡到马来西亚的某些港口，这些港口促进了他们的后代向东迁移到美洲以及偏远的太平洋岛屿。如果我们再将最近的共同祖先追溯到几千年前，甚至会出现这样一种情况：今天活着的每个人都是当时活着的每个人（如果他们有今天活着的后代）的直系后代。

这项"我们最近的共同祖先"研究虽有别于科学证据但与其基本一致。科学证据指向人类一个甚至更远的位于非洲的共同的母系祖先，这一母系祖先通常被称为"线粒体夏娃"，我们可以从"线粒体夏娃"身上追踪到今天所有人类共享的特定 DNA。我们之间由于移民和环境适应而产生的任何生物学差异，都不足以证明任何有关种族根本差异的说法是正确的。简而言之，所有事物都相互关联。

巴拉克·奥巴马自认为是非裔美国人，而不是跨种族或白人。
图片来源：Theo Wargo/WireImage/Getty Images.

> > 社会学视角下的种族和族裔

社会学家为我们提供了更好地理解种族和族裔在社会中如何运作的工具。互动论视角有助于我们理解种族和族裔的社会建构是如何以及为什么发生的；功能论视角提供了我们为什么要重视种族类别的见解；冲突论视角使我们能够探索这些种族分类在权力及资源获得方面的后果。

互动论视角：种族是多维的

社会学的互动论视角特别关注种族的社会建构。正如我们已经看到的，种族并不是先天就有的。种族是一种因时间和地点而异的社会结构。过去由于过于简单的基于生物学逻辑的种族分类似乎不足以描述人类多样性的任务，许多社会学家和其他人已经转向一个更为精细的将种族视为多维的模式。这涉及将种族视为一种流动的而不是单一和固定不变的东西，视人们生活的时间和地点而变化。

为了提出我们对种族进行概念化、制度化和内在化的多种方式，社会学家温迪·罗斯构建了一个多维的种族分类类型学。当我们学习托马斯定理时，如果我们想理解为什么我们会这样做，我们必须同时考虑到我们的自我感知和他人的感知。我们的认知是我们所接受并视为理所当然的文化期望的影响而形成。

罗斯的种族多维类型学包括以下因素。

- 种族自我分类。根据标准化、固定答案的种族问卷（如大学申请表、社会调查或人口普查表上的问卷）进行自我识别。
- 种族自我叙述。一个人对有关其种族的开放性问题的主观自我认同。这一维度允许当事人进行更大的细微差别陈述以及自我表达，使个人能够澄清他或她的自我评估，这超越了仅仅是选项里种族类别的限制。这也带来了一种可能性，即一个人可能在不同的情境中进行不同的自我认同。
- 观察到的基于外貌的种族类型。其他人视一个人所属的种族是基于其观察到的特征，包括肤色、服饰、发型等。
- 观察到的基于互动的种族类型。其他人视一个人所属的种族是基于他们通过互动获得的信息，包括他或她的名字、语言、口音、文化参考，等等。
- 他人反射的种族类型。一个人相信他人认为的他或她所属的种族类型。（1）一个人如何对自己进行分类，（2）他人如何对他或她进行分类，以及（3）一个人如何看待他人对自己进行分类。种族认同的这一方面与库利的"镜中我"概念有关，根据这一概念，我们根据自己如何看待他人对自己的看法来发展自我意识（即"我看人看我"），然后根据这些自我认知行事。
- 种族表征。一个人种族分类的可见生物指标，包括皮肤颜色、头发质地、面部结构、眼睛颜色等因素。
- 种族家族史。一个人祖先所属的种族群体，根据家族史（包括家谱），可以通过口述史获知。
- 种族遗传血统。通过基因测试发现的一个人生物

电影 关于种族和族裔 5

《逃出绝命镇》(*Get Out*)
见到父母真的是一场噩梦。

《疯狂动物城》(*Zootopia*)
一只兔子和一只狐狸探索命运
是否天注定。

《摘金奇缘》(*Crazy Rich Asians*)
种族遭遇阶级，以浪漫的名义。

《你给的仇恨》(*The Hate U Give*)
跨越两个世界，一位年轻的
非裔美国女性站出来维持正义。

《第十三修正案》(*13th*)
尽管通过第 13 修正案，
以监禁形式存在的奴隶制在美国仍然合法。

祖先所属的种族群体。由于类似于 **23andMe** 和 **AncestryDNA** 这样的公司增加了此类商业测试的可及性，这已成为一个重大问题。这些测试的结果可能会令人惊讶。

罗斯这种类型学的一个重要因素是，一个人的种族分类在不同维度上可能存在显著差异，甚至在不同时间和地点的类别内也存在显著差异。根据她的研究，罗斯举了一个例子来强调这一事实。据罗斯说，"萨尔瓦多是纽约的一名餐馆工人，他认同自己的种族为波多黎各人。他的表征为皮肤黝黑，具有土著特色，导致一些美国人将他视为黑人。他认为，美国人根据他的口音和名字又将他视为西班牙裔。然而，在人口普查表中，萨尔瓦多又填写了白人种族，因为表中没有列出符合他的身份的选项；在波多黎各，他的混血血统又让他认为自己更接近白人而不是黑人"。认识到种族的多维性使我们能够更好地理解种族在实践中的作用以及它对个人生活机遇产生的影响。

正如社会学中经常出现的情况一样，我们通过关注边缘人群来了解主流文化是如何运作的。例如，在

美国有漫长的"冒充"①史，即遗传血统和家族史表明其属于一个种族类别，但在他人眼中却被视为属于另一个种族（"冒充"也发生在其他领域，包括性别、社会阶级等）。在 20 世纪早期到中期的美国，非裔美国人通过冒充白人可能避免种族歧视的一些后果。20 世纪 40 年代，社会学家罗伯特·斯图尔特（Robert Stuckert）估计，在美国每年有 15 550 名非洲血统的人加入白人名单。"冒充白人"使人们能够获得宝贵的物质、社会和文化资源，但往往是以背弃家庭、社区和文化为代价的。

另一个种族维度之间相互冲突的例子是，当一个人的种族自我叙述与其种族遗传血统、家族历史和表征不一致时。蕾切尔·多尔扎尔（Rachel Doležal）提出了一个有争议且引人注目的案例，有时被称为"反向冒充"，即当多数群体的一名成员声称自己是少数群体的成员时，就会发生这种情况。多尔扎尔的种族自我叙述是非裔美国人，但她的表征和祖先都是白人。她以非裔美国人的身份成功地通过同事和朋友的认证，成为一名民权活动家，担任有色人种协进会在华盛顿斯波坎分会的主席，并在当地大学教授非洲研究项目的各种课程。2015 年，当记者揭露她的种族家族史时，她的案件成为全国新闻。尽管她的父母是欧洲白人后裔，但在她生命的某个阶段，她接受了非裔美国人的传统和身份。甚至在她的血统为人所知之后，她仍然坚持自己的非裔美国人身份，作为她种族自我叙述的一部分。在争议爆发后举行

蕾切尔·多尔扎尔的种族基因血统是白人，但她自称为非裔美国人。
图片来源：Nicholas K. Geranios/AP Images.

的 TEDx Talk 演讲中，与种族的多维性相一致，

她断言，"种族是一个政治现实，但不是生物学现实"。她接着问道："你出生时被赋予的身份是对你真正是谁以及你在这个世界上的目的的最好描述吗？"。虽然她的案例比大多数案例都更耸人听闻，但它确实提出了一些关于被视为理所当然的种族概念的重要问题。

种族的多维性也可以通过跨种族收养表现出来，跨种族收养指的是当事人收养一个来自不同于自己种族或族裔背景的儿童。美国每年有 20% 至 25% 的两岁及以下儿童收养是跨种族的。随着他们的成长，这些孩子经常面临心理学家理查德·M. 李所称的"跨种族收养悖论"："（跨种

图片来源：DNF Style/Shutterstock.

---

① 有些外貌看上去非常欧化的非裔试图越过肤色那条"颜色线"，声称自己是白人，这被称为"Passing"，意为"被当作"；其另一层意思是超越，即由低等种族变成了高等种族。——译者注

族）被收养者是社会中的少数族群，但他们被其他人有时是他们自己另眼相看，因为他们被收养到一个白人家庭，就好像他们是多数文化（即种族上是白人和族裔上是欧洲人）的成员。"跨种族领养父母必须决定是否让他们的孩子接触与其出生文化相关的文化。尽管一些家长选择了他们所说的色盲方法，将种族差异的重要性降到最低，但现在更常见的做法是文化适应。通过书籍、文化夏令营、与同种族导师的关系等途径，他们为孩子们提供了探索与其遗传血统最相关的文化的机会。越来越多的跨种族养父母还与子女探讨他们长大后可能面临的种族歧视，寻求为他们提供必要的应对技能。

随着跨种族收养者长大成人，他们往往会对自己是谁以及是否适应自己表达认知失调的感觉。在他们的一生中，他们一直面临着这样的问题，即他们属于谁的家庭，他们是否是外国交换生，甚至收养他们的家庭花费了多少钱。凯莉·多姆扎尔斯基（Kaylee Domzalski）在婴儿时期被一对美国中西部白人夫妇从韩国领养，她非常爱她的养父母，但遗憾的是，"他们从未教过我任何关于韩国传统或语言的知识，也没有想过让我身边的人这样做。这让我感到失落和无助"。查德·戈勒-索杰纳（Chad Goller-Sojourner）是一名非洲人后裔，1972年被一个白人家庭收养，他强调了将孩子与其出生文化相关的社交网络联系起来的重要性，他建议白人父母可以考虑收养非裔孩子，"你的孩子不应该是你的第一个黑人朋友"。以上这些例子突出了文化、家族史和身份在种族问题上的重要性。

鉴于种族在生物学定义上的局限性和种族多维视角提供的潜力，探索种族包含更多维度是有意义的。政治学家玛雅·森 Maya Sen）和奥马尔·瓦索（Omar Wasow）建议我们将种族概念化为一个复合变量，他们使用了"棍束"的类比。他们建议，种族应被视为以各种方式聚集在一起的许多不同元素的集合。森和瓦索强调的种族因素包括基因、肤色、祖籍、规范、饮食、方言、教育、宗教、社区、财富、社会地位和阶级等。

功能论视角：种族分类的作用原理

既然种族是一种社会建构，而不是一种生物逻辑上的必然性，那么为什么我们首先要建构它呢？正如我们已经了解到的那样，我们建构文化是为了理解我们周围的世界，并为之建立秩序。文化为我们提供了一种理解，即我们在与自然以及彼此之间的关系中究竟处于什么位置（正如我们在第3章中所探讨的那样）。在定义我们与他人的关系时，我们不仅会认同并接纳那些像我们一样的人，我们还会排斥那些我们认为与自己不同的人。

尽管科学表明，我们认定为种族的群体之间实际上没有本质的差异，即没有明确的分界线将一个群体与另一个群体区分开来，但这并不会阻止我们提高感知到的身体差异的重要性，以区隔内部人和外部人。正如业已通过社会心理学家亨利·泰弗尔等人的研究（见第4章）所探索的那样，种族的社会建构这一

1955年，民权活动家罗莎·帕克斯（Rosa Parks）因拒绝在公交车上把座位让给一名白人，以"公民不服从行为"为理由而遭到逮捕，并被采集了指纹。
图片来源：Gene Herrick/AP Images.

过程的三个要素似乎很常见：（1）社会分类，即把世界划分为内部群体（"我们"）和外部群体（"他们"）；（2）社会认同，即通过思考、行动和说话等，将我们的身份或自我意识与我们和内部人的关系联结起来；（3）社会比较，即将我们的群体及其成员视为优等的，将外部群体成员视为劣等的。群体内的成员往往相互给予特权，并拒绝向外部人士让渡群体内的利益，而且他们往往甚至不知道自己在这样做。

划分群体内和群体外的过程产生了两个重要功能：团结和身份认同。与像我们这样的他人更紧密地联系在一起，可以增强团队成员的集体团结感以及"我们"的感觉。我们在呼吁和表达爱国主义的过程中看到了这一过程："我们认为自己这些真理是不言而喻的……"或"美国，爱它或离开它。"这一过程还为个人提供了更强烈的身份认同感："我是美国的一个无所事事的花花公子……"或"我为是一个美国人感到自豪。"对整体的忠诚使群体有可能对其个体成员提出更多要求。

从这个角度来看，种族重要的不是身体或生理上的差异，而是我们对这种差异的意义归因，这种差异为我们提供了团结和认同感。用历史学家尼尔·阿尔文·潘特的话来说，"种族的功能是识别差异……好像在说，'这些人永远是这样的，那些人永远是那样的'……种族是一种分化和隔离的工具"。简单的三种或五种种族分类模式使我们更容易划清"我们"和"他们"之间的界限，即使这些划分在仔细审查下无法维持下去。

说到种族，沿着这条种族划分的路线走下去很快就会变得丑陋。选择认同"你的人"通常会演变成偏见和歧视。给天平的一方赋权，一个种族群体有能力拒绝另一种族群体获得资源，我们将会在下文中看到其后果将变成悲剧。从历史上看，种族和族裔的悲剧在系统性的奴役和种族灭绝的荒诞中声名狼藉，但我们也需要了解种族和族裔歧视的日常现实，这种现实在数百万人生活中以不那么明显的方式发生。有色人种和少数族裔每天面临的侮辱性行为的例子包括交通

中被警察挑出来拦截、被拒绝抵押贷款、购物时被保安跟踪，以及诸如此类的大量其他行为。

社会学家确实知道，减少群体内外紧张关系的一个潜在途径是与不同于我们自己的他人进行有规律的互动。根据**接触假说**，与不同于自己的人互动可以减少我们对他们的负面态度。研究人员最初认为，态度的改变需要两个特征。首先，互动的环境必须是合作性的，而不是竞争性的；其次，参与互动的人需要具有相对平等的地位。研究人员假定，当来自不同种族和族裔的员工相互竞争宝贵的资源，而不是为了共同的目标而合作时，敌对行为就会增加。在存在严重权力失衡的情况下，这种情况尤其可能发生。最近的研究表明，即使在合作环境中地位相对平等者之间的互动没有发生的情况下，对"他群"的态度以及针对"他群"的行动通常仍会有所改善。

包括学校、政府机构和公司在内的各种组织，寻求减少群体间冲突的一种方式是通过制订平权行动计划。**平权行动**是指积极努力招聘少数群体成员或妇女，以获得工作、晋升和教育等方面的机会。除了向那些被系统地剥夺机会的人提供机会外，平权行动旨在增加组织的多样性，这对所有人都有积极的好处。它拓宽了吸引个人的人才库，扩大了群体内成员的知识、技能、经验和观点。为了与接触假说的原则保持一致，我们希望增加与来自不同背景的人的互动以增加理解并减少偏见。然而，在实践中，这种解决方案可能会产生意想不到的后果，即反而会加剧群体之间原本的紧张关系。群体内成员有时对这些计划表示不满，认为提高群体外成员的利益是以牺牲群体内成员对资源业已形成的控制为代价的。

接触假说（contact hypothesis）与不同于自己的人互动可以减少我们对他们的负面态度的理论。

平权行动（affirmative action）积极努力招聘少数群体成员或妇女，以获得工作、晋升和教育等方面的机会。

冲突论视角：种族不平等

社会学的创始人之一哈丽雅特·马蒂诺认为，我们可以也应当问，我们认为正确的原则是否与我们在

日常生活中从事的实践相一致。关于种族问题，她指出了美国平等和自由的基本原则，并将这些基本原则与奴隶制的做法进行了对比。今天，无论我们来自哪里，我们仍然可以就我们在多大程度上实现了我们所向往的理想提出质疑。

将事物定义为真实的能力代表着巨大力量的来源。将种族定义为生物学事实使政治和经济领导人能够为奴隶制和优生学等做法辩护，并继续为某些群体的不平等待遇以及这些群体所遭受的后果辩护。换句话说，即使不应将种族简单地理解为生物学的直接后果，其后果也同样真实。为了解决这一现实，社会学家迈克尔·奥米（Michael Omi）和霍华德·怀南特（Howard Winant）提出了"**种族结构论**"的概念，即种族类别是被（政府和法律）创建、抑制、转化和破坏的社会历史过程。

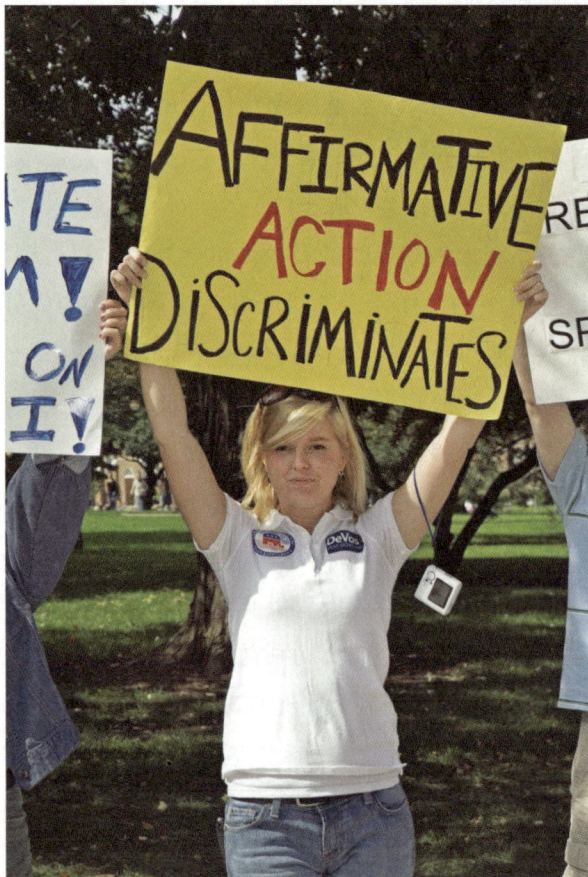

种族结构论（racial formation）种族类别是被（政府和法律）创建、抑制、转化和破坏的社会历史过程。

图片来源：Jim West/The Image Works.

社会学思考
根据种族、族裔或性别确定招聘配额以确保（少数族裔）更多机会，这一平权行动政策的代价和收益是什么？

奥米和怀南特认为，种族从根本上来说既不是生物学，也不是一种可以简单忽视的幻觉。为了理解种

作为对票房前 100 部电影年度研究的一部分，南加州大学安纳伯格新闻传播学院的研究人员发现，在 2017 年上映的 4454 部电影中，有 70.7% 是白人角色。黑人角色占比为 12.1%，接近他们在美国人口中的比例；但西班牙裔在这些电影中的比例仅为 6.2%，代表性明显不足。

资料来源：Smith, Choueiti, Pieper, Case, and Choi, 2018. 图片来源：Moviestore collection Ltd/Alamy Stock Photo.

流行社会学

族，我们必须仔细关注社会、经济和政治的力量，正是这些力量使种族成为人与人之间的基本区别。从历史上看，那些手握大权的人将整个群体归类为彼此根本不同的群体（如制定"一滴血规则"），然后利用他们对资源的控制，根据这些差别对待不同群体。其结果是形成了一种强化了假定的种族差异的社会结构，并为基于种族的不平等待遇而辩护。19世纪末为美洲原住民建立的保留地制度就是种族结构论的一个例子。联邦官员将不同的部落合并为一个我们今天称之为印第安人的种族群体。

正如美洲原住民从以前多种多样的部落群体变成了一个单一的类别一样，白人的概念，以及白人中的具体类别，也都随着时间的推移而发生了很大的变化。19世纪大量移民的涌入使得所谓的非黑即白的简单分类变得复杂化。最初被视为低等种族的移民，包括德裔、意大利裔和爱尔兰裔，随着时间的推移，他们逐渐被视为白人。这在一定程度上是通过这些群体相对于非裔美国人而进行的定位，并与非裔美国人区别开来，以更紧密地认同多数白人。

利用种族来证明对他人不平等待遇的正当性是一种自我实现的预言。认定一个群体在生物学上处于劣势会导致该群体无法平等地获得有价值的资源，从而减少该群体脱颖而出的机会，从而强化了对该群体先天性劣势的刻板印象。弗雷德里克·道格拉斯在谈到他那个时代的非洲经历时是这样说的："他的天赋和力量，没有受过教育，也没有得到提高，与那些受过良好教育的人形成了鲜明的对比；然后，世界被召唤去观察获得承认的人和饱受争议的人之间巨大而惊人的差异。"缺乏获得资源的机会造成了种族和族裔之间的不平等。

> > **种族和族裔差异的后果**

种族或许是一种社会结构，但其后果是相当真实的。在美国，一个人的种族以及与种族相关的族裔，决定了他们获得宝贵资源的途径。用政治学家布鲁斯·鲍姆（Bruce Baum）的话说，"种族……是权力的结果"。那些手握大权的人，无论是有意还是无意，都在利用他们的权威将基于种族和族裔划分的导致持续不平等模式制度化。为了理解这是如何发生的，我们必须同时考虑观念和行动。

偏见使人盲目。

弗雷德里克·道格拉斯

偏见和歧视

根据托马斯定理，观念塑造行动。谈到种族和族裔，偏见往往会形成歧视。社会学家将**偏见**定义为基于个人在特定群体中的成员身份，对其持有的一种先入为主的、不合理的判断，无论是积极的还是消极的。换言之，偏见涉及一种信念，即他人在生活中经历的结果主要是群体之间固有差异的结果，无论是基于种族、族裔、性别、残疾、年龄还是其他身份。通常，偏见源于种族中心主义，即认为自己的文化和生活方式体现了社会规范或优于所有其他人的倾向。种族中心主

> **偏见**（prejudice）基于个人在特定群体中的成员身份，对其持有的一种先入为主的、不合理的判断，无论是积极的还是消极的。

20世纪50年代，联邦军队需要支持导致学校合并的最高法院决定。
图片来源：Bettmann/Getty Images.

义者根据自己群体的标准来判断其他文化，而不考虑他人的观点和经验，这往往导致对他们所认为低劣的文化的偏见。

偏见的态度往往与刻板印象一起发挥作用。**刻板印象**是没有意识到或不考虑某群体成员中的个人差异，对该群体中所有成员的不可靠概括。刻板印象可以适用于我们可能定义为不同于"我们"的任何外部群体的成员，但刻板印象在种族方面的表现尤其常见，因为不同种族群体之间的差异通常被定义为至关重要的，这意味着这些差异是遗传获得的、不可改变的和不可避免的。我们在刻板印象方面面临的一个挑战是，我们经常不

知道自己潜在的**隐含偏见**，以及这些偏见在我们对待他人时所产生的后果（见第 4 章）。

偏见往往导致**歧视**，即基于群体成员的身份而不是基于业绩或权利，拒绝平等获得机会和资源的一种做法。偏见涉及信念，而歧视则涉及行动。由于他人的行为，其机会受到限制在个人层面即构成受到歧视。当处于相对权力优势地位的人有意识或无意识地拒绝给予某人有价值的东西，如工作、晋升、志愿服务的机会或公共汽车上的座位时，就会发生这种情况（见图 13-1）。但是，不能仅从个人层面理解歧视，这是

> **刻板印象**（stereotype） 没有意识到或不考虑某群体成员中的个人差异，对该群体中所有成员的不可靠概括。
>
> **隐含偏见**（implicit bias） 将无论是积极的还是消极的价值与特定群体、亚群体或某人群的特征自动和无意识地联系起来。
>
> **歧视**（discrimination） 基于群体成员的身份而不是基于业绩或权利，拒绝平等获得机会和资源的一种做法。

你知道吗？

对社会治安的看法因种族而异。当被问及社区警察是否做得很好时，75% 的白人表示他们做得很好，而非裔美国人中这一比例仅为 33%。当被问及当地警察是否平等对待种族和族裔群体时，仅有 35% 的黑人做出肯定回复，而白人的这一比例为 75%。

资料来源：Morin and Stepler, 2016. 图片来源：Don Farrall/Getty Images.

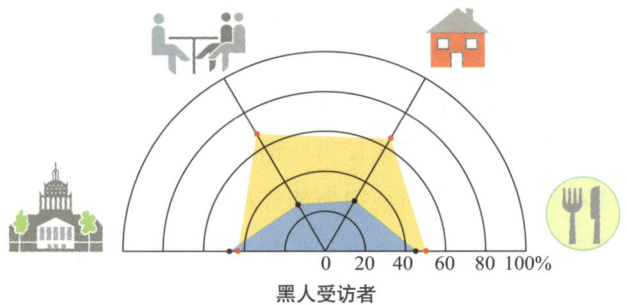

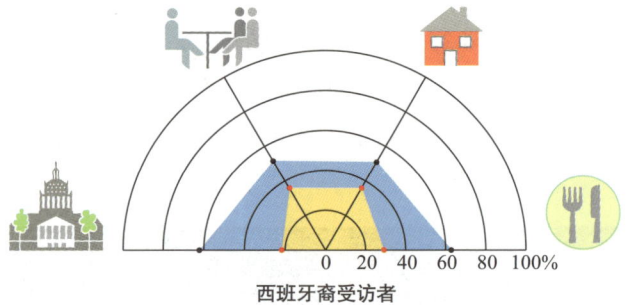

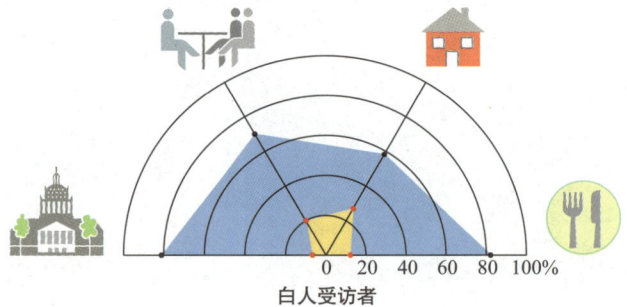

黑人受访者

西班牙裔受访者

白人受访者

当……时，黑人多久面临一次歧视？

图标	说明	图标	说明
🏛	申请学院或大学	🏠	租房或买房
🧑‍💼	求职	🍴	在餐馆就餐或在零售店购物
🟨	几乎总是/经常	🟦	不经常/几乎没有

图 13-1　对歧视的看法
资料来源：Pew Research Center，2007：30.

集体对群体成员身份持有重要性的信念的结果。因此，我们必须在现有文化和相应的社会结构的背景下分析歧视。

社会学家通过强调制度性歧视的重要性来处理歧视的社会背景性质。持续存在的不平等模式表明，这种歧视代表了米尔斯所说的"公共性议题"而非"个人麻烦"（我们在第 1 章中探讨的概念）。制度性歧视是社会结构影响我们思维和行为的结果。

社会学思考

> 为什么制度性歧视比人际歧视更令人担忧？

制度性歧视的一个明显表征是各种族和族裔群体间收入不平等的持续存在。正如我们在第 12 章"美国社会中的女性"部分中看到的性别工资差距一样，一个人的先赋社会地位经常能够预测他或她的收入水平。正如图 13-2 所示，在考虑种族、性别和收入时，存在明显差异。亚裔或白人的平均收入高于其他种族和族裔群体。各种因素，包括教育程度、职业和资历，可能解释了其中的一些差距。然而，收入差异至少表明，个人的生活经历（他们面临的机会和障碍）因所属群体的不同而有很大差异。

种族主义

解决制度性歧视问题会让直接考虑到种族主义。当大多数人想到种族主义时，他们是根据个人对种族群体的消极信念来加以考虑的。换句话说，我们倾向于将种族主义定义为个人偏见的极端形式。社会学家采取了更为全面的方法。从社会学角度来看，**种族主义**将根深蒂固的种族优越感和自卑感的文化信仰与优势或劣势的规范性做法结合在一起，形成了一种复制不平等结果模式的结构。种族主义预设并复制了种族等级制度。种族主义不需要涉及公开的偏见、蓄意的恶意或有意识的意图。即使人际层面上的个人偏见看起来很微弱，但在社会层面上，基于种族的持久不平等可能是非常严重的。

收入中位数

亚裔男性	66 393美元
白人男性	58 014美元
亚裔女性	51 851美元
白人女性	45 506美元
夏威夷原住民男性	42 287美元
美洲印第安男性	40 872美元
黑人男性	40 442美元
西班牙裔男性	36 568美元
夏威夷原住民女性	36 031美元
黑人男性	36 003美元
美洲印第安女性	34 021美元
西班牙裔女性	31 364美元

图 13-2　不同种族、族裔和性别群体的收入中位数

注：数据代表美国全年全职工作的人。种族群体不包括西班牙裔。资料来源：U.S. Census Bureau, 2018a: Table S0201. 图片来源：Comstock Images/Jupiter Images.

为了澄清有关种族主义的问题，社会学家马修·德斯蒙德（Matthew Desmond）和穆斯塔法·埃默拜尔（Mustafa Emerbayer）确定了 5 个谬误或误解。第一，个体主义谬误，即认为种族主义源于少数有偏见的个体的"坏"想法。这种认识是错误的，因为它不符合种族主义的社会、文化和制度层面。第二，法律谬误，即认为通过在法律中确立种族平等的原则，我们将在实践中必然地消除种族主义。例如，通过 1954 年布朗诉教育委员会案的裁定或 1964 年的《民权法案》，但原则和实践并不总是一致的。第三，象征性谬论，即人们断言如巴拉克·奥巴马、奥普拉·温弗瑞或碧昂斯等少数人的成功，表明种族障碍不再存在。但例外情况不能

> **种族主义**（racism）将根深蒂固的种族优越感和自卑感的文化信仰与优势或劣势的规范性做法结合在一起，形成了一种复制不平等结果模式的结构。

证明这一断言。第四，固定性谬论，即从狭隘和极端的角度给种族主义加以定义，总是采取相同的可怕形式，如种族奴役或种族灭绝。而实际上随着时间的推移，种族主义采取不同的形式，以程度不等的方式发生，如仇恨犯罪或某些公司的雇用做法。第五，历史性谬论，即认为过去的模式特别是奴隶制的遗产对现在没有任何重大影响。但这一论断未能充分认识到历史先例在多大程度上嵌入社会结构，从而影响了后代机遇的创造。事实上，种族主义在美国有着深厚的历史根源。

1607 年，英国人在詹姆斯敦建立了美洲第一个永久性殖民地，开始了欧洲殖民者与早已生活在那里的美洲原住民之间长期不稳定的关系。如果没有美洲波瓦坦部落的援助，包括波瓦坦酋长的女儿波卡洪塔斯（Pocahontas），该定居点可能不会幸存下来。为了赚钱，殖民者转向种植烟草——这是波瓦坦人教给他们的一项技能，这导致他们攫取了越来越多的土地，导致了一个持续了几个世纪并遍及整个美洲大陆的暴力循环。

色盲种族主义（color-blind racism）奉行种族中立原则使种族不平等的现状永久化。

仇恨犯罪（hate crime）由于违法者基于种族、宗教、族裔、国籍或性取向对个人的偏见而实施的刑事犯罪。

同时，1619 年，非洲奴隶被带到詹姆斯敦附近的康福特。这些非洲奴隶是从加尔文教牧师兼船长约翰·科林·乔普（John Colyn Jope）上尉那里购买的，以"他们能够（获得）的最好和最容易的价格"换取食物。詹姆斯敦的劳动密集型烟草经济需要大量工人。这些被奴役的非洲人中很可能至少有一部分被视为后来获得了自由的契约奴，而其他人可能被终身奴役。奴隶制在美国一直持续到 1865 年，而对非裔美国人的制度性歧视至今仍在继续。

尽管过去的不公正对现在的平等和机会产生了非常真实和深刻的后果，但许多人选择性忽视这些影响。

> **总有一天，我们的后代会觉得这点让人不可思议，我们如此关注皮肤中黑色素的数量、眼睛的形状或性别，而不是我们每个人作为复杂人类的独特身份。**
>
> 富兰克林·托马斯（Franklin Thomas）

他们通过社会学家称之为**色盲种族主义**的方式这样做，其奉行的种族中立原则使种族不平等的现状永久化。在这种情况下，恪守平等原则的人争辩说，任何解决不平等种族结果的企图都意味着种族偏见，因为这种努力是以牺牲其他群体利益的代价使处境不利群体的成员受益。但是，在一个基于种族和族裔的不平等深植于社会结构的体系中，这些术语所体现的不愿意明确解决种族不平等问题会使现状永久化。一些国家为了追求机会均等，在政治代表权和招聘方面为少数族裔设定了配额，以减少制度性歧视。这种做法在美国备受争议，并受到反向歧视的指控。

正如我们在第 2 章"实验"部分中所探讨的那样，社会学家德瓦·帕格在其关于招聘过程的研究中，探讨了种族主义在人际层面上的后果。为了检验种族和犯罪记录对找到工作的可能性的影响，帕格派出具有相似特征和简历的白人求职者和黑人求职者，区别在于二者的犯罪记录不同。在多个城市的重复实验中，结果始终显示出相同的情况。白人申请者收到的工作回复明显多于非裔美国人。但特别令人惊讶的是，报告有监狱记录的白人求职者收到的工作回访比没有犯罪记录的黑人求职者略多。随着时间的推移，这种差别对待的累积效应将会导致不同族裔在获得关键资源方面存在重大的差异。

除了日常歧视的例子以外，在美国公然的种族主义行为也在继续。1990 年，国会通过了《仇恨犯罪数据法案》（Hate Crime Statistics Act），以追踪此类遭遇。仇恨犯罪是由于违法者基于种族、宗教、族裔、国籍或性取向对个人的偏见而实施的刑事犯罪。该法案于 2009 年进行了修订，将性别和性别认同也纳入其中。2016 年，受害者向当局报告了 7227 起仇恨犯罪。总的来说，58.5% 的仇恨犯罪涉及种族或族裔偏见见图 13-3。仇恨犯罪包括针对个人的犯罪（其

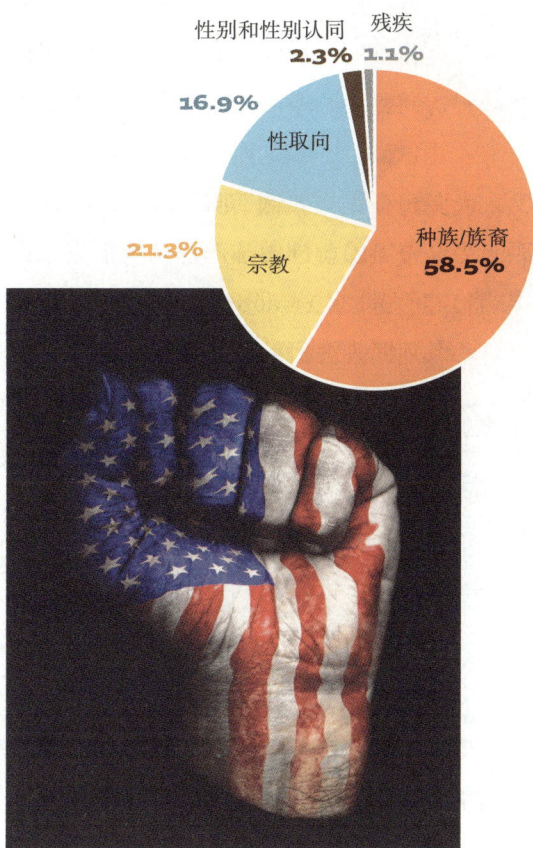

图 13-3　仇恨犯罪分类

资料来源：U.S. Department of Justice, 2017a：Table 1. 图片来源：Duncan Walker/Getty Images.

性别和性别认同 **2.3%**　残疾 **1.1%**

性取向 **16.9%**

宗教 **21.3%**

种族/族裔 **58.5%**

即使控制了之前被捕、之前药物滥用、之前财产犯罪、之前人身攻击、之前枪支携带以及社区声誉等因素，非裔美国人被逮捕的可能性仍然大得多。正如研究人员所说，"黑人和白人之间在缉毒方面的种族差异不能用毒品犯罪程度或毒品犯罪性质的种族差异来解释。事实上，在这个样本中，非裔美国人（和西班牙裔美国人）与白人相比，参与毒品犯罪的可能性并不多，而且往往更少"。种族与被捕之间的这种关系随着年龄的增长而增强，嫌疑人在二十几岁时被捕的概率达到顶峰。

> **种族形象定性**（racial profiling）　警方基于种族、族裔或原国籍而非个人行为发起的任何恣意行动。

在对肤色扮演角色的分析中，社会学家埃利斯·蒙克（Ellis Monk）发现，一个人的皮肤越黑，他或她面临不平等结果的可能性就越大。换句话说，与种族的多维模型相一致，种族不平等不仅仅涉及"黑人"或"白人"类别的成员，就好像每个类别内部都是同质的。根据蒙克的研究发现，"肤色较深的非裔美国人收入较低，职业声望较低，心理和身体健康状况更糟糕"。谈到与刑事司法系统的接触，蒙克发现，一个人的肤色越深，他或她被逮捕和监禁的可能性就越

中包含谋杀、强奸和人身攻击），也有针对财产的犯罪（如恣意毁坏、盗窃和纵火）。

另一种形式的歧视涉及**种族形象定性**，这是警方基于种族、族裔或原国籍而非个人行为发起的任何恣意行动。一般来说，包括海关官员、机场安保人员和警察等在内的执法人员，在认为符合某种描述的人有可能从事非法活动时，就会发生种族形象定性。例如，无论是第 6 章中"标签理论"部分中所述的 DWB，还是正如我们在本章开头看到的警察枪击非裔美国男性，或者是与警察发生冲突可能导致的生死未卜的后果，所有这些表明非裔美国男性都生活在唯恐警察会出来抓他们的恐惧之中。

调查因使用大麻而被捕的研究人员发现，

你知道吗？

美国前总统乔治·华盛顿 11 岁时继承了 10 名奴隶。在他去世时，他拥有 123 名奴隶，并从邻居那里又租了 40 名奴隶。他的妻子玛莎通过她第一任丈夫的庄园实际上拥有另外 153 名奴隶。

图片来源：Library of Congress Prints and Photographs Division［LC-DIG-pga-02419］.

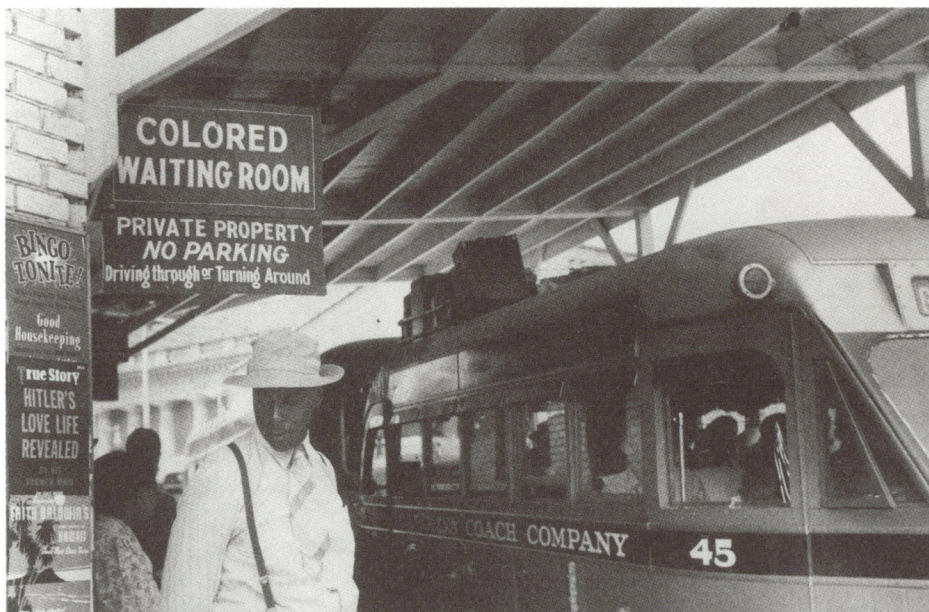

在 1964 年《民权法案》通过之前，公共场所的隔离是整个美国南方的常态。
图片来源：Jack Delano/Library of Congress Prints and Photographs Division［LC-DIG-ppmsc-00199］.

大。即使考虑到社会经济地位、社区条件、吸毒和儿童犯罪等因素，这种差异仍然存在。

迈克尔·布朗在密苏里州弗格森区被射杀后，美国司法部对弗格森警察局进行了调查。在对交通违章的数据分析中，85%的交通检查、90%的传唤以及93%的逮捕都涉及非裔美国人，尽管黑人只占那个地区总人口的 67%。在交通检查期间，弗格森的黑人司机被搜查的可能性是白人司机的两倍多，但携带违禁品的可能性却要低 26%。根据这项研究，美国司法部部长埃里克·霍尔德（Eric Holder）得出结论："我们的调查表明，弗格森警察经常违反第四条修正案，在没有合理怀疑的情况下拦截车辆，在没有合理根据的情况下逮捕他们，并对他们使用不合理的武力。"

迈克尔·布朗以及其他人死亡后引发的抗议，引起了人们对非裔美国人在美国遭遇警察时持续存在的差异结果模式的关注。2017 年，有 1147 人被警方杀害，其中 27% 是非裔美国人，21% 是西班牙裔美国人。在被杀的总人数中，149 人手无寸铁，其中大多数是有色人种，包括 49 名非裔美国人和 34 名西班牙裔美国人。在对警察致命枪击案的联邦调查局记录的分析中，研究人员发现，15~19 岁的黑人男性被射杀的比率远高于同年龄的白人男性：前者为百万分之 31.17，而后者为百万分之 1.47。

为了揭示影响这种种族间差别待遇的潜在因素，研究人员分析了警察对手无寸铁的黑人受害者的致命枪击，发现这种遭遇的发生率因系统性种族不平等而有所不同。结构性种族主义指数（测量黑人与白人居住隔离以及在经济、就业、教育程度和监禁率方面的种族差异）得分较高的州，发生警察致命枪击案的概率较高。即使考虑到基于种族的不同逮捕率，这种关系仍然成立。这些结果指向了这一问题结构（系统）性质的重要性。换句话说，我们不能仅仅通过关注个体及其态度来理解这个问题。

图片来源：Tom Carter/PhotoEdit.

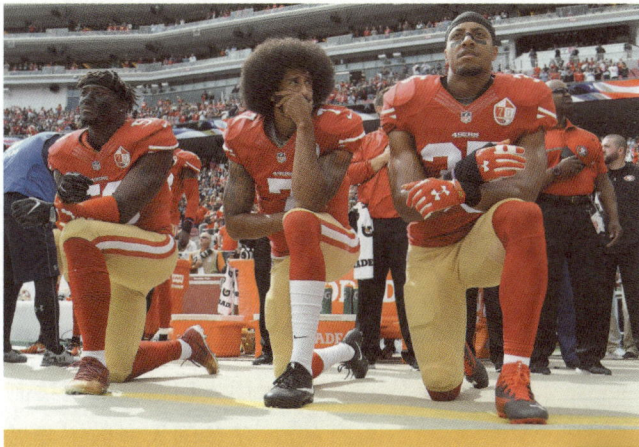

2016 年，美国职业橄榄球大联盟四分卫科林·卡佩尼克（Colin Kaepernick）在国歌中跪下，以引起人们对种族不公的关注，引发了一场运动。那个赛季之后，他成了自由球员。截至 2019 年年中，联盟没有一支球队为他提供合同，尽管他还很年轻，并且比联盟中的其他四分卫的成绩更好。

图片来源：Thearon W. Henderson/Getty Images Sport/Getty Images.

流行社会学

种族间关系模式

社会中种族和族裔群体之间关系的性质因时间和地点而异。社会学家已经确定了群体间关系的六种特征模式。究竟哪种模式占主导地位通常取决于主导群体和少数群体之间的关系，**少数群体**指的是其成员（即使他们人数上占多数）缺乏对社会中有价值资源的获取及其控制的次要群体。

分离　前三种类型的群体间关系侧重于主导群体和少数群体之间的差异和隔离。种族灭绝可能代表了主导群体与少数群体关系中最极端的一种。**种族灭绝**涉及有系统地杀害整个群体或民族。这个词通常与纳粹德国在第二次世界大战期间杀害 600 万欧洲犹太人，以及斯拉夫人、罗马人、同性恋者和其他人等联系在一起。这个词也用来描述 19 世纪美国对美洲原住民的政策。例如，在加利福尼亚州，1846—1873 年间，由于州政府批准的暴力行为，美国原住民人口从约 15 万人骤降到约 3 万人。国际社会持续存在对苏丹、缅甸和叙利亚等国实施种族灭绝的担忧。

驱逐代表了另一种极端的主导群体与少数群体之间的关系。**驱逐**涉及有系统地将一群人驱逐出社会。也称为人口转移，这可能包括将某群体隔离到拘留营，就像第二次世界大战期间在美国的 12 万多日裔美国人所经历的那

> **少数群体**（minority group）其成员（即使他们的人数上占多数）缺乏对社会中有价值资源的获取及其控制的次要群体。
>
> **种族灭绝**（genocide）有系统地杀害整个群体或民族。
>
> **驱逐**（expulsion）有系统地将一群人驱逐出社会。

你知道吗？

1862 年 12 月 26 日，在亚伯拉罕·林肯总统的命令下，38 名苏族（Sioux，美洲印第安原住民部落）男子同时被吊死在明尼苏达州曼卡托专门为此而建造的巨大绞刑架上。他们因在 1862 年的达科塔战争中所扮演的角色而被判刑，迄今为止仍然是美国历史上最大的一次单日处决。

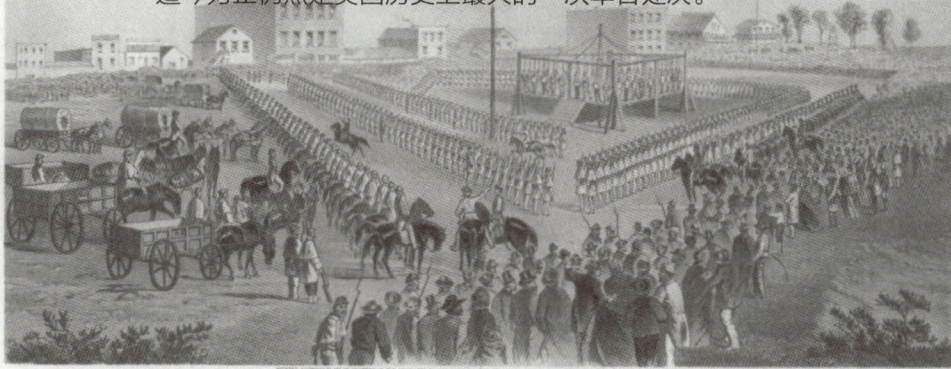

EXECUTION OF THE THIRTY-EIGHT SIOUX INDIANS
AT MANKATO, MINNESOTA, DECEMBER, 26,1862.

图片和资料来源：Library of Congress, Prints and Photographs Division（LC-USZ62-193）.

隔离（segregation） 两个群体的人们在住所、工作场所和社会事件方面的物理隔离。

同化（assimilation） 一个人放弃自己的文化传统，成为另一种文化的一部分的过程。

样。1979 年，越南驱逐了近 100 万华裔，部分原因是越南与邻国中国之间的敌意。最近，由于叙利亚内战涉及各种族裔和宗教团体，截至 2018 年底，已有 560 万人作为难民逃离该国。

隔离是一种不那么极端的分离形式。**隔离**是指两个群体的人们在住所、工作场所和社会事件方面的物理隔离。1948—1990 年，南非实行了一种制度化的隔离形式，称为"种族隔离"。此后，该国的种族隔离在很大程度上由于长期抵抗运动的努力而被废除。长期抵抗运动最著名的领导人纳尔逊·曼德拉（Nelson Mandela）后来当选为南非总统。

在美国历史上，公开的种族隔离形式表现为单独的学校、单独的卫生间，甚至是单独的饮水机。尽管法律现在禁止这些更公开的隔离形式，但对社区组成的分析表明，这种隔离做

你知道吗？

地图绘制者为每个群体的成员着不同的颜色，可以直观地展示城市地区的种族和族裔的隔离状态。制图师埃里克·菲舍尔（Eric Fischer）利用人口普查数据绘制了美国大多数主要城市和整个国家的地图。

南非前总统纳尔逊·曼德拉监督了该国种族隔离社会的过渡。
图片来源：Daniel Berehulak/Getty Images.

法在现实生活中仍在继续。根据隔离指数，当考虑黑人和白人之间的种族隔离时，密尔沃基市是美国种族隔离最严重的城市之一，隔离指数为 81.5，这意味着 81.5% 的黑人或白人必须搬到不同的社区才能彻底消除种族隔离。接下来四个隔离程度最高的大城市是纽约（78）、芝加哥（76.4）、底特律（75.3）和克利夫兰（74.1）。在比较美国各州白人与非裔美国人的总体情况时，其中 47.2% 的人必须搬到另一个城市才能消除种族隔离。

种族隔离会影响群体之间的社会互动。在对美国朋友圈（私人关系网）的分析中，研究人员发现，在白人中，91% 的朋友是白人，只有 1% 是黑人。在非裔美国人中，他们 83% 的朋友是黑人，8% 是白人。

整合 其余三种群体间关系模型较少关注分离，而是更多关注主导群体和少数群体之间的整合。群体可以以多种方式整合在一起。**同化**包括一个人放弃自己的文化传统，成为另一种文化的一部分的过程。一般来说，它是由少数群体成员实施的，他们想

詹妮弗·安妮斯顿的名字改自詹妮弗·阿纳斯塔萨基斯，这代表了一种同化的趋势。

图片来源：Steve Granitz/WireImage/Getty Images.

要或被期望遵守主导群体的标准。同化可以描述为"A+B+C → A"的模式，多数群体 A 以这样一种方式占据主导地位，即少数群体 B 和 C 的成员模仿 A 并试图与以前区别开来的过程。

同化会导致少数群体文化的削弱和主导文化的提升。我们在美国看到这样的过程在发生，移民把他们听起来像族裔的姓改成更容易与主流白人新教文化相适应的名字。例如，詹妮弗·阿纳斯塔萨基斯（Jennifer Anastassakis）改名为詹妮弗·安妮斯顿（Jennifer Aniston），拉尔夫·利普希茨（Ralph Lipschitz）改名为拉尔夫·劳伦（Ralph Lauren），娜塔莉·赫什拉格（Natalie Hershlag）改名为娜塔莉·波特曼（Natalie Portman）；又比如奥斯卡奖得主英国女演员海伦·米伦（Helen Mirren）放弃了她出生时的名字伊利安娜·瓦西里耶夫娜·米罗诺娃（Ilyena Vasilievna Mironova）。名字的改变、宗教信仰的转变，

以及母语的消失都会模糊一个人的出身与传统。尤其是跨代，同化可能导致该家族历史上一种文化的实际消亡。例如，许多第二代或第三代西欧人对他们在爱尔兰、意大利或德国等地的根源知之甚少。在这种情况下，这些血统的人现在可能只会认为自己是"美国人"。

当多数群体和少数群体结合形成一个新群体时，就会发生融合。这种模式可以表示为"A+B+C → D"，其中 A、B 和 C 代表社会中的不同群体，D 代表最终结果，是一个不同于任何最初群体的独特文化族裔群体。在美国，早期的创始人通过采用拉丁语"e pluribus unum"表达了这一理想，意思是"合众为一"。这一理念被认为是美国早期的座右铭，它于 1782 年获得国会批准，至今仍出现在美国国玺上。20 世纪初，人们相信美国是一个引人注明的"大熔炉"形象，尤其是因为这一形象表明，美国有一项几乎神圣的使命，即将各种群体合并为一个民族。然而，实际上，许多居民不愿意将美洲原住民、犹太人、黑人、亚裔和爱尔兰罗马天主教徒纳入大熔炉。因此，这种模式不能充分描述美国各族裔的主从关系。

> 融合（amalgamation） 多数群体和少数群体结合形成一个新群体的过程。

图片来源：Andrew B. Graham/Library of Congress Prints and Photographs Division［LC-USZC4-2108］.

最后一个群体间关系模型，在多元文化社会的大背景下维持群体身份。**多元化**是指一个社会中不同群体之间相互尊重对方的文化，允许少数群体在没有偏见的情况下表达自己的文化。这种模式可以表示为"A+B+C → A+B+C"，意味着所有群体在同一个社会中共存。在这种情况下，"熔炉"的比喻被"色拉碗"的比喻所取代。我们在美国看到了多元化的证据，在某种程度上，各族裔保持了他们的文化身份和遗产，但仍然是更大社会的充分参与者，而不必担心偏见或歧视。我们看到多元化表达的一种方式是通过庆祝少数群体文化和传统的社区活动。

> **多元化**（pluralism）一个社会中不同群体之间相互尊重对方的文化，允许少数群体在没有偏见的情况下表达自己的文化。

实际上，多元化是一个挑战，因为某种程度的共享文化，例如相互沟通的能力，似乎是社会运作所必需的。主导群体的成员也会因为新群体的到来而感到威胁，这些新群体的信仰和行为（例如语言、饮食、衣着或宗教）与主导群体有显著不同。此类担忧促使美国许多选民支持唐纳德·特朗普当选总统。特朗普承诺打击移民，并在与墨西哥接壤的边境修建隔离墙。

个人社会学

种族庆祝活动

我住在艾奥瓦州的佩拉，一个有着浓厚荷兰传统的小镇。每年五月的第一个周末，佩拉都会举办一年一度的郁金香节。数十万游客来参加为期三天的庆祝活动，观看游行，吃着食物，并观看人们穿着荷兰服装擦洗街道。2015 年，我的女儿埃莉诺被佩拉镇加冕为第 80 位郁金香皇后。她和皇室其他四名女孩一起代表佩拉镇担任亲善大使，在该地区许多地方表演，帮助宣传郁金香节，庆祝佩拉的荷兰传统。与其他社区的其他种族庆祝活动一样，郁金香节在培养社区团结意识方面发挥着重要的作用。

全美各地的社区通过当地的节日来庆祝他们的民族传统，如墨西哥裔社区五月五日节、慕尼黑十月啤酒节和艾奥瓦州佩拉镇的郁金香节（如图所示）。

图片来源：Cyndi Atkins.

美国种族和族裔群体之间的不平等

在美国，种族主义违反了精英管理原则，即我们个人达成的成果应该基于能力、培训和努力。在存在种族主义的地方，不同种族群体的生活机遇大相径庭，一些人长期处于有利地位，另一些人则处于不利地位。这样说的理由是以一种系统模式的形式出现的，即基于可感知的种族分类，各种族群体在获得和拥有宝贵的物质、社会和文化资源方面结果不平等。用社会学家大卫·威尔曼（David Wellman）的话说，"今天的种族主义基本上仍然是它一直以来的那个样子，即对种族特权的捍卫"。在资源争夺战中，当涉及种族时，赢家和输家可以在包括收入、财富、就业机会、晋升、刑事司法待遇、住房选择、贷款利率、学校质量、医疗保健、婴儿死亡率、预期寿命、政治代表性等广泛的领域里俯拾皆是。

通过比较可衡量结果方面的相对差异，我们可以看到种族和族裔划分对我们生活机遇的冲击程度。同时，我们从种族的多维模型划分中吸取的教训之一是，在这些广泛的种族类别中可能存在显著的差异，因此或许我们也应该这样做。美国目前最大的三个少数族裔群体是非裔美国人、美洲原住民和亚裔美国人如图 13-4 所示。

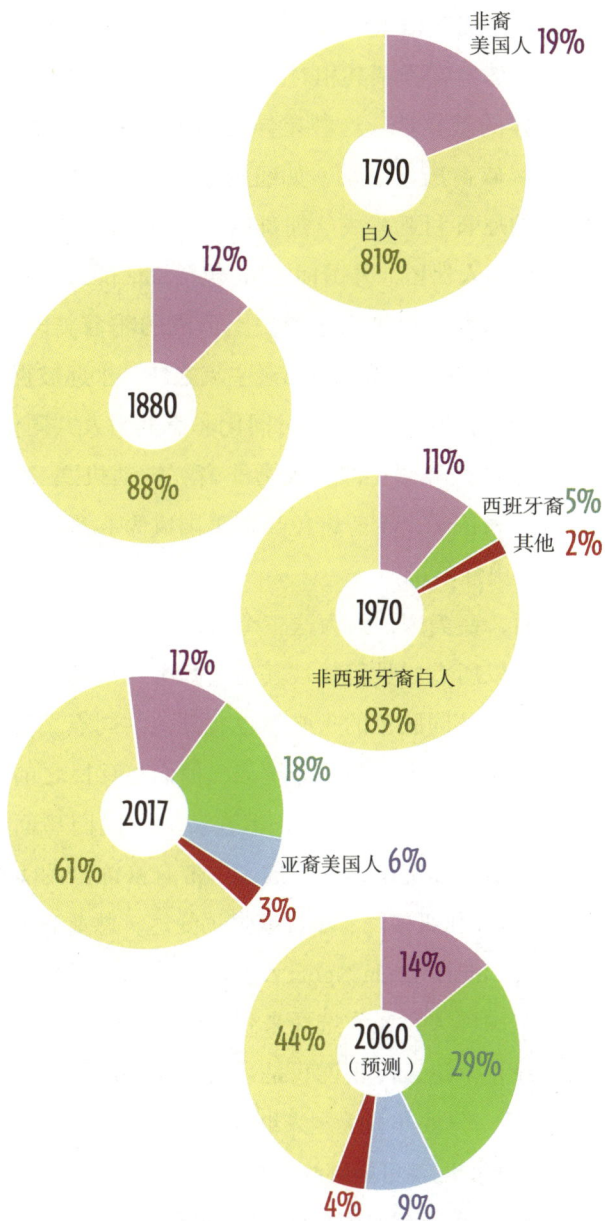

图 13-4　美国和种族和族裔群体（1790—2060，预计）

注：美国人口普查的类别随时间而变化。

资料来源：Colby and Ortman, 2015；Gibson and Jung, 2002：Table 1；U.S. Census Bureau, 2018a：Table S0201。

非裔美国人　根据美国人口普查数据，非裔美国人占美国总人口的 12.3%。当观察生活机遇的关键指标时，作为一个群体的非裔美国人最终往往获得和拥有较少的资源。就教育程度而言，在 25 岁及以上的非裔美国人中，86% 至少获得了高中学位，而非西班牙裔白人的这一比例为 93%。如果再考虑到大学学位，这一差距进一步扩大，21.4% 的非裔美国人拥有学士或学士以上学位，而非西班牙裔白人的这一比例

为 35.8%。非裔美国家庭的平均收入为 40 258 美元，而非西班牙裔白人家庭为 68 145 美元。换句话说，二者之间存在着巨大的收入差距，非裔美国家庭的收入占典型非西班牙裔白人家庭收入的 59%，每年绝对值相差 27 887 美元。涉及贫困，21.2% 的非裔美国人低于官方贫困线，而非西班牙裔白人的这一比例仅为 8.7%。

不同族裔群体之间也存在着显著的财富差异。2016 年，非裔美国家庭收入的中位数为 17 600 美元，而白人家庭收入的中位数为 171 000 美元，这意味着典型的非裔美国家庭的财富价值仅是白人家庭的 10%。非裔美国人共同体内部的财富也因教育水平而异。拥有学士学位或更高学历的非裔美国家庭的平均收入为 68 200 美元，而学士学位以下的家庭为 11 600 美元。当谈到自有住房这一美国重要的财富形式时，41.3% 的非裔美国人家庭拥有自己的房屋，而白人家庭的这一比例为 71.9%。非裔美国人更可能被拒绝抵押贷款，平均而言，他们获得的抵押贷款得支付更高的利率

非裔美国人所从事的职业类型存在很大差异。总的来说，非裔美国人占劳动力就业人数的 12.1%。以这一数字为基准，可以突出非裔美国人代表性不足和代表性过高的工作类型。例如，非裔美国人只占兽医岗位的 2.1%、牙医岗位的 3.7%、首席执行官岗位的 3.8%、律师岗位的 5.6%；相比之下，他们占社会工作者岗位的 24%、公交车司机岗位的 27%、护士助理岗位的 38%、理发师岗位的 38%。

在政治方面，非裔美国人当选官员的数量随着时间的推移而有所增加。1969—2018 年间，国会中的非裔美国人从 6 人增加到 50 人，2008 年奥巴马当选

图 13-5　不同种族和族裔的贫困率

资料来源：Fontenot, Semega, and Kollar, 2018：Table 3.

总统标志着政治玻璃天花板效应的重大突破。尽管第115届国会是有史以来非裔最具多样性的，占国会总人数的9.3%，但与他们在总人口中的比例相比，非裔美国人的代表性仍然不足。

非裔美国人内部也存在着不平等的现象，而聚焦以下三大类非裔能突出这些差异。第一类是美国的非裔美国人，他们的历史可以追溯到17世纪和18世纪跨大西洋贩卖奴隶的可怕中央航线，之后的一切都涉及美国的奴隶制遗产，包括南北内战、黑奴解放、美国内战后的重建、吉姆·克劳法、民权运动，等等。第二类是非洲出生的非裔美国人，他们是来自肯尼亚、加纳、索马里和苏丹等非洲国家的最近时期的移民，对奴隶制遗产的文化认同有限，相反，他们认同他们最近来美国之前的非洲文化。生活在美国出生在非洲的人口不到230万，但这些人中并非所有人都是黑人。第三类是加勒比血统的非裔美国人，也是最近抵达美国的，但主要来自多米尼加、海地和牙买加等国。在加勒比地区出生的美国人口有440多万，这些人中也并非所有人都是黑人。1965年，随着《移民和国籍法》（*Immigration and Nationality Act*）的通过，美国移民发生了变化，来自第二类和第三类的非裔群体的人口激增。

1965年之后，来自非洲和加勒比地区的移民增加，削弱了美国"同质性黑人体验"这个本已成问题的概念。为了设法解决这些差异，政治学家克里斯蒂娜·格里尔（Christina Greer）强调了她所说的"种族和族裔的双重身份"的概念。在种族方面，这三个群体有共同的生物学祖先，但在族裔方面，他们没有共同的文化历史。因此，他们并不认同自己是一个独特的族群。例如，并不是所有的美国非裔美国人（即上述第一类）都承认在美国的所有非洲人都是非裔美国人。历史悠久的非裔美国人社区中的人有时将最近的非洲和加勒比地区移民描述为与自己完全不同，因为他们缺乏植根于奴隶制及其压迫历史的具有决定性意义的美国传统。

另一方面，格里尔认为，这些非洲和加勒比地区的非裔群体经常强调其相对于历史上形成的非裔美国人共同体的差异性。这种差异性体现在多种形式上，包括社区族裔庆典活动，如纽约市的西印度群岛节、休斯敦的尼日利亚节或芝加哥的非洲/加勒比国际生命节。许多人保留"外国标志"，包括说话的口音和本土风格的服装，以区别于历史上形成的非裔美国人，正如格里尔所说，"始终游离于主流之外，永远被视为异己"。他们旗帜鲜明地反对同化非裔美国人共同体。他们划定这些界限（即三大类非裔）的动机之一是，为了自己和孩子，希望避免与在美国成为非裔美国人有关的历史性歧视。

然而，在美国，因为这三个群体都有一个共同的肤色，所以所有成员仍然被其他人归类在一起，他们认为那些有共同肤色的人必然也有其他共同点。对于非洲人来说，这可能是一个挑战，他们在移民之前可能从未想过自己是"黑人"，但在美国，他们却面临着这一现实，在美国，他们成了"带有修饰语的美国人"。用尼日利亚移民、小说家奇玛曼达·恩戈齐·阿迪奇埃（Chimamanda Ngozi Adichie）的话来说，"亲爱的非美国黑人，当你选择来到美国后，你就变成了黑人。停止争论，停止说我是牙买加人或加纳人。美国不在乎"。只要非裔美国人继续被从种族的单一角度看待，这种情况就可能继续存在。

美洲印第安人和阿拉斯加原住民　从1492年开

你知道吗？

伴随2009年《公主与青蛙》（*The Princess and the Frog*）的上映，蒂安娜公主成为迪士尼第一位非裔美国公主。与此同时，迪士尼也因在电影中沿袭了20世纪20年代新奥尔良的种族偏见而受到批评。

图片来源：Walt Disney Pictures/Album/Alamy Stock Photo.

始，当欧洲探险家"发现"了后来被称为美洲的大陆时，他们碰到了已经生活在那里的原住民，他们的发现可能会让原住民感到惊讶。当欧洲移民来到美国建立定居点时，他们开始将当地人称为"美洲印第安人"。土著居民与欧洲定居者之间的遭遇导致美洲大陆上数千万土著的死亡，这主要是由于疾病的传播，当地居民免疫力有限，尽管战争也夺去了许多人的生命。要为这些暴行承担责任还需要很长一段时间，但2015年教皇方济各（Pope Francis）承认，"以上帝的名义对美国原住民犯下了严重罪行"，并为其中天主教会所扮演的角色道歉，这意味着朝着承担责任的方向迈出重要的一步。

社会学思考

种族和族裔在多大程度上影响了你所拥有的机会和面临的障碍？你对自己的种族和族裔及其对你的生活可能产生的影响有多敏感？

今天，美洲印第安人在欧洲定居者手中遭受的种族主义、流离失所和歧视的影响仍然很明显。根据美国人口普查的数据，有210万美洲印第安人和阿拉斯加原住民，占美国总人口的0.7%。美洲原住民代表着一系列不同的文化，这些文化因语言、家庭组织、宗教和生计而异。美国有567个联邦政府承认的美洲印第安部落群体。最大的两个美洲原住民群体是纳

瓦霍人和切罗基人。阿拉斯加原住民群体包括因纽特人、尤皮克人和阿留申人。

美洲印第安人和阿拉斯加原住民的家庭收入中位数为40 936美元，这意味着这些家庭的收入是非西班牙裔白人家庭收入中位数的60%。总的来说，26.5%的美洲印第安人和阿拉斯加原住民生活在官方贫困线以下。涉及教育，72%的美洲印第安人和阿拉斯加原住民学生在九年级开始的四年内获得正规文凭，而非西班牙裔白人的这一比例为88%。就高等教育而言，15.1%的25岁及以上的美洲原住民和阿拉斯加原住民至少拥有学士学位。

亚裔美国人 美国的亚裔人口（包括1800万，占全美人口的5.5%）是该国增长最快的主要种族或族裔群体（见图13-6），自2000年以来增长了72%。亚裔人口的大部分增长是移民的产物。78%的亚裔成年人是在国外出生的，超过了其他任何主要种族或族裔群体；其次是西班牙裔成年人，其中47%是在国外出生的；只有5%的非西班牙裔白人在国外出生。1970—2016年间，移民占亚裔成年人口增长的81%。

亚裔美国人通常被视为模范少数群体，尽管过去存在着偏见和歧视，但他们的成员在经济、社会和教

城市地区的少数族裔聚居区，如洛杉矶的韩国城，展现出了美国文化的多元性。
图片来源：David McNew/Getty Images.

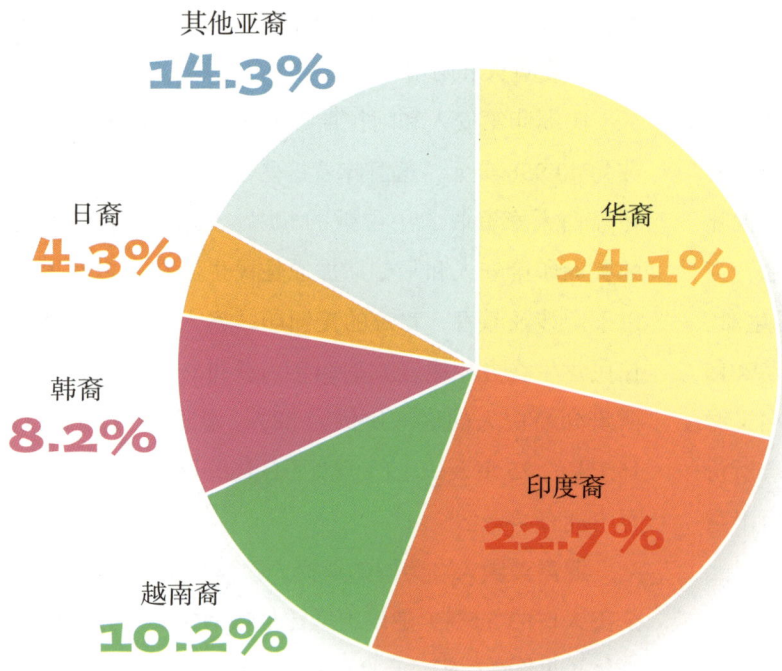

图 13-6　美国的主要亚裔群体

资料来源：U.S. Census Bureau, 2018a: Table S0201.

育方面取得了成功。例如，亚裔美国人的家庭收入中位数为 81 331 美元，是任何种族或族裔群体中的最高收入，占非西班牙裔白人家庭收入的 119%。然而，这种表述将亚裔美国人所有类别中存在的差异程度降至最低。例如，亚裔美国人的贫困率为 10%，略高于非西班牙裔白人 8.7% 的贫困率。亚裔人第 90 百分位的收入是第 10 百分位收入的 10.7 倍，这种差异比西班牙裔、黑人或非西班牙裔白人群体内部的差异更大。

尽管他们都属于同一种族和族裔类别，但来自不同亚洲国籍的群体在教育和收入水平上却有显著差异。在印度裔美国人中，72% 至少拥有学士学位，60% 的马来西亚裔也是如此。这与学士学位只有 16% 的老挝裔和 9% 的不丹裔形成了鲜明的对比。在收入方面，亚裔美国人的家庭收入中位数明显高于孟加拉裔（57 606 美元）、尼泊尔裔（54 853 美元）或缅甸裔（39 730 美元）。

西班牙裔美国人　西班牙裔占美国总人口的 18%，人口总数为 5880 万人，是美国最大的少数群体，比 2000 年的 3530 万人有大幅增加。就百分比而言，增

长最快的亚群体来自中美洲国家萨尔瓦多、洪都拉斯和危地马拉。然而，大部分西班牙裔人口的增加并不是来自移民。相反，如图 13-7 所示，西班牙裔的年龄中位数比其他群体年轻，这意味着更多的西班牙裔处于生育年龄，再加上西班牙裔总体上有较高的出生率，直接导致更多婴儿的出生。

尽管西班牙裔人口的增长是一个全国性现象，但西班牙裔人口最多的 5 个州是加利福尼亚州、得克萨斯州、佛罗里达州、纽约州和伊利诺伊州。在新墨西哥州，47.7% 的人口是西班牙裔。主要城市地区西班牙裔人口也经历了大幅扩张。正如表 13-3 所示，洛杉矶是西班牙裔人口绝对数量最多的地方。然而，在顶级大都市地区，圣安东尼奥的西班牙裔人口比例最高，达到 55.7%。

拉丁裔人口面临的教育挑战反映了这样一个事实，即 67% 的 25 岁及以上的西班牙裔完成了高中学业，而非西班牙裔白人的这一比例为 93%。在大学阶段，

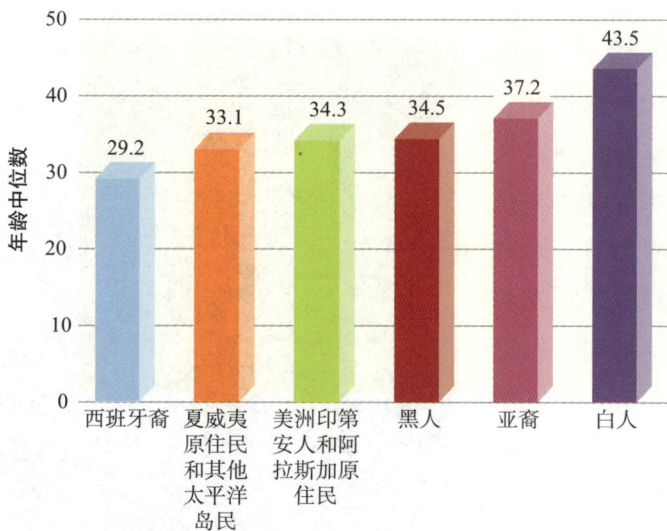

图 13-7　不同种族和族裔的年龄中位数差异

注：西班牙裔只包括在西班牙裔类别中，即使他们可以是任何种族。

资料来源：U.S. Census Bureau, 2018a：Table S0201.

表 13–3　美国都市地区的西班牙裔人口及其百分比

城市	人口数量	西班牙裔人口比例（%）
洛杉矶	5 979 000	45.1
纽约	4 780 000	23.9
迈阿密	2 554 000	43.3
休斯敦	2 335 000	49.4
河滨	2 197 000	49.4
芝加哥	2 070 000	21.8
达拉斯	1 943 000	28.4
菲尼克斯	1 347 000	30.1
圣安东尼奥	1 259 000	55.7

资料来源：Pew Research Center，2016e

16% 的西班牙裔至少拥有学士学位，而 36% 的非西班牙裔白人拥有学士学位。

　　然而，西班牙裔美国人的教育程度正在得到提升。拉丁裔青年的辍学率从 1990 年的 32.4% 大幅下降到 2016 年的 8.6%。2012 年，高中毕业后直接上大学的西班牙裔的比例首次超过非西班牙裔白人的比例。

　　从经济角度来看，西班牙裔家庭收入中位数为 50 486 美元，占典型非西班牙裔白人家庭收入的 74%。换句话说，典型的西班牙裔家庭每年得少花 18 000 美元。就净收入而言，西班牙裔家庭的财富中位数为 20 700 美元，而非西班牙裔白人家庭的财富中位数为 171 000 美元。换句话说，典型的西班牙裔家庭拥有的财富是非西班牙裔白人家庭的 11%。就财富而言，教育起着重要作用。拥有学士或以上学位的西班牙裔家庭的净资产为 77 900 美元，而拥有学士学位以下的家庭的净资产为 17 500 美元。

　　与之前的族裔分组一样，美国西班牙裔群体之间也存在显著差异。如图 13–8 所示，墨西哥裔美国人占美国

西班牙裔人口的最大比例，占总人口的 62.3%。他们的家庭收入中位数为 49 439 美元，19.9% 的人生活在贫困线以下。生活在美国的 1100 万非法移民中，50% 来自墨西哥。墨西哥裔美国人收入水平的中位数，与较低的最初来自洪都拉斯（41 824 美元）和多米尼加共和国（43 851 美元）的人，较高的来自哥斯达黎加（62 769 美元）的人形成了对比。

　　波多黎各裔是美国拉丁裔人口的第二大群体，由于波多黎各作为美国的非合并领土的官方地位（美属萨摩亚、关岛、美属维尔京群岛和其他海外领地享有的地位），因此出生时即为美国公民。他们占美国大陆拉美裔人口的 9.5%。居住在美国大陆的波多黎各裔的家庭收入中位数为 44 731 美元，占非西班牙裔白人家庭收入的 68%，贫困率为 22.5%。尽管几十年来波多黎各一直在进行大量讨论，但是否作为第 51 个州申请加入美国的问题仍悬而未决。

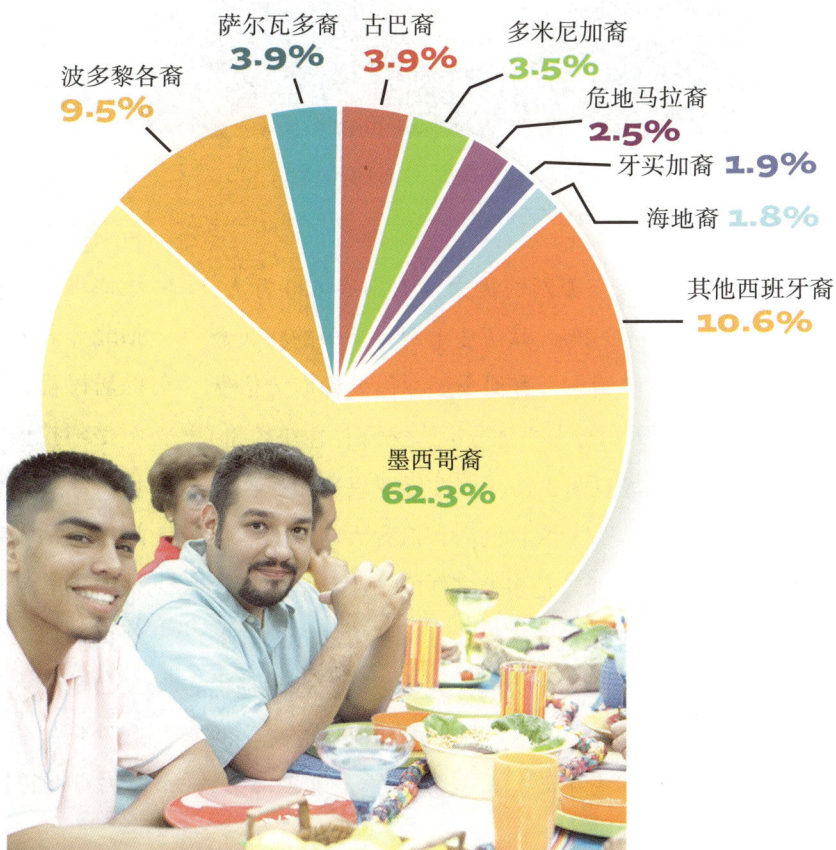

图 13–8　美国主要的西班牙裔群体

资料来源：U.S. Census Bureau，2018a；Table S0201. 图片来源：PhotoDisc/Getty Images.

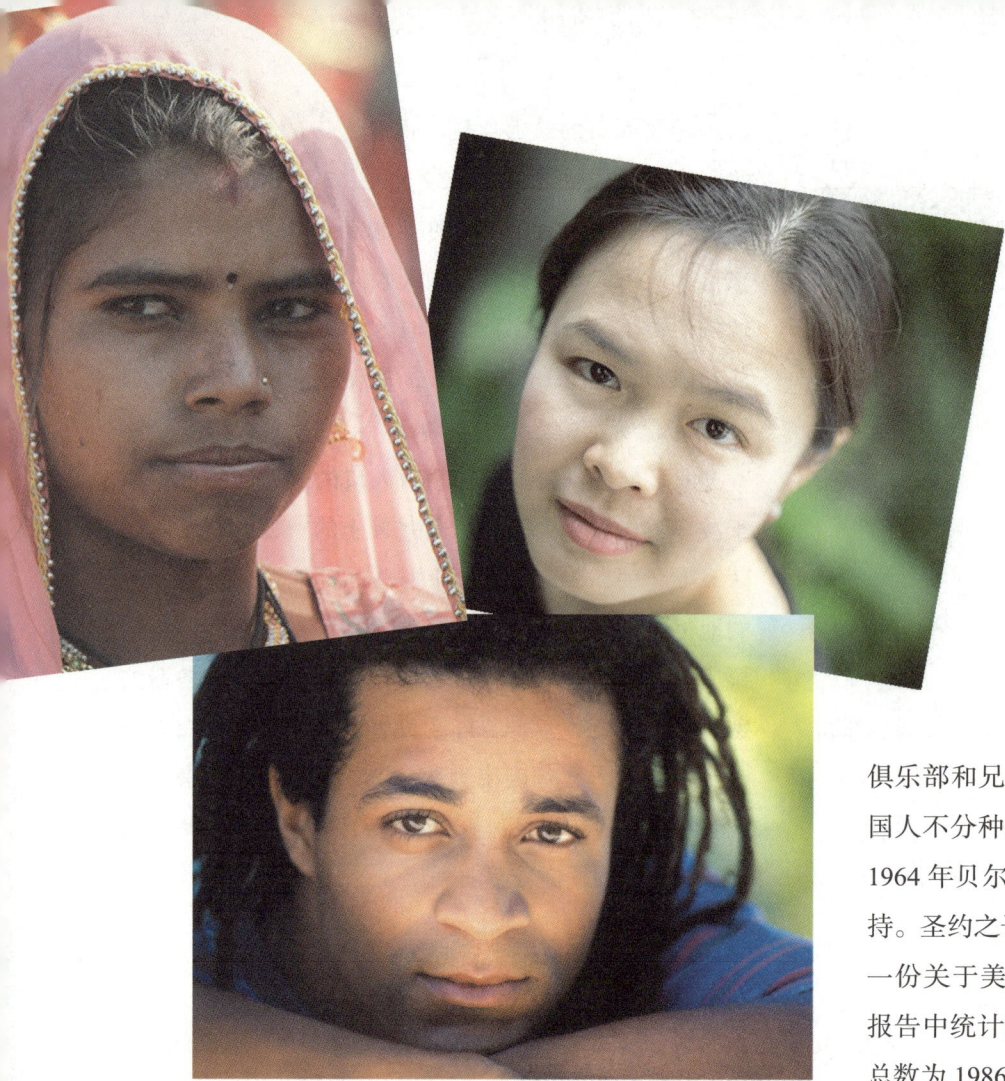

图片来源：（左上）Greta6/123RF；（右上）Pitinan/123RF；（下）liquidlibrary/PictureQuest.

犹太裔美国人 美国的犹太裔人口有 690 万人，约占美国总人口的 2.1%。从历史上看，美国的犹太裔人口主要集中在纽约市，直到今天在很大程度上依然如此，尽管现在人口分布更加分散，26% 住在纽约州、18% 住在加利福尼亚州、10% 住在佛罗里达州。在犹太社区内，对犹太信仰的信奉是多种多样的，这种信仰为犹太人提供了重要的文化基础。在美国，大多数认同自己是犹太人的人说，成为犹太人主要是考虑到祖先或文化的原因，这比那些考虑主要是宗教原因的人要多得多。

反犹太主义（antisemitism） 一种针对犹太人的种族主义形式。

然而，78% 的自认为是犹太人的人也表示他们这样做是基于宗教的原因。

从历史上看，**反犹太主义**，即一种针对犹太人的种族主义形式，导致了现代历史上一些最可怕的迫害和歧视行为。最极端的例子就是大屠杀，如前所述，大屠杀作为第二次世界大战的一部分，试图消灭德国境内及其周边的所有犹太人口。在美国，直到 20 世纪 60 年代末，许多著名大学都保持着限制犹太人入学的限制性配额，私人社交俱乐部和兄弟团体经常拒绝犹太人加入。所有美国人不分种族或阶层都有平等权利的这一说法在 1964 年贝尔诉马里兰州案中得到了最高法院的支持。圣约之子会的反诽谤联盟（ADL）[①]每年编制一份关于美国反犹太主义事件的报告。2017 年，报告中统计的骚扰、威胁、故意破坏和袭击事件总数为 1986 起，比 2013 年增加了 164%。

阿拉伯裔美国人 阿拉伯裔美国人包括其祖先来自阿拉伯世界 22 个国家的人。这一群体突出了基于广泛地理位置的种族类别的局限性，因为这些国家还包括北非和西亚（称为中东）国家。并非所有这些国家的居民都是阿拉伯人，例如伊拉克北部的库尔德人就不是阿拉伯人。一些阿拉伯裔美国人可能是从非阿拉伯国家移民到美国的，如英国或法国，他们的家人在那里生活了好几代。对阿拉伯裔美国人人口规模的估计上下差异很大。据美国人口普查局数据，有 200 万阿拉伯血统的人居住在美国；而阿拉伯美国研究所基金会基于人口普查数据，将这一数字定为 370 万。美国外籍出生人口最多的四个阿拉伯原籍国是伊拉克、埃及、黎巴嫩和沙特阿拉伯。

---

① 圣约之子会（B'nai B'rith）是世界上历史最悠久、规模最大的犹太人服务组织。该组织在 1843 年成立于纽约市。该会于 1913 年成立"反诽谤联盟"（Anti-Defamation League）。——译者注

阿拉伯语是阿拉伯人之间最团结的力量，尽管不是所有阿拉伯人，当然也不是所有阿拉伯裔美国人都能读和说阿拉伯语。此外，阿拉伯语经过几个世纪的演变，阿拉伯世界不同地区的人也讲不同的方言。事实上，穆斯林圣书《古兰经》最初是用阿拉伯文写成的，这一语言对穆斯林来说特别重要。尽管有这种宗教的文化基础，但大多数阿拉伯裔美国人不是穆斯林，也不是所有人都信奉宗教。事实上，大多数阿拉伯裔美国人都是基督徒。

在经济资源方面，阿拉伯裔美国人之间存在着巨大的差异。总的来说，阿拉伯裔美国人的家庭收入中位数为 58 581 美元，贫困率为 22.2%。在那些祖先可追溯到黎巴嫩的人中，家庭收入中位数为 76 805 美元，贫困率为 11.3%。这与伊拉克裔的中位数收入为 35 421 美元、贫困率为 34.3% 的数据相比有显著差异。

非西班牙裔美国白人 总体而言，60.6% 的美国人口由非西班牙裔白人组成。在非西班牙裔白人人口中，包括约 4300 万人声称至少有部分德国血统、3100 万爱尔兰裔、2300 万英国裔、1700 万意大利裔以及 900 万波兰裔。正如我们在图 13–7 中所看到的那样，非西班牙裔白人代表了主要种族和族裔群体中最古老的群体，平均年龄为 43.5 岁。在非西班牙裔白人中，19.8% 的人年龄在 65 岁以上，而西班牙裔只有 7.1%。简而言之，除了他们在人口中的相对比例正在下降以外，大多数非西班牙裔白人群体的绝对数字也在下降，因为这些群体的成员正在变老并死亡，并且没有被具有相同欧洲祖先的同等数量的儿童或移民所补充。

如前所述，这一类人总体上获得经济资源的机会往往大于大多数群体。非西班牙裔白人家庭的收入中位数为 68 145 美元，贫困率为 8.7%。就净资产而言，他们的财富中位数为 171 000 美元。与之前的所有群体一样，非西班牙裔白人家庭的教育水平对于财富的贡献至关重要。拥有学士学位家庭的平均资产为 397 100 美元，而学士学位以下的家庭为 98 100 美元。

没有历史意识和开放、诚实的对话，就无法实现一个功能全面的多种族融合的社会。

康奈尔·韦斯特（Cornel West）

今天，许多非西班牙裔白人只偶尔认同他们的种族文化历史。他们采用了一种**象征性族群依恋**形式，这意味着他们不把自己的文化遗产视为自己身份的核心部分，而是将其视为指向家族祖先家园的象征性标记。根据社会学家赫伯特·甘斯（Herbert Gans）的观点，由于文化适应和同化，一个人的种族遗产的重要性在几代人的绵延过程中逐渐式微。随着时间的推移，第一代移民对本土文化的强烈依恋感会逐渐消退，因此到了第三代或第四代，他们对原始文化传统的直接熟悉程度有限。象征性族群依恋形式可能会在偶尔的家居装饰选择、民族节日或度假目的地中加以体现，但它似乎不会影响日常互动或对机会构成限制。那些以这种方式经历种族划分的人将种族划分视为可有可无的选择，很少留意到嵌入到周围社会环境中可能存在的限制性因素，而这些因素可能会限制其他族裔这样做。并非所有人都能平等地拥抱或远离种族。对于大多数社会成员来说，在获得宝贵的经济、社会和物质资源方面，种族身份问题不太可能产生负面影响。

相当多的非西班牙裔白人感到被排斥，甚至受到日益增长的多元文化和日益扩大的多样性的威胁。根据一项全国性调查数据，50% 的白人现在认为，对白人歧视的程度至少与对黑人和其他少数族群的歧视一样普遍。这一数字在白人工人阶级中上升到 60%。就政党而言，64% 的共和党人同意对白人的歧视至少同样普遍，而 71% 的民主党人不这么认为。研究人员认为，相信反向歧视有助于增强白人的自尊。

种族的多样性 所有这些种族和族裔群体的多样性突出了广泛的种族类别的局限性。在非裔美国人社区内，我们需要意识到非洲出生的非裔美国人、加勒比血统的非裔美国人和美国的非裔美国人之间的区别。在亚裔美国人中，我们应该认识到，基于原籍国和移

> **象征性族群依恋**（Symbolic ethnicity） 强调对族群食物或政治议题等问题的关注，而不是与族群文化遗产有更深层次联系的族群认同。

民时间，不同群体之间存在着巨大差异。从地理位置上讲，以色列位于亚洲，这意味着大多数具有犹太血统的人应该是亚裔美国人，但我们通常并不会这样归类他们。大多数的阿拉伯国家在非洲和亚洲，同样，我们通常也不会将阿拉伯裔美国人称为非裔美国人或亚裔美国人，而是考虑到他们是一个独特的文化群体。无论我们考虑哪一个主要种族或族裔群体，我们都需要小心翼翼，不要忽略这样一个事实，即这些类别内的差异就算不大于这些类别之间的差异的话，也往往与类别之间的差异一样大。

移民

全世界有 2.58 亿移民，他们离开了自己的出生地，现在居住在另一个国家。美国是这些移民的首选目的地，有 4980 万人居住在这里，占世界移民总数的 19%。德国和沙特阿拉伯并列第二，分别为 1220 万。外国移民现在占美国总人口的 15.3%，其他一些国家的移民比例也较高，其中奥地利为 19%，加拿大为 21.5%，澳大利亚为 28.8%。从全球范围来看，移民最多的来源国是印度，其次是墨西哥、俄罗斯联邦和中国。

移民趋势 移民的迁移在时间或空间上并不均匀。在某些时候，无论是暂时的还是永久性的，战争或饥荒可能会导致大规模的人口流动。例如，如前所述，当被迫要离开时，叙利亚内战导致至少 560 万人离开该国。当这些因为战争被迫离开的人等到可以安全返回家乡时，就会发生暂时性的错位。然而，越来越多无法在家中维持足够生活水平的移民正在向发达国家进行永久性迁移。移民的主要流向为北美、中东石油丰富的地区以及西欧和亚洲的工业经济体。目前，世界上最富有的七个国家（包括德国、法国、英国和美国）收容了约三分之一的世界移民人口，但不到世界总人口的五分之一。只要各国之间存在就业机会差距，这种国际移民趋势就不可能逆转。

即便输出国因移民而失去了重要的劳动力和人才来源，但这一过程确实对其经济做出了贡献。例如，它减少了资源有限的经济体难以维持的人口规模，并因为移民的汇款为本国经济注入资金。在全世界范围内，移民每年向其母国亲属汇回 5810 多亿美元，这是发展中国家的主要收入来源。2017 年，美国以汇款形式向其他国家汇款超过 1480 亿美元，其中最大的受援国是墨西哥，金额为 300 亿美元，其次是中国，金额为 161 亿美元，印度为 117 亿美元。

由于相对缺乏资源，移民继续面临一些障碍。例如，女性移民除了面临着男性移民所面临的所有挑战以外，还要面临一些额外的挑战。通常，她们为家人特别是在孩子获得服务方面肩负责任。女性经常要面对学校、城市服务和医疗服务的官僚主义的繁琐程序，她们也必须光顾那些不熟悉的商店和市场才能养活家人。需要特殊医疗服务或是家庭暴力受害者的妇女往往不愿意寻求外部帮助。最后，由于许多新移民将美国视为养家糊口的危险之地，因此女性必须特别关注其子女的生活。

移民政策 各国会制定相关政策以解决移民问题。美国移民法历史悠久，折射了人们对种族问题的态度随着时间的推移而不断变化。1882 年，美国国会通过了《排华法案》(*The Chinese Exclusion Act*)，几乎禁止所有来自中国的移民。1924 年的《移民法》(*The Immigration Act*) 对允许各国的移民数量设置了限制性配额，特别强调限制来自南欧和东欧国家的移民（如意大利人、希腊人和俄罗斯人）入境。在 20 世纪 30 年代末 40 年代初，联邦政府拒绝放宽限制性移民配额，以允许犹太难民逃离纳粹德国的恐怖行动。根据这一政策，1939 年，载有 900 多名犹太难民的圣路易斯号被拒绝在美国港口停靠。该船被迫返回欧洲，至少数百名乘客后来死于纳粹之手。

尽管关于移民政策应具有多大包容性的争论仍在继续，但自那以后，圣路易斯号乘客的命运一直是美国移民政策的警示故事。不拒绝那些可能面临酷刑或死亡的人入境的原则已纳入美国大赦和庇护政策，这些政策为那些在母国面临迫害或迫在眉睫的威胁的人提供了安全避难所。然而，由于涉及重大的法律操作，的来自欧洲和加拿大以外国家的移民流入，极大地改变了美国的人口构成。

在包括美国在内的许多国家里，人们担心新来的移民没有反映出来也不会接受他们自己的文化和种族遗产。其他人则担心移民会对经济构成威胁，因为他们增加了可用工人的供应，这实际上减少了可用的就业机会，降低了当地人的工资。1986 年，美国国会通过了《移民改革和控制法案》（*Immigration Reform and Control Act*），该法案禁止招募和雇用无证移民，如果雇主违反法律，将对其处以罚款乃至监禁。在乔治·W. 布什和巴拉克·奥巴马两届政府的领导下，为打击非法入境者做出了重大努力。

围绕移民的斗争仍在继续。在特朗普执政的第二周内，他签署了一项行政命令，严格限制来自以穆斯林为主的七个国家的移民，暂停所有难民入境，无限期禁止来自叙利亚的难民入境。抗议者涌入全美各地的机场以表达他们的不满，随后发生了一场法律战。在重新修改行政命令以不至于过分狭隘地针对伊斯兰国家之后，2018 年 6 月，美国最高法院以 5 比 4 裁决总统确实有权制定此类禁令。新政策严格限制从伊朗、利比亚、朝鲜、索马里、叙利亚、委内瑞拉和也门到美国的旅行。

总统为限制移民进行辩护，声称这些措施符合国家安全利益，即降低恐怖分子来到美国发动袭击的可能性。而抗议者声称，这相当于一项穆斯林禁令，违反了美国法律和价值观。公司高管声称，这些限制措施将限制他们从世界各地招聘有才华和熟练工人的能力，从而造成竞争劣势。围绕移民问题的此类冲突持续的部分原因是，美国国会难以就如何更新和改革移

走向全球
1820—2017 年美国的合法移民

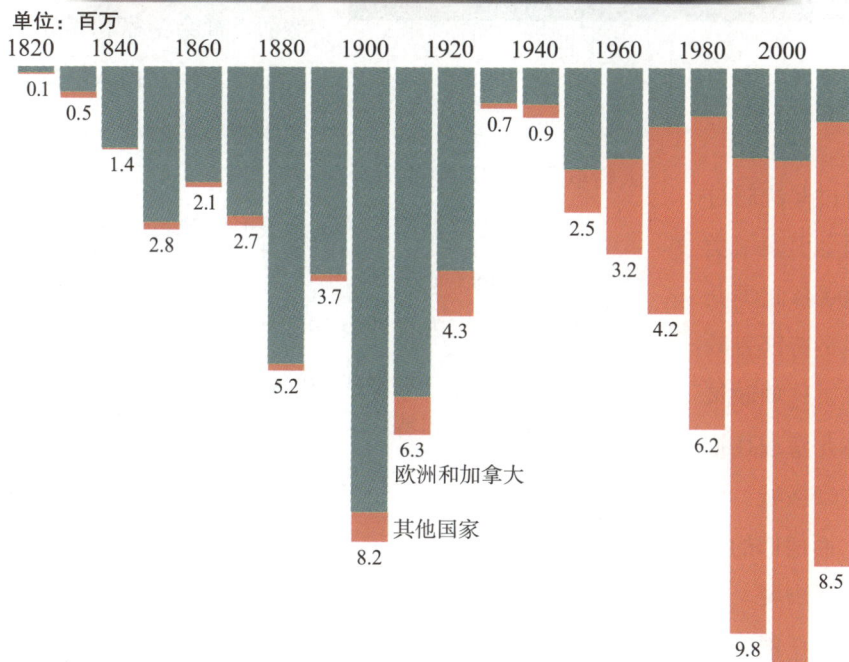

单位：百万

图中数据（由上至下，按年份）：
1820: 0.1
1840: 0.5
1860: 1.4
1880: 2.1 / 2.8 / 2.7
1900: 3.7 / 5.2
1920: 6.3 / 8.2
1940: 0.7 / 0.9
1960: 2.5 / 3.2 / 4.2
1980: 4.3 / 6.2 / 9.8
2000: 8.5

欧洲和加拿大

其他国家

资料来源：U.S. Department of Homeland Security，2018：Table 2. 图片来源：pixhook/Getty Images.

申请特赦或庇护的程序很漫长。

随着 1965 年《移民和国籍法》的通过，美国对移民敞开了大门。尽管对每个国家的移民限制仍然存在，但该法案废除了基于国籍的配额制度。它还建立了优惠制度，优先考虑美国公民的亲属以及具有专业技能的人。因此，来自亚洲、非洲和中东的移民纷至沓来。"走向全球：1820—2017 年美国的合法移民"中描述

得克萨斯州托尼洛的拘留所收容了数千名移民儿童。

图片来源：Andres Leighton/AP Images.

民政策在两党之间达成妥协。

对于如何处理那些无论有无父母都通过非法越过南部边境进入美国的无证儿童的处理问题也引发了类似的争议。截至 2018 年 9 月，共有 12 800 名此类儿童被羁押。这一数字大幅上升，部分原因是特朗普政府的零容忍边境执法政策。为了阻止移民，这项政策将移民儿童与他们在边境的父母分开，将儿童送往拘留中心，包括得克萨斯州托尼洛的临时"帐篷城"设施。这一设施可以容纳多达 3800 名儿童，而他们的父母被送往联邦监狱，面临起诉和可能的驱逐出境。这项政策后来因引发巨大争议而暂停，但可能在稍后会以不同的形式重新实施。

特权

涉及种族和族裔的话题可能会挑战我们的公平感和机会感。然而，根据社会学想象力，我们应该认识到，我们认真对待或忽视与种族主义有关的问题的倾向是由我们在社会结构中的相对地位决定的。对于那些可能没有亲身或直接经历过种族不平等后果的人来说，这尤其具有挑战性。例

如，我们更倾向于关注女性在平衡职业和家庭方面的困难，而不是男性在避免家务活和在工作场所取得进步方面的轻松程度。同样，我们更多地关注对少数种族和族裔的歧视，而不是大多数白人成员所享有的优势。事实上，大多数白人很少考虑他们的"白人身份"，白人认为他们的地位是理所当然的。然而，社会学家和其他社会科学家对"白人"的含义越来越感兴趣，因为白人特权是种族歧视的另一面。

女权主义学者佩吉·麦金托什（Peggy McIntosh）注意到，大多数男性不会承认作为男性所享有的特权，即使他们同意作为女性有其劣势。发现这点以后，麦金托什开始对白人特权感兴趣。她困惑的是，白人是否也在自己的种族特权问题上存在类似的盲点。出于好奇，麦金托什开始列出她本人从白人身上获益的所有方式。她很快意识到，潜在优势的名单很长而且很重要。

麦金托什发现，作为一个白人，无论走到哪里，她都很少需要走出自己的舒适区。如果她愿意，她可以把大部分时间花在与自己同一种族的人在一起。她可以在一个舒适的社区里找到一个好地方居住，从几乎任何一家杂货店买她喜欢吃的食物，并在几乎任何一家美发厅做头发。她可以参加任何公开会议，而不会觉得自己不属于任何人，也不会觉得自己与他人有何不同。

麦金托什也发现，她的肤色为她打开了方便的大门。她可以在没有怀疑的情况下兑现支票和使用信用卡；她可以在没有保安跟踪的

> **白人可以拥有不在乎种族、无视肤色的特权。但其他群体不行。**
>
> 厄修拉·K. 勒古恩（Ursula K. Le Guin）

情况下闲逛商店；她可以毫不费力地坐在餐馆里；如果她要求见经理，她可以假设他或她与自己属于同一个种族；如果她需要医生或律师的帮助，她可以如愿以偿。

麦金托什还意识到，她的白人身份使为人父母的工作变得更容易。她不必担心她的孩子会受到那些因为种族而不喜欢他们的人的伤害。她可以肯定的是，他们的书中会展示与他们相像的人的照片，他们的历史课本会描述白人的成就。她知道他们看的电视节目将包括白人的角色。

社会学思考

麦金托什的模型暗示了不劳而获的优势和先天劣势的可能性。不劳而获的优势例子有哪些？先天劣势例子有哪些？

最后，麦金托什不得不承认，他人并不总是从种族的角度评价她。当她出现在公众面前时，她不必担心她的衣着或行为可能会对白人产生不良影响。如果她因一项成就而被认可，那就是她自己的成就，而不是整个种族的成就。没有人认为她表达的个人观点应该是所有白人的观点。因为麦金托什融入了她周围的人中，她并不总是在舞台中央。

特权的概念让很多人感到不舒服，但社会学的任务之一是探索我们社会系统中的所有元素，包括那些可能挑战我们的元素。权力的运用有其后果，用马克斯·韦伯的话说，"幸运的人很少满足于幸运的事实。除此之外，他需要知道他有权拥有他的好运。他想要确信他的好运是'应得的'，最重要的是，与他人相比，他的好运是应得的。因此，好运想要成为'合法的'运气"。我们创造种族和族裔之间的差异，部分是出于维护优越感的需要，并为现有的不平等现象而辩护。社会学要求我们认识到我们建构种族和族裔之间差异的后果，只有认识到这种后果，我们才能更好地看到和理解这些模式，以便我们能够就如何处理这些模式做出更明智的决定。

行动起来！

特权

作为个人社会学的一个实验，本着佩吉·麦金托什著作中有关特权的理解，列出从你的种族和族裔遗产中产生的不劳而获的优势和先天劣势。这样做可以让我们更清楚地意识到机会和障碍，而这些机会和障碍并不是我们个人的努力或价值导致的结果。对于某些群体来说，这样一个列表如何以及为什么会比其他群体更具有挑战性？

本章回顾

1. **社会学家如何定义种族和族裔？**
   - 种族由群体相对于外部身体特征的社会意义来定义。族裔植根于定义族群的文化和民族传统。社会学家强调文化的重要性及其对种族和族裔二者的影响。

2. **什么是偏见和歧视，它们是如何运作的？**
   - 偏见涉及态度和信仰，而歧视涉及行动。两种情形都体现了对某一人群的消极反应，否认这一人群作为人具有完全平等的权利。制度性歧视嵌入到社会结构本身，系统地剥夺了一些群体获得关键资源的机会。

3. **种族和族裔背景对机会的影响是什么？**
   - 美国的种族和族裔群体，包括非裔、美洲原住民、亚裔、西班牙裔、犹太裔和白人，因其在社会中的相对地位而面临不同程度的机会。这些类别中的每一个族裔继续面临着严重的结构性不平等。

不同社会学视角下的种族和族裔

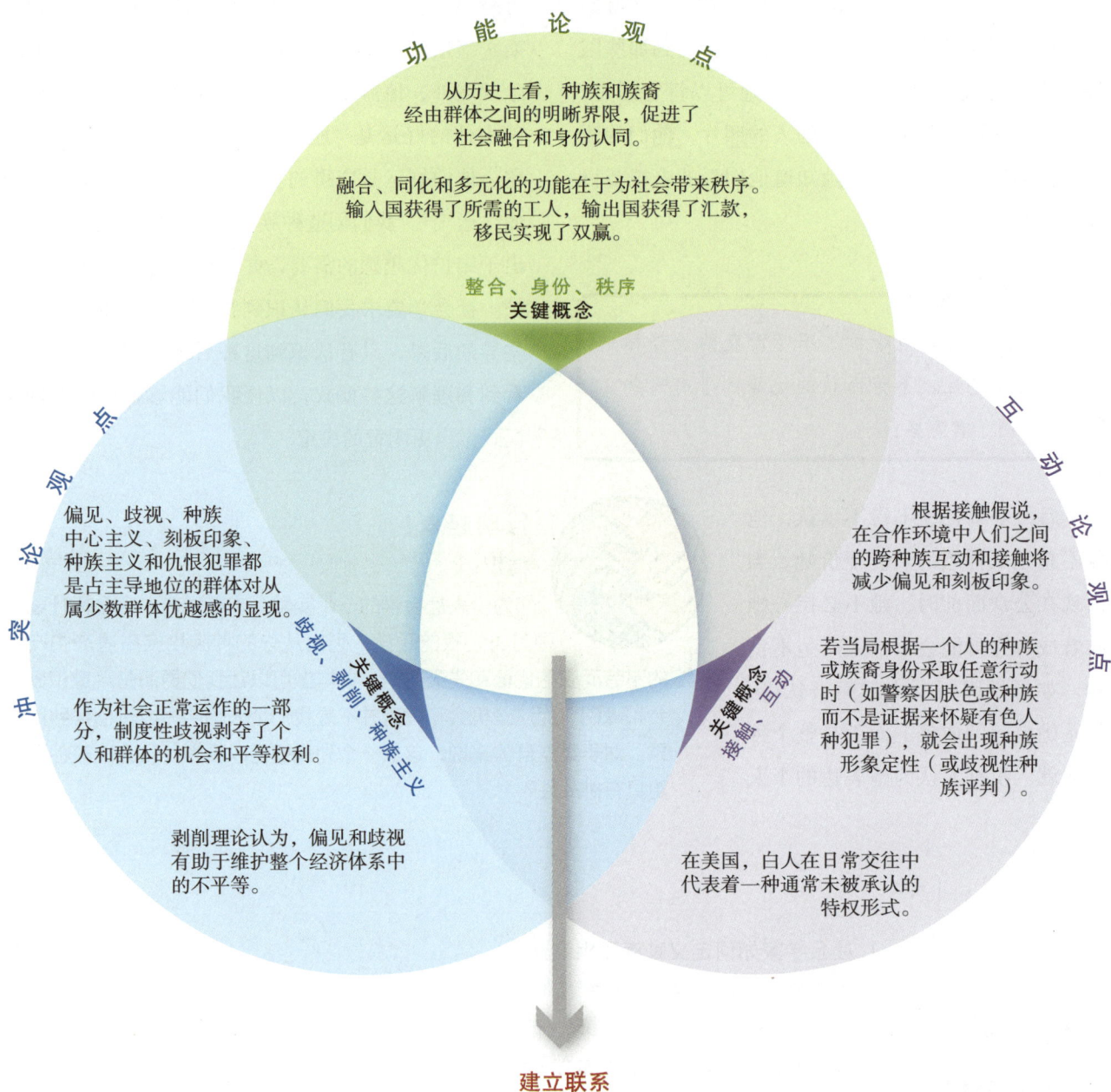

功 能 论 观 点

从历史上看，种族和族裔
经由群体之间的明晰界限，促进了
社会融合和身份认同。

融合、同化和多元化的功能在于为社会带来秩序。
输入国获得了所需的工人，输出国获得了汇款，
移民实现了双赢。

整合、身份、秩序
关键概念

冲 突 论 观 点

偏见、歧视、种族
中心主义、刻板印象、
种族主义和仇恨犯罪都
是占主导地位的群体对从
属少数群体优越感的显现。

作为社会正常运作的一部
分，制度性歧视剥夺了个
人和群体的机会和平等权利。

剥削理论认为，偏见和歧视
有助于维护整个经济体系中
的不平等。

歧视、剥削、种族主义
关键概念

互 动 论 观 点

根据接触假说，
在合作环境中人们之间
的跨种族互动和接触将
减少偏见和刻板印象。

若当局根据一个人的种族
或族裔身份采取任意行动
时（如警察因肤色或种族
而不是证据来怀疑有色人
种犯罪），就会出现种族
形象定性（或歧视性种
族评判）。

在美国，白人在日常交往中
代表着一种通常未被承认的
特权形式。

接触、互动
关键概念

建立联系

回顾本章之后，请回答下列问题。

1

每一视角如何看待非裔美国人死于警察手中的问题？

2

每一视角如何解释利用种族来为不平等证明的伪科
学企图？

3

在色盲种族主义和平权行动中，功能论视角和冲突论
视角是如何交叉的？

4

从互动论视角描述一个你经历过的跨种族接触的例子
及其后果。

图片来源：Michael Nigro/Pacific Press/Rocket/Getty Images.

人口、健康和环境

水是生命之源

在 2016 年的秋天，将近 1 万人前往北达科他州的斯坦丁罗克苏族保留地，联合抵制建设达科他输油管线。这个长达 1172 英里、耗资 30.8 亿美元的输油管线项目将从北达科他州的贝肯油田输送 50 万桶左右的原油到南伊利诺伊州，在那里完成精炼和分配。斯坦丁罗克苏族人最担心的两个问题是输油管线对当地的水资源可能有潜在威胁，以及建设过程中会亵渎祖先圣地，包括部落的墓地和神圣的文化历史文物。

这场抗议游行开始时规模很小。2016 年 2 月，杰西琳·查治（Jasilyn Charger）、约瑟夫·怀特·艾斯（Joseph White Eyes）和一些朋友听说了达科他输

油管线，随后他们前往斯坦丁罗克看看能否扭转局势。他们住在距离约两小时路程远的地方，而且成立了一个年轻人团体来提供咨询、组织活动，围绕美国本土青年面临的问题来建立团结。在他们和来自斯坦丁罗克的代表们会面时，拉当娜·布雷夫·布尔·奥拉德（LaDonna Brave Bull Allard）拥有挨着这个输油管线的地产，她自愿加入并将自己的土地奉献给这一事业。他们一起在奥拉德的土地上建立了圣石营地（sacredstonecamp.org），将其作为集中进行仪式和行动的祈祷营地。7 月，陆军工程兵团通过了地役权允许管线穿过居留地上游的密苏里河后，关于抗议和营地

的事传播开来，人们一拥而上。

这个运动的召集口号是"Mni Wiconi！"（发音为"mini we-choh-nee"），意指"水是生命之源"，而且抗议者自称是水的保护者。尽管水是一个统一符号，但人们却将这场战斗视作一种为美国本土文化、环境可持续性和地球生存这些更远大的目标而努力的一部分。随着秋天渐渐转入冬天，经过反反复复的法律追究和参与者遭受了各种催泪瓦斯、胡椒粉喷雾剂和橡胶子弹的抗议活动，2016 年 12 月 4 日，奥巴马总统命令陆军工程兵团否决工程推进所必需的地役权。斯坦丁罗克苏族人即刻宣布胜利，并劝告抗议者回家。有些人留了下来，部分因为要继续更大的斗争，而且也因为他们担心尽管这次赢了，长期斗争并未结束。2017 年 2 月 7 日，特朗普总统仅在上任几周后就宣布监管美国陆军工程兵团的军队副国务卿应该通过地役权，使这一工程向前推进。

这些斗争发生于本地与集团利益之间或者文化传统与社会变革之间，突出了我们当今世界的利益和人之间相互依存。为了公共健康，我们必须明白自然和社会环境间的关系网。在本章中，我们将探讨它们在人口、健康和环境这些领域的交织联系。

边读边思考 >>

- 人口变动在塑造我们的生活上扮演了什么角色？
- 社会学对那些如健康等看上去是生物学的东西发挥了哪些作用？
- 我们从社会学中学到了哪些关于环境的教训？

>> 人口

社会学想象力的一个优势就是它能帮我们理解宏观社会图景和我们在其中所处的位置。它通过将我们的信仰和实践置于一个更大的社会情境中做到这一点，而这个情境通常是隐而不见的。我们已经看到这一点在社会结构中起作用，比如包括家庭、宗教、教育、经济和政治在内的这些多元要素。在社会学中，地位至关重要。当涉及人口、健康和环境等话题时也是如此。用一种宏观视角来处理这些问题时能帮我们看到我们的地位如何塑造了个体的结局。

正如图 14-1 所显示的那样，如今有 70.5 亿[①]多人生活在地球上，这个数字还在以每天 212 587 人，每分钟 148 人的速度在增加。我们每个人都必须依赖地球所提供的有限资源来维持生活。为了更好地理解我们和他人的生

	出生	死亡	人口增长
每年	135 374 175	57 780 066	77 594 110
每日	370 888	158 302	212 587
每分	258	110	148

图 14-1 世界人口时钟

资料来源：U.S. Census Bureau，2017a. 图片来源：（时钟）Dimedrol68/Shutterstock；（地球）NOAA/NASA GOES Project.

[①] 数据截至作者写书时。——译者注

活际遇，我们必须考虑人口发展的趋势。**人口学**，即人口变动的统计学研究，是一门致力于研究人口发展模式的学科。它聚焦于人口如何随时间变化，尤其关注人口是否增加、减少或者保持不变。它还包括对人口构成的分析，特别是年龄和性别，专门强调一个群体的构成对人口变化的影响程度。例如，如果是年轻型人口，那么妇女生育子女的潜力更大，未来人口增长的可能性就会增加。

在人口学家的研究中，他们要先明确所研究的人口。他们能够选择任何一个有特定人口边界的群体，可能选择一个城市、一个县、一个州，或者常见的一个国家。然后他们会在特定时间段中收集这个群体的数据，通常是每年，观察有多少新成员加入以及有多少人离开。新增人口是来自出生和迁入，人口减少是由于死亡和迁出。然后，人口学家能够使用他们的研究结果说明人口如何从一个时间点到另一个时间点的变化，或者对比不同群体的差别。

出生

出生是人口世代更替的主要手段。然而，我们每一个人出生的可能性都受到人口变动的影响，这一般会超出我们生身父母的意愿。妇女生育率在不同时期和不同地区存在显著差异。无论是研究中世纪的英国、19 世纪晚期的美国还是如今的阿富汗，为了更好地理解这些模式，人口学家会分析**生育力**的趋势，即特定时期内出生的孩子数量。粗出生率和总和生育率就是他们用来测量生育率的两个指标。

人口的**粗出生率**指的是特定时期中每 1000 人中的出生人口比率。它被描述为"粗略的"，是因为这个指标只提供了一个简单的测量，没有考虑其他因素，因此它可以用于直接比较不同的人口状况。比如，在美国，粗出生率从 1960 年的 23.7 降到了 1985 年的 15.7，到 2016 年又降至 12.4，这意味着人口规模缩小的长期可能性。将 2016 年的数据和其他国家相比，尼日尔为 49.1，阿富汗为 33.2，中国为 12，德国为 9.3，以及全球为 18.9。

然而，单独一个变量很难充分理解人口变化的全貌。

第二个指标是人口的**总和生育率**，它衡量的是假定一个妇女按照当前生育率度过整个生育期，她在一生中生育孩子的平均数。在某种程度上，这个指标比较容易理解，因为我们对"平均每个家庭有 2.5 个孩子"这样的概念已经很熟悉了。为了提供更精确的计数，而不是将指标与特定家庭状况相关联，这个测量标准将忽略不计每个妇女的家庭地位。这样做提供了一个更具通用性的统计数据。

图 14-2 所示，尤其是伊朗和中国，这一比率随时间变化很大。在 1960 年的美国，每个妇女在她一生中生育孩子的平均数量为 3.65。这一比值在 1976 年降至 1.74，随后在 2016 年又回到 1.8。在不同国家间，总和生育率差异很大。2016 年，尼日尔是 7.24，索马里是 6.27，伊拉克是 4.37，波黑是 1.36。

随着时间的推移，为了维持人口的持续增长——除迁入的外来人口以外——总和生育率不能低于 2.1，

> **人口学**（demography） 人口变动的统计学研究。
> **生育力**（fertility） 特定时期内出生的孩子数量。
> **粗出生率**（crude birthrate） 特定时期内每 1000 人中的出生人口比率。
> **总和生育率**（total fertility rate） 假如一个妇女按照当前生育率度过整个生育期，她在一生中生育孩子的平均数。

妇女平均生育孩子数*

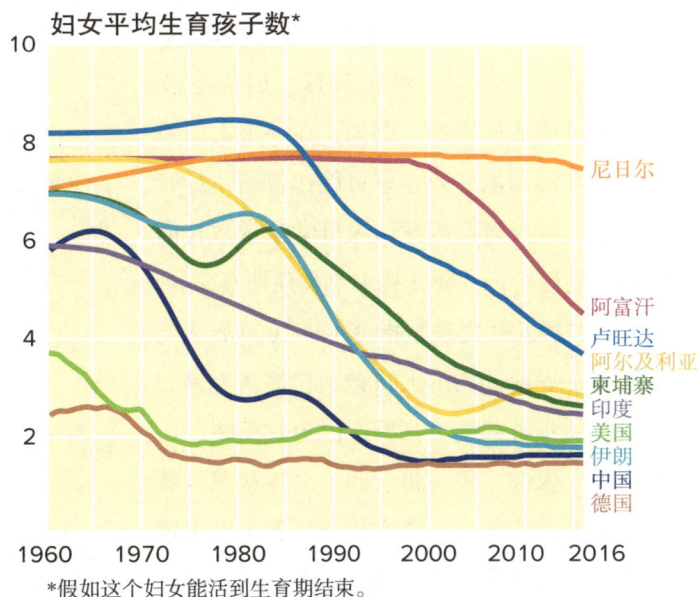

*假如这个妇女能活到生育期结束。

图 14-2 总和生育率

资料来源：Google，2018a。

这被称为**更替生育率**。它是指为了满足下一代人口再生产，一个妇女在一生中生育的最少子女数。得出这个数字的依据相当简单。因为男性无法生孩子，所以女性至少要生育两个孩子来使父母双方被两个孩子所替代。考虑到并非所有女性都能存活过她的生育期，且男性和女性的比例并非精确的 50：50，所以这个数字稍微提高了一些。全球的总和生育率已经从 1960 年的 4.98 到现在的平均每个妇女一生生育 2.44 个子女。这个下降说明了全球人口增长变缓。如果这种趋势持续下去，可能会在未来某个时刻出现人口零增长或者负增长。

死亡

新增人口来自出生，减少人口来自死亡。和出生一样，人口学家采用一个简单的方法来测量死亡，以便在不同人口间进行比较。

粗死亡率是指特定时期内每 1000 人中的死亡人数。美国的粗死亡率从 1960 年的 9.5 降低到 2016 年的 8.4。相比之下，保加利亚的粗死亡率高达 15.1，卡塔尔低至 1.59。总的来说，这个测量更难于解释，因为它受到人口年龄构成的影响。例如，在一个人口平均年龄较高的国家，死亡率可能比较高，尽管人们可能比较长寿。因此，人口学家常常转向另外两个测量指标：婴儿死亡率和预期寿命。

人口的**婴儿死亡率**是指每年每 1000 名活产儿在不满一岁前死亡的人口数。它被认为是表示人口总体福祉的主要指标，因为它反映了可获得的卫生保健、经济机会和不平等状况。数字在本质上会变化这一事实也意味着可以采取措施来提高婴儿存活的可能性。由于产前保健的改善和医疗创新，美国的婴儿死亡率从 1960

年的 25.9 下降至 1985 年的 10.6，到 2016 年下降到 5.7。从全球来看，全球的婴儿死亡率从 1960 年的 121.9 下降到 2016 年的 29.4。2016 年，中非共和国的婴儿死亡率最高，达到了 87.6，随后是塞拉利昂（81.7）和索马里（79.7）。在地球另一端，冰岛的婴儿死亡率最低，为 1.6，随后是斯洛文尼亚的 1.7 和日本的 1.9。

对我们来说，或许死亡统计数据中最容易理解的就是预期寿命了。**预期寿命**是指同时期出生的人预期能够继续生存的年数。它代表了一个通常不受人欢迎的提示，那就是存在着一些超出我们个人控制的因素会影响我们的人生际遇。例如，2016 年在塞拉利昂出生的一个婴儿的平均预期寿命是 51.8 岁，但是，同一时间在日本出生的婴儿预期可以活到 84 岁。2016 年，全球的平均预期寿命为 72 岁，相比 1960 年时的 52.5 岁明显提高。这一差距也再次指向一个社会学的事实，即地位至关重要。时间也很重要，如图 14–3 所示，在柬埔寨和卢旺达，特定的历史事件，如战争和种族清洗，可以明显影响结果。在美国，预期寿命从 1960 年

更替生育率（replacement fertility rate） 为了满足下一代人口再生产，一个妇女在一生中生育的最少子女数。

粗死亡率（crude death rate） 特定时期内每 1000 人中的死亡数。

婴儿死亡率（infant mortality rate） 每年每一千名活产儿在不满一岁前死亡的人口数。

预期寿命（life expectancy） 同一时期出生的人预期能够生存的年数。

新出生人口预期存活的平均年数*

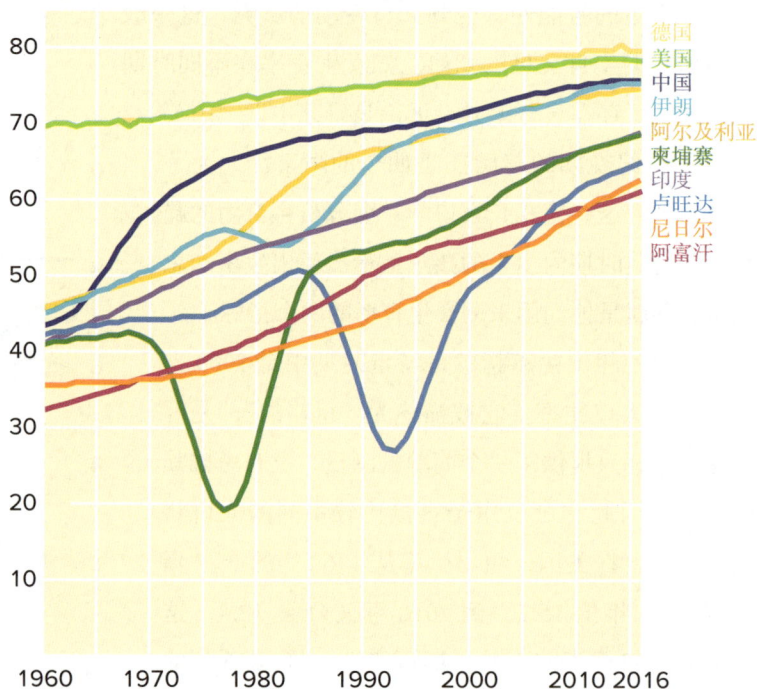

*假设当前的死亡率模式保持一致。

图 14–3　预期寿命

资料来源：Google，2018b.

的 69.8 上升到了 2016 年的 78.7，这归功于卫生保健的进步、吸烟率的降低，以及锻炼和健身的增加等方面的因素。随着预期寿命逐渐增加，人口规模会明显增大，因为死亡人数在逐年减少。

迁移

除了出生和死亡，人口增减也会通过**迁移**发生，即人们从一个人群迁移到另一个人群。**迁入人口**指的是一些人加入其之前本不属于的群体；**迁出人口**指的是群体的某个成员离开其所在群体。换句话说，迁入人口是到来的人，迁出人口是离开的人。

加入或者离开一个群体的原因是多样的。有时候，迁入人口加入一个新的群体是因为其所带来的机会。这可能包括新的工作机会、家庭团聚、宗教表达的自由或者其他可能吸引移民的因素。这些影响因素被称为拉力因素，因为它们像磁铁一样吸引着移民到新的地方。另一种情况是人们离开所在地，因为他们试图摆脱家乡那些没有吸引力的特征，包括暴力、压迫和就业困难。这些被称为推力因素，因为它们促使人们迁居。

> ### 社会学思考
>
> 哪些因素可能影响了你的家庭迁移（近期或者几代以前）？推力和拉力起到了什么作用？

正如我们在 13 章所见，移民是一个全球现象。从 1950 年到 2015 年，1.02 亿人口离开了那些联合国所认为的落后国家，去往较为发达的国家。这些地区特别包括了拉丁美洲、加勒比地区、亚洲和非洲。这段时间中迁出人口最多的是孟加拉国，移民数达到了 1460 万，紧接着是墨西哥，达到了 1350 万，中国达到了 1040 万。到目前为止，迁入人口最多的国家是美国，为 4890 万，多于所有欧盟国家迁入总数。

在美国，13.9% 的人口出生于国外。如图 14-4 所示，50.4% 的人出生于拉丁美洲，31.2% 的人出生于

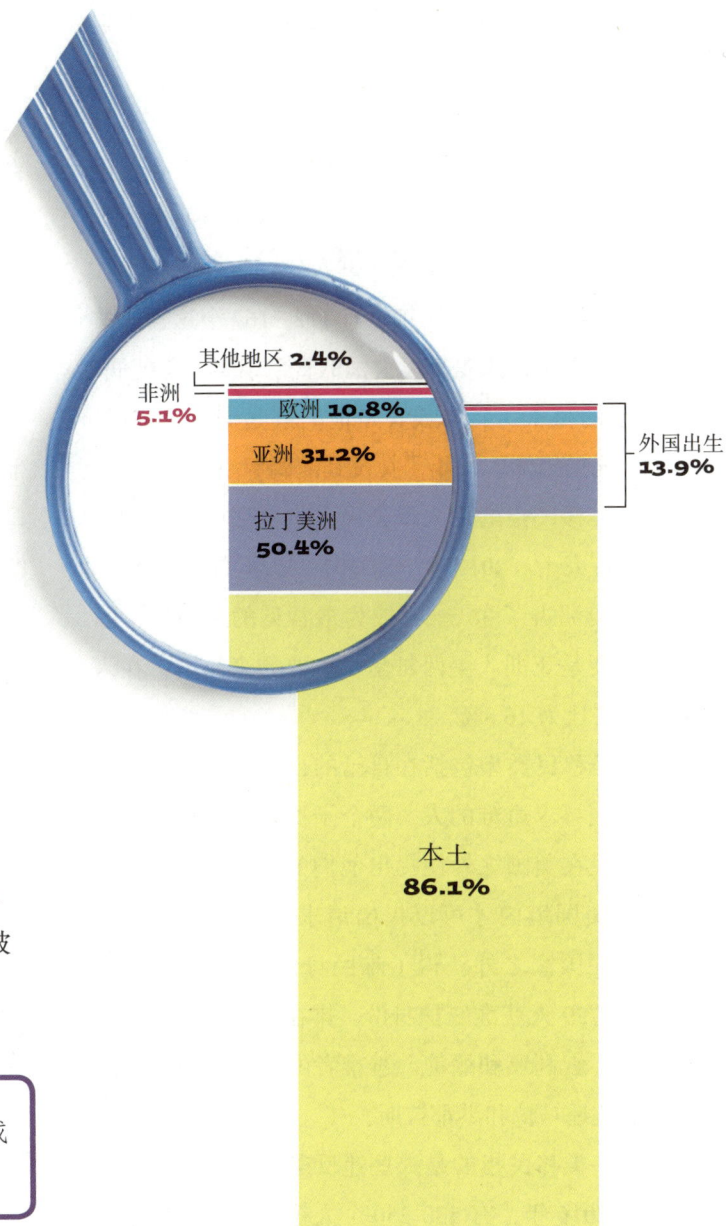

图 14-4　在外国出生的美国人口

资料来源：U.S. Census Bureau, 2018a：Table S0201.

亚洲。在第 13 章中提到过，墨西哥是主要来源国，占比达到 25.3%，紧接着是印度，占比为 5.9%，中国占比 5%，菲律宾占比为 4.5%。加利福尼亚州是这些迁入人口移民最去目的地，有 1070 万，占国外出生人口的 23.9%。得克萨斯州、纽约州和佛罗里达

> **迁移**（migration）人们从一个人口群移居到另一个人口群。
>
> **迁入人口**（immigration）指的是一些人加入其之前本不属于的群体。
>
> **迁出人口**（emigration）指的是群体的某个成员离开其所在群体。

州是次之目的地，这些地方迁入人口占国外出生人口的 10%。

美国国土安全部将移民分为四种类型。第一类移民是合法永久居民，顾名思义，指被授权可以在美国永久居住的人。有时候指的是拿到"绿卡"的人，他们可以合法地找到一份工作，进入公立学校或者上大学，甚至可以参军。2017 年，有 112 7167 个这样的接受者，其中 66% 的人是美国公民的直系亲属，有配偶、21 岁以下的孩子、父母或者是他们家庭支持的移民，包括成年兄弟姐妹、成年子女及其配偶等。

第二类移民指的是入籍公民，包括那些成为美国国民的外籍人士。2017 年，有 707 265 新的入籍公民。其中，北美洲占了 36.5%，成为最常见的来源地，紧随其后的便是亚洲。墨西哥是最主要的来源国，在入籍公民中占比为 16.8%。

第三类移民类型包括在自己的祖国受到迫害和威胁前往美国寻求避难的人。两个子群体便是难民和避难者。难民在美国之外便提出他们的请求，那些避难者则是在美国境内才可以提出请求。在 2016 年，有 84 989 人在国家之外获得了难民身份得以进入美国，另外有 11 729 人获准庇护身份。排在前三的难民来源国是刚果、叙利亚和缅甸。避难者的主要来源国是萨尔瓦多、危地马拉和洪都拉斯。

最后一类移民指的是那些违反美国移民法而入境的人。在 2016 年，有 530 250 个人被美国移民局逮捕并被禁止进入美国。这些人中，有 265 747 人来自墨西哥，另外有 84 649 人来自危地马拉。美国边境巡逻人员逮捕了 78% 的入境者，其余则被移民和海关执法部门逮捕。

通过结合出生、死亡和移民数据，我们可以创建一个单一指标来呈现一幅更完整的人口变动图景。人口**增长率**就是这样一个指标，它代表了每年人口整体百分比的变化。结合其他的测量方法考虑整体比例的变化是非常重要的，因为人口内部的变化在任何时候都可以发生。例如，出生率和死亡率

增长率（growth rate） 每年人口总体百分比的变化。

在一定时期内都可能上升或下降，或者一个上升另一个下降，移民率也可能发生相似的变化。增长率测量提供了一种人口总体上增长还是减少的缩影。增长率在国家间存在着很大的差别。从 2010 年到 2015 年，卡塔尔每年平均增长 6.7%，随后是阿曼的 6.5%，黎巴嫩的 6%。但也有例外情况，如有些国家的人口在缩减，包括叙利亚，年均降低 2.3%，安道尔年均降低 2.1%，格鲁吉亚年均降低 1.6%。

从全球来看，世界人口每年都在增长，因为整体生育率超过了死亡率。从 2010 年到 2015 年，世界人口平均年增长率为 1.2%。这意味着 20 世纪 60 年代晚期的 2.1% 的平均年增长率下降了，但是它仍然明显高于所预测的 2100 年 0.1% 的增长率。换句话说，即使人口在未来的数十年仍会持续增长，但是预测数据显示，总体人口的增长率将会大幅下降。这个预测总体人口在数代增长后下降的趋势和人口过渡的模型相一致。

人口过渡

过去的一个世纪以来，人口变动最典型的特点就是爆炸性增长。纵观大部分人类历史，全球人口水平都是处于相对平稳状态。两千年前世界总人口将近 3 亿。经过了 1500 年，人口达到了 5 亿，随后经过了 300 年，于 1804 年超过了 10 亿。当时，人口开始急速增长，如图 14–5 所示，从 1927 年的 20 亿、1960 年的 30 亿，到 2011 年的 70 亿。根据预测，到 2055 年，这个数值将达到 100 亿。

或许最著名的解释人口爆炸的尝试是由英国的经济学家托马斯·马尔萨斯（Thomas Malthus，1766—1834）最早提出的。1798 年，他发表了《人口原理》（*An Essay on the Principle of Population*）的第一版，其中他提出了环境能够承载的人口极限。他声称，即使把所有的食物产量都提供给不断增长的人口，但它仅仅是算术增长（1 → 2 → 3 → 4 → 5），问题在于人口的增长是几何式的（1 → 2 → 4 → 8 → 16）。最终，人口迅速增长导致没有足够的土地生产粮食供应给每一

个人。危机必然会出现（包括贫穷、饥荒、疾病和战争），而且人最终会死亡，使人口规模降低到一个更可持续的水平。

对马尔萨斯来说，历史是一场永不停歇的资源战争，人们在其中试图挣脱欲望，也是一场那些控制资源的人会赢得胜利的战争。最终，这一痛苦的负担会更加沉重地落在穷人身上。虽然马尔萨斯确实说过人们可以而且应该通过推迟婚姻、保持单身等道德制约的方式来控制人口增长，但说到底他所强调的是，人们可以通过资源危机导致的死亡率增加来控制人口。

另一个不那么糟糕的人口变化模型被称为**人口过渡**。根据这个模型，随着社会从前工业时期转向后工业时期，人口规模将从小而稳定且伴有高生育率和死亡率的阶段，经过一个快速的人口增长阶段，过渡到人口规模大且低出生率和死亡率的阶段。与马尔萨斯不同的是，这些理论家并没有把疾病和战争所导致的高死亡率看作人口增长不可避免的制约条件。他们反而强调科技、社会和经济变革会导致人口出生率的自然下降。简而言之，他们描述的是一种从寿命较短的大家庭转变为长寿的小家庭的人口趋势是不可避免的。这个转变有四个主要阶段。

阶段一：前工业社会 这个阶段是人类历史上最长的阶段。正如图 14-5 所示，世界人口规模在相当长一段时间里保持平稳发展。就人口学因素而言，这一时期的国家具有高出生率和高死亡率的特点。这些国家当时的经济形态主要是农业，而且越多的孩子就意味着有越多的劳动力来生产生存所必需的食物。因为此时的婴幼儿死亡率很高，生育更多的孩子能够保证

部分孩子可以长大成人。这些国家的人口预期寿命也较低。为了直观地展示这种人口分布状况，人口学家使用人口金字塔来说明不同年龄组（通常是五年一个增量）和性别的人口比率，如图 14-6 所示，这一时期的国家金字塔通常有一个宽塔底，意味着儿童在人口中占比较大；塔顶迅速变窄，表明老年人所占比例相对较小。

人口过渡（Demographic transition） 随着社会从前工业时期向后工业时期转型，人口规模将从小而稳定且伴有高出生率和死亡率的阶段，经过一个快速的人口增长阶段，过渡到一个人口规模大且低出生率和死亡率的阶段。

阶段二：工业社会早期 在这个阶段，死亡率下

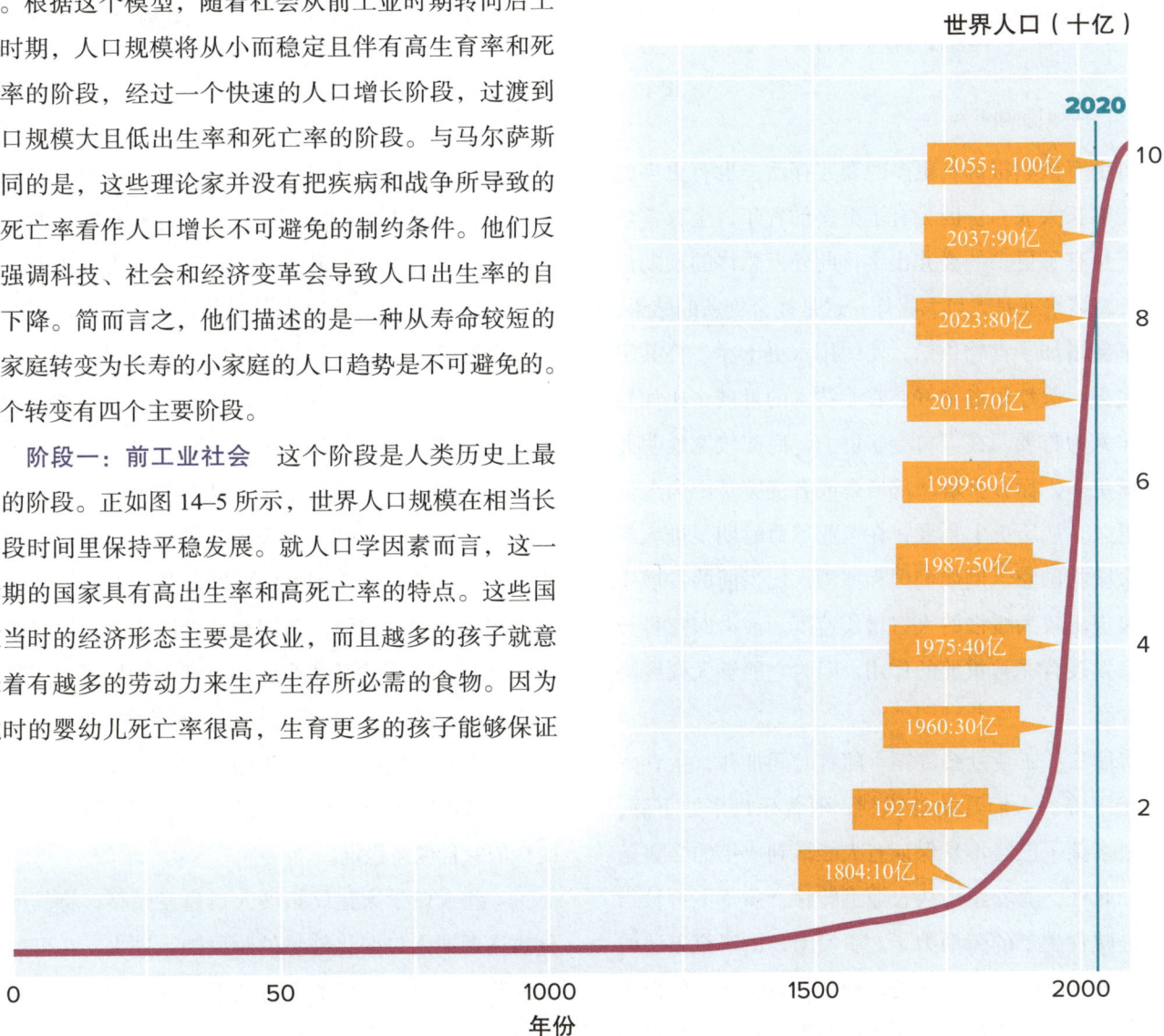

世界人口（十亿）

2020

2055：100亿

2037：90亿

2023：80亿

2011：70亿

1999：60亿

1987：50亿

1975：40亿

1960：30亿

1927：20亿

1804：10亿

图 14-5　世界人口增长

资料来源：United Nations，1999，2017d.

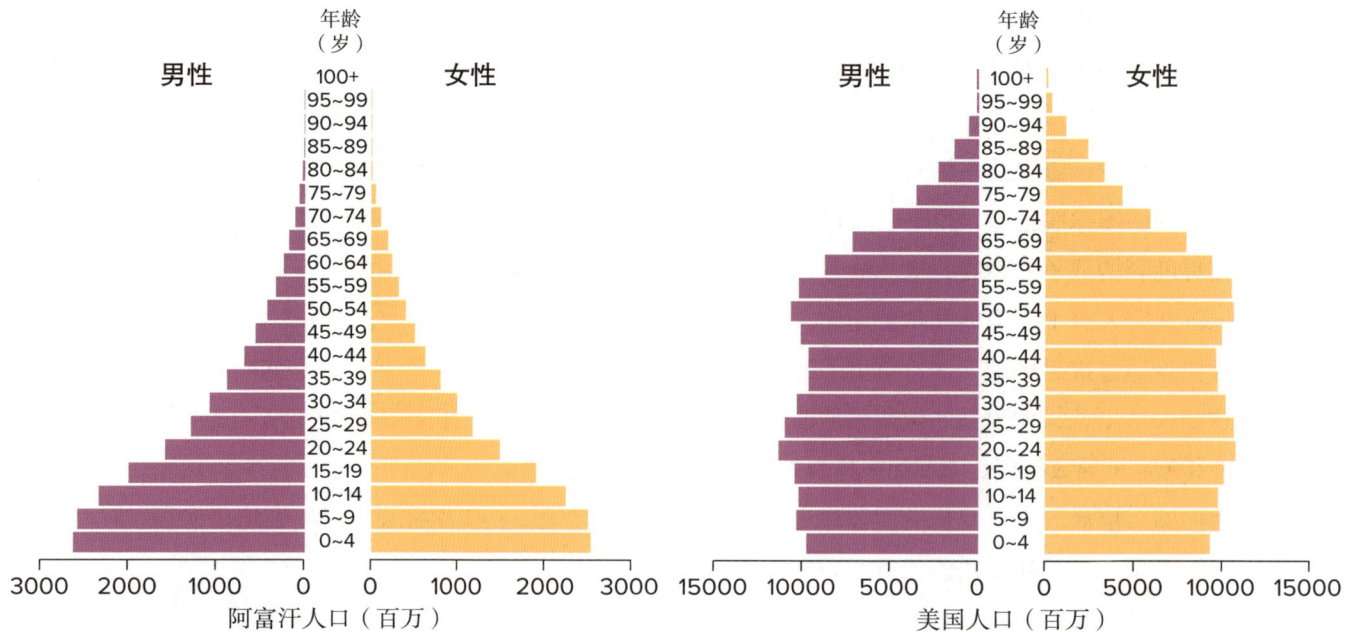

图 14–6　人口金字塔

资料来源：United Nations，2017e.

降，出生率依然很高。更多的婴儿存活，也有更多的儿童能够长大成人。因为有了更多的青年，生育率较高，于是有了更多的婴儿出生。此外，总体的预期寿命延长，结果就是人口大爆炸。这是社会创新的结果，技术革新增加了食物供给，使饮用水更干净、公共卫生更完善、医疗服务更好。农业技术的发展，比如轮流耕作尤为重要。在人口金字塔上，底部较宽说明儿童数量更多，而金字塔顶部增高或者变宽是因为人们活得更久。从历史上来看，在工业革命时期便进入到这一阶段的国家，例如美国和德国，比当前的发展中国家表现出较为缓慢的人口增长速度。前沿医疗科技对国家发展有非常重要的作用，因为它能够大幅度降低死亡率。

阶段三：工业社会晚期　随着时间推移，生育率也开始下降。人们开始意识到，随着死亡率的下降，生育很多孩子已经不是保证有人能活到成年的必要条件了。此外，随着经济从农业上转移，孩子不再被当成促进粮食生产的劳动力了。事实上，由于童工法的建立，孩子已经不是一种资产而是一种责任。他们不再是做出贡献的生产者，而是成为需求必须被满足的消费者。避孕技术的进步促使人们做出少生孩子的选

择。生育率下降的效果之一便是女性的机会增多。她们在生育孩子上的时间变少，于是她们有更多的机会在政治、经济等公共领域发挥作用。因为成年人口相对年轻化，没有大量的孩子和老人需要供养，所以经济通常繁荣发展，产生我们所说的人口红利。

阶段四：后工业社会　最终人口过渡完成，而且人口规模再次变得平稳。发生这种现象是因为出生率和死亡率都达到了较低水平。从全球来看，这一情况所需时间较长，但是在一个特定国家中的过渡时间有所不同：早期工业化国家的时间较长，但是近期的发展中国家的用时较短。欧洲和北美洲的总和生育率在1980年就达到了更替水平，而且亚洲和拉丁美洲预期在2020年达到。这些变化导致的结果便如图14–7所示，人口金字塔在接近塔尖处的边缘更加垂直化。根据这一理论，可能到21世纪末，我们将达到世界人口的峰值并且保持稳定。

一些人口学家建议拓展人口过渡模型，将其他充分描述近期人口变化趋势的阶段纳入进去。在可能的第五阶段，出生率可能会持续下跌到更替水平，促使人口减少。这一现象已经在包括德国在内的多个国家出现。在这些国家中，随着退休人口相对于劳动年龄

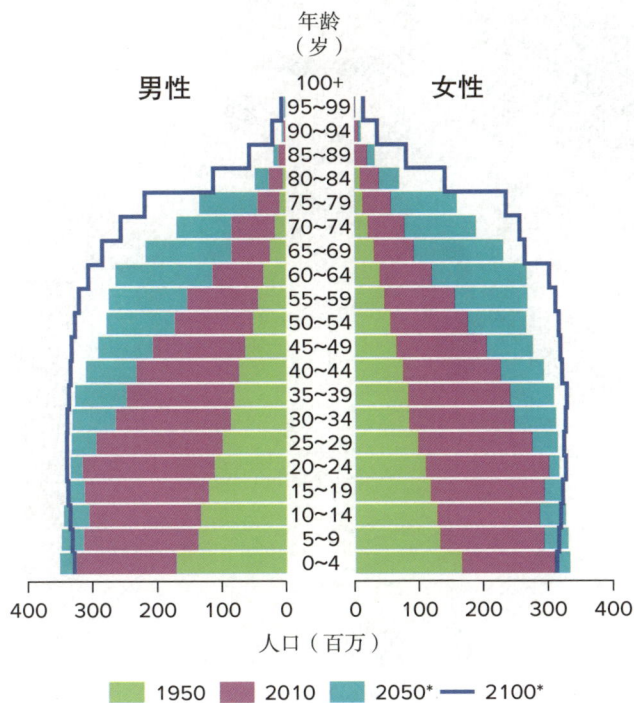

图 14-7 全球人口金字塔

*2050 年和 2100 年的数据是基于现有的出生率和死亡率趋势预测得到的。

资料来源：United Nations，2017e.

人口的增加，如何满足老年人口的需求等问题凸显出来。在美国，人们关心未来几年是否有能力支付由退休人口激增所带来的日益增长的医疗成本，从某种程度上说，这也激发了当前关于医疗卫生问题的持续争论。例如日本这样的国家，开始通过设立专门的项目等措施来提高生育率，比如延长带薪产假和日托补贴，鼓励人们生育更多的孩子。

近年来，一些低于生育更替水平的国家已经经历了生育反弹，进入了人口过渡模型的第六个阶段。人口学家认为，这种状况更可能出现在那些人类发展指数最高的国家。正如我们在 11 章里的"走向全球：衡量全球不平等"中所见，指数的范围从 0 到 1，主要根据三个社会层面的维度：健康、教育和收入。HDI 最高的国家（如挪威、荷兰和美国）超过了 0.86，是最可能经历这种生育反弹的。这些国家的父母无须过于担心是否有足够的个体或者集体的资源来满足自己孩子的需求。

社会学思考

你认为哪些因素可以解释人类发展指数得分较高的国家出现的生育反弹现象？

研究人口变动非常重要，因为我们无法选择出生的世界，但是它却塑造了我们的人生际遇。我们何时出生，我们能活多久，以及我们移民的可能性都是更宏观的社会趋势的一部分。理解这些模式的性质和趋势能使我们对未来怀有更多期望，更有力量去开拓新道路。这种有意识的创新有助于推动卫生保健、教育和环境保护的发展，并从根本上改善世界各地人口的生活机遇。

>> 社会学视角下的健康与疾病

为了理解健康，我们不能仅仅关注生物学。我们必须跳出医疗、医生和医院，必须考虑关系、情境以及文化和社会影响的重要性。我们是否被认为是"健康的"或者"患病的"并不是我们自己能够决定的。家庭、朋友、同事、医生和其他人都会影响我们如何看待自己的健康状况。社会学的理解必须要考虑社会如何塑造了健康和疾病，这些定义的后果是什么，以及我们所处的社会地位和所获得的资源如何影响我们的健康结局。

文化、社会和健康

我们对健康的定义会随时间和文化的不同而不同。世界卫生组织尝试提出一个更具普世性的概念，在其章程的序言中将其定义为："健全的生理、心理和社会幸福状态，而不仅仅是免于疾病。"根据这一绝对标准，大部分人在大部分时间内可能都不是健康的。在现实中，人们仅仅是处于一种介于非常理想的健康状态和死亡之间的连续统中。

文化限定综合征（culture-bound syndrome） 指一种病痛或者疾病不能脱离开它所处的特定社会背景来理解。

研究者们已经证明疾病和失调都根植于特定文化中的共享意义。**文化限定综合征**这一术语指的是一种病痛或者疾病不能脱离开它所处的特定社会背景来理解。这意味着有一些与文化相关的特定内容，如它是如何被组织的，它的信仰是什么，它对其成员有何期待，从而导致了这种疾病的出现。例如，马来西亚的一个持刀杀人狂行使了一场完全是随机且意料之外的暴行，随后对此事失忆。

在我们这个全球化的世界，社会之间的界限逐渐具有渗透性，因而文化限定综合征也能够跨境传播，

图片来源：LWA/Dann Tardif/Blend Images LLC.

你知道吗？

美国成年女性的平均穿衣尺码为 16-18（小码），或者等效尺码的加大女装 20W 码。她们的平均腰围大概是 39.7 英寸。

资料来源：Christel and Dunn, 2016. 图片来源：Alberto Pellaschiar/AP Images.

进而改变本地的疾病观念。这一点发生在神经性厌食症上。之前在 1873 年，英国的一个医生威廉·格尔（William Gull）将其称为一种内科疾病，如今在美国人们经常将厌食症与担心变胖和一种对个人实际体重的误解联系起来。但是在 20 世纪 90 年代，内科医生李升（Sing Lee）好奇为什么在中国香港他没有看到这种现象。厌食症的例子是非常罕见的，而且即便出现的时候，这些患者所展现出来的症状也与西方患者不同。大部分人并没有表现出对肥胖的恐惧或者误将自己视为超重。实际上，他们表现出一种想要回归正常体重的愿望。他们不纠结于食物的量或者压抑自己想吃的强烈欲望。他们不痴迷于流行文化中的消瘦形象或者着迷于节食书或健身时尚。他们只是感觉不饿或者说他们肠胃不适。

然而，在 1994 年，一个 14 岁的女孩徐夏琳（Charlene Hsu ChiYing）在她从学校回家的路上晕倒后死在香港城区的一条繁华街道上。在这之后，中国厌食症的表现很快就变了。她的体重只有 75 磅（约 34 千克）。为了弄清楚这件事，报道死讯的媒体注意到了西方社会诊断的厌食症问题，包括它强调对肥胖的恐惧和对身体的误解。在徐夏琳去世后不久，李升的患

者中表现出典型西方诊断的症状的人大量增加。到 20 世纪 90 年代晚期，多达 3%~10% 的香港年轻女性都表现出症状，到 2007 年，90% 的李医生的厌食症患者都有对肥胖的恐惧。李医生将这种变化原因归于西方医学模式如今在健康和疾病领域获得了一种支配性地位。医学教科书和诊断手册的合法性盖过了其他健康和疾病的观念。相应地，这些模式也影响着医生的感知和患者描述的内容。

文化影响厌食症如何呈现这一事实并未使这一疾病的真实性降低，人们会因这一疾病而死，但是它所展示出来的是疾病和失调能够通过文化提供的视角去表征、识别和治疗。正如我们在第 3 章"文化建构"部分提到的，我们从来没有直接和自然互动。文化经常影响我们，甚至影响我们如何看待自己的身体。心理或者生理的压力通过特定文化症状显示出来，而且只在一个特定文化中可见。我们别无选择只能通过文化来表达事物，但是我们需要记住的是：文化不仅能使我们看到——西方医学的观看方式产生了惊人的结果——而且也限制了我们所看到的或表达的那些与健康和疾病相关的问题。

疾病与社会秩序

从功能论视角来看，社会秩序是最重要的，而疾病代表了一种对正常社会程序的威胁。为了维持秩序，我们施加压力让人们即使在生病时也能持续履行他们的正常角色。因此，我们争论的是病到什么程度才算是真的生病？例如，我们生病到何种程度才待在家里而不去学校或者工作？由谁来决定？我们所有人都可能遇到过这个困境，有时候我们挣扎着起床，因为我们觉得自己应该去，无论是为了我们自己还是他人。

当人们生病的时候，他们就扮演了社会学家所说的**病人角色**。这是一种合法的越轨行为，人们在其中有一系列与这一社会身份相关的权利和责任。一个病人可以违背那些通常指导他们日常生活行为的社会规范，比如作为学生、家长或者雇员。他们有权认为其他人不会因为其没有履行日常职责而责备自己，而且

人们还会给予他们康复的时间和空间。这并不意味着他们被免于社会义务。那些被正当地认为生病的人有义务尽快恢复，包括寻求足够专业的照料。如果不能做到这一点，可能会带来负面的惩罚。实际上，尤其是在竞争的工作环境中，我们常常习惯于看不起那些容易生病或者经常生病的人，认为他们很懒惰或者虚弱。这种态度对那些面临慢性健康问题的人来说是很大的困境。

医生和护士有权力给人们贴上健康或疾病的标签，因此，他们是作为病人角色的守门人发挥作用的。比如，教师经常要求学生拿到一个来自专业医疗卫生人员的证明来证实自己的病情，以此作为错过论文或考试的合理理由。生病的人变得非常依赖医生或护士，因为医生和护士控制着病人所需的资源，无论是一张给教授的请假条还是一副药方。我们有时去看专家来满足我们的健康需求，相信他们有足够的知识和经验诊治我们的问题。

病人角色（sick role） 一种合法的越轨行为，人们在其中有一系列与这一社会身份相关的权利和责任。

医疗化（medicalization） 将社会生活中的新领域变成可治疗的医疗状况，并将其重新定义为医学专家的合法领域。

权力、资源与健康

我们对医生能够治疗病痛充满信心，这帮助他们获得了很高的威望和权力。随着时间推移，医生权威的管辖范围已经扩大。理论家使用"社会医疗化"这一说法来解释这种医学权威进入新的社会领域，从而使医疗专业人员有更多的权力。

社会的医疗化 **医疗化**的过程是指将社会生活中的新领域转换成可治疗的医疗状况，以此将其重新定义为医学专家的合法领域。这包括我们通常视为理所

图片来源：Monkey Business Images/Shutterstock.

当然的人类的自然过程，比如分娩、衰老、更年期、性、饮食、精神健康、成瘾、性取向，甚至包括养育子女和童年。我们接受甚至鼓励医药领域的扩张，希望这些专家能够提供真实有效的治疗手段应对复杂的人类问题，因为他们面对着多种多样的传染病。

权威向医疗专家转移并非没有社会后果。虽然普通人的生活可能受到专家所做决策的极大影响，但是这些专家被认定的专业性及其相伴而生的专业话语，使得普通人很难加入讨论中并施加影响。而且，这一模式的自然科学取向使得它更难以在看待这些问题时加入社会、文化或者心理因素建构的影响。

随着医学专业人员扩大他们的权威，他们同样参与到界限维护中以确保只有那些具备足够知识和训练的人才能获得行医许可。历史上的效应之一便是，将一些执业者，如脊椎按摩师、护理助产士等排除出合法医疗领域。虽然助产士率先使分娩专业化，但在美国和墨西哥她们被医生刻画为侵入了产科的"合法"领域。护理—助产士开始寻求专业许可来赢得职业上的尊重，但是医生仍然在行使权力，使助产士只能是从属性的职业。

人才外流（brain drain） 本国所需要的技术工人、专家、技师向美国或其他工业化国家迁移的情况。

卫生保健的不平等 人们对当前医疗环境中的权力和资源还存在另一个担忧，就是存在于卫生保健领域中严重的不平等。在1978年，由世界卫生组织和联合国共同举办的初级卫生保健国际大会上，全球的健康领导者们在阿拉木图宣言（Alma-Ata Declaration）

中重申了他们将健康视为"一项基本人权"。鉴于此，他们号召所有的国家提供给世界人口足够的初级卫生保健，这个目标在很多方面仍是遥不可及的。在世界范围内，通常贫穷地区的医疗服务水平低下，因为医疗服务集中于财富聚集的地方。比如，美国每一万人就有117.3个熟练的医疗保健专业人员，包括医生、护士和助产士。而在塞拉利昂一万居民中有3.4个医生，埃塞俄比亚为2.8，尼日尔为1.6，索马里为1.1。

个人社会学
卫生保健命运

在修订这一章时，我的视网膜脱落了，一只眼睛看不到东西。幸运的是，我找到了专家，尤其是我的视网膜专家海斯科夫（Heilskov）医生，他为我提供了尽可能最好的建议和照料。在三次手术之后，我的视力逐渐恢复。而且，更幸运的是，我的医保帮我报销了大部分医疗花费。如果我是世界上众多缺少这种照料和医保覆盖的人群，我的一只眼睛可能会从此失明。于我而言，这个磨难是社会学最基本的课题之一。我们所处的社会地位塑造了我们的生活际遇。你的生活在何种程度上被能否获得医疗保险所塑造？

贫穷国家的卫生保健供给因为人才外流而大大缩减。所谓人才外流，是指本国所需的技术工人、专家、技师向美国或者其他工业化国家迁移的情况。作为人才外流的一部分，医生、护士和其他卫生保健专业人员从印度、巴基斯坦以及很多非洲国家等发展中国家迁往美国。然而，他们的迁移出境也代表了世界核心工业化国家以牺牲发展中国家来提升自己生活质量的另一种方式。

这些卫生保健领域的不平等可以产生非常明显的生死结局差异。正如"走向全球：部分国家的婴儿死亡率"图中所示，发展中国家的婴儿死亡率，如中非共和国、塞拉利昂、索马里，与冰岛、日本和法国等发达国家存在着显著差异。这些差异反映了卫生保健

走向**全球**
部分国家的婴儿死亡率

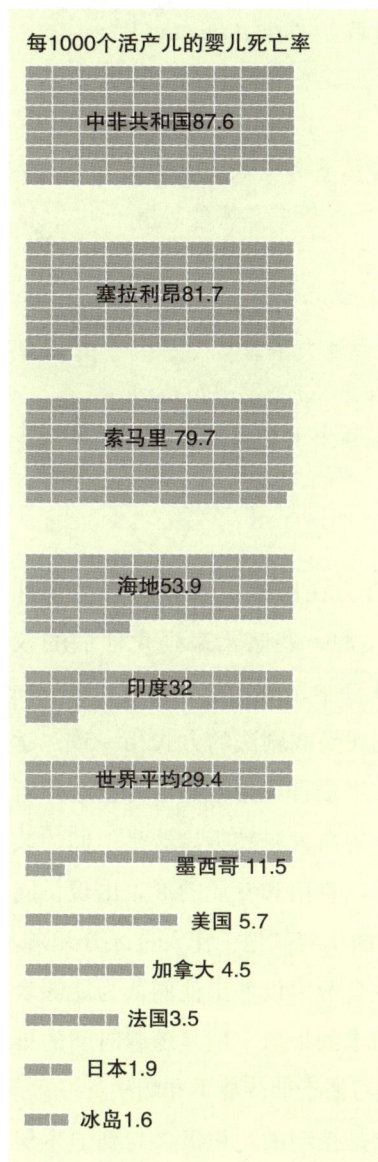

每1000个活产儿的婴儿死亡率

中非共和国87.6

塞拉利昂81.7

索马里 79.7

海地53.9

印度32

世界平均29.4

墨西哥 11.5

美国 5.7

加拿大 4.5

法国3.5

日本1.9

冰岛1.6

资料来源：World Bank，2018r.

资源在国家贫富差异下的分配不平等，比如产前营养、分娩过程和胎儿筛查方法等。发展中国家遭受这种卫生保健不平等后果的另一个表现方式就是预期寿命降低。撒哈拉以南非洲地区的平均预期寿命是 60，而欧盟国家的为 81 岁。相比之下，美国的平均预期寿命是 79 岁。

标签与权力 有时候贴标签的权力和压迫的权力相伴而生。历史上有一个可能是最极端的将疾病标签化的例子。19 世纪，美国的非洲奴隶不断承受攻击，医疗权威却为这些压迫行为提供了新的合理化理由。一位著名的医生发表文章声明：非洲人的皮肤颜色是由"健康的"白皮肤变异的，因为非洲人患有先天性麻风病。而且，医生还将那些试图逃离白人主人的非洲奴隶看成是"有病的"漫游症（或者"疯狂的逃跑者"）。1851 年，著名的《新奥尔良医学和外科杂志》（*New Orleans Medical and Surgical Journal*）建议治疗这个"疾病"的方式就是友好地对待奴隶，就像对待孩子一样。显而易见，这些医学界权威并未接受废除奴隶制或者参加奴隶起义是健康且理智的这一观点。

当艾滋病首次出现在国际舞台上，被标记为"HIV 阳性"会成为一种主要的身份，而且它会遮蔽一个人生命的其他方面，给确诊的人制造一个污名。对这一疾病潜在生物学原因的无知和害怕患上致死病只会让事情变得更糟。相当比例的艾滋病患者是同性恋或者吸毒者这一事实让批评者说那些人是自作自受。人们想要孤立或者隔离艾滋病人以防止疾病传播。结果，艾滋病人不仅需要应对这个疾病严重的医疗结果，还需要应对这个标签带来的令人痛苦的社会后果。

随着时间的推移，医学知识的增加，社会观念开始发生转变，与艾滋病相关的污名逐渐减少。如今，药物能够降低疾病从 HIV 感染初期过渡到艾滋病阶段的可能性，到此阶段免疫系统会严重受损。人们对艾滋病象征意义的看法也发生了变化，部分是因为公众人物的存在使人们对艾滋病人这一刻板印象产生怀疑，比如在 1991 年确诊的 NBA 球星"魔术师"约翰逊，还有 1984 年在一次输血中感染 HIV 的 13 岁血友病患者瑞恩·怀特（Ryan White）。由于草根活动家们努力改变叙事、学校里的教育活动、媒体的覆盖范围以及对同性性行为文化观念发生了整体变化，人们的态度也改变了。我们的观念塑造了我们用来定义他人的标签。正如我们在托马斯定律中学到的，随着观念的变化，我们回应的方式也会随之变化。艾滋病提供了这样一个例子，其医疗化以一种最初的生物性感染，随后人性化，逐渐减少了与此疾病相伴的污名。

根据标签理论家们的观点，我们可以选择如何看待多样的生活经历并将其视为疾病。医学界如今将经前综合征、创伤后应激障碍、多动症等都视为医学疾病。同性恋或许是最明显的标签化的医学例子。多年以来，精神病学家将男性同性恋或女性同性恋视为应该治疗的情绪失常。这一精神病专业的官方诊断成为越来越多同性恋权利运动的攻击对象。1974年，美国精神病学协会的成员投票将同性恋从他们的精神失常的标准化诊断手册上删除。

电影 关于健康和医疗 **5**

《大病》（*The Big Sick*）
一场医疗危机是搭建桥梁还是筑起围墙？

《生活，动画》（*Life, Animated*）
一个关于好友、英雄和自闭症的故事。

《死不瞑目》（*Unrest*）
当医生没有答案，你会向谁寻求帮助？

《脑中蜜》（*Head Full of Honey*）
当过去消失了该怎么办？

《瘟疫求生指南》（*How to Survive a Plague*）
草根行动者改变我们应对艾滋病的方法。

瑞恩·怀特在20世纪80年代末与艾滋病的公开斗争改变了人们对艾滋病的看法。

图片来源：Bettmann/Getty Images.

协商治疗

实际上，我们正努力在医生权威和患者能动性上寻求平衡。医生会使用一些暗示来强化他们的权威和权力。根据医学社会学家布伦达·比甘（Branda Beagan）的观点，与戈夫曼戏剧法的方式相一致，学生在医学院校习得的技术语言成为他们作为新医师所遵循的脚本基础。熟悉的白大褂和听诊器是他们的装束——这可以帮助他们以自信和专业的形象出现，同时也可以让患者一眼将医生与其他工作人员区分开来。比甘发现，很多医学生会努力设计出他们认为能够表现自己可以胜任角色需求的形象，但是随着时间的推移，他们大部分人变得习惯于期待尊重和顺从。

然而，患者并不总是被动的。积极参与到卫生保健中可能会带来积极或者消极的后果。有时，患者选择不听从医生的建议，这使他们在卫生保健中扮演了一个主动的角色。比如，一些患者会在服药期提前停止用药，有一些会有意地减少或者增加药量（因为他们觉得自己更清楚自己需要什么），甚至有些人不按照处方配药。这种不服从的行为部分导致了社会中自我诊断的流行，许多人都习惯于自我诊断和自我治疗。

患者在卫生保健中积极参与能产生非常积极的效

果。一些患者会参考图书、杂志和网页来了解预防性医疗健康的技巧，尝试保持一种健康营养的日常饮食，仔细检查药物的副作用，并按照预期的副作用来调整用量。意识到这些变化以后，制药公司开始直接面向潜在客户投放药物处方的广告。对他们来说，医疗专业人员自然会怀疑这些新的信息源。包括一篇发表在《美国医学协会杂志》（*Journal of the American Medical Association*）上的研究都发现，即便是在最好的网站上，网络上的健康信息都可能是不完全且不准确的。然而，毋庸置疑的是，互联网研究正在改变医患关系。

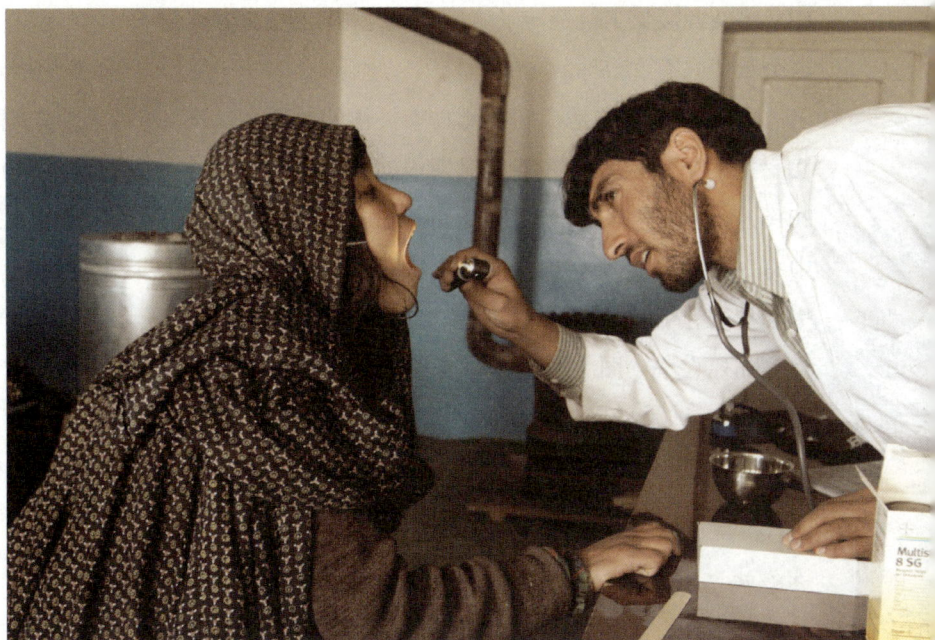

图片来源：©Jean Marc Giboux/Getty Images

> > 健康与环境的重要性

通过观察社会上的健康和疾病模式，我们可以更好地理解哪些因素在塑造我们的健康结果方面发挥着作用。**社会流行病学**研究社会因素在人群中疾病发展和分布上的作用。我们所处的社会地位塑造了我们获得健康生活的机会。仅仅分析生物学因素是不够的，我们必须同样考虑如社会阶级、种族、血统和性别等因素对我们整体健康的影响。这些类似的社会地位会影响我们获得物质、社会和文化资源的机会。拥有足够的钱来支付医疗保险或者购买健康饮食所需的食物，在危机或者担忧的时候能有一些社会关系帮忙纾解，知道哪里能够获得医疗信息，问医生什么，以及吃什么食物，这些都是我们的社会地位如何塑造卫生保健结果的例子，而且我们仍然在考虑卫生保健策略时努力缩小这些差异所带来的影响。

为了描述一种疾病的传播方式和传播速度，社会流行病学家报告了流行病的流行率和发生率。**流行率**是指某种疾病在特定时期内的发病总数。比如，在2016年底，美国有991 447人被诊断为HIV感染，其

让人们保持健康比让他们战胜疾病困难得多。

迪福斯特·克林顿·贾维斯
（DeForest Clinton Jarvis）

中有525 374人成为艾滋病患者。**发生率**不是计算人群中的发病总数，它仅仅指的是特定人群在特定时期（通常是一年）某种疾病的新增病例数。比如，2017年，在美国有38 281人新诊断为HIV感染者，17 604人新诊断为艾滋病患者。2017年，全球范围内HIV感染人数高达3690万人。在发生率方面，全球范围内的新增艾滋病例估计为180万。

为了更好地理解和测量疾病在不同文化的流行率和发生率，研究者依赖于比例提供标准化的测量。他们使用的两个测量参数包括发病率和死亡率。**发病率**测量了特定时期内特定人群中某个疾病的发生率。这些比例可以用于计算流行率和发生率。比如，当我们考虑HIV感染的流行性时，2016年底，美国10万人口的发病率为306.6。当考虑到发生率时，该数据为11.8。全球范围内，到2017年底，估计有59%的

社会流行病学（social epidemoiology）研究社会因素在人群中疾病发展和分布上的作用。
流行率（prevalence）某种疾病在特定时期的发病总数。
发生率（incidence）特定人群在特定时期某种疾病的新增病例数。
发病率（morbility rate）特定人群在特定时期内的疾病发病率。

HIV 感染者接受了抗逆转录病毒疗法，相较于 2010 年，这个数值只有 22.5%。

发病率关注的是疾病，死亡率关注的是死亡。**死亡率**指的是特定人群在特定时期内的死亡发生率。在 2016 年，美国有 12 287 名艾滋病人去世，每 10 万人中有 3.8 人死亡。近年来，美国 HIV 和艾滋病的发病率和死亡率都有所下降。正如"走向全球：HIV 的流行率和死亡率"图中所示，2017 年，全球范围内有 94 万人死于艾滋病相关疾病，而且这些死亡的分布在地区间差异很大。

> **死亡率**（mortality rate）特定人群在特定时期内的死亡发生率。

社会阶层

不同社会地位在发病率和死亡率上存在明显差异，这些因素包括社会阶层、种族、族裔、性别和年龄。比如，当涉及社会阶层时，美国和其他国家的研究一致表明，社会底层的人群有着更高的发病率和残疾比例。教育获得是收入和阶层的一个系数，这一主题的研究证明那些受过更好教育的人死亡率更低。

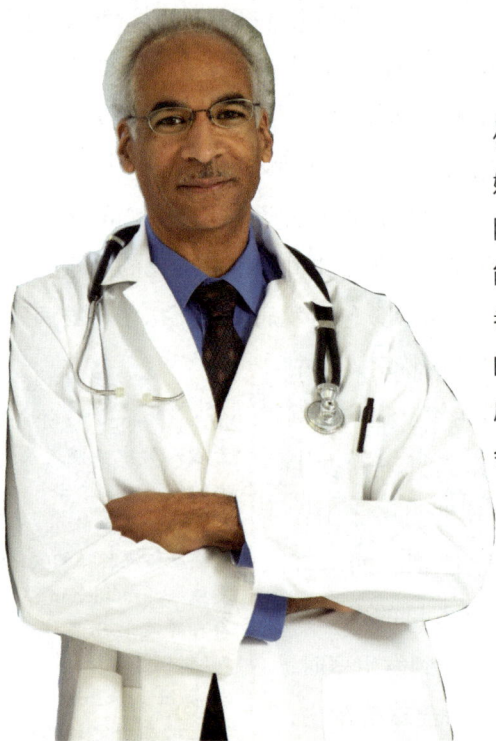

你知道吗？

在考察社会阶层如何运作时，社会学家安妮特·拉鲁发现，中产阶层的父母和孩子更可能与医生交流、提问或者质疑诊断；工人阶层的病人更遵从医生的权威。两者间的这种差异会影响健康结果。

资料来源：Lareau，2003；2011. 图片来源：Upper Cut Images/Super Stock.

还有一系列的因素会加剧阶层对健康的影响效果。拥挤的居住环境、不合规的住房、不良饮食和压力都会造成美国很多低收入家庭的不健康状况。在特定情况下，较低的受教育程度可能会导致缺乏保持健康的意识。财务负担必然是造成贫困人群健康问题的一个主要因素。

有很多属于少数种族或族裔的穷人比其他人支付高质量卫生保健能力差一些，如图 14-8 所示。毫不奇怪的是，那些高收入的人更可能有健康保险，或是因为他们负担得起，或是因为他们的工作提供了保险。缺少健康保险所付出的最终代价就是早逝的风险增加。

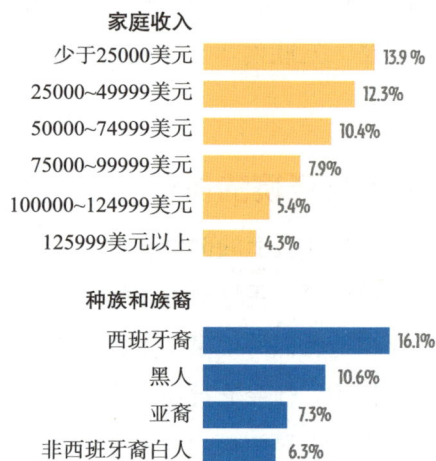

家庭收入

少于25000美元	13.9%
25000~49999美元	12.3%
50000~74999美元	10.4%
75000~99999美元	7.9%
100000~124999美元	5.4%
125999美元以上	4.3%

种族和族裔

西班牙裔	16.1%
黑人	10.6%
亚裔	7.3%
非西班牙裔白人	6.3%

图 14-8　没有医疗保险的人

注：数据代表了全年没有医疗保险的人所占的比例。
资料来源：Berchick，Hood，and Bernett，2018: Tables 4,5.

收入水平也影响着预期寿命。研究人员发现，高收入前 1% 的男性预期寿命比低收入 1% 的男性预期寿命多 14.6 年，高收入前 1% 的女性预期寿命比平均水平多 10.1 年。2000—2014 年，预期寿命几乎在所有的收入水平群体中均有所提升，但是在越接近高收入的群体中提升越快，所以高收入和低收入群体间的预期寿命差在逐渐变大。

从冲突论视角出发，马克思会认为像美国这样的资本主义国家更关心利益最大化，而不是工人的健康和安全。结果是，美国的政府机构不采取强制措施来规范工作场所的环境，工人因此遭受了许多本可以预防的工伤和疾病。我们将在本章后面了解到，研究发现低阶层的人更容易遭受环境污染这类资本主义社会生产后果的侵袭，不仅是他们工作的地方，还有他们的生活居所也是如此。

种族和族裔

许多少数族裔和种族人群的健康状况可以作为反映美国社会不平等的证据。例如非裔美国人、西班牙裔美国人或印第安人这些经济和环境状况较差的社会群体都被证明有较高的发病率和死亡率。但在众多实例中，确实有一些疾病，比如非裔美国人中的贫血症受遗传影响，但大多数情况下，环境因素导致了疾病率和死亡率差异。

正如在本章"人口"部分提及的，婴儿死亡率被视为卫生保健的首要指标。在美国，非裔美国人和白人的婴幼儿死亡率之间有很大差距。

如图14-9所示，平均来讲，非裔美国人的婴幼儿死亡率高出两倍之多。他们缺少足够的医疗覆盖导致了低出生体重，这是这种差异的主要原。

种族和族裔	每1000名活产儿的死亡率
黑人、非西班牙裔	11.21
美洲印第安人或阿拉斯加原住民	8·61
西班牙裔	4·96
非西班牙裔白人	4·87
亚裔或太平洋岛民	3·97

图14-9 美国婴幼儿死亡率
注：比例代表每1000名活产儿的死亡率。
资料来源：Ely, Driscoll, and Mathews, 2018.

考虑到死亡率，非裔美国人在心脏病、中风、肺炎、糖尿病引发的死亡率上高于白人。这些流行病学发现与之前提到的社会阶层影响有关——非裔美国人的平均收入低于白人。这些因素的影响可以通过预期寿命观察到。根据美国疾控中心的数据，2016年出生的孩子，非西班牙裔白人的预期寿命是78.5岁，而非西班牙裔黑人的预期寿命为74.8岁。

医疗机构也不能免于制度性歧视。有证据表明，少数族裔即使已经投保，也会受到较差的照料。尽管

非裔美国人、拉丁裔和美洲印第安人能够获得医疗保健，但由于各种卫生保健计划性质的差异他们仍然会受到不公平待遇。而且，全美临床的研究已经显示，即使考虑到收入和保险覆盖的差异，相较于其他群体，少数种族和族裔接受标准卫生保健和急救的可能性更低。

墨西哥裔美国人和其他的许多拉丁裔人口坚持文化信仰，所以他们很少使用已经建立的医疗系统。他们可能会根据传统拉丁裔民间的医术或者使用库卡德斯摩来解释自己的疾病。**库卡德斯摩**是一种全方位的保健和治疗形式。库卡德斯摩影响了一个人如何获得医疗保健，甚至如何定义疾病。虽然大多数西班牙裔美国人会请民间术士或者库萨德（Curanderos），但偶尔也有大概20%的人会依赖家庭秘方。有些人根据民间信仰将疾病定义为"吓病"（susto）和"斗病"（atague）。因为这些疾病往往有生理上的基础，敏感的医疗从业者需要仔细处理，才能精确地诊断和治疗。

> **库卡德斯摩**（curanderismo）拉丁裔民间医术，一种全方位的保健和治疗形式。

同样影响着拉丁裔死亡率的一个事实是，拉丁裔的人更倾向于延迟就医。正如图14-8所示，这在一定程度上是因为相对来说他们缺少医疗保险。因此，拉丁裔的人更多是在发现紧急疾病后到诊所或急诊室，而不是接受家庭医生的常规预防保健。这种推迟治疗的行为增加了疾病的严重程度。

性别

男性和女性在整体健康上存在差别，如女性比男性寿命更长。2016年出生的女孩预期可以活到81.1岁，而男孩则是76.1岁。对男性来说的好消息是，尽管男性和女性的预期寿命都有所提升，男性预期寿命增长的更快。因此，男性和女性的预期寿命差已经从1970年的7.6岁降至2016年的5岁。

女性有更长寿命似乎与两性不同的生活方式有关，而这种差异是由性别规范导致的。从历史上看，女性

图片来源：Peter Frank /Fancy Photography/Veer.

的吸烟率更低（降低了她们心脏病、肺病和肺气肿的发病风险）、饮酒更少（降低了她们车祸和肝硬化的风险），从事危险行业的比例更低，这些解释了她们寿命长于男性的部分原因。研究者认为女性比男性更愿意去寻求治疗，这样有疾病时更容易确诊，因此她们的疾病就会反映在流行病学家的检验数据中。生活方式的改变非常重要。如图 14–10 所示，男性女性的吸烟率差距已经缩小，这也解释了男女平均预期寿命差距降低的部分原因。

随着从出生到美容的一切都越来越多地发生在医疗场景中，女性更容易受到社会医疗化的影响。讽刺的是，即便医疗机构在女性生活中的权力在增加，但医学研究者们仍然经常把她们排除在临床研究之外。女医生和研究者们控诉在此类研究实践中的性别歧视，而且坚持认为需要对女性对象进行研究。

年龄

健康是老年人最关注的问题。很多美国老年人至少有一种慢性疾病，但是

其中只有一部分对生命构成潜在威胁或者需要医疗护理。面对逐渐增加的潜在健康问题，老年人的生活质量亟须得到关注。美国有越来越多的老年人被关节炎和其他慢性疾病困扰，同时还有一部分老年人患有视力或者听力方面的疾病，这些都会影响他们的日常生活。

老年人也特别容易出现一些精神健康问题。阿尔茨海默病是老年痴呆的首要原因，困扰着美国 10% 的 65 岁及以上老年人。就患病率而言，2018 年这一数值达到了 570 万人。随着美国人口的老龄化，到 2050 年预计将会增长到 1380 万。

由于疾病风险的增加，美国老年人口（75 岁及以上）使用健康设备的比例比年轻人（15~24 岁）高三倍有余。这一增加的使用率与医疗保险覆盖率相关，因为 65 岁及以上的老年人口最有可能被覆盖，正如图 14–11 所示。美国老年人对卫生保健的过度使用是所有卫生保健成本和制度改革讨论中

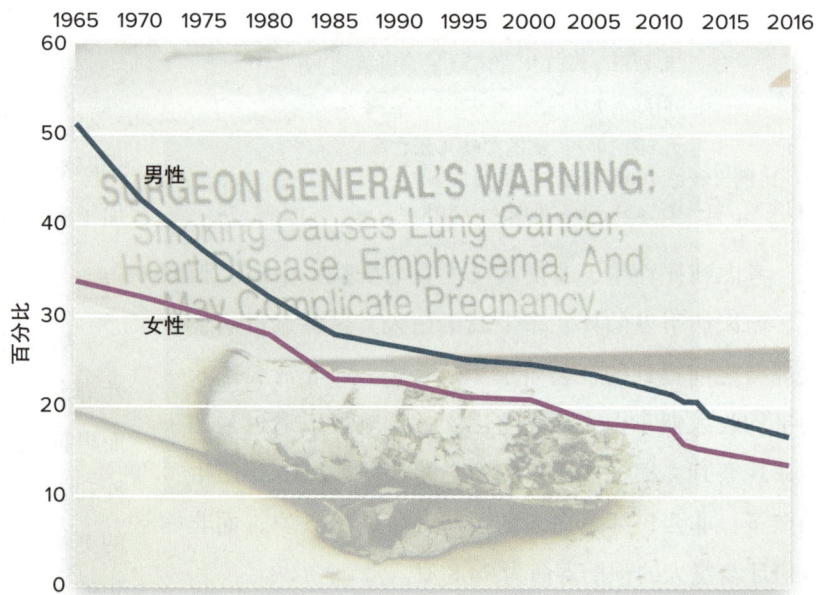

图 14–10　不同性别的吸烟率

资料来源：National Center for Health Statistics，2018b: Table 47. 图片来源：Brandenburg/Getty Images.

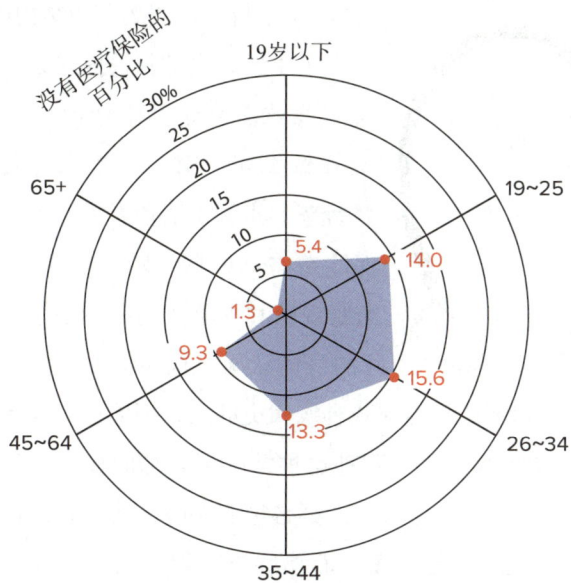

图 14-11 不同年龄的医疗保险覆盖率

资料来源：Berchick, Hood, and Barnett, 2018: Table 2.

的主要问题。许多年轻人为了省钱选择不买医疗保险，他们这种选择出局意味着支付的人更少，也就意味着支出成本更高。因此，平价医疗法案，也称之为奥巴马医改将参与强制化。

一个人是否健康的可能性受到他或她的阶层、种族、族裔、性别、年龄的影响。地理位置也很重要，因为州与州之间的医生数量存在很大差别。卫生保健的专家和项目顾问在考虑卫生保健覆盖范围时，应该把这些影响因素都考虑进去。然而，任何这样做的尝试都会受到卫生保健成本支出的控制。

> > 美国的卫生保健

在过去几十年，美国的卫生保健支出急速增长，如图 14-12 所示。1987 年，美国的卫生保健支出费用突破了 5 亿美元大关。这一数据很快就达到了新的阶段，如 1995 年的 1 万亿美元、2005 年的 2 万亿美元、2014 年的 3 万亿美元。在 2017 年，达到了人均 10 739 美元。美国在卫生保健上投资巨大，占 GDP 的比例为 16.8%，超过世界上所有其他国家。将美国这一比例与其他国家相比，瑞典为 11%、法国为 11.1%、日本为 10.9%、加拿大为 10.4%、英国为 9.9%。除了这些支出上的差异，这五个国家都为国民提供了全民健康覆

盖，而美国并没有这么做。

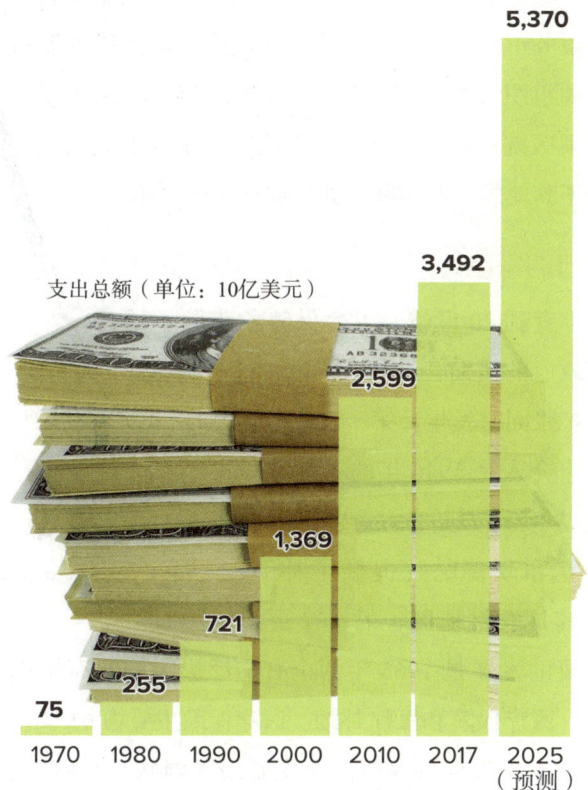

图 14-12 美国的卫生保健支出总额

资料来源：Centers for Medicare & Medicaid Services, 2018a, 2018b. 图片来源：Cornstock Images/Alamy Stock Photo.

历史回眸

如今，国家的资格许可和医学学位使医疗专业人员的权威获得了广泛认可，但并非一直如此。19 世纪 30 年代和 40 年代的"大众卫生运动"强调了预防保健以及所谓的"自助护理"。它严厉批判了"从医"是一项付费职业。新的医学哲学或者教派成立了自己的医学院校，以挑战传统医生的权威和方法。到 19 世纪 40 年代，很多州都废止了医疗许可法案，卫生保健领域大部分不受监管。

作为回应，在 1848 年成立的美国医学协会（AMA）的领导下，"正规"医生逐渐将外行医生、宗派医生和女性医生边缘化。他们通过教育和认可的标准化程序使其权威制度化，只有那些成功完成美国医学协会项目的人才能获得执业医师的合法权威。医生的权威不再依赖于大众的态度或者病人，而是越来

根植于医生职业和卫生保健系统的结构中。

随着卫生保健发展的制度化，医学职业控制了它的服务市场，获得了掌管医疗实践、财务和政策制定的组织等级制度。到 20 世纪 20 年代，医生控制了医院的技术和医疗人员分工，并间接地控制了其他的专业实践，如护理和医药服务。

政府的角色

直到 20 世纪，卫生保健才获得了联邦政府的援助，这与医学这种社会制度的扩张同时发生。第一次有影响力的政府介入是 1946 年的《西尔—波顿法案》（*Hill-Burton Act*），为建立和改善医院提供了补助，尤其是农村地区。另一个更为重要的发展是 1965 年两个有广泛影响的政府协助项目：医疗保险和医疗补助。医疗保险主要为 65 岁及以上的老年人提供保险。它主要由美国联邦政府管理，主要资金来源为所有美国工人的工资税。在 2018 年，医疗保险覆盖了 5910 万人口。医疗补助是一个联邦和州共同参与的保险计划，给那些缺少足够收入来支付个人医疗保险的人提供了保障。在 2019 年，医疗补助覆盖了 7510 万人口。

随着卫生保健支出持续增长，如何更好地给全美公共健康做好供给成为政治辩论的老生常谈。在 1993 年，克林顿政府提出卫生保健改革来提供全民覆盖，但是立法没有通过。在小布什执政期间，美国是唯一一个没有提供全民医疗保险的发达工业国家。随后，奥巴马被选举为总统后，议会通过了，他于 2010 年 3 月签订了《患者保护和平价医疗法案》（*Patient Protection and Affordable Care Act*，简称《平价医疗法案》）和《卫生保健与教育协调法案》（*Health Care and Education Reconciliation Act*）。

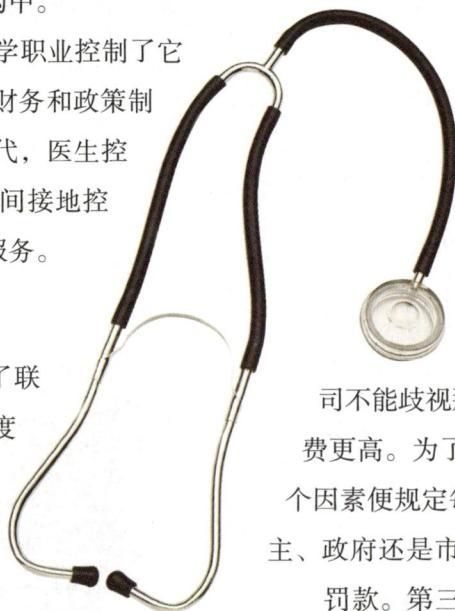

图片来源：Jules Frazier/Getty Images.

在《平价医疗法案》的结构中，有三个主要因素常常被描述为三脚凳，意味着移走其中任何一个都会导致倒塌。第一个被称之为社区费率，指的是消费者需要支付的保险费将会根据年龄、地理位置、家庭规模和烟草使用而不是他们实际的身体状况。换句话说，保险公司不能歧视那些有疾病史的人，拒绝他们或者收费更高。为了弥补这种情况下增加的保费，第二个因素便规定每个人都必须有保险，无论是通过雇主、政府还是市场，而那些没有保险的人需要支付罚款。第三个因素则是提供给那些不能靠自己购买保险的人补助。所有这三个因素结合在一起承担了所有卫生保健的花费，纳入了更多的参与者，同时帮助了那些缺少支付办法的人。

为了保证这三项因素都能实现，《平价医疗法案》包括以下条款：

- 未满 26 岁的年轻人可以纳入其父母的卫生保健计划中。
- 检查和其他预防性保健无须付费。
- 取消病人可获得的福利年度限额和终生限额。
- 保险公司不能对有疾病史的人拒绝承保，同时要

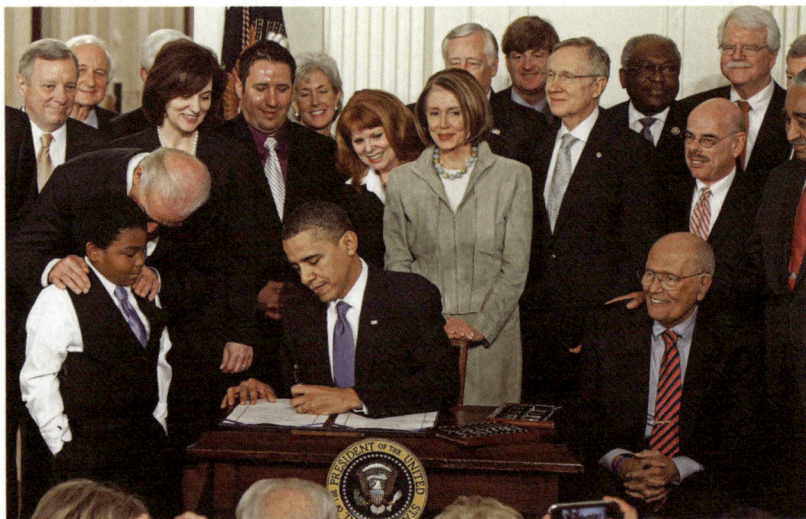

奥巴马总统正在签署《平价医疗法案》。

图片来源：Chip Somodevilla /Getty Images.

求公司不能在员工生病时将其移出医保计划。

- 大多数美国人都被要求需要购买某种形式的健康保险。
- 贫困水平在 100% 和 400% 之间的个人和家庭在购买保险时可以享受税费减免。
- 雇员多于 50 人的公司需要提供一个雇主赞助的健康计划，该计支持提供规定的最小范围的覆盖率。
- 小型公司有资格获得税务减免来帮助他们为员工提供更全面的健康计划。
- 州立保险交易所应该为缺乏雇主保险的小型公司和个人提供各种保险计划。
- 保险公司在间接成本花费上要提高透明度。

在《平价医疗法案》全面实施以来，美国人没有医疗保险人员的比例开始降低，如图 14–13 所示。这对所有收入水平的所有种族和族裔的人皆是如此。然而，尽管这样，很多共和党人仍偏爱市场选项，认为自由市场的资本主义将会有更高的效率和成本控制。

在 2016 年，特朗普在新任期的第一天就承诺要撤销和更换奥巴马医改，然而他们陷入了"三脚凳"给他们带来的挑战。第一条，保证有疾病史的人不会被歧视非常流行。取消第二条，强制要求购买保险，一个在法案中最不流行的条款，意味着越来越少的人投入到系统中，这将使那些保留在其中的人支付更多。第三条，取消补助金，这意味着那些没有保险的人被排除在外，再次降低了参与到医保系统的人数，提升了成本支出。彻底废除的努力失败了，但是三腿凳的第二条，要求没有医疗保险的人们支付罚金，于 2019 年 1 月 1 日起生效。这个变化引

发了整个医疗制度是否能持续的问题。正如在第 9 章"平衡经济和政治权力"中关于公民权利的讨论，如何最好地获得医疗保险取决于健康是否被认为是一项社会权利，一项需要保障给所有人的权利。

补充和替代医疗

在现代卫生保健形式中，人们依赖医生和医院治疗疾病。然而在美国，有相当一部分成年人使用替代医疗技术来保持健康或者对抗疾病。比如，近年来，人们对发源于中国的整体性医学越来越感兴趣。**整体医疗**指的是卫生保健的医生综合考虑一个人的身体、精神、情绪和精神特点选择治疗方式。个人被当成一个整体，而不是相互联系的器官系统的组合。治疗方法包括按摩、脊椎按摩、针灸、呼吸练习以及使用草药。营养、锻炼和观想（visualization）也可以用来治疗一些小病。

> **整体医疗**（holistic medicine）卫生保健医生综合考虑一个人的身体、精神、情绪和精神特点选择的治疗方式。

专业组织、科研医院和医学院校等医疗机构仍极大地保护着它的权威。然而，1992 年发生了一次重大突破，联邦政府的国家卫生研究所（国家在生物医药

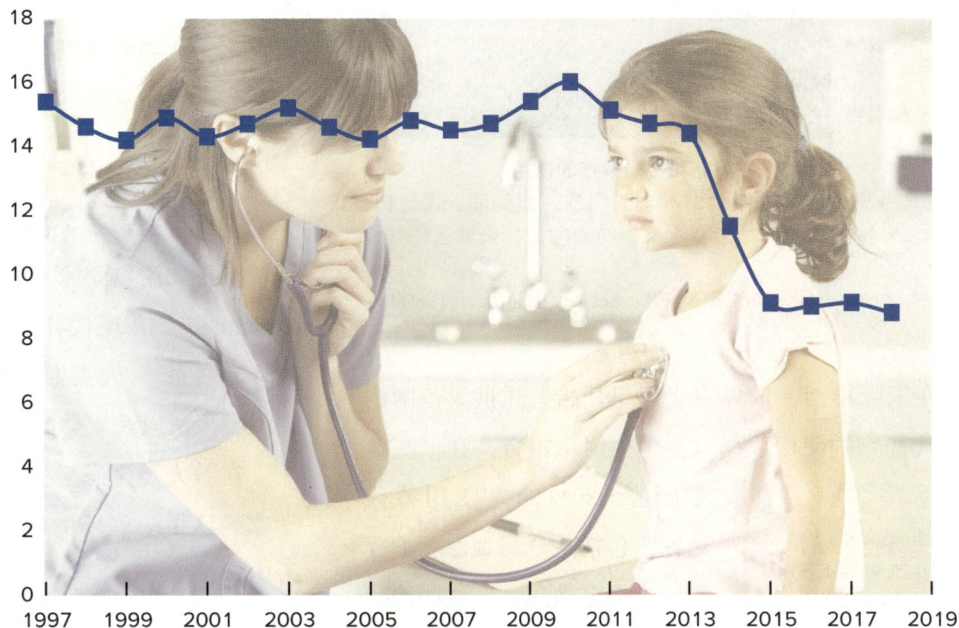

图 14–13　美国未参加医疗保险比例（1997—2018 年）

注：数据是受访时未参加医疗保险的比例。数据来自全美健康调查。

资料来源：Martinez, Zammitti, and Cohen, 2018: Table 1; Ward et al., 2016: Table 1b. 图片来源：Cathy Yeulet/Stockbroker/123RF.

研究领域的主要经费提供者）开办了国家补充与替代医学中心（NCCAM），并赋予了它接受补助金请求的权力。一个国家卫生研究所资助的全国性调查发现，美国33.2%的成年人早些年都不同程度地使用过一些形式的补充或替代医疗。如图14-14所示，包括使用天然的膳食补充剂（比如鱼油、葡萄糖、紫锥菊或人参）、深呼吸和冥想。当私人或公共祷告被纳入国家卫生研究所的调查范围以后，使用过上述方法的人增加到了62.1%。

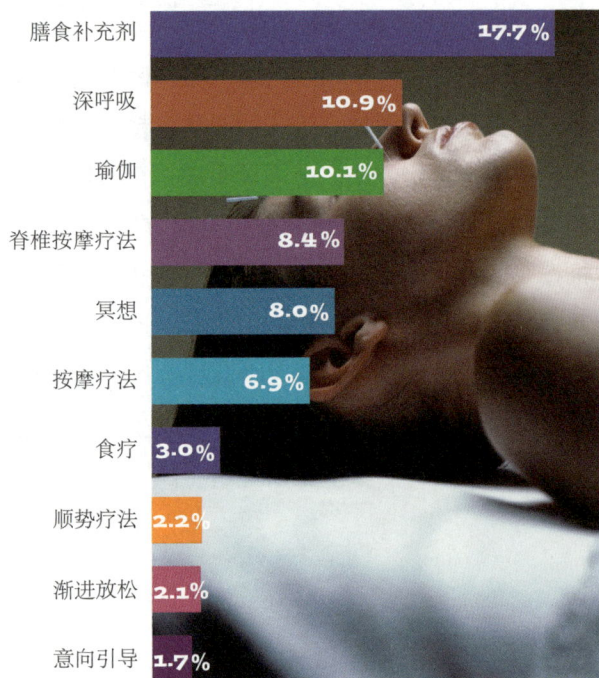

图14-14　补充和替代医疗的使用

注：膳食补充剂包括非维他命和非矿物质，如鱼油、葡萄糖、益生菌。特殊的饮食包括素食主义、纯素主义、长寿法和其他方式。

资料来源：Clarke et al., 2015. 图片来源：Anthony Saint James/Photodisc/Getty Images.

在国际层面，世界卫生组织开始关注世界范围内对替代药物的使用。据世界卫生组织报告，在一些亚非国家，80%的人使用替代药物，包括从草药到意念治疗等。在大多数国家，这些治疗大部分是不受管制的，即使它们当中有一些是致命的。例如，卡瓦（kawa kawa）是一种太平洋岛上用来缓解焦虑的草本茶，浓度过高时可能会对肝脏有毒性。其他替代性治疗能够有效治疗如疟疾和镰状细胞性贫血等严重疾病。世界卫生组织的目标是希望制定一个这些做法的清单，同时鼓励替代性医疗的统一培训体系和伦理规范的发展。

对健康和疾病的社会学分析表明，如果我们要理解疾病，就必须要超越生物学的范畴进行考察。社会和文化、家庭和朋友、专业医疗和社会地位都会影响医疗后果。考虑到卫生保健支出的持续增长，以及不同群体经历着不同后果的事实，这就变成了一个平等和公正的问题。生命危在旦夕，正是对这些问题的担忧推动着将扩大卫生保健覆盖范围作为社会权利的讨论。

> > 社会学视角下的环境

人类与他者相互依存的关系同样可以扩展到自然环境。我们做出的抉择受限于我们可获得的自然资源。我们通过技术调整自然来满足需求，而且历史上人们已经证明他们有惊人的能力这样做，但并非毫无后果。工业革命带来益处的同时也带来了如空气污染、水污染和全球气候变化的代价。我们已经进入了一个有些人称之为**人类世**的时代，即人类行为即使在微观层面都会有全球环境效应的一个地质时期。

人类生态学

人类生态学是关注人和环境之间相互关系的研究领域。正如生物学家和环境学家巴利·康芒纳（Barry Commoner）在现代环境运动早期曾说过的："世间万物皆有联系。"人类生态学家关注的是自然环境如何塑造人类生活以及人类如何影响周围的环境。

在对人类生态学视角的应用中，社会学家和环境学家确认了一些环境和人类之间的关系。其中包括如下内容。

- **环境为生命提供了必要资源**。这些包括空气、水以及用来制造房屋、交通工具和所需产品的必要材料。如果人类社会将这些资源消耗殆尽，比如

人类世（anthropocene）人类行为即使在微观层面都会有全球环境效应的一个地质时期。

人类生态学（human ecology）关注人和环境之间相互关系的研究领域。

污染水源或者砍伐热带雨林，那结果将非常可怕。

- **环境承担着废物处理库的角色。** 与其他生活在地球上的生物相比，人类生产大量且多样的垃圾，如瓶子、罐子、盒子、纸张、污水、废物等。各种各样的污染变得越来越常见，因为人类社会产生的废物越来越多，甚至超过了环境可以安全承受的范围。
- **环境为我们提供了"居所"。** 环境是我们的家、我们的居住地，也是我们居住、工作和玩乐的场所。我们有时对此习以为常，但是当我们日常的生活环境逐渐恶化并出现严重问题时，我们就不能继续如此了。如果空气被污染、自来水变色，或许有毒化学物质渗入我们周围，那时我们会醒悟住在健康的环境是如此重要。

你知道吗？

2017年，美国人喝了超过137亿加仑的瓶装水，总价值185亿美元。这意味着每人42加仑，而在1987年是人均6加仑。

注：1加仑≈3.79升。
资料来源：Arthur，2018. 图片来源：Digital Vision/Picture Quest.

我们不缺少人类和自然环境相互关联的例子。比如，科学研究将环境污染和人的健康和行为联系在一起。哮喘、铅中毒、癌症的流行性增加和人类对环境的改变有关。同样，黑色素瘤（皮肤癌）的确诊也和全球的气候变化有关。而且我们的饮食的生态变化与儿童肥胖症和糖尿病有关。

根据"世间万物皆有联系"这一观点，人类生态学强调每个改变环境的决定都应该权衡利弊。在面临21世纪的环境挑战时，政府的政策制定者和环境学家在决定如何满足人们衣食住行方面的迫切需求的同时要考虑保护作为资源来源、废物处理库和居所的环境本身。

权力、资源与环境

从世界体系的角度分析环境问题，可以让我们更好地理解获取资源的不同途径所造成的全球后果。这个方法强调控制财富并主导全球经济的核心大国和那些对财富缺少控制和资源的发展中国家之间相对权力的差异。这个过程加剧了世界范围内贫困地区自然资源的破坏。为了履行偿还债务的义务，贫穷国家正被迫开发矿产、森林和渔场。发展中国家的人们最后经常会转向他们唯一可行的生存之道，包括开垦山坡、烧毁部分热带雨林和过度放牧。例如，热带雨林的减少将会影响世界范围内的气候模式，加剧地球的逐渐变暖。

尽管对热带雨林的破坏早就被人们所关注，但是直到近些年政策制定者才逐渐听取当地居民的声音。热带雨林的保护在全球层面都很有意义，但是对许多当地居民来说，热带雨林限制了他们种植农作物和放养牲畜的能力。即使破坏热带雨林会导致破坏全球环境，但他们别无选择只能利用已有资源。在2008年，巴西、刚果和印度尼西亚的本地人提出发达国家应该对他们为保护热带雨林所做出的牺牲进行补偿。

实际上，当工业国家声称发展中国家应该改变它们的行为来保护地球时，一定程度的种族中心主义已经渗透其中。在呼吁那些贫困和"食物短缺"的人们做出牺牲时，它们应该考虑生活方式给那些"能源紧张"的国家所带来的影响。北美和欧洲等工业化国家占据了12%的世界人口，但却消耗了全球60%的资源。

你知道吗?

从 1988 年到 2018 年,巴西热带雨林平均每年消失 14 085 平方千米。这意味着总共 436 621 平方千米的森林砍伐。

资料来源:INPE,2018. 图片来源:Stockbyte/Getty Images.

他们每年花费在海上巡航的钱足够为世界上所有人提供饮用水。欧洲在冰激凌上花费的钱可以为世界所有孩子注射疫苗。全球消费者对环境构成严重威胁,但是我们常常难以反思及责备自己,因为我们个人对环境破坏的影响微乎其微。然而,从整体来看,我们做出的每一个选择都有非常重要的全球性影响。

全球消费的增加与依靠增长来维系生存的资本主义密切相关。资本主义创造了一种"生产循环"。降低消费意味着降低购买力,这将导致生产降低,利润和工作岗位减少。这个循环迫使我们必须创造一个不断增长的商品需求,用最少的成本获取自然资源,以最快和最便宜的方式制造商品——

环境正义(environmental justice)基于少数种族不公地受到环境危害诉求的一种法律策略。

> **郊区就是那些开发者推平树木,然后以街道命名之处。**
>
> 比利·沃恩(Bill Vaughan)

不顾及给环境带来的长期影响。

环境正义

1982 年秋天,在北卡罗来纳州的沃伦县有将近 500 个非裔美国人参加了为期六周的罢工,反对将引发癌症的化工产品填埋的方式。他们的抗议和法律行动持续到 2002 年,那时场地净化才开始。这个为期 20 年的运动可以被看作另一个"邻避"(NIMBY)事件,即人们总希望获得增长的益处,但是希望其他人来承担负面效应。无论怎样,沃伦县的斗争被看作当代环境主义的里程碑式运动——环境正义运动的开端。

环境正义是基于少数种族不公地受到环境危害诉求的一种法律策略。一些观察者宣称环境正义是"21 世纪的新公民权利"。由于环境正义运动的到来,活动家和学者发现了其他一些与种族和社会阶层的界限相关的环境不平等。总的来说,和其他群体相比,贫困人口和有色人种更容易成为经济发展的受害者,包括汽车尾气和垃圾焚烧导致的空气污染。

社会学家保罗·莫哈伊(Paul Mohai)和罗宾·撒哈(Robin Saha)在美国检查了超过 600 处有害废物的处理、存储和清理。他们发现,居住在这些危险地点周围一公里内的,非白人和拉丁裔占到了 43%。对这一发现可能有两种解释。一个是少数种族和族裔拥有更少的政治权力,所以他们不能阻止有毒物质处理点建在他们附近;二是他们是在这些处理点建好后才住过来,因为经济和歧视的力量使他们只能选择别人不愿意住的地方。

如图 14-15 所示,当涉及公众对环境的态度时,人们的观念会随时间的变化而变化。人们会区分对环境问题的普遍忧虑和特殊的全球气候变暖问题。在询问关于美国能源供给未来发展的调查中,相比传统能源,美国人更支持可替代能源。具体到这一选项,其中 65% 的人选择风能、太阳能,27% 的人选择扩大原油、煤和天然气的生产。他们的回应中出现了明显的政治

图 14-15　公众对环境问题的看法

注：当问及这是否是国会和总统需要优先考虑的问题时，回答的选项包括优先考虑、重要但不优先、不太重要。在 2014 年以后，用词从"全球变暖"变成了"全球气候变化"。

资料来源：Pew Research Center，2019a.

分野，其中 81% 的民主党倾向于可替代能源，而共和党人中比例则为 45%。

> > 环境问题

在不远的将来，人们定居其他星球之前，地球都是我们唯一的家园。自然环境满足了我们所有的需求。但是在消耗使用的过程中，我们会不可避免地产生废品。一些消耗残存物是可生物降解的，一些是可以回收的，但是其他的会持续存在上百年。有一些进入空气、进入水源，更多的则是进入了土壤里。

空气污染

2016 年在全世界范围内，有大概 420 万人由于室外空气污染而过早死亡。在这些人当中，91% 的住在低收入和中等收入国家，另外的 380 万人死于室内的空气污染。不幸的是，城市里的居民已经将空气污染视为常态。城市空气污染首先是由汽车尾气排放，其次是发电厂及重工业排污造成的。空气污染不仅降低了能见度，还会引发眼痛和致死的肺癌等健康问题，这些问题在发展中国家尤其严重。

人们能够改变他们的行为，但是他们并不愿意变化持续出现。1984 年洛杉矶奥运会期间，官方要求居民尽可能拼车或错峰工作时间来减轻交通拥堵的压力，提升运动员呼吸空气的质量。这些改变直接使臭氧水平下降 12%，然而，在奥运会结束之后，人们恢复正常生活，臭氧水平回升。

水污染

在全美境内，工厂和当地政府排放的液体污染了小溪、河流和湖泊，因此，很多水体已经不再安全，不适合垂钓和游泳，更别说饮用了。在世界范围内，海洋污染是一个备受关注的话题。比如，当 2010 年深海地平线钻井平台漏油事件出现在墨西哥湾时，420 万桶油都被倒入了水中。这次倾倒影响了鸟类、鱼类、哺乳类动物，

电影 关于环境 5

《人类世》（*Anthropocene*）
由人类主宰环境所带来的后果。

《机器人总动员》（*WALL-E*）
在 2700 年，一个机器人发现了自己的命运。

《结局年代》（*Age of Consequences*）
气候变化、资源稀缺、迁移和冲突的交叉问题。

《大号鼠灾》（*Rodents of Unusual Size*）
海狸鼠通过战斗统治了地球。

《逐冰之旅》（*Chasing Ice*）
一个气候变化批判论者将怀疑融入了他的镜头。

以及它们的栖息地。在事发后两年，675只海豚在墨西哥湾北部搁浅，而往年的年均数量只有74只；深水珊瑚礁遭受巨大压力；微生物的氮循环被抑制；102种鸟类受到伤害。

这只是很多导致严重环境危害的水污染事件之一。1989年，当埃克森·瓦尔迪兹（Exxon Valdez）号油轮在阿拉斯加州的威廉王子湾触礁，它所载的1100万加仑原油都泄漏到海湾并冲上海岸，污染了1285英里的海岸线。总共有大约11000人加入到大型的清理活动中，花费了超过20亿美元。在世界范围内，漏油事件经常发生。在2002年，威望（Prestige）号油轮泄漏的原油大概是瓦尔迪兹号的两倍，严重破坏了法国和西班牙的沿海地区。

较之大范围事故或灾难事件，基础水供应虽然不那么引人注目，但却是世界范围内更为普遍的问题。全世界有8.84亿人缺乏安全和充足的饮用水，而且有20亿人依赖被排泄物污染过的饮用水源。谈及卫生设备，有23亿人口缺乏供水渠道——这一问题更威胁到供水质量。由不安全的饮用水造成的健康损失是巨大的。

考虑到这些水资源问题，我们就不会对水现在成为一个很多国家竞相争夺的商品感到震惊。在美国，对水资源的竞争是非常激烈的，尤其是西南部，包括拉斯维加斯等地。在中东，由民族和宗教引发的政治冲突常常因为水资源的斗争而变得更加复杂。所以，彼此竞争的国家都指责对方不公平地利用了现有的水资源，而且水罐车也成为军事和恐怖袭击的可能目标。

全球气候变化

科学证据清晰表明，气候变化是明显、持续且不可抗拒的，然而公众的态度投票显示人们实际上是保持批判性的。全球变暖是全球气候变化的主要指标之一，指的是当工业化气体比如二氧化碳将地球的环境变成一个虚拟温室时，地球地表温度出现明显上升。如图14-16所示，我们气象学中精确测量到的全球温度最高的时期都发生在近几十年。在全球范围内，记录中最暖的八年都出现在近十年。地球平均温度每升高一点，森林火灾、河流湖泊缩减、沙漠化扩大、台风飓风发生的可能性都会增加。

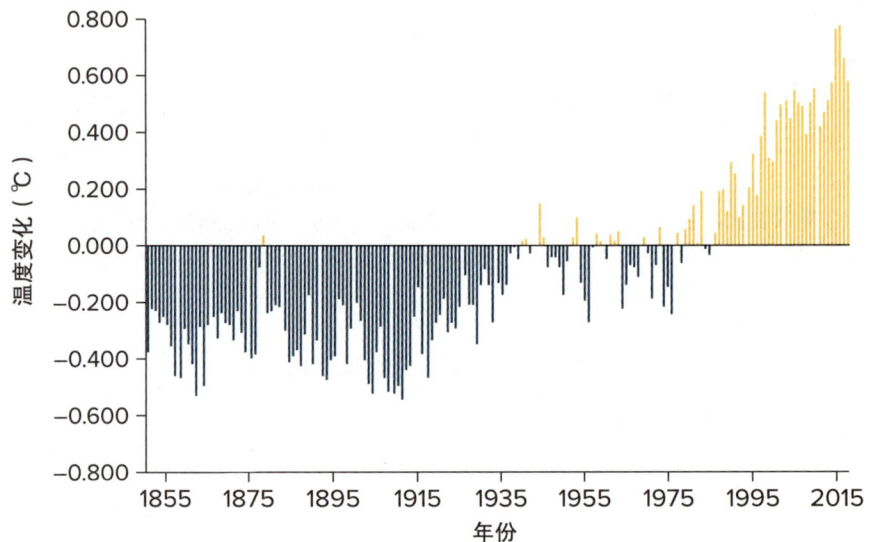

图 14-16　全球气温（1850—2018 年）

注：基础线（0℃）是自1961年到1990年的全球平均气温。低于这条线的温度是平均值以下，而高于这条线的则是平均值以上。记录中最高温度的年份都出现在过去20年。

数据来源：Climatic Research Unit，University of East Anglia，2019.

科学家在世界范围内追踪二氧化碳的排放，并可以绘制每个国家当前和未来的排放量。正如"走向全球：人均二氧化碳排放量"图中所示，美国和其他国家相比人均二氧化碳排放量更多，在250个国家中排名第11。气温和碳排放的数据促成了全球气候变化方面所达成的科学共识。从2013年到2014年，共有69 406名作者参与的所有经同行评议的24 210篇科学期刊所发表的论文中，只有5篇文章的4个作者不接受人类引起的全球变暖正在发生这一结论。相较而言，在公众舆论上，只有48%的美国人认为全球气候变化是由人类活动造成的，而其他31%的人则认为是自然原因。

当涉及分析谁为全球气候变化付出最高代价时，

图片来源：China Photos/Getty Images.

我们可以采用世界系统分析。从历史上说，核心国家已经成为温室气体最主要的排放者。如今，很多制造业搬迁到了半边缘国家和边缘国家，那里温室气体的排放正在增多。讽刺的是，那些宣称要减少导致气候变化的人类活动的人都生活在核心国家，这些国家都或多或少地导致了这一问题。我们想要汉堡，但是我们却责备人们破坏热带雨林来给牲畜提供牧场。我们想要廉价的衣服和玩具，但是我们却谴责发展中国家依赖燃煤发电厂，其数量预计到2030年增加46%。因此，全球气候变化的挑战与全球不平等密切相关。

人均二氧化碳排放量

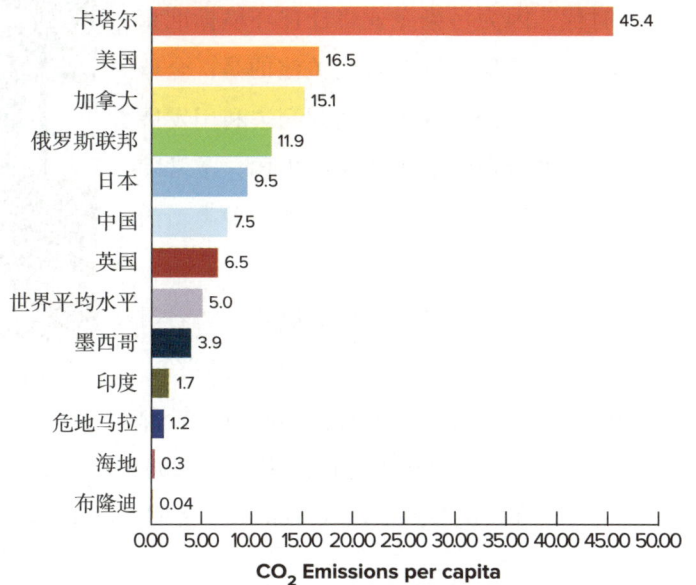

国家	CO_2 Emissions per capita
卡塔尔	45.4
美国	16.5
加拿大	15.1
俄罗斯联邦	11.9
日本	9.5
中国	7.5
英国	6.5
世界平均水平	5.0
墨西哥	3.9
印度	1.7
危地马拉	1.2
海地	0.3
布隆迪	0.04

资料来源：World Bank，2018u.

当然，气候变化的后果，无论是污染还是气候变化的形式，是非常广泛的。塑料、清洁剂、合成纤维、杀虫剂、除草剂和化肥都对一些物种生存所必需的生态系统构成了威胁。一些环保主义者担忧我们可能会进入一个新的灭绝时代。正如图14–7所示，鱼类和两栖动物尤其脆弱。

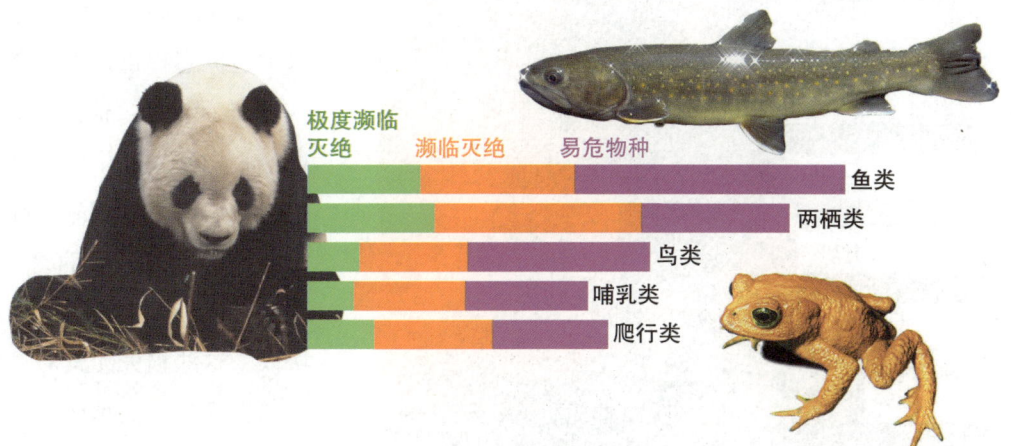

图 14–7　濒危物种

资料来源：IUCN，2018：Table 2. 图片来源：（熊猫）Fuse/Getty Images；（鱼）Bart Gammet/USFWS；（蛙）US. Fish and Wildlife Service，Charles H. Smith

全球化对环境的影响好坏参半。从消极的一面来看，它会开创一种底线竞争的时代，因为污染企业将迁往环境标准相对宽松的国家。同时备受关注的是，全球化允许跨国公司为了短期利润去利用发展中国家的资源。从墨西哥到中国，常常随着全球化而来的工业化增加了各种类型的污染。

然而全球化也有积极的影响。随着阻碍全球商品、服务和人员流动的壁垒消失，跨国公司有动力来认真思考消耗自然资源的代价。比如，1997 年制定，随后在 2005 年正式实施的《京都议定书》（*Kyoto Protocol*）表明，世界各国

图片来源：Jonas Marcos B. San Luis/Cutcaster.

全球气候变化关注度

国家	百分比
西班牙	89%
希腊	79%
肯尼亚	76%
法国	72%
墨西哥	72%
巴西	67%
加拿大	60%
美国	56%
土耳其	53%
印度	47%
俄罗斯	35%

资料来源：Poushter and Manevich, 2017. 图片来源：（上）Kim Steele/ Photographer's Choice/Getty Images；（下）Stockbyte/ Punchstock/ Getty Images.

可以联合起来行动产生巨大的影响，其想要为减少全球温室气体排放提供统一回应。有将近 200 个国家正式签署了协议。在目标时间 2012 年，签订协议的国家共同达到了它们的排放目标。同年 12 月，一些国家加入了《多哈协议》（*Doha Amendment*），其中设立了一些要在 2020 年达成的新目标。美国没有正式签署《京都议定书》，因为美国政治领导人担心这样做会将国家置于全球市场中的不利地位。

2015 年 12 月 12 日，195 个国家在巴黎同意签署了一个新的国际气候协定，被称之为《巴黎协定》（*Paris Agreement*），于 2016 年 11 月 4 日生效。这一协定承诺世界上的国家限制全球温度相较于前工业革命时期温度上升少于 2℃（3.6 ℉）。它包括了一系列条款来实现这一目标，比如，它鼓励和奖赏减少毁林。国家也同意提供足够的资金，包括公共基金来促成这一进步，而且，他们同意公开这一进步的测量方式。他们肯定了发展中国家减排需要更长的时间，但是协定并没有将这些国家排除出这条道路（正如《京都议定书》那样）。总而言之，这些国家承诺将气候变化带来的损失和破坏最小化，并指出，即便已经存在这个协议，这些损失尤其对一些相对弱势国家也是不可避免的，而且它们承诺每五年会回顾进展情况再建立新的减排目标。

这个协议备受赞扬，也成为国际合作的历史里程

碑。然而，在 2017 年 6 月，美国总统特朗普宣布美国开始退出协议的流程，根据协议退出流程不能早于 2020 年 11 月结束。作为回应，占美国人口 43% 的 18 个州共同加入了美国气候联盟。它们还共同制定了契合该协议目标的具体政策。

也许正如迪尔凯姆曾说的那样，通过认识到彼此依赖，我们才会采取必要的措施来改变社会。社会学通过强调整体系统的重要性帮我们更好看清我们是如何相互关联的，同时增强人们对我们所构建的全球体系下不平等的意识。这样的分析能够帮助我们更有效地应对全球挑战。

行动起来！

健康和环境

对 10 个朋友、家人和（或）同学做一个小调查。他们关注全球气候变化到何种程度？卫生保健呢？他们认为这些问题的核心议题是什么？这些问题中发生积极变化的阻碍是什么？记下他们的回答。他们的回答和他们的年龄、教育程度、性别和其他变量有什么关系？

本章回顾

1. 人口变动在塑造我们的生活中扮演了什么角色？
   - 人口变动提供了一种我们出生、生活、流动甚至死亡的环境，而且人口趋势在不同时代和国家之间存在很大差别，影响着我们的生活机遇。

2. 社会学对那些如健康等看上去是生物学的东西发挥了哪些作用？
   - 我们对何以算作健康和疾病的理解受到我们所属社会的影响。相似的是，我们的社会地位和对资源的控制会影响我们患病和获得卫生保健的可能性。

3. 我们从社会学中学到了哪些关于环境的教训？
   - 自然环境代表了我们人类的家园，我们在其中进行社会互动，而且我们组织社会关系的方式左右着我们对环境的影响。控制着更多资源的国家有更大的影响，因此也对这些效应有更大的责任。

不同社会学视角下的人口、健康与环境

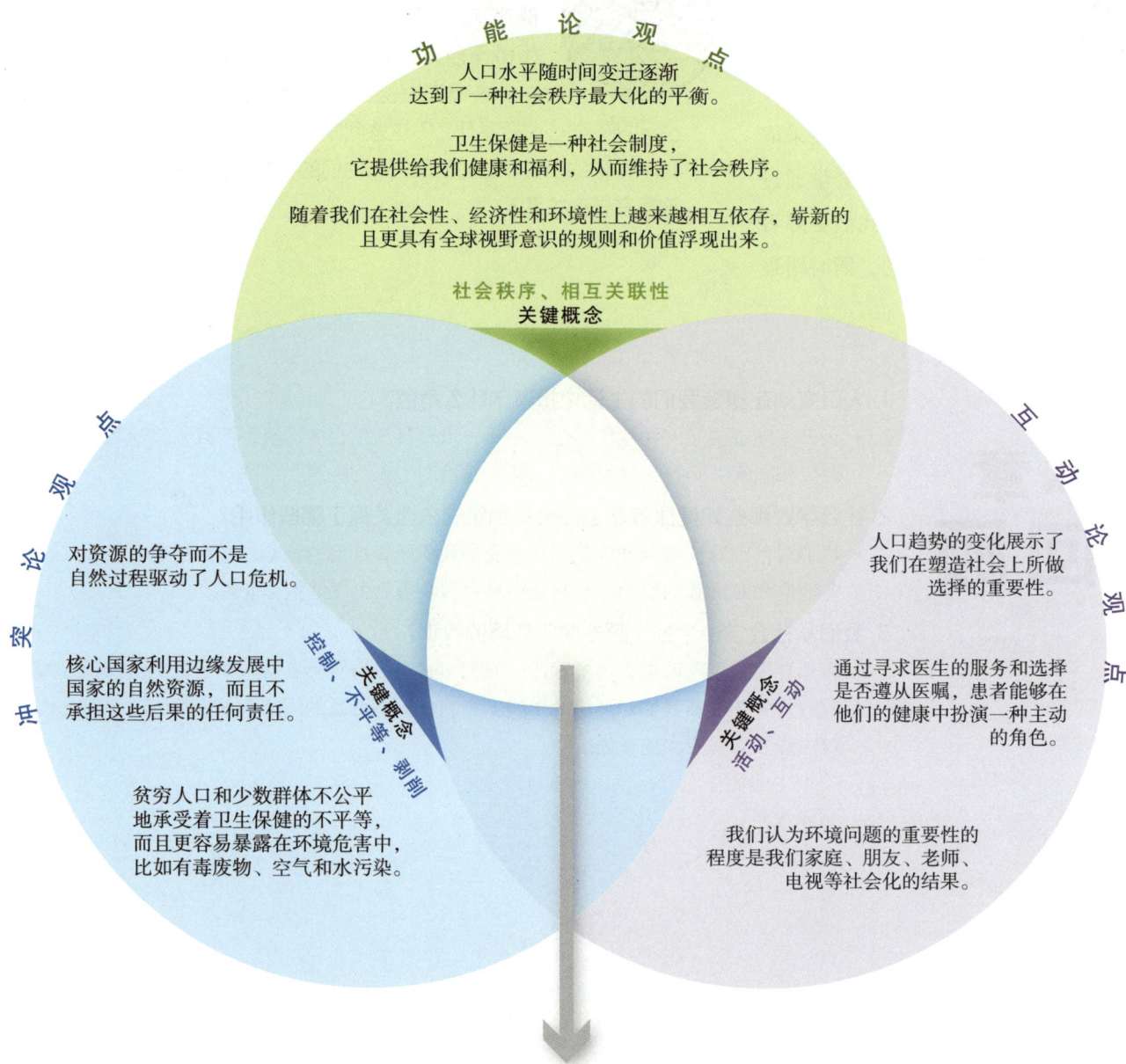

功 能 论 观 点

人口水平随时间变迁逐渐
达到了一种社会秩序最大化的平衡。

卫生保健是一种社会制度，
它提供给我们健康和福利，从而维持了社会秩序。

随着我们在社会性、经济性和环境性上越来越相互依存，崭新的
且更具有全球视野意识的规则和价值浮现出来。

社会秩序、相互关联性
关键概念

冲 突 论 观 点

对资源的争夺而不是
自然过程驱动了人口危机。

核心国家利用边缘发展中
国家的自然资源，而且不
承担这些后果的任何责任。

贫穷人口和少数群体不公平
地承受着卫生保健的不平等，
而且更容易暴露在环境危害中，
比如有毒废物、空气和水污染。

关键概念
控制、不平等、剥削

互 动 论 观 点

人口趋势的变化展示了
我们在塑造社会上所做
选择的重要性。

通过寻求医生的服务和选择
是否遵从医嘱，患者能够在
他们的健康中扮演一种主动
的角色。

我们认为环境问题的重要性的
程度是我们家庭、朋友、老师、
电视等社会化的结果。

关键概念
活动、互动

建立联系
回顾本章之后，请回答下列问题。

1
每一种视角将如何研究达科他输油管线的问题？

2
每一种视角如何研究人口转变模型，以及他们的观点
有何差异？

3
关于美国当前的卫生保健状况，包括近来的卫生保健
改革举措，我们能从中获得什么样的启发？

4
从互动论视角观察你在医疗制度中的实际经验。你与
医生和护士的互动是什么样的？作为一名患者，你是
主动型的还是被动型的？

第 15 章

图片来源：Anadolu Agency/Getty Images.

一名学生改变世界的时刻

"**我们已经受够了！**作为哥伦拜恩枪击事件之后出生的一代人，我们一生都在忍受着这种状况。现在枪击事件再次发生在我的学校，我在壁橱里整整躲了两个小时，大家都躲起来了，就连美国也躲了起来。"

在佛罗里达州帕克兰市发生的造成 17 人死亡的校园枪击事件过去几天后，马乔里·斯通曼·道格拉斯高中的一名高年级学生瑞恩·戴奇（Ryan Deitsch）说出了这番话。正如我们在第 6 章中探讨过的，许多像他一样的人会愿意站出来为自己的信仰而去抗争，他们会齐心协力地参加"为我们的生命"游行，会去游说佛罗里达州立法机构和美国国会大厦的政客，有时

也会出现在新闻节目中，并通过社交媒体分享帖子参与到其他活动中。他们的主要诉求就是让公众将同情心转化为正义行动，包括以立法的形式杜绝类似的枪击事件再次发生。

纵观美国历史，许多人一次又一次为自己所坚信并认为正确的事情挺身而出，大家聚集在一起游行，希望引起大众就他们所关心的问题的关注。人们致力于公众事业并在努力进取中带来实质性改变的案例比比皆是，在本书的其他章节中也探讨了一些，如 19 世纪的反奴隶制运动；妇女选举权运动使得妇女在 1920 年获得投票权；为非裔美国人争取政治、社会和经济

权利的民权运动；由学生引领的越南战争抗议活动；20 世纪 60 年代寻求平等和尊重的妇女权利运动；随后出现的婴儿生命权（pro-life）与选择自由权（pro-choice）运动，就堕胎是否应合法化展开了争论；茶党运动引发人们对政府规模和权力不断扩张的担忧。最近的例子则是包括关注非裔美国人的生命；以自由和正义为名的"黑人性命攸关"运动；持续进行的妇女游行和 # Me Too 运动旨在打击性暴力与改变妇女的不平等待遇问题；全国各地的学校都通过罢课的方式以回应帕克兰枪击案。在此进程中，还涌现出许多类似的通过集体行动以谋求改变的运动与时刻。

学生们经常会觉得社会学具有莫大吸引力，认为它能够帮助他们去改变世界。自社会学创立之初，社会学家在理解与探索社会变迁的道路上就未曾止步。例如，我们学习到当人们以一贯的行为方式行事时，会陷于对当下状况的再复制；如若采取不同的行动，便有可能改变世界。由此，我们可以利用从社会学中获得的知识去提升自身所希冀的积极的变化出现的概率。

边读边思考 >>

- 哪些因素促使社会运动得以成功？
- 社会变迁为何以及如何发生？
- 践行社会学意味着什么？

> > 社会运动

当人们改变自身的行为方式时，变化就会产生。如果有足够多的人去这样做，那么从微观层面萌发的新事物便有可能在宏观层面产生影响，从而塑造出新的社会结构。社会运动致力于通过有意图的行动方式催生这种变化。社会学家通常使用**社会运动**一词来指个人或集体致力于以系统的方式抵制或带来根本性的社会变迁。

变迁的力量源于每一个行动的个体。很多时候，人们做

社会运动（social movement）个人或集体致力于以系统的方式抵制或带来根本性的社会变迁。

你知道吗？

1916 年，玛格丽特·桑格开设了一家计生诊所，但是开业仅 9 天便遭到警察的突击搜查，结果入狱 30 天，但她并未被吓倒，依然在竭力宣传节育理念。

图片来源：Library of Congress, Prints and Photographs Division ［LC-USZ62-29808］

出的选择是由其所处的社会地位与所历经的社会化决定的，通过从各种渠道获取信息后会据此判断个人所偏好的路径。但是这样的话每个人通常只会去做符合自己所期望的事情，因为不论大小事务，在遵循既定的规范中去做会容易得多。然而在我们生命中的不同时刻，每个人其实都可以选择以不同的方式行动。

社会运动致力于为我们提供信息，以便使人更深入地了解选择的后果。倡导者试图说服人们去选择一条新的道路，如果响应的人越多，新的路径对他人而言就越是可行。比如，人们当初认为玛格丽特·桑格（Margaret Sanger）与早期其他节育倡导者的想法是激进的；反观

如今，避孕药具在美国已被广泛使用。

当论及如何更好地理解集体行动中的社会变迁时，社会学家们曾论证了多条理论途径。自19世纪90年代开始，在研究社会运动时，诸学者倾向于关注集会和参加集会的人群，尤其注重领导者对人群的情绪操纵，极少关注致力于带来重大社会变迁的社会组织。在20世纪50年代，有理论家关注到人们对自身处境的看法可能对其社会活动的参与意愿产生影响。从20世纪60年代开始，一些社会运动在当时甚为活跃，社会学家的关注点便从参与者的特征转移到运动如何运作以及决定运动成败的关键因素上。最近，社会学家在研究参与组织的个人动机，以便更好地探究人们为什么愿意将时间和精力投入到此类运动中，并特别关注赞成与同情所产生的作用。我们将在本节探讨以上四种路径。

早期社会科学中的群体理论

长期以来，研究社会运动的社会学家较少关注组织及其成就，而是倾向于关注发生在正常社会行为边界外的异常事件，这既包括骚乱与暴动，也包括潮流，并扩展到抗议与集会。特别值得关注的是群体对个人可能施加的相对权力。

在19世纪90年代后期，心理学家古斯塔夫·勒庞创立了群体心理学理论，该理论在20世纪60年代以前一直占据主导地位。在他的畅销书《乌合之众》（The Crowd）中，勒庞认为身处群体中的人容易受到操纵型领导的影响，他写道："谁能给他们提供幻觉，谁就很容易成为他们的主人。"勒庞声称领导者尤其擅长利用情绪为自己谋利，他认为，"一群人在感情上惯于夸张，只会被过分的感情所打动"。随着阿道夫·希特勒在德国的崛起，这一理论在20世纪三四十年代显得尤为突出。

这种对群体心理的解释使得情感和理性以一种看起来水火不容的方式相互对立，抗议被描述为那些易受影响和缺乏思考的人的非理性行为。在群体中，个人会在此情此景中建立信任，并且去做一些未曾考虑

过的事情。如今，当人们对具有超凡魅力的领袖（无论是宗教领袖还是政治领袖）表示担忧时，他们仍在诉诸这一理论的另一个版本，即批评指责这类领袖通过对其追随者进行操纵、欺骗或洗脑，以便使其信仰自己。

由于关注群体和操纵，这一理论特别吸引那些试图使参与者的主张失去合法性的掌权者。当妇女选举权运动通过集会或工会争取妇女的投票权或要求公平报酬与更好的工作条件时，这一理论成为当权者驳回这些诉求的工具。他们反而会去指责那些点燃民众情绪的煽动者，不再理会抗议者主张的合法性，并且指控集会领导者是间谍或激进分子，有时甚至以维护社会秩序的名义使用暴力镇压集会。

当代的社会学家在很大程度上反对这一理论，因为它的理念似乎与他们在研究社会运动如何在实践中运作时所发现的不相符。特别是自20世纪60年代开始对当时的一些运动的研究，一些学者有时也会参与其中。社会学家认识到参与这些运动的人并不比那些没有参与的人更不理性或更容易受到影响，于是研究人员将注意力转向了对资源的控制如何影响社会运动的成败上。

相对剥夺

为了更透彻地理解个体为什么会参与社会运动，社会学家开始关注人们的看法。他们发现，那些对社会和经济状况感到沮丧和不满的社会成员从客观意义上来说不一定是最糟糕的。况且社会学家早就认识到，人们对其处境的看法往往比他们实际的客观处境更值得探究。

相对剥夺理论指的是人们认为他们缺乏必要的资源来过他们认为应得的生活。相对部分是指将自己与他人进行比较，而剥夺部分则是指缺乏金钱、资本或权力等。一个相对被剥夺的人之所以感到不满足，是因为他或她相较于某个合适的参照群体会感到不满，他们渴望更

> **相对剥夺**（relative deprivation）
> 人们认为他们缺乏必要的社会资源来过他们认为应得的生活。

多，却得不到想要的；即便去尝试了，仅是得到他们需要的东西也是不够的。因此，与住在专属郊区豪华住宅中的公司经理和专业人士相比，住在狭窄土地上简陋房屋中的蓝领工人（尽管算不上赤贫）可能仍会感到被剥夺。

然而，除了相对剥夺感之外，还必须存在另外两个因素才能将不满情绪转化为社会运动。首先，人们必须觉得他们有权利实现自己的目标，他们理应得到比当前拥有的更好的东西。比如，当越来越多的非洲人认为他们拥有政治和经济独立是合法的，那么反对欧洲在非洲的殖民主义的斗争就会愈演愈烈。其次，弱势群体必须认识到他们的目标无法通过常规手段实现。这种信念不论正确与否，只有在达成共识的情况下，即成员只能通过集体行动来终结他们的相对剥夺感，否则该团体不会发起社会运动。

资源动员（resource mobilization）通过合理的资源管理，以实现社会运动的组织目标。

这种观点面临的挑战之一是其无力解释为什么有些感到不满或被剥夺的人并不会采取行动或加入某一社会运动，而其他人却会这样做。此外，还有一些人没有感到严重的剥夺但仍去参与。由此，在20世纪60年代，学者不再试图去解释内部动机，而是更多地去关注资源获取如何影响社会运动的结果。

电影

关于社会运动与社会变迁

5

《举起拳头》（2 Fists Up）
密苏里大学的学生为种族平等而战。

《黑色党徒》（BlacKkKlansman）
行动主义在微观层面的力量。

《自由搭客》（Freedom Riders）
年轻的活动家挑战美国南部的种族隔离。

《难以忽视的真相》
（An Inconvenient Sequel: Truth to Power）
全球气候变化促使人们采取行动。

《南国野兽》（Beasts of the Southern Wild）
当你还小的时候，你必须尽你所能。

理性行动与资源动员

20世纪60年代为社会学家提供了许多研究社会运动的机会。新一代理论家将注意力从人们参与或不参与的原因转移到运动如何运作，并特别强调理性计算的重要性。欲望虽然很重要，但获得金钱、政治影响力、媒体与响应者会让事情变得容易得多，理论家将这种方法称为**资源动员**，它指的是通过合理的资源管理，以实现社会运动的组织目标。从这个角度来看，一场运动能否成功带来变迁取决于它拥有什么资源以及它如何有效地利用这些资源。社会运动的领导者必须能够获得有价值的资源并吸引潜在的追随者。

马克斯·韦伯以他对社会权力的研究为这个模型奠定了基础。正如在第10章中"韦伯和社会资源"部分所探讨的那样，韦伯认为阶级、地位和政党代表三种类型的资源，每获得一种权利都会塑造社会中的相对社会权力。阶级涉及物质资源的所有权和控制权；地位意味着对社会资源的控制，包括人们对个人或群体威望的相对感知，以及社交网络所联结的力量；政党是指组织完成某些特定目标的能力。根据韦伯的说法，团体可以利用他们在其中一个领域的相对权力在另一个领域获得更大的权力。例如在美国，民权运动有效地利用其组织力量改变了非裔美国人在阶级和地位方面的相对地位。

社会学家安东尼·奥伯沙尔认为，要维持社会抗议或抵抗，就必须有"组织基础与领导能力的可持续性"。当群体成为社会运动的一部分时，要制定规范来指导其行为，并且成员还需要参加组织的定期会议、缴纳会费、招募新的追随者、抵制"敌方"产品或演讲者。领导力是动员不满者参与社会运动的核心要素。通常情况下，一场运动会由一位具有超凡魅力的人物领导，比如马丁·路德·金博士的民权运动，然而仅有超凡魅力的权威可能还不够。

如果一个团队要取得成功，步调一致的行动至关重要。最近的运动致力于协商如何更好地实现这一目标。例如，在帕克兰枪击案之后，除了游行、罢工和接受采访外，学生们还成立了"MSD 永不重演"政治行动委员会，为了更好地处理行动主义所要求的组织细节。社会运动有时会争论他们想在多大程度上利用官僚结构所提供的效率。一些团体担心这样做会带来他们组织起来抗议的对象所具有的特征。例如，领导者可能在不咨询下属的情况下，直接主导决策过程。

社会运动需要调动的关键资源之一是媒体曝光。社交网络技术的革新，包括 Instagram、Twitter、Facebook 等各种消息应用程序都可以作为重要的资源，促进集体运动的组织和成功。拍摄和分享具有明显暴行的视频在"黑人性命攸关"运动的发展中发挥了重要作用。帕克兰学校枪击案发生仅五周半后，社交网络和一些社交软件使得成功组织和开展在全国各地举行的"为我们的生命去游行"活动成为可能。这类技术将在这些运动发展和其他活动开展的持续性层面发挥作用。

激情的力量

社会运动理论最近的一次转向又回到了动机问题，最新的情感社会学研究也证实了这一点。资源动员模型强调社会运动如何运作和何以成功；另一方面，这些较新的理论关注的焦点是人们为什么参与以及是什么让他们参与。从这个视角来看，理论家们拒绝情感等同于非理性的前提。女权主义理论家尤其质疑这种虚假的等价性，认为它成为一种剥夺女性知识和经验合法性的方式。用社会学家詹姆斯·贾斯珀（James Jasper）的话来说就是"情绪是有益的、有用的，有时甚至是明智的"。

基于这个观点，人们会为他们所信仰的事物而战，不仅仅是因为他们专注于通过工具理性去获取社会资源，而是因为他们坚信这样做是正确的，他们自身的正义感以及当他们看到有人受到不公平对待时几乎喉

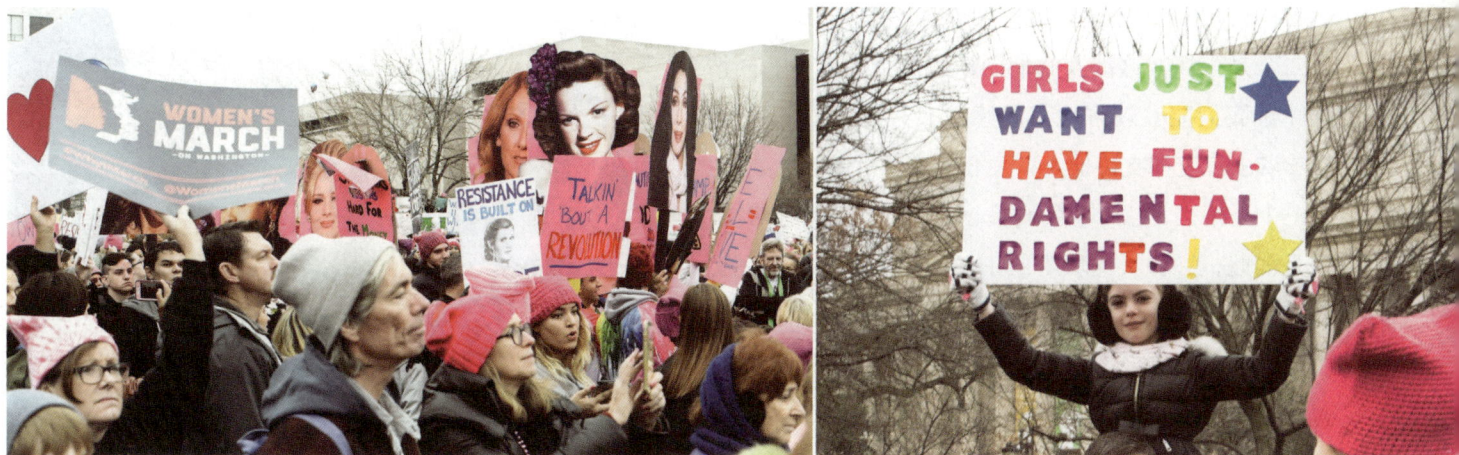

2017 年 1 月，华盛顿妇女游行吸引了超过 50 万名参与者。许多人在全国各地和世界各地的不同地点游行。
图片来源：（左）Amanda Edwards/FilmMagic/Getty Images；（右）Jenny Anderson/FilmMagic/Getty Images.

舌般的反应也提供了重要的动机。看到价值观付诸实践会带来一定的自豪感、成就感和价值感。

当论及社会运动时，所涉及的情绪范围不尽相同。有时候最重要的情绪是人们对悲剧事件的本能反应。当涉及校园枪击事件时，我们已经一次又一次地看到这种情况。用帕克兰枪击案幸存者德莱尼·塔尔（Delaney Tarr）的话来说，"这场由学生发起和领导的运动是基于情绪，始于盛怒，哀于痛苦"。使帕克兰案与众不同的一个原因是，事件所波及的学生立刻站出来了，他们能够以一种导致行动的方式直接利用这些情绪，但运动不能仅依靠此类情绪。

在他们的内心深处，诸如此类的反应植根于与人们的道德感相关的更基本的情感承诺。我们经常以道德剧或童话等叙事形式表达这些承诺，这可以帮助我们更好地表露自身的信仰。这些故事通常包括受害者、恶棍、英雄和仆从。当一些挑战我们社会正义感的事件发生时，我们可以更容易地识别当前危机中的利益相关者，有效的社会运动通常会找到讲述此类故事的最有效方法。

道德情感直达我们内心所秉持的真实、正义、善良和是非。社会学家詹姆斯·贾斯珀尤其重视三种道德情感。第一个是骄傲，这强调了我们对团队和自身声誉的重视，我们希望能够和那些属于同一阵营的自己人互相示好，攻击他们中任何一人就如同在攻击我们自己，同时自己的可耻行为也会给集体带来耻辱。第二个是关怀，这涉及我们同情和共情的能力。同情意味着我们能够理解他人的感受。共情超越了同情，意味着去肯定和支持他人，关心他人恶劣的社会处境。第三个是正义，意味着我们关心人们会受到何种对待。正是如此，一种义愤填膺或正义的愤怒开始增长，贾斯珀使用"愤慨差距"这一概念来描述由我们的信念所产生的应然和实然的差距。

1999年，当科伦拜恩校园枪击案发生时，早在话题被创建之前，"我们是科伦拜恩"就成了一个集结口号，表达了对该社区存在的自豪感和认同感。人们参

每一次消费都是在为你想要的世界投一票。

安娜·拉佩（Anna Lappé）

与社会运动的原因之一是感受到了与比自己更强大、更重要的事物之间的联系。也许因为当时枪击案的规模空前，来自全国各地的人们对科伦拜恩社区的情感溢于言表。而且为了寻求正义，以及这种行为激起的根深蒂固的不公平感，公众呼吁"永不重演"。可悲的是，哀怨的呼声在诸如桑迪·胡克小学、奥兰多的 Pulse 夜总会和拉斯维加斯的 Harvest 音乐节接二连三发生的大规模枪击事件中从未停歇。

将资源动员观点的要素与基于同情心的模型相结合，使我们能够更好地理解是什么使社会运动得以发挥作用。如果一场运动要成功，它必须倾向于公众的社会正义感和他们对可能性的看法。要求人们牺牲自己的时间、金钱和精力，其结果应该是唤起他们对是

你知道吗？

妇女在反战和民权运动中发挥了积极作用，但往往被阻碍担任领导职务。学生非暴力协调委员会领导人斯托克利·卡迈克尔（Stokely Carmichael）那句臭名昭著的话也许比其他任何例子都能更好地佐证这种排斥："SNCC 中唯一适合女性的位置是俯卧。"这种堂而皇之的性别歧视致使女性成立了自己的组织，为妇女的权利进行不懈的斗争。

图片来源：Bettmann/Getty Images.

非的情感意识，以及他们对更高效与最有效的前进道路的理性认知。

> > **评估社会变迁**

研究社会运动使我们能够将注意力集中在实现或抵制变迁所做的努力上，但社会变迁的主题一般较为广泛并且变化是其常态。正如图 15-1 显示的，在过去一个世纪左右，美国人口翻了一番多，高中毕业和上大学的人口比例激增，女性加入有偿劳动力队伍的人数显著增加，预期寿命上升，技术创新爆炸式增长，男性和女性晚婚现象普遍，家庭规模也在不断缩小。

对社会变迁的全面理解包括由社会运动所带来的变化，应该探求物质、认知和规范这三种要素在文化层面是如何随着时间的推移而变化的。物质涉及我们通过对自然环境进行物理改造以适应行动的目的；认知关注我们对现实的心理反应与符号表征；规范包含我们建立、遵守和执行行为的原则和方式。

人口	**1850**	**1940**	**1960**	**2017**
总计（百万）	23.3	132.1	179.3	326
15岁以下的百分比	41%	25%	31%	19%
教育	**1850**	**1940**	**1960**	**2017**
25岁以上未完成高中学业的百分比	88%	75%	59%	10%
19~24岁接受高等教育的百分比	<1%	8%	24%	40%
劳动力参与	**1850**	**1940**	**1960**	**2018**
20多岁的男性	94%	86%	86%	81%
20多岁的女性	22%	51%	74%	73%
健康	**1850**	**1940**	**1960**	**2016**
每10万人口中的医生	176	133	150	292
出生时的预期寿命（年）	38	63	70	79
技术	**1870**	**1940**	**1960**	**2015**
已发布版权	5600	176 997	243 926	443 823
已颁发专利	12 137	42 238	47 170	325 979
家庭	**1890**	**1940**	**1960**	**2018**
男性初婚年龄中位数	26	24	23	30
女性初婚年龄中位数	22	22	20	28
每1000名20~24岁妇女的出生率	168.4	135.6	258.1	74

图 15-1　美国的社会变迁

注：数据具有可比性，但定义随时间有所不同。最早的出生率从 1905 年开始。

资料来源：Bureau of Labor Statistics，2019c; Carter et al.，2006:vol. 1: 28–29, 401–402, 440, 541, 685, 697, 709, vol. 2: 441–442, vol. 3: 422–425, 427–428; National Center for Health Statistics，2018a:Tables 3, 15, 83; National Center for Education Statistics，2018:Tables 104.10, 302.60; U.S. Census Bureau，2010a:Table 80, 2016e:Table MS-2, 2018a:Table S0201; U.S. Copyright Office，2016; U.S. Patent and Trademark Office，2016. 图片来源：Nisian Hughes/Getty Images.

社会变迁（Social change）
人类在社会中思维和行为方式的变化，改变了物质、认知和文化规范。

我们对社会变迁的定义包含了这三个方面。**社会变迁**是指人类在社会中思维和行为方式的变化，改变了物质、认知和文化规范。了解这些领域中的变化是如何发生的，以及为什么会发生变化，有助于我们更好地实现我们所期待的变化。

物质文化与变迁

技术是物质文化的核心要素之一。日新月异的技术革新并非持续不断，在人类历史的大部分进程中，新技术的发展都相对平缓。但自工业革命开始，整个世界发生了翻天覆地的变化。卡尔·马克思认为资本主义对技术创新具有贡献，人类也在日常生活中享受着新技术带来的益处。但是我们应从社会学中吸取的教训之一是，人们应时常退后一步，在得与失中就技术革新带来的优势和劣势提出质疑。

技术的收益与成本 事实上，技术创新正以惊人的速度出现并被采纳，并通过多种方式让我们的生活更美好。能够列举出来的例子数不胜数，包括但不限于医疗保健方面的创新。例如，起搏器、隐形眼镜、除颤器、胰岛素泵、机器人辅助手术、疫苗等。

在互联网时代，数字技术塑造了我们的生活方式。例如，移动电话在世界各地的普及在一定程度上推动了网络全球化。2018 年，互联网用户达到 42 亿，占全球人口的 55.1%。如果我们细看全球互联网的使用情况，仅亚洲就有超过 20 亿的用户。然而，在访问方面，如图 15-2 所示，北美 95% 的人口可以访问互联网的比例比任何其他地区都要高，而非洲只有 36% 的

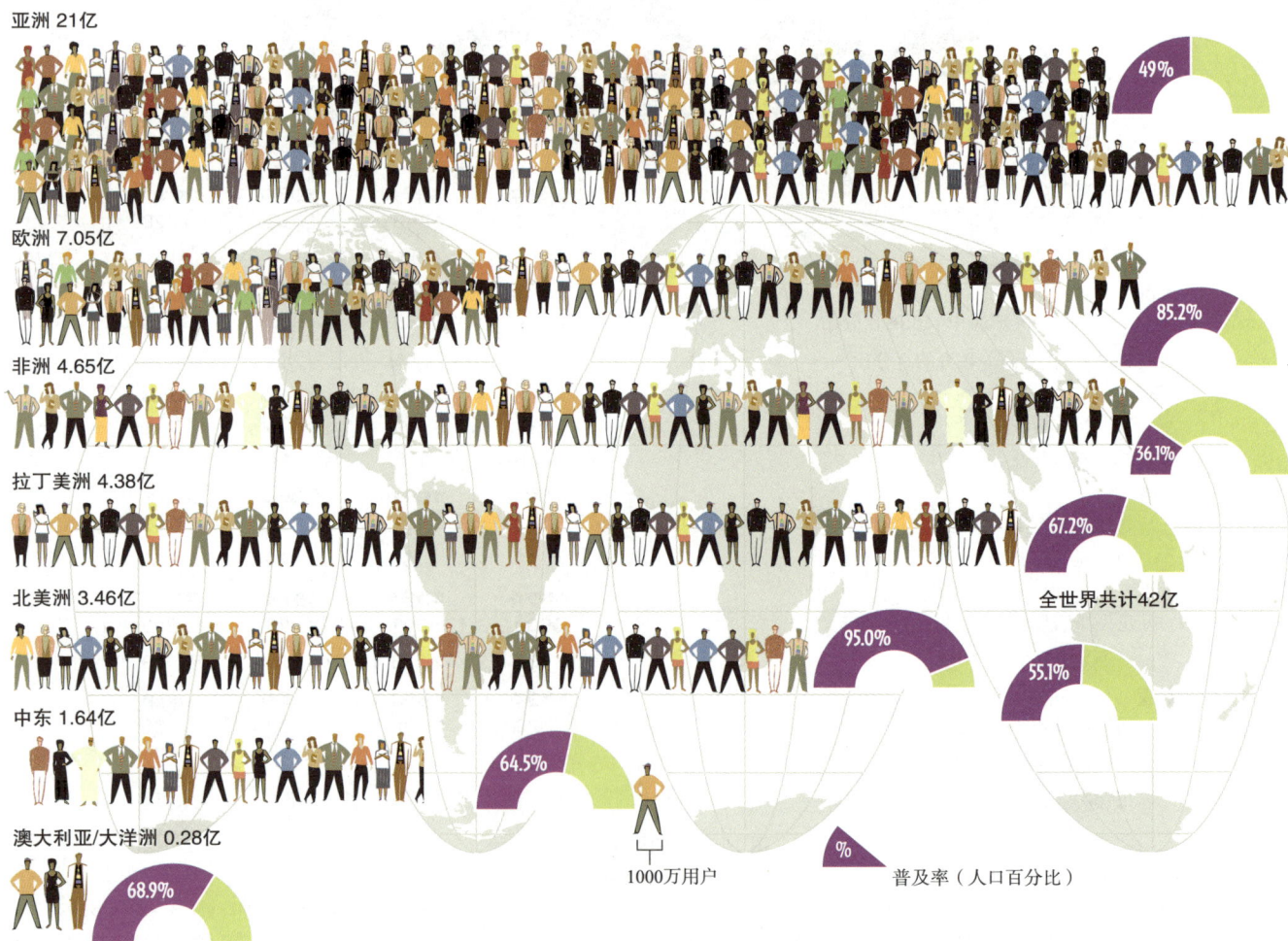

亚洲 21亿 — 49%
欧洲 7.05亿 — 85.2%
非洲 4.65亿 — 36.1%
拉丁美洲 4.38亿 — 67.2%
北美洲 3.46亿 — 95.0%
中东 1.64亿 — 64.5%
澳大利亚/大洋洲 0.28亿 — 68.9%
全世界共计42亿 — 55.1%

1000万用户 　　% 普及率（人口百分比）

图 15-2　全球各地的互联网使用情况和普及率

资料来源：Internet World Stats, 2018.

人口可以访问互联网。

在发展中国家，所有人都可以迅速地从有限的技术发展转变为以更先进的形式采用它们。这种跨越式发展的个案代表是，某一国家可能无须再为固定电话去布线或安装基础设施并直接转向广泛地使用手机。例如肯尼亚、阿富汗和印度等地的 M-Pesa 应用程序直接采用电子商务进行金融交易。

技术变革并非没有代价。比如早在 19 世纪中期，卡尔·马克思就预测，随着机器替代以前由人类完成的工作，技术创新将使工人失去工作，对机械化、计算机化和机器人化的关注一直持续到今天。技术分析师托马斯·达文波特（Thomas Davenport）和茱莉亚·科尔比（Julia Kirby）认为，容易受到自动化影响的工作包括那些具有明确规定的以绩效为原则的工作，比如简单的内容传输需要定量分析，有时根本无须与顾客和同事面对面沟通。例如，通过读取 x 射线图和 CT 扫描诊断肿瘤的放射科医生很容易被可以利用模式识别数据库来完成这项工作的技术所取代。如果寻找好工作的求职者的供应数量超出了雇主的需求，这种社会变化可能会导致经济隐患。

随着技术的传播，我们也可能丧失对其他生活领域的控制，包括我们的隐私。2019 年，万豪国际通报其 3.83 亿客人的私人数据被盗取，其中包括 500 万个未加密的护照号码。2017 年，信用报告机构 Equifax 报告了一起影响 1.48 亿客户的数据泄露事件。2016 年，Friend Finder 报告其 Adult Friend Finder 网站 3.39 亿用户的用户名、密码和电子邮件地址被盗。

在技术创新方面，科学研究提供了其他值得关注的领域。对植物、动物和微生物的基因改造让大众开始质疑技术的边界。例如，许多人担心转基因食品可能会对健康和环境造成难以预料的后果。但是转基因食品可以适应恶劣的环境，能够帮助世界各国缓解饥饿和饥荒。权衡此类变化的利弊需要运用明确的判断与充分的信息。

谈到动物基因改造，第一个重大里程碑发生在 1997 年，当时科学家在苏格兰宣布他们克隆出一只羊，并将其命名为多莉。自那时起，许多其他物种相继被成功克隆，这可以在图 15–3 的时间线中看到。如今已经可以克隆你的宠物猫或狗，尽管这样做的代价高昂。科学家甚至已经着手进行"灭绝动物复活"工作，即克隆已灭绝的物种，如长毛猛犸象和旅鸽。

2015 年，科学家们宣布已成功对人类胚胎进行了基因改造，但没有一个胚胎成功。2017 年，科学家成功克隆了有史以来的第一只灵长类动物，一对名叫中中和华华的长尾猕猴。2018 年，第一个基因编辑的人类婴儿出生，使他们不易感染艾滋病毒。当被问及这个问题时，81% 的美国人回答说克隆人类是违反道德的。尽管克隆非人类哺乳动物已经变得普遍，但 51% 的人仍认为这是违反人类道德的。

追问技术 鉴于技术变革的后果，古往今来对技术创新是否等同于进步的质疑也就不足为奇。例如，源自工业革命的发明在一些国家会被强烈抵制。在英国，从 1811 年开始，一些工匠会采取极端措施，比如在夜间偷袭工厂，并摧毁一些新机器。政府追捕这些被称为**卢德分子**的恶棍，最终将他

卢德分子（luddites） 也被称为卢德主义者，他们通过破坏工厂机械抵制工业革命，被认为是 19 世纪英国的反叛工匠。

电影
关于技术及其影响

5

《你瞧》（Lo and Behold）
互联网是善与恶的力量，还是两者兼而有之？

《火星救援》（The Martian）
被困于火星，只有技术能拯救他。

《机械姬》（Ex Machina）
当人类和机器人的界限模糊时会发生什么？

《末日危途》（The Road）
人类在后世界末日的生存。

《失衡生活》（Koyaanisqatsi）
一种需要另一种生活方式的生活。

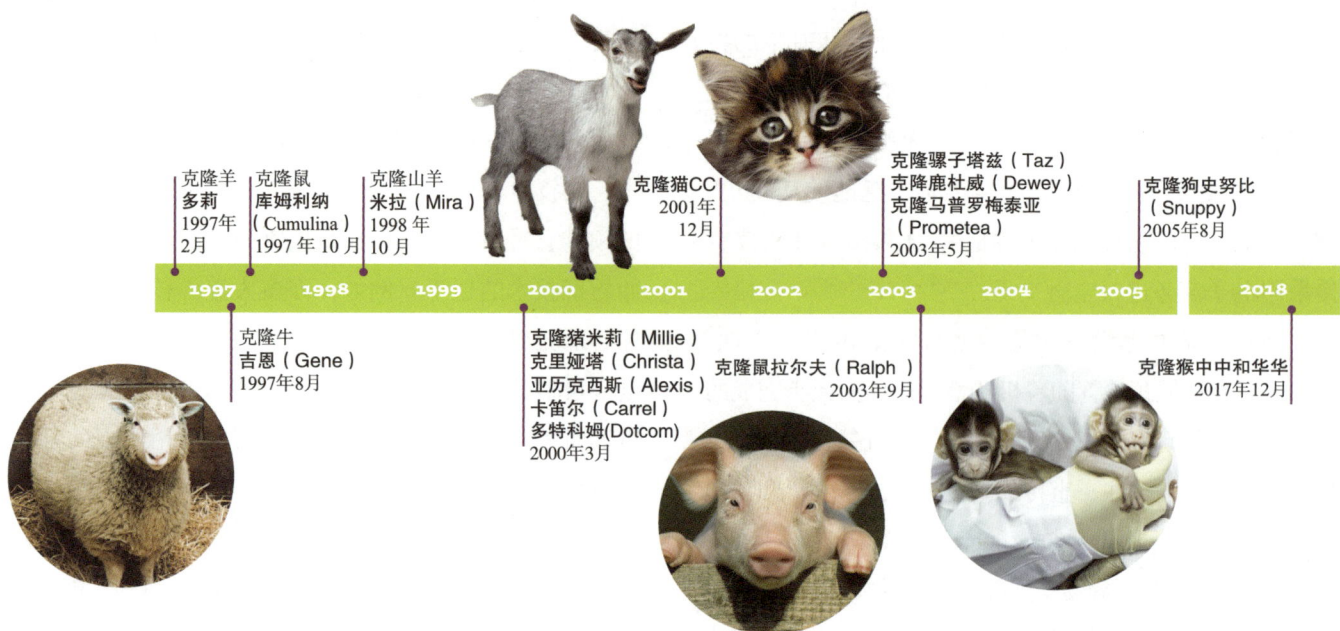

图 15–3　克隆技术里程碑

图片来源：（绵羊）PA Images/Getty Images；（山羊）G.K. & Vikki Hart/Photodisc/Yuri Kevhiev/Getty Image；（猫）G.K.&Vikki Hart/Photodisc/Getti Images；（猪）Image Source/Punchstock；（猴）Jin Liwang/Xinhua News Agency/ Getty Image.

们驱逐或绞死。在法国，愤懑的工人会将他们的木鞋（木屐）扔进工厂的机器中以达到破坏目的，从而产生了"蓄意毁坏"一词。尽管卢德分子和法国工人的抵抗是短暂的，也并未成功，但他们已经成为抵制技术变革的象征。然而，如果简单地将这些抵制者的行为视为反技术或非理性是错误的。他们主要关注的是新技术对他们的就业、社区和生活方式的影响。如今，阿米什人也做了类似的事情。

社会学家雅克·埃吕尔（Jacques Ellul）认为，在分析现代科技社会时不能简单地认为技术是关键因素，在改变物质环境时所创造的物理工具都可以广泛地称之为技术。我们致力于在所有领域系统地实现效率和生产力提高的最大化。无论是在商业、教育还是爱情方面，成功都越来越多地用数字来衡量。无法测量的便是可疑的，例如，"不让一个孩子掉队"的教育改革则为此提供了证据。在特定类型的考试中，小范围的科目中的表现正成为学习的主要指标。尽管生活在以技术进步为中心的社会系统中，人类却在进程中逐渐失去了具有人性的东西——艺术的美感和定性价值，而非定量价值。埃吕尔的担忧与马克斯·韦伯对官僚机构非人性后果的忧虑相呼应。

现如今，我们中的大多数人都会自动采用最新的技术，而不会花时间后退一步，思考它们可能会对社会秩序和意义产生何种影响。一方面，智能手机促进

采用新技术时要问的5个问题

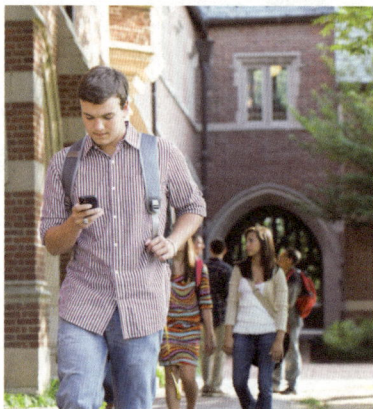

- 这项技术能解决什么问题？

- 这是谁的问题？

- 解决问题的同时是否会产生新问题？

- 哪些人或组织可能会受到严重伤害？

- 哪些人或组织可能获得特殊的经济利益和政治权力？

资料来源：postman，1988. 图片来源：Ariel Skelley/Blend Images LLC.

了社会运动的形成和成功，正如我们在帕克兰枪击案发生后所看到的那样。另一方面，它会影响我们与他者的日常互动。通信研究领域教授尼尔·波特曼（Neil Postman）认为，与其被动接受技术创新，不如批判性地审视我们是否真的需要，并反思采用技术可能对人类自身、关系和社会产生的后果。他强调当我们在购买新智能手机或汽车时，或在实施新管理或组织计划时，无论何时都应该问5个问题。

认知文化与变迁

认知文化是文化的第二要素，这里的变化涉及新的价值观、信念，知识教育是增进个人和集体知识的有力工具。我们比以往任何时候接触到更多样的想法和行为方式。社会学要求我们始终寻找新的视角去理解周围的世界，以便更好地解释人为什么会这样思考和行动。基于不同的相关研究，社会学家将这些新知识带给我们，去拓展我们的视野。当然，我们也可以进行自己的研究，并为知识的共同储备做出贡献。

社会的演变　一些社会学家认为社会变迁遵循着一条可预测的路径。我们已经在第11章中以现代化理论的形式遇到了此类方法的一个版本。部分受到查尔斯·达尔文的自然进化论的启发，并根植于功能论观点，这些社会学家提出用**社会进化论**去阐释社会变迁，认为社会变迁是随着时间的推移由简单到复杂的过程。这种方法鼓励一定程度的被动。变迁是不可避免的，并且有迹可循，这种观点弱化了为积极的社会变革而去争取的必要性。

例如，在第1章"社会学的根源"部分探讨奥古斯特·孔德对早期社会学的贡献在于提出三阶段论来描述社会变迁。在神学阶段，人们将自己的知识和决策建立在宗教原则之上。为了解释事情发生的原因，人们倾向于将神、恶魔等超自然或神圣的生物融入日常生活。在孔德看来，这个阶段的人是非理性和迷信的。在形而上学阶段，对具体的、积极的存在的崇拜让位于抽象力量指导世界上发生的各种事情的信念。这种观点假设宇宙中有一个潜在的逻辑，知识的推进是通过研究事物的本质。在实证阶段，知识建立在使用科学方法揭示的事实之上，自然和社会科学家试图揭示支配宇宙的根本规律。实证研究胜过哲学反思，研究人员坚持密苏里州的原则"不要只告诉我，要给我看"。在此阶段，孔德认为人是理性的，在逻辑和理性指导下，取得进步不仅是可能的，而且是不可避免的。今天的大多数社会学家都拒绝了这种模式的简单化和种族中心主义元素，但大多数人也肯定了理解过去的发展如何影响未来结果的重要性。

均衡与社会秩序　另一种解释社会变化的社会学理论也植根于功能论视角，将社会描述为自然趋向于稳定的社会秩序。这一模式的倡导者社会学家塔尔科特·帕森斯始终认为，即使看似重大的社会动荡，如抗议和骚乱，也只是在加强社会稳定的道路上的插曲。根据他的**均衡模型**，社会自然地倾向于社会秩序，即在变化与调试中达到平衡。这种模式也具有一定的被动性。社会系统会发挥调试作用，达到自然平衡，不需要组织或者行动主义。

> **社会进化论**（social evolution）认为社会变迁是随着时间的推移由简单到复杂的过程。
>
> **均衡模型**（equilibrium model）该理论认为社会自然地倾向于社会秩序，即在变化与调试中达到平衡。

帕森斯认为社会变迁的四个过程是不可避免的。第一个过程是分化，是指将社会划分为专门的子系统，如制度，在传统社会中与家庭、教育、宗教、政治和经济相关的重叠功能日益分离时，现代的分化就会产生。第二个过程是适应性升级，是指增加任务的专业化，也称为分工。这种专业化可以提高生产率和效率。第三个过程是包容，通过在社会系统的各个要素之间建立联系，确保这些要素协同工作。第四个过程是价值泛化，涉及开发新的价值观，以使系统内出现的更广泛的活动合法化。帕森斯确定的所有四个过程都强调社会对社会组织和价值观的认同。

社会学思考

为什么均衡模型很难解决不平等与贫困等社会问题？

资源、权力与变迁　利用冲突论视角的卡尔·马克思接受了进化论观点的要素，相信社会是沿着可预测的道路发展的。但马克思认为，拥有权力并控制有价值资源的人在塑造社会变革方向方面发挥着关键作用，至少在短期内是这样。马克思认为，当社会关系发生变革，导致经济和社会发展进入一个新阶段时，就会产生重大的社会变革。最终，正如我们在第9章"经济体系"部分中所看到的那样，马克思预言，在生产问题得到解决之后，也就意味着在技术革新中人类有能力生产足够的产品去满足每个人的生存和繁荣，人类社会将走向社会发展的最后阶段：一个无阶级的共产主义社会——自由个人的共同体，每个人控制自己的劳动力并能够自由地使用它。

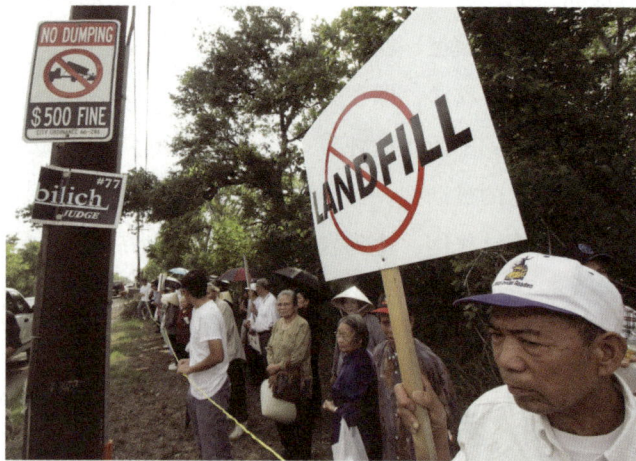

图片来源：Alex Brandon/AP Images.

马克思认为，冲突是社会变革的常态且具有可取的一面。事实上，如果要消除社会不平等，就必须鼓励变革。在他看来，在应对物质文化中不可避免的周期性变化时，人们并不局限于只处于被动的角色。然而，马克思主义理论为那些想要把控历史进程以及想从不公正中获得自由的人提供了有力的工具。时至今日，社会运动依然保持着同样的期待，尽管促进社会变革的努力可能会遇到阻力，资源之争也

既得利益者（vested interests）指从现有的社会、政治和经济结构中获益最大的人或群体。

无知是恐惧的根源。

赫尔曼·梅尔维尔（Herman Melville）

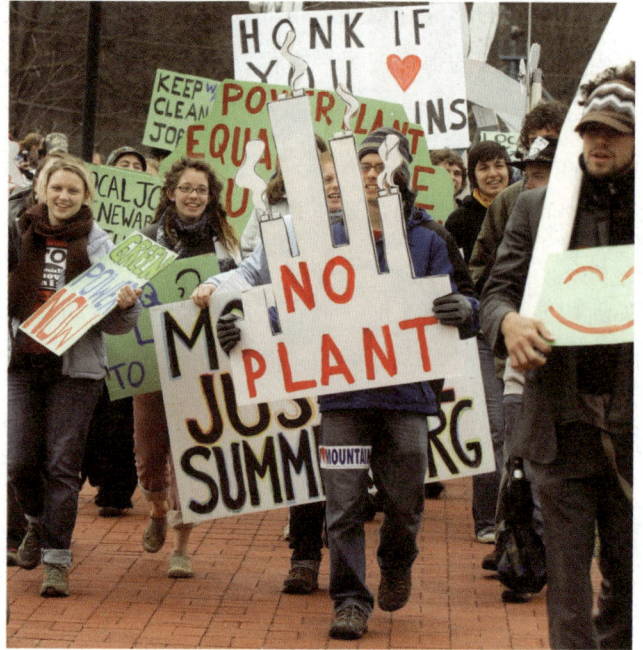

图片来源：David Crigger/Bristol Herald Courier/AP Images.

可能涉及政府、工会、社会运动组织等，所有这些都可能会对其结果造成影响。

处于权力位置的个人和团体之所以维持现状是因为其间有利害关系。社会经济学家托尔斯坦·凡勃伦（Thorstein Veblen）创造了"**既得利益者**"一词，特指那些从现有的社会、政治和经济结构中获益最多的人或群体。一旦发生社会变革，他们将是损失最大的群体。例如，从历史上看，美国医学协会（AMA）一直强烈反对全民健康保险和助产士专业化。国家健康保险被认为是对医生收入的威胁，而助产士地位的提高会削弱医生的专业知识，因此也会削弱他们作为接生者的权威和威望。一般来说，拥有不成比例的社会财富、地位和权力的人在维持现状方面拥有既得利益。

社区通常以"保护财产价值"的名义在努力保护它们的既得利益。正如我们在第14章中提到的，"邻避"是"不要在我家的后院"的意思。当人们在抗议监狱、核设施，甚至自行车道或发育障碍人士的团体之家时，经常会听到此类反对的呼声。由此社区可能会为了大事化小，不再主张对该设施的需求，但会坚持将其设在其他地方。邻避态度

已经变得如此普遍，以至于政策制定者几乎不可能为危险废物倾倒等设施找到可被接受的地点。不幸的是，往往是那些拥有最少资源的人最终在这种战斗中失败。

规范文化与变迁

规范文化是文化的第三个要素，变迁涉及我们如何行动，以及我们为管理活动而建立的规则。当我们思考将改变诉诸该领域时，应当要明白独立选择的重要性，即个人有能力选择如何行动。随着世界的变化，我们可能需要思量生活环境的变化如何为我们展示新的可能性。例如，我们现在可以与地球另一端的人建立关系。如果有足够的资源，我们可以随时通过短信、社交媒体应用程序、视频会议技术等与他们即时沟通，无论白天还是夜晚。越来越多的人将这些能力认为是理所当然的，结果往往无法充分发挥其潜力。

相较于将社交网络扩展到与我们最相似的人那里，有意识地去触及与我们不同的人可能会带来更显著的优势。它不仅让我们能接触到新的行为和思维方式，并思考未来可能的新途径，还能让我们更能接受异己。另一方面，同质性过强会产生相反的效果，比如在决策小组中，过高的同质性会降低有效产出。

在组建团队时，我们可能希望更仔细地考虑其构成部分。詹姆斯·苏罗维茨基（James Surowiecki）在其《群体的智慧》（*The Wisdom of Crowds*）一书中强调群体会更加聪明，如他所说，"在合适的环境下，群体是非常聪明的，而且往往比其中最聪明的人还要聪明"。团队中观点的多样性是最重要的因素之一，不同人利用不同的经验也更有可能看到所提计划和项目的局限性或漏洞。生活在只由志同道合的人组成的群体或网络中，会产生由回音室效应所造成的险境，在此社交泡沫中听到的具有相同视角的看法都是我们默认的观点。

图片来源：Popperfoto/Getty Images.

尽管社交媒体为我们提供了与各类人群互动的无限可能，但它意想不到的后果之一是强化了人们对什么是事实的先入为主的观念。今天的政治话语似乎比以往任何时候都更加分裂，对 Twitter、Facebook 和其他各种平台上的互动模式的分析证实，人们所占据的政治社交网络世界已经变得相当独特和脱节。身处这些社交网络泡沫中的人们听不到相同的事实或叙述，因此，对于什么是错误的，应该如何去解决问题，他们可能会得出迥然各异的结论。

就新规范而言，拥抱多样性具有显著的优势，尽管将其付诸实践可能具有挑战性。认真对待交叉性的好处之一是，它使我们能够更充分地认识和肯定我们周围人拥有的各种背景和经历。例如，早前学生们组织了"为我们的生命游行"活动。主流媒体似乎在枪支暴力受害者身上投入了更多的时间和关注，这些受害者大多是白人和中上阶层。作为回应，在游行之前的集会上，组织者有意为那些可能不会被听到的人，特别是年轻的黑人女性提供讲话的机会，以便让更多人获得更明智的决策所必需的不同声音。

在当今世界，变化是不可避免的。从社会学中我们学习到，每个人应不断挑战自己，不断拓展对可能性的想法。随着我们更透彻地了解影响技术、思想和规范变化的性质和方向的因素，便可以利用这些知识在走向未来的道路中做出更加明智的选择。毕竟，我们今天所做的选择为我们明天所生活的社会奠定了基础。

个人社会学（personal sociology）认识到我们的个人地位对我们是谁以及如何思考和行动的影响。

>> 社会学是一个动词

最终，在我们开始以新的方式行动时，社会变迁得以发生。变迁意味着我们迈向了预期的道路，与此同时也创建了一套新的规范。尽管在技术和环境背景下的外部变化确实会影响社会变迁，但这仍然需要人们愿意去以不同的行动方式引领这种转变。

社会学是一种帮助我们开辟新道路的工具。它让我们看到以往可能错过的东西，帮助我们以不同的方式审视自身和周围的世界。社会学使我们认识到社会、文化和物质资源的分配如何使一些人受益，从而使另一部分人的利益受损。它帮助我们理解我们所做的事情是否与自己声称的信仰一致。在与它的对话中，我们会明确自己前进的方向。它通过这些让我们以一种新的方式关注周围的世界。

我们需要将所学的社会学知识转化为自身的行动。在日常生活中，社会学可以帮助我们更好地理解自身的行为和周围人的行为。在更广阔的社会和世界的背景下，它还可以帮助我们更深切地理解行动的力量对结果的塑造——我们可以利用这些知识采取行动，使世界变得更美好。在我们的个人生活和公共生活中，我们需要像医生行医治病一样去践行社会学。

个人社会学

社会学可以帮助我们在日常生活中更好地坚守自己的信仰和行为，并做出更明智的选择。社会学使我们认识到，人类与社会互相依存，自我和社会亦无法割裂。作为个体，必须理解场域、地位、联系和互动的重要性。尽管我们坚信可以做任何选择，但事实上选择是有限的。

践行社会学意味着提出棘手的问题，而不是满足于简单的答案，还意味着同时要考虑个人与社会、行动与结构、自由与约束的意义。要认识到权力的重要性，以及获取物质、社会结构与文化资源对选择所产生的影响。简而言之，正如我们在第1章中看到的那样，研究**个人社会学**意味着要认识到我们的个人地位对我们是谁以及如何思考和行动的影响，还要为对他人的影响负责。

从一开始，社会学家就想认清我们的局限，以便能够改变它们。正如社会学家皮埃尔·布迪厄所言，"对于那些总是用决定论和悲观主义来困扰社会学家的人，我只能说，如果人们充分意识到它们，旨在把控导致道德失败的结构性机制的有意识行动便是可能的"。换句话说，我们需要明确地了解社会对个人选择的制约程度，这样我们才能做出更明智、更有效的选择，这有助于实现每个人的目标。

个人社会学

过去、现在与未来

每一年在去威斯康星州探亲的路上，我都会听查尔斯·狄更斯（Charles Dickens）的经典故事《圣诞颂歌》（*A Christmas Carol*）。临近结尾的时候，被过去、现在与未来的圣诞节鬼魂分别造访后的吝啬商人埃比尼泽·斯克罗吉（Ebenezer Scrooge）在对每个人的忏悔中丢弃了自私。在那一刻，他说："我将生活在过去、现在和未来！这三者的灵魂将在我体内纠缠。"这就是简单的社会学想象。我们需要从过去吸取教训，去理解自己和他人当时所做的选择，这有利于塑造当前的社会结构。与此同时，展望未来，对未来的世界充满希冀，要知道每个人今天所做的选择决定了明天的结构。

作为个体，我们需要学会把握自己所遵守的有形与无形规则的力度。我们也应时常对自己发问，当前的道路是否代表了我们真正想要遵循的价值观、规范和目标。正如我们所看到的，我们看的电影、买的东西、自杀的可能性、每个人面临工资差距的机会、我们对现实的看法，以及我们自身，所有这些都是由我们所处的社会地位所塑造的，了解这些现象能促使我们做出改变。

公共社会学：变革的工具

除了对作为个体的人的行为和思考方式提供更为深刻的理解外，社会学还呼吁人们超越自我，关注周围的世界，并反问自己：我可以做些什么让世界变得更好？自该学科成立以来，社会学家一直试图理解和解释社会进程，用以塑造未来。**公共社会学**旨在通过社会学观察与分析将所获得的见解带入公共领域，从而寻求实现积极的社会变革。正如美国社会学协会前主席迈克尔·布拉沃伊（Michael Burawoy）所说，公共社会学在寻求广泛的受众，旨在"通过社会学理论和研究去丰富关于道德和政治问题的公众辩论"。

我们在集体与反复的行动中构建了当前的社会结构，须对其产生的后果负责。而现存的制度，即人类创造的结构与文化，并非坚不可摧。我们可以选择采取不同的行动改变它们，如表 15–1 所示。要走出一条支持现有体系的"阻力最小的路径"无疑是困难的，而与现状背道而驰的行动和信念的后果也可能很严重，但我们可以去尝试。

人类无法做到的是免除其自身对最终建立的系统的责任，不采取任何行动就是支持现有的不平等制度。正如社会学家斯科特·谢弗（Scott Schaffer）所指出的，人们不能再选择忽视违反人类基本信念的行为而试图摆脱责任。谢弗写道："我们的手已经很肮脏了，我之所以摆出这个问题是想弄清我们的手是会被旨在给世界带来具体的、实际的、制定出来的自由的行动弄脏，还是会被以牺牲此时此地和未来所有人为代价来掩饰自己愚蠢的选择弄脏。"犬儒主义和顺从只会强化压迫和暴力的制度体系，不采取行动而期望积极的改变仍然是一种选择，但无论如何都要付出相应的代价。

通过帮助我们理解为什么我们这样思考和行动，以及澄清信仰和实践之间的关系，或是让我们更好地了解差异的后果，个人社会学和公共社会学可以通过鼓励讨论的方式去引领实现更美好的未来。每个人可以以社会学为媒介让自己参与到对话中，与他人分享各自的故事（不论是积极的还是消极的），去澄清支持与反对的地方，并向我们的盲区敞开心扉。很多人经常会为避免不适宜的冲突而选择礼貌的对话，但由于未能更真诚地参与到文化和结构差异中，致使我们在对核心议题展开方面缺乏有效进展。

> **公共社会学**（public sociology）旨在通过社会学观察与分析将所获得的见解带入公共领域，从而寻求实现积极的社会变革。

践行社会学

变革之所以到来，是因为人们不仅相信改变是可能的，还因为他们持之以恒的为希望和梦想而行动。正如民族志学者斯图兹·特克尔（Studs Terkel）所言，"在任何时代，面对怀疑和恐惧的第一步都是说出来，勇士们会在希望的驱使与激励中奋勇前行"。我们有能力使世界变得更好，我们可以通过

表 15–1　民主社会中的公民活动

个人生活		公民生活	
个人活动		**公民参与活动**	
		非政治活动	政治参与
家庭 学校 工作		回收利用 联谊会议 服务活动	投票 参加政治会议 政治活动
功能	培养人际关系，满足个人需求，比如接受教育和维持生计	提供社区服务并作为政治参与的培训场所	满足民主公民的要求

更全面地了解自己和他人，然后根据这些认识采取行动来做到这一点。以下是一些可供采纳的行动方式。

- **践行个人社会学**。能够感知到那些影响你信念和行动的因素。
- **多关注自身的优势**。明确你具备的优势，尤其是相较于世界上的其他地方。你可能有足够的食物、衣服和住所，你可以读到这本书，以及你能够计划未来等。
- **变得更有见地**。我们现在比以往任何时候都能获

在担任哥伦比亚广播公司《深夜秀》（*Late Show*）主持人之前，斯蒂芬·科尔伯特（Stephen Colbert）因在喜剧中心电视节目《科尔伯特报告》（*The Cilbert Report*）中主持恶搞脱口秀而出名。然而，当他在2006年诺克斯学院的毕业典礼上发表演讲时，他非常严肃地告诫学生们不要向犬儒主义屈服，并说："犬儒主义伪装成智慧，但它与智慧相去甚远。因为愤世嫉俗者什么也学不到。犬儒主义是一种自我加强的盲目，一种对世界的排斥，因为我们害怕它会伤害我们或让我们失望。愤世嫉俗者总是说'No'，但若说'Yes'就会成为一切的开端。说'Yes'就是事情发展的方式，说'Yes'会带来知识。'Yes'是写给年轻人的。所以，只要你还有力气，就说'Yes'。"

引用来源：Stephen Colbert.
图片来源：Alex Wong/Getty Images.

流行社会学

得更多关于世界的信息，去关注并探究事情发生的机制。

- **理解你学到的东西**。分析你收到的信息。请记住，数据永远不会为自己说话，它们不仅仅是事实，还嵌入在网络和系统中，且具有一定的特性。
- **参与投票**。无论是在地方还是国家，民主国家的领导人都是由选民选举产生的。你的投票可能看起来微不足道，却至关重要。事实证明，获得所有选票的人才是赢家。即使你支持的候选人没有获胜，但你依旧可以发声。比如，如果你认为没有一个候选人能够做出正确的选择，那就推举一个能做出正确选择的人。
- **参与地方政治活动**。把政治想象成一种接触性活动，参加集会、抗议、学校董事会会议、市政议会会议等。尤其在地方层面，你可能会惊讶于一个声音所能带来的变化。
- **竞选公职**。不要以为这样的领导职位只适合那些比你更优秀或更有见识的人。我们需要更多的人相信他们可以去领导，这样领导人才能更加多样化。
- **做志愿者**。每个社区都有地方组织活动寻求实现积极的社会变革。你可以联系当地的学校，看看是否可以给孩子们读书，在无家可归者的庇护所工作，或者帮助他人建造房子。
- **参加活动**。有许多组织会提供长期的外联机会，如美国服务队、和平队和美国红十字会，在这些组织中你可以向附近社区有不同需要的人提供援助。
- **组织活动**。努力去打造你理想中的世界。毋庸置疑，肯定有其他人与你的观点一致。无论是在现有机构内部还是外部，找到他们并与之合作，以期带来变革。
- **为变革而战**。无论你身在何处，不管是在你的人际关系、家庭、工作场所，还是所在社区或其他地方，应努力带来积极的社会变革。我们有能力改变世界，并非力不能及，但如果社会学家对现实的社会建构完全正确的话，事情可能会是另一番景象。

正如孔德在社会学创立之初所写的那样，"科学给

予远见，远见致以行动"。只有看到那些限制我们的东西，我们才能走向自由。

社会学不仅仅是一个名词，它更是一个动词。它是我们所做的，而不是所拥有的。我们对个人主义模式的过度依赖以及对社会力量影响的忽视，展现了一幅扭曲的自由图景。然而了解自我与社会之间的关系，了解差异的后果，可以让我们做出更明智的选择，去塑造未来。它也能让我们回答以下问题："我们为什么会以这种方式思考？""我们为什么会这样做？"社会学不应该是局限在大学教室里的东西，不应该只留给专业人士，我们现在都是社会学家，它是我们共同的工作与事业。

另一个世界不仅是可能的，而且已经在路上了。在寂静的日子里，我能听到她的呼吸声。

阿兰达蒂·洛伊（Arundhati Roy）

行动起来！

社会学是一种生活方式

社会学是一门纷繁而复杂的学科，其内容远远超出一门入门课程所能涵盖的范围。你可以尝试去探索其他研究领域的社会学课程，就你感兴趣的领域学习另一门相关课程。即使你不知道，每天也要尝试运用你的社会学想象力，在调查、学习、投票、组织与竞选公职中践行社会学，为改变而奋斗并有所作为。

本章回顾

1. 哪些因素促使社会运动得以成功？
   - 社会学家认为，理性规划和热衷于参与时事都很重要。组织特定目标的能力以及对核心价值观的坚守也会增加成功的可能性。

2. 社会变迁为何以及如何发生？
   - 社会变迁影响着我们的物质、规范和文化认知。通过关注和利用技术创新、知识转变与不同的社交网络，个人可以更好地理解和参与当今的社会变迁。

3. 践行社会学意味着什么？
   - 个人社会学能使人深刻理解影响思考和行动的社会因素，并利用这些信息为我们服务。公共社会学意味着个体行动应对塑造社会和机遇方面产生的集体影响负责，并为积极的社会变革而努力。

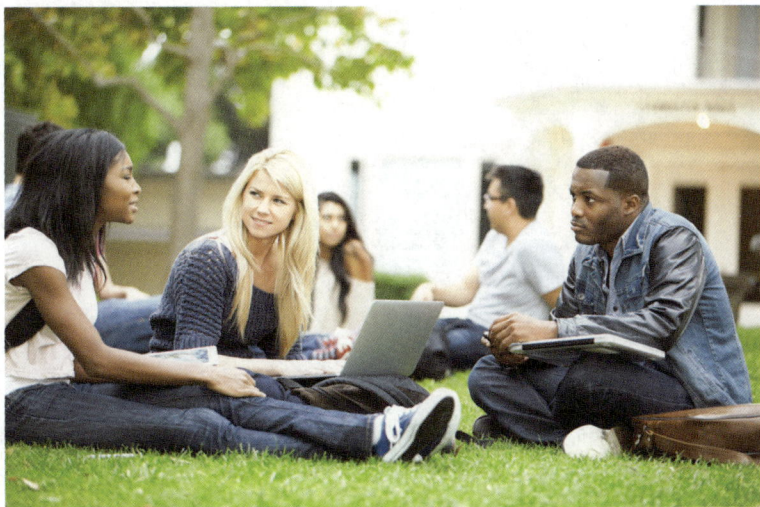

图片来源：Monkey Business Images/Shutterstock.

不同社会视角下的社会变迁

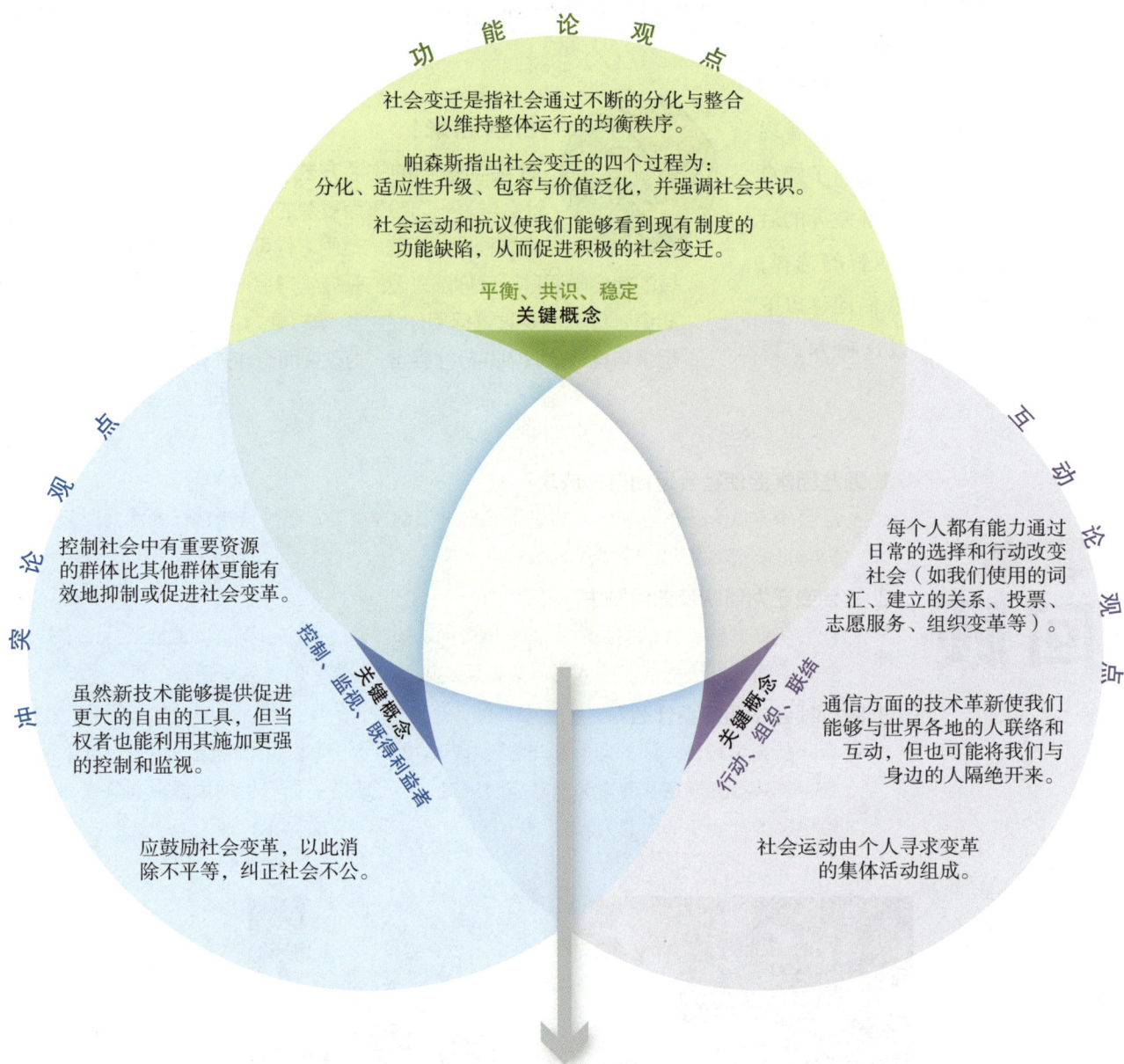

功能论观点

社会变迁是指社会通过不断的分化与整合
以维持整体运行的均衡秩序。

帕森斯指出社会变迁的四个过程为：
分化、适应性升级、包容与价值泛化，并强调社会共识。

社会运动和抗议使我们能够看到现有制度的
功能缺陷，从而促进积极的社会变迁。

平衡、共识、稳定
关键概念

冲突论观点

控制社会中有重要资源
的群体比其他群体更能有
效地抑制或促进社会变革。

虽然新技术能够提供促进
更大的自由的工具，但当
权者也能利用其施加更强
的控制和监视。

应鼓励社会变革，以此消
除不平等，纠正社会不公。

控制、监视、既得利益者
关键概念

互动论观点

每个人都有能力通过
日常的选择和行动改变
社会（如我们使用的词
汇、建立的关系、投票、
志愿服务、组织变革等）。

通信方面的技术革新使我们
能够与世界各地的人联络和
互动，但也可能将我们与
身边的人隔绝开来。

社会运动由个人寻求变革
的集体活动组成。

行动、组织、联结
关键概念

建立联系

回顾本章之后，请回答下列问题。

1
如何从不同视角解释开篇所描述的各类社会运动中的
激进主义？

2
互动论者应该如何研究自尊、同情和正义在社会运动
中的重要性？

3
从不同视角出发，新的通信技术（例如互联网、手机
等）对我们的互动、关系和社群产生了什么影响？

4
从每一个视角出发，你觉得如何能更有效地带来社会
变迁？

译者后记

在美国，社会学入门性质的教材种类繁多，而由美国中央学院乔恩·威特教授撰写的这本《社会学经典入门（第6版）》则是其中十分流行的一本。该书2020年已经发行了第6版。该书不仅全面介绍了社会学的研究主题和研究领域，比如社会的经济、政治、文化、教育、宗教、阶级、家庭、种族和族裔，以及社会化、越轨、性别、全球化与不平等、人口、健康与环境、社会变迁，等等，而且很好地回答了"什么是社会学？""社会学有什么用？""我们该如何学习和践行社会学？"等基本问题。此外，该书深入浅出、通俗易懂的叙事风格，也能让你不再对社会学产生胆怯。特别是作者从社会学中的功能论、冲突论、互动论三个主要视角对每一个主题进行解读，再配以"社会学思考""流行社会学""个人社会学""行动起来！""边读边思考"等小栏目，使得这本书既内容充实，又活泼易读，特别适合在校大学生、相关实际工作部门人员以及普通读者阅读和使用。

以下是负责各章翻译的译者（按章节顺序）。

第1章、第2章，风笑天，北京大学社会学博士，广西师范大学政治与公共管理学院教授、博士生导师；宦丁蕾，南京大学社会学硕士，上海市发展改革研究院社会政策研究人员。

第3章、第13章，方纲，南京大学社会学博士，西南交通大学马克思主义学院副教授。

第4章、第5章，李芬，南京大学社会学博士，武汉行政学院现代科技教研部副教授。

第6章，聂炎，南京大学社会学博士，贵州大学公共管理学院教授。

第7章，王小璐，南京大学社会学博士，南京农业大学人文与社会发展学院副教授。

第8章，郑忠梅，华中科技大学教育学博士后，温州医科大学马克思主义学院教授。

第9章，王晓焘，南京大学社会学博士，南京师范大学社会发展学院副教授。

第10章，刘珊，南京大学行政管理学博士，上海工程技术大学管理学院副教授；

第11章，聂伟，南京大学社会学博士、政治学博士后，深圳大学政府管理学院副教授；

第12章，甘雪慧，南京大学社会学博士，内蒙古师范大学政府管理学院副教授；

第14章，邱济芳，南京大学社会学博士，南京医科大学医学人文研究院讲师；

第15章，周涛，南京大学社会学院博士生。

各章翻译完成后，方纲副教授协助我对各章译稿进行了整理和校订。由于译者学识所限，翻译中一定存在着疏漏和错误的地方，欢迎读者批评指正。

风笑天
于南京溧水